화폐, 계급, 사회

계급화폐의 발생과 발전, 화폐권력에 관한 사회학적 탐구

Geld und Gesellschaft

Versuch einer gesellschaftlichen Theorie des Geldes

1952

Wilhelm Gerloff

빌헬름 게를로프 저

현동균 번역, 각주 및 해제

저자에 대하여

빌헬름 게를로프(1880-1954)는 1880년 독일 크레펠트에서 태어나 경제학, 정치학, 재정학 등 다양한 분야를 연구하였다. 독일의 여러 대학에서 교편을 잡은 후, 독일 프랑크푸르트대학에서 정교수직을 맡게 되었고, 이후 학장 및 총장을 역임한 바 있다.

특히 재정학에 대한 그의 관심은 매우 컸으며, 독일 재정학의 창시자로 알려져 있고, 저명한 『재정학 핸드북』(*Handbuch der Finanzwissenschaft*, 1926)의 편집자로도 잘 알려져 있다.

게를로프의 공헌은 재정학에만 국한되지 않고 그는 사회, 정치 및 경제 문제에도 관심을 기울여 왔으며, 역사학파의 전통을 현대경제이론에 통합하여 역사학파를 현대화하였다. 그의 연구는 막스 베버와 프란츠 오펜하이머의 사상을 반영하여 사회학과의 밀접한 연관성을 보여주었으며, 사회학적 이해를 경제분석에 통합하여 경제체제의 형성에 있어 사회적, 역사적, 문화적 요인의 중요성을 강조한 바 있다. 그가 1940년 출판한 『화폐의 발생과 화폐체계의 시작』(*Die Entstehung des Geldes und die Anfänge des Geldwesens*)과 1952년에 출판한 본서는 경제인류학, 경제사회학 측면에서 크납의 화폐이론을 보완 발전시킨 중요한 저서로 평가받고 있고, 현재 독일에서도 이 책들을 중심으로 그에 대한 재평가가 이루어지고 있다.

그는 프랑크푸르트대학에 재직하는 동안 나치의 국가 사회주의에 대한 비판적인 입장으로 인하여 나치에 의하여 총장직에서 해임되었고 감시보호조치를 받은 바 있으며 2차대전 중에는 출국금지를 포함한 각종 활동의 제약을 받은 바 있다. 하지만 그는 2차대전 후 복직하여 프랑크푸르트대학교 경제사회과학부 재건에 기여하는 등 학계와 계속 인연을 이어갔다.

역자에 대하여

역자는 서울대학교 경제학과를 졸업한 후 영국 런던정치경제대학 및 케임브리지대학의 메그나드 데사이(Meghnad Desai)경, 로손(Robert Rowthorn)교수, 그리고 하코트(Geoffrey Harcourt) 교수 문하에서 정치경제학 및 포스트 케인지언 경제학을 수학하였으며, 포스트 케인지언 및 제도학파의 시각에서 투자이론, 화폐이론 등에 대한 다수의 논문을 해외의 저명한 저널에 영문으로 발표하였다.

가장 최근 논문으로는 포스트 케인지언 시각에서 투자의 금융제약과 금융주기 문제를 다룬 "A financial frontier model with bankers' susceptibility under uncertainty"(Metroeconomica-Wiley, 2023.2), 화폐와 권력의 문제에 대한 사회 철학적 분석을 담은 "A Theoretical Socio-economic Investigation into the Nature of Power in Money"(2021)가 있으며, 기타 논문으로는 "A Theory of the determination of Interest Mark-Up"(2020), "Bank's Lending and Bank's Profit Frontier"(2020) 등이 있다.

저서로는 『앨리스의 이상한 나라 경제학 퇴치 가이드-정치인과 대중을 위한 새경제학 여행』(2023)이 있으며, 한글 역서로는 『케인즈 경제학을 찾아서』(마크 헤이스 저), 『포스트 케인지언 경제학에의 초대』(존 킹 저), 『권력의 법칙』(프리드리히 폰 비저 저) 등이 있다. 또한 화폐이론에 관한 독일어 고전을 영문으로 번역하였는데, 이에는 "Sacred Money"(*Heliges Geld*, Bernhard Laum), "The State Theory of Money"(*Staatliche Theorie des Geldes*, G.F. Knapp), "Theory of Money"(*Theorie des Geldes*, Friedrich von Wieser)가 있다.

저자는 또한 현재 일본, 홍콩, 태국, 인도네시아 등에서 사무소를 운영하는 금융 자문회사 Emerging Asia Capital Partners의 파트너로 근무하고 있으며, 과거 약 30년간 해외 대형 투자은행에서 인프라, 에너지, 전력 및 자원 사업의 사업개발 및 금융자문에 종사하였다. 최근에는 러시아 및 동구권 최대 투자은행인 러시아 국영 대외무역은행(VTB Capital)의 싱가포르 지점에서 아시아 지역 투자은행 부문 대표를 역임하면서 아시아와 러시아/CIS 지역 간 인프라, 에너지 등의 합작 대형 사업의 개발금융, 프로젝트 금융 및 직접투자 등을 자문하였고, 그 이전에는 ABN 암로(AMRO) 은행 홍콩 지점에서 동북아시아 에너지 및 광물자원 분야 대표 및 시티그룹(Citigroup-Salomon Smith Barney) 홍콩의 아시아 지역 본부에서 투자은행 부문 부사장을 역임하며, 프로젝트 금융, 개발금융, 기업인수합병, 직접투자 및 장기자본조달 분야를 자문하였다. 또한 러시아 정부 소유 극동개발펀드의 고문과, 금융 이외의 실물 분야에서는 세계 최대의 철도 회사인 러시아국영철도(RZD)의 아시아 지역 철도 및 항만 개발 사업의 고문을 역임한 바 있다.

여타의 상아탑 내의 경제학자들과는 달리, 필자는 과거 30년간 국제적 대형 투자은행의 금융허브에서 현실 금융업에 실무적으로 종사한 경험 및 다양한 국가에서 수많은 신규 사업개발, 투자 및 금융을 주선한 경험 등을 바탕으로 경제학 이론과 현실을 융합하려고 시도하고 있는 중이다.

추천사

"게를로프는 화폐의 기원과 진화를 결정하는 비경제적 사회적 요인들과, 화폐가 다양한 비경제적인 인간활동들과 인간관계에 미치는 영향에 대하여 상세히 기술하며 분석하고 있다. (그에 따르면) 화폐는 지위의 상징으로서 그것의 소유자에게 사회적 위상을 부여하며, 또한 그럼으로써 '화폐적 목적'을 위하여 사용되도록 선택된 것이다. 사회적 명망을 유지하기 위하여 필히 획득되어야만 하고 또한 보유되어야만 하는 대상으로 넓게 받아들여짐에 따라 화폐는 '화폐적 객체'가 되는 그 첫 걸음을 딛게 되었던 것이다. (...) 게를로프의 이론은 경제인류학 이론 체계에 있어 귀중한 공헌을 하는 중대한 사실들을 포함하고 있다"(Paul Einzig, *Primitive Money*).

"게를로프는 화폐란 항상 제도적 질서의 산물이라는 점을 지적하고 있다. 또한 그는 통상적으로 종래에 간주하여 오던 화폐의 제 기능들이 불변적인 것들이 아님을 말하고 있다. 그러한 기능들은 절대로 외적인 조건과 무관한 것이 아니다. 즉, 게를로프가 이해하는 바로는 화폐의 기능이라고 일컬어지던 고전적 기능들(계산단위, 교환수단, 가치의 저장수단, 이연 지불수단)은 그 화폐를 사용하는 특정 사회의 요구를 우선적으로 반영한 것에 다름 아니다. 그에 따르면 유일하게 불변적인 화폐의 기능은 다름 아니라 "사회구조 내지는 사회적 관계의 담지자", 즉, "권력의 수단"이다. 또한 그에 의하면 "올바른 화폐"라는 것은 각 사회가 처한 경제적 질서와 그 화폐를 사용하고 있는 대중들이 가지는 윤리적 도야의 정도에 상응하는 "구매권력"을 가지고 있는 화폐를 말한다. 그리고 화폐 정책은 화폐를 "길들이고 동시에 보호"하는 역할을 수행하여야 한다. 그가 말하는 화폐의 "구매권력"이라는 개념은 규범적, 분석적 측면에서 현 화폐정책에 대한 논의를 할 때 필요한 귀중한 식견을 제공하고 있다”(Felix Brandl, *Von der Entstehung des Geldes zur Sicherung der Währung*).

게를로프가 말하는, 인간을 결정짓고 공동체의 삶을 형성하는 힘으로서의 '사회적 인정에의 충동'은 차후의 과학적 탐구에 있어서 절대로 무시될 수 없는 중요한 요소이다(Martin Schmidt, *Gerloff, Wilhelm: Die Entstehung des Geldes und die Anfänge des Geldwesens*).

화폐의 기원을 순전히 교환으로만 설명할 수 없고 화폐는 인간이 가지는 사회적 특성에서 연원하는 것이며 화폐는 어떠한 사회의 표현이라는 게를로프의 주제는 다양한 인류학적 자료에 의하여 충분히 설득력 있게 보여지고 있다(Günter Schmölder, *Psychologie des Geldes*).

전간기 중에 빌헬름 게를로프는 화폐와 공공재정의 이론과 역사에 관한 일련의 연구들을 출판한 바 있었다. 금번에 출판된 본서에서는 화폐의 진화와 관련된 사회학적 이론에 대한 새로운 시도를 보여주고 있다. 게를로프는 막스 베버와 파레토 등의 대륙의 사회학자들의 연구에서 도출된 실로 다양한 사회학적 개념을 십분 활용하고 있고 문화사의 연구자로서 사회를 조망하고 있는데, 그러한 면에서 그는 사비니(Savigny)와 독일 역사학파에서 영감을 받고 있음이 명백하다. 그는 화폐를 사회적 진화의 산물이며 동시에 그러한 진화를 추진하는 에이전트로 보고 있다. 사실 화폐는 각 시대 분기에 따라서 각기 다른 기능을 가지고 있다. 화폐는 지위의 상징이며, 사회적 권력의 축적체이며 교환의 수단이면서 또한 경제적 진보를 위한 동인으로서의 힘도 가지고 있다. 그리고 동시에 보다 심화되어가는 사회화와 개인적 차별화(불평등)의 원인이기도 하다. 화폐는 또한 문화적 이해를 위한 수단이며, 이러한 점에서 마치 언어와 문자와도 비견된다 하겠다.

그러나 화폐는 인간성을 도야시키면서도 동시에 악마적 성격을 가지면서 인간성을 타락시키는 양면적, 이중적 기능을 수행하고 있다. 따라서 화폐가 종복이 아니라 주인으로 행세하게 된다면 이때 금권정치가 등장하게 된다. 따라서 이러한 화폐가 가지는 악마적 성격은 올바른 윤리적, 법적 이상들에 의하여 견제되어야만 한다.

화폐가 경제적, 정치적으로 사물을 조직화하는 권력이라는 차원에서 가장 고도화된 정점에 오르게 된 자본주의 사회와 현대적 국민국가에서의 화폐에 대하여 게를로프는 상세한 묘사를 하고 있다. 저자는 또한 스콜라철학에서 시작하여 어빙 피셔에 이르는 주요한 화폐이론들을 검토하면서 각 경제적 사회적 시대와 상응하는 시대별로 차별화되는 화폐이론들을 대비시키고 있는데, 이때 각 시대들에서 화폐가 서로 다른 기능을 가지고 있음을 보여준다.

이렇듯 게를로프가 채택하는 방법론은 사실 다소 분산되어 혼재되어 있는 역사적 이해의 체계들 내에서 화폐적 진화에 대한 다양한 측면과 이론들을 대비하여 보여줄 수 있다는 장점이 있다. 물론 이러한 장점을 도출하기 위하여서는 사용되어진 용어가 가지는 일관성 그리고 논리적 정합성이라는 측면에서 다소의 희생을 감수하여야만 한다. 사회과학자들의 마음이 전혀 상이한 방법론과 개념에 각기 사로잡혀 있는 현재 시점에서 본서는 독일 역사학파가 가지고 있는 사고를 반영하는 흥미로운 예라고 간주할 수 있다(John Erös, *The British Journal of Sociology*).

일러두기

- "[역주]"라고 표시된 각주를 제외한 나머지는 모두 원주이다.
- 중괄호 [ ]는 역자가 독자의 이해를 위하여 추가한 부분이다.
- 볼드체와 따옴표는 원저를 따랐다.
- 독일어, 프랑스어, 라틴어, 그리스어는 모두 이탤릭체로 표기하였다.
- 독일어의 경우 단어들을 결합한 복합어가 발달하였는데 그 자체가 하나의 개념을 나타내는 경우가 많다. 한국어로 번역 시에는 그러한 특성이 사라져 버리게 된다. 따라서 중요한 복합어 등의 경우에는 홑낫표를 사용하여 그 홑낫표 내의 단어들이 한 개념임을 표시하고자 하였다. 예를 들어 *Gelderscheinung*은 「화폐적 현상」, *Kuturgut*은 「문화적 재화」 등이 그것들이다. 그 이외에도 중요한 개념의 경우에는 홑낫표를 사용하였다.
- 도서명이나 논문명은 겹낫표를 사용하였다. 예를 들자면 『화폐의 발생과 화폐체계의 시작』이 그것이다.
- 색인은 통상적으로 색인에 포함되는 중요한 개념뿐만 아니라, 한글로 표기하는 경우 원어들을 유추하기 쉽지 않은 경우 모두 색인에 수록하였다. 또한 홑낫표로 표시된 단어나 문구들은 모두 색인에서 그 원어를 찾아볼 수 있다.
- 독일어를 한글로 번역하는 경우 자칫 수식하는 대상이 불분명할 수 있기에, 그러한 경우에는 쉼표(,)를 사용하여 수식되는 대상이 바로 다음 단어가 아니고 그 다음 문구가 수식됨을 표시하였다.
- 원문에 나오는 지시대명사는 가급적 그 지시하는 대상을 다시 반복하여 표시함으로써 단순히 지시대명사만을 사용하는 경우 불분명함을 없애도록 노력하였다.
- 색인에는 독일어에 익숙하지 않은 독자들의 이해를 돕기 위하여 해당 단어를 영어로도 번역하여 수록하였다.
- 역자는 독일어 의미의 차이를 구분하기 위하여 부득이 다소 생소한 단어들을 사용하였다. 그 중 특히 중요한 구분을 하고 있는 단어들은 다음과 같으니, 본서에 들어가기 전에 독자들은 역자용어해설을 우선 참고하기 바란다:
  - 경제적, 경제합리적: 통상적으로는 모두 '경제적'으로 번역되나, 본서에서는 구분하였다.
  - 사회적, 사회교류적: 마찬가지로 통상적으로 모두 '사회적'으로 번역되나, 본서에서는 구분하였다.
  - 관용(慣用)
  - 가득(稼得)
  - 권력과 힘의 구분 등.

목차

나의 사랑하는 레슬리에게

사람들이 화폐에 대하여 어떻게 느끼고 있는지를 파악할 수 있다면
그 사람들이 가진 영혼이 처한 상태도 알 수 있다. 이 말은 비단 개인
에게만 적용되는 것이 아니라 전 계급, 전 시대 그리고 전 민족에게도
적용된다.

본서는 독일의 저명한 재정학자이자 사회경제학자, 그리고 프랑크푸르트대학의 총장을 역임한 바 있고, 독일 역사학파의 전통을 현대화시켰다고 간주되는 빌헬름 게를로프가 1952년에 출판한 위대한 고전인 *Geld und Gesellschaft*의 번역으로서 이에 역자가 상세한 각주와 해제를 추가하여 출판하게 되었다. 본서의 원제를 번역하자면 '화폐와 사회'이나, 한국어 번역판의 제목은 주제를 더욱 강조하기 위하여, '화폐, 계급, 사회'로 개명하였다.

화폐는 도대체 무엇이며, 어디에서 기원하였고, 어떻게 발전하여 왔으며, 어디로 가는가. 그리고 화폐가 탄생하고 변천하여 온 배후에 존재하는 원리는 무엇인가. 본서는 이러한 물음에 대한 대답을 찾아가는 험난한 과정이다.

그간 우리를 세뇌시켜 온 정형화된 도그마는, 화폐는 자유롭고도 경제합리적 인간이 직접 교환의 불편함을 덜기 위하여 합목적적으로 창조되었다는 주장이다. 대학에서 소위 주류경제학 교수들에 의하여 강변되는 이러한 주장에 의하면 화폐는 자유, 편리함, 그리고 합리성의 상징이며 화폐 경제의 발전과 자본주의의 도래는 축복이다. 하지만 이 책의 독자들, 그리고 심지어는 그렇게 설파하는 경제학자들까지 포함하여 일상에서의 모든 개인들은 화폐의 가공할 '권력'을 느낀다. "그리하여 화폐가 물질적 구매권력을 가지고 있는 곳에서는 단 한 줌의 화폐가 법과 진실을 담고있는 큰 자루보다도 더욱 무겁게 느껴질 수 있다. 여하한 범죄라도 화폐로 속죄될 수 있고, 화폐적 지불을 함으로써 죄는 용서되고, 심상의 얼룩은 화폐로 지워지며, 양심의 가책은 화폐로 달랠 수 있다"(본서 291쪽). 마르크스에 의하면 "나는 비록 사악하고, 부정직하고 조심성도 없고 또한 멍청할 수 있지만 [내가 가진] 화폐는 숭배되고 따라서 그 소유주인 나 또한 그렇게 숭배된다". 학교에서 가르치는 도

그마와 우리가 '느끼는' 현실은 왜 이렇게 다른가. 화폐가 문제가 아니라 단지 화폐를 가지고 있는 사람의 마음가짐이 문제일 뿐인가?

그리하여 의문을 품는 독자들은 본서를 통하여 저자가 추적한 화폐의 기원, 발전 그리고 미래를 따라가 보자. 사람들이 화폐에 관하여 가지는 그 무한한 믿음과 화폐가 담지한 권력은 어디에서 연원하는 것인가. 과연 그러한 믿음과 권력은 경제적 영역에서 합리적 인간에 의하여 생성될 수 있는가? 아니면 국가가 강제할 수 있는가? 화폐는 시대를 초월하는 어떠한 본질과 기능을 가진 것인가? 어떠한 기능이 가장 화폐를 '화폐답게' 만드는가? 그리고 화폐가 우리 사회에서 가지는 의미는 무엇이고, 또한 그 의미가 어떻게 되어야만 하는가?

물론 본서가 독자들이 가질 수 있는 이러한 류의 모든 물음에 대한 해답을 단정적으로 제시할 수는 없다. 하지만 깊은 성찰을 통하여 저자는 이 같은 질문에 대한 답을 찾으려 시도하였던 위대한 사상가들의 대열에 합류하여 본서를 통하여 그에 대한 해답의 단초를 제공하고 있다. 고전(古典)은 비록 낡은 시대의 생각을 반영할지라도 시대를 초월하는 영원한 불빛을 간직하고 있어 망망대해에서 멀리 보이는 등대와도 같은 역할을 한다. 본서는 마르크스, 짐멜, 크납, 막스 베버의 저작들의 뒤를 잇는 위대한 고전이며, 오늘의 시각에서 독자들이 화폐에 대한 물음에 답할 수 있는 실마리를 제공하는 날카로운 통찰을 담고 있다.

저자는 원래 독일에서 재정학을 엄밀한 경제학의 분과로 정립한 것으로 잘 알려져 있다. 하지만 그가 1940년에 출판한 『화폐의 반생과 화폐체계의 시작』(*Die Entstehung des Geldesund die Anfängedes Geldwesens*)은 경제인류학에 있어서 백미로 알려져 있고 화폐의 발생은 계급관계와 계급위상의 상징, 그리고 '인정에의 욕구'에서 비롯되었다는 '계급화폐론'의 선구적 저술로서 학계에 많은 반향을 일으킨 바 있다.

일찍이 그의 이전에 크납(G.F. Knapp)은 화폐는 "법적질서의 창조물"이라고 주장하면서 화폐의 가치는 그것의 소재에서 비롯되었다는 종래의 이론을 반박하고 「표권주의」(*chartalism*)라고 칭하여지는 명목화폐론을 주장하였다. 하지만 로마황제의 검으로도 화폐에 대한 믿음을 강제할 수는 없지 않았던가. 국가가 공표하면 사람들이 자연스럽게 그 화폐를 신뢰하게 되는가. 역사를 통하여 볼 때 항상 그렇지는 않았다는 것을 우리는 알고 있다. 최소한 특히 중근대 유럽에 난립하던 국가의 화폐와 프랑스 혁명정부가 발행한 아시냐(*Assignat*)는 강압에도 불구하고 그러하지 못하였고, 어떠한 시인은 공산화 이전의 중국 국민당 정부가 발행한 화폐는 휴짓조각에 불과하다고 비웃은 바 있다. 그러나 반대로 단순히 벌거벗은 원시인들이 모여 앉아 합의를 하거나 혹은 그들이 어떠한 연유에서 화폐를 사용하면 시간이 지남에 따라 그러한 강력한 믿음이 자연스레 생성되는가?

역자의 사견으로는 그 모든 물음은 결국 화폐를 탄생시키는 혹은 화폐에 대한 믿음을 탄생시키는 첫 번째의 작용인(作用因)이 무엇인가라는 질문으로 환원된다. 인문교양 지식이 박약한 대다수의 경제학 선생들 내지는 그들의 스승인 미제스(Mises)의 견해는 '합리적인 개인의 선택'에 의하여 그러한 믿음은 자연스럽게 공유된다고 일말의 거리낌도 없이 주장하기 마련인 반면, 크납은 그것은 바로 '국가'가 공표한 '법적 질서' 내지 국가 이전에는 어떠한 사회가 가지고 있는 '질서'라고 답한 바 있다. 하지만 위에서 언급하였다시피 크납의 대답은 완전하지 못하다.

그러한데 크납의 많은 부분을 공유한 제자격인 두 사람은 이에 대하여 상호 보완적인 답을 제시한다. 한사람은 크납과 아주 밀접한 관계에 있었던 베른하르트 라움(Bernhard Laum)인데, 그에 의하면 그 믿음의 근원은 바로 종교에서 나온다. 그의 학설은 화폐의 '종교기원설'로 알려져 있으며, 위대한 사회학자인 뒤르켐(Durkheim)과 그의 후계자인 마르셀 모스(Marcel Mauss)와 그 방향성에서 일치한다고 할 수 있다. 반면 라움과 절친한 관계였던 본서의 저자는 위에 언급한 그의 1940년의 저서에서 그 최초의 작용인을 계급관계에서 찾는다. 계급의 상징으로 사용되던 재화들이 가지고 있던 위상이 최초에 화폐에 부여된 신뢰의 단서를 제공한다는 것이다. 양자의 관점은, 화폐를 포함한 경제제도는 한 사회의 삶의 총체에 '뿌리내려 있음'(Verwurzeltsein)에 기인하는 것이라는 막스 베버의 정신을 계승하였다고도 볼 수 있다.

그로부터 12년 후에 저자는 1940년의 저서에서 개진된 생각들을 보다 정치화하고, 기원의 탐구에 그치지 않고 화폐가 발생한 이후 발전 과정을 설명할 수 있는 핵심 개념은 바로 화폐가 가지는 「구매권력」이라는 독창적인 이론을 본서에서 전개하고 있다.

사실 이 같은 거대 이론은 게를로프 이전과 이후에도 거의 전무하다고 할 수 있으며, 본서는 현대 화폐 현상을 이해하고 향후 화폐 정책을 수립함에 있어서 귀중한 통찰을 제시하고 있다. 일례로 2000년대 들어서 경제위기를 겪은 후 현재 독일에서는 그에 대한 재조명 작업이 일어나고 있다.

본서에서 저자는 화폐가 교환경제적 영역에서 경제합리적 인간, 소위 '호모 이코노미쿠스'에 의하여 자생적으로 발생하였으며 따라서 화폐는 자유를 상징한다는, 칼 멩거에서 비롯된 바 있던 현대의 주류 경제학 또는 신자유주의 이데올로기의 허구를 날카롭게 지적하면서 화폐는 교환경제 이전의 사회적 질서에서, 그리고 특히 계급관계에서 발생하였다는 견해를 다시 정치화하여 피력하고 있다. 저자의 출발점은 계급질서 및 인간 사회에서 시공을 막론하고 보편적으로 보여지는 인간의 사회적 본성인 (마치 베블런을 연상시키는 개념인) '사회적 인정에의 충동' 그리고 차별화를 추구하는 「야심적 인간」이라는 점에서 볼 때 그의 이론은 마치 제도학파 경제학자인 베블런, 그리고 금세기 가장 위대한 사회철학자인 부르디외(Bourdieu)의 사상이 화폐이론에 접목된 듯한 인상을 강하게 풍긴다.

이에 추가하여 게를로프는 '권력'이라는 요소를 화폐 현상을 설명하기 위하여 도입시킨다. 모든 시대를 막론하고 화폐에 불변하는 특징이 있다면 그것은 화폐는 사회적 관계의 담지자, 특히 권력의 담지자라는 사실에 있다고 저자는 강조한다. 그리고 화폐가 역사적으로 발전되어 온 방향은 결국 (그 사용 대상이라는 측면에서 볼 때) 객체적 및 (그 사용자의 자격이라는 측면에서 볼 때) 주체적으로 제약되어 있던 화폐가 가지는 '권력'이 점차 그 제약을 벗어나 절대화되고 종래의 수단이라는 지위에서 그치지 않고 승격되고 목적화되며 이어 모든 사물과 인간을 포섭하는 주인이 되는 과정이라는 점을 본서에서 보여준다. 물론 화폐는 외견상 종래의 전통적 계급관계의 속박을 벗어나 점차 '민주적 화폐'로 변모하게 되지만, 그 과정은 화폐 소유의 양적인 과다 차이에 의하여 유산계급과 무산계급이라는 새로운 형태의 계급과 차별을 낳게 된다. 그리하여 화폐가 무제한적인 권력을 획득함에 따라 이제 화폐는 종복이 아니라 주인이 된다. 이러한 점에 있어 그의 분석은 짐멜의 『돈의 철학』의 정신과 마르크스의 물신성과 자본에 대한 분석을 계승하는, 현대 사회를 분석하는 실로 강력한 통찰을 제공하는 위대한 사회학적 분석이라고도 할 수 있다. 단, 그의 이론은 화폐의 부정적인 면을 부각시킴에 그치는 것은 절대로 아니고, 화폐가 가지는 긍정적인 면도 또한 균형 있게 분석하고 있는데, 이는 궁극적으로는 어떻게 화폐를 '길들일 수 있는가'에 대한 문제로 이어진다.

참고로 저자는 '독일 역사학파'의 전통과 크납(G.F. Knapp)으로부터 비롯된 '표권주의'(chartalism)의 시각에서 본서를 저술하고 있다. 단 그러한 전통의 답습에 그치고 있지는 않다. 저자는 독일 역사학파의 귀납적, 역사적, 경험적 방법론과 막스 베버나 오펜하이머의 영향하에서 사회학적 이론화를 결합하고 있다. 또한 저자는 크납이 주장하는 "화폐는 법적질서의 창조물"이라는 명제를 "화폐는 「사회교류적 행동」의 창조물"이라는 막스 베버적 명제로 대체하면서, 화폐의 사회에서의 「관용」(慣用)이 화폐가 화폐로 기능하기 위한 핵심적 과정이라는 점을 강조한다. 막스 베버가 이미 지적한 바, 이 점은 크납의 이론에 있어서, 그리고 현대에 크납을 계승한 현대통화이론(MMT)이나 현대적 표권주의 이론에 있어서 가장 취약한 부분이라고도 할 수 있는데, 게를로프는 그러한 크납의 부족한 점을 본서에서 크게 보완하고 있다고 할 수 있다.

이상 아주 간단히 본서에서 말하고자 하는 핵심 주제를 언급하였으나, 본서 해제와의 중복을 피하기 위하여 더 이상의 추가 설명 없이 서문을 마감하고자 한다. 이에 독자들은 본 역자가 추가한 해제를 통하여 당시의 화폐이론과 본서에 영향을 미친 이론, 그리고 본서에 대한 평가들을 살펴보시기 바란다.

역자는 본서가 현재 신자유주의 이데올로기라는 광기에 가득찬 종교에 사로잡힌 작금의 한국경제정책을 극복하고, 이 어려운 시기에도 화폐 민주화 또는 지역화폐, 지역은행 등 화폐에 대한 진지한 논의를 이어가고 있는 학계 및 재야의 많은 분들에게 조금이라도 일조를 할 수 있기를 간절히 바라는 마음에서 본서의 번역 및 집필에 임하게 되었다는 점을 강조하고 싶다.

이 서문을 마감하면서, 보기 드문 지적지평을 가지고 있으며 이미 국내에도 널리 알려진 진보경제학자인 마이클 허드슨 교수께서 본 역자에게 나누어 주신 본서의 중요성에 대한 깊은 공감은 본서를 번역하는 결코 쉽지 않는 작업을 수행하던 역자에게 큰 힘이 되었음을 밝히고 싶다. 그리고 마지막으로 본서의 집필 중 끊임없는 내조를 한 처와 본서를 출판함에 있어서 여러 지원을 하여주신 진인진 출판사의 김태진 사장님과 편집부 일동에게 감사의 마음을 전하고 싶다.

2024년 3월 역자

서문

허버트 스펜서(Herbert Spencer)는 자신의 전기에서 학문적 작업을 산행에 비유한 바 있었다. 본 저자처럼 인생 절정기의 11년 동안을 알프스 산맥에 위치한 대학에서 보낸 사람보다 이 비유가 가슴에 더 와닿는 사람이 과연 있을까? 스펜서가 가지고 있던 생각의 궤적에 자유로이 비유하여 말하자면, 본 저자가 마침내 정상에 도달한 순간 믿기 어려울 정도로 넓고 포괄적인 시야가 펼쳐진다. 하지만 곧이어 안개에 가려진 더 높은 산들이 바로 지척에 있는 것을 발견하게 되고, 이에 그것들 또한 정복하여야만 할 새로운 과제들로 주어지게 된다.

이것이 바로 본 저자가 『화폐의 발생과 화폐체계의 시작』(*Die Entstehung des Geldes und die Anfänge des Geldwesens*) (Gerloff 1940)에 대한 연구를 처음 마무리하여 책으로 출판하였을 때 느낀 바였다. 그 책은 초판 이후 두 번째, 세 번째 판으로 이어졌는데, 그 사이 본 저자는 다음 정상을 정복하기 위한 노력을 경주하였다. 본서는 이 같은 등정에 있어서의 어려움을 보여준다고 할 수 있다. 그러나 무엇보다도 이 책의 목표는 이미 도달한 높이에서 얻은 시야, 그리고 새로운 지평을 보여주기 위한 것이다. 본서가 올바른 정상 등정인지, 그래서 얻은 전망이 과연 가치가 있는지 여부는 다른 이들이 판단할 사안이다. 그리고 향후 더 많은 봉우리가 기다리고 있음은 자명하다. 본 저자가 정리한 이 산정기(山征記)를 접한 다른 많은 등정가들도 본 저자가 정복하였다고 생각하는 그 봉우리들에 앞으로 도전할 것이며, 그리하여 본서에서 제시한 접근 방식, 경로, 고도 측정 및 전망에 대하여 많은 것을 추가하고 또한 수정하여 주기를 바랄 뿐이다.

이것이 바로 본 저자가 화폐의 발생에 대한 연구를 위하여 이미 진입한 지역을 떠나지 못하게 된 이유이다.

피상적으로 책의 목차만을 읽기를 원하는 비평가들에게는 본서가

'화폐의 발생'에 관한 이전의 책(Gerloff 1940)에서 말한 내용을 부분적으로 반복하는 것처럼 보일 수 있지만 실상은 결코 그렇지 않다는 점을 이야기하고자 한다. 고대 그리스인들에게 있어서는 시인이 보여줄 수 있는 최고의 예술이란 오래된 주제에 새로운 형식으로 새로운 해석을 부여하는 것이었던 것처럼, 진정한 과학적 연구도 오래된 소재로부터 새로운 질문, 새로운 해결책, 새로운 기초를 얻는 방법을 알고 있음을 보여줌으로써 자신이 가지고 있는 힘을 증명하여야만 한다.

화폐는 「문화적 재화」(*Kulturgut*)이다. 그렇다면 화폐가 어떻게 발생하게 되었는지에 대한 의문이 즉각 일어나기 마련이다. 그리고 이 질문에 대한 답을 찾으려는 순간 곧바로 두 번째 질문이 제기된다: 일단 그것이 존재하게 되면 사회에서의 화폐의 위상(*Stellung*)과 화폐의 기능은 무엇인가? 그리고 이 질문은 또한 화폐의 변천에 대한 또 다른 질문들과도 연결되기 마련이다. '사회적'(*gesellschaftlich*) 또는 '사회교류적'(*soziale*)[1] 화폐의 기능은 사회교류적 관계를 통하여 스스로를 나타낸다. 그러한 관계가 화폐에 의하여 표현되거나 「화폐관용」(貨幣慣用 *Geldgebrauch*)[2]에 의

---

[1] [역주] 통상적으로는 '사회교류적(*soziale*)이라는 단어를 사용하지 않고 모두 '사회적'으로 번역하는 것이 일반적이다. 하지만 본 번역에 있어서 '사회적'(*gesellschaftlich*)과 '사회교류적'(*soziale*)을 구분하였다. 본서에서 후자의 의미는 '사람들 간의 교류 및 상호작용의'라는 의미를 강조하고 있음에 반하여 전자는 '사회에 관계된'이라는 보다 포괄적 의미를 내포하고 있다. 본서의 역자용어해설7을 참고할 것.

[2] [역주] 본 번역에 있어서는 '화폐관용'(*Geldgebrauch*)과 '화폐지출'(*Geldverwendung*)을 구분하였다. 후자는 화폐를 소비지출하는 행위에 주목하는 반면, 전자는 단순히 화폐를 소비지출하는 바에 그치지 않고 화폐가 관용적으로 사용되는 보다 광범위한 측면에 주목하고 있다. 「관용」과 「화폐관용」의 의미에 대하여서는 역자용어해설2와 3을 참고할 것.

하여 생성되는 바에 관한 한, 화폐는 본 연구의 대상이 된다. 우리가 이해하고자하는 대상은 「경제적 사태」로서의[3] 「화폐관용」이 아닌, 「사회교류적 사태」로서의 「화폐관용」이다.

J. J. 바흐오펜(J. J. Bachofen)은 그의 저서 『모권(母權 Mutterrecht): 고대 여성지배의 종교적 및 법적 성격 연구』의 그 유명한 서문에서 이렇게 말한다(Bachofen 1861):

> 진정한 과학적 지식은 '무엇인가'에 대한 질문에 답하는 것만으로는 불충분하다. 그것은 '어디에서 왔는지'를 발견하고, 그 이후 '어디로 가는지'에 대한 질문과 연결할 수 있을 때야만 비로소 완전하여질 수 있다. 지식은 시작, 진행, 종점을 모두 아우를 수 있을 때야만 비로소 [진정한] 이해로 승화된다

이 말은 본 저자가 연구에 임하며 걸어온 길을 가장 잘 설명한다고 할 수 있다.

본 저자 자신으로서는 이렇듯 나열한 연구 주제에서 개관된 모든 사안과 질문의 전 영역을 결코 전부 다루지는 못한다는 것을 너무도 잘 알고 있다. 과연 그렇게 할 수 있는 사람이 존재할 수 있을까? 하지만 본 저자는 여전히 이러한 어려움에 대하여 많은 고민을 하고 있는 중이다. 본 저자의 심정은 1843년 6월 12일에 친구 요제프 부르크할터(Joseph Burkhalter)에게 보낸 편지에서 뤼쩰플뤼(Lützelflüh)의[4] 현자 예레미아

---

[3] [역주] '경제적'(경제의, 경제상의, *gesellschaftlich*)과 이후에 자주 등장하는 '경제합리적'(*ökonomisch*)이라는 용어 간의 차이에 대하여서는 역자용어해설1을 참고할 것. 대부분의 경우 양자는 구분 없이 모두 '경제적'이라는 단어로 번역되나 본서에서는 그 양자 간의 차이를 구별하였다.

[4] [역주] 스위스 베른주에 위치한 지방행정단위.

스 고트헬프(Jeremias Gotthelf)가[5] 다음과 같이 고백한 바와 다르지 않다:

> 돌을 산 위로 굴려서 정상에 도달하게 한 후 돌이 다시 굴러 내려오는 것을 보고, 재차 돌을 산 위로 굴리는 일을 시작하여야 하는 사람에 대한 우화를[6] 알고 있겠지. 그 주인공이 바로 나라고 생각하네. 일단 무언가를 기도하면 그 일을 달성한 연후에 비로소 자유가 올 것을 고대하며 온갖 종류의 계획을 만들기 마련이지. 하지만, 그 일이 달성되면 학수고대하던 자유는 사라져 버리고, 또 다른 일들이 앞에 놓여 있게 되고, 그리하여 그것들은 또다시 달성되어야만 하고. (...) 자유를 고대하던 그 많은 [실망스러운] 경험에도 불구하고 결국 나는 다시 새로 돌을 굴리게 되네.

본 저자의 심정도 그와 같은데, 이제 본인도 다시 돌을 위로 굴릴지, 그리고 그 돌이 어떠한 것이 되어야 할지는 아직 알 수 없을 뿐이다.

내 삶을 인도하는 영혼이며 내 인생 역정에 있어서 영원한 동반자이자 내 일생의 목적인 나의 사랑하는 처에게 깊은 애정을 담아 본서를 바친다.

1951년 가을,
독일 오베루셀 타우누스(Oberursel Taunus)
빌헬름 게를로프

---

[5] [역주] 예레미아스 고트헬프는 스위스의 소설가이자 목사, 사회 비평가인 알베르트 비치우스(Albert Bitzius 1797-1854)의 필명이다. 그는 스위스의 농촌 생활을 생생하게 묘사하고 당대의 사회적, 도덕적 문제를 탐구한 소설 작품으로 가장 잘 알려져 있다.

[6] [역주] 그리스 시지프스의 신화.

화폐, 계급, 사회

계급화폐의 발생과 발전, 화폐권력에 관한 사회학적 탐구

I. 사회교류적 현상으로서의 화폐

§1. 연구과제

화폐는 「사회교류적 행동」(*soziales Handel*)의 산물이다.[7, 8] 이러한 깨달음이야말로 「화폐의 발생」에 대한 본 저자의 기존 연구 결과이자 그에 후속하는 [현재의] 탐구의 시발점이라고 할 수 있다. 이러한 탐구의 목적은 화폐를 사회교류적 범주로서 인식하는 것이다. 모든 사회학적 연구에 있어서 [중대한] 과제는 「사회교류적 행동」을 명확히 이해할 수 있게 하는 것이라고 할 수 있다. 우리의 탐구 주제와 관련된 맥락에서 고찰할 때, 이는 「사회교류적 관계수단」으로 화폐적 현상을 이해하는 것을 의미함에 다름 아닌데, 그러한 「사회교류적 관계수단」은 「사회의 본성」에서 비롯되는, 어떠한 원초적 힘들과 '사회적 삶의 사실들'(*Tatsachen des gesellschaftlichen Lebens*)에서 연원할 수 있으며, 따라서 보다 넓은 문화적 맥락 속에 위치될 수 있다. 동시에 이 같은 논점에서 말하자면, 단지 화폐 그 자체가 아니라, 「화폐관용」(*Geldgebrauch*) [즉, 어떻게 화폐가 사회에서 관행적으로 사용되는가]에 대한 설명이 필요하다는 것을 의미한다. 그런데 본 탐구에서는, 「화폐관용」에 대한 그 탐구대상을 「화폐의 본질」(*Wesen des Geldes*) 자체에 의하여, 혹은 달리 표현하자면 「화폐의 본질적 서비스」(*Wesensleistung des Geldes*)에 의하여 결정되어 [드러나는] 범위 내에서만

---

[7] [역주] 「행동」(*Handeln*)과 「행위」(*Verhalten*)의 차이점에 대하여서는 역자용어해설 15를 참고할 것. 이 용어의 사용은 다분히 막스 베버에서 영향을 받았다.

[8] [역주] 이 문장은 크납(G.F. Knapp)의 『국정화폐론』 서두에 나오는, "화폐는 법적질서의 산물이다"라는 유명한 문구와 대조가 되는데, 게를로프의 견해에 의하면 사회적 행동은 법적질서 이전에 선행하여 존재하면서 동시에 후자를 포괄한다. 즉, 그는 법적질서 이전의 사회적 행동에서 화폐의 기원을 추적하고 있음으로써 크납의 부족한 부분을 보완하려 하고 있다.

국한하고자 한다. 따라서「화폐관용」을 통하여 드러나는「화폐의 본성」 (*Natur des Geldes*) 내지는「화폐의 실체」(*Wesenheit des Geldes*)에 대한 질문을 우리는 가장 먼저 그리고 가장 중요하게 제기하는 바이다. 이러한 질문 에 대한 대답은, 화폐가 '현존재'(現存在 *Dasein*)[9]하고 있는 측면, 즉 화폐 의「활동영역」(*Lebensbereich*)[10]이라는 측면에 있어서 화폐를 고찰함으로 써만 구할 수 있다.

화폐가 현존재하는 영역은 사회이다. 여기에서 사회에 대한 자세한 설명은 생략하기로 하고 당분간은 사회란 어떠한 식으로 특징되든 단 지「인간 공동체」(*menschliche Gemeinschaft*)를 의미하는 것으로 이해하자. 「인간 공동체」는「사회화」(*Vergesellschaftung*),[11] 즉 사람들이 상호 간에 관 계를 맺게 되는 모든 과정의 결과로서 만들어 진 것이다. 이때 그 '결과' 라는 것은 '인간' 혹은 '사회'라는 개념이 표상하는 바와 동일한 사실을 지칭하는데, 단지 다른 관점에서 조망하고 있는 것이라고 할 수 있다. 다시 말하여 사회의 근본들은 다름 아니라 인간 자신을 구성하는 힘들 에 의존하고 있다. "한 사람의 인간은 절대로 인간이 아니다"(*Unus homo nullus homo*). 기에르케(*Gierke*)는[12]『독일협동조합법의 역사』(*Rechtsgeschichte*

---

[9] [역주]「현존재」의 의미는, '거기 존재함', 내지는 '거기 존재하는 것'이다. '존재'(*Sein*)라는 단어와 구분하기 위하여 어감상 어색하지만 부득이 '현존 재'로 표기하였다. '존재'는 생명체와 비생명체를 포함하는 포괄적 개념인 반면, '현존재'는 특정 시공간 내에 위치하는, 생명력을 가지고 있는 존재 를 일반적으로 일컫는다. 참고로 '현존재'는 1927년 하이데거(Martin Hei-degger)가 출판한『존재와 시간』(*Sein und Zeit*)에서의 중심 테마이다.

[10] [역주] 본서의 번역상 *Lebensbereich*는 그 문맥에 따라「활동영역」혹은 「삶의 영역」으로 번역하였다.

[11] [역주] 역자용어해설 7참고.

[12] [역주] 오토 폰 기에르케(Otto Friedrich Von Gierke 1841 – 1921). 독일의 법학

der deutschen Genossenschaft) 서문에서 다음과 같이 표현하였다: "인간은 인간과 인간의 결합에 의존하고 있다". 인간특성(*Menschentum*)을 이루는 필수적인 전제 조건은, 인간은 「사회적 현존재」(*gesellschaftliches Dasein*)라는 점이다. 사회가 없이는 인간특성도 존재할 수 없다.

「사회적 현존재」는 [개인들 간의] 정신적인 연결을 기반으로 한다. 이러한 연결은 개인들을 연결하고 동시에 인과 관계로 묶여있는 [개인들 간의] 「상호작용」(*Wechselwirkung*)을 통하여 자신을 표현하는 특정 관계, 즉, 「사회적 사실」(*gesellschaftlicher Tatbestand*)을 창출하여낸다. 이러한 연결은 또한 특정 「발현형식」(*Äußerungsform*)들로 객관화되는데, 그러한 「발현형식들」에는 제례, 거래(*Verkehr*), 법, 관습 등이 해당된다. 이러한 각 「발현형식들」은 「소통의 수단」(*Verständigungsmittel*)으로서 어떠한 「표현수단」(*Ausdrucksmittel*)을 활용하며, 이러한 「표현수단」에 해당하는 것이 바로 몸짓과 언어이다. 그런데 이에 더하여 [표현수단의] 세 번째 범주로서 물리적 사물, 즉 특정 대상물이 존재하는데, 화폐가 바로 이에 속한다. 이로써 화폐를 「사회교류적 소통수단」 혹은 「사회교류적 행동의 수단」(*Mittel sozialer Handlungen*)으로 해석하는 과제가 우리 앞에 놓이게 된다.

국가 및 언어 등과 같은 사회교류적 범주에 대한 것들의 기원에 대한 주요한 질문은 그것들이 '자연적 본성'(*physei*)[13]에서 발생하였는지 혹은 '합의'(*thesei*)[14]에 의하여 발생하였는지 여부이다. 사회교류적 범주

자이며 역사학자.

[13] [역주] '*physei*'(φύσει)는 '자연적 본성에 의하여'를 의미하는 그리스어인데, 그 어원은 '자연'을 뜻하는 '*physis*'(φύσις)이다.

[14] [역주] '*thesei*'(θέσει)는 '관행에 의하여' 혹은 '합의에 의하여'를 뜻하는 그리스어이다. 또한 어떠한 관점, 주장 혹은 저술의 중심적 사상을 의미하기도 한다. 어원은 '*thesis*'(θέσις)로서, '위치시킴', '위치', 혹은 '설정시킴' 등의 의미를 가지고 있다.

중에서 화폐가 차지하는 위상의 중요성은 과학의 초기 시작 단계부터 화폐의 발생에 대하여서도 동일한 질문이 지속적으로 제기되어 온 것에서 엿볼 수 있다. 그리고 사회의 발생과 국가의 기원에 대한 의견이 스토아 학설과 에피쿠로스 학설의 추종자들 사이에서 나뉘어 일부는 사회가 자연적으로 진화하였다고 주장하는 반면 다른 일부는 법령에 의한 의도적 설정에 의하여 생겨났다고 주장하는 바와도 같이, 「화폐의 발생」에 대한 의견도 처음부터 그러한 방식으로 나뉘어 왔다. 하지만 사회, 국가, 그리고 언어가 인간이 발명하고 고안하고 제정한 것들이 아닌 것처럼 화폐도 마찬가지라고 할 수 있다. 화폐는 기술적(技術的) 사물(*technisches Ding*)이 아니다. 보다 적확하게 말하자면, 비록 화폐는 기술적 용도를 위하여 사용되고 있으며 그러한 측면은 보다 정교해지고 있지만, 그럼에도 불구하고 그 기원은 기술적인 것이 아니었다. 전술하였듯이, 화폐란 무엇인가라는 질문에 대한 대답은 화폐의 전체적 「활동영역」(*Lebensbereich*)을 고려할 때만 보여질 수 있다. 그러나 화폐의 「활동영역」, 즉 그 기원의 장소이자 운행의 현장이며 궁극적으로 어떠한 특정 상황하에서 몰락의 원인이 되는 곳도 바로 사회이다. 그렇기 때문에 화폐는 「화폐의 사회적 이론」(*gesellschaftliche Theorie des Geldes*)을[15] 통하여서만 간파될 수 있을 뿐이다.

일반적 「화폐론」은 두 가지 사안을 그 중심 주제로 다루어야만 한다. 그 하나는 「화폐의 질적 문제」이고 다른 하나는 「화폐의 양적 문제」이다. 물론 그 이외에도 「화폐론」에 속하는 다른 필수적 영역도 존재하지만, 이는 특수 「화폐론」이나 일반 화폐정책의 사안으로 분류될 수 있다. 예를 들어 통화체제에 대한 질문이 이에 해당된다. 하지만 본서의 주제는 「질적 화폐론」에 속하는데, 향후 오해와 비판을 피하기 위하여

---

[15] [역주] 「화폐의 사회적 이론」은 직역하자면 화폐가 사회에서 가지는 역할 내지는 의미에 관한 이론이다.

처음부터 이러한 점을 명시적으로 먼저 언급하고자 한다. 이 같은 언급과 주의에는 충분한 이유가 있다. 예들 들자면 크납(Knapp)이[16] 간결 명료한 형태로 발전시킨, 세간에 저명한 『국정화폐론』(staatliche Theorie des Geldes)은 화폐수량의 사안에[17] 대한 설명을 할 수 없었다는 비난에 직면하였고, 이에 그 이론이 폐기될 수 있다고 믿어왔다. 하지만 이러한 비판은 전적으로 정당화될 수는 없다. 이러한 비판은 단지 「화폐론」상 여전히 만연되어 있는 혼동을 보여주는 슬픈 신호일 뿐이다. 비유하자면, 어떠한 의학자도 혈액의 질적 분석에 대한 학설이 인간 내 혈액의 양적 변화에 대한 정보를 제공하지 못한다는 이유로 비판하지는 않을 것이다. 그러나 이러한 의학분야에서도 양자 사이에는 물론 일정한 관련성들이 있는 것처럼, 화폐의 질에 대한 학설도 「화폐의 순환론」(Kreislauf-lehre)과[18] 관련성이 전혀 없는 것은 아니다.

앞서 말하였듯이, 우리에게 제기된 핵심적 질문은 「화폐의 본질」 혹은 「화폐의 실체」에 대한 것이다. 이 같은 질문에 대한 답은 화폐의 생성(Werden)과 현존재, 그리고 그 활동과정(Lebensprozeß) 전반에 있어서 화폐를 파악할 수 있을 때만 가능할 수 있다. 그리하여 우리가 본서에서 채택한 방법론은 자명하다. 사회교류적 현상을 단순한 법적, 윤리적 또는 기타 특징적인 외피나 겉치장과는 독립적으로 존재하는, 인과적으로 조건 지워진 「사회심리적 과정들」(sozial-psychische Vorgänge)로 보는 것이다. 분명히 이러한 과정이야말로 사물의 중핵이며, 겉치장은 단지 껍

---

[16] [역주] Knapp(2023/1923).

[17] [역주] 이는 화폐의 수량과 물가수준의 결정에 대한 이론을 말한다. 사실 이 분야는 크납이 간과한 것이 아니라 단지 그의 저술의 연구대상이 아니었을 뿐이다.

[18] [역주] 즉, 화폐가 순환되는 양과 그로 인하여 형성되는 물가에 대한 이론.

데기에 불과하기 때문이다. 따라서 본서의 과제는「화폐의 기능상 상호
연계성」(*funktionelle Verflechtung des Geldes*)을「사회적 행태과정」(*gesellschaftlicher
Gehabensablauf*)[19]상에서 파악하고 그것들을 그 심리적 뿌리까지 추적하는
것이다.

§2. 화폐의 사회적 이론이 가지는 의미

우리가「화폐의 사회적 이론」(*gesellschaftliche Theorie des Geldes*)에 대하여
말할 때 가장 먼저 제기되는 질문은 그러한 종류의 화폐이론이 의미
하는 바가 무엇인가 하는 것이다. 다시 말하자면, 화폐를 지식의 대상
(*Erkenntnisgegenstand*)으로 하는 경우에 있어서,「사회적인 것」(*das Gesellschaft-
liche*)에 대한 포괄적인 이해가 이러한 화폐 현상에 대한 과학적 설명을
제공하여야 한다면, 그 때 말하는「사회적인 것」이란 도대체 무엇인가?

이러한 질문이 제기될지라도, 각 사회 학설을 대표하는 학자들 사이
에서도 도대체「사회적인 것」(*das Gesellschaftliche*)이 무엇인지 혹은 무엇이
이러한「사회교류적인 것」(*das Soziale*)과 같은 의미로 통용되는 것인지에
대하여서는 합의가 전혀 없다는 어려움에 우리는 즉시 직면한다. 그러
나 본 시점에서는, 이 같은 주제에 있어 존재하는 매우 다양한 의견을
설명하고 그 장단점에 대한 논의를 시작하려는 의도는 삼가려고 하며,
더욱이 이와 연관하여 사회의 개념과「사회의 본성」에 대한 관련 질문
으로 깊게 들어가려는 의도는 없다.[20] 본서의 목적상 우리가 통상 "화폐

---

[19] [역주] 독일어 *Gehabe*는 보다 본성적이거나 습관적인 형태의 행위를 지
칭하는데, 이것은 어떠한 특정한 상황에서의 행위가 아닌, 개인의 '일반
적'이고 항상적인 행위 형태를 지칭한다. 본서에서는 이를 '행태'로 번역
하였다. 역자용어해설 15을 참고할 것.

[20] 이점과 관련된 다양한 논쟁점들에 대하여서는 다음을 참고할 것: H. L.

의 사회적 이론 내지는 화폐의 사회교류적 이론"이라고 말할 때 '사회적'(*gesellschaftlich*) 또는 '사회교류적'(*soziale*)이 의미하는 바를 설명하면 충분할 것이다.

사회(*Gesellschaft*)란 '상상적 단일체'(*gedachte Einheit*)를 형성시키는[21] 어떠한 '목적의식적 관계들'(*zweckbewußte Beziehungen*)로 연결되어 있는, 인간들의 총체를 의미한다.「사회의 본성」(*Wesen der Gesellschaft*)은 그 목적들(*Zwecken*)과 목표들(*Zielen*),[22] 그리고 그로부터 결과되는, 사회 구성원들 간의 상호 관계에서 인지될 수도 있거나 혹은 사회 구성원들 사이에 존재하는 심리적 공동체감(共同體感 *Gemeinsamkeit*), 즉 애초에「사회적 삶」(*gesellschaftliches Leben*)을 발생시키는 심리적 과정에서 찾아볼 수 있다. 그러므로 사회는 단순한「공존」(*Zusammensein*) 내지는 단순한「공동체 생활」(*Zusammenleben*)이 아니다. 그것은 주로 개인들 간의 불평등(*Ungleichheit*)에 기인한,[23] 특정한 충동들에 의하여 지시되며, 특정한 목적설정에 기초하고, 특정한 목표를 지향하는, 그러한 어떠한「집단적 행동」(*gemeinsames Handeln*), 즉 어떠한 특정 행위이다. 이러한 상황에서 비롯된, 즉「사회적 삶」을 이루는「사태들」(*Sachverhalt*)을 우리는「사회적인 것」(*das Gesellschaftliche*)이라고 지칭하며, 그러한「사회적인 것」중, 우리가 '화폐'라고 통

Stoltenberg가 번역한 Ellwood(1927)에 등장하는 주석, 특히 2쪽의 각주 2, 226쪽의 각주 10.

[21] [역주] 다시 말하자면 "사람들의 심리 속에 그들이 단일하다고 느끼게끔 하여 주는".

[22] [역주] '목적'은 보다 광범위한 대상을, '목표'는 보다 구체적인 지향점을 의미한다.

[23] [역주] 이때의 '불평등'이 개인들 간의 생물학적 혹은 능력의 차이에 기인하는 불평등인지 아니면 사회적 조건에 의하여 야기된 불평등을 의미하는 지는 이 문구에서는 불분명하다.

상적으로 부르는 제도(Einrichtung)가 본 설명에 있어서의 주제이다. 따라서 「사회적인 것」은 공동체 생활에서 발생하는, 서로를 위하거나 혹은 서로 반목하는 방향으로 나아갈 수도 있는, 인간의 「목적지향적 행동」(Zweckhandeln)이다. 「사회적인 것」은 흔히 「사회교류적 과정」(sozialer Prozeß)이라고도 지칭되며, 이 「사회교류적 과정」은 일반적으로 인간의 특정 목적을 위하여 봉사하는, 인간들 간의 상호 관계의 총체(Inbegriff)로 이해된다. 개인의 불평등으로 인한 긴장들은 그 「사회교류적 과정」을 움직이게 하고 또한 지속시킨다. 이러한 긴장들이야말로 「사회교류적 과정」을 이해하는 열쇠를 제공한다.

「사회적인 것」 또는 「사회교류적 과정」은 경제적 관심 영역만이 아니라 경제를 포함한 인간 관계의 모든 영역을 포괄한다. 하인츠 사우어만(Heinz Sauermann)이 언젠가 말하였듯이 "경제는 특정한 종류의 사회교류적 행동이다". 이는 그가 다른 맥락에서 말하였듯이, "모든 경제적 사태와 경제적 발생들은 선험적(a priori)으로 사회적"이라는 의미이다.[24] 따라서 「화폐의 사회적 이론」과는 다른 의미로서의 「화폐의 경제이론」을 말하는 것이 과연 타당한지를, 그리고 이렇게 대비시키는 것이 의미하는 바를 여기에서처럼 의문시하는 것은 당연하다. 이 질문은 '사회적' 또는 '사회교류적'이라는 단어를 과학적 용어로 사용함에 있어서 내재되는 다양한 의미에 대한 간략한 검토를 요구한다. 이 주제는 사실 아주 광범위하지만 이곳에서는 본서에서의 연구의 의도를 명확히 하는

---

[24] Sauermann et al.(1931: 381 및 379). 이에 더하여 나브라틸(A. von Navratil)은 다음과 같이 말하기까지 하였다: "경제 내지 경제적 삶은 가장 근원적이며 사회교류적 현상에 대한 가장 특징적 표현이다". 실상, 그는 "경제적 삶은 사회교류적 공동체에 있어서의 개인들의 삶의 내용을 이룬다"고 주장하였다(Navratil 1906: 14-15).

바에 필수적인 만큼만 언급하고자 한다.[25]

'사회적'(*gesellschaftlich*)과 '사회교류적'(*sozial*)이라는 용어는 종종 같은 의미로 사용된다. 이는 본서에서도 마찬가지이다. 사람들은 '사회적 해악' 또는 '사회교류상의 해악', '사회(에 대한)과학'(*Gesellschaftswissenschaften*) 또는 '사회(교류에 대한)과학'(*Sozialwissenschaften*) 등에 대하여 이야기한다. 반면에 '사회와 경제' 내지는 '경제정책 및 사회(교류에 대한)정책'이라는 용법에서 볼 수 있듯이, 즉 '사회적' 또는 '사회교류적'이라는 의미는 '경제' 및 경제(상)의'(*wirtschaftlich*) 등의 단어와는 일반적으로 다른 것을 의미한다. 야스트로우(Jastrow 1902)에 의하면 '사회교류적'이라는 단어는

---

[25] '사회적' 혹은 '사회교류적'(*sozial*)이 가지는 다양한 의미에 대하여서는 다음을 참고할 것: Wasserrab(1903); Stammler(1914: 634n64); Wiese(1921: 12); 그리고 Jastrow(1902: 17쪽 이하 연속 및 27). 이 '사회교류적'이라는 단어가 가지는 의미의 변천과 동시대에 존재하는 혼란은 아돌프 귄터(Adolf Günther)의 관찰에서 잘 기술되어 있는데, 그는 자신의 저서에서 '사회정책'(*Sozialpolitik*)이라는 단어가 무려 13가지의 상이한 의미를 가지고 있음을 지적하고 있다(Günther 1923: 467). 이에 추가하여, 알비온 우드베리 스몰(Albion Woodbury Small)은 '사회교류적'이라는 단어의 개념에 대하여 다음과 같이 정의하고 있다:

> 그러므로 '사회교류적'이라는 것은 살아있고 움직이며 자신들의 존재가 외부에 대한 반응의 중심인 그러한 개인들이 그 자신들과도 같은 다른 중심들로 채워져 있는 세계에서 상호 작용하며 서로 주고 받는 것이다. (…) 그러므로 '사회교류적'이라는 것은 그 모든 주고 받음이다. (…) 그것은 서로 당김이며 또한 서로 배척하는 것이다. 그것은 상호 부조(扶助)이며, 또한 동시에 상호 간의 걸림돌이다. 그것은 친절함을 의식함이며 동시에 불친절을 의식하는 것이기도 하다. 그것은 선택함이며 동시에 배제함이다. 그것은 [상호 간의] 적응이며, 동시에 그러한 적응을 산산이 부숴버리는 것이기도 하다(Small 1920: 511-512).

순전히 정치적인 관점이나 혹은 순전히 경제적 관점과는 대조되는 다른 의미로 도입되어 사용되기 시작하였다. 그는 다음과 같은 추가 설명을 하고 있다:

> 수많은 저자들이 '사회교류적' 관점과 '경제적'(*wirtschaftlich*)[26]관점 간의 대립을 강조하였음에도 불구하고, 그리고 그들 중 많은 이들이 소위 일류 사상가들임에도 불구하고, 동일한 사태를 순수한 경제적 관점 혹은 순수한 사회적 관점에서 이해할 수 있다는 결론을 독서와 토론의 현장에서 명확하게 보여준 경우는 결코 없었다.[27]

---

[26] [역주] 본서의 번역에 있어서는 「경제적」(*wirtschaftlich*)와 「경제합리적」(*ökonomisch*)을 구분하여 사용하였다. 후자는 어떠한 목적을 달성하기 위하여 효율적으로 자원을 사용한다는 의미가 강하고, 전자는 '경제에 관련된'의 의미를 가진다. 이 단어들을 명사화시킨 경우에는 「경제적인 것」(*das Wirtschaftliche*)과 「경제합리적인 것」(*das Ökonomische*)으로 구분하여 번역하였다. 이 같은 차이점과 *Ökonomie*의 고대 그리스적 의미는 역자용어해설1을 참고할 것.

[27] 그는 다음과 같이 자신의 설명을 부연한다:
사회교류적 관점과 경제적 관점 양자 모두 순전히 정부적 (법적) 관점과는 결별하는 맥락에서 등장하였고, 이러한 결별은 모든 국가에 있어서의 지식인 계층의 대부분에게는 아직도 연구과제로 남아있기에, 그리고 학술 문헌조차 아직 이러한 (결별)단계에 대하여 충분히 고찰하지 못하였기에, 양자 사이의 공통점이 차이점보다 더 강한 영향을 미치고 있다는 것은 결코 놀라운 일이 아니다. 따라서 '사회교류적'(*sozial*)과 '경제적'(*wirtschaftlich*)이라는 용어는 때때로 같은 의미로 사용된다. 그러나 모든 '사회교류적 발전'은 '경제적 발전'이기도 하고 그 역도 성립하기 때문에 이러한 혼용은 때때로 용납되고는 한다. (물론 '경제적'이라는 의미가 명확한 곳에서 '사회교류적'이라는 용어를 사용하

더 상세히 살펴보면 사회와 경제는 상호 배타적인 개념은 아니라는 사실을 곧 깨닫게 될 수 있다. 「경제합리적인 것」(*das Ökonomische*) 혹은 「경제적인 것」(*das Wirtschaftliche*)은 사회교류적 현상의 한 부분이며, 더욱이 필시 사회교류적 현상의 중대한 부분이지만, 결코 자신만의 배타적인 내용을 가지고 있는 것은 아니다. 즈비디넥(Zwiedineck)은 다음과 같이 말한 바 있다:

> 「사회화」를 이끄는 힘들은 매우 상이한 성격을 가지고 있다. 특히 초기단계에 있어서의 「사회화」는, 현대에 있어서 경제의 목표를 구성하는 「욕구충족」(*Bedürfnisbefriedigung*)이라는 힘과는 상이한 힘들의 영향을 받아 일어났다.[28]

이것은 「사회적인 것」이 단순한 「경제적인 것」 이상의 것들을 포괄한다는 점을 분명히 보여준다. 사회라는 개념은 더 넓은 개념, 즉 류의 개념(類概念, *Gattungsbegriff*)이고 경제는 종의 개념(種概念 *Artbegriff*)이다. 이 두 개념 간의 관계는 「교류」(*Verkehr*)와[29] 「교환거래」(*Tauschverkehr*)라는 개념 간의 차이와 유사한 관계를 가지고 있다. 「교류」는 인간들 사이의 여하의 「관계결속」(*Beziehungsnahme*)이다. 반면 「교환경제적 교류」(*Tauschwirtschaftlicher Verkehr*) 또는 「경제합리적 교류」(*ökonomischer Verkehr*)는 경제합리적 재화, 즉 물질적 사물에 대한 인간의 욕구를 충족시키기 위하여 상호 간에 재화를 주고 받음에서 형성되는 「관계결속」이다. 이 같은 비교를 잘 보여주는 예가 바로 화폐이다. 「사회화」의 초기 단계에서의 화폐는 「교류수단」(*Mittel des Verkehrs*)이었고 심지어 그 최초 단계와 그 이후에 있어

는 것은 결코 정당화될 수 없다).

[28] Zwiedineck-Südenhorst(1911: 3).

[29] [역주] 혹은 '거래'라고 번역할 수도 있다. 독일어 *Verkehr*가 가지는 의미와 번역의 다양성에 대하여서는 역자용어해설 4를 참고할 것.

서도 철저히 경제합리적 교류(*ökonomisches Verkehr*)의 수단이 되지는 못하였다.

따라서 넓은 의미의 '사회교류적' 또는 '사회적 고려'는 항상 경제적 현상계(*Erscheinungswelt*)를 포함하지만, 후자를 「사회적 과정」(*gesellschaftliches Prozeß*)의 일부 구성 인자로만 본다. 「경제적 화폐론」(*wirtschaftliche Geldlehre*) 또는 「화폐의 경제이론」(*wirtschaftliche Theorie des Geldes*)은 화폐를 경제적 현상으로만 간주하는 반면, 「사회적 화폐론」(*gesellschaftliche Geldlehre*)은 전체 「사회교류적 과정」에서의 화폐적 현상에 있어서 본질적인 것들이 무엇인지를 드러내야 한다. 따라서 후자는 전자에 비하여 그 범위가 더 넓은 반면, 그것이 포괄하는 영역에서는 전자에 비하여 그 내용 깊이가 덜 철저하다고도 할 수 있다. 따라서 사회교류적 관점은 넓은 의미에서는 경제를 포함하며, 동시에 협의에 있어서는 경제를 배제한다고도 할 수 있다. 그렇기에 사회적 고려가 경제적 그것과 대비되는 것이 모순이라고 할 수는 없다. [일례로 우리는] 법생활과 법질서 역시 사회적 사실들이지만, 두 관점을 포괄하는 총체적 관점의 중요성을 인정하는 것을 잊지 않고 동시에 그러한 총체적 관점을 근본적으로 포기하지 않은 채 법적인 관점과 사회학적 관점을 종종 구분하기도 한다. 이것이 바로 화폐적 현상과 관련하여 본서가 취하는 관점이다. 또한 언어적 사용에 있어서도 사회교류적인 것은 경제합리적인 것과 동일시되거나 혹은 다른 어떠한 경우에 있어서는 경제합리적인 개념이 포괄할 수 없는 어떠한 것을 지시하기도 한다. 이러한 언어 용법은 사실 쉽게 바꾸기 어렵고 또한 그러한 용법에는 분명 타당한 이유가 있다. 이러한 언어 사용을 따르는 경우 우리는 항상 각 의미의 맥락을 명확하게 나타내기 위하여 매우 주의를 기울여야 할 것이다.

따라서 경제적 관계가 결여된 사회는 존재하지 않으며, 단지 이러한 경제적 관계에서는 힘들(*Kraft*)과 노력(*Betätigung*)의 일부분이, 간단히 말하자면 사회교류상의 전체 삶의 일부분만이 그 안에서 표현된다고 본서는 상정한다. 인간이 처한 환경이 단순한 경제적 그것이 아니듯이, 그 자신과 환경을 연결시켜주는 해석과 가치판단은 단순히 경제적 그 것들만이 결코 아니다. 또한 사회교류적 관계 역시 경제적 이해관계의 범위에 국한되는 것도 아니다. 이 같은 사실은 본서의 연구 주제에도 적용된다. 사회적 삶이 경제합리적 내용만으로 채워지지 않는 것처럼, 화폐적 현상도 단지 그것이 가지는 경제합리적 성격을 규명하는 것만 으로는 밝힐 수 없다. 본서에서는 화폐가 경제적 영역을 넘어서는 사회 교류적 영역에서 기원된 것이라는 견해를 견지한다. 화폐는 이러한 사 회교류적 영역에서부터 발출(發出)하여 경제적 영역으로 침투하고 이윽 고 경제적 영역을 지배하지만, 동시에 이러한 경제적 영역을 넘어선 일 반적인 「사회교류적인 것」(*das Soziale*)까지도 포획한다. 우리에게 화폐는 단순히 경제적 수단만이 아니라 사회적 형식이며 공동체 생활 방식에 대한 표현이다. 따라서 우리가 화폐를 단순히 특정한 경제적 맥락에서 만 조망할 것이 아니라, 삶의 실제적 조건에 대하여 화폐가 가지는 모 든 연결과 관계를 보여줄 때에만 화폐의 현존재와 본질이 비로소 완전 히 파악될 수 있다. 그리하여 이러한 관점이 바로 본서가 「경제적 화폐 론」(*wirtschaftliche Geldlehre*)과 「사회적 화폐론」(*gesellschaftliche Geldlehre*)을 구분 하고자 하는 이유이다.

§3. 사회 심리적 기초

「화폐의 사회적 이론」에 따르면 화폐는 「사회교류적 삶의 과정」(*sozia-ler Lebensablauf*)에 속하는 한 현상이다. 「사회교류적 삶의 과정」이란 인간 들의 목적 설정과 그 목적의 추구 및 실현을 위하여 노력하는 과정에서 발생하게 되는, [인간관계들의 출현과 그에 연관된, 사람들에게 미치는 영향이 라는 측면에서의] 인간 관계들의 상호 작용으로 이해된다. 이러한 일련의 과정, 이른바 「사회교류적 과정」을 설명하기 위하여 우리는 '하나의 통일체로 이해되는 인간 본성'에 이미 주어져 있는 심리적 사실에 의존하게 된다. 모든 사회교류적 현상들은 심리적 조건과 법칙의 지배를 받는다. 즉, 그것들은 심리적 원인들에 기반하고 있으며, 이러한 현상을 본질적으로 인식하려면 그러한 원인들을 밝혀내려고 노력하여야만 한다. 역사학과 인류학[30] 모두에서 가정하는 인간 본성에 대한 합의점에 기초하여 고찰하여 볼 때 우리는 어떠한 선천적 본능들(angeborene Trieben)에서 「사회적 삶의 과정」(gesellschaftlicher Lebensablauf)의 원초적 힘(Urkraft)을 발견할 수 있는데, 그러한 선천적 본능은 그 강도가 다양하고 상황에 따라 다른 방식으로 그 발달이 억제되거나 촉진되기도 한다. 이러한 견해에 따르면 인간의 모든 목적설정과 목적추구는 어떠한 충동들(Antrieben) 내지는 동기들에서 비롯된다. 이러한 일련의 동기들을 인간의 「행동들」(Handlung)의 동인들(Beweggründen)로 파악하는 것은 「사회교류적 삶의 과정」 그 자체를 해명하고 동시에 그러한 과정에서 발생하는, 화폐라는 제도와 「화폐관용」을 포함하는 일련의 생성물들과 「행태의 형식들」(Gehabensform)을 이해하는 출발점이 된다.

사회심리학은 인간 동기에 대한 분석을 수행하기 위하여 그간 많은 노력을 기울여 왔다. 그러나 그 동기의 원초적 충동력들(ursprüngliche Triebkräfte)에 대하여서는 그 숫자, 명칭, 분류, 그리고 평가 등의 모든 측면에서의 합의는 아직까지 이루어지지 않고 있다. 그럼에도 불구하고, 사회심리학에 있어서는 몇 가지 일반적인 기초와 근본 개념을 추출할 수 있다. 그에 따르면 인간의 '행태'(Gehaben)는 특정한 선천적 또는 후천적 '충동들'(Triebe)에 기반한다. 이러한 충동들은 '욕구들'(Bedürfnisse)을 발생시킨다. 이러한 욕구들이 충족된 연후에는 어떠한 특정 사물이 특정 목적을 달성하기 위한 '적합성'(Tauglichkeit)을 가지고 있는지 여부에 대한

---

[30] [역주] 본서에서는 *Völkerkunde, Volkskunde, Ethnologie*를 각각 인류학, 민속학, 민족학으로 번역하였다.

경험을 가지게 되고, 그러한 경험을 통하여 특정 상품에 대한 평가(*Wert-schätzung*), 특히 적합성에 대한 평가의 기초가 마련된다. 그렇다면 '충동들'을 기초로 출발하는 대신에 '욕구들'이 「사회교류적 과정」의 기초라고 말한다고 할지언정 큰 무리는 없을 것이다.

경제학이 욕구에 관한 학설들을 다뤄야 하는지, 다룬다면 어느 정도까지 다뤄야 하는지에 대하여서는 분명 논란이 존재한다. 그럼에도 불구하고, 경제 이론은 이러한 출발점에서 본질적 통찰을 얻을 수 있어 온 것도 사실이다. 실제로 현상 전반에 대한 경제학적 설명은 「인간욕구론」(*Bedürfnislehre*, Theory of Human Needs)과 「욕구충족의 법칙」(*Gesetz der Be-dürfnisbefriedigung*)에 대한 이해를 통하여서만 가능하여졌다.[31] 따라서 「화폐의 사회적 이론」의 정초는 사회적 관계들의 기반이 되는 그러한 욕구들로부터 출발하지 않는다면 불가능한 것처럼 보인다. 그런데 이러한 욕구에는 두 가지 종류가 있다. 첫째는 인간들을 「사회화」, 즉 사회로 이끄는 욕구이고, 둘째는 사회의 결과로 나타나는 욕구, 즉 사회 내에서 그리고 사회로부터 발생하는 욕구이다.

"사회적 제도들과 개인적 습관들을 형성하기 위한 소재"(Ellwood 1927)를 만들어 내고, 따라서 특정 '욕구들'을 출현시키는 원인으로서의 자연적 충동들 중에는, 소위 「무리본능」(*Herdentrieb*), 또는 인간에 국한시켜 적용하여 말하자면 「집단본능」(*Hordeninstinkt*)[32] 내지는 「사회교류를 위한

---

[31] [역주] 저자가 언급한 이 이론은 아마도 에이브러햄 매슬로우(Abraham Maslow)의 인간 동기 부여에 대한 이론을 말하고 있는 듯하다(Maslow 1943). 그 이론에 따르면, 인간의 욕구에는 위계가 존재하는데, 기본적인 생리적 욕구(의식주)에서 시작하여 더 높은 수준의 욕구(자존감, 자아실현)로 발전한다. 이 이론에 따르면 개인은 이러한 욕구를 특정한 순서대로 충족시키려는 동기가 존재한다.

[32] [역주] 「무리본능」과 「집단본능」은 사회성을 가진 동물에서 보이는 본능

충동」(Geselligkeitstrieb)(Vierkandt[33] 1908)이 가장 중요한 위상을 차지한다. 이들 모두는 대규모 집단에서의 「공동체 생활」을 지향하는 「충동적 성향」(triebhafte Neigung)이다. 이때, 「공동체 생활」을 하는 구성원의 수가 많을수록 이러한 본능은 더 완전히 충족될 수 있고 또한 공존에서 발생하는 충동이 더 효과적으로 작용하는데, 후자의 충동은 습관, 경험 혹은 처한 환경의 압력에 의하여 강화된다. 앞으로 살펴보겠지만 이는 화폐의 발생에도 적용된다. 화폐가 발생하는 조건이 성립되기 위하여서는 사회는 일단 일정 규모 이상이 되어야만 한다. [또 다른 중요한 측면을 말하자면,] 캐리(Carey)가[34] 주창한 「사회물리학」(social physics)이라고 알려진 학설에 따르면, 개인들 간의 차이가 클수록 그들 개별 인간들 간을 「결집화」(Zusammenschluss)시키고 상호 교류(Verkehr)를 시키려는 권력(Macht)의 [35] 크기는 증가한다고 한다(Carey 1870/1964). 이 명제가 옳다면, 그리고 이 주장을 전적으로 수용하기 위하여서는, 일정 유보 조건들이 있음에도 불구하고 이러한 사실은 화폐의 출현과 그것의 「관용」에 있어서 중요한 의미를 가진다. 화폐는 평등한 인간들 사이에서 발생하는 것이 아니라 불평등한 인간들 사이에서 발생하며, 이후에 설명하겠지만 개인들 간에 보이는 차별(Unterschiedlichkeit)을 보다 강화하고 그 같은 차별성

적 성향이라는 점에서는 유사하나, 전자는 동물세계에서 보이는 보다 규칙화된 집단적 행태임에 반하여, 후자는 인간사회에서 보이는 덜 조직화되고 덜 규칙적이며 어떠한 경우에는 무질서한 집단 행태를 말한다.

[33] [역주] 피어칸트(Georg Vierkandt 1865-1953)는 독일의 사회학자이며 인류학자로서, 공통적 본능과 행태에 기반을 둔 사회적 행태 내지는 사회의 형성에 대한 연구에 공헌한 바 있다.

[34] [역주] 헨리 찰스 캐리(Henry Charles Carey, 1793-1879). 미국의 경제학자이자 보호주의 무역론자. 사회물리학 학설로도 유명하다.

[35] [역주] '권력'에 대하여서는 역자용어해설 5를 참고할 것.

을 외부적으로 표현하는 수단이다. 이 같은 위의 주장은, 앞으로 본서에서 살펴볼 바인, 모든 화폐가 「계급화폐」(*Klassengeld*)의 형태로서 기원한다는 사실과 모순되지 않는다. 이에 첨언하자면, 어떠한 단일 계급이라고 하더라도, 그 단일 계급은 완전히 평등한 개인들로 구성되어 있지는 않다.

사회 자체가 「공동체생활」에서 비롯된 「행태의 과정」(*Gehabensablauf*)이라고 설명되어 왔다는 단순한 사실에 비추어 볼 때, 「사회교류를 위한 충동」의 의미는 분명하다. 잘 알려진 바와 같이 「무리본능」은 많은 동물 종에서 고도로 발달되어 있다. [하지만,] 인간을 동물의 모임 이상으로 끌어올려 인간 집단을 사회로 만드는 것은, 인간 자신과 자신이 가지는 대인 관계, 그리고 자신이 처한 환경을 둘러싼 사물과 제도를 자신의 지성이 가진 힘에 기초하여 '목적의식적'(*zweckbewußt*)으로 형성(*Formung*)하고 또한 조형(造形 *Gestaltung*)[36]하는 것, 즉 우리가 문화라고 부르는 것의 창조이다. 이는 사회가 문화의 담지자라는 것을 의미한다. 하지만 이는 또한 사회가 문화와 독립적으로 존재하는 것은 아니며, 사회가 문화에 앞서서 발생하거나 존재할 수 없다는 것을 의미한다. 「사회적 행태의 과정」은 우리가 문화라고 부르는 창조물을 생산하는 「사회교류적 행동」에 다름 아니며, 그러한 창조물은 단순한 「행위양태」, 언어나 종교적 숭배와도 같은 정신적 표현 형태, 혹은 무기나 도구와 같은 물질적 삶의 수단(*Daseinsmittel*) 등을 망라한다. 특히 중요한 현상으로서의 화폐를 포함하는 이러한 모든 현상들은 사회의 전제 조건들이자 사회의 결과물들이며, 따라서 「사회의 표현 형식」(*Ausdrucksformen der*

---

[36] [역주] 본서의 번역상, 다소 어색하더라도 형성(形成 *Formung*)과 차별화된 의미로 조형(造形 *Gestaltung*)이라는 번역어를 사용하였다. 전자는 단순히 어떠한 물리적 형태를 만드는 과정임에 반하여, 후자는 물리적 의미 이외에도 보다 넓은 의미를 포괄하는 추상적인 의미를 가지며 어떠한 것을 도안하거나 형상화하기 위한 구상을 하는 등의 창조적 의미도 내포한다.

Gesellschaft) 그 자체이다.

아마도 사회교류적으로 가장 중요한 충동은 사회적 「공존」(*Zusammensein*)의 과정 중에서 일깨워지는 「우월성 과시의 충동」(*Auszeichnungstrieb*), 달리 표현하자면 「사회적 명망에 대한 충동」(*Trieb der gesellschaftlichen Hochgeltung*)일 것이다(프란츠 오펜하이머, Franz Oppenheimer).

> 역사적–사회교류적 행동의 최종 목표라고 회자되어온 다른 모든 충동들은 단지 중간 목표를 향하여 분투하는 양태적 형태, 즉, 최종 궁극적 목표를 향한 수단에 불과하다(Oppenheimer 1922: 272).

「우월성 과시의 충동」은 「자존감」(*Selbstgefühl*)에 그 뿌리를 두고 있다. 이 「자존감」은 타인과 비교하였을 때 자신을 「구별화」(*Abhebung*)하고 「강조화」(*Hervorhebung*)하는 감정으로 느껴진다. 그리고 이 「우월성 과시의 충동」은 타인으로부터 독립적이 되었다는 감정을 의미하는 것이 아니라 오히려 그 반대의 감정을 의미하는데, 즉, 그것은 어떠한 개인의 태도를 동료 인간들에 의한 판결에 의존하게 만든다. 이때 타인들의 의견과, 더 나아가 그 타인들의 행위가 자기 자신의 행위를 결정한다. 그로 인하여 인간들 사이에는 어느 누구도 완전히 벗어날 수 없는 정신적 연대감(*Verbundenheit*)과 상호의존성이 형성된다. 이러한 점은 「사회교류적 거래」(*soziales Verkehr*)상의 모든 동작(*Akt*)에서 분명하게 드러난다. 일체의 인간의 「행함」(*Tun*)과 행하지 않음(*Lassen*)은 동료 인간의 행위를 주시하고 자신들의 예민한 귀를 타인의 판결에 기울이며 전개된다고 말할 수 있다. 이렇게 만드는 그 동인들은 명확하게 말할 수 없을지언정, 「정평에의 욕망」(*Wunsch nach Anerkennung*), 「강조화 욕망」(*Wunsch nach Hervorhebung*), 「우월성 과시의 욕망」(*Wunsch nach Auszeichnung*), 즉 「사회적 명망에의 충동」(*Trieb der gesellschaftlichen Hochgeltung*)을 충족시킬 수 있는 모든 것들이 가장 큰 역할을 하는 것은 확실하다. 현대 사회학 이론들이 일치하여 주장하는 바에 의하면, 이 충동이 모든 사회교류적 동인 중에서 가장 중요하며, 그러한 충동을 충족시키는 것이야말로 사회 내에 존재하는 개인들 간, 그리고 사회들 간에 발생하는 모든 사회교류적 「활동」(*Tätigkeit*)의 실제적이고도 궁극적인 목표이다. 호머가 "항상 우승하고 남을 제치기 위한 분투"[37]라고 표현한 바는, 야콥 부르크하르트(Jacob Burckhardt, 1898: 32 및 81)를 위시한 고대 그리스를 동경하는 여타 학자들이 믿는 바와 같은, "다른 민족들에서는 발견하지 못하는 충동력"은 결코 아니다. 니체가 올바르게 강조한 바, 그리스 국가도 역시 어떠한 "결코 누그러뜨리지 못하는 자연적 본성", 다시 말하자면, "승리하고 [남을] 능가하려는 욕구"를 단지 가지고 있었기 때문에, 그리스 국가에서는 체육 경기와 예술 경연을 단지 모범적으로 조직하였고 "따라서 정치 질서를 위태롭게 하지 않으면서도 그러한 충동이 분출될 수 있는 운동장을 별도로 정하여 놓았을 뿐"이다(Nietzsche, 1886: 226). 「경쟁본능」(*agonales Wesen*),[38] 즉 서로 간의 경합은 "[단지] 모든 그리스적인 것들의 근본적 힘"(부르크하르트의 견해)일 뿐만 아니라 인간 「행동」 전반에 깔려 있는 「근본적 충동」(*Grundtrieb*)이다.

이러한 「근본적 충동」은 그 발전 과정에서 다양한 형태를 보여주며, 따라서 사회심리학에서는 그것이 진작되는 형태를 다양한 명칭으로 부른다. 이 「근본적 충동」은 집단이나 군중 내에서 스스로를 뛰어나게 보이려는 동기를 개인들에게 부여한다. 그러나 이러한 「강조화」, 즉 「우월성」(*Auszeichnung*)을 누리는 것은 타인들로부터의 「정평」(*Anerkennung*)이 있어야만 가능하다. 따라서 「무리본능」 또는 「사회교류를 위한 충동」은 [단순한] 「모임」(*Gesellung*)을 만드는 특정한 충동이라고 할 수 있는 반면,

---

[37] [역주] Homer의 Iliad(Iliad VI 208): "ἀεὶ δὲ κριτέον καὶ ὑπεροχὴν ἔμμεναι ἄλλων".

[38] [역주] 원문에 나와있는 '*agon*'은 고대 희랍어 '*agon*'(ἀγών)에서 유래. 경기, 경합, 경쟁을 의미.

바로 이「우월성에 대한 충동」은「사회화」의 과정에서 존재하게 되는 가장 강력하고도 중요한 충동으로 볼 수 있다. 가장 초기부터 현재까지 인간 사회 발전에 있어 이「우월성에 대한 충동」은 실로 가장 중요한 역할을 하여왔다.

고대 그리스 세계의 신봉자들이 그리스인의 삶 전체, 즉 정치와 예술, 그리고 전반적인 지적 문화를 이「능가하고자 하는 충동」(*Trieb nach aristeuein*[39]) 하에서 해석하는 반면, 사회학자는 이 충동을 경쟁(*Wetteifer*) 이 민족의 삶에서 가장 중요함을 보여주는 특히 인상적인 예로 간주할 수 있다. 왜냐하면 사회학자는 역사상 보이는 모든 민족들이 바로 이 경쟁적(*agonal*) 특성을 가지고 있음을 잘 알고 있기 때문이다.

추가하여 말하자면, 물론 이 충동은 단지 [경쟁하는] 상대가 존재하는 한에서만 나타난다. 사회교류적 발전은 외견상 상반되는 두 가지 근본적 힘들에 의하여 주도된다. 한편으로는 집단 내에서 특출하고자 하는 개인의「충동적 성향」이 있는데, 이는「우월성 과시의 충동」을 표현하는 형식이다. 반면에 대중에게는 리더십과 성과를 인정하려는 성향이 존재하는데, 그들은 도덕적 혹은 문화적 가치와는 상관없이 맹목적이고 무비판적인 찬사를 보내는 경우가 많다. 이와 관련하여 대중은 집단에서 존경받고 선도적인 사람을 모방하려는「사회적 동화」(*gesellschaftliche Angleichung*)를 향한 성향을 가지고 있다. 그리고 그러한 선도자들의 행태는 대중의「모방적 행동」(*Nachahmungshandlung*)의 롤모델이자 모범이 된다.[40] 칸트는 이미 이를 어느 정도 인지하고 있었다. 1784년의『코스모

---

[39] [역주] *aristeuein*(ἀριστεύειν)은 '남을 능가함' 혹은 '최고가 되기 위하여 노력함'을 뜻하는 고대 그리스어로서, 이는 '최고' 내지는 '탁월'을 뜻하는 *aristos*(ἄριστος)와 관련되어 있다. 현대의 'aristocracy'에는 이 어원이 남아있다.

[40] [역주] 이러한 과정에 대한 탁월한 분석으로는 Wieser(2023/1926, 한국어

폴리탄적 목적을 가진 일반 역사에 대한 생각』(*Idee zu einer allgemeinen Geschichte in weltbürgerlicher Absicht*)이라는 에세이에서 칸트는 "인간은 스스로 사회화를 하려는 성향(*Neigung zu vergesellschaften*)을 가지고 있다"고 말한 바 있다(Kant 1884). 그는 또한 다음과 같이 부연한다.

> 하지만 인간은 또한 스스로를 고립시키려는 경향도 강하다. 왜냐하면 동시에 그는 모든 것을 오로지 자신의 마음이 내키는 대로만 지시하려는 반사회교류적인 특성을 자기 스스로의 내부에서 발견하게 된다. 따라서 자신이 타인들에 대항(*Widerstand*)하는 성향이 있다는 것을 스스로 알고 있는 것처럼, 모든 곳에서 [타인의] 대항을 예상하기 때문이다.

이러한 '대항'이야말로 명예욕(*Ehrsucht*), 지배욕(*Herrschsucht*) 또는 「욕심」(*Habsucht*)에 사로잡히게 만들고, 그렇지 않은 경우 나태하려는 성향을 극복하게 하며, 그가 가만히 놓아둘 수는 없을지언정 그럼에도 불구하고 떨쳐버릴 수도 없는 인간 동료들 사이에서 위계(*Rang*)를 형성하도록 하는 등, 인류가 가진 모든 힘들을 일깨운다. 그리하여 [그러한] 성향으로부터 욕망(*Sucht*)이, 그리고 「인정에의 욕구」(*Geltungsbedürfnis*), 「지배의 욕구」(*Bedürfnis nach Herrschaft*), 「소유의 욕구」(*Bedürfnis nach Besitz*) 등의 욕구(*Bedürfnisse*)가 탄생한다. 칸트는 몇 가지 추가적 설명을 더한 후 다음과 같이 덧붙인다:

> 그러므로 [인간 간의] 불화협(*Unvertragsamkeit*), 바람직하지 않은 경쟁적 허영심, 결코 충족을 모르고 소유하려는, 「탐하여 구하는 마음」(貪求心)과 지배하려는 욕망 등을 부여하여 준 자연에 대하여 감사하라. 그러한 것들이 없었다면 인류의 모든 우수한 자연적 기질들은 영원

번역은 프리드리히 폰 비저, 『권력의 법칙』 2023, 진인진)을 참고할 것.

히 개발되지 않은 채 잠자고 있었을 것이다.

따라서 개인의 「우월성 과시의 충동」은 대중으로부터 [정평을 얻으려는] 「정평에의 충동」을 통하여 필수적으로 보완되며, 또한 그 대중들이 가진 「동화의 욕구」(*Angleichungsbedürfnis*)에서 그 「우월성 과시의 충동」이 표현되는 모습을 확인하는 등의 반작용을 찾을 수 있다.[41, 42] 물론 자세

---

41 [역주] 이 대목은, 대중들이 가지는 「동화욕구」 내지는 집단 내에서 순응하려는 욕구라는, 타인들이 보내는 반응에 의하여 어떠한 한 개인이 가지는 「우월성 과시의 욕망」이 강화되고 또한 검증되는 것을 의미한다. 즉, 어떠한 개인이 스스로의 우월성을 과시하려는 경우, 이는 집단 내의 타인들에 의하여 인정되고 검증될 필요가 있고 그러한 한에서만 그렇듯 우월성을 추구하려는 행위는 더욱 조장되고 강하게 추구되기 마련인 것이다. 사회적으로 볼 때도, 이러한 타인의 반응으로 인하여 그 우월성이 사회적으로 가치 있는 것으로 인정받게 된다.

42 여기서 「정평에의 충동」에 대하여 말할 때, 이것은 일반적인 의미와는 다른 의미, 즉 모든 대중에서 관찰될 수 있는 바인, 롤모델을 찾고 인정하고 숭배하는 「충동적 성향」으로 이해되어야 한다. A. 귄터(Günther)는 본 저자의 『화폐의 발생』(Gerloff 1940) 초판에 대한 서평에서 「사회적 동화」(*gesellschaftliche Angleichung*)를 지향하는 「충동적 성향」을 「수평화의 충동」(*Niveautrieb*)†으로 표현한 바 있다(Günther 1941: 101쪽 이하 연속). 다른 사회학자들은 한편으로는 「리더십에의 충동」(*Führertrieb*) 또는 「개척 충동」(*Vorkämpfertrieb*), 다른 한편으로는 「경합충동」(*Rivalitätstrieb*) 내지는 「모방에의 충동」(*Nachahmungstrieb*)에 대하여 이야기하는데, 실제로는 「추종충동」(*Gefolgschaftstrieb*)에 대하여 말하여야 하였다. 유사한 맥락에서 「명예에의 충동」(*Ehrtrieb*)이라는 용어가 자주 사용되기도 하며, 때로는 「장악의 충동」(*Meistertrieb*)(Franz Oppenheimer) 등이 종종 사용되기도 한다. 하지만 그러한 명칭들은 「근본적 충동」, 그리고 지금의 경우에는 「우월성 과시

히 들여다보면 롤모델 등에 대한 「동화적 성향」(*Neigung zur Angleichung*) 등도 궁극적으로는 「우월성 과시의 충동」이 표현되는 모습으로 볼 수밖에 없다. 그렇기 때문에 비록 우리가 지금 외견상 상반되는 힘들에 대하여 이야기하였지만, 실제로는 다양한 종류의 노력들을 촉발할 수 있는 「근원적 충동들」(*Urtrieb*)을 다루고 있을 뿐이다. 이렇게 볼 때 「우월성 과시의 충동」이 사회교류적 무리형성에서의 움직임들을 지시하고 통제하는 '중력'의 역할을 수행하고 있음이 드러난다.

「사회교류적 과정」의 내용과 방향을 제시하는 것은 인간의 소위 경제적 본성이 아니라 동료들 사이에서 구별되고 두드러져 보이려는 인간의 노력이다. 세상을 지배하는 것은 「호모 이코노미쿠스」(경제합리적 인간 *homo oeconomicus*)가 아니라 「야심적 인간」(*homo ambitiosus*),[43] 달리 말하자면 「평판집착적 인간」(*anthropos doxomanés*)[44]이다. 「호모 이코노미쿠스」는

의 충동」이 표현된 모습이 아닌, 단지 독립적으로 존재하는 충동들이라는 뉘앙스를 풍기는 면에서 볼 때 과연 권장할 만한 것인지에 대하여서는 의문이 든다. 물론, 이 분야에는 여전히 불분명한 부분이 많기 때문에 충동들의 주요 유형, 분류, 구분, 명칭 등에 대한 일반적인 혼란이 존재하는 것도 충분히 이해될 수 있는 듯하다.

[역주] † 여기서 「수평화의 충동」이란 롤모델 혹은 어떠한 기준을 찾고 인정한 연후 그러한 기준과 유사한 위상을 달성하고자 하는, 즉 그 기준과 자신을 수평적 위치에 배치시키고자 하는 충동이다.

[43] [역주] 「호모 이코노미쿠스」을 대체하는 개념으로서 「야심적 인간」이라는 개념은 사회학자이자 철학자인 막스 셸러(Max Scheler)가 도입한 것으로 보인다. 그의 저서(1928)에서는 인간의 행동이 경제합리적 합리성뿐만 아니라 야망, 인정 욕구, 그리고 다양한 비경제합리적 요인에 의하여 좌우된다고 주장하였다.

[44] [역주] '독소마네스'(*doxomanés*)는 '의견' 내지는 '믿음'을 의미하는 *doxo*

허구이고 「야심적 인간」은 살아 숨쉬는 현실이다.

많은 역사가들뿐만 아니라 무엇보다도 경제 및 사회정책입안자들이 오랜 기간 동안 본서에서 말하고 있는 「야심적 인간」이 아닌 「경제합리적 인간」으로 인간들을 간주하여 온 착오를 범하여 왔는데, 이 같은 실수는 많은 경우 여전히 계속되고 있다. 최근에서야 미국의 경영학자들은 일하고자 하는 의지의 가장 강력한 동기는 경제합리적 이점이 아니라 자신이 이룬 성과에 대한 정평, 그리고 「개인적 강조화」(*persönliche Hervorhebung*) 및 「우월성」이라고 특별히 지적하고 있다. 하지만 이 같은 점은 비단 일하고자 하는 의지에만 해당하는 것이 아니라, 전반적 「사회적 행태과정」에 있어서 가장 강력한 동기라고 생각된다. 축장재(*Hortgut*), 귀중품 그리고 화폐는 "자신 개인의 중요성"을 내세우려는 욕망을 실현하는 수단이다.[45]

하지만 또 다른 종류의 「원초적 충동력」이 화폐의 발생에 어떠한 역할을 수행하였음을 간과하여서는 안 된다. 「유용하려는 충동」(流用 *Aneignungstrieb*) 또는 「수집충동」(收集 *Sammeltrieb*)이 바로 그것들이다. 이것들은 인류가 조상으로부터 물려받은 「근원적 충동들」이다. 일찍이 콩트(A. Comte)가 말한 바, 그것들은 원시적 본능에 속하며, "언제나 인간 존재의 근원적 기초로 남아있을 것이다". 「무리본능」과 「우월성 과시의 충동」의 기원과 마찬가지로 사회의 형성 이전에 있어서 이 충동들의 사회적 뿌리는 무의식적인 그리고 생물학적인 것들로부터 심리적인 것이 출현하기 시작하는 그 깊은 심연까지 추적된다. 하지만 이러한 심연

(δόξο)와 '미쳐있음'을 뜻하는 *manés*'(μανής)로 구성된 고대 그리스어이다. 따라서, 이 단어가 의미하는 바는 '타인의 의견에 사로잡혀 있음'이며, 「안트로포스 독소마네스」, 즉 「평판집착적 인간」은 '타인의 시선이나 의견에 집착하는 인간'의 뜻을 가진다.

[45] Cf. Heron(1949). Gross(1949: 81)에서 인용됨.

까지 도달하는 것은 본서에서 주어진 과제 범위 밖의 사항이다. 게다가 유인원이 인간으로 변모한 과정은 선사시대 인류의 생활 조건 만큼이나 우리에게는 어둠으로 가려져 있다. 하지만 이러한 사실로 인하여 화폐 발생의 원초적 요소를 그렇듯 먼 과거에서 찾는 것을 단념한다는 의미는 결코 아니다. 몸짓에 수반되는 소통수단으로서의 소리가 언어로 진화된 것처럼, 「사회교류적 거래」의 소통수단으로서 어떠한 특정 「재화사용」(*Güterverwendung*)은 그러한 재화를 화폐로 변모시킨다.

모든 원초적 충동력들이 남녀를 불문하고 동일한 정도로 발달하는 것은 아니다. 이러한 사실은 본 연구에서 어느 정도 중요성을 가진다. 「수집충동」(收集 *Sammeltrieb*)과 「소유충동」(*Besitztrieb*)은 「전쟁충동」(*Kampftrieb*)과도 마찬가지로 특히 남성의 특징이며, 「장신충동」(*Schmucktrieb*)은 일반적으로 여성에게서 주로 발견된다. 물론 이것은 정도의 차이일 뿐인데, 어느 정도까지가 선천적 근원을 가지고, 반면 어느 정도가 후천적인 유산인지에 대하여서는 본서에서 다루지 않으려 한다.

이 시점에서는 이러한 「사회교류적 발전의 근본 힘들」의 본성과 그 작용 방식에 대하여 더 이상 논의하지 않기로 한다. '충동'이라고 부르든, '충동적 성향'이라고 부르든, 혹은 「탐하여 구하는 마음」(貪求心 *Begierde*) 내지는 '욕구'라고 부르든, 「사회적 행태」를 발전시키는 바에 있어서 그것들의 결정적 중요성과 「사회조형」(造形)에 있어서의 결정적 역할에 대하여서는 모든 사회 연구자들 사이에 공감대가 존재한다. 물론 이 분야에 대하여 과학적으로 밝혀야 할 것들도 많이 남아 있는 것은 사실이지만, 위와 같은 근본적 측면에 있어서는 사회 과학자들 사이에서 이견이 거의 없다. 위에서 언급한 바, 사회교류적 힘들의 상호작용은 여타 유형의(有形 *sachlich*) 문화적 재화의 발전과도 마찬가지로 화폐의 발생에 있어서도 필수적인 요소였다고 말한다면 본서의 목적상 충분할 것으로 사료된다.

것이나 그럼에도 불구하고 그 책에서 발전시킨 기본 생각들을 다시 재정

Ⅱ. 화폐관용의 여명기[46]

---

[46] 본장의 내용은 본인이 과거에 저술한 책(Gerloff 1940)의 내용에 기반한
것이나 그럼에도 불구하고 그 책에서 발전시킨 기본 생각들을 다시 재정
리하고 확장시킨 것이다. 본서에서는 새로운 물증을 수록하였음과 동시
에 새로운 관점을 제시하고 있다.

§4. 화폐의 발생

이전까지 통용되던 일반적인 화폐의 발생에 대한 설명은 화폐가 「교환거래」에서 발생하였다는 가정에 기초한다. 따라서 [이 같은 견해를 따르면], 화폐의 기원과 화폐의 의미는 「교환거래」상의 서비스에서 찾아보게 된다. 이러한 관점은 모든 교환은 원래 직접적인 교환, 즉 「자연교환」(*Naturaltausch*)—영어로는 이를 「물물교환」(*barter*)이라고 표현함— 이었다는 생각에 근거한다. 이러한 「자연교환」을 실현하기 위하여서는 대다수의 경우 상당한 인내가 필요하며, 그리고 겉으로 보기에 단순하게 보이는 과정이 실제로는 종종 목표를 달성하지 못하는 우회로로 밝혀지는 경우도 있다는 점은 쉽게 짐작할 수 있다. 이러한 직접 교환의 실현은 교환 가능한 「교환재」의 수가 늘어나는 만큼 더 어려워진다.[47] 어떠한 경우든 교환이 이루어지려면 교환 당사자 간의 이중적 합의가 필요하며, 교환이 원활하게 진행되기 위하여서는 다른 조건들 또한 동시에 충족되어야만 한다. 더욱이 일부 상품은 분할이 어렵거나 혹은 불가능하기 때문에 어려움이 가중된다. 혹은, 교환을 하고싶더라도 「수요충족」(*Bedarfsdeckung*)을 하기 위하여서는 [자신이 필요한] 단 한 가지 종류의 재화가 아닌, [교환 상대자인] 다른 소유자가 가지고 있는 다양한 재화의 전부와 어쩔 수 없이 [통째로] 교환을 하여야 하는 경우도 있다. 이러한 경우에는 어떻게 할 도리가 없다. 더구나 교환이 가능할 수 있는 개별 재화별로 여타 다른 모든 재화에 대한 「교환비율」(*Tauschverhältnis*)이 주어지거나 알려져 있다고 가정하는 것은 불가능하기 때문에 필요시되는,

---

[47] [역주] 예를 들자면 경제에 총 'n'개의 재화가 존재하는 경우, 필요한 교환비율은 n×(n-1)/2개가 된다. 단순히 100개의 재화가 존재하는 경제의 경우라도 그 비율은 총 4,950개가 되는데, 이 같은 비율을 모두 기억하는 사람은 존재할 수 없다.

재화들 간의 교환비율을 측정할 수 있는 표준화된 기준은 많은 경우 존재하지 않는다. 그리하여 밀을 교환하고자 하는 사람은 [그 밀과] 소, 철, 포도주, 양모 등을 비교할 때의 그 각각에 대한 밀의 교환 가치[비율]를 알아야만 한다고 생각되었다. 이러한 여러 가지 불편을 피하기 위하여 한 종류의 물건이나 몇 가지 물건들을 교환 시의 지불로서 수취하고 그 것들을 [그 다음의] 교환에서 사용하는 「관용」이 정립되었다는 것이 통설이었다. 이러한 믿음에 의하자면, 미리 정하여놓은 계획에 따른 것은 아니지만 [적어도] 의도적으로(*mit Absicht*) 이러한 방식에 의하여 화폐가 생겨나게 되었다.

이 같은 학설은 플라톤과 아리스토텔레스, 아니면 그 이전까지도 그 연원을 거슬러 올라갈 수도 있다. 아리스토텔레스가 자신의 경제학을 설명하고 있는 그 유명한 『정치학』 제1권의 8장과 9장에서 이 스타기리 현자(Stagirite)는[48] 「재화교환」(*Güteraustausch*)의 필요성을 설명하고 있다. 그의 설명에 따르면 「재화교환」의 필요성은 모든 사물로 확장되었는데, 이는 "사람들은 자신에게 필요한 이상으로 어떠한 한 가지 재화를 더 많이 가지고 있으며 반면 [필요한] 다른 재화들은 덜 가지고 있다"(Aristotle 1932: 40, 1257a)는 사실로부터 자연스럽게 발전한 것이다.[49]

---

[48] [역주] 아리스토텔레스가 그리스 북부 고대 도시인 스타기라(Stagira)에서 태어났기 때문에 붙인, 아리스토텔레스를 지칭하는 표현.

[49] [역주] 전체 문장은 다음과 같다:

그리고 이는 다른 재산상의 물품에 대하여서도 마찬가지로 적용된다. 왜냐하면 모든 재산들은 교환과 관련된 용도를 가지고 있는데, 이는 [즉, 재화교환은] 사람들이 자신에게 필요한 이상으로 어떠한 한 가지 재화를 더 많이 가지고 있으며 반면 [필요한] 다른 재화들은 덜 가지고 있기 때문에 자연적인 사물의 질서에 따라 교환이 처음 시작되었다 (Aristotle 1932: 40, 1257a).

그에 의하면 자연으로부터 나오는 재화는 모든 사람이 사용할 수는 있지만 그것들이 모두 편리한 장소에 위치되어 있는 것은 아니기 때문에 모든 사람이 적절한 장소와 시간에 적절한 양을 향유할 수 있지 않으며, 따라서 간접적인 「가득」(稼得 *Erwerb*)을[50] 통하거나, 혹은 불필요한 것들과 필수 불가결한 것들 간의 교환을 통하여 얻어질 수밖에 없다. 욕구들의 발달과 그에 따른 교역의 필수성이 증가됨으로 인하여 자연적 교환, 즉 재화와 재화 간의 직접적인 교환은 부적절하다는 것이 밝혀진다. 그리하여 그러한 자연적 교환을 대체하여 화폐와 재화 간의 교환이 인위적(*künstlich*)으로 발생하게 된다. 아리스토텔레스에 의하면 이러한 발전은 불가피하다. 그의 말을 직접 들어보자면 다음과 같다:

> 재화의 교환으로부터 「돈벌이 기술」(*chrematistic*)이[51]—좁은 의미의 화폐경제— 그 내적 필요성에 의하여 등장하였다. 왜냐하면 자신들에게 부족한 중요한 물품들을 외국에서 수입하여 공급하고 자신들에게 남아도는 물품들을 수출하여야 하는 경우 화폐의 「관용」을 필연적으로 고안하게 되었기 때문이다. 즉, 자연적으로 필요한 모든 물건

---

[50] [역주] 본서에서 독일어 '*Erwerb*'와 가장 유사한 우리말 단어는 '「가득」'(稼得)인데, 이는 어떠한 노력을 통하여 결과를 얻는 것을 의미하거나 특히 본서에서는 이득을 추구하는 목적으로 노력을 통하여 취득하는 것, 즉 '벌이'의 의미로 많이 사용되고 있다.

[51] [역주] χρηματιστικῆς. 고대 그리스어 *chrematistiki*(χρηματιστικῆή)에서 유래되었는데, 이는 돈 내지는 재산을 의미하는 그리스어 '*chrēma*'(χρήμα)와 어떠한 특정 분야나 특정 행위를 의미하는 접미사 '−*tiki*'(-τική')가 결합된 형태이다. Cf. Aristotle(1932)의 영어 번역에서는 '사업의 기술'(art of business)로 번역되어 있으나, 본 번역에서는 고대 그리스어적 표현과 유사하게 보다 생활 관련성이 강한 표현인 '돈벌이 기술'로 번역하였다.

들을 쉽게 운송할 수 있는 것은 아니기 때문이다. 따라서 보상을[52] 위
하여 일정한 가치를 서로 주고받기로 합의하였는데, 이때 그것 [가치,
즉 매개물]은 모두가 원하는 물건에 속하는 동시에 일상 생활에 관행
적으로 사용하기 쉽다는 이점이 있었다. 예를 들어 철과 은, 또는 이
와 유사한 다른 금속은 최초에는 그 크기와 무게를 측정하여 사용되
었지만 최종적으로는 매번 측정하는 수고를 덜어주기 위하여 그 위
에 인장을 각인하였다. 이때 가치의 표식(Zeichen)으로서 그 인장이 사
용되었기 때문이다.[53]

이에 대한 설명으로 『니코마코스 윤리학』(제V권 8장)에서는 화폐의
목적을 「가치척도」(Wertmesser)이자[54] 「교환수단」으로 지정하고 있음을

---

[52] [역주] 『정치학』의 원본에는 'allagí'(αλλαγή)로 표기되어 있는데, 이는 교
환을 의미한다.

[53] [역주] Aristotle(1932: 42-42; 1257a35 및 1257a20-40). 이 인용 뒤에는 다
음과 같은 중요한 문장이 등장한다:
따라서 이러한 방식의 교환은 자연에 반하는 것이 아니며, 자연적인
자급자족을 충족하기 위하여 존재하기 때문에 부의 획득을 위한 기술
은 아니다.
그리고 그 후속 문장은 다음과 같다:
그리고 불가결한 재화교환의 필요성으로 인하여 화폐가 발명되었을
때, 다른 형태로 부를 획득하는 수단인 교역이 생겨났다. 이러한 교역
은 처음에는 그저 아주 단순한 형태로 진행되었지만, 그 이후 경험을
통하여 최대의 이익을 창출하는 교환의 원천과 방법을 발견함에 따라
그러한 교역은 더욱 고도로 조직화되었다.

[54] [역주] 본 번역에 있어서 '가치기준'(Wertmaß)과 '가치척도'(Wertmesser)를
구분하였다. 전자는 어떠한 것의 가치를 평가하는 범주나 기준을 의미하
는 것임에 반하여, 후자는 그것들의 가치를 수량화하는 수단 내지는 단위

볼 수 있다. 그 문구도 인용하자면 다음과 같다:

> 그렇기에 교환되는 모든 것은 어떠한 방식으로 상호 비교될 수 있어야만 한다. 이러한 필요로 화폐가 도입되었으며, 어떠한 의미에서 화폐는 중간 매개체로 작용한다. 화폐는 잉여와 결핍을 포함하는 모든 것을 측정하는 척도이기 때문이다. 예를 들어 그것은 신발 몇 켤레가 집이나 일정량의 식량에 해당하는지 등을 말하여준다. 화폐가 없으면, 그리하여 [교환되는] 재화들이 어떠한 의미에서 같은 가치로 평가되지 않는다면 교환도 공동체도 불가능하다. 따라서 모든 것을 측정할 수 있는 어떠한 척도를 통하여 모든 재화는 측정되어야만 한다. 그런데, 다름아닌 '필요'[chreia; χρεία, 혹은 욕구]가[55] 바로 모든 것을 연결하여 주는 척도이다. [왜냐하면 인간이 타인이 가진 재화를 필요로 하지 않거나 또는 타인과 똑같은 정도만큼 필요로 하지 않는다면, 어떠한 교환도 있을 수 없거나 혹은 동등한 교환도 있을 수 없기 때문이다.] 그러나 화폐는 사회교류적 관습에 의하여 필요성을 대표하는 것으로 기능하여 왔다. 화폐는 본성(physis; φύσις)에 의하여 존재하는 것이 아니라 관습(nomos; νoμρ)에 의하여 존재하며, 그것을 변경하고 무효화시키는 것은 우리에게 달려 있기 때문에 노미스마(nomisma; νoμισμα)[56]라는 명칭을 얻게 되었다.[57]

를 의미한다.

[55] [역주] 아리스토텔레스가 사용한 그리스어 'chreia'의 번역은 쉽지 않다. 욕구, 수요, 필요 등으로 번역될 수 있다. Aristotle(2009: 231-232)의 Ross의 주석을 참고할 것.

[56] [역주] nomisma는 관습 내지는 인간이 임의로 만든 규칙을 뜻하는 nomos와, 어떠한 체제, 교리, 관행 내지는 특성을 의미하는 접미사 '-isma'를 결합한 그리스어이다.

[57] [역주] Aristotle(2009: 88-9; 1133a18-31). 본 번역에 있어서는 완전한 인

본서에서 인용한[58] 아리스토텔레스 『정치학』의 구절을 번역하고 설명한 빌헬름 온켄(Wilhelm Oncken)은 이 같은 논의에 대하여 다음과 같이 결론을 내리고 있다:

이 두 장에서 언급된 것보다 더 사실적으로 정확하고 역사적으로도 충실하게 교역과 화폐의 발생 단계를 설명할 수는 없을 것이다.

그리고 다른 곳에서 그는 이렇게 평가한다.

주조화폐의 자연적 기원에 대한 설명에는 이 이상 더 추가할 사항은 없다. 이 책은 사안의 본질을 완벽하게 포착하면서 고전적인 간결함과 명료함으로 표현하고 있다.[59]

이같이 명망 높은 학자가 화폐의 발생에 대한 위의 학설에 대하여 내린 판단에서 유추하여 보자면, 수 세기에 걸친 아주 오랜 기간 동안 국민경제학자들과 법학자들이 이 같은 설명에 전혀 거부감을 느끼지 않고 단순히 약간의 수정만 가미하여 그 이론을 답습하였다는 사실은 전혀 놀라운 것이 아니다. 그리스 철학자들이 가지고 있는 권위에 추가하여, 그들은 이 같은 학설을 뒷받침하기 위하여 고대 로마 법학, 특히 다이제스트[60]에 등장하는 『매매 계약에 관하여』(L. 1 D. 18, 1.)[61]에서 보이는

용을 위하여 독일어 원전에서의 인용 대신, Crisp의 영어 번역본(Aristotle 2004)을 사용하였다. 중괄호 안의 내용은 독일어 원전 인용에서 빠진 부분을 본 역자가 추가한 부분이다.

[58] [역주] 본 번역은 이전에 언급한 영어번역본에 의존하였다.

[59] Oncken(1875: 94쪽 이하 연속).

[60] [역주] 다이제스트(The Digests, *Digesta* or *Pandects*)는 비잔틴 황제 유스티누스 1세에 의하여 6세기에 정리된 로마의 법 구절을 말한다.

[61] [역주] 라틴어 명칭은 *De Emptione Venditione*이다.

유명한 구절을 인용하기도 하는데, 그 구절에 따르면, 화폐는 사전적(事前的) 합의에 의하여, 어떠한 유용한 물질로부터 만들어졌다.

　이 오래된 학설은 화폐경제의 발전에 따라 시간이 흐르면서 수정되었지만 그 같은 후대에서의 수정사항은 사안의 핵심에 영향을 미치지 않기에 여기서 더 이상 설명할 필요는 없다.[62] 간혹 다른 시도가 모색되기도 하였지만, 여기서는 "어떻게 통화체제가 정립될 수 있는가"(*comment une monnaie a pu s'établir*)[63]라는 질문에 대한 타르드(G. Tarde)[64]의 답변만을 주목할 필요가 있다. 그는 최초의 인간 사회는 구성원 간의 욕구와 성향이 거의 동일한 소규모의 폐쇄적 집단으로만 구성되었다는 사실을 깨달아야 한다고 말한다. 그 최초에는 어떠한 특정한 사물들을 단순히 소유하려는 유아적 욕망이 있었으나, 그 욕망들은 그 사물들이 가지고 있는 유용성 그리고 더 나아가 그것들로부터 얻을 수 있는 미적 동기에 의하여 빠르게 일반화되었고, [구성원] '상호 간의 영향을 통하여'(*par la stimulation réciproque*) 사실상 무제한적인 수준까지 도달하게 되었다. 그리하여 지속적이고도 무한한 가치를 가진 것으로 여겨진 이러한 사물들을「일반적 가치기준」(*Wertmaß*)으로,[65] 「교환수단」으로, 「부의 적저수단」(積貯 *Mittels der Reichtumsanhäufung*)으로 사용하려는 생각이 등장하게 된 것이다.[66] 하지만 화폐의 발생을 설명하려는 이러한 시도조차도 그 이전

---

[62] Cf. Gerloff(1947b: 17쪽 이하 연속). 이전에 언급한 다이제스트 그리고 보다 자세한 사항은 Oertmann(1891: 86쪽 이하 연속)을 참고할 것.

[63] [역주] Tarde(1902: 281).

[64] [역주] Gabriel Tarde(1843-1904)는 프랑스 사회학자, 범죄학자 그리고 사회심리학자이다.

[65] [역주] 다음을 참고할 것: 각주 54.

[66] Tarde(1902: 283).

에 존재하던 오래된 소요학파 교리[67]에 비교할 때 그보다 더 깊이 분석하지는 못하였음을 알 수 있다.

다음과 같은 본서의 견해는 위와 같은 이론들 내지 그와 유사한 이론들에 대하여서 근본적으로 반대적인 입장을 취한다. 즉, 최종적 목적에 의하여 여하한 사회교류적 사실들의 발생을 설명하는 것을 수긍할 수 없는 것처럼, 이미 존재하는 어떠한 경제에서 이미 충분히 입증된 목적을 달성하는 것을 사전에 미리 염두에 두고 화폐가 [이미] 발생하였다는 설명은 수긍하기 어렵다.[68] 「화폐관용」이 가져오는 장점을 지적하거나, 혹은 다른 예를 들자면 노동 분업을 통한 공동 작업의 유용성을 지적하는 것은 결코 이러한 제도들의 기원을 설명하지 못한다. 왜냐하면 대부분의 사회교류적 제도와 마찬가지로 이 같은 [화폐 혹은 노동 분업과도 같은] 제도들도 그것들이 결국은 도달하여 적응하게 된 목적 및 그렇게 설정된 목적과는 무관하게 발생하였기 때문이다. 이는 또한 특수한 (현명한 지도자에 의한 개인주의적) 목적설정에서 화폐가 발생하였다는 설명도[69] 틀렸다는 것을 의미한다. 그 본질에 있어서의 화폐는 그 화폐가 어떠한 주어진 사회교류적 조건하에서 수행하는 다소 간의 중요한 역할로부터만 이해될 수 있는 것처럼, 화폐의 출현도 어떠한 주어진 사

---

[67] [역주] 소요학파(Peripatetic)는 아리스토텔레스와 그 추종자들의 철학을 지칭한다. 이는 그들이 소요하며 철학과 사상을 논의하였음에 연원한다.

[68] [역주] 즉, 이미 존재하고 있는 어떠한 경제에서 화폐가 달성하는 어떠한 목적 내지 이득을 미리 예상하여 화폐가 발생하였다고 주장하는 것은 화폐의 기원을 밝힘에 있어 부적절하다 (역자해제 참고).

[69] [역주] 이는 칼 멩거의 화폐발생에 관한 이론을 말한다(Menger 1909). 멩거에 의하면 현명한 자(지도자)가 화폐 사용의 이점을 발견하고 그것을 먼저 시범 보임으로서, 그 유용성을 목격한 추종자들이 모방하기 시작하여 화폐가 확산되었다.

회에서 그 화폐가 등장하게 되는 사회교류적 조건을 고려할 때 비로소 해명될 수 있다.

피어칸트(A. Vierkandt)는 그의 초기 연구들 중 하나에서 「문화적 변화의 연속성」(Stetigkeit im Kulturwandel)의 원리를 공식화하였다. 이 같은 통찰은 당대의 인류학 및 문화적 연구의 수준에서는 아주 새로운 개념이었는데, 이 원리는 화폐의 발생에도 적용된다.[70] 피어칸트가 새로운 「문화적 재화」의 생성이나 기존 「문화적 재화」의 변형에 대하여 일반적으로 언급한 바, "그것들은 아주 오랜 사전(事前) 역사를 가지고 있다"라는 주장은 공히 화폐에도 적용된다. 특히 화폐의 발생은 일회성 사건이나 혹은 독창적 발명, 즉 무로부터 탄생된 새로운 창조물이 아니라 오랜 시간이 걸리는 점진적인 발전의 결과이며, 화폐는 현재 우리에게 보여지는 모습과는 완전히 다른 맥락들에서의 기원들과 밀접하게 얽혀있다.

한 사회(Gesellschaft) 또는 사회들의 발생과 동시에 화폐의 발생을 위한 전제 조건은 주어진다. 잘 알려진 구분법을[71] 이용하여 말하자면 화폐

---

[70] Vierkandt(1908). 그런데 피어칸트가 제시한 다양한 예들 중에는 화폐와 관련된 특별한 언급은 없다. 그보다 10년 전에 슈르츠(H. Schurtz)는 이미 다음과 같이 말한 바 있다.

> 인류학에 있어서는 모든 곳에 적용되는 법칙이 있다. 이 법칙 중 가장 잘 알려진 첫 번째 법칙은, 새로운 관습이나 제도는 갑자기 생겨나는 것이 아니라 그 시원과 씨앗이 우선 존재한 연후 그것들이 더 완전한 형태가 출현하기 전의 오랜 시간 동안 은밀하게 작동하여 왔다는 것을 가르쳐 준다. 따라서 화폐의 개념 또한 사실 오랜 발전 과정을 거쳤다고 가정할 수도 있다(Schurtz 1897: 1쪽 이하 연속).

[71] [역주] 이 같은 구분은 퇴니스(Ferdinand Tönnies)가 그의 명저 『공동체와 사회』(Gemeinschaft und Gesellschaft 1887)에서 말한 개념에 따른 것이다. 공동체(Gemeinschaft)는 강한 인적 유대감과 공통의 가치관, 그리고 일종의 소

가 발생하는 곳은 공동체(*Gemeinschaft*)가 아니라 사회이다. 사회가 단순히 계약이나 합의에만 기반하지 않는 것처럼, 필수적인 사회적 제도도 마찬가지이다. 이는 또한 화폐에도 적용된다. 화폐는 인류의 가장 초기, 어쩌면 그 이전까지 거슬러 올라가는 뿌리 깊은 힘에 연원하여 그 싹이 깨어나 형성되어 왔다

이전 장에서 살펴본 바와 같이, 화폐의 발생과 문화 전반의 출현에는 몇 가지 근본적인 충동적 힘들이 있다. 「사회교류를 위한 충동」(*Geselligkeitstrieb*)은 사회를 형성시키고 따라서 「사회적 행태과정」의 토대가 된다. 「우월성 과시의 충동」과 그에 반대 개념인 「추종충동」, 즉, 「동화에의 충동」은 「행태의 과정」에 내용과 방향을 부여하는 힘이다. 이 때문에 이러한 충동들은 모든 사회교류적 동인 중에서 가장 중요한 사회교류적 동인, 즉 사회적인 「근본적 충동」으로 묘사되기도 한다. 어쨌든 그러한 충동들은 인간 행동의 가장 강력한 동기들 중 하나이며, 따라서 사회교류적 사태들을 대체적으로 결정하는 힘들 중 하나이기도 하다. 심지어 원시 사회에 있어서도, 「사회교류적 행태의 과정」은 「경제합리적 인간」이 아닌 「인정추구적 인간」(*anthropos philótimos*)에[72] 의하여 결정

속감으로 뭉친 집단인데, 이는 종종 전통적, 목가적 그리고 작은 규모의 집단에 해당한다. 반면 사회(*Gesellschaft*)는 보다 근대적이고 복잡하며, 그 구성원 간의 관계는 보다 이익 추구적이며 종종 계약적인 모습을 보인다.

[72] [역주] '안트로포스 필로티모스'(*anthropos philótimos*, ἄνθρωπος φιλότιμος)는 그리스어 용어로서, 「인정추구적 인간」 내지는 「명예추구적 인간」을 의미한다. 이때 '필로티모스'(*philótimo*)는 그리스어로 '명예, 명성 또는 존엄성에 대한 사랑'을 대략적으로 의미하는데, 이러한 맥락에서 볼 때, '안트로포스 필로티모스'는 단순히 경제합리적 고려에 의하여서만 행동하는 것이 아니라 사회 내에서의 행동과 상호작용 과정 중에서 '인정받고자 하는 욕구', 지위, 명예 등에 의하여 동기를 부여 받는 인간을 의미한다.

되었다.

「우월성 과시의 충동」은 다양하고 종종 매우 특이한 「발현형식」을 가지고 있으며, 그에 대하여 밝혀 내는 것은 '인간 허영의 역사'를 고찰함에 있어 귀중한 노력이 될 수 있다. 거의 모든 민족들 사이에서 보이는 바, 「우월성」과 「사회교류적 차별화」(*soziale Unterscheidung*)의 추구가 특정 재화를 「가득」하고 소유하려는 동기로서 항상적으로 중요한 역할을 한다. 이때, 「우월성 과시의 충동」으로 향하는 길을 여타 다른 「충동적 성향」과 더불어 지시하는 것은 우리가 이미 동물의 세계에서 찾아볼 수 있는 「**수집충동**」임이 분명하다.

인류학 및 문화사 문헌들은 「재화저장」(*Güteraufspeicherung*)이 원시 및 역사상 보이는 제 민족의 삶에서 어떠한 역할을 하여 왔고 현재에도 지속되고 있는지를 보여주는 사례로 가득하다. 그러나 이러한 「저장」은 「생존유지」(*Lebensfürsorge*)라는, 합리적으로 해석할 수 있는 바가 그 목적은 결코 아니다. 왜냐하면 생존에 조금도 중요하지 않고 식량을 얻기 위한 목적으로도 활용할 수 없는 재화가 종종 저장되고 있기 때문이다. 기본적으로 식량 걱정이 거의 없는 민족들 사이에서도 그러한 축장들이 발견될 수 있다. 즉, 이러한 소유의 역할은 「생존유지」를 위한 직접적인 「목적재화」(*Zweckgut*)의 소유와는 상당한 차이가 있다. 이러한 소유는 결국 「사회교류적 차별화 수단」, 「사회적 구별의 수단」(*Mittel der gesellschaftliche Abhebung*), 내지는 「우월성의 과시수단」이다.

따라서 그러한 소유는 오로지 그것이 사회 내에서 표현되는 경우에만, 특히 주로 사회교류적 모임 기간에 있어서 중요성과 타당성을 가진다. 그중 정기적인 모임의 기회는 바로 축제이다. 축제를 기리는 것과 시합(*Spielen*)은 원초적인 사회교류적 활동이며, 그것들은 「사회화」(*Vergesellschaftung*) 및 사회교류적 「결집화」(*Zusammenschluss*)의 방법과 수단인데, 종종 축제와 시합은 서로 긴밀하게 연결되어 있다. 원시인들의 축제는 거의 항상 행렬, 춤, 시합 등과 연계되어 있는데, 언어의 기원을 시합과 축제에서 보여져 온 감정적 흥분의 표현에서 찾을 수 있는 것처럼, 사회교류적으로 돋보이는 소유물의 기원도 그러한 행사에서 찾을 수 있다. 거의 모든 원초적 시합은 경쟁적 격투 시합으로, 이는 승자의 「우월성」과 연결되어 있으며, 그러한 「우월성」은 단순한 「정평」뿐만 아니라 가시적인 '표식'(*Kennzeichnung*)으로도 [외적으로] 보여진다. 또한 원시인의 축제는 항상 일종의 제례이며, 축제에 수반되는 행렬, 춤, 잔치에는 제례적 엄숙함이 깃들어 있다. 시합과 더불어 그러한 제례의식들은 인간들이 쉽게 「우월성」을 과시하기 위한 구별되는 표식을 내 보이고 착용하는 기회라고 할 수 있다. 따라서 이러한 행사들은 특출하게 과시하기 위한 소유물들의 등장을 설명함에 있어 매우 중요하다. 동시에 그러한 행사들은 자신의 부족(*Stämme*)내에서뿐만 아니라 개별 부족들 간에 있어서도 「사회교류적 거래」를 위한 가장 중요한 수단이기도 하다.

「인정에의 욕구」(*Geltungsbedürfnis*)가 어떻게 「재화축적」(*Güterakkumulation*)과 「재화유통」(*Güterzirkulation*)으로 이어져 일종의 화폐형태로 출현하게 되었는지에 대한 좋은 일례는 '콰키우틀'(Kwakiutl)[73] 인디언의 사회교류적 체제에서 찾아볼 수 있는데, 프란츠 보아스(Franz Boas)[74]의 탁

---

[73] [역주] '콰키우틀'족(Kwakiutl, 혹은 Kwakwaka'wakw)은 캐나다 밴쿠버 지역에 거주하고 있는 원주민이다. 그들의 사회는 부, 위상, 그리고 '포틀래치'(Potlatch)로 불리는 전통적 축제 행사에 대하여 커다란 중요성을 부여하는 깃이 특징이다. '포틀래치'에서 행사 주관자는 자신의 부를 과시하기 위하여 선물을 배분하였다. 따라서 그 행사들은 그 주관자의 사회에 있어서 위상을 뽐내며 강화하는 역할을 한다.

[74] 출전: "The social organisation and secret societies of the Kwakiutl Indians", *Report of the U. S. National Museum for 1895*, Washington 1897, p. 311쪽 이하 연속 "Ethnology of the Kwakiutl", 2 vol. 35. *Annual Report, American Ethnology*, Washington 1921.

월한 연구 덕에 우리는 이에 관하여 자세히 알 수 있다. '콰키우틀'족에게 있어서는 경쟁자를 능가함에서 비롯되는 「평판」(*Ansehen*)[75]과 「인정」(*Geltung*)을 얻는 것이 그들의 전 생애를 지배하며, 그것이 바로 그들이 가진 사회교류적 「야심」의 목표이다. 사회교류적 삶, 결혼과 출산, 성년식과 「비밀결사체」(*Geheimbund*) 입회, 죽음과 장례 등의 모든 행사는 '콰키우틀'족 사람들이 「위계 경쟁」(*Rangwettstreit*)을 벌이는 장(場)이다. 그러한 경쟁을 위한 주요 수단은 전통 의식(儀式)인 '포틀래치'(*potlatch*)를[76] 위한 귀중품의 대여 및 구리판, 모직 담요 등과 같은 품목을 [과시용으로] 파괴하는 행위이다. 원시인들은 또한 "「과시의 열정」"(*Leidenschaften der Ostentation*)에 사로잡혀 있었는데, 로트베르투스(*Rodbertus*)에[77] 따르면[78] 그같은 열정은 "오늘날보다 고대에서 더 강하였다". (그는 고대의 금과 은의 화려한 현시 사례를 플리니(Pliny)의 33번째 책을[79] 언급하며 예시하고 있다). 이

[역주] 프란츠 보아스(Franz Boas 1858-1942)는 선구자적 인류학자로서 다양한 문화들을 이해하기 위한 연구업적을 통하여 현대 인류학에 중대한 기여를 한 바 있다.

[75] [역주] 「평판」(*Ansehen*)이란 사회적 인정과 존경이라는 맥락에서 보이는 자존감, 위상, 존경 등을 포괄하는 개념이다.

[76] [역주] '포틀래치'에 관하여서는 다음을 참고할 것: 각주 73.

[77] [역주] Johann Karl Rodbertus(1805-1875). 그는 독일 경제학자 겸 사회 이론가로서 정치경제학과 사회사상 등에 공헌하였다. 특히 마르크스의 영향을 받아 당대의 사회적 환경에 대하여 비판적이었다.

[78] [역주] Rodbertus(1870: 187).

[79] [역주] Gaius Plinius Secundus(23-79 AD). 일반적으로 Pliny the Elder로 알려져 있다. 그는 로마의 작가, 자연과학자 및 철학자로서, 고대부터 내려오는 모든 자연에 대한 지식을 총괄한 백과사전인 『자연사』(*Naturalis Historia*)의 저자로 잘 알려져 있다. 그 책은 총 37권으로 구성되어 있는데,

러한 **현시**(*Zurschaustellung*)에 있어서는 「축장화폐」(*Hortgeld*) 또는 「귀중품
화폐」(*Kleinodgeld*)가[80] 특별한 역할을 한다. 베를린 민속 박물관에 전시되
어 있는 아름다운 목조 조각품에는 미국 북서부 연안의 부족들이 화폐
로 사용하던 커다란 동판을[81] 앞서 언급한 '콰키우틀' 인디언 부족의 추
장이 품에 안고 있는 모습이 그려져 있다.[82] 원래 이 동판은 종교적인
의미가 있었고, 특별한 가옥에 전시되고 숭배되었다. 그러한 물품의 소
유 자체가 [소유자의] 「사회교류적 우월성」을 보여주게 되는 것은 당연
하다. 그러나 이 아름답게 새겨진 동판은 종교적 목적에만 국한되지 않
고 세속적 행사에서도 반출되어 과시되기도 하였다. 그것이 바로 이 조
각품의 목적이었다. 뉴욕 자연사 박물관에 전시되어 있는 집 기둥(소위
토템 기둥)에는, 팔짱을 하고 있는 팔 사이에 화폐로 사용된 동판 중 하
나를 안고 있는 족장의 모습이 똑같이 묘사되어 있다.[83] 이러한 「화폐
관용」을 고려할 때 그것들은 일종의 「위신화폐」(*Prestigegeld*), 「과시화폐」
(*Prunkgeld*), 또는 「사치화폐」(*Protzgeld*)라고 말할 수 있다.

베냉(*Benin*)의 잘 알려진 청동판에는 마닐라 고리(*Manilla Ringe*)를[84] 가

당대 로마제국시대의 지식 수준을 가늠하기 위한 중요한 저서이다.

[80] [역주] 부를 저장하는 수단으로서의 귀중품의 형식을 가진 화폐.

[81] Adam(1923)에 있는 삽화를 참고할 것.

[82] Quiggin(1948: 302)에 있는 삽화.

[83] Quiggin(1948: 302)에 있는 삽화.

[84] [역주] 마닐라(*manilla*)는 스페인이나 포르투칼에서 기원한 것으로 추정되
며, '팔찌' 또는 '손반지'를 가리킨다. 마닐라는 말굽 모양의 철제 물건으
로, 식민지 시대에 서아프리카 및 일부 지역과 세계의 다른 지역을 포함
한 특정 지역에서 화폐의 한 형태이자 교환 수단 및 가치 저장 수단으로
사용되었다. 마닐라의 최초 사용은 서아프리카의 칼라바(Calabar)로 거슬
러 올라갈 수 있는데, 1505년의 경우, 노예 한 명의 가격은 8~10마닐라

진 상인들의 모습이 등장하는데, 이 마닐라 고리는 '어퍼 기니'(Upper Guinea) 해안가에서 관행적으로 사용되던 최대 4~5kg의 쇠로 된 돈고리를 뜻한다.[85] 위의 청동판도 유사한 방식으로 해석하여야 한다. 또한 종(鍾)을 들고 있는 원주민의 모습이 그려진 동일한 장소에서 나온 수많은 접시도 이와 마찬가지이다. "우리는 이 모든 종을 주로「장신구」혹은「우월성」의「표식」으로 간주하여야 한다"라고 폰 루샨(von Luschan)은 말한다.[86] 이때 적어도 많은 경우에 있어서「의례화폐」(Zeremonialgeld)였던「종화폐」(Glockengeld)를 우리가 여기서 다루고 있다는 생각을 하게 된다.

원시 화폐를 과시용으로 사용한 세 번째 예는 장례식에서「조개화폐」(Muschelgeld)[87] 다발을 망자의 시신 옆에 화환처럼 쌓아두는 관습이다.[88]

이 모든 예에서 보여지는 바는 특정「재화의 관용」은 그것을 통하여 그 사람의 평판이나 위상을 입증하는 것을 목적으로 가지고 있다는 사실이다. 이러한「재화의 관용」은 화폐 발생의 한 요소이거나 (화폐 발전의

에 달하였다. 마닐라는 원형의 개방형이며 견고한 디자인을 가진다.

[85] Cf. Luschan(1919)의 작품은 한 권의 본문과 두 권의 일러스트로 구성되어 있다. 다음을 참고하기 바란다. 본문: 41쪽 그림45과 46; 47쪽 그림55; 48쪽 그림56; 49쪽 그림57과 58; 55쪽 그림65; 99쪽 그림177.

[86] Luschan(1919: 본문369).

[87] [역주] 조개껍질로 만든 원통형 또는 길쭉한 형태의 화폐로, 특정 문화권에서 화폐의 한 형태로 사용되었다. 이러한「조개화폐」는 종종 서로 묶어 긴 롤이나 가닥을 만들었으며, 거래의 매개체 또는 부의 상징으로서 가치를 지니고 있었다. 또한 이러한「조개화폐」로 장례식 때 망자의 시신 주위를 감싸게 하여 과시적인 장식이나 상징적인 헌납물의 형태로 사용하였다.

[88] Cf. Gerloff(1940: 64, Plate III).

후기 단계에서는) 이미 「화폐지출」(*Geldverwendung*) 그 자체로서 보여진다.

위에서 설명한 「관련성들」이 충분히 이해된다면 화폐가 초기에는 종종 「**의례화폐**」, 즉 국가의 행동 및 엄숙한 종교 행동, 혹은 중요한 가족 행사에만 사용되는 화폐였다는 것을 의미한다.[89] 이 점은 차후 설명할 예정이다. 뉴칼레도니아(New Caledonia)의 경우, 화폐는 "신성한 바구니"(*heiliger Korb*)에 보관되었으며, 그러한 화폐는 주인이 바뀌지 않았고, 최초에는 세속적 교역에서는 전혀 사용되지 않았다.[90]

이에 다음과 같은 질문이 제기된다: 이러한 상황에서 「소유의 이전」(*Besitzwechsel*)은 어떻게 이루어지는가. 그리고 「교환거래」에서 이러한 귀중한 물품의 사용은 어떻게 이루어지는가. 분명히 이해될 수 있는 사실은, 「우월성」이나 사회교류적 위상을 보여주는 소유는 그 소유를 결여한 사람들의 눈에는 선망의 대상으로 보인다는 점이다. 결국 소유는 특정 권리를 나타내는 전제조건이기 때문이다. 여성의 취득, 「비밀결사체」에의 가입, 상위 계급으로의 승격, 분쟁의 「해소」(*Beilegung*), 범죄의 배상, 계약의 법적 유효화 및 기타 많은 사항들이 그러한 소유 또는 그 소유에 따른 사용에 의존한다. 그러한 귀중품의 소유는 「소부족」(*Sippe*) 내에서나 사회에서 개인의 위치를 결정하지는 않더라도 적어도 강조하여 주는데, 따라서 그것들을 소유하고 있는 자의 입장에서는 그러한 소유물들을 간절히 보호하려는 것도 충분한 이해할 수 있는 사실이다.

더욱이 원시인에게 있어서의 모든 소유는 항상 사물에 대한 「통제처분권력」(*Verfügungsmacht*)[91]이상의 의미를 가진다. 그는 자신의 소유물에 정서적인 애착을 가지고 있으며, 각각의 소유물은 그에게 있어서는 마

---

[89] Cf. Oppenheim(1941: 49)과 Leenhardt(1930)를 참고할 것.

　　[역주] Laum(2023/1924)도 참고할 것.

[90] [역주] 유사한 생각에 대하여서는 Mauss(2002/1925)를 참고할 것.

[91] [역주] 역자용어해설14를 참고할 것.

법적 힘의 원천이자 자아의 일부이다. 그렇기 때문에 그는 아무리 보잘 것 없더라도 그 「소유재화」(Besitzgut) 하나 하나와 자신의 안녕(安寧)은 긴밀히 연결되어 있다고 느낀다. 그로 인하여 그러한 소유물들의 처분은 자연스럽게 저지되거나 어렵게 된다. 이러한 종류의 사람들이 가진 「지적 지평」(Vorstellungswelt)에 따르면, 「소유권」(Eigentum)을 타인에게 양도하는 것은 자기 자신에게 손상을 입히고 자신의 안녕에 장애가 될 위험을 늘 내포하고 있다. 모든 민족에게 있어서 「소유권」 또는 「소유권 이전」과 관련되어 있거나 혹은 관련되었던 오래된 관습은 원시인들이 자신들의 소유물에 대하여 가지고 있는 이러한 정신적 애착으로 설명할 수 있다. 게르만 농부는 필요한 이웃에게 빌려준 곡식 한 자루에서 세 개의 곡물 알갱이는 제외하여 계속 가지고 있고, 소를 처분하는 경우에는 소 머리에서 털 세 가닥을 뽑아서 가지고 있는다. 이러한 방식으로 그는 자신의 농장에서의 안녕을 유지하였다. 밀스(J. P. Mills)는 인도의 '로타나가스'족(Lhota Nagas)이[92] 「사적 소유권」의 일부를 처분할 때 판매자는 그 처분할 물건 중 아주 작은 부분은 계속 가지고 있는데, 그렇지 않은 경우 구매자가 자신에게 "주술을 걸 수도 있다"고 믿고 있다는 점을 기술하고 있다.[93] 이는 상호 매우 다른 문화권에서 전하여지는 두 가지 예인데, 이 같은 점은 인류학과 민속학에서 쉽게 다른 지역으로도 확장하여 연구할 수 있다.

이러한 생각에는 몇 가지 다른 사항들이 추가될 수 있는데(Gerloff 1947: 113, 195쪽 전반), 여기에서 명백히 보여준 바와 같이 「귀중품 소유의 이전」(Besitzwechsel der Kleinode)에 강하게 반대하는 모습을 볼 수 있다.

---

[92] [역주] 인도 북부 특히 나가랜드(Nagaland)에 살고 있는 원주민.

[93] Mills(1932: 44)는 Hoyt(1926: 83)를 인용하고 있다. 독일의 관습에 대하여서는 Grönbech(1937: 105쪽 이하 연속, 1939: 64쪽 이하 연속)를 참고할 것.

그뢴베흐(W. Grönbech)가 다음과 같이 게르만 부족에 대하여 말한 바는
비단 그들에게만 해당되는 것이 아니다:

> 이 민족의 법과 정하여진 관용들(慣用)이 파생된 세계는 귀중품들이
> 자신의 고유한 이름과 「개성」(Persönlichkeit)을 가진 세계이다.[94, 95]

일부 원시 민족의 귀중품들에 대하여서도 동일한 이야기가 적용된다.[96] 따
라서 그러한 귀중품들을 소유한 행운의 소유자들이 집착하는 만큼이나 소
유하지 못하는 사람들도 그것들을 갈망하게 된다. 그렇다면 개인적으로 특
별히 존귀하게 여기는, 자신의 존재 그 자체와도 같이 여기는 중요한 물건
들을 처분하는 이유는 무엇인가?

그렇게 「행함」에 있어서는 여러 가지 이유가 있을 수 있다. 그러나
가장 강력하고 따라서 가장 일반적인 동인 중 하나는 양도를 통한 소
유재화의 소유변경으로 인하여 발생할 수 있는 사회교류적 유대를 형
성하려는 의도인 것 같다. 그러한 유대의 중요성은 「소유의 양도」(Besitz-
entäußerung)에 내재된 손실보다 훨씬 클 수 있다. 이러한 점이 바로 고대
게르만인의 「삶의 영역」에 대한 그뢴베흐의 저술에서 훌륭하게 나타나
있다.[97]

「소유의 이전」은 게르만 민족 사이에서 일어났으며, 이미 본서에서
도 언급하였듯이 그들뿐만 아니라 대부분의 원시 민족들 사이에서도

---

[94] [역주] Grönbech(1997: 85).

[95] [역주] Cf. Mauss(2002/1925: 30, 31)를 참고할 것.

[96] Cf. 예를 들자면, Gerloff(1947: 43, 78, 81 및 103)를 참고할 것.

[97] Cf. Grönbech(1937, 1939, 1997). 특히, 다음의 장들을 참고할 것: 귀중품
(Kleinode)(1939: 7쪽 이하 연속), 선물교환(Gabentausch)(1939: 46쪽 이하 연속),
그리고 구매와 저당(Kauf und Pfand)(1939: 64쪽 이하 연속).

선물을 선사하거나, 그리고 주로 상호 간의 「선물교환」(*Gabentausch*)을 통하여 이루어졌다.[98] 선물에는 「보답선물」(*Gegengabe*)이 필요하기 때문이다. 게르만적 소유권 개념에서는 이러한 어떠한 「보답선물」이 수반되지 않는 선물은 매우 낯선 개념이기에 리우트프란트(Liutprand)의 롬바르트 칙령(*Edikt Liutprands*)에서는[99] 보답이 수반되지 않은 경우의 선물은[100] 법적 효력(*gesetzliche Gültigkeit*)이[101] 없다고 [즉, 공여자가 선물 공여를 취소하

---

[98] [역주] 본서의 번역에서는 「선물교류」(*Gabenverkehr*)와 「선물교환」(*Gaben-tausch*)을 구분하였다. 전자는 단순히 선물을 주고 받는 행동을 넓은 의미로 지칭하는 것인데 반하여, 후자는 선물 왕래 시에 보상, 반대급부, 보답 선물 내지 의무 등이 수반됨으로써 보다 교환적 성격이 보일 수 있는 경우를 말한다. 역자용어해설9를 참고할 것.

[99] [역주] 크레모나의 리우트프란트(Liutprand of Cremona), 혹은 베네벤토의 리우트프란트(Liutprand of Benevento 920년경~972년경)는 10세기 롬바르트 왕국과 신성 로마 제국에서 정치가, 외교관, 주교, 연대기 작가로 활동하였으며 그의 저술은 귀중한 역사적, 문화적 통찰력을 제공한다. 리우트프란트의 롬바르트 칙령은 그가 롬바르트 왕국의 통치자 시절에 발행된 법령집으로 여겨진다.

[100] *Fontes Juris Germanici Antiqui*[고대 독일 법의 기원들](1869) 그리고 *Monumenta Germaniae Historica, Leges*[독일 역사의 기념비-법], 제IV권.

[101] [역주] 예를 들어, 선물을 제공할 때는 이와 관련된 특정 보답에의 기대나 조건이 있을 수 있으며, 관련 당사자는 이러한 기대가 충족되기를 원할 수 있다. 만일 선물이 보답되지 않으면 해당 조건, 권리의 유효성이 거부될 수도 있다. 이 개념은 현대적 관점에서 보자면 이상하게 보일 수 있지만, 선물을 주고받는 행위는 특정 역사적 또는 문화적 맥락에서 보아야 하며 특히 당대의 사회적 규범, 기대, 의무와 깊이 얽혀 있을 수 있다. 보답되지 않은 선물에 대한 법적 효력을 부인하는 것은 법적 체계가

는 것이 법적으로 정당하다고] 적시한다 ─ 그 칙령은 그에 속한 수많은 문서들에 의하여 그 적용 범위를 상세히 기록하고 있다. 따라서 이러한 「소유의 이전」 방식을 일반적으로 「선물교환」이라고 부를 수 있다. 그러나 이러한 개념은 경제합리적 의미에서의 교환과는 아무런 공통 분모가 없다. 왜냐하면 어떠한 것을 선사하였을 때 그에 대하여 보답으로 받는 것들의 경제합리적 가치가 아니라 그 보답을 건네는 자의 심상(心相)이 중요하다는 것이 그 문서에서는 반복적으로 언급되기 때문이다. 가우트렉 실화(*Gautreksaga*)에[102] 등장하는 자파 레프(*Gjafa Refr*)[103] ─'선물 여우'(*Gabenfuchs*)[104]─ 이야기에서는 자신의 유일한 소유물인 숫돌을 연속적인 [선물]교환에 이용하여 [즉, 보답선물과 교환하는 과정을 반복하여] 마침내 공주를 얻은 자의 이야기를 들려주고 있는데, 이는 약은 인간이 이러한 선물 관행을 악용한 좋은 예이다.

이러한 「선물교환」의 「관용」(慣用 *Brauch*)은 옛 『에다』(*Edda*)의[105] 속담

문화적 관행과 사회적 규범에 의하여 영향을 받을 수 있음을 깊이 반영한다.

[102] [역주] 가우트렉 설화는 주인공으로 등장하는 가우트렉 왕의 이름을 딴 중세 아이슬란드 서사시이다. 이는 중세 시대에 고대 노르웨이어로 쓰인 서사 산문 문학의 일종으로, 신화적이고 영웅적인 인물들의 이야기를 담고 있다.

[103] [역주] 자파 레프(*Gjafa Refr*)는 가우트렉 설화에 등장하는 한 캐릭터인데, 고대 노르웨이어(Old Norse)에서 유래한 이름이다. 자파(*Gjafa*)는 '선물' 또는 '주다'라는 뜻의 고대 노르웨이어 '*gjafa*'에서 유래한 것으로 추정되고, '레프'(*Refr*)는 일반적인 고대 노르웨이 남성명이다.

[104] [역주] '선물 여우'라는 용어는 목표를 달성하기 위하여 선물이나 교환을 악용하는 인물의 교활함과 기술을 강조하는 표현으로 여겨진다.

[105] [역주] 『에다』(*Edda*)는 고대 북유럽 신화와 영웅시를 모은 시집인데『시

에 들어있는 지혜에서도 찾아볼 수 있는데(Gerloff 1940: 46쪽 이하 연속),
이는 단순한 「소유권 이전」을 초월하는 그 어떠한 것으로서, 항상 인간
간의 결속, 형제애, 그리고 우정을 의미한다. 일례로 게르만 문화에 있
어서는 어떠한 물건의 이전과 함께 바로 전 소유자의 우정도 수반되어
이전되는 것으로 필히 인식되고 있었다. 이것이 바로 「선물교환의 동
인」이다. 이러한 의미에서 그뢴베흐는 다음과 같이 말한다:

> 게르만 정신세계에서 '구매'(*Kauf*)라고 이해되는 것은 물질적 부분과
> 정신적 부분이 하나로 결합되어 있는 형태, 즉, 두가지 모두를 동시
> 에 획득하는 것이다(Grönbech 1939: 69).

따라서 이는 「선물적 연계」(*Gabebund*)와 「선물서약 의형제」(*Gabebruder*)—
앵글로색슨의 고대어에 따르자면 「서약형제」(wedbroder)[106]— 또는 「선
물매심」(膳物買心 *Gabekauf*)(Grönbech 1939: 76) 등으로 종종 불리워 졌다.
그런데 「신부용 예물」(*Brautgabe*)에서 「방문객 선사품」(*Gastgeschenk*)[107]에
이르기까지 모든 형태의 선물을 선사하는 행위는 항상 그에 따르는 [받
는 자의] 의무를 수반한다. 그뢴베흐가 말하였듯이 "어떠한 상황에서일
지라도 선물은 [인간들을] 구속시킨다". 아마도 자발적 선물에 내재된 이

적 에다』(또는 '고(古) 에다')와 『산문 에다』(또는 '신(新) 에다')로 알려진
두 가지 부분으로 이루어져 있다. 『시적 에다』는 고대 북유럽어로 수록
된 시집으로 신화와 전설적인 내용이 풍부하게 담겨 있는데 최초에 이
시들은 구전으로 전하여지다가 결국 필사본으로 기록되었다.

[106] [역주] *Wedbroder*는 '서약하는 형제' 또는 '맹세하는 형제'로 번역할 수
있는 고대어이다. 서약이나 맹세를 주고받음으로써 공식적이고도 엄숙
한 우정 또는 동맹 관계를 맺은 사람을 의미한다.

[107] [역주] 선사품에 대하여서는 역자용어해설9, 그리고 본서 68쪽을 참고
할 것.

러한 구속력 있는 의무는 왜 일부 민족—일례로 동아프리카의 '키지바'족(Kiziba)[108]—에서는 동급자들 사이에서만 혹은 상급자가 하급자에게만 선사품을 줄 수 있지만 하급자는 상급자에게 선물할 수 없는지를 설명하여 준다. 그리하여 선물 제공과 받음에 있어서 부과되는 의무는 「소유의 이전」에 따른 심리적 수수께끼를 이해할 수 있는 문을 열어준다. 이는 또한 「원시적 재화교류」(*Güterverkehr*)가 전 세계적으로 광범위하게 확산된 이유도 설명할 수 있다. 이미 언급하였듯이 「선물교환」은 게르만 문화에만 독특하게 존재하는 「소유의 이전」의 형태는 아니기 때문이다. 오히려 이 과정은 「호혜와 보복의 원리」(*Prinzip der Gegenleistung und Vergeltung*)로 알려진, 인간의 일반적인 「행위양태」의 일부이며, 인류학자나 사회학자들이 종종 관찰하고 있는 바와도 같이 그 같은 「호혜와 보복의 원리」는 원시 민족들의 삶에서의 관계를 지배하고 규제한다.[109]

「선물교류」(*Gabenverkehr*)의[110] 가장 중요하고도 가장 널리 퍼진 형태는 「선물교환」으로 이는 초기 혹은 가장 최초의 문화 단계에서 「재화의 이전」(*Güterübertragung*)을 가능하게 하였던 가장 원초적인 방식이다. **화폐는 「선물교류」에서 기원하는데**, 이에 대하여서는 본서에서 차후 더 자세히 설명하려 한다.

그러나 특정 재화가 일단 화폐로 되었다 하더라도 그것은 원래 가지고 있던 「선물교환」을 위한 용도 또한 계속 가지고 있다. 린하르트(Leen-

---

[108] Rehse(1910: 100).

[109] Cf. Somlo(1909: 87 및 94); 또한 Thurnwald(1931-34: Vol III, 112)도 참고할 것. 다양한 예들은 특히 Hoyt(1926)에서 찾아볼 수 있다. 다음을 참고할 것: 각주 93.

[110] [역주] 「선물교류」의 의미에 대하여서는 다음을 참고할 것: 역자용어해설10 및 각주 98.

hardt)에 따르면,[111] 뉴칼레도니아(New Caledonia)에서는 「조개화폐」(*Muschel-geld*)가 교환되지 않으면 어떠한 언질이나 계약도 유효하지 않다고 한다. 또한 그곳에서는 심각한 범죄로 간주되는 모욕죄에 대한 배상에도 마찬가지 방식이 적용되는데, 모욕죄를 범한 사람은 피해 당사자에게 「화폐다발」(*Geldschnur*)을[112] 보내야만 한다. 그러나 모욕당한 당사자도 반대로 「조개다발」(*Muschelschnur*)을[113] 돌려 보내야만 문제가 해결된 것으로 간주된다.

그런데 뉴칼레도니아에 있어서는 「화폐적 선물교환」(*Geldgabentausch*)은 가족사(家族事)에 있어서 훨씬 더 중요한 의미를 가진다: 아이가 태어날 때 외삼촌은 무엇보다도 「조개화폐다발」 하나를 받게 된다. 그 이후 후자는 「보답선물」로 「화폐다발」 하나를 건네준다. 유아기 시절에 이미 이루어지는 약혼식에서 양쪽의 부모는 같은 길이의 「조개화폐다발」을 맞바꾼다.

의식에서의 화폐의 사용뿐만 아니라 「선물교환」의 구속력도 이러한 예에서 분명하게 드러난다.

따라서 원래적인 용도로는 화폐는 구속력 있는 선물이며, 따라서 유대감이나 관계가 수립되었음을 상징한다. 고리와 같은 일부 물건들은 이 같은 「선물교류」의 시대가 지나도 그 상징적 의미를 오래도록 유지

---

[111] [역주] Leenhardt(1930).

[112] [역주] 이는 뉴칼레도니아 사회에서 문화적, 상징적 의미를 지니고 있는 귀중한 물건인, 가장자리가 연마된 둥근 조개껍질 디스크의 묶음 다발을 가리키는 것 같다.

[113] [역주] 여기서 언급된 '조개다발'과 '화폐다발'이 서로 동일한 것인지는 불분명하다. 역자의 추측에는 전자는 '다듬지 않은' 조개껍질의 다발을 가리키는 것으로 보이며, 후자는 화폐 용도로 사용되는, 특별히 제작된 '둥글게 다듬어진' 조개껍질 디스크의 다발을 의미하는 듯하다.

할 수 있다.

다른 맥락에서 이미 살펴본 바와 같이, 이러한 「선물교환」은 선물의 고정된 「가치크기」 혹은 선물과 「보답선물」 사이의 가치의 동등성(등가)에 의존하지 않는다. 타키투스(Tacitus)는[114] 로마식 사고와의 차이를 강조하면서 게르만 부족의 그러한 관습과 심상에 대하여 다음과 같이 말한다:

> 떠나는 손님에게 그가 요구하는 것을 주는 것은 「습속」(Sitte)이며,[115] 그 손님도 흔쾌히 보답할 것을 요구할 수 있다. 그들은 서로 간에 선물을 주고 받는 것을 좋아한다. 그러나 이 선물을 주고 받음에 있어 어떠한 보상도 수반하지 않으며, 받는 것도 어떠한 의무를 발생시키는 것은 아니다(Tacitus, 98: 21).

사회적 발전의 후기 단계에 이르러서야 사물에 의하여 매개되는 살아있는 인간 관계에 대한 따뜻한 감상(鑑賞)이 경제적 혹은 사물에 대한 계산적인 평가로 대체되게 된다. 사물을 경제합리적 관점에서 바라보는 시각이 등장함에 따라 「선물교류」에 있어서 선물들의 가치에 대한 심사숙고와 계산적 평가 그리고 이제 화폐 역할을 하게 된 「축장재」에 대한 「관용」이 변화하게 된 것은 분명하다. 그륀베흐는 게르만 문화권에서의 사물에 대한 평가에 있어서의 이러한 불가피한 변화를 다음과 같은 말로 설명한다:

> 가치의 심판자로서의 황금 고리는 그 표준적 무게 추에 의하여 특정

---

[114] [역주] Publius Cornelius Tacitus(c. 56-120 AD). 로마의 역사가 겸 정치가. 초기 로마제국에 대한 저서들을 집필한 바 있는데, 특히 게르만족의 생활방식과 풍습을 기록한 『게르마니아』(Germania)로 유명함.

[115] [역주] 참고: 역자용어해설 3.

단위와 그 단위의 분수를 계산하는 무게 저울이 되었다.

선사 시대부터 출발하여 먼 길을 걸어온 후, 이미 게르만 민족이 발흥하기두 훨씬 전인 ―그리고 또한 알려진 모든 문화보다도 앞선― 바로 이 시점에서 드디어 역사의 각광을 받으면서 이러한 결과에 도달하게 되었다. 그리하여 과거 「감성적 가치」(*Gefühlswert*)를 표현하였던 선물이 이제는 측량과 숫자로 표현되는 「물질가치」(*Sachwert*)로 변화하여 결국 화폐가 된 것이다.

소유권의 역사는 이러한 방식을 통하여 우리에게 두 가지 사실을 보여준다: 첫째, 많은 민족에서 발견될 수 있는 「소유물 집적성향」(*Neigung zur Besitzansammlung*), 더 정확하게는 「재보조성」(*Schatzbildung*)[116] 또는 「축장」의 시작, 둘째, 「증여를 통한 소유의 이전」(*Besitzwechsel durch Vergabungen*)의 시작이 바로 그 사실들이다. 어떠한 물품은 축장되고, 이렇게 축장된 물품은 주로 의례적인 「선물교환」, 즉 「급부수단」(*Leistungsmittel*)을 위한 선물로 사용되기도 한다. 물론 이 축장된 물품들이 단지 가끔씩만 유통되는 경우에는 그것들을 아직은 '화폐'라고 부를 수는 없지만, 그러한 물품들 중 한 가지나 다른 것들이 화폐가 될 수 있는 가능성이 열린다. 즉 다른 것들과는 달리 어떠한 특정 물품이 지속적으로 특정 「증여」(*Vergabung*)에 사용될 때 화폐가 될 가능성이 높아진다. 이 같은 예는, 「부과금」(*Abgabe*)이나 제물, 「성직자 사례금」(*Priesterlohn*)이나 「신붓값」(*Brautpreis*), 「인질 석방금」(*Lösegeld*), 「결사체의 구성원 부담금」(*Bundesgenossenbeitrag*), 전쟁 공물 그리고 「방문객 선사품」 등의, [꾸준히] 소유 이전이 발생되는 경우에서 찾아 볼 수 있다. 이에 대한 몇 가지 예는 이미 본인의 이전 저술인 『화폐의 발생』(Gerloff 1947b)에서 설명하였기에, 다른 사례들만을 이곳에서 설명하기로 한다. 그러나 위에 바로 언급된 모

---

[116] [역주] 재보(*Schatz*)의 의미에 대하서는 63쪽을 참고할 것.

든 「증여」의 형태들은 일단 [화폐 그 자체는 아닌] 「선물교환」으로 간주된다.[117] 그럼에도 불구하고 이들 「선물교환」의 중요성을 과소평가하면 안 된다. 왜냐하면 그러한 종류의 「선물교환」은 그 같은 과정을 반복하여 발생하는 것이며, 그러한 반복을 통하여 「선물교환」이나 여타 「선물교류」에 사용되는 특정 상품이 화폐가 되기 때문이다.

검과 방패, 투구와 뿔(컵 대용의 뿔), 컵과 손가락 반지(혹은 일반적인 고리)는 게르만족의 신과 영웅에 관한 전설에서 반복적으로 등장하는 「선물교환」의 대상이다. 그런데 이 중 마지막 두 가지만이 「화폐적 중요성」(Geldbedeutung)을 획득하였으며, 특히 고리에 대하여서는 반박할 수 없는 증거가 확실히 존재한다(Gerloff 1940: 42쪽 전반). 「화폐화의 과정」은 이러한 고리의 예를 통하여 잘 설명될 수 있다. 게르만 전사들이 팔과 목에 걸고 있던 고리는 그들 간의 위계의 「표식」을 나타내었다(Grön-bech 1939: 38). 따라서 이 고리는 「우월성」을 상징하는 「귀중품」이며 그렇기에 가치를 인정받았다. 왕들은 기회가 있을 때 아낌없이 나눠주기 위하여 그들의 보물창고에 고리를 적재하여 놓았다. 특히 게르만 영웅들에 관한 노래에서는 왕은 「고리 분배자」(Ringverteiler)로 통하였고, 추종자들은 「고리 수령자」(Ringnehmer)라고 불리었다. 『비야르칼리드』(Bjarka-lied)[118]에서는 롤프(Hrolf)가[119] 부하들에게 나눠준 고리에 대한 이야기가

---

[117] Cf. Laum(1924: 36 그리고 39).

[118] [역주] 『비야르칼리드』(Bjarkalied)는 게르만 문학, 특히 고대 북유럽 전통에서 유래한 영웅적인 시 또는 평전을 뜻한다. 이 노래는 영웅적인 행동과 모험을 묘사하는 것으로 유명하다. 『비야르칼리드』는 대략 '비야르카르의 노래'로 번역할 수 있으며, 이때 '비야르카르'(Bjarkar)는 전설적이거나 영웅적인 개인을 지칭할 수 있다

[119] [역주] 롤프 크라키(Hrolf Kraki)라고도 불리는 롤프는 고대 북유럽 영웅전설에 등장하는 덴마크의 전설적인 왕이자 영웅이다.

등장한다. 『베오울프리드』(Beowulflied)에서[120] 여왕은 팔에 거는 고리와 목에 거는 고리를 승전 후에 영웅들에게 나누어 준다. 『발타리의 노래』(Waltharius)에서 힐트군트(Hiltgund)가 발터(Walther)와 함께 아틸라(Attila)의 궁정으로부터 탈출할 때 여왕의 재보로부터 금으로 가득 찬 두 개의 보물상자를 훔쳐서 가져간다.[121] 이 보물상자의 내용물은 확실히 고리가 대부분이었을 수 있는데, 이 『발타리의 노래』에 의하면 발터는 길을 열어주기를 거부하는 군터(Gunther)[122]에게 그 상자에 든 재보의 일부인 고리를 우선 100개, 그 다음 200개를 바쳤기 때문에 이 같은 추측은 신빙성이 있다.

'드라우프니르'(Draupnir)라는 이름을 가진 오딘(Odin)의 고리와 관련된[123] 게르만 신화에서는 그 고리로부터 매 9일 밤마다 같은 가치의 고

---

[120] [역주] 『베오울프리드』는 8세기에서 11세기 사이로 추정되는, 스칸디나비아를 그 배경으로 하여 중세 초기에 만들어진 고대 영국 문학의 가장 중요한 작품 중 하나인 '베오울프'(Beowulf)에 대한 서사시를 가리킨다. 이는 영웅 베오울프가 전설적 동물 그렌델(Grendel)과 용을 비롯한 다양한 괴물들과 싸우는 이야기를 담은 서사시이다. 위의 문장은 그 서사시에서 영웅 베오울프가 전투에 성공한 후, 여왕과 귀족들이 팔에 거는 고리와 목에 거는 고리(torcs)를 그에게 선물로 수여하는 구절을 가리킨다.

[121] [역주] 『발타리의 노래』(Waltharius)는 중세 라틴어 서사시로, 전사 발타리(Walthari)와 그의 모험에 대한 이야기를 담고 있다. 힐트군트(Hiltgund)는 그 시에 등장하는 여왕으로 이 서사시에서 중요한 역할을 한다. 아틸라(Attila, 406년경~453년경)는 흔히 훈족의 아틸라로 불리며 5세기 훈족의 지도자로 통치한 역사적 인물이다. 발터(Walther)는 주인공 중 한 명으로 이 서사시에서 다양한 모험과 전투를 벌이는 영웅적인 전사로 묘사된다.

[122] [역주] 발타리우스에 등장하는 왕이자 전사.

[123] [역주] '드라우프니르'는 오딘(Odin) 신과 관련된 고대 북유럽 시집인

리 여덟 개가 복제되어 떨어져 나오는 장면이 있다. 이는 우리 조상들
이 장신용 고리를 얼마나 소중하게 생각하였는지를 보여준다.

> 그리하여 내가 이 고리를 드리노니, 불에서 방금 탄생하여 붉게 달아
> 있는 모습으로,
> 그 불꽃 속에서 오딘의 아들이 재로 변하였을 때.[124]
> 그리하여 그 고리로부터 같은 무게 여덟 개가 떨어져 나오리니,
> 매 9일 밤마다.[125]

북유럽 문화에서는 고리의 화폐적 중요성에 대한 분명한 증거가 존

『시적 에다』에 언급된 마법의 고리다. '드라우프니르'라는 이름은 "떨어
뜨리는 것" 또는 "떨어지는 것"이라는 뜻으로, 그 고리가 가지고 있던 독
특하고 신비로운 특성을 반영한다. 신화에 따르면 '드라우프니르'는 난
장이 대장장이 형제가 만든 것으로, 매9일 밤마다 같은 품질과 크기의
새로운 고리 8개를 자신으로부터 떨어뜨리는, 고리를 끝없이 생성하는
놀라운 속성을 지니고 있다. 이같이 스스로를 복제하는 능력 덕분에 '드
라우프니르'는 풍요와 번영의 상징이 되었다. 오딘은 다양한 신화 속 사
건에서 '드라우프니르'를 선물로 주는 신으로 묘사되기도 한다.

[124] [역주] 신화에서 빛과 아름다움의 신으로 사랑받던 오딘의 아들 발더
(Balder)는 음모의 결과로 죽는다. 발더가 죽은 후 그의 시신은 장작더미
위에 놓이고, 화장하는 과정에서 발더가 새로 변할 때 그 장작더미에서
나온 금으로 드라우프니르가 만들어졌다고 한다.

[125] 『에다』에 등장하는 오딘의 고리에 관한 전통은 그 이후 '헥페니히' 내지
는 '헥탈러'†(Heckepfennig 또는 Hecketaler)에 관한 민간 믿음에서 다시 등
장한다.
[역주] † '헥페니히' 혹은 '헥탈러'는 마법의 동전으로 그것을 소유하고 있
는 자를 위하여 새로운 동전을 계속 증식하여 나가는 속성을 가지고 있다.

재한다.[126] 고대 아이슬란드어로 고리는 '바우그르'(*baugr*)로 불리웠다. 고대 아이슬란드어 법전인 『그라가스』(*Grāgās*, 이 단어의 의미는 회색거위[127])에는 「참회금」(*Bußgeld*)을 바우게탈(*Baugetal*)이라고 일컫는 부분이 있는데, 이때 바우게탈은 즉 「고리목록」(*Verzeichnis der Ringe*) 또는 「고리 테이블」(*Ringtafel*)을 의미한다. 또 다른 예로, 「속죄금」(*Wergeld*)의[128] 지불에 관한 규칙인 『굴라팅 법』(*Gulathing-Gesetz*)[129]에서는 모든 관련자들을 세 그룹으로 나누고, 각 그룹은 주요 고리들 중 하나로 보상을 지불하거나 수령하여야 한다고 규정하고 있다. 따라서 아이슬란드어-영어 사전을 저술한 박식한 저자인 비그푸슨(G. Vigfusson)도 다음과 같이 우리가 현재 말하고자 하는 바의 핵심에 대하여 동조하였기에 이는 틀림이 없다: "고대어에서 바우그르는 단순히 화폐를 의미한다"

왕이나 전쟁 군주들이 축적한 재보나 축장품은 앞서 언급한 『비야르칼리드』(*Bjarkalied*)에서 등장하는 재물을 쌓아둔 탐욕적인 왕 흐뢰렉

---

[126] 일례로 다른 문화적 영역에 대하여서는 Gerloff(1940: 43쪽 이하 및 83)를 참고할 것.

[127] [역주] 16세기 아이슬란드 연방의 법률을 설명하는 바에 사용된 '회색 거위'(Gray Goose)법률이라는 용어의 기원에 대하여서는 몇 가지 가능성들이 존재한다: (1) 거위 깃털로 만든 깃펜을 사용하여 법률을 작성하였거나 (2) 거위의 껍질로 만든 표지로 법전을 제본하였거나, (3) 거위가 다른 새보다 오래 산다는 믿음 때문에 법률의 연륜과 장수를 반영하는 의미에서 법률을 '회색 거위'라고 불렀다.

[128] [역주] 고대 게르만 사회에서 법적 분쟁을 해결하거나 살인 또는 부상을 입힌 바에 대하여 속죄하기 위하여 지급하는 금전적 보상 또는 지불.

[129] [역주] '굴라팅'(Gulathing)은 중세 노르웨이의 4개 지역 의회 중 하나로 법률 사안을 논의하고 해결하는 입법 및 사법 기관이었다. 『굴라팅 법』은 굴라팅 의회의 관할 구역에서 준수되도록 시행된 법률 규범을 말한다.

(Hrörek)처럼[130] 수치스럽게 녹슬도록 방치되는 것이 아니라 추종자들에게 나눠주기 위한 것이다. 즉, 이러한 귀중품 소유에서 나오는 기쁨은 지도자와 추종자가 함께 나눈다. 이러한 내용은 서사시들에서 계속하여 찾아볼 수 있으며, 따라서 북유럽 사람들은 마치 금, 은 그리고 쇠의 노예라는 인상을 줄 수도 있다. 그뢴베흐에 따르면 그들은 종종:

> 모든 품위를 무시하고 단지 금속을 찬양하는 노래를 부른다. 그들은 황금을 찬미하면서 가장 위대한 시 작품을 만들어낸다. (…) 황금에 대한 환희는 게르만족의 시 전체에 아주 넓게 그리고 강력하게 울려 퍼진다"(Grönbech 1939: 11쪽 전반).

그러나 초기 게르만 문화에 대하여 정통한 이 평가자의 판단은 위에서 시사하는 바만큼 가혹하지는 않다. 왜냐하면 그는 다른 곳에서는 다음과 같이 언급하고 있기 때문이다:

> 인간의 영혼은 금과 청동을 구하여 넓은 금고와 대청에 쌓아 두려는 영웅적 기질로 가득 차 넘치지만, 그럼에도 불구하고 그 결과로 모든 위대한 감정이 현저하게 약화되거나 그들의 정신이 시들게끔 하지는 못한다.

이러한 행위에 대한 심리적 해석, 즉 다소 주제를 벗어나 위에서 설명한 것에서 명백하게 드러내 보인 사실들은, 「사회적 행태과정」의 배후에서 작동하고 또한 문화 전체의 발전과 화폐의 발생에 기여한 결정적인 힘으로 간주한 바 있던, 우리가 이미 자세히 설명하였던 그러한 동인들로 우리를 다시 인도한다: 그것들은 바로 「우월성 과시의 충동」

---

130 [역주] 비야르칼리드에 등장하는 흐뢰렉(Hrörek)은 전설적인 북구의 왕으로 탐욕과 재물 축적으로 잘 알려져 있다.

또는 「인정에의 욕구」이다.

「축장」와 「낭비」(*Vergeudung*)는 북유럽 민족들 사이에서만 발견되는 것이 아니다. 인류학 및 문화사에서 나타나는 다양한 문화권에서 수많은 사례들을 찾아볼 수 있다. 관대함과 「탐욕」 모두의 근저에 깔려 있는 동기는 일종의 충족감인데, 이러한 충족감은 소유의 「낭비」, 그리고 [재화의] 「수집」(*Sammlung*) 및 「저장」(*Aufspeicherung*)을 통하여 자신을 사회교류적으로 「강조화」(*soziale Hervorhebung*)시킬 수 있을 때 얻을 수 있다.

따라서 여기에서 이미 보여진 바처럼, 「재보조성」과 「재보사용」은 북유럽-게르만 문화권에서의 화폐의 발생, 특히 「고리 화폐」의 발생을 위한 전제 조건이다. 그러나 완전히 다른 문화권과 전혀 다른 종류의 귀중품 화폐에서도 유사한 현상을 발견할 수 있다. 본인의 기존 "화폐의 발생"에 대한 연구에서 이미 이 같은 맥락의 수많은 예가 제시되었기에(Gerloff 1947b) 반복을 피하고자 하니 독자들은 그 저서를 참고하기 바란다.

「재보」나 「축장품」이라는 개념이 화폐로 발전하는 과정에 관한 놀라운 단서는 언어의 역사에서 또한 제시될 수 있다. '*Schatz*'(재보)라는 단어는 고고(古高) 독일어인 '*scaz*', 중고(中高) 독일어인 '*schaz*'에서 유래하였으며, 귀중한 재화나 귀중한 소유물, 자산 그리고 부와 동일한 의미를 가진다. 초기에는 이 단어가 다양한 언어들(고딕어, 고대 영어, 고대 프리지아어 등)에서 화폐, 세금 또는 공물의 의미로 사용되었는데, 이는 즉 「급부」(*Leistung*) 내지는 「급부수단」(*Leistungsmittel*)이라는 의미를 가리켰다. 가축을 의미하는 고대 슬라브어 '*skotǔ*'는, 비록 그 연관성에 대하여서는 의견 차이가 있으나 고고(古高) 독일어인 '*scaz*'와 관련이 있거나 공통된 어원을 가진 것으로 간주된다. 또한 고대 프리지아어에서의 '*sket*'은 소유 또는 자산이라는 의미뿐만 아니라 가축, 특히 당대에 있어 본질적으로 소유의 대명사인 가축소를 의미한다는 지적도 존재한다. 즉, 어원을 구성하는 기본 단어들의 원초적 의미는 이미 지적한 바와 같이 가축이나 소와 관련되어 있을 수 있다.[131] 가축으로부터 화폐로의 의미 변화, 혹은 가축은 곧 부(=화폐)라는 등식은 다른 언어와 표현들, 예를 들어 라틴어(*pecus*에서 *pecunia*로 이행[132])와 영어(앵글로색슨족의 '*feoh*'가[133] 수수료, 전문적 서비스료(*honorarium*), 봉사료 등을 의미하는 '*fee*'로 진화)에서도 발견되고 있다. 그리하여 「재보」(*Schatz*)라는 용어의 진화는 다음과 같은 두 가지 방향으로 일어났다는 아래와 같은 하이네(M. Heyne)의 주장에 주목할 필요가 있다. "1. 귀중한 물품들, 즉, 오래된 종족(*Geschlecht*)의 지도자들에 의하여 수집, 보호 및 증어되었딘, 특히 금속과 식재로 만들어진 것들이 가지고 있던 '귀중함'을 강조하는 방향". 실상 이보다 화폐의 발생과정을 더 잘 표현할 수는 없다. 또한 하이네에 따르면, 2.「재보」(*Schatz*)라는 단어의 의미는 언어상의 진화 과정에서, "특히 고대어에서 흔히 나타나는 바인, 주조된 귀금속이나 일반적 화폐 종류, 그리고 일반적으로 주화(*Münze*)라는 용어로의 발전 방향"도 보여준다.[134]

언제나 그렇듯 삶에 있어서 다양한 형태와 「관용들」(慣用)은 언어의

---

[131] [역주] 이에 관한 상세한 설명은 Laum(2023/1924)을 참고할 것.

[132] [역주] 라틴어 '*pecus*'는 원래 소 내지는 가축을 의미한다. 농업 및 목축 경제가 주축이었던 초기 로마 사회에서 소를 비롯한 가축은 부의 상징이었다. 시간이 지남에 따라 '*pecus*'라는 단어는 부를 상징하는 의미로 진화하였으며 궁극적으로는 화폐를 의미하는 라틴어인 '*pecunia*'라는 단어를 탄생시키게 된다.

[133] [역주] 고대 영어에서의 '*feoh*'는 소 혹은 가축을 지칭하였는데, 초기 게르만족 사회에서는 부나 가치의 형태로 간주되었다. 시간이 지남에 따라 그것들은 결국 광의의 화폐라는 개념으로 변천하게 된다.

[134] '*Schatz*'라는 단어에 대한 사전적 의미의 목록은 Heyne(1890-95)를 참고할 것. 마찬가지로, Kluge(1899), Paul(1896), Weigand(1878) 그리고 Schade(1872-82)에서도 이에 관한 논의들을 찾아볼 수 있다.

발달과정에 그것들의 흔적을 남긴다. 다뉴브강(Danube)에서 시작하여 그로부터 멀리 떨어진 북쪽지방에 걸친, 선사시대의「재보들」에 대한 고고학적 발견은 게르만족에 있어서의 문학, 시, 그리고 법률 모두에서 우리에게 제시된 전체적인 모습을 재차 확인시켜 준다는 사실 또한 언급하고자 한다. 따라서 우리의 주장들은 충분한 근거가 있는 것으로 여겨진다. 이러한 문화권에서는「귀중품들」, 특히「재보」종류들을 사용하는「관용」의 정착으로부터 화폐가 유래되었다. **결국「화폐의 기원」은「재보조성」또는「축장」,「재보분배」**(Schatzverteilung) **또는「재보사용」**(Schatzverwendung)**에서 찾아볼 수 있다.**

　그러나 위에서 설명한 내용은 게르만 문화권에 속하는 민족들에게만 타당한 것은 아니다. 이는 화폐 또는「화폐지출」라고 불릴 수 있는「재화의 관용」을 보여주었던 여타 모든 민족에게도 적용된다. 종종 시간과 공간적으로 멀리 떨어져 있는 이러한 상이한 문화권 모두에 있어서도「화폐의 발생」의 전제 조건은 일정한「재보조성」과「재보사용」이었음은 분명하다. 이러한 과정에서 특정「귀중품」은 [모두에게] 선호되는 위상을 획득하게 된다. 그리하여 그것들은 어떠한 사회교류적 의무를 발생시키거나 혹은 이행하기 위한 선물로 사용된다. 이러한 맥락에서 볼 때, 선물하는 행위는 [증여자가 가지는]「정평」(Anerkennung)의 입증이나 명예의 표현, 약속의 재확인,「연합」의 체결 등의 의미를 가지게 됨을 알 수 있다. 이러한 각각의 경우에 있어서 그것들은 우선적으로 상징적인 의미를 가지고 있으며, 이와 대비하여 경제적 평가는 단지 뒷자리만을 차지하고 있을 뿐이었다. 그러한 사용 범위를 가진「귀중품」은 특히 가치가 높게 평가되기 때문에 점점 더「축장」의 대상이 될 뿐만 아니라「사회교류적 관계」를 연결하는 수단이 되었다는 사실은 분명하다. 하지만 [단순한]「물질가치」의 이전은 그러한 과정의 진정한 본질로 간주되지는 않는다.

　따라서 이러한「귀중품」또는「축장재들」의 기능은 대체로 두 가지

이다: 「사회교류적 우월성의 과시수단」(*soziales Auszeichnungsmittel*) 또는 「사회교류적 인정수단」(*soziales Geltungsmittel*)인 동시에 「사회교류적 관계」를 맺어주는 수단 혹은 줄여서 「사회교류적 관계수단」(*soziales Beziehungsmittel*)이다. 이러한 이중적 기능을 수행하기 때문에 「축장재들」 또는 「귀중품」이 화폐로 변모하게 되는 것이다. 위에서 설명한 의미에서 볼 때 사회교류적 의무를 발생시키거나 이행하기 위하여 꾸준히 사용되는 「축장재들」은 결국 화폐를 구성한다. 우리는 이러한 종류의 화폐를 **「축장화폐」**(*Hortgeld*)라고 부른다. 이에 추가하여 덧붙이자면, **「귀중품화폐」**(*Kleinodgeld*)라는 명칭은 아마도 「화폐재화」(*Geldgut*)를 출현시키는 재화가 가진 모습에 대한 표현을 의미할 수 있다.

§5. 선물교류

오늘날의 세계에서는 광범위한 규모의 「재화교류」가 발생한다. 아마도 바로 이러한 사실로 인하여 원시인들의 세계는 이와는 대조적으로 「재화교류」가 없거나 거의 없던 「삶의 영역」(*Lebensbereich*)이었다는 견해가 무의식적으로나마 일시적으로 널리 확산되었을 것이다. 하지만 오늘날에는 이러한 견해가 옳지 않다는 것을 알게 되었다. 인류가 「공동체생활」을 시작한 이래 아주 오랜 시간 동안 인간 간의 소통은 단지 감정, 생각, 의사 결정 등을 주고 받음을 통한 정신적 소통뿐만 아니라 [비경제합리적] 「재화의 이전」을 통한 불리적 소통을 통하여서도 이루어졌다고 이제는 자신 있게 주장할 수 있다. 인류의 최초의 「재화교류」는 경제합리적인 동인에 의하여 결정된 뚜렷한 경제적인 소통방식은 아니었다. 그것은 오히려 사회교류적 삶 또는 「사회교류적 관계」 전반의 표현이었다. 하지만 이같이 말한다고 하더라도 태고 시대의 「재화교류」에서 경제합리적인 의미가 완전히 결여되었다는 주장을 개진하는 것은 물론 아니다. 그 시대에는 단지 여타의 「사회교류적 욕구」의 충족에 중점을 두었기에 이러한 경제합리적인 측면은 대부분 뒷전으로 물러났거나 희석되어 있었다.

「원시적 재화교류」는 폭력갈취(*Wegnahme*)로부터 시작하여, 선물, 물물교환 및 구매, 기타 종류의 [재화] 이전 방식에 이르기까지 다양한 형태를 취하였다. 하지만 「원시적 재화교류」의 가장 압도적인 형태는 항상 동일하였는데, 그것은 바로 사회교류적 삶의 각종 행사와 깊이 연관되어 그 과정에서 수반되는 선물이었다. 신에게 바치는 선물이나 우호적 친구들에게 보내는 각종 선물, 즉, 출산, 결혼, 장례식 때에 나눠주는 선물, 그리고 축제의 모임과 참석 또는 계약 체결 시 주고 받는 선물 등이 이이에 해당한다. **원시 문화에 있어서의 「재화교류」의 주요 형태는 「선물교류」이었다.**

따라서 이러한 「선물교류」가 「화폐의 발생」에 중요한 의미가 없지는 않았다고 가정하는 것이 오히려 합리적이다. 그리하여 이러한 관련성을 입증할 수 있는지, 그리고 입증할 수 있다면 어느 정도까지인지를 살펴보기로 한다. 일단 이전 장에서는 고리의 예를 통하여 통상적인 선물인 「장신용 고리」가 어떻게 「화폐적 중요성」을 획득하게 되었는지를 살펴보았기에 그 사실에 근거하여 이를 파악하고자 한다. 고리가 게르만의 영웅적 서사시에 등장하는 영웅과 고귀한 여성에게 중요하였던 것처럼, 게르만 농민에게 있어서는 직물이 중요하였다. 이방인은 그것들을 호의를 표하기 위한 「방문객 선사품」으로 구입하였으며 떠나는 손님에게는 그러한 선물로서 존중의 마음을 표하였다. 따라서 이러한 성격을 가진 특정 물품들은 선호되었고, 그 같은 사실은 그 물품들이 빈번하게 사용됨에서 엿볼 수 있다. 다양한 선물 중에서도 그러한 성격을 가진 물품은 특히 돋보였다. 그렇듯 고리와 마찬가지로 특정 직물은 그러한 성격을 가지고 있었다. 그리하여 자연스럽게 그러한 선물용 물품들은 다른 급부를 청산하거나 충족시키는 용도로 전용되게 되었다. 이러한 「재화의 관용」을 우리는 **「화폐관용」**(貨幣慣用)이라고 부르고자 한다.

이러한 선물 중 일부, 특히 손님과 주인이 주고 받는 선물을 인류학 문헌에서는 '선사품'(*Geschenk*)이라고 부른다. 그러나 이 단어는 오해의 소지가 있으므로 본서에서는 사용을 자제하려 한다. '*Geschenk*'는 '잔에 붓는다'는 뜻의 동사인 '*schenken*'에서 원래 파생된 단어이다. 중고 독일어에서 환영과 환대의 표현으로서 음료를 제공한다는 의미는 이후 어떠한 반대 급부 없이 무료로 제공한다는 의미로 진화되었다. 즉, 선사품이라는 단어에는 반드시 무언가를 무료로 준다는 개념과 연관되어 있다. 따라서 선사품에 대한 「보답선물」(*Gegengabe*)은 기대되지 않으며, 적어도 필요하지도 않다. 반면에 '선물'(*Gabe*)이라는 단어의 의미론적 뜻은 '대가 내지 보상'이라는 사안에 대하여 열려 있다. 따라서 어떠한 주고 받음이 「보상의 원칙」(*Grundsatz des Entgeltes*)에 따라 이루어지는지 혹은 「보상불요의 원칙」(補償不要原則 *Grundsatz der Unentgeltlichkeit*)에 따라야 하는지의 여부가 불분명할 때는 이 '선물'이라는 단어를 사용하는 것이 바람직하다. 또한, '선물'이라는 단어가 다양한 복합어에서 사용된다는 사실—여기에는 이미 「선물교류」(*Gabenverkehr*)라는 명칭하에 요약될 수 있는 「재화의 이전」(*Güterübertragung*)과 관련된 아주 다양한 범위의 형태들도 포함된다—은 이러한 '선물'이라는 단어의 용법을 뒷받침한다. 예를 들자면 「아침선물」[*Morgengabe*: 신부에게 결혼식 다음 날 사랑의 표시로 주는 선물], 「제물」[*Opfergabe*: 신에게 바치는 선물], 「경의표시 선물」[*Ehrengabe*: 경의를 표하는 선물][135] 등이 그것들이다. 이러한 예에서 유추하여 볼 때 「선물교류」의 용도는 매우 다양하다는 것을 알 수 있다. 또 다른 예를 들자면 「공양물」(*Weihegabe*)은 신이나 신을 대신하는 자에게 바치는 선물이며, 「화해적 선물」(*Befriedungsgabe*)은 분쟁의 종결을 의미한다. 「가족적 선물」(*Familiengabe*)과 「사회교류적 선물」(*Sozialgabe*)은 출산, 결혼식,

---

[135] [역주] 이는 어떠한 사람의 성취, 공헌 혹은 그가 가진 위상에 대한 존경을 표하는 선물을 의미한다.

장례식, 성년식, 축제 모임 등과 같은 가족 및 사회적 행사에 수반된다. 이렇게 '다면적'인 「선물 왕래」를 자세히 분석하려면 많은 개별 연구가 필요한 것이 사실이다. 하지만 여기서는 단지 몇 가지 점만을 강조하고자 한다.

특정 「재화분배」는 「선물교류」의 가장 오래된 형태 중 하나로서 언급될 수 있다. 이미 다른 맥락에서 살펴본 바와 같이 「재화분배」는 대체로 아마도 가장 오래된 경제적 「재화교류」의 일종일 것이다.[136] 그러나 이것은 사냥과 약탈 전리품 등에 관한 분배와도 같은 원초적 형태의 분배가 아니라 축제 행사, 성년식, 장례식, 비밀결사체 가입, 군사 작전의 수행 성공 시에 주어지는 귀중품이나 「축장재」 등을 분배하는 것을 말한다. 이때 분배하는 주체는 부족장, 사제 또는 심지어 개인적 행사 주최자이다. 이러한 분배의 증거는 원시 민족들, 그리고 역사에 등장하는 모든 사회 등을 포함한 세계 모든 곳에서 찾아 볼 수 있는데, 특히 오세아니아의 수많은 부족과 북미의 광활한 지역에 사는 인디언들 사이에서도 이러한 관행들을 발견할 수 있다. 또한 고대 수메르인들의 문화 공동체뿐만 아니라 게르만 군주들의 자리에서도 이러한 분배는 자주 발생하였다. 관대한 게르만 군주의 명예를 상징하는 이름은 이미 언급하였듯이 「고리 분배자」였다.

(후자의 예에서와 같이) 이러한 분배의 대상으로서는 황금고리 혹은 은고리이거나, 북미 인디언들의 경우는 모직 매트나 구리판 또는 왐펌 구슬(wampum)이[137] 사용되었다. 뱅크스 제도(Banks Islands)에서는 「비밀결사

---

[136] Gerloff(1940: 184, 197). Cf. 또한 본 저자의 다음의 간단한 저술을 참고할 것: Gerloff(1948). 마찬가지로, Gerloff(1948b: 202쪽 이하 연속)도 참고할 것.

[137] [역주] 조개껍질로 만든 전통적인 원통형 구슬로 특히 북미 북동부 지역의 특정 아메리카 원주민 부족이 사용하였다. 이 구슬은 종종 함께 묶

체」(수크, Suque[138]) 입회식에서 「조개화폐」 다발을 나누어준다. 사모아에서는 매트 분배가 일반적이다. 이러한 「선물분배」는 특히 장례식에서 흔히 볼 수 있다(Petri 1936: 207, 209).

충분히 예상할 수 있는 바와 같이, 「선물분배」의 광범위한 「습속」은 「선물집적」, 즉 「재보조성」을 가속화시키며, 실제로는 사실상 그것을 강제한다. 대부분의 경우, 「재보조성」을 하는 역할은 가족 사회 수장의 임무인데, 그 목적은 칭송될 수 있는 분배를 위하여 예비하거나 기회가 생겼을 때 공적 분배에 기여할 수 있는 수단을 준비하는 것이다. 「분배재화」는 이미 화폐인 경우가 많지만, 공공 분배에 사용됨으로써 화폐적 성질을 획득하는 경우도 적지 않다. 즉, 특정 재화가 「분배재화」로 사용됨으로써 유통에 적합하여지고, 따라서 유통 기능을 가지게 된다. 이러한 분배라는 「통상적 관행」(Brauchtum)이 어떠한 측면에서는 「화폐관용」으로도 묘사될 수도 있는 재화의 규제적인[139] 유통으로 진화하는 경향이 있다는 사실에 대한 많은 인류학적 증거들이 존재한다.

이러한 「선물교류」, 그리고 이 경우 특정 상품의 「집적」, 「재보조성」 및 분배가 경제적 거래의 발전과 특히 화폐의 발생에 대하여 가지는 중요성을 과소평가하여서는 안 된다는 것은 분명하다. 하지만 이 모든 경우에 있어서 본서에서 설명하고 있는 관점하에서의 이 같은 논의와 관련된 전반적 분야는 아직 만족스러운 과학적 설명이 없었으며 더욱이 어떠한 관심조차도 받지 못하여 왔다는 사실이 유감스럽게 생각될 뿐이다.

어서 화폐의 한 형태로 사용하거나 의식 및 장식용으로 이용되었다.

[138] [역주] '수크'(Suque)는 남태평양에 위치한 국가인 바누아투(Vanuatu)의 공동체 내에 존재하는 비밀 결사체를 의미한다.

[139] [역주] 즉, 완전히 자유롭지 못하고 어떠한 종류의 질서하에서 행하여지는.

분배라는 관점에 뒤이어 「제례적 선물교류」를 주목할 필요가 있다. 라움(B. Laum)은 제한된 지역, 즉 호머 시대의 그리스 문화권에서는 「제례적 선물교류」가 화폐의 발생에 대한 중요한 단서를 제공하여 주었음을 보여주었다(Gerloff 1940: 21).[140] 인류학 분야에서 살펴보더라도, 특정 원시 민족에 있어서의 「선물교류」가 그들의 제례 행위 과정 중에 진화하여 결국은 화폐의 발생에 중대한 영향을 미친 사실들이 알려져 있으며, 혹은 적어도 「선물교류」가 그 대상 재화를 「화폐재화」의 형태로 변모시키는 바에 공헌하였다는 가정을 정당화하는 많은 사실들이 존재하고 있다.

가장 오래된 모임은 제사 의식을 위한 것이었다. 그리고 제사 의식에는 항상 「공양물」(Weihegabe)이 수반되기 마련이다. 이제 「공양물」 역할을 하는 일부 재화가 화폐로 변모되는 과정을 찾아볼 수 있다. 특정 재화가 「공양물」로 사용되는 경우 그 재화는 모두에게 소망되는 것이기 때문에 다른 목적, 즉 「자발적 선물」(Dargabe)[141]이나 「비자발적 이전」(Hergabe)[142]으로도 사용될 수 있으며 따라서 화폐로도 전용될 수 있다. 그리고 그러한 「공양물들」 중에는 거래에서 화폐로 사용되는 재화들을 이따금 발견할 수 있다. 그것들이 화폐이기 때문에 「공양물」이 되는 것이 아니며 —사실 그러한 용도로 화폐를 「공양물」로 사용하는 것은 훨씬 이후의 일이다— 반대로 「공양물」이기 때문에 화폐가 되었거나 적어도 이러한 속성으로 인하여 그러한 「공양물」의 화폐로의 전용에 유리하게 작용된 것이다.

또한 「우애적 선물」(Freundschaftsgabe)도 언급할 필요가 있다. 문화 수준이 비교적 낮거나 가장 낮은 민족들에 있어서는 우애적 관계는 주로 가

---

¹⁴⁰ [역주] Laum(2023/1924)과 본서 역자해제 420쪽 이하를 참고할 것.

¹⁴¹ [역주] 참고: 역자용어해설9.

¹⁴² 보다 자세한 비교는 다음을 참고할 것: 각주136에 나와있는 문헌.

까운 친인척 간에만 국한하여 존재한다. 하지만 친척관계나 혹은 자신의 부족 구성원에만 한정되지 않고 그 이외의 대상들에게도 그러한 우애적 관계가 수립되는 경우도 자주 발견할 수 있다. 「환대」(*Gastfreund-schaft*)란 이러한 관계를 의미하는데, 낯선 모든 것들을 적으로 간주하는 원시인의 불신적 태도를 고려할 때 원시 문화 수준에서는 널리 퍼지지는 않은 것으로 보인다. 선물과 「보답선물」은 이러한 불신을 극복하고 호의를 표시하는 역할을 한다. 마찬가지로, 「선물교류」를 통하여 다른 우호적 관계의 가치, 지속 기간, 강도가 나타나고 보장되는 경향이 있다. 이러한 「선물교류」는 원시 문화 민족에서도 이미 발달한 것으로 보인다. 안다만 원주민(Andamanese)에[143] 대한 최고의 권위자인 브라운(A. R. Brown)은 이들에 대하여 이렇게 말한다: "그들이 소유한 거의 모든 물건들은 끊임없이 주인을 바꾼다".

선물의 종류는 크게 두 가지로 구분할 수 있다: 「보답선물」이 필요한 선물과 즉각적인 보답이 필요하지 않은 선물이 그것이다. 안다만 사람들 사이에서 「보답선물」은 같은 연령대의 사람들에게만 기대되며, 자신보다 나이가 많은 사람에게는 「보답선물」을 받지 않는다(본서의 54쪽을 참고할 것). '키르기스'인(Kyrgyz)[144]들에게 있어서는 아버지, 장인 또는 영향력 있는 사람이 사망하였을 때, [그 주관자가] 선사품을 주는 것이 관습일 뿐만 아니라 의무라고 알려져 있다. 그때의 선사품은 대체로 은이나 가축으로 구성된다. 이러한 선사품을 받은 후 「보답선물」로 화답하는 것은 그들에게 있어서 관행이 아니다.

이러한 '악툭'(aktuk)이라고 불리는 선사품 이외에도 '타무르 불막'(tamur-bulmak)이라고 불리는 또 다른 「보답선물」이 있는데, 그 경우에 있어서는 선물들 서로 간의 가치가 일치하지 않는 경우 종종 분쟁

---

[143] [역주] 인도의 뱅갈만 지역의 섬들에 거주하는 원주민.

[144] [역주] 중앙아시아 키르기스탄에 거주하는 민족.

과 사법적 판단으로 이어진다. 그리고 선물을 받는 사람이 그에 상응하는 「호혜적 선사품」(*Gegengeschenk*)으로 제공할 것이 없으면 선물을 애당초 받지도 않는다. 선물에 대한 「보답선물」을 요구하는 「습관」은 북미 인디언들 사이에서는 널리 퍼져서 「보답선물」이 필요시되는 어떠한 선물을 의미할 때 그 선물을 '인디언 선물'(Indian gift)이라고 명명할 정도로 일반적이다(Hoyt 1926: 99). 그 결과 「선물교환」이라고 충분히 말할 수 있는 일종의 「선물교류」가 탄생하게 되었다.

이와 유사한 방식으로 많은 민족들 사이에서 「선물교류」가 이루어지는 것처럼 여겨진다. 일상의 경조사에 있어서는 「선사품분배」(*Geschenkverteilung*)가 발생하고, 다른 경우에는 선물을 받는 경우 항상 즉각적인 「보답선물」로 이어진다. 그러나 말리노프스키(Malinowski)에 따르면 트로브리언드 제도(Trobriand Islands)[145]에서의 조상 제사, 그리고 휠러(Wheeler)에 따르면 호주 원주민들 사이에서 성년식을 위한 「선물분배」는 통상적으로 발생하며 종종 실제 「선물교환교류」(*Gabentauschverkehr*)로 발전하기도 한다(Malinowski 1922: 184; Wheeler 1910: 72쪽 이하 연속). '사모예드'족(Samoyed)은[146] 손님에게 선물을 주는 것이 관행이지만 그들 또한 손님으로부터 「호혜적 선사품」을 반대로 받기를 기대한다. '퉁구스'족(Tungus),[147] '야쿠츠'족(Yakuts),[148] '라프'족(Lapps)[149] 등에서도 유사한 관행

---

[145] [역주] 파푸아뉴기니에 속하는, 태평양 남서쪽에 위치한 제도.

[146] [역주] 시베리아에 거주하는 원주민.

[147] [역주] 러시아, 몽고, 중국에 걸친 시베리아 지역에 거주하는 부족.

[148] [역주] 야쿠츠인(Yakuts)들은 투르크 계열의 민족으로, 러시아 동북부 사하공화국에 거주.

[149] [역주] 특히 노르웨이, 스웨덴, 핀란드, 러시아 지역 등 북부 유럽에 거주하는 종족.

이 존재한다. 따라서 받은 선물에 대한 「보답 선물」은 필수적인 의무가
되었다. 그러나 이러한 사실들은 단지 한 가지 측면이다. 또 다른 하나의
측면은 「보답선물」의 가치는 동등하여야 한다는 견해와 그에 따라 생겨
난 관행이다. 교환되는 선물의 가치가 동등한가에 대한 의견 불일치는
종종 이들 사람들 사이에서 격렬한 분쟁으로 이어진다. 이 경우 「부족
판관」(Stammesrichter)이 판결을 내리는데, 이 판관은 선물의 반환을 명령
하거나 잘못을 저지른 쪽에게 「참회물」(Buße)의 배상을 부과하는 경우
가 드물지 않다.[150] 게르만 관습법에도 유사한 내용이 존재한다. 그리하
여 「그라우간스」(회색거위; Graugans)에는[151] 이렇게 적혀 있다:

> 증여한 자는 그 증여품을 되찾을 수는 없으나, 「보상」을 바라고 증여
> 한 경우나 수령자가 그에 상응하는 가치를 약속한 경우에는 증여자
> 는 약속된 만큼을 청구할 수 있다.

오스트어타법(Ostgötagesetz)에[152] 따르면 "그가 주었고 내가 지불하였다"고

---

150 이와 관련된 다양한 문헌들은 다음을 참고할 것: Schmidt(1937: Vol II,
27, 56, 135, 235쪽 이하 연속).

151 [역주] 『그라우간스』(Graugans)는 중세 초기의 아이슬란드 법률 서적을
지칭한다. 이 용어는 고대 북유럽 용어인 '그라가스'에 해당하고, 후자와
마찬가지로 '회색 거위'라는 의미를 가졌으며(각주 127참조), 더 넓은 맥
락으로는 『세르만 민법』으로 알려진 게르만 관습법과 관련이 있다. 『그
라우간스』는 게르만어로 작성된 가장 오래되고 독창적인 게르만 법률
자료 중 하나이다.

152 [역주] 『렉스 비시고토룸』(Lex Visigothorum) 또는 『비시고트 법전』(Visigothic
Code)으로도 알려져 있고, 중세 초기 스페인의 비시고트(혹은 서고트; Vi-
sigothic) 왕국에서 사용하였던 법률 모음집이다. 이 법전은 비시고트족
에게 있어서 게르만 관습법과 로마법을 합쳐 성문화한 최초의 시도 중

말함으로써 소유권을 주장할 수 있다고 규정하고 있다. 이러한 조항은 물품을 한 사람에서 다른 사람으로 이전시킬 때는 선사품을 교환하는 방식이 올바른 절차라는 생각으로 거슬러 올라간다(Grönbech 1939: 71). 그리하여 일반적으로 「선물교류」는 특정 법적 형식의 발달로 이어졌다고 말할 수 있다. 이는 앞서 언급한 바와 같이 당사자 일방이 예상보다 부족하게 받았다고 판단하는 경우 사법적 판단의 대상이 된다는 사실에서 잘 드러난다. 그러나 이러한 「가치평가」(*Wertabschätzung*)와 「가치결정」(*Wertfestsetzung*), 그리고 「참회물」의 부과가 이루어지는 곳에서는 화폐와 금전적 가치가 실제로 어떠한 역할을 하였던 것으로 추정된다. 그리고 실제로도 그러하였다.

게르만 문화권에서 알려진 바로는 [보답이 기대되지 않는] 「일방적 선물교류」의 대상은 고리와 직물, 즉 「귀중품」과 기타 「축장재들」이었다. 다른 문화권에서는 조개껍질 고리, 매트, 귀중한 오래된 접시, 멧돼지 엄니, 가축의 고기 등을 사용하고 있었다. 이러한 재화가 「신부구매」, 「참회지불」 등의 다른 용도로 보편화됨에 따라 화폐가 된다.

물론 「선물교류」가 [위와 같은] 「축장재들」의 「관용」에만 국한된 것은 아니다. 경제생활이 점진적으로 발전함에 따라 「선물교류」도 어느 정도 필수적인 「삶의 수단」으로서의 재화를 사용하는 방향으로 진화한다. 적토, 백토(白土), 조개껍질, 가죽, 소금, 구리 등과 같은 특정 「자연산물」이나 또는 대장간 공예품, 매트, 「장신구」(예: '세망'족(Semang)의[153] 장식용 대나무 빗)와도 같은, 부족 내의 장인 정신에서 만들어진 공예품 산물은 초기에는 가끔 「선물 교환」의 대상이 되었지만, 차츰 더 빈번하게 「선물 교환」에 사용되는데, 이러한 현상은 특히 낮은 수준의 문화가 기술적으로 높은 수준의 문화와 접촉할 때 두드러진다. 때때로 「선물교환」

하나이다.

[153] [역주] 말레이지아 반도에 거주하는 원주민.

은 「부과관계」(*Abgabenverhältnis*) 또는 「위장된 공물의무」(*verschleierte Tribut-pflicht*)로[154] 변질되는데 후자에 있어서는 약자가 경제의 산물을 제공하고 그 대가로 일방적으로 정하여진 보상을 받기도 한다.

이러한 「선물 교환」의 대상 목록은 단지 몇 가지 예에 불과하지만 그럼에도 이미 소금, 구리, 조개껍질, 매트 등과 같이 「화폐적 중요성」이 있는 재화들도 존재하였다는 것이 명확히 보여진다.

비록 「선물호혜」(*Gabenwechsel*)의 의도가 「경제합리적인 목적설정」은 아니었다 하더라도 우호적 「선물교류」가 「선물교환」으로 변화되면서 「재화교환」으로의 경제적 발전을 위한 중요한 일보를 내딛게 되었다. 그리하여 「선물교환」을 목적으로 한 방문, 즉 「선물교환여행」(*Ga-bentauschfahrten*)이 아마도 빈번하게 이루어졌을 것이다. 이러한 맥락에서 볼 때, 서아프리카의 '팡웨이'족(Pangwe)은[155] 같은 「소부족」 내에서나 혹은 다른 「소부족들」 간에 빈번하게 우호적 방문을 하는데, 그 목적은 「선물교환」의 연장선상에 있는 것으로 보인다(Tessmann 1913: 209 쪽 이하 연속). 이러한 「선물교환여행」은 대부분 「조달」(*Versorgung*)을 서로 간에 보완할 수 있는 생산물을 가진 부족들, 특히 내륙과 해안 거주민들 사이에서 이루어진다. 예를 들어 순록 목축인과 해안에 거주하는 코리악(Korjaks)[156] 간의 교환이 이에 해당한다. 모투 섬(Motu),[157] 시아시 섬

---

154 [역주] 「위장된 공물의무」는 공물 지급 의무가 실제로 존재함에도 불구하고 여러 가지 이유로 인하여 공개적으로 인정되지 않거나 명백하게 드러나지 않을 수 있는 경우의 의무를 의미한다.

155 [역주] 서부 아프리카, 특히 카메룬, 적도기니 그리고 가봉에 거주하는 원주민.

156 [역주] 러시아 시베리아 북동부, 특히 캄챠카 반도와 주변 지역에 거주하는 원주민.

157 [역주] 파푸아뉴기니에 사는 원주민.

(Siassi),[158] 타미 섬(Tami),[159] 등의 멜라네시아 섬(Melanesian islands)[160]에서도 이러한 항해에 대한 많은 기록이 존재한다.[161] 물론 최초부터 이「선물교류」의 대상과 수단들이 화폐로 간주될 수 있는 것은 아니지만, 그 중 일부는 [향후] 화폐가 될 수 있는 것들이다. 뉴기니의 두 해안 부족인 '튜브'족(Tubetube)과 '테스테'족(Teste)은 일반적으로「생계수요」의 대부분을 수입한다. 반면에 그들은 조개껍질 장신구를 수출하는데, 이 장신구는 그들이 방문하는 지역에서「가치의 담지자」(Wertträger)가 되어 화폐로 사용된다. 따라서 화폐는 이러한「선물교환여행」을 통하여 두 가지 방식으로 발생할 수 있다. 첫째, 외부로부터의「재화획득」(Güterbeschaffung)에 의존하는 부족이 이를 위하여 팔찌, 조개껍질 다발, 매트 등 특정 물품들을 유통시키는데, 이것들은 그 외부 부족들에게 있어서 필요한「화폐의 서비스」를 충족시킨다. 반면에 이러한 물품들은 취득자의 입장에 있어서도「화폐적 중요성」을 가지게 된다. 이러한 물품들은 그들에게는 소유를 의미하는「귀중품」이나「축장물들」로서 그 소유자에게는「평판」을 부여하기 때문이다. 과거 멜라네시아 섬에서는 이러한 일이 있었던 것으로 보인다. 최초에는 이렇듯「선물교환」으로 획득한「장신구들」은「과시화폐」(Prunkgeld) 또는「현시화폐」(Schaugeld)로 사용되다가, 특정한 경우에만「유통화폐」(Umlaufsgeld)로 쓰이는데, 여자를 얻는 수단이 후자의 예이다.

---

158 [역주] 파푸아뉴기니에 속한 비스마르크해(Bismarck Sea)에 거주하고 있는 원주민.

159 [역주] 파푸아뉴기니에 속한 비스마르크해(Bismarck Sea)에 속한 섬들.

160 [역주] 태평양 남서부에 속한 지역으로 호주 북동부의 섬들을 포괄하는 지역.

161 이와 관련된 많은 증거는 다음을 참고할 것: Thurnwald(1931-34: Vol III, 119쪽 전반).

「선물교류」는 언제나 「사회교류적 관계」의 표현이며, 실제로 「선물교류」로 표현되지 않거나 심지어 「선물교류」에 기초하지 않은 중요한 「사회교류적 관계」는 거의 없다고도 할 수 있다.

가장 강력하고도 중요한 「사회교류적 관계」는 성적 접촉, 즉 성관계를 기반으로 한다. 이 같은 성관계도 심지어 종종 「선물교류」와도 연결되는데, 이는 「화폐의 발생」과 「화폐관용의 발전」에도 영향을 미친 것으로 보인다. 모계 중심의 일부 농경 부족에서는 남성이 여성의 모든 사랑 행위를 "전통적인 「가치의 담지자」"인 선사품으로 보답하는 관습이 있다.[162] 파푸아인(Papuan)들 사이에서는 남자는 성관계에 대하여 [부인에게] 그곳에서 통용되는 「조개화폐」로 지불하여야 한다.[163] 한때 [농담조로] 유사한 종류의 제안을 채택하여 모든 사회교류적 문제를 일거에 해결하고 동시에 공공 재정 위기를 종식시키고자 하였던 프랑크 베데킨트(Frank Wedekind)는[164] 자신의 제안 이전에 존재하였던 이러한 원형을 알지는 못하였던 듯하다.[165]

세계 여러 지역의 원시 단계의 수렵 채집 원시 민족, 그리고 고등 원시 민족 사이에서 흔히 볼 수 있고 널리 퍼져 있는 우호적 방식의 「여성교환」(Frauentausch)은 「선물교환」과도 연결되는데, 자주 「선물교환」에 사용되는 특정 선물은 통상적으로 화폐의 성격을 가지게 된다. 선물이 전통적인 「가치의 담지자」가 되는 곳이라면 어디든 그 선물은 화폐로 간

---

[162] Thurnwald(1931-34: Vol II, 132).

[163] Ploss & Bartels(1927: 11, II, 206).

[164] [역주] 프랑크 베데킨트(Benjamin Franklin Wedekind, 1864-1918)는 독일 극작가, 시인 그리고 배우이다. 그는 논란적인 많은 표현주의적 작품들을 만들었는데, 주로 성적인 문제, 사회적 규범, 그리고 인간 심리에 대한 묘사로 유명하였다.

[165] Holm(1932: 114).

주하여야 하기 때문이다. 이 경우 「여성교환」(Frauentausch)은 다름 아닌 「아내구매」(Frauenkauf)를 의미한다. 즉 선물의 일상적인 교환은 일종의 구매로 간주되는 것이다. 이에 대하여서는 본서의 아래에서 다시 설명하려 한다.

심지어 '원시 민족들의 혼외 및 가정 내에서의 애정 생활'(das außer und nebeneheliche Liebesleben der Naturvölker)도 「선물교류」와도 관련이 있다. 이 용어는 원시 민족들의 자유로운 성생활을 묘사하는 것으로 잘못 사용되는 경우도 매우 많은 반면 그것을 일종의 매춘으로 간주될 수 있게끔 하는 경향이 있는 현상을 접하게 되는 것도 드문 일은 아니다. 그러나 여기서 중요한 것은 이러한 점에 있지 않다. 중요한 점은, 그러한 경우 선물의 형태로 「보상」을 하는 것이 관례이며, 그렇기에 그러한 선물들이 꾸준히 관행적으로 사용됨을 통하여 일종의 화폐 형태가 될 수 있거나 이러한 (다른 용도가 아닌) 특수한 사용에 의하여 선물들이 화폐로 변천되는 것을 도와줄 수도 있다는 사실이다. 이것들은 혼전 자유 연애로부터 시작하여, 그 자체로도 우리의 연구 주제로서 중요할 수 있는, 선물과 연결되어 있는 일부 신성한 난교(Orgie)와 에로틱한 축제뿐만 아니라 헤테로리즘(Hetärismus)과[166] 상업적 매춘(혹은 「신전매춘」)에[167] 이르기

---

[166] [역주] '헤타이라'(hetaira, ἑταίρα. 복수형은 헤타이라이hetairai)는 고대 그리스에서 단순한 성관계를 넘어선 지적, 정서적 교감의 요소를 포함하는 특정 범주의 창부 등의 여성 동반자를 가리키는 용어로 사용되었다. '헤타이라'는 일반적으로 교육을 받고 교양을 갖추었으며, 종종 지식인 및 예술계와 관련이 있었다.

[167] [역주] 신성한 매춘이라고도 알려진 「신전매춘」은 종교 사원이나 그 경내에서 성행위 또는 성적인 의식이 행하여졌던 역사적 관행이다. 이 관행은 메소포타미아, 이집트, 그리스, 인도를 비롯한 다양한 고대 문화와 종교에서 발견된다.

까지 걸쳐있는 매우 다양한 종류의 과정이다. 참고로 혼전 자유 연애에 대하여 바흐오펜(Bachofen 1861, 서문)은 "부부 순결의 보장, 그것의 신성화를 위하여서는 여성 측에서의 자연적 소명(*natürlicher Beruf*)에 대한 사전 성취가 필요하다"라고 말한 바 있다.[168] 위에 말한 바를 밝히기 위하여서는 특별한 심층적 연구가 필요한 것이 사실이지만, 안타깝게도 민족학자나 문화사학자들은 아직 이러한 측면에 주목하지 않고 있다.

팔라우(Palau), 얍(Yap), 포나페(Ponape)[169] 등에서는 소녀들이 '아르메골'(*armegól* – 혹은 헤타이라이 *hetairai*)이라고 불리며 한동안 청년들의 클럽에서 '사랑의 노동'을 수행하는 바에 대한 언급은 많은 문헌에서 찾아볼 수 있다. 쿠바리(Kubary), 뮐러-비스마르(Müller-Wismar), 할(A. Hahl) 등의 탐험가들이 계속하여서 기록하고 있듯이, 특정 선물은 「보수」(*Entlohnung*)로서 중요한 역할을 한다. "순다 제도(Sunda Islands)[170]에서도 매춘을 연상시키는 혼외 관계는 알려져 있다"(Thurnwald). 이러한 사교 관계는 길버트 제도(Gilbert Islands)[171]에서도 흔한 것으로 보인다.

이러한 맥락에서 언급되어야 하는 또다른 사실은 이윤을 목적으로 여성을 「가득」하는 경우인데, 그러한 사업을 위하여서는 종종 여러 명

---

[168] [역주] 즉, 결혼 전에 관계를 경험하는 것은 개인에게 정보를 제공하고 성숙하게 하여 잠재적인 호기심이나 결혼 외적인 관계의 모색의 필요성을 줄여줄 수도 있다. 결혼 전에 이미 그러한 감정이나 관계를 모색하여 본 경험이 있다면 결혼 후 더욱 헌신적이고 안정적인 관계를 유지하는 바에 기여할 수 있다는 것이다.

[169] [역주] 이 세 곳들은 모두 태평양 서부의 미크로네시아 지역에 위치한 섬들이다.

[170] [역주] 말레이지아 및 주로 인도네시아에 속한 제도.

[171] [역주] 중앙 태평양에 위치한 산호섬으로서, 키리바티(Kiribati) 섬들에 속한다.

의 여성이 고용된다.[172] 반면 세람 섬(Seram)의 '만셀라–알푸르'족(Man-sela–Alfuren)[173]에서는 그와 대비되는 경우를 찾아볼 수 있다. 남자가 두 번째 아내와 결혼할 때는 첫 번째 아내에게 선물을 주어야 하는데, 결혼 생활 중 자녀가 없는 경우 오래된 접시 한 개를 '지불'하여야 하고 자녀가 있는 경우 각 자녀 수만큼 추가로 접시를 '지불'하여야만 하는 관행을 발견할 수 있다.[174] 그러나 이 낡은 접시나 그릇은 우리가 알다시피 화폐이며, 이러 저러한 행사에서 「지불수단」(*Zahlungsmittel*)으로 사용되었기 때문에 화폐가 된 것이다(Cf. Gerloff 1940: 32, 33, 38).

남녀 간의 관계는 결혼 또는 결혼을 통한 유대(*Ehebund*)를 통하여 가장 중요한 [쌍방 간의] 「관계조형」(*Beziehungsgestaltung*)의 계기가 된다. 따라서 우리가 알 수 있는 한 모든 민족에 있어서 결혼은 사회교류적, 법적으로 큰 중요성을 지닌 행사이다. 원칙적으로 그 중요성은 엄숙한 [예식적] 「행동」 등을 통하여 표현되며, 그 법적 유효성은 특정 급부의 충족과도 관련이 있다. 여기서도 「선물교류」는 중요한 역할을 하는데, 그 역할은 민족마다 다를 뿐만 아니라 시간이 지남에 따라 상당한 변화를 겪어왔다는 사실은 잘 알려져 있다. 게르만 문화권의 경우, 그뢴베흐(W. Grönbech)는 이를 다음과 같이 간결하게 표현하고 있다: "고대의 결혼은 선사품을 기반으로 이루어졌다"(Grönbech 1939: 283). 우리는 화폐가 이러한 행사와는 무관한 방관자가 절대로 아니었다고 가정하거나 오히려 확신할 수 있다. 이는 일반적인 의미의 「금전을 위한 결혼」(*Geldheirat*)을 의미하는 것은 아니다. 오히려 결혼식에 수반되거나 혹은 결혼식 자체를 개시할 수 있게 하는 「선물교류」가 「화폐의 발생」에 큰 영향을 미쳤다는 의미로 해석할 수 있다.

---

[172] Ploss & Bartels(1927: II, 96쪽 이하 연속).

[173] [역주] 인도네시아 세람섬에 거주하는 원주민.

[174] Schadee(1915: 129, 135).

최근 H. 퀴긴(Quiggin) 여사는 「신붓값」이 「속죄금」과 더불어 「화폐의 발생」에 있어 중요하였다는 점을 강조한 바 있다. 그녀는 다음과 같이 언급한다:

> 「신붓값」과 「속죄금」이 통화의 발생을 야기하였다고 주장하는 것은 다소 과하다고 생각되지만, 확실히 그것들은 적어도 가치의 기준을 확립하고 특정한 교환의 매개체가 자주 사용되도록 하는 바에는 기여하였다.

그리고 그녀는 「신붓값」이 화폐의 출현에 대하여 공헌한 역할에 대하여 일부 사람들이 믿는 것처럼 화폐가 모든 악의 근원이라면 "이브는 다시 한번 비난의 표적이 되었다"고 말한다(Quiggin 1949: 7 및 291). 퀴긴 여사는 「장신구」는 여자가 발명하고 그것으로 화폐를 만들었던 것은 남자라는 본 저자의 이론을 몰랐다.[175] 그렇지 않았다면 그녀는 자기와 같은 여성에 대하여 그러한 비난을 하지는 않았을 것이다.

그뢴베흐는 선사시대 게르만족의 결혼에서 「선물교류」의 범위를 이렇게 설명한다:

> 가장 중요한 것은 신랑으로부터의 선사품, 더 정확하게 말하자면 신부의 가족이 받는 선사품이었다. 이러한 주요 선물은 수많은 작은 선사품으로 보완되었다. 「장신구」는 신랑이 약혼자에게, 그리고 나중에 아내에게 주었고, 아버지가 결혼식에서 딸에게 준 것도 마찬가지였다. 그밖의 선물은 신부의 친척이 신랑의 친척에게, 신부가 하객에게 주었을 것이고, 신랑은 각 처남에게 선사품들을 주었을 것이다(Grönbech 1939: 283).

고대 앵글로색슨 어법에서는 신부를 위하여 지불하는 선물을 '*scaet*'「재

보」라고 부른다.[176] 그리하여 「재보」(*Schatz*)와 화폐와의 관련성은 분명하다. 타키투스는 다음과 같이 말한다(Tacitus, 98 AD: 18):

> 「아침선물」은[177] 여자가 남자에게 주는 것이 아니라 남자가 여자에게 주는 것이다.
>
> 부모와 친척들은 여성의 허영심이나 신부를 꾸미기 위하여 선택된 선물이 아니라, 소, 재갈이 채워진 말, 방패, 창, 칼 등의 선물을 승인하러 모인다. 이러한 선사품이 바로 「결혼지참금」(*Heiratsgut*)이다. 그리고 다른 한편으로 여자는 남자에게 무기와 관련된 것을 가지고 온다.

이 같은 「결혼선물」 중에 화폐로 볼 수 있는 것 내지는 발전 과정에서 화폐로 진화될 수 있는 것이 포함되어 있는지는 위 목록에서는 명백하지 않다. 두 가지 가능성을 모두 배제할 수는 없지만, 시간이 지남에 따라 화폐가 된 다른 어떠한 것들이 그것들의 자리를 차지할 가능성도 매우 높다.

원시 민족들 사이에서 구애와 결혼은 보통 다양한 「선물교류」와 연관되어 있다. 이미 다른 맥락에서 보여주었듯이(Gerloff 1940: 140), 결혼을 할 때, 때로는 그 전이나 후에 주어지는 선물 또는 「선물 대신의 급부」(*Gabenleistung*)는 「구매가격」(*Kaufpreis*)이 아니며, 단지 상징적인 「행동」으로서의 주고 받음이나 수립된 우정의 표현 혹은 「부족 집단」(*Sippen-verband*)의 일원으로 받아 들임의 표현이다. 아프리카에서 「구혼선물」(*Freiersgabe*)이나 「신부용 예물」로 통용되는 줄루(Zulu)어인 '롤롤라'(*Lolola*)도 「구매가격」을 의미하지 않는다. 인도네시아의 「결혼화폐」(*Heiratsgeld*)인 '하르타'(Harta)와 모든 아시아의 말, 낙타, 양을 목축하는 민족들이 사용하는 용어인 '칼림'(Kalym)—「신랑지참금」(*Brautgeld*) 또는 「신붓값」

---

[176] [역주] 앞서 말한 (63쪽) 고고(古高) 독일어인 '*scaz*', 그리고 중고(中高) 독일어인 '*schaz*'와도 어원이 같다.

[177] [역주] 다음을 참고할 것: 68쪽.

(*Brautpreis*)을 의미—도 마찬가지로 「구매가격」이 아니다.

「신부용 예물」의 가치 크기는 매우 다양하다. 하지만 일반적으로 다음과 같이 말할 수 있다. 단지 상징으로만 중요한 작은 선물에서 더 큰 재산 가치, 예를 들어 더 많은 수의 가축의 소유를 이전하는 것으로의 이행은 모권 사회에서 부권 사회로 이어지는 경제적 발전과 관련이 있다. 부권 사회교류적 관계에서 「신부용 예물」의 가치는 항상 상당히 높은데, 이는 여성은 노동력으로서의 상당한 가치를 지니고 있으며, 또한 사녀는 아버지와 아버지가 속한 「소부족」에 부속되기 때문이다 .

여기서 이 모든 것을 다룰 필요는 없다. 단지 이러한 「선물교류」를 해석하고 그것의 광범위한 확산을 보여줌으로서 그에 근거하여 화폐의 출현 가능성과 「화폐관용」을 시사하는 것이 본서의 목적이기 때문이다 [위에서 말한 인도네시아의] '하르타'(*Harta*)의 지급은 이미 이전 저술에서 논의된 바 있다(Gerloff 1940: 30). 가축으로 주로 구성된 '칼림'(*Kalym*)은 나누어서 분할 지불할 수 있는데, 특히 소녀가 아직 어렸을 때 결혼을 약속한 경우에는 더욱 그러하다. 그런데 「신부용 예물」의 성격은 주로 관련 민족들의 생활 방식에 따라 달라진다. 모든 목축업자들에게는 그것들은 말, 소 또는 순록과 같은 가축으로 구성되며, 그것들은 「화폐적 중요성」을 가진다. 북유럽 사람들은 모피나 가죽을 「신부용 예물」로 사용하기도 한다. 농부들에게는 철제 호미가 작은 가축들과 마찬가지로 중요한 역할을 한다. 금세기 초에 '바숨바'족(Basumbwa)은[178] 여전히 150개에서 1,000개에 달하는 괭이를 「신부용 예물」로 지불하였다. 그들은 또한 같은 목적으로 구리선 다발을 사용하였다. 반면 같은 시대에 '와카라'족(Wakara)은[179] 신부에게 괭이 두 개와 기껏하여야 염소 한 마리만

---

178 [역주] 특히 탄자니아나 우간다 등의 동아프리카에 거주하는 원주민.

179 [역주] 수단에 거주하는 원주민.

지불하였다. ‘와벤데’족(Wabende)은[180] 괭이, 염소, 천을 지불 품목으로 사용하였으며, 다른 아프리카 부족들도 같은 용도로 개오지 조개껍질 (cowrie)이나 타조알의 껍질로 만든「장신구」체인을 사용하였다. ‘바시바’족(Basiba)의[181]「신붓값」은 개오지 조개껍질 12,000개였다.[182]

「화폐의 발생」과정에서「신부구매」를 위한 선물이 어떠한 중요성을 가질 수 있는지를 보여주는 좋은 예는 ‘아바부아’족(Ababua)에[183] 속하는 콩고 흑인들의「통상적 관행」에서 찾아 볼 수 있다. 이 부족에 대한 소책자를 발간한 할킨(J. Halkin)은 칼론(Calonne)의[184] 말을 인용하면서 신부 취득을 위한 지불에 대하여 이렇게 말한다: “이것은 오로지 결혼에 대한 보상을 지불하기 위하여서만 사용되는 ‘칼’이며 (…)” 그리고 그는 놀랍게도 다음과 같이 추가하여 이야기한다: “교환과정에서 그것들은 진정한 통화(*monnaie*)가 되었다”.[185]

이러한「신부용 예물왕래」(*Brautgabenverkehr*) 또는「구혼선물교류」(*Freiersgabenverkehr*)는 그 범위와 그 정도에 있어서 사회교류적 삶에 있어서 가장 중요하고 빈번하게 발생하는 행사들 중 하나이기 때문에 절대로 과소평가하여서는 안 된다. 그것들은 교환(*Tausch*) 그 자체보다 더 오래되었고, 더 널리 퍼져 있었으며, 더 일반적인「선물교류」였다. 실제로 구애와 결혼은 사회적 행사로서는 아마도 모든 것들 중에서도「선물교

---

[180] [역주] 동아프리카 지역에 거주하는 원주민.

[181] [역주] 콩고민주공화국 카사이(Kasai) 지역에 거주하는 원주민.

[182] Schultz-Ewerth & Adam(1929: I. Ostafrika, 113쪽 이하 연속 및 251쪽).

[183] [역주] 이는 콩고민주공화국에 거주하는 ‘바보아’족(Baboa)을 의미한다.

[184] [역주] 칼론(Calonne)은 Charles-Alexandre de Calonne(1734-1802)을 의미하는 것으로 여겨지는데, 그는 프랑스 루이16세 시절 재무상이었다. 본 인용의 출처는 확인하지 못하였다.

[185] [역주] Halkin(1910: 513). 원문은 불어로 표현되어 있다.

류」와 연관된 가장 오래된 행사이다.

과거에 그리고 우리가 지나쳐 버릴 수 없는 아주 먼 옛날에도 또 다른 형태의 「가족적 선물교류」가 등장한다: 그것은 분쟁의 「해소」를 위한 「선물교환」, 그리고 「속죄금」(Wergeld) 또는 「참회금」(Bußgeld)으로서의 「선물 대신의 급부」(Gabenleistungen)이다. 투르(Tours)의 수도승 그레고르(Gregor)는[186] '고트'족(Goths)의 왕 루비길트(Leuvigild)와 '수에비'족(Suevi)의[187] 왕 테오도메르(Theodomer) 사이의 분쟁의 「해소」에 대하여 이야기하면서 다음과 같은 결론을 내린다: "그들은 선물을 교환하고 각자 자신의 나라로 돌아갔다"(Grönbech, 1939: 48). 따라서 이 문장에서 수도사 그레고르는 당대의 관행과 지극히 고대적으로 보이는 과정을 묘사하고 있다. 수장, 왕, 군주들 간의 분쟁 등의, '공적인 불화'라고 말할 수 있는 것들은 결국 「선물 교환」으로 종식된다고 말할 수도 있다. 「선물 교환」이라고도 불릴 수 있는 이러한 상호 지불만큼이나 오래된 것이 바로 민간들 간의 분쟁과 잘못을 속죄하고 화해하고 종결하는 일방적인 형태의 지불, 즉 「속죄금」(Wergeld) 또는 「참회물」(Buße)이다. 여기서도 「화폐의 발생」과의 관련성을 찾을 수 있다는 사실은 팔라우 섬(Palau)[188] 주민들의 언어에서는 모든 지불금을 "「벌금화폐」"(Strafgeld)[189]라고 부른다는

---

[186] [역주] 수도승이었던 투르의 그레고르(Monk Gregor of Tours; Gregory of Tours, 358-594 AD)는 프랑크 왕국의 역사가이자 대주교로서, 그의 주저인, 메로빙거 왕조와 프랑크 왕국 초기역사를 다룬 『Historia Francorum』로 잘 알려져 있다.

[187] [역주] 고대에 중부 및 북구 유럽에 거주하였던 게르만족 일파로, 고대 로마 후기 및 초기 중세의 이베리아반도(현대 스페인과 포르투갈 지역)에서의 초기 역사에 등장한다.

[188] [역주] 서부 태평양 미크로네시아 지역에 위치한 섬.

[189] Kubary(1895: 9).

사실에서도 분명하게 알 수 있다.

　무엇보다도 과실치사에 대한 「배상금지불」인 「속죄금」(Wergeld)은 거의 모든 민족에게 공통적으로 적용되는 것으로 여겨진다. 이에 관한 규정, 즉 징수, 결정, 납부 방법 및 「분배」에 관한 규정은 존재하는 가장 오래된 법규 중 하나이다. 북유럽의 옛 법전에는 「참회물」이나 「속죄금」 대신에 종종 "고리"에 대하여서만 언급되어 있다. 이미 언급한 「고리 테이블」(Baugatal[190])을 논할 때 등장하였던 「회색거위」(Graugans)에 따르면,[191] "고리"라는 기준에 의하여 살인죄에 대한 「참회물」을 정하고, 다른 게르만 민법들과 마찬가지로 친인척관계의 근접성에 따라 각 「소부족구성원」이 「속죄금」으로 받을 수 있는 고리의 숫자 및 그것의 분수를 상세히 규정하고 있다. 그 이외의 위법에 대하여서는 「참회지불」 기준에 의하여 평가한다. 그런데 이 「회색거위」에 따르면 「참회지불」은 3 마르크로 부과하는 것이 원칙이다. 이것은 반복하여 등장하는, 법정 모직물 144규빗(ells),[192] 혹은 소 한 마리 반 값에 해당하는 금액의 벌금이다.

---

[190] [역주] 바우가탈(Baugatal)은 고대 북유럽 시가에 등장하는 「고리 테이블」을 의미한다. 즉, '바우가탈'은 고대 북유럽 시집인 『시적 에다』(Edda)'에 수록되어 있는 시적(詩的) 목록으로, 주어진 상황과 친인척 관계의 정도에 따라 「속죄금」(Wergeld)으로 지불하여야 하는 적절한 금액과 품목을 기억하기 위한 기억 장치로 사용되었을 가능성이 높다. 특히 '바우가탈'은 살인이나 상해 사건의 경우 관련자의 신분과 친족 관계에 따라 「속죄금」(Wergeld)으로 지불하여야 하는 황금고리 및 기타 재보의 양에 대하여 자세히 설명하고 있다. 이 목록은 바이킹 시대와 중세 스칸디나비아 초기에 대한 법률 및 문화 정보의 중요한 출처로 사용된다.

[191] [역주] 각주 127을 참고.

[192] [역주] 오래된 길이단위로서, 직물의 크기를 재는 용도로 사용되었는데, 약 54인치 혹은 1.143미터의 길이를 말한다.

다른 민족들 사이에서도 「신부용 예물」로 쓰이는 물품과, 주어진 「법질서」가 「참회지불수단」(Bußzahlungsmittel)으로 정한 물품 사이에는 일정한 유사성을 발견할 수 있다. '바숨바와'족(Basumbwa)의 경우 추장의 아들에 대한 살인 벌금은 괭이 1000개, 부자를 살인하는 경우는 500개, 일반인을 살인하는 경우는 200개이다. 다른 아프리카 부족들은 소, 노예뿐만 아니라 직물, 구리 철사 다발, 상아 등을 「속죄금」 또는 「참회금」으로 사용한다. 사모아에서는 일반적으로 매트가 이 용도로 사용된다. 키르기즈족에 있어서는 「배상금」(Sühnegeld)을 말로, 그리고 사모예드족은 순록으로 정한다. 「속죄금」 또는 「참회금율」(Bußsatz)로[193] 표현된 「관용」이 재화를 화폐로 변화시킴과 마찬가지로, 이러한 결정은 「피해보상」(Schadensvergütung) 역할을 하는 재화를 화폐로 변화시킨다.

마지막으로 언급하고자 하는 것은, 「선물교류」와 관련된 가장 오래된 사회적인 「관계적 질서」(Beziehungsordnung)로는 세계 도처에서 발견되는 비밀결사체(Geheimbund)와 비밀사회 등이 있다. 이러한 사회와 남성들의 회관, 클럽 등과 같은 관련된 제도 등을 다루는 기존의 인류학 및 사회학 연구는 「선물교류」와 이들 결사체(Bund)의 지불 체제에 대하여서는 거의 관심을 기울이지 않았다. 따라서 이러한 결사체와 사회, 그리고, 그것들의 관행이 화폐의 발생과 진화과정에서 수행한 역할에 대하여서는 우리는 단지 제한적인 지식만을 가지고 있을 뿐이다. 따라서 우리의 지식은 이러한 제도들을 다룬 다소 산발적으로 흩어져 존재하는 문헌에 포함된 간헐적이고 임의적인 언급과 보고서 등에만 주로 근

---

[193] [역주] 「참회금율」(Bußsatz)이란 범죄 또는 위법 행위에 대한 속죄로 지불하여야 하는 정하여진 금액 또는 가치를 말한다. 이 금액은 법률이나 전통에 의하여 정하여지는 경우가 많으며, 발생한 피해나 저지른 잘못을 보상하기 위한 것이다.

거하고 있다는 점을 먼저 말하고자 한다.[194]

자신이 속한 세대의 위상을 주장하기 위한 「연배집단」(*Altersklassen-zusammenschlüsse*)으로 형성되거나, 일반적으로 법적 집행의 지원, 종교적 단체, 정치적 결집화(*Zusammenschluss*)를 위한 수단, 정당결성 등을 위한 수단 등의 목적 이외의 다른 목적을 가진 「남성결사체」로 형성되는 이러한 단체는 종종 그들의 권력을 강화하기 위하여 어떠한 지불을 그 수단으로 사용한다. 즉, 입회비, 특히 단체 내의 차별화된 등급을 취득하기 위한 차별적 입회비를 부과하거나 외부인으로부터 「부과금」을 징수하는 등의 지불 관행이 많은데, 이러한 「부과금」의 징수는 때로는 조직적인 세금징수 및 「공물착취」의 형태로까지 발전하기도 한다. 이러한 지불에서 사용되는 대상물들은 이미 화폐이었거나, 앞서 언급한 목적에 사용되면서 점차 화폐로 변하여가거나, 최소한 그것들이 가지고 있는 화폐적 성격을 점차 강화하여 나간다.

슈르츠(H. Schurtz)는 이러한 제도의 성격을 다음과 같이 잘 설명하고 있다:

> 「비밀결사체」의 성격은 모든 곳에서 동일하다. 단지 가장 어린 연령층을 제외한 남성 인구의 대다수는 이들 「비밀결사체」에 속할 수 있는데, 입회비를 지불할 여유가 없는 아주 가난한 악마들만이 이에서 제외된다. 그러한 자들은 원칙적으로 「신붓값」도 지불할 능력이 없기 때문에 일반적으로 영원한 총각으로 남아있을 운명을 가지고 있다(Schurtz 1902: 380).

이러한 지불의 정도는 지원자들이 종종 「결사체」에 입회하기 위하여 필요한 자금을 모으기 위하여서는 수년간 고군분투 해야만 할 정도로

---

[194] 이중 가장 유명한 저술은 Schurtz(1902)이다. 이에 추가로 다음의 두 논문을 참조할 것: Höltker(1931)와 Nevermann(1933). 그리고 이 두 논문에 수록된 문헌 목록도 도움이 된다.

상당하고 때로는 그 금액을 위하여 친구로부터의 차입이라는 지원수단도 필요하다는 기록이 계속됨에서도 잘 알 수 있다. [결사체 내의] 한 등급에서 다음 등급으로 올라갈 때마다 점점 더 많은 금액의 지불이 필요하기 때문에 특히 비용은 일반적으로 점차 많이 필요하게 된다. 그렇다면 이「비밀결사체」가 획득한 이 자금은 어떠한 용도에 사용되는가? 그 자금은 단지 축적될 뿐이다. 개별 가문이나 족장들이「조개화폐」, 고리, 도자기 그릇, 매트, 상아 등을 축적하는 것처럼, 위와 같은 관행을 통하여 일부「비밀결사체」에 있어서도 자신들의 클럽하우스는 각종「재보」를 모아두는 장소가 된다. 이 기금은 다양한 종류의 기부에 사용된다. 예를 들자면, 공동 축제 비용의 충당 혹은 다른「결사체」와의「선물 교환」및 기타 여러 가지 목적으로도 사용된다.

예를 들어, 서세람(West Seram)의[195]「비밀결사체」인 '카키한'(Kakihan)은 이미 다른 저서에서 언급된 바 있다(Gerloff 1940: 30쪽 전반). 오세아니아에서 최소한 명목상으로는 가장 유명한「비밀결사체」인 '둑둑'(Dukduk)[196]에서는「화폐축장」(Geldhortung)이「결사체」생활에 있어서 가장 중심사이다. 물론「결사체」에 가입하려면 상당한 금액을 지불하여야 하며, 그로 인하여 가입한 사람들은 종종 상당한 부채를 짊어져야만 한다. 하지만 그 대가로 회원들은 결사체가 보유한「조개화폐」라는 재보의 부분적 소유자가 되며, 그 재보를 늘리는 것이 그 회원들의 주요 임무인 것처럼 보인다. 이들은 가면을 쓰고 소규모 무리를 이루어 전 지역을 돌아다니며「조개화폐」로 지불금을 징수한다. '둑둑'보다는 비교적 덜 알려진 '잉기트'(Ingiet)[197] 결사체 내의 다양한 관행들에서도「조

---

[195] [역주] 인도네시아 동쪽에 위치한 마루쿠제도(Maluku)에 위치한 지역.

[196] [역주] '둑둑'(Dukduk)은 전통적인 비밀결사체로서 태평양 전역, 특히 파푸아뉴기니, 솔로몬 군도, 그리고 그 주변의 섬들에서 주로 관찰된다.

[197] [역주] 파푸아뉴기니에 속하는 동뉴브리튼(East New Britain)의 토라이(To-

개화폐」는 중요한 역할을 한다.

위와 같은 결사체에서 「조개화폐」를 사용하듯이, 뉴헤브리디스(New Hebrides)[198] 원주민들은 매트, 즉 「매트화폐」를 사용하고 있다. 그들의 종교 조직인 '수크'(Suque)는[199] 정교한 지불 체제를 발전시켜 온 것으로 보인다.

막시밀리안 비드(Prinz Maximilian zu Wied)는[200] 북미 미주리 강 상류의 인디언 부족인 '만단'족(Mandan)에게 있어서는 연령대별로 차별화된 표식, 노래, 춤 등이 있으며, 그것들을 얻기를 희망하는 사람들은 돈을 지불하고 취득하거나 배워야 한다고 기록하고 있다. 특히 춤과 노래는 부족원들 내에서 그리고 다른 부족들 사이에서 자주 팔고 사는 대상이 되는 것으로 보인다.

따라서 그 최초 설립의 이유가 무엇이든 간에 이러한 결사체나 단체는 분명히 특정 「화폐관용」의 담지자로서의 역할을 종종 하고 있는 경우가 많다. 따라서 그들 결사체나 단체가 가지고 있는 제도와 생활 방식은 화폐의 기원과 발전에 기여하였다. 거의 항상 그렇듯이 어떠한 "「동인」에 있어서의 변화"가 이러한 조직들을 사회적 측면에서 변환시킨 경우에 특히 그러하다. 이러한 변환은 종종 소유라는 사실과 관련되어 있고, 「소유의 가득」(Besitzerwerb)과 「소유의 확장」(Besitzvergrößerung)에 중점을 두며, 무엇보다도 「소유의 보전」(Besitzbewahrung)을 지향한다. 멜

---

lai)지역에서 관찰되는 비밀결사체로서 흑마술로 유명하다.

198 [역주] 남부 태평양에 위치한 섬으로 이전에는 바타투(Vanuatu)로 불림.

199 [역주] 수쿠(Suque)에 대하여서는 다음을 참고할 것: 각주138.

200 [역주] 본명은 Prinz Alexander Philipp Maximilian zu Wied-Neuwied(1782-1867). 독일의 탐험가, 자연주의자, 인류학자로, 19세기 초기에 북부 아메리카 지역을 폭넓게 탐험하며, 그 지역 원주민들의 삶과 야생을 자세하게 관찰한 기록을 남긴 바 있다.

라네시아의 결사체와도 같은 사회적 제도는 강력한 금권 정치적 성격을 가지게 되었으며, 실제로 애초의 신비주의적 성격을 가진 단체로서부터 서서히 순수한「강탈 단체」(Erpresserbund)로 변모되었을 수도 있다. 그런데 이러한 과정에서 분명히 알 수 있는 바는, 화폐 그리고 무엇보다도「화폐축장」이 매우 중요하고 빠르게 성장하고 있었다는 점이다.

원시 및 초기 문화의 사회적 삶은 이미 위에서 언급된 과정 이외에도 다른 많은 형태의「선물교류」로 특징지어지는데, 예를 들어「입양」(Ankındung)이 광범위한 관행이 된 것도 종종 이러한「선물교류」와 연관된다. 원시인들에게서의「입양」은 실로 다양한 동기에서 발생한다. 본서에서는 이에 대하여서는 자세히 다루지 않겠고 단지「선물교류」와 관련된 정도만 언급하려 한다. 예를 들어, '구리에스키모'족(Copper Eskimos)과[201] 뉴기니의 '타미'족(Tami)과 '자비'족(Jabi)[202] 에 있어서는 입양 시 친부모에게 보상을 지급하는 것이 관행적이다. 이러한 급부들이 단지 일회성으로 그치는 경우에는「화폐의 발생」과「화폐적 교류」라는 측면에서는 별 의미가 없을 수 있지만, 사모아의 경우처럼 그러한「입양」이 촘촘하게 짠 매트(통가 tonga)가 중요한 역할을 하는「선물교류」를 지속적으로 발생시키는 경우에는 [입양과 관련된 급부들은「화폐의 발생」과「화폐적 교류」에 있어서의] 중요성을 가지게 된다(Lehmann 1936: 113쪽 이하 연속).

따라서 결혼,「배상질서」(Sühneordnung)의 수립,「연맹」(Bündewesen)의 결성, 그리고 초기 문화에서 보이는 여타 사회적 과정들은「선물교류」와 관련되어 있다. 이「선물교류」의 대상 중에는「화폐의 본질적 서비스」를 충족시키는, 즉 화폐로 간주되어야 할 재화들이 종종 존재한다. 이

---

[201] [역주] '구리에스키모'족은 '구리 이누이트'족(Copper Inuit)이라고도 불리워지는데 주로 캐나다의 극지방에 거주한다. 그 이름은 그들이 사냥과 그것들의 교역을 통하여 얻는 구리를 애용함에서 비롯되었다.

[202] [역주] 이 두 섬은 모두 뉴기니에 위치하고 있다.

러한 맥락에서 「화폐의 발생」에 대하여 다음과 같은 질문을 던질 수 있다: 그 재화들이 화폐이기 때문에 선물로 사용되는 것인가, 아니면 그 재화들이 주어진 삶의 범위들 내에서 규정된 특정 사회적 관계를 수립하기 위하여 자주 선물로 사용되었기 때문에 여타의 사회교류적 관계를 수립함에도 유용하게 사용될 수 있고 따라서 화폐가 된 것인가. 물론 역사적으로 볼 때는 전자 혹은 후자의 경우에 있어서의 「관계적 질서」에 대한 예가 모두 존재한다. 하지만 이 두 가지 경우를 구체적으로 증명하기 위한 포괄적인 인류학적, 문화사적 자료 수집과 학문적 연구가 부족한 것은 사실이다. 그러나 이러한 과정과 다른 많은 과정들이 「화폐의 발생」과 관련되어 있다는 직접적인 증명은 거의 불가능할 것 같고, 그보다는 「교환거래」보다 더 오래된 이러한 「선물교류」가 바로 최초의 「화폐적 현상」을 발생시킨 토양으로서의 사회교류적인 「삶의 영역」이었음을 간파하여야 함이 더욱 중요하다.

§6. 축장화폐

'화폐'는 "「인정」(認定 *Geltung*)의 의미를 가진다"라는 언명은 '언어 정신'(*Sprachgeist*)이[203] 무의미하게 내뱉은 말에 불과한가? 아니면 쉴러(Schiller)의 다음과 같은 말이 이에도 적용되는 것인가? "우리에게 맹목적으로 우연으로만 보이는 것은 사실 가장 깊은 근원에서 일어난다!"[204] 이 질문에 대한 답은 「화폐의 발생」에 관한 본 저자의 작업에서 찾을 수 있을 것이다. 그러나 설명된 과정은 몇 가지 측면에서 여전히 보완할

---

[203] [역주] 이는 어떠한 특정 공동체나 사회가 언어에 대하여 가지는 집단적인 의식, 관행 그리고 문화적 이해를 의미한다.

[204] [역주] Schiller, Friedrich(1793), *Über Anmut und Würde*(우아함과 존엄에 대하여), 2막 3장 '*Wallensteins Tod*'(발렌쉬타인의 죽음), 3쪽 중 3.

필요가 있다.

앞에서 살펴본 바와 같이 어떠한 재화가 화폐가 되기 위한 전제조건은 어떠한 이유에서든 일반적으로 바람직하여 보이고, 따라서 일반적으로도 원하는, 즉 일정한 범위에서 사람들이 원하는 재화여야만 한다는 것이다. 이렇듯 특히 바람직한 재화는 「정평」(*Anerkennung*)이나 「우월성」(*Anerkennung*)에 대한 「사회교류적 욕구」(*soziales Bedürfnis*), 즉 **「야심적 인간」**(*homo ambitiosus*)을 특징짓는 강력한 「욕구」(*Bedürfnis*) 내지는 파레토(V. Pareto)가 말하였듯이 인간 사회의 진징한 기반이 되는 「욕구」를 충족시키는 재화이다.[205]

그러나 특정 상품이 「교환거래」에 있어서 특별히 팔기 쉽거나(*absatz-fähig*) 특별히 시장성이 있다는(*marktgängig*) 것이 입증되었기 때문에 선호되고 그러한 이유로 화폐가 된다는 순진한 생각은 큰 오산이다. [이러한 순진한 생각은] 교환의 당사자들이 공급하는 재화가 그 양 당사자 간의

---

[205] [역주] 이 문구는 빌프레도 파레토(*Vilfredo Pareto*)의 사회학 및 정치학 이론에 등장하는 '정치적 인간'(*homo politicus*)이라는 용어를 언급한 것으로 보이며, 그의 저서 『일반 사회학』(*Trattato di Sociologia Generale*)(Pareto, 1935/1916-7)에도 이와 같은 표현이 등장한다. '정치적 인간'이라는 개념은 개인이 주로 정치적, 사회적 이해관계에 의하여 동기를 부여받는다는 개념을 포괄하는데, 파레토는 사람들이 사회적, 정치적 요인의 복잡한 상호작용에 의하여 움직이며, 종종 사회와 정치라는 더 넓은 맥락에서 자신의 이익을 추구한다고 주장하였다. 즉, 개인은 자신이 살고 있는 정치 및 사회 시스템이 제시하는 제약과 기회를 탐색하면서 무엇이 자신의 최선의 이익에 부합하는지에 대한 '자신의 평가'를 바탕으로 결정을 내린다고 주장하였다. '정치적 인간'의 개념은 권력 분배와 사회 엘리트 계층의 역학 관계에 관한 파레토의 중요한 이론과도 밀접하게 연관되어 있다.

「욕망들」과 이른바 이중적으로 일치하지 않아서 직접 교환을 통하여서는 원하는 목적에 도달할 수 없는 경우, 어떠한 매개 역할을 하는 특정 재화를 받거나 주거나 하였기 때문에 그러한 특정 재화가 화폐가 되었다고 주장하나,[206] 그 이론은 오류이다. 「화폐의 발생」을 "「교환거래」의 자연적 결과"(K. Knies)로[207] 간주하는 이러한 설명은 역사적 사실과도 모순될 뿐만 아니라, 쉽게 알아차릴 수 있듯이 순환 논법에 지나지 않는다. 왜냐하면 그 같은 논증은 이미 어떠한 사실의 결론으로 간주된 것을 그 논증의 가정으로 전제하고 있기 때문이다.

모든 원시적「화폐재화」는「귀중품」이었다. 단, 당연히 이 문구는 다음과 같은 전제하에서 올바르게 이해되어야만 한다. 즉 그것들은 원시 또는 초기 역사시대의 인류가 가지고 있던 「지적 지평」(*Vorstellungswelt*)과 주어진 「소유관계」(*Besitzverhältnis*)라는 조건하에서 「귀중품」으로 간주되었던 재화이다. 그리하여 「축장화폐」는 전적으로「귀중품화폐」였다. 화폐가 된 재화들 가운데 소금, 담배 등과 같은 생리적 「욕구」의 대상은 훨씬 후대에 이르러서야 화폐로 등장하게 된다. 이러한 [귀중품] 재화들에 대한, 특히 그것들의 소비에 대한 「통제처분」(*Verfügung*)은 실제로는 차신을 드러내 보이는 표현이며, 따라서 그것 역시「인정에의 욕구」가 드러나는 무수한 「발현형식」 중 하나에 지나지 않는다. 화폐는 이 수많은 재화들 중에서 선택되었고, 특히 그 중에서도「귀중품」이 가장 우선적이었다. [그럼에도 불구하고 그 중에] 당연히 이것 또는 저것 만이 선택될 수 있지 그 모두가 함께 선택되는 것은 아니다. 따라서 이러한 점에서 유추하여 볼 때 「우월성」이나 「인정수단」이라는 단순한 「필수적 서비

---

[206] [역주] 이 같은 논증은 칼 멩거(Carl Menger)에 의하여 정치화되었다. 관심있는 독자들은 Menger(1909: 559-560) 및 역자해제를 참고할 것.

[207] [역주] 본 인용의 출전은 확인되지 않고 있다.

스」의 속성을 가지고 있다는 그 자체만으로는 어떠한 재화가 화폐가 될 수는 없다는 것을 분명히 말하여준다. 그렇다면 화폐가 되기 위하여 갖춰야 하는 다른 「특성들」이 무엇인가. 이에 대하여 말하기는 쉽지 않다. 즉, 보다 정확하게 말하자면, 어떠한 특정 조건하에서 화폐가 충족하여야 하는 기본적인 서비스에 따라 그 요구되는 특성들이 달라지기 때문이다. 종, 모코스(*mokkos* 철제 드럼), 징(*gong*)과 같은 소리 나는 악기, 도자기 접시와 주전자(*tempayans*[208]), 상아, 청동 대포알, 대형 돌 원반(퀴 - *Fü*[209]), 고운 고리버들, 동판, 컵과 모르타르 등의 다양한 물건들은 왜 화폐로 되었는가? **앞서 말하였듯이 그것들의 소유나 「관용」은 「사회교류적 인정」**(*soziale Geltung*)**을 부여하거나 「사회교류적 차별화」를 나타내 준다. 이것이 중요한 한 가지 측면이다. 그리고 다른 측면은, 그러한 「특성」으로 인하여 그 물건들은 선물로 사용될 수 있고, 따라서 그 물건들은 어떠한 「사회교류적 관계」를 수립하도록 하거나 보여주도록 하여 준다.**

여기에는 신화적 관념과 「주술적 연계」(*magische Verknüpfung*)가 종종 작용한다. 「화폐재화의 기원」은 종종 알려지지 않았거나 전설적인 전통과 관련이 있으며, 오래된 시대에 대한 예송은 거의 항상 그러한 화폐의 특징이다. 예를 들어 팔라우 섬(Palau) 주민들의 「진주화폐」와 인도네시아의 대부분의 「화폐형태들」이 이에 해당한다. 앤트워프(Antwerp)의 자연주의자 콜프스(Colfs)는 1880년 그의 일기에 알로르(Alor)의[210] 청동 드럼에 대하여 기술하였는데, 그것은 의심할 여지없이 화폐였다:

나는 그 유명한 '모코'(*Moko*)를[211] 목격하였다. 그것은 고대 유물처럼

---

208 [역주] 물을 담는 큰 토기 주전자.

209 [역주] 구멍이 나 있는 큰 원형 돌.

210 [역주] 인도네시아 순다제도의 섬.

211 [역주] 인도네시아 알로르 섬에 있는 청동 드럼.

소중히 보관되어 있었으며 수천 플로린의 가치를 지니고 있다. 원주민들이 파티를 열 때 나에게 '모코'를 보여주었는데, 그것은 춤추기를 위한 탬버린과 같은 역할을 한다.[212]

이것이 바로 이「축장화폐」를 특징짓는 훌륭한 표현이다. 즉, 그것들은 마치 고대 유물처럼 소중하게 여겨진다. 그런데 개별 물품들의 가치는 실로 다양하고, 어떠한 것은 매우 높다. 큰「부족축제들」에서는 그것들을 꺼내서 전시하기도 하고, 그것들은 어떠한 경우 악기 역할도 하며, 그러한 의미에서 진정한「도구화폐」(*Gerätegeld*)[213]이다.

다른 종류의「초기화폐」(*Frühgeld*)에 대하여서도 비슷한 이야기가 기록되어 있다. 바젤 인류학 박물관(*Basler Museum für Völkerkunde*)의 안내서는「진주화폐」(*Perlengeld*)인 칼레도니아 화폐에 대하여 이렇게 말한다:

> 더 좋은 종류는 가문의 신전과 함께 보관되어 있으며, 정교하게 제작된 소위 '주화 앞면'(*Münzkopf*)에[214] 부착되며, 종종 사람의 얼굴로 조각되어 있다.[215]

「축장」에서 사용되는 이들 물품 및 그와 유사한「지불거래」(*Zahlungsverkehr*) 물품들이 화폐가 아니라는 반론은 쉽게 반박할 수 있다. 식민지 정부가 공표한 법령과 규정은 이러한 것들을 화폐로 인정하고 원주민과의 거래에 사용한 경우가 많았기 때문이다.「화폐적 참회」(*Geldbuße*)는 그러한「지불수단」으로 책정되어 징수되고,「용역 급부」(*Dienstleistung*)도

---

212 Vordermann(1888: 225).

213 [역주] 즉 원래는 일종의 도구로 사용되던 화폐.

214 [역주] 본문의 내용으로는 이 '주화 앞면'이 의미하는 바(그것의 소재나 형태 등)는 명확하지 않다.

215 Oppenheim(1941: Bd. LII, 49쪽 이하 연속).

그것으로 지급되며, 세금도 그것으로 부과된다.[216]

「축장화폐」의 또 다른 훌륭한 민족학적 사례로는 "일 통가"(*il tonga*)라고 불리는 사모아의 「매트화폐」가 있다. 이 매트는 원주민들에게 높은 가치를 지니고 있으며 매우 인기가 있다(Gerloff 1940: 40). 최근에는 그것들이 「교환수단」이나 「지불수단」으로도 사용되어 왔지만, 여전히 주로 가보로 남아있다. 따라서 각각의 이 귀중한 매트는 자신만의 고유한 이름을 가지고 있으며 신화적 내용과 관련된 이야기와 연결되어 있나. 그리고 중요한 행사 때는 이 매트의 분배가 이루어지는데, 가속 생활에서의 중요한 행사는 부족장에게 매트를 바칠 수 있는 기회이다. 그가 칭호를 부여하는 경우도 마찬가지이다. 다른 경우에 있어서는 그러한 매트를 받는 사람은 추장이 아니라 그의 대변인(일종의 장관)이 될 수도 있다. 이 모든 과정은 「화폐관용」이라고 할 수 있는데, 이미 언급하였듯이 동일한 매트가 때로는 물물 「교환수단」 및 「지불수단」으로도 사용되기 때문에 더욱 그러하다.

팔라우 제도(Palau)에 대한 기록은 독일제국 점령기의 마지막 날들까지도 계속되고 있다.

토착 화폐는 일반적인 「교류수단」이자 「교환수단」인데, 그것은 「유리화폐」(*Glasgeld*) 또는 일종의 「자기화폐」(*Porzellangeld*)로서, 혹완두콩에서 손가락 길이 정도 크기의 빨간색, 노란색 또는 녹색 점토재질이다. 각 「화폐절편」에는 자신만의 고유한 이름과 가치가 있다. 「화폐단위」는 토란 10바구니의 가격이다. 가장 큰 「화폐절편」은 독일 100마르크에서 500마르크 사이에 해당하는데, 이것들은 유통되지 않고 가보로만 보관된다.

---

[216] Cf. Gerloff(1940: 37 및 91)에 나와있는 예를 참고할 것.

이 보고서를 작성한 사람은 과대하게 높은 가치를 지니고 있으며 유통되지 않고 가보로만 보관되는 「화폐절편」에 대하여 어떠한 선입견도 없이 기록하고 있다. 따라서 이 화폐는 「축장화폐」(*Hortgeld*)라는 이름에 걸맞는 화폐라고 할 수 있다. 이 화폐는 오직 가끔씩만 외부에 보여지며, 일반적으로 그 유통 영역이 제한적이라는 특징이 있다.[217]

이 화폐에는 두 가지 눈에 띄는 특징이 있다: 아직 특정한 「가치크기」를 표현하지 않는다는 점과 편리성 내지 실용성이 부족한 경우가 많다는 점이다. 그러나 이 화폐에는 두 가지 요건 중 어느 것도 필수적이지 않다. 이 화폐가 사용되는 거래는 상업적 거래가 아니며 또한 너무나 희소한 물건들이기 때문에 화폐를 이전하는 것이 어느 정도 쉽고 편리한지 여부는 전혀 중요한 사항이 아니기 때문이다.

이 모든 경우에 있어서 우리가 다루고 있는 「재화사용」은 「화폐관용」(*Geldgebrauch*)이라고 간주하더라도 틀리지 않다. 반면에 「축장재」를 화폐라고 올바르게 부를 수 있는지, 또는 「축장재」가 바로 「화폐의 본질」에 정면으로 모순되지 않는지에 대한 의문이 제기될 수 있는데, 사실 이 같은 의문은 오래 되었으며 널리 퍼져 있고 여전히 자주 제기되는 의견에 근거하고 있다. 따라서 이에 대한 답변이 필요하다. 하지만 본서에서 제시된 견해를 지지하는 수많은 증거가 이미 이곳과 다른 곳에서 제시되었으므로(Gerloff 1940: 26쪽 이하 그리고 31쪽 이하 연속), 이렇듯 압도적으로 풍부한 사실만으로도 충분한 증거가 될 수 있을 것이다. 그럼에도 불구하고 그러한 반론에 대하여 간략하게나마 다루도록 하겠다. 이는 용어의 정의에 관한 문제인데, 즉 어떠한 특정 범위의 사물 또는 과정에 대한 적절한 명칭을 찾는 사안이다. 정확한 명칭을 선택하는 것은 과학적 인식을 위한 중요한 수단이다. 즉, 일련의 현상에서 사물

---

[217] 이 기록은 다음에서 인용하였다: Schultz-Ewerth & Adam(1929: II, 676, 524, 및 625).

을 의미 있게 분류하는 명칭을 올바르게 선택할 수만 있다면 과학적 이해를 크게 향상시킬 수 있다. 이렇듯 언어의 사용은 항상 우리를 인도하는 지침이 되어야 하지만 우리 결정의 최종 판단자는 될 수는 없다는 점도 명심하여야 된다. 어찌되었건 현재의 경우 우리는 확실히 언어의 사용법을 참조할 필요가 있다. 수많은 민족학적 보고서에서는 「축장」된 물건을 화폐라고 부른다. 인용된 수많은 참고 문헌에서 알 수 있듯이 연구자들은 「축장」된 가보에 화폐라는 명칭을 붙이는 바에 대한 아무런 거리낌도 없다. 따라서 그들은 이러한 것들이 분명히 화폐로 사용된다고 확신한다. 일부 식민정부의 정부 법령에서도 이 같은 점은 명백하며, 이에 대한 예시도 이미 제공한 바 있다. 원주민들의 「축장재들」은 그러한 규정과 법령에서 화폐라고 언급되고 있으며, 식민정부와의 거래에서도 화폐로 간주되고 있다!

이러한 용어의 사용이 적절한지, 아니면 과학적 관점에 의하여 오히려 거부되어야만 하는지에 관한 의문은 남는다. 이미 널리 사용되는, 삶의 사실에 부합하는 언어를 반대하는 것은 과학론상 바람직하지 않다. 그 이외에도 「축장화폐」라는 개념은 '화폐의 생성'(*Werden*)과 화폐의 본질을 인식하는 바에 도움이 될 것으로 믿는다. 즉, 이 개념은 과학적 개념상 요구되는 바를 정확하게 수행한다. 다시 말하자면 이 개념은 류(類)적 개념의 특성과 종(種)적 개념에서 추가되는 개별 특성을 연결한 후, 그것들을 관련 현상을 이해하는 체계에 위치시킴으로써, 현상 전체에 대한 분류, 비교, 그리고 과학적 지식의 이해라는 목적을 달성하기 위하여 현저한 도움을 준다. 이러한 종류의 질문에 있어서는 경계의 설정에 있어서의 목적, 그리고 [그러한 경계 설정으로 인한] 구분화가 궁극적으로 중요하다. 그리고 그러한 목적설정과 구분화가 연구 작업 자체에서 유용성(*Brauchbarkeit*)이 있다는 점을 입증하여야 한다. 이러한 기준을 적용하여 판단하자면, 「화폐적 현상」을 「축적화폐」, 「교환화폐」 등으로 구분함으로써 「화폐의 발전」에 있어서의 특징적인 단계들을 명확히 보여줄 수 있음을 부인할 수 없다.

축장화폐의 발생과 본질을 이해하기 위하여서는「재화저장」또는
「축장」이 인류 현존의 가장 초기 단계에서부터 이미 사회교류적 중요
성을 가지고 있었음이 분명하다는 점을 인식하여야 한다. 즉, 이미 설
명한 바처럼, 이른바「소유충동」,「수집충동」,「유용하려는 충동」등으
로 사회심리학자들이 일컫는「원초적 충동들」로부터 파생된 충동으로
서의「축장」은 사회교류상 발전의 가장 기본적 요소들 중 하나이다. 칼
마르크스는 "「재보조성의 충동」(*Trieb der Schatzbildung*)은 그 본질상 무한
하다"라고 말한 바 있다.[218]

「축장」은 최초의 사회교류적 긴장을 야기시킨 원인 중 하나이다. 언
어의 역사에서 나타나는 한 가지 사례에서 이「축장」이라는 용어의 넓
은 사용과 의미, 그리고 우리의 조사 대상과의「관련성들」을 밝힐 수 있
다. 고대 그리스어 '케이멜리온'(*keimēlion*, κειμλιον)은 원래 집안에 놓여 있
는「재보」로 보관되는 재화를 말한다. 이때 그것들은「축장재」나, 혹은
「회상품」(回想品 Andenken)으로 간직하는 귀중하거나 희귀한 소유물을 의
미한다. 또한, 선물이나 선사품들로서 사용될 영속적이고 귀중한 소유
물인「귀중품」을 의미하기도 한다. 선물과 간직하여야만 하는「회상품」
이라는 이분법은 [즉, 상반되는 개념의 혼재는] 이러한 재화의 결정과 그
용도상에 있어「목적변화」가 발생한다는 것, 즉 그「축장재들」이「축장
화폐」가 될 수 있음을 보여준다. 따라서 '케이멜리온'이라는 용어는 모
든 종류의「축장」의 대상, 즉 쌓아두는 경우「부」를 과시할 수 있을 뿐
만 아니라 선물(명예를 칭송하는 선물, 승리에 대한 상)로 사용되기에 어떠
한 의미에서는 궁극적으로 화폐의 형태가 되는 모든 대상을 포괄한다.
이러한 현상에 대한 많은 예들을 고대 그리스의「도구화폐」(*Gerätegeld*)

---

[218] Marx(1962/1890: 147).

(삼각 받침대, 도끼 등)에서 찾아볼 수 있다.[219]

많은 예들 중[220] 일리아드에 나오는 아드라스토스(Adrastos)가 메넬라오스(Menelaos)[221]에게 한 말 중 하나만 여기에 인용하고자 한다. "나의 부자 아버지 집에는 청동, 금, 그리고 철제 장식품 등의 수많은 '케이멜리아'가 있다". 그리고 그는 이렇게 덧붙인다: "나의 아버지가 석방의 대가로 이것들을 헤아릴 수 없을 정도로 기꺼이 많이 줄 것이다"(Book II, Line 47). 여기에서 「숙박화폐」(*Liegegeld*)가 다름 아닌 「인질 석방금」(*Lösegeld*)이 된다.[222] 이러한 예에서도 볼 수 있듯이 「축장재들」은 오래된, 아마도 고대시대의 「선물교류」상의 주요 대상품목이기도 하다.

「축장재들」은 분쟁의 「해소」 후에 「화평선물」(*Friedensgabe*)로, 주인의 환영 선물로, 떠나는 손님이 주고 가는 감사의 선물로, 구혼자의 「신부용 예물」(*Brautgabe*)로, 신부의 「신부지참금」(*Mitgift*)으로, 그리고 여타의

---

[219] [역주] 이때 '삼각 받침대'는 제사 때 소고기 등의 제물을 삶는 커다란 그릇을 받치는 용도로 사용되었던 세 발 받침대를 의미한다. 제사 시에 사용되었기에 신성한 물건으로 간주되었다. 도끼는 제사 때 희생물(소 등)을 도축할 때 사용되었기 때문에 마찬가지로 신성한 물건으로 간주되었다. 이에 관하여서는 Laum(1924/2023)을 참고할 것.

[220] Boisacq(1923: 427).

[221] [역주] 아드라스토스(또는 아드레스투스 Adrestus)는 아나톨리아(Anatolia)의 한 도시 출신으로 트로이 동맹군의 지도자이다. 메넬라오스(또는 메넬라우스 Menelaus)는 그리스 왕이자 헬렌의 남편인데, 헬렌은 트로이의 파리스(Paris)에게 납치되어 트로이 전쟁의 주요 원인이 된다.

[222] [역주] 「숙박화폐」(*Liegegeld*)는 숙박시설에 머무는 대가로 지불하는 금액인데, 이 문장은 인질을 억류한다는 것은 일종의 인질을 숙박시켜준 것이므로 그에 대하여 지불해야 하는 숙박료가 결국 「인질 석방금」을 의미함을 뜻하고 있다.

다양한 맥락에서 사용되었다. 그러나 과거의 문화 단계에서의「축장」은 현재와는 다른 의미를 가졌다. 소유는 그 소유자(*Besitzer*)에게「사회교류적 평판」(*Ansehen*)은 부여하지만, 고상한 생활이나 칭송할 만한 삶을 위한 수단은 아니었다.「축장재」는「사회교류적 서열화」(*soziale Einstufung*)와「지위차별」(*Rangunterscheidung*)의 수단이기 때문에, 혹은 소유자에게 마법적 힘을 줄 수 있기 때문에 갈구되었다. 다시 말하자면 그것들은「인정」을 받고자 하는 인간의 열망에 부응하기 때문에 탐내게 되었다. 이제「축장재들」중 특정 일부는「선물교류」에서 어느 정도 규칙적이거나 보편적으로 사용되는 대상으로 나타나기 때문에 그것들은 화폐가 된다. 이러한 화폐를「가득」(*Erwerb*)함으로서「사회교류적 우월성」(*soziale Auszeichnung*)을 획득하고, 타인에게 그것을 양도하는 경우「사회교류적 인정」을 얻음이 수반되며, 그와 동시에 일정「사회교류적 관계」가 수립된다.

§7. 화폐와 소유권

「화폐의 발생」의 전제 조건은 개인의「개별적 소유권」(*Sondereigentum*), 즉「사적 소유권」(*privates Eigentum*) 또는「개인적 소유권」(*persönliches Eigentum*)이[223] 존재하여야 한다는 것이다.[224] 오늘날 우리의 지식이 닿을 수

---

[223] [역주] 소유와 소유권에 대하여서는 역자용어해설 11참고.

[224] [역주] 이 문구는 사실 논란의 대상이 될 수 있다. 논란의 핵심은 소유권이 먼저인가 화폐가 먼저인가이다. '개인적 소유권'이 단순한 '원시적 소유권'을 의미한다면 이 문장은 무해하다고 생각된다. 그러나 이 문장 이하에서 언급된 것처럼 법질서에 의하여 '완성'된(perfected) '개인 소유권'의 보호를 암시하는 것이라면, 이는 소위 '화폐의 재산권 이론'(The property theory of money, Heinsohn & Steiger 2000)에서 말하는 바인, 법에 의하여 보호되고 부채를 창출하기 위한 담보로 사용되는, 현대적 의미의 '재산

있는 한의 아주 초기의 인류 발달 단계에도 이미 「사적 소유권」이 존재
하였음을 알 수 있다. 이는 「화폐의 발생」을 위한 전제 조건이 이 단계
에서 이미 충족되었다는 것을 의미한다.[225]

가장 초기의 「사적 소유권」은 다음과 같다: 1. 음식에 대한 「통제처
분」, 2. 몸에 두르는 물건들(「장신구」, 의복 등), 3. 선박과 식기류, 즉 오
래된 관행에 따라 사용되는 모든 장비와 도구, 그리고 마지막으로 4. 토
지와 토양, 즉, 토양과 연관되어 있는 모든 부동산(예: 오두막이나 개별 수
목에 대한 「소유권」)을 포함한 넓은 의미로 이해되는 토지. 이것들은 「화
폐재화」가 파생되어 나올 수 있는 재화의 범위를 보여준다.[226] 그런데,

권' 개념을 내포하고 있다. 후자의 경우, 스미신(Smithin)이 아래와 같이
이미 지적한 것처럼 그러한 류의 개인적 소유권의 생성은 '이미' 일종의
화폐를 전제로 한다:

> 적어도 경제학자들이 관심을 갖는 재산이라는 개념은 항상 명확한 금
> 전적 가치를 우선 지니고 있어야 한다. 재산의 이러한 금전적 계량화가
> 존재하기 때문에 그것들이 담보로 사용될 수 있다. 집의 예에서 보듯
> 이, '재산'이라는 기본 개념 자체는 '소유'라는 보다 원시적인 개념과는
> 달리 이미 계산단위로서의 화폐를 전제로 한다(Smithin 2018: 47).

Cf. 다음과 같은 막스 베버의 언급도 경청하여야만 한다.

> 진화론적 관점에서 보았을 때, 화폐는 '사적 소유권'(Individualeigentum)의
> 창조자(Schöpfer)다. 화폐는 처음부터 이러한 특성을 지니고 있으며, 반대로
> 화폐라는 성격을 지닌 사물 중 개인적인 '소유의 성격'(Besitzcharakter)을 지
> 니지 않은 것은 존재하지 않는다(Weber, 1923: 208; 1927: 236).

[225] [역주] 하지만 본서에서는 이 명제에 대한 어떠한 근거도 제시되지는
않고 있다.

[226] [역주] 이러한 항목들에 대한 소유가 존재하는 것인지 혹은 「소유권」이
존재하는 것인지에 대하여서는 논란의 여지가 있다.

특정 대상에 대한 배타적인 「통제처분권한」(*Verfügungsbefugnis*)으로서의[227] 「소유권」은 「법적 관계」(*Rechtsverhältnis*)이다. 그 「소유권」은 태곳적에 존재하던 '사실'(*Tatsache*) 그 자체였던 소유로부터 연원한다. 그러나 '사회'에서야 비로소 그 「소유권」은 「법적 관계」가 된다. 즉, 그때서야 그 「소유권」은 「법질서」에 의하여 인정되고 법적 효력을 부여받게 되는, 사물에 대한 「지배관계」(*Herrschaftsverhältnis*)로[228] 됨을 의미한다. 따라서 「소유권」에 대하여 발생학적으로 고찰하기 위하여서는 우선 소유에 기초하여 논의를 시작하여야만 한다. 즉, 「소유권」이라는 '개념'(*Idee*)은 소유라는 '사실'(*Tatsache*)로부터 발전하였다는 점을 잊지 말아야 한다. 실상 소유라는 '사실'로부터 「소유권」이라는 '의식'(意識 *Bewußtsein*)으로 발전하게 된 것은 엄청난 도약이라고 말할 수 있다. 이는 동물에서 인간으로 바뀌는 단계라고도 할 수 있다. '사실'상의 「재화소유」가 아무리 미약하였던 단계라고 할지라도 인류는 이러한 「소유권」이라는 '의식'을 이미 가지고 있었다. 그리하여 문자가 없었던 민족들 사이에서도 이미 「지적소유권」(*geistiges Eigentum*), 즉 노래와 성가, 주술적 주문 등에 대한 「소유권」이 이미 존재하였음을 발견할 수 있는데, 이러한 관찰을 통하여 「소

---

[227] [역주] 역자 용어해설 14참고.

[228] [역주] '지배권' 또는 '지배'를 뜻하는 라틴어 '도미니움(*dominium*)'은 원래 주인이나 노예의 소유자를 가리키는 단어로, '집안'이라는 뜻의 형용사 '도무스'(*domus*)에서 어원이 유래하였으며, 집안의 하인을 묘사하는 목적으로도 사용되었다. '파밀리아'(*familia*, 가족)와 '파물루스'(*famulus*, 노예) 사이에서도 비슷한 관계가 관찰된다. 그러나 '도미니움(*dominium*)' 이라는 용어는 처음에는 인간 관계의 맥락에서만 사용되었다는 점에 유의하는 것도 중요하다. 시간이 지남에 따라 노예가 인간이 아닌 소유물로 간주되기 시작하면서 원래 인간과 관련된 '도미니움(*dominium*)'의 개념이 무생물에 적용되기 시작하였다 (Graeber, 2011: 201).

유권의식」(*Eigentumsbewußtsein*)은 이미 존재하였다는 '사실'(*Tatsache*)이 가장 생생하게 드러난다.[229]

소유와 「소유권」은 개성(*Persönlichkeit*)의 고양을 의미한다. 그렇기 때문에 초기의 「소유재화」도 뚜렷하게 개인적인 것들인데, 처음에는 그 대상은 말, (낭송되는) 이야기, 주문, 심지어 춤 등과 같은 '정신적'인 것들이었고, 그 다음에는 무기, 「장신구」, 의복과 같은 '물질적'인 것이었다. 이러한 경향은 '물질적'인 것의 소유를 사후에 무덤으로 가져갈 정도로까지 진행된다.

「원초적 소유」(*ursprünglicher Besitz*)는 양도할 수 없는 것으로 간주된다.[230] 이러한 현상은 한편으로는 「소유와 소유권의 주장」(*Anspruch*)이, 다른 한편으로는 「소유권과 소유권의 발전」이 나타난 것과 관련이 깊다. 그러나 여기서는 「소유권」의 기원에 대한 해묵은 논쟁을 다시 제기하지는 않겠다. 대부분 [소유권을 정당화하려는] 시도에 불과한 「소유권」의 기원에 관한 여러 학설과는 달리 인류학적, 사회심리학적 관찰에 근거한 견해에 따르자면, 「원시적 소유권」은 흔히 주장하듯이 「소유재화」를 획득하기 위한 생산에 소요된 노동이나 노력에 기초하여 정당화된 것은 아니었다. 노동은 원래 그러한 영예를 차지하지는 못하였다. 그 「원시적 소유권」은 원래 사물과 그 소유자인 사람 사이를 잇는 마법적 연결이 존재한다는 생각에 기초한다. 사물에 깃든 축복(*Heil*)이나 힘(*Kraft*)은 오직 그 정당한 주인의 손에 있을 때에만 나타난다는 것이다. 이러한 정당한 주인의 경우에 있어서는, 소유란 자기 자신의 연장(延長)을 의미한다. 그렇기에 그러한 소유가 양도할 수 없는 것으로 간주되는

---

[229] Lowie(1928: 551쪽 이하 연속). Maass(1949: 12, Note 1)도 참고할 것. 후자에 의하면, 지적 재산권의 소유권은 물질적 재화의 소유권 이전에 존재하였다. 후자에 들어있는 민족학적 자료도 참고할 것.

[230] [역주] 이 주제에 관하여서는 Weiner(1992)를 참고할 것.

것을 충분히 이해할 수 있으며, 차후 그러한 사물이 양도될 수 있도록 변화되는 것은 문화 발전상의 중요한 단계를 보여준다.

「소유의 가득」, 즉 개인적 소유의 출현이 「소유권」 형성의 첫 번째 단계라면 「소유의 처분」(*Besitzveräußerung*)은 두 번째 단계이다. 첫 번째 단계와 두 번째 단계 사이에 놓인 심리적 제약과 그를 극복하는 방법은 이미 언급한 바 있다. 같은 맥락에서 낭비적 소비, 「낭비」, 「소유의 배분」 등의 형태로 널리 확산되어 있는 「소유의 양도」(*Besitzentäußerung*)도 중요한 역할을 한다. 「소유의 처분 관행」이 정착되면서 「소유관계」는 인격적 관계에서 기술적 관계로 전환되는 길이 열리게 된다. 이는 「화폐의 발생」을 위한 중요한 전제조건이 된다.

이와는 다른 방향으로 진행되는 「소유권」의 또 다른 발전은 화폐의 출현과 형성에 중요한 역할을 한다. 이것이 바로 「소유적저」(所有積貯 *Besitzanhäufung*)이다. 「소유재화」의 「저장」(*Aufspeicherung*), 「적장」(積藏 *Auf-stapelung*) 또는 「축장」(*Hortung*)은 원시인의 사고와는 완전히 이질적인 것처럼 보인다.[231] 원시인의 생활 방식에 따르자면 그러한 종류의 소유는 이동의 자유를 방해하는 거추장스럽고 불필요한 짐에 불과하여 보이기 때문이다. 물론 「예비적 비축」(*Vorsorge*)이라는 개념은 이미 원시 문화권, 특히 온대나 한대에 사는 소위 농경 민족들 사이에서는 존재하였다. 이는 「비축품」(*Vorrat*)으로의 경향, 즉 특정 재화의 「집적」과 「저장」으로 이어졌지만, 차후의 즉각적인 관행적 사용 내지는 소비를 위한 것이지 「재보조성」을 위한 것이 아니었다. 그럼에도 불구하고 이 같은 현상은 문화 발전의 중요한 단계를 보여준다.

더 중요한 단계는 「집적」(*Ansammlung*)과 「축장」이 향후 소비할 목적으로 일어나는 것이 아니라 주로 그것을 소유함이 「사회교류적 평판」을

---

[231] [역주] 재화의 비축과 관련된 다양한 용어에 대하여서는 역자용어해설 13을 참고할 것.

부여하게끔 하여 주는「자산」(Vermögen)을 형성시키는 경우이다. 위와 같은 두가지 [상이한] 목적을 달성하는 재화가 근본적으로 다를 필요는 없고, 따라서 같은 재화가 두가지 중첩되는 의도들을 가질 수도 있다. 그러나 원칙적으로는 그렇게 선택된 재화는 상이한데, 전자의 목적은 경제에서 생산된 후 남아도는 잉여에 의하여 달성되고, 후자의 목적은 그 재화의 희귀성에 의하여 달성되기 때문이다.「집적」과「축장」은 종종 상당한 수준으로 발생하여 그러한 재화의 소유가 그 소유자를 사회교류상「강조화」시키는 의미를 획득하게 하고, 드물지 않게 [소유자와 비소유자 간의] 사회교류적 장벽을 설치하거나 혹은 허물어 버리는 수단으로서 동시에 작동할 정도로까지 진행된다.

따라서 우리는 다양한 민족과 문화권에서, 그리고 주요한 문화권은 아니더라도 최소한 원시적 문화권에서는, 이미「집적」과「축장」, 그리고 다양한「축장재」로 채워진 창고를 사용하는「관용」이 사회적 권력을 획득하는 수단으로서 기능하게 되었음을 발견할 수 있다. 그러한「관용」은 처음에는 단순히 소유의 현시, 그리고 넘치는 풍요라는 인상을 만듦과 동시에 화려함의 과시라는 측면으로 나타난다. 그러나 사회교류적「평판」, 다시 말하여 탁월한「사회적 위상」은 단순한 과시, 즉「소유재화」를 단순히 전시하고 진열함에 의하여서가 아니라, 대중의 눈에 띄기 위한, 그리고 종종 과시적인「낭비」로까지 진행되는, 관대하며 사치스러운「관용」과 소비에 의하여 달성된다. 따라서 다른 맥락에서 보여줄 수 있듯이(본서 98쪽과 Gerloff 1940: 35쪽 이하 연속, 61-62), "양도될 수 없는" 가족의 소유물도 드디어 유통되기 시작한다. 그리하여 그것들은 이제「선물교류」의 대상이 되고, 바로 이러한「관용」으로 인하여 일반적인「급부수단」(Leistungsmittel), 즉「지불수단」또는 화폐로 된다.

「소유권」은 매매의 전제 조건이다. 그러나 처음에는 모든「소유권의 이전」은 그것이 어떠한「동인」으로부터 그리고 어떠한 수단에 의하여 이루어지든 간에 강력히 억제되는데, 이는 이미 다른 맥락에서 설명한

바와 같이 소유자는 자신의 복지가 자신이 가진 「소유권」에 대한 「통제
처분권」(*Verfügungsgewalt*)과[232] 연결되어 있다고 믿기 때문이다. 그리고 집,
농장, 가축, 무기, 수확물 등에 대한 「소유권」이란 이러한 것들에 대한
의존과 동시에 이러한 것들에 대한 책임을 의미한다.

「축장재」가 소유자 개인과 마치 마법처럼 연결되어 있는 「소유재화」
의 성격을 잃어버리고 마침내 특정 서비스, 즉 「화폐적 서비스」(*Geld-
dienst*)를 제공하는 것이 유일한 목적인 기술적 대상에 지나지 않게 변화
하게 된 것은 실로 긴 시간이 지난 이후였다. 이러한 과정은 이제는 화
폐로 변모된 이러한 재화 자체의 사회교류상 의미가 변형된 것을 의미
하는 것뿐만 아니라, 이러한 재화, 즉 화폐로 인하여 모든 「재화소유」,
그리고 모든 「소유권」에 대한 사회교류적 재평가가 수반되게 된 것을
뜻한다. 다시 말하자면 이러한 과정은 사회교류상에 있어서의 모든 가
능한 「측정가능가치」(*Größenwert*)가 「가치크기」(*Wertgröße*)로 전환하게 됨
을 의미한다.

위에서 설명한 「사회적 행태의 과정」은 사회교류상 발전에 있어서의
두 가지 중요한 단계를 설명하여 준다. 우선, 화폐를 통한, 그리고 화폐
에 의한 「소유물 적저를 통한 부의 형성」(積貯) 또는 「재화축적」, 그리
고 이러한 「부」의 활용(*Mobilisierung*)이 그러한 단계이다. 이 과정에서 「유
용하려는 충동」(流用)과 「수집충동」(收集), 혹은 이 원초적 힘들을 어떻게
부르건 일종의 「욕구」가 발생하고, 그러한 「욕구」는 인간의 정서적 삶
전체와 인간의 모든 「행동」을 지배하는 「탐하여 구하는 마음」(貪求心 *Be-
gierde*)이 된다. 즉, 「재화가득」(財貨稼得 *Gütererwerb*)은 최초에는 어떠한 개
인의 의향(*Sinn*)과 노력(*Trachten*)을 그리고 차츰 보다 많은 개인들과 마침
내 사회전체의 그것을 장악하면서 지배하는 「열정」(*Leidenschaft*)이 된다.
토니(R. H. Tawney)의 표현을 빌리자면 사회는 「가득사회」(稼得社會 acquisi-

---

[232] [역주] 역자용어해설14참고.

tive society), 즉 ‘「가득」을 추구하는 사회’(erwerbssüchtige Gesellschaft)가 되어가는 것이다(Tawney 1920). 이에 관한 상세한 이야기는 본 절의 범위 밖의 것이기에, 여기서는 단 한 가지 점만을 이어서 추가하고자 한다. 영혼 깊숙이 뿌리내린 원초적 힘에서 비롯된 「가득 추구」(Erwerbssuch)는 흔히 생각하는 것처럼 경제합리적 인간에게만 내재하는 독특하고 고유한 것은 아니다. 그것은 토란이나 돗자리, 조개껍질 고리(디와라 Diwara[233])나 상아, 쇠괭이나 마닐라(Manillas[234]), 동판이나 모직 담요 등을 축적하고자 하였던 원시인이 이미 탐닉하고 그에 지배되었던 것과 동일한 「열정」이다. 인간의 「인정에의 욕구」는 스스로 지속적으로 「탐하여 구하는 마음」(貪求心)에 불을 지피며 자신을 충족시키는 중요한 수단을 바로 「소유권」과 그 「소유권」을 사회화하는 ‘화폐’라는 대상에서 찾을 수 있게 되었다. 즉, 인간의 「평판에의 집착」(doxomania)은[235] 스스로에게 필요한 치료약을 찾게 되었다.

§8. 교환화폐와 구매화폐

지금까지 살펴본 바에 따르자면, 「선물교류」가 「축장화폐」의 발생과 그 사용으로 이어졌다. 하지만 항상 그러한 것은 아니다. 사실 이러한 경우는 매우 특정한 유형의 「선물교류」에서만 가능하다. 하지만 그러한

---

233 [역주] 인도나 동남아시아에서 발견되는 장식물.

234 [역주] 다음을 참고할 것: 각주84.

235 [역주] 독소마니아(doxomania; δοξομανία)는 ‘의견’ 또는 ‘영예’를 의미하는 ‘독사’(doxa; δόξα)와 강한 열정이나 집착을 의미하는 ‘마니아’(mania; μανία)가 결합된 단어이다. 즉, 그것은 일반적으로 다른 사람들로부터 인정, 승인 또는 영예에 대한 지나치거나 강박적인 욕구를 의미하며, 종종 건강하지 않거나 비합리적인 정도에 이를 수도 있다.

「선물교류」에 있어서 어떠한 재화들은 축장되지 않고 선물을 주고 받는 수단으로 일단 유통되기 시작하며 또한 그 받는 사람도 계속적으로 「화폐적 서비스」에로 관행적으로 사용하게 되고, 따라서 그러한 재화들은 [유통의 용도로] 자연스럽게 꾸준히 사용된다. 이러한 화폐는 이러한 근본 용도 때문에 —물론 다른 「관용」을 배제하는 것은 아니지만— **「교환화폐」**(*Tauschgeld*)라고 불린다.

어떠한 재화는 「교환거래」에서 「매개재화」로 사용되기 때문에 「교환화폐」가 된다. 그러나 흔히들 상상하는 것과는 달리, 이 과정에서는 어떠한 재화들이 영구적이고 배타적으로 그러한 역할을 수행하기 위하여 선택되는 것은 아니며, 일반적으로 일단 어떠한 한 재화가 이 목적을 단지 가끔씩만 수행하게 된다. 사실 처음에는 교환 활동은 간헐적으로밖에 발생하지 않으며, 그것도 종종 긴 시간 간격을 두고 일어난다. 그러나 그 시간적 간격 사이에도 그 「매개재화」는 단지 화폐로 사용되기만을 기다리며 놀고 있는 상태에 놓여 있는 것이 아니며, 다른 목적(일례로 「장신욕구」의 충족)을 수행한다. 그리하여 그 기간 사이에 소비되어 없어지지 않았다면 필요할 때 다시 「교환재」로 사용될 수 있다.

그런데 이러한 용도를 위한 재화를 '화폐'라고 불러야 하는지는 잘 알려진 바와 같이 논란의 여지가 있다. 하지만 그럼에도 불구하고 「화폐의 발생」에 대한 「사태」(*Sachverhalt*)는 이러한 논란과는 무관하다. 그런데, 퀴긴(A. H. Quiggin) 여사는 이와 관련하여 다음과 같이 [잘못] 말한다:

많은 물품들이 '통화'(Currency[의역하자면 통용되는 화폐])라고 불리지만 그것들은 결코 '지금 통용'(current)되지는 않는다는 사실을 솔직히 인정하여야만 한다. 즉, 그것들은 화폐의 두 가지 기능인 가치의 기준이나 부의 상징으로는 사용될 수 있지만, 일반적인 거래에서는 결코 사용되지 않는다. 물론 그것들은 중요한 거래에서 손에서 손으로 또는 그룹에서 그룹으로 전달되며, 예를 들자면 「선물교환」과 「신부가격」의 지불에서 큰 역할을 하지만, 그럼에도 불구하고 그것들이 가지는 정당한 의미에 있어서는 그것들은 '통화'라고 불릴 수 없으며, 화폐는 더더욱 아니다.

하지만 본 저자는 「교환수단」이라는 기능이 「화폐의 개념」(*Geldbegriff*)에 필수적이라는 그녀의 견해에는 동의할 수 없다. 서로 다른 기능을 가진 [다양한 종류의] 화폐를 구분하지 않는다면 우리는 「화폐의 본질」을 정의할 수도 없고, 화폐에 대한 이해에 더 가까이 다가갈 수도 없다. 이 점에 대하여서는 나중에 더 자세히 설명할 필요가 있다.

인류학 보고서에서 우리는 종종 원주민 부족들이 실제로 「상업과 교역」(*Handel und Wandel*)에서는 화폐를 관행적으로 사용하지 않고도 화폐 자체를 알고는 있다는 것을 발견할 수 있는데, 그 이유는 단순히 그 사회에서는 상업(*Handel*)과 같은 것이 거의 없기 때문이다. 그러나 일정한 수준 이상의 「시장거래」(*Marktverkehr*)가 발달하면 「교환화폐」가 확산될 수 있는 기반이 마련된다. 이러한 경우, 「교환화폐」는 「시장화폐」(*Marktgeld*)이다. 앞서 언급한 「선물교환여행」은 종종 본격적 「시장조우」(*Marktbegegnungen*)로 발전하여, 시장 재화 중 하나 또는 다른 것이 화폐가 될 수도 있다. 그러한 경우, 어떠한 한 부족은 모두가 가지기를 원하는 재화를 그 같은 「교환여행」을 위하여 빈번하게 생산하여 「교역상의 조우」에서 구매를 위하여 사용하고, 그 이후 [그 재화를 수취한] 다른 부족은 그 재화를 재차 [다른 거래에서의] 「지불수단」으로 사용하는 경우가 있을 수 있다. 그러나 그 이유는 그 재화들이 「교환화폐」 역할을 하거나 할 수 있기 때문이 아니라, 그것들은 일반적으로 모두가 가지기를 원하고 있는 「인정수단」이기 때문이다. 비저(Wieser)는 "「교환도구」(*Tauschwerkzeug*)로 처음 사용된 것은 아직 우리가 생각하는 의미에서 화폐는 아니었다"고 말하였지만,[236] 그는 그것이 이미 [일종의] 화폐였다는 점은 인

---

236 [역주] Wieser(1926: 44).

정하였던 듯하다. 요컨대, 오래된 「교환도구」는 일시적으로만 화폐의 역할을 하는 경향이 있었다는 것이 차이점이라면 차이점이다. 그러한 화폐는 그것을 소비하여 없앨 최종 구매자, 즉, 소비자까지 항상 전달되어 [소비되어 버리는] 재화이다 [그렇기에 화폐의 역할을 일시적으로 수행할 뿐이다]. 그러나 이렇듯 소비되어 버리는 재화는 원래 [그렇게 목적이 이미 지정되어 있었기 때문인지, 즉] 「목적지정」(*Zweckbestimmung*)이 그러하기 때문인지, 아니면 많은 경우에 있어서는 당시 사회적 발전 단계에서는 화폐가 수행할 역할이 단지 많지 않았기 때문에 화폐가 더 이상 지속적으로 유통될 수 없었기 때문이라는 것이 오히려 맞는 표현인지는 의문의 여지가 남아있다. 그러나 「교환경제적 교류」가 더욱 발전할수록 「교환의 매개재」로 화폐를 사용되는 기회가 더 많아지는 것은 틀림없다. 그 결과 그러한 재화는 더 이상 그것을 소비할 최종 구매자까지 전달되지 못하고, 재화나 용역의 대가로, 또는 어떠한 의무를 변제하기 위하여 계속적으로 손에서 손으로 옮겨가게 되는 것이다.

그 후 「교환의 매개재」는 "「영구상품」(*ewige Ware*)"이 되었고, 프랑스 저자들(볼로브스키 Wolowski 등)은 이를 *marchandise tierce*, 즉, 「제3의 상품」이라고 불렀다. 이는 칼 크니스(K. Knies)가 제시한 세 가지 경제적 방식에 의한 재화의 구분, 즉 「향유수단」(*Genußmittel*),[237] 「생산수단」(*Produktionsmittel*), 그리고 「교환수단」(*Tauschmittel*)을 따르는 것으로 보인다.[238] 그런데 어떠한 재화를 이들 중 어떠한 범주로 분류하게 하는 것은 그 재화가 가지고 있는 원초적으로 이미 결정되어 있는 성질이 아니라 그것의 「관용」에 관한 사안이다. 와인과 담배는 [그 사용법에 따라서] 마

---

[237] 본 번역에서는 원문의 표현을 따라 「소비수단」(*Konsumtionsmittel*)과 「향유수단」(*Genußmittel*), 그리고 「향유재」(*Genußgut*)와 「소비재」(*Konsumgut*)를 각각 구분하였다.

[238] [역주] Knies (1885: I. Bd. 20쪽 이하 연속).

치 금과 은처럼 「향유수단」, 「생산수단」(예: 의약품의 용도) 또는 「교환수단」 중 어느 것도 될 수 있다. 그러나 명백히 어떠한 한 가지 목적에 대한 자질이 다른 목적을 위한 그것보다 더 큰 경우도 많다. 이론적으로는 모든 재화가 「교환수단」 또는 화폐의 역할을 할 수 있지만, 아무리 많은 재화가 일시적으로는 화폐의 역할을 할 수 있다고 하더라도 실제로는 그 수는 항상 한정되어 있었다. 「재화의 화폐관용」을 결정하는 핵심적 요인은 어떠한 화폐가 자신에게 주어진 임무를 과연 수행할 수 있느냐, 혹은 그렇다면 어느 정도로 잘 수행할 수 있느냐에 달려있다. 이러한 발전은 자연히 「의도적 선택」(*zweckvolle Auslese*)이라는 사안으로 이어지며 화폐로 사용되는 재화의 종류는 제한되게 되는데, 결국에는 몇 가지 또는 단 하나의 재화만이 「교환의 매개」(*Tauschvermittlung*)의 역할을 수행하게 된다. 그리하여 그 재화는 바로 다른 모든 재화 및 「용역 급부」 사이의 교환을 가장 가장 수월하게 이루도록 할 수 있는 재화이다. 그러나 그 결과 다른 모든 재화의 가치는 바로 이 한 가지 재화의 수량으로 표현되는 경향이 있다.

원시경제에 있어서는 교환을 통하여 충족되는 수요는 아주 작은 범위에 불과하기 때문에 「교환화폐」의 발생은 최초에는 「사회교류적 거래」상에 있어서의 단지 아주 작은 영역에서만 일어났다. 이른바 "「고급수요」"(*Feinbedarf*)(Thurnwald 1922)만이 이 같은 작은 영역에 해당되는 반면, "「기본수요」"(*Grobbedarf*)는 「자급자족」(*Selbstversorgung*)에 의하여 충족된다. 그러나 「교환화폐」와 「화폐경제적 교환거래」의 발전을 주도하는 것은 바로 이 같은 「고급수요」, 즉, 어느 부족이나 시대에 있어서도 쉽게 발견될 수 있는, 그리고 언제 어디서나 강력한 확장력을 보여주는 이른바 「사치수요」(*Luxusbedarf*)이다.

이 시점에서 우리는 또 다른 사실, 즉 이미 언급한 바와 같이 많은 민족들 사이에 있어서 가장 먼저 팔고 사는 대상이 되는 것은 「지적 소유권」이라는 사실을 지적할 필요가 있다. 로위(R. H. Lowie)가 관찰한 여러

에스키모 부족에 관한 연구 보고서에서는 심지어 낚시 및 사냥 장비들과 같은 물질적 재화에 대한 「사적 소유권」조차도 그들에게는 낯선 개념이라고 한다. 그러나 사냥에서의 행운을 보장하는 마법의 주문은 이와는 그 성격이 완전히 다르다. 이것들은 화폐를 의미하는 특정 「교환재」와 맞바꾸어야만 획득될 수 있다. 그 주문이 효율성(Wirksamkeit)을 발휘하려면 우선 셈의 지불(Entrichtung der Zahlung)이 그 전제 조건이다.[239] 함부르크 남해 탐험(Hamburger Südsee-Expedition)의 보고서에는 또 다른 여러 사례도 포함되어 있다. 예를 들자면 뮐러-비스마르는 얍(Yap) 섬에서는 춤을 사고 팔았다고 보고한다. 그곳에서는 문서와 춤, 그리고 그림은 오로지 저작자만이 처분할 수 있는 불가침의 「사적 소유권」이다. 그리고 일단 처분된 뒤의 「공연권」(Aufführungsrecht)은 구매자의 배타적 「소유권」이 된다.[240] 이렇듯 대가의 지불을 얍의 주민들이 '지적 영웅'의 업적을 충분히 인정하고 있음을 입증하는 증거라고 현장의 연구자는 자신의 보고서에 덧붙이고 있다. 얍에서는 의료 처방전 역시 이러한 「지적 소유권」이 적용되는 것으로 간주되며, 따라서 그것에 대하여 대가를 지불하고 구매한 경우에만 사용될 수 있다.

도부(Dobu) 섬[멜라네시아 Melanesia 섬의 남부] 주민들에 관하여서도 비슷한 보고는 이어진다. 주문은 그들의 일상 생활에서 중요한 역할을 한다. 과일이 자라게 하거나 도둑으로부터 나무를 보호하고, 사랑을 불러 일으키거나 이웃에게 질병과 죽음을 저주하는 등, 이 모든 것은 마법을 통하여서만 가능하다. 그러나 이를 위한 주술의 주문을 얻기 위하여서는 높은 지불을 감수하여야만 한다.[241]

---

239 Lowie(1928: 551쪽 이하 연속). 또한 이전에 서술한 막시밀리안 비드(Prinz Maximilian zu Wied)의 언급도 참고할 것(본서 91쪽).

240 Müller-Wismar(1917: 263).

241 Benedict(1949: 131쪽 이하 연속).

카즈 버켓-스미스(Kaj Birket-Smith)의 보고서에서는 다음과 같이 기술
되어 있다.

> 뉴기니에서는 가면과 기타 춤의 장비뿐만 아니라 그것들과 관련
> 된 신성한 의식을 수행할 수 있는 권리도 또한 팔고 사는 대상이 된
> 다.[242]

「교환화폐」라는 명칭은 이러한 화폐의 기원, 즉, 이 화폐가 「교환거
래」에서의 「매개재화」라는 그러한 원초적인 「목적지정」에서 [즉, 원초적
으로 그러한 목적을 가지고 있음에서] 연유하고 있다. 그러나 이 용어는 그
배후의 근본적인 「사태」를 정확하게 표현하지는 못한다. 교환이라고 함
은 타인이 나에게 주는 어떠한 재화에 대한 반대급부로 내가 재화를 이
전하는 것으로, 이때 두 재화는 모두 화폐가 아니라는 것을 암묵적으로
전제하고 있다. 화폐를 매개로 이루어지는 「재화소유」상의 변화는 일반
적으로 '구매' 또는 '판매'라고 불린다. 따라서 화폐는 교환을 매개할 뿐
이며, 맞바꾸는(tauscht) 것이 아니다. 그 화폐는 다른 것을 '구매'할 뿐이
다. 따라서 「교환화폐」는 「구매화폐」(Kaufgeld)일 뿐이다.

물론 이것만이 유일한 서비스는 아니다. 오히려 이러한 특성에 기반
하여 거래에 도입된 이후에는 그러한 범위를 뛰어넘어 다른 많은 서비
스에 활용되기도 한다. 그런데 무엇보다도 간과할 수 없는 한 가지 사
실이 있다. 「교환화폐」 또는 「구매화폐」가 등장하면서 그 초기부터 「재
화교류」를 원활하게 하는 역할을 수행하였으며, 그 역할은 점점 더 강
화되어 왔다는 점이다. 왜냐하면 그것은 항상 다른 강력한 「욕구들」, 무
엇보다도 「인정의 욕구」를 직접, 간접적으로 동시에 충족시키는 재화였
기 때문이다. 이것이 바로 이러한 재화가 일반적으로 「갈구」되는 원인,
즉 이른바 "「시장성」"(Marktgängigkeit)을 가지게 되는 원인이다. 다시 말하

---

[242] Birket-Smith(1948: 191).

자면 사회교류적 「우월성 과시의 욕구」(Auszeichnungsbedürfnis)에서 비롯된 강한 수요가 그것들을 일반적으로 사용되는 「교환수단」으로 만들게 되는 것이다. 따라서 「축장화폐」와 「교환화폐」가 생겨난 심리적 뿌리는 같다고 할 수 있다. 그리하여 많은 민족들에 있어서 「축장화폐」와 「교환화폐」는 원래 일치한다는 것, 즉 애초에는 재화의 형태와 「특성」이나 그것이 제공하는 서비스 등에 따라 구분할 수 없는 것임을 알 수 있다.

따라서 「교환화폐」는 어떠한 「목적성」을 가지고 발명된 것은 아니며, 더욱이 경제합리적 사려에서 도입된 것도 아니다. 「경제합리적 필요」(ökonomisches Bedürfnis)라기보다는 「평판에의 집착」을[243] 충족시킬 필요에 따른 「사회교류적 선물교류」에서 비롯된 것이다. 이러한 「선물교류」가 정규적인 「교환거래」로 발전할 때 비로소 화폐는 교환의 실행을 위한 필수 요건이 되는 것이다. 즉, 그것은 「경제합리적 교류의 수단」(Mittel des ökonomischen Verkehrs), 더 정확하게 말하자면 「생존유지」를 위하여 필요한, 보상을 요구하는 재화의 교환의 수단 내지는 「서비스거래」의 수단이 되는 것이다. 그리하여 화폐는 더 이상 「평판에의 집착적 충동」, 성향(Neigung), 자기실현의 욕구(Strebung)들을 충족시키는 수단만은 아니게 된다. 물론 이것들은 여전히 강력한 힘을 발휘하며 배후에서 작동하고 있기는 하다. 그 대신에 이제 화폐는 「경제합리적 욕구들」을 충족시키는 수단이 되어가는 것이다. 이러한 수행 영역의 확장은 「화폐의 발전」에 있어서의 새로운 국면을 의미하며, 이는 사회교류적, 문화적으로 실로 거대한 중요성을 가지는 발전의 전기(轉機)을 열어준다.

이러한 화폐의 새로운 역할로 인하여 이제 화폐는 이렇게 결정된 목적에 소재와 형식 면에서 부응(Anpassung)하게 되고, 그리하여 외형적으로는 화폐 역사의 새로운 국면의 특징을 보여 줄 뿐만 아니라 뒤로 소급하여 [원래 가지고 있던 어떠한] 「화폐의 본질」 자체에도 영향을 미친다

---

[243] [역주] 다음을 참고할 것: 각주235.

는 사실이 자명하게 보여준다. 그리하여 「화폐절편」(*Geldstück*)이 가지고 있던 그 인상적인 「물체성」(*Körperhaftigkeit*)이 이제는 물질적 가치가 없는 화폐 심볼로 변환되고, 마침내 어떠한 물질적 「표식」에조차 얽매이지 않는 「계량단위화폐」(*Maßeinheit Geld*)로 변화되는 노정이 드러나게 된다.

§9. 화폐관용

「화폐의 발생」의 역사를 살펴 보자면 장소, 시간, 그리고 기타 환경에 따라 다양한 재화가 화폐가 되었음을 알 수 있다. 이 중 어떠한 재화는 오랫동안 화폐의 역할을 유지한 반면, 어떠한 재화는 일시적으로만 화폐의 역할을 수행하였거나 혹은 화폐가 되기도 하였다. 이러한 역할 변화의 원인을 추적하는 것은 여러 가지 면에서 많은 통찰을 제공하는 것은 사실이지만 이 곳에서는 다루지 않겠고, 단, 이곳에서는 재화가 화폐가 되기 위하여 실제로 수행하여야 하는 역할 또는 화폐가 되었을 때 수행하여야 하는 역할이 무엇인지에 대한 질문에 국한하고자 한다. 이 질문은 이미 「축장화폐」와 「교환화폐」에 대하여 언급하며 다뤄진 바 있다. 그 부분에 이어서 계속하여 논의를 이어가기로 한다. 원초적인 의미에서의 「화폐적 서비스」를 수행하는 재화는 그것을 소유함으로서 「우월성」을 느낄 수 있도록 하거나, 혹은 소유자에게 「평판」을 부여하거나 소유자가 「인정」을 받을 수 있도록 하는 것임을 이미 살펴보았다. 「인징수단」으로 사용되는 이러한 재화는 당연하게도 일반적으로 모두가 바라는 대상이 된다. 그 결과 그들은 특정 「사회교류적 거래」의 담지자, 즉, 「사회교류적 관계수단」이 된다. 이에 대한 몇 가지 예들은 이미 제시된 바 있다. 그 의미를 명확히 하고 앞서 말한 내용을 더욱 구체화하기 위하여 몇 가지 사례들을 추가적으로 소개하고자 한다.

멜라네시아(Melanesia)에서는 모두에 있어서 특정 조개껍질이 갈구되며 축장된다. (구) 독일 보호령의 토착법에 관한 편찬집에서도 알 수 있듯이, 모든 가족의 수장들이 가장 열망하는 목표는 가능한 한 많은 조개를 획득하는 것이다. 그렇다면 그 이유는 무엇일까. 그것은 "[소유자가]「평판」을 획득하고 전쟁조달품을 구매할 수 있게 하기 때문"이다. 그러나 보고서의 작성자는 다음과 같이 덧붙인다.

> 이 화폐의 주요 기능은 타인들이「아내구매」를 할 수 있게 하기 위하여 그들에게 빌려주는 것이며, 따라서 젊은 남성들을 [그러한 조개껍질을 제공하여 주는 노인층에 경제적으로] 의존하게 만드는 것이다 (그래서 그는 조개껍질을 화폐라고 부른다!).[244]

콩고 지역의 흑인 부족인 '아바부아'족(Ababua)과 '부숑고'족(Buschongo)은 그 소유가「부」를 의미하고「평판」을 부여하는 장식용 칼을 축장하고 있다. 이 장식용 칼은 '리폼보'(lipombo)라고 불리는데 이 의미는 대략「여성장신구」라는 뜻으로 번역될 수 있다.

대부분의 민족은 오래전부터 화폐를「인정수단」으로 알고 있었고, 물건의 교환이나 노동 서비스에 대한 대가가 일반화되기 이전부터 [그러한 용도로] 화폐를 사용하였다. 그 첫 번째 단계는 특정 재화의「축장」, 즉「재보조성」인데, 이러한「축장」은 때로는「부족사」(部族事)가 된다. 족장은 조개껍질 고리나 화폐용 매트를 보관하는 재보 창고를 짓게 한다. 특별히 엄숙한 행사가 있는 날에만 이「재보들」은 외부로 반출되어 햇빛을 보게 되고 화려하게 전시된다. 핀쉬(Finsch)는 다음과 같이 기록하고 있다:

> 이 중 가장 중요한 날 중 하나에는 [즉, 장례식에서는] 그 소유자는 비록 망자의 몸이지만 특별히 화려하게 장식되고 그의 재물들은 전시된다.[245]

---

[244] Schultz-Ewerth & Adam(1929: II, 625).

[245] Finsch(1914: 16).

이러한 장례식에서는 「화폐분배」(*Geldverteilung*)가 일반적이며, 다른 행사에서도 이 같은 분배는 발견된다. 왜냐하면 축적된 재보들을 아낌없이 분배하는 것은 그것들을 소유하고 있던 망자가 높은 「평판」을 누리도록 하는 목적을 달성할 수 있게 하기 때문이다.

자신 주위의 사람들로부터 스스로를 구별하려는, 그리고 「평판」을 얻고자 하는 노력은 종종 가장 특이한 형태의 인간 행태로서 표출된다. 이러한 노력은 상호 다른 문화권에서도 모두 발생하는, 일견 거의 비상식적인 「화폐의 파괴」(*Geldvernichtung*)라는 행위의 배후에 존재하는 동인이기도 하다. 이러한 「재보파기」(*Schatzzerstörung*)(예를 들어 모직 담요, 동판 등의 파괴)는 특히 북미의 일부 북미 원주민 부족에서 잘 알려져 있는데, 그들만에 국한되지 않고 다른 민족들 사이에서도 종종 장례 행사와 관련되어 발견된다. 이러한 행위의 배후에는 실로 다양한 동인들이 작동할 수 있다. 그 중 하나는 고인이 자신들이 생전에 가지고 있던 소유물을 가지고 갈 수 있게 한다는 경건한 생각인데, 이는 종종 고인의 영혼이 자신이 생전에 가지고 있던 재산을 탈취하는 자에게 온갖 불행을 가하는 등의 수단을 통하여 복수하는 방법을 알고 있을 것이라는 두려움과도 관련이 있다. 또 다른 「동인」은 「봉헌심리」(*Opfergedanke*)인데,[246] 이는 종종 유족들을 경제적 파탄으로 치닫게 하는 과도한 부담으로 이어질 수 있다. 이러한 제물을 통하여 저승에서의 고인에 대한 「평판」은 물론 저승에서의 위상과 권세에도 좋은 영향을 미칠 수 있다. 또한 제물을 바치는 것은 고인이 남겨진 유족들에게 해를 가하지 않도록 하기 위함이기도 하다. 그러나 무엇보다도 남태평양의 일부 민족들에게 있어

---

[246] [역주] 의례적 또는 종교적 맥락에서 신이나 고인을 기리면서 제물을 바침으로써 어떠한 긍정적이거나 정화하는 효과를 가져올 것이라는 믿음 내지는 마음가짐.

서의 축장된 재보들(「조개화폐」 고리 등), 그리고 서아프리카 일부 지역의 직물들(팡게 pangue, 마쿠테 makute 등[247] Cf. Gerloff 1940: 118), 그리고 인도네시아의 진주 등은 망자가 저승으로 가는 길과 그곳에서 머물기 위하여 필요한 노잣돈으로 여겨지는데, 이러한 생각도 [제물을 바치는 관습에] 중요한 역할을 한다. 이러한 모든 「통상적 관습」은 다른 그 어떠한 것보다 더 오래되고 더 널리 확산된 「화폐관용」의 예를 우리에게 보여준다.

「인정수단」으로서의 화폐는 "「자기강조의 충동」"(*Selbstbetonungstrieb*)(Gerloff 1940: 28)인 「야심」(*Ehrgeiz*)을 위하여 봉사하며, 그것을 관행적으로 사용하는 것은, 「재보집적」은 물론 「재보분배」와 「재보파기」로 표현될 수 있는 「과시애」(*Prunkliebe*)를 충족시키는 것을 목표로 한다. 「재보조성」, 「재보과시」(*Schatzzurschaustellung*), 「재보분배」 그리고 마지막으로 「재보파기」는 즉 「화폐관용」의 최초형태이다. 선사시대나 초기 문화에 있어서의 화폐는 「축장화폐」이었다. 그리고 그것은 「현시화폐」와 「과시화폐」, 즉 「위신화폐」 또는 「사치화폐」의 역할을 하였다. 이러한 「화폐의 발전」 수준에서 이 같은 「관용」이 일상적인 「화폐관용」이라는 사실은 그렇게 사용되는 재화들이 사람과 사람 사이에서의 「지불수단」으로서 최초의 「화폐적 서비스」를 수행하였던 재화들과 동일한 재화라는 사실에서도 알 수 있다. 그 같은 재화들로는 「신랑지참금」, 「참회금」, 「원한해소금」(*Fehdegeld*)[248] 등을 들 수 있다. 할킨(J. Halkin)이 아바부아(Ababua)

---

[247] [역주] 양자 모두 다양한 문화행사에서 사용되는 직물이다.

[248] [역주] 이 용어는 주로 게르만 법률 전통과 관련이 있으며 범죄, 특히 살인이나 상해에 대한 배상의 한 형태로 피해자나 그 가족에게 지급되는 보상을 의미한다. 이 지불은 피해자나 그 가족에게 보상을 제공함으로써 불화나 추가 갈등을 예방하기 위한 것이었다. 독일어 '*Fehde*'는 불화 내지는 분쟁으로 번역될 수 있으며, 따라서 '*Fehdegeld* '는 불화를 해결하고 유혈 분쟁을 예방하는 것과 관련이 있다. 이 용어는 앵글로색슨 및

에 대하여 기록하고 있듯이, 축장된 장식용 칼이 실제 화폐가 되었다는 사실(위의 85, 119쪽 참조)은 「자기표출의 수단」(*Mittel der Repräsentation*)과 「과시의 수단」(*Mittel der Ostentation*)으로 다른 문화권에서 사용되고 있거나 사용되었던 다른 많은 「축장재」에 대하여서도 적용될 수 있다.

　「초기의 화폐관용」의 특이한 점은 여러 종류의 화폐가 일반적으로 병존하며, 각 화폐는 자신만의 매우 특정한 서비스나 구매에만 사용될 수 있다는 사실이다.[249] 특히 남태평양의 일부 섬과 군도에서는 「화폐적 질서」가 매우 복잡하고 엄격하게 지켜지고 있다.

　암스트롱(Armstrong)이[250] 묘사한 루이지아드(*Louisiade*) 군도에[251] 있는 로셀(Rossel) 섬의 「화폐체제」가 그 좋은 예이다. 그곳에는 두 가지의 「화폐형태」(*Geldart*)가 존재한다. 척추조개 껍질(spondylus shell)로[252] 만든 '댑'(Dap)과 작은 조개껍질 원판으로 만든 '쾨'(Kö)가 그것들인데, 각각은 10조각씩 가닥으로 묶여 있다. 댑은 가치별로 총 22개의 종류가 있고, 반면 쾨는 16개의 서로 다른 가치 종류가 있는데, '댑'이 '쾨'보다 높은 가치를 가진다. 그리고 가장 높은 가치의 것을 소유하는 것은 추장의 특권이다. 그러나 중요한 것은 '댑'이든 '쾨'든 각각의 「화폐단위」는 매우 특정한 물건이나 목적에만 사용될 수 있다는 사실이다.

　이것은 많은 민족에게서 발견되는 「초기의 화폐관용」의 또 다른 특

중세 영국 법률 전통하에서 보편적인 「속죄금」(*Wergeld*)과 유사하다.

[249] [역주] 이는 본서의 후반부에서 설명하는 중요 개념인 「화폐의 객체적 구매권력」의 제약, 혹은 「화폐의 구매범위」의 제약에 속한다. 본서 280쪽 참고.

[250] [역주] Armstrong(1928).

[251] [역주] 태평양 남서부의 파푸아뉴기니 지역의 군도.

[252] [역주] 주로 장식품으로 사용되는 색채가 빼어난 홍합.

징, 즉「대출제도」(*Darlehnssystem*)를 발생시킨다. 화폐 공급량이 상대적으로 적고 각 종류별로 사용 범위가 엄격하게 제한되어 있는 화폐의 종류가 많다는 것은, 지불을 하여야 할 때마다 그 목적에 적당한 화폐만을 구하여야만 한다는 것을 의미한다.[253] 이는「신붓값」과 관련하여 가장 자주 목격되는 현상이다. 로셀(Rossel)섬에서는「아내구매」에는 다섯 번째로 높은 '댑'이 필요하기 때문에 그에 대한 수요가 많다.[254] 원주민 중 젊은 사람들은 단순히 그 같은 특수한 화폐가 부족하여 결혼을 하지 못하고 남아있는 것이 흔한 광경이다. 트란스발(Transvaal)의 광산 지역으로부터 고향 마을로 돌아온 흑인들은 영국 파운드 스털링은 충분히 가지고 있더라도 아직 신부를 얻을 수 없다. 파운드 스털링과 원주민의 화폐는 일반적으로 서로 교환될 수 없기 때문이다.

「초기의 화폐관용」의 또 다른 특징은 그것이 일반적으로 주술과 신화에 자리 잡고 있다는 사실이다.「화폐지출」은 경제합리적 또는 합리적 목적을 위하여 이루어지는 것이 아니라, 그것은 원래 제례적「행동」또는 성년식, 결혼, 장례 등과 같은 일상적 삶의 영역에서 나타나는 사회교류상 중요한 사건에 수반되는 현상이다. 즉, 그러한 현상은 항상 초자연적인 연관성을 가진 동작이다. 이러한 측면은 다양한 행사에 사용할 각기 다른 종류의 화폐 선택에도 반영되는 경우가 많다. 예를 들어, 팔라우(Palau)에는 매우 다양한 종류의 자개 화폐가 있는데, 그 중 장례식에 사용되는「애도화폐」(*Klagegeld*)라고 불리는 특수한 종류의 자개 화폐가 따로 있다.

---

[253] [역주] 즉, 그 특수한 화폐는 빌려올 수밖에 없다는 것을 의미한다.

[254] Cf. Einzig(1949: 42쪽 이하 연속); Quiggin(1949: 183). 유사한 사례는 팔라우섬의 화폐 제도에서 찾아볼 수 있는데, 이에 관한 상세한 설명은 다음을 참고할 것: Gerloff(1940: 98) 그리고 Finsch(1914: 105 및 154).

경제적 목적을 충분히 염두에 두고 이미 화폐가 사용되는 곳에서도 특정 날짜에 열리는 축제 행사 등의 특별한 경우에만 관련 거래를 할 수 있다는 관행은 오랫동안 남아 있다. 따라서 애드미럴티(Admiralty) 제도에서[255] 「교환행동」(*Tauschhandlung*)이 결혼과 관련하여 빈번하게 이루어지는 것은 "이해할 수 없는 이유"에서 비롯된 것이라는 폴 아인지히(Paul Einzig)가 생각하는 바와는 달리,[256] 결혼은 종종 교환 거래의 구실을 제공하고 남자에게 화폐를 마련하여 주기 위하여 주선되는 것으로 추정된다.

초기 원시인들도 화폐가 필요하였는데, 주로 두 가지 목적이 있었다: 즉, 권위자(추장 또는 사제)에게 바치거나 아내를 취득하기 위하여서였다. 그리고 그밖에는 사교 단체나 축제 비용의 지불, 「장신구」 및 다양한 종류의 장난감 등의 구입을 위하여서도 필요하였다. 따라서 화폐에 관하여서는 그다지 경청할 만한 언급을 남긴 바가 없었던 칸트(Kant)조차도 "처음에는 상품이었던 것이 마침내 화폐로 된 사실"은 "피지배자들에게 그 화폐가 「부과금」(*Abgabe*)으로 요구되었기 때문"이라고 그의 화폐에 대한 저술에서 논한 바는 전혀 근거가 없는 것은 아니다.[257]

경험에 따르자면 원시 민족들은 외래 용품들을 쉽게 받아들이는 경향이 있는데, 단 그것들을 단지 장난감이나 「장신구」로만 사용하고 「생산수단」인 기기와 도구로 채택하는 것은 꺼려하는데 왜냐하면 그러기 위하여서는 경제 행태의 변화가 필요하기 때문이다.

새로운 「향유재」와 「관용재들」을 조달하려는 「욕망」에 의하여 인간은 어떠한 수단을 획득하려 하고, 노동을 통하여 벌어들이며, 자신의

---

255 [역주] 남태평양 파푸아뉴기니에 위치하는 섬들.

256 Einzig(1949: 77).

257 Kant(1797: 122쪽 이하 연속 및 126).

제품을 판매하도록 이끌릴 수밖에 없다. 이러한 경우 그 수단이 바로 화폐이다. 이러한 식으로 교역의 영향을 거의 받지 않던 부족들도「상품교역」에 편입되고 점차「화폐 사용」에 대하여 알게 된다. 화폐와의 접촉은 점차 소비의 측면으로부터 시작하여 경제합리적 변환을 야기시키며 그리하여 사회교류 전반에 큰 변화를 결과한다. 물론 개별 상품이 간헐적으로만 판매되는 한 경제합리적 변환은 발생하지 않으며, 그러한 변화는 주로 생산이 판매를 목적으로 이루어지거나 혹은 원주민이「화폐의 가득」을 목적으로「마을사회」내지는「부족사회」에서 벗어나 판매를 시작할 때 발생한다.

따라서 원래에 있어서의「화폐의 사용」은 경제적 목적을 지향하는 것이 아니었다. 그러나 경험을 통하여 어떠한 특정한「사회교류적 행동」이 가지는 경제합리적 유용성을 배우게 되고, 또한 경험은 어떠한 형태의「화폐관용」이 장점을 가지게 된다는 사실도 가르쳐주었다. 더디고 느리게 진행되는 그러한 경험을 통하여 이러한 장점들이 인식되고 동시에「행동」의「동인」이 된다. 이 과정은「문화적 변화의 연속성의 법칙」(*Gesetz der Stetigkeit im Kulturwandel*)과[258]「동기근원의 다양성의 법칙」(*Gesetz der Vielheit der Beweggründe*)을[259] 보여주는 사례이다. 뿐만 아니라「동인」의 변화에 수반되어 발생하는「문화적 재화」(*Kulturgut*)의[260] 빈번한「목

---

[258] [역주] 이 법칙은 피어칸트(Vierkandt 1908)가 말한 바 있는데, 이는 문화적 변화와 혁신이 갑작스럽거나 급격한 도약에 의하여 발생하기보다는 시간이 지남에 따라 점진적이고 지속적으로 일어나는 경향이 있음을 말한다. 본서 41쪽과 각주 70을 참고할 것.

[259] [역주] 이 법칙은 문화의 변화와 발전이 하나의 원인이나 동기에 의하여 주도되기보다는 여러 요인, 동기 또는 힘에 의하여 영향을 받는다는 것을 말한다.

[260] [역주] 특정 문화 또는 사회에서 가치 있고 중요한 것으로 간주되는 사

적변화」에 대하여서도 설명할 수 있다.

그러나 「화폐의 발생」을 확인시켜 주는 사회교류상 발전의 또 다른 법칙이 존재한다. 물질적 재화에 관한 모든 「사회교류적 행동」은 재화의 생산이 아니라 재화의 소비 영역에서 시작된다. 인간 간의 「공동체 소속감」(*Zusammengehörigkeit*)에 대한 의식은 결사와 사회교류적 조직, 사회교류적 창조 그리고 인간적 성취로 이어지는데 그러한 의식이 최초로 물질적 재화의 세계에서 작동하게 되는 영역(*Wirkungsfeld*)은 바로 소비의 형성(*Gestaltung*)과 그에 따른 소비 질서(*Ordnung*)의 수립이다. 이 같은 사실은 주로 소비를 위한 최초의 「화폐관용」에도 적용된다. 화폐의 「현시」, 「분배」 또는 심지어 화폐의 파괴도 일종의 소비의 동작이다. 이러한 류의 「화폐관용」으로부터 오늘날 우리에게 익숙한 「화폐관용」으로 이어지는 긴 과정을 통하여 화폐는 [최초의] 즉각적인 「인정수단」으로부터 그 의미와 범위에 있어서 다른 어떠한 것과도 비교할 수 없는 「경제의 수단」(*Wirtschaftsmittel*)으로[261] 변모한다. 하지만 「인정수단」으로서의 화폐가 「화폐의 원초적 모습」(*Urerscheinung des Geldes*)이었다는 사실은 자명하다.

「화폐관용의 발전」의 역사는 곧 「화폐체계」(*Geldwesen*)[262] 그 자체의 역사이다. 그 역사는 다양한 화폐 형태의 발전과 현재의 「화폐체제」(*Geldsystem*)를 수립시킨, 「구매권력」(*Kaufmacht*)의[263] 확장이라는 사실을

품, 유물, 관행, 지식, 문화유산 또는 그와 유사한 기타 요소.

[261] [역주] 「경제의 수단」에 대한 자세한 의미는 171쪽 참고.

[262] [역주] 본 번역에 있어서는 「화폐체계」(*Geldwesen*)와 「화폐체제」(*Geldsystem*)를 구분하였다. 전자는 광범위한 의미에서 화폐에 관한 모든 측면을 포괄하는 개념임에 반하여 후자는 어떠한 사회 및 경제 체제를 규정하는 화폐 제도 및 구조를 의미한다.

[263] [역주] 이 개념은 본서 후반부를 관통하는 핵심개념이다. 통상적으로 우

살펴보도록 우리를 인도한다. 이 두 가지 모두는 차후 다른 맥락에서 논의될 것이다.

§10. 계급화폐

모든 「문화적 소유」(*Kulturbesitz*), 즉 물질적이며 정신적인 「문화적 재화」의 소유는 「계급소유」(*Klassenbesitz*)에서[264] 기원하였다. 그런데 화폐도 동일한 기원을 가지고 있다. 앞서 살펴본 바와 같이 화폐의 원래적인 「관용」은 다른 「문화적 재화」와 마찬가지로 「인정의 욕구」를 충족시킴에 기여한다는 공통점을 가지고 있다. 그러나 이 같은 사실은 화폐가 만들어질 당시에는 화폐는 특권층이나 상류 계층을 위한 「문화적 재화」 내지는 「문화도구」(*Kulturmittel*)였다는 것을 의미한다.

발전 단계가 낮은 민족들에게 있어서의 「사회교류적 차별화」는 주로 [생활필수품 이외의] 「재화소유」와 「재화의 관용」이라는 측면에서만 나타날 뿐이며, 생활필수품을 충족시키는 방식과 수단에서는 그 차이가 보이지 않는다. 슈미트(M. Schmidt)는 브라질 중부의 '아루악'(Arawak) 부족인 '파레시-카비시'족(Paressi-Kabisi)에 대하여 이렇게 말한다:

> 다른 물질적 재화와 교환하거나 다른 「용역 급부」를 얻기 위하여서건, 물질적 재화의 「비축품」을 현재의 개인적 필요 수준을 초과하여

리가 경제학 교과서 등에서 사용하는 화폐의 '구매력'(*Kauftkraft*, 영어로는 통상적으로 purchasing power)과는 다른 개념임에 유의할 것. 이에 대한 자세한 논의는 본서 274쪽 이하에 나온다. 「구매권력」과 「구매력」의 차이에 대하여서는 역자용어해설 6을, 그리고 '권력'의 의미에 대하여서는 역자용어해설 5를 참고할 것.

[264] [역주] 어떠한 특정한 계급의 소유에 속함.

쌓아놓는 것은 오직 지배계급(Herrenklasse)만이 가지고 있는 특권이다. 오직 그들만이 「자산」(Vermögen)을 비축할 권리가 있다.

그는 유사한 발전 단계에 있는 다른 원시 민족도 유사한 행태를 보일 것이라고 덧붙인다.[265] 만약 그렇다면, 그리고 우리는 그의 말에 충분히 동의할 수 있으리라 생각되는데, 「화폐소유」(Geldbesitz)와 「화폐관용」은 그 초기 단계에 있어서 위상에 따르는 특권이자 귀족 계층의 생활양식에 속한다고 이해할 수 있다. 「화폐의 사용범위」가 이러한 최초의 사용자들의 범위를 넘어 확산되는 것은 오랜 시간이 지나야만 가능하다. 이러한 확산은 상류층의 「행위양태」를 「모방」하여 하류 계층들이 「문화적 재화」를 유용하는, 이미 잘 알려진 과정에 따라 발생한다. 그리하여 「문화적 재화」는 사회의 더 넓은 범위에서 수용되게 된다. 그런데 「문화적 재화」의 사용이 귀족층의 사용 영역에서 다른 층들의 「관용」의 영역으로, 따라서 일반적으로 더 큰 범위의 「관용」의 영역으로 하강하게 됨에 따라, 그 대상과 또한 사용 방식에 있어서의 「목적 변화」를 매우 자주 수반하게 되며, 그 결과 예기하지 못하였던 새로운 의미와 영향 범위를 종종 가지게 된다. 이 같은 사실은 화폐에도 적용된다. 사회에서의 귀족 계층화(Schichtung)가 소멸되고 사회가 경제적 「권력의 소유」에 기반한 사회로 바뀌어감에 따라, 화폐는 더 많은 사용자층을 확보할 뿐만 아니라 그렇게 확산된 영역에서 새로운 역할을 가지게 된다.

「원시화폐」는 「재화소유」와 「재화의 관용」을 위한 수단으로 나타나며, 그 소유자에게는 특정 계급에 속하는 표식, 그리고 더 나아가 실질적인 「계급상징」(Klassensymbol)이 된다. 이는 「인정수단」이라는 「원초적 화폐의 기능」과도 관련이 있다. 이러한 화폐의 원초적 기능은 고대적이고 원시적인 「화폐형식」에만 특수한 것이 아니라 주화와도 같은 보다

---

[265] Schmidt(1920: 196, 1917: 52쪽 이하 연속).

발전된 「화폐형식」에서도 내재한다. 다른 맥락에서 라움(Bernhard Laum)은 고대에 주화를 주조할 수 있는 권리는 금속의 종류에 따라 종종 각기 다른 기관에 속하여 있었다고 지적한 바 있다. 예를 들어 페르시아에서는 금화 주조는 왕실의 특권이었지만 은화 주조는 사트라프(satrap),[266] 소(小)군주 및 도시들에게 맡겨졌다. 로마 황제들은 금화와 은화의 주조에 대한 권리는 자신들이 가지고 있었고, 원로원은 동화의 주조권을 가졌다. 라움에 따르면, 이러한 분권적 주화 주조권은 "사회적 위계(*Rangordnung*)의 표현 및 수단"이었다.[267] 주화의 용도에 있어서도 마찬가지 이야기가 적용된다. 보다 가치가 높은 주화는 귀족들과 혹은 귀족들 간에 거래할 때만 사용된다. 주화는 그 전신인 「고리화폐」와 마찬가지로 원래는 무엇보다도 명예와 존엄(*Würde*)의 표시였지 세속적 교환수단은 아니었다. 동일한 각인을 새긴 로마 금화의 무게가 서로 다르다면, 이는 주화 연구자들이 말하듯이 황실 축제에서 각기 다른 계급의 참가자들에게 그들의 위계에 따라 서로 다른 주화를 나누어 주었다는 사실로 설명될 수 있다.[268] 또한 인류학에서 언급되는 사례들을 통하여 우리가 알 수 있는 바는, 당시 사용된 「화폐증표」(*Geldzeichen*)는 바로 「계급표시」(*Klassenabzeichen*)였다는 사실이다. 예를 들자면, 이미 여러 번 언급된 바 있는 팔라우(Palau) 제도에서 「관용」되던 화폐가 이에 해당된다.

「공동체 생활」이 ―코누비움(*connubium*)과[269] 콘비비움(*convivium*)[270]―

---

266 [역주] 페르시아 제국에서의 지방 장관.

267 Laum(1929: 48).

268 Cf. 이에 대한 사례는 다음을 참고할 것: Laum(전게서: 49쪽 전반).

269 [역주] 코누비움(*connubium*)은 로마 사회에서 결혼에 대한 법적 권리 내지는 결혼할 수 있는 사람을 가리켰다. 코누비움은 특히 사회적 또는 법적 지위에 따라 서로 다른 개인 간의 결혼 자격을 결정하였다.

270 [역주] 콘비비움(*convivium*)은 고대 로마 사회와 관련된 공동 식사 또는

계급 소속을 외형적으로 특징짓는 것처럼 「화폐관용」도 마찬가지이다. 「원시화폐」는 「계급화폐」, 즉 특정 사회교류상의 계급만이 독점적으로 사용하고, 원칙적으로 그 계급에 속하는 구성원들만이 사용할 수 있는 화폐이다.

단, 여기서 계급과 「계급화폐」가 언급될 때, 이는 특정 사회교류적 위계에 위치된 어떠한 집단의 「화폐관용」에 관한 사안이라는 것을 표현하기 위한 것일 뿐이다. 사회적 위계화(*Abstufung*)가 존재한다고 할 때 그것을 [인간 간의] 「차등화」(*Abstufung*)로 볼 것인지, 「계층화」(*Staffelung*)로 볼 것인지, 아니면 진정한 의미의 「계급형성」(*Klassenbildung*)으로 간주할 것인지에 관한 사안을 다루려는 것은 아니라는 점을 언급하고자 한다.

화폐는 항상 사회의 특정 계급, 즉 높은 계급 또는 상위 계급에서 기원하며, 「화폐관용」은 애초에 그러한 계급만이 특권적으로 누릴 수 있는 것이었다. 그리고 이 계급으로부터 「화폐관용」은 점차 다른 계급으로 확산된다. 하지만 그렇다고 하여서 이러한 하위의 계급에서 즉각적으로 상위 계급의 화폐를 채택한다는 의미는 절대로 아니다. 물론 그럴 수도 있지만, 한 사회의 여러 계층이 서로 다른 화폐를 사용하는 것도 드문 일은 아니었다. 이는 「인정수단」이라는 원래적 「화폐의 중요성」과 관련이 있다. 귀족에게 있어서의 「인정수단」은 농민의 그것과는 다른 의미이다. 예를 들자면 고대 게르만 부족에게 있어서는 고리는 왕과 그 가신들의 화폐였다. 즉, 고리는 궁정 내에서의 거래에 필요한 화폐였으며, 반면 농민들의 화폐는 직물이나 가축이었다. 상위 계층의 「귀중품화폐」가 하위 계층에는 적합하지 않았다는 사실과는 별개로 「화폐형태」의 차이가 유지되었던 사실은 사회적 하위 계층들을 의식적으로 「배타화」하려고 함에 기초하고 있었다. 그리하여 하위 계층이 상위

잔치로, 종종 특정 그룹의 사람들 간에 열린다.

계층과 동일한 「화폐재화」를 사용하는 것은 허용되지 않았다.[271] 뉴기니 동부의 트로브리언드 제도에서는 '쿨라'(Kula)라는 의례적 거래 활동이 있는데, 소위 「화폐재화」라고 할 수 있는 상품들은 특정 우월한 「소부족들」(Sippe)의 구성원들 사이에서만, 그리고 특히 주로 족장들의 가족 간에서만 거래되는 것이 그 한 가지 예이다. 마찬가지로 「화폐관용」과 「화폐적 교류」는 원래 사회교류상 사다리의 상층부에 있는 사람들로 제한되었다.

어떠한 재화는 사회교류적 의례에 사용됨으로써 「화폐적 기능」을 획득한 것으로 알려져 있다. 이것들은 일종의 전형적인 성격을 지닌 재화들로서, 장식용 무기, 장식품, 악기(종, 징) 등이 대표적으로 그에 해당한다. 이것들은 '**의례화폐**'(儀禮貨幣 *Zeremonialgeld*)가 된다. 이러한 의례용품의 「관용」은 대체로 위상(*Stand*)과 관련된 사안이었음은 분명하다. 「의례화폐」는 항상 「계급화폐」, 즉 상류층의 소유로만 존재하고 그들만이 사용할 수 있는 화폐로 보인다.

인류학에서는 화폐의 계급적 기원에 대한 조사가 거의 이루어지지 않았다. 민족학자들의 현장 연구는 「화폐적 서비스」를 제공하는 재화는 어떠한 특정 사람들의 손에서만 그렇게 할 수 있다는 사실을 우연히 언급하고 지나갈 뿐이다. 셈퍼(Semper)는 그의 여행기 『태평양의 팔라우 섬』(*Die Palau-Inseln im Stillen Ozean*, 1873)에서 "군주들의 세 가지 화폐"에 대하여 이야기한다(Gerloff 1940: 98). 얍(Yap)의 전 지방 행정관이었던 센프트(Senfft)는[272] 이 섬의 유명한 돌 화폐인 '푀'(Fä)에 대하여 이렇게 말한다:

---

[271] [역주] 이는 본서 후반부에 등장하는 중요 개념인 화폐의 주체적 구매권력의 제약을 의미한다.

[272] [역주] Paul Albrecht Senfft(1865-1931). 독일의 식민지 행정관리자 겸 민족학자로서 19세기 말부터 20세기 초기까지에 걸쳐 얍 지역 행정관을 역임하였다.

얍에는 수천 개의 이러한 「화폐절편」이 공동 및 사유 재산으로 존재하지만, 어떠한 마을과 개인은 누구도 '푀'에 대한 「소유권」을 주장하지 않는다. 제 6 위계와 제 7 위계에 속하는 마을, 그리고 그 주민들은 크기가 4장(掌 Span)을 넘는 돌을 소유하거나 취득하는 것은 금지되어 있다.[273]

또한 얍의 최하 계층의 개인들도 지름이 4장을 넘는 돌화폐를 소유할 수 없다. 그와는 반대로 족장들은 팔라우 제도의 채석장에서 채굴되어 힘든 항해를 통하여 운반되는 모든 큰 돌 조각을 자신들만이 소유한다.

앞서 언급한 지역 행정관 센프트는 (다른 연구자들과도 마찬가지로) '푀'를 「남성의 화폐」로, '자르'(Jar)라고 불리는 진주조개 껍질을 「여성의 화폐」(Frauengeld)로 지칭한다. 그는 이렇게 말한다:

> '자르'는 주로 여성이 그 「소유권」을 가진다. 따라서 여성들로부터 얻는 모든 것은 '자르'로 지불되며 결코 '푀'로 지불되지는 않는다.

쿠바리(J. Kubary)에 의하면 얍의 진주조개와 트룩(Truk)의[274] 강황 구슬은 [275] 여성의 화폐이다. 밀러-비스마르(Müller-Wismar)의 자료에 의존하는 투른발트(Thurnwald)의 기술은 위와는 다소의 차이가 존재하지만, 본서에서 관심이 있는 중요한 사실들을 재차 확인하여 준다:

> 족장은 대체로 특별한 「장신구」로 치장함으로서 자신을 다른 사람들과 구별할 뿐 아니라, 그 외의 특별한 「가치의 담지자」도 오직 그들 또는 귀족들 사이에서만 유통된다. 예를 들자면 얍에서는 개오지 조

---

[273] Deutsches Kolonialblatt(190: 871).

[274] [역주] 태평양 미크로네시아 섬의 지역.

[275] [역주] 강황 식물의 뿌리줄기에서 추출한 노란색 향신료인 강황으로 만든 작은 구 또는 알갱이.

개껍질(cowrie), 그리고 아라곤나이트(aragonite)[276]로 만들어진 잘 알려진 「멧돌화폐」(*Mühlsteingeld*)는[277] 누구에게나 가치(*Geltung*)가 있다.[278]

우리에게 전하여지는 남태평양에서 흔히 사용되는 「진주화폐」 형태와 관련된 「화폐관용」에 관한 많은 기록들은 우리가 본서에서 「계급화폐」라고 부르는 화폐 형태를 입증할 수 있다.[279]

마지막으로 사모아의 「매트화폐」의 특정 형태도 「계급화폐」의 성격을 가질 수 있다. 특히 '이에 토가'(*ie toga*)로 알려진 직물 매트가 바로 그것이다. 이 매트를 제작하려면 상당한 기술뿐만 아니라 긴 시간을 요하는데, 특히 고품질의 매트의 제작에는 수 개월 심지어는 수 년이 걸린다. 그리하여 사모아에서 이 매트는 가문의 부, 권력과 그리고 영향력을 상징한다(Finsch). 매트는 그 사용 용도에 따라 대략 10가지 종류가 있다. 특별한 부류의 매트는 가장 오래되고 또한 가장 저명한 가문의 소유에 속하는, 이른바 '이에 오 레 마라'(*ie o le mala*)라고 불리는 국가 매트이다. 이 매트들은 신성한 것으로 간주되며 종종 자신 고유의 이름을 가지고 있다. 이 매트는 연맹 구성원의 가입 등의 매우 중요한 국가적 행사 때에만 꺼내서 사용된다. 나머지 매트는 「지불수단」으로 더 자주 사용되는데, 그 가치에 따라 차이는 있지만 대체로 큰 금액의 거래에서만 사용된다. 그것들은 집과 카누를 만드는 사람과 문신공에 대한 보수, 추장의 딸을 위한 「신부지참금」, 그리고 가족 행사 시의 「분배금」으로 사용되며, 무엇보다도 직위와 명예를 획득하기 위하여 사용된다.[280] 다

---

[276] [역주] 칼시움 카보네이트 성분의 광석(CaCO3).

[277] [역주] 곡식이나 기타의 물건들을 가는 맷돌.

[278] Thurnwald(1931-34: IV, 258).

[279] Petri(1936: 209).

[280] Finsch(1914: 407) & Helmreich(1914-1915: 124). 이 문헌들에 수록된

양한 종류의 사모아 「매트화폐」는 원래 순수히 귀족들이 전용하던 「계급화폐」의 잔재이자, 부분적으로는 그것들을 계승한 것으로 보인다.

슈르츠(Schurtz)가 인용하고 있는 메렌스키(Merensky)의[281] 언급(Schurtz 1898: 104)에서도 「계급화폐」를 지시하는 대목이 등장한다. 메렌스키는 다음과 같이 기록하고 있다:

> 우리가 1860년 트란스발(Transvaal)[282] 북부 바수토(Basuto)를 처음 방문하였을 때, 원주민들은 곧 특별한 종류의 진주나 산호로 우리의 관심을 끌었는데, 그 진주는 매우 귀중하게 여겨져 당시 통치하던 추장들과 그들의 부인들만이 거의 독점적으로 착용하고 있었다. 특히 노란색과 검은색은 평가가 높았기에 「배상금」(*Sühnegeld*)이나, 혹은 종종 소(小)추장이 추장의 호의를 얻거나 보호를 받기 위한 용도로 바치는 「공물」로 사용되었다.

이러한 맥락에서 볼 때, 「정평」과 「우월성」의 「표식」으로 착용하는 재화가 화폐가 되는 경향도 발견되며, 또한 역으로 「화폐증표」가 「표식」으로 착용되기도 한다는 점에 주목하여야만 한다. 가장 잘 알려진 예는 고리로, 특히 주로 목걸이와 팔찌로 사용되는 고리인데, 이것들은 이미 언급하였듯이 「우월성」의 표시로 수여된다. 그리고 그와 동시에, 그것들은 이미 화폐이거나 혹은 시간이 경과하면서 화폐가 되기도 한다. '마사이'족(Massai)[283] 사이에서는 고리 외에도 종(鍾)(즉, 「종화폐」)이 이러한 목적을 달성하기 위하여 사용된다. 과시용 물품이 화폐인 곳이

문헌 목록도 참고할 것.

[281] [역주] Hans Merensky(1871–1952). 유명한 남아프리카의 지질학자이자 사업가. 많은 광물자원을 발견한 것으로 잘 알려져 있다.

[282] [역주] 남아프리카의 지방 행정구.

[283] [역주] 케냐 혹은 탄자니아에 살고 있는 원주민.

라면 어디든, 그리고 드문 현상은 절대로 아니며 어쩌면 원래 거의 규칙과도 같이, 이러한 화폐는 항상 「위계표식」(*Rangzeichen*)이거나 「위상표식」(*Standeszeichen*)이기도 하다. 따라서 막스 베버(Max Weber)는 "특정 「지불수단」의 소유는 주요한 「위상의 특징」(*Standesmerkmal*)이었다"고 주장하기도 하였다.[284]

개오지 조개껍질도 용맹의 「표식」으로 자주 사용되었지만, 이것이 원래부터 화폐였는지 아니면 다양한 관행적인 용도를 거친 후에야 비로소 화폐가 되었는지는 아직 연구의 과제로 남아있다. 예를 들자면 '다호메이'족(Dahomey)[285]의 전사가 적을 사살하였다면 소총의 개머리판을 개오지 조개껍질로 장식하였다.[286] 또한 개오지 조개껍질 장신구는 '앙가미 나가'족(Angami Naga)[287] 사이에서도 전공(戰功)의 표식이기도 하다.[288] 세람(Ceram)의[289] '알푸르'족(Alfur) 사이에서는 방패에 부착되어 있는 조개 껍질 장신구는 무공의 표식이다. 북미 인디언과 남태평양의 일부 섬에서도 마찬가지 이야기가 적용된다.[290] 우리는 이러한 사례와 다른 사례에서 「위계표식」(*Rangzeichen*)과 「존귀함의 표식」(*Würdeabzeichen*)인 재화가 「화폐관용」이라고 부를 수 있는 「관용」을 가지게 된다는 사실을

---

[284] Weber(1922: 40; 2019: 163).

[285] [역주] 서부 아프리카 프랑스 식민지에 존재하였던 역사적 강국. 현재는 베닌(Benin)의 일부.

[286] Duncan(1848: I, 261. 78).

[287] [역주] 북동부 인도에 거주하는 나가 부족들의 한 분파.

[288] Butler(1855: 148).

[289] [역주] Seram으로도 표시되는, 인도네시아 동부의 지역. 말루쿠(Maluku) 제도의 일부.

[290] Cf. Landtman(1909: 50).

반복적으로 접하게 된다.

지금까지의 논의를 간단히 요약하여 보자. 모든 화폐는「계급화폐」, 즉 어떠한 특정 계급만이「관용」하거나 그들만을 위하여 예비되어 있는 화폐로서 발생되었다. 즉, 최초의 원시적인「화폐재화」는 사치품의 영역에서 비롯되었다. 그러한 화폐를「관용」한다는 것은, 어떠한 한 계급의 구성원 또는 그 계급 내에서도 다른 구성원과는 특별히 구별되는 어떠한 위상을 밖으로 표현하는, 그러한 소비의 한 형태이다. 그리고 대표적인「계급화폐」는「축장화폐」이다. 그것은 동시에「엘리트화폐」 (Herrengeld) 또는 엘리트 계급의 화폐이기도 하다. 이러한「계급화폐」를 사회교류상의 하층 계급이 받아들이거나, 혹은 그 하층 계급이 자신의 「욕구」와 지출의 필요 수준에 맞는 자체 화폐를 스스로 개발하는 방식을 통하여「화폐관용」의 확장이 이루어진다. 이러한 경우 서로 상이한 계급에 속하는 구성원들은 서로 다른 형태의 화폐를 사용하게 된다. 그런데「화폐관용」이 확대되는 과정에서 화폐는 일반적으로「목적변화」를 겪게 되고,[291] 결국 그 과정은 서로 다른「화폐재화들」중에서 한 가지만을 선택하여야만 하는 사안으로 이어진다. 대부분의 경우 보다 큰 집단이 사용하는「화폐재화」가 우세한 것으로 판명되어[292] 여타의「화폐재화」를 일반적으로 대체하게 된다. 이러한 과정 중에서 상위 계급의 화폐는 거의 항상 화폐적 성격을 상실하게 된다. 그리고 이러한 발전 과정을 통하여 화폐는 점차「인정수단」에서「경제의 수단」으로 변모하게 된다. 그리하여「경제의 수단」으로서의 화폐는「민주적 화폐」(demo-

---

[291] [역주] 이때「목적변화」라고 함은 이하에서 설명하는 것처럼 최초에는 「인정수단」으로서의 화폐였으나 이후「경제의 수단」인 화폐로 변모하게 됨 등을 의미한다.

[292] [역주] 즉 보다 많은 사람들이 사용하기 때문에 훨씬 그 세력이 강함을 의미한다.

kratisches Geld), 즉 그 「관용」에 있어서 계급이라는 제약을 받지 않고, 그 소유에 있어서도 계급에 종속되지 않는 화폐이다.[293] 물론 이렇듯 화폐는 전통적인 계급을 파괴함과 동시에 새로운 계급을 형성할 수도 있다. 반면 화폐는 계급 간의 간극을 소유와 비소유를 기준으로 더 확대시킴으로써 기존의 계급들을 더 강화시킬 수도 있다.

---

[293] [역주] 단, 이 '민주적'이라는 말은 단순히 전통적 계급에 얽매이지 않고 사용한다는 의미이며 통상적인 긍정적 함의는 없는 것으로 생각하기 바란다. 본서 후반부에서는 이러한 화폐는 전통적 계급구분에 의하여 제약되는 '질'적인 차이가 아니라 단순히 그러한 화폐의 많고 적음에 따라 '양'적인 면에서 또다른 계급 질서를 만든다고 설명되어 있다.

Ⅲ. 화폐의 본질

§11. 화폐의 개념

예를 들자면 약효가 있는 식물 추출물과 같은 물질은 아직은 의약품으로 볼 수 없고, 특정 영양가를 함유하고 있는 물질은 아직 식품으로 간주될 수 없는 반면, 그러한 물질이 통상적으로 그렇게 사용될 때만 의약품(*Arzneimittel*: 의료수단) 또는 식품(*Nahrungsmittel*: 영양수단)이라고 부른다. 따라서 이러한 재화를 어떠한 경우에는 의약품으로, 어떠한 경우에는 식품으로 부르는 것은 「관용」(慣用 *Gebrauch*) 또는 그것의 「사용」(*Verwendung*)에 따른다. 우리가 화폐라고 부르는 재화도 이와 마찬가지이다. 어떠한 재화를 화폐로 만드는 것은 특정한 「관용」 또는 특정한 「관용」을 수행하는 방법이다. 그러나 화폐라는 명칭을 정당화하기 위하여 어떠한 종류의 「사용」이 필요한지 결정하는 문제는 위에서 제시된 두 가지 예에서처럼 쉽지만은 않다.

도대체 어디에서 우리는 「화폐의 개념」을 얻을 수 있는가. 그것은 바로 '화폐답다'(*geldmäßig*)라고 생각되는 특정한 「재화의 관용」을 보여주는 어떠한 사회교류적 사태에 내포되어 있는 '의미의 맥락'(*Sinnzusammenhang*)으로부터이다. '화폐다운'「재화의 관용」은 일종의 심리적 사실에 기초하는데, 그러한 재화, 즉 「화폐재화들」을 평가하고 사용함에 있어서, 그 심리적 사실로 인하여 사회교류적으로 얽혀 있는 사람들 간의 일치된 행위를, 그리고 동일한 판단과 행동을 이끌어낼 수 있다. 어떠한 재화가 화폐로 사용되기 위하여서는 어떠한 조건이 충족되어야 하는지에 대한 답이 바로 여기에 있다: 화폐의 특성을 결정짓는 것은 단지 재화의 어떠한 「특성」이나 그 재화의 「특성」을 결정하는 어떠한 성질뿐만이 아니라, 그 재화를 사용하는 사람들이 가지고 있는 어떠한 「심상」(心相, *Gesinnung*), 즉 어떠한 「화폐사회」(*Geldgesellschaft*)가 가지고 있는 「심상」이다. 이러한 「심상」은 사회 구성원들을 포용하는 유대감이며, 그들을 서로 묶어 놓는 구속(*Bindung*)이 되는데, 이러한 구속은 어떠한 선심(善心)

이나 자의적인 고려에 의한 것은 아니며 오직 '외부적 압력이나 강요에 의하지 않은 질서와 법'(Ordnung und Recht)으로 느껴진다.[294]

이로부터 재화가 화폐로 사용되기 위한 전제 조건인, 일관적인 「행위」가 발생한다. [단일한] 올바른 「화폐의 개념」이란 무엇인가라는, 자주 제기되는 물음은 사실 질문 자체가 잘못이다. 그것은 [각 시대별] 「화폐관용」에 해당하는 각각의 [시대적] 사실과 부합하는 「화폐의 개념」은 무엇인가 하는 질문으로 대체되어야만 한다. 모든 사회교류적 삶과도 마찬가지로 「화폐관용」 자체는 지속적인 변화와 변형, 그리고 발전의 대상이 된다. 따라서 「화폐의 개념」에 대하여 존재하는 이견의 상당 부분은 「화폐」라는 대상 자체가 역사적 발전의 결과물이라는 사실에 기인한다고 할 수 있다. 따라서 우리가 어떠한 「화폐관용」에 대한 민족지학적(ethnographisch) 내지는 초기 역사적 사료에서 취한 관찰에 기초한 「화폐의 개념」은 단지 이러한 화폐 발달의 초기 단계에 있어서의 사실에만 적용될 뿐이다. 언젠가 바그너(Adolf Wagner)가 "단 한 개의 (주요) 기능으로부터 도출하는 방식으로는 간명하고도 **통일**된 「화폐의 개념」을 결코 올바르게 형성할 수 없다"라고 말하였을 때,[295] 이는 우리가 말하고자 하는 바와 기본적으로 같은 의미이다. 왜냐하면 화폐의 역사적 발전은 우리에게 「화폐의 기능변화」 또는 적어도 이러한 기능들이 가지는 의미와 그 기능들 간의 순위의 변화, 즉 본 저자가 즐겨 쓰는 표현을 사용한다면 이러한 기본적이고 「필수적인 서비스」, 즉 개념화를 하는 경우 당연히 고려하여야만 하는 「화폐적 서비스」의 변화를 보여주기 때문이

---

[294] [역주] 즉, 어떠한 강제가 없어도 자연스럽고 자발적으로 따르게 되는 질서 내지는 법으로 느껴지게 됨을 의미.

[295] [역주] Adolf Wagner(1835-1917). 독일 역사학파에 속하는 저명한 경제학자. 정부 지출은 소득의 증가에 비례하여 늘어난다는 바그너의 법칙(Wagner's Law)으로 잘 알려져 있다.

다. 따라서 본 저자는 화폐 발전의 다양한 단계에 따라 상이한 「화폐의
개념」을 구분하는 것이 옳다고 생각한다.

오늘날 이해되고 있는 「화폐의 개념」만을 염두에 두고 접근하려는
사람에게는 「화폐의 발생」, 더 나아가 화폐의 역사적 발전에서 보여지
는 본질적 모습에 대한 통찰도 가려져 보일 수 있다. 원시인들은 우리
가 생각하는 의미의 화폐를 알지 못하였고, 「자유주의 경제」(liberale Öko-
nomie)[296]든 어떠한 종류의 통제된 경제든 간에 보여지는 현대적인 「화
폐중심적 심상」도 알지 못하였다. 하지만 그들에게도 화폐에 관한 표상
(Vorstellung)은 존재하였고, 특정한 「화폐관용」을 알고 있었으며, 종종 매
우 뚜렷한 「화폐중심적 심상」도 가지고 있었다. 게르만 문화에서는, 소
유라는 것은 '우의(友誼)를 줌'(Freundschaftsanerbieten)에 의하여 얻어지는 것
이라는 사실 이외에는 아무것도 몰랐지만, "그로 인하여 [그 소유를 향한]
성향이나 「탐욕」은 줄어들지 않았다"고 그뢴베흐는 언급하고 있다. 이
는 다른 민족에서도 마찬가지였다. [그들에게서는] 이타적인 「우의적 선
사 충동」(膳賜 Gebedrang)과 이기적인 「소유갈구」 사이의 차이는 사라져
버린다. 그리하여 그는 다음과 같이 추가한다:

> 게르만족에게는, 고리나 도끼의 영혼이 본체와 분리될 수 없는 것처
> 럼 애정과 이득은 상호 불가분의 관계에 있다(Grönbech 1939: 72).

따라서 이처럼 「우의적 선사 충동」과 「소유갈구」가 언급되는 곳에서 그
와 동시에 고리와 도끼가 언급되는 것이 결코 우연만은 아니다.

물론 아래와 같이 말한다는 것은 「화폐의 개념」에 대하여 결정적이
거나 구속력이 있지는 못하지만, 그럼에도 불구하고 우리가 화폐의 기
원에 대한 역사에 충실하려 한다면 여전히 다음과 같이 말할 수 있다:

---

296 [역주] *Ökonomie*의 의미에 대하여서는 역자용어해설 1을 참고할 것.

즉, 인류학과 문화사 문헌들에서 나타나는 바, 어느 시기를 막론하고 모든 민족들에게 있어서는 어떠한 특정 재화가 「사회교류적 인정수단」으로서 중요하였다. 즉 이러한 재화의 소유와 「사용」은 주위 사람들 사이에서 「평판」을 부여하였고 따라서 권력을 얻을 수 있게하였다. 이것이 바로 「사회교류적 권력수단」(*soziales Machtmittel*)이다. 「사회교류적 차별」과 사회교류적 특권은 이러한 소유와 연결되어 있었다. 그 결과 그러한 재화는 「사회교류적 서열화」 및 사회교류적 결속화 등을 위한 「우월성의 과시수단」으로 사용되기에 특히 적합하게 되었다. 따라서, 이러한 재화가 일반적으로 원하여 지고 또한 축장되는 것은 그 재화의 기술적 속성 때문이 아니라 사회교류상 연결된 사람들 간에 비롯된 의견과 행위에 의하여 이러한 사물에 부여된 「특성」에서 비롯되는 것이다. 누구나 그것을 획득하고 소유하고자 하며, 따라서 동시에 그것의 사용 범위는 원래 그것이 가지고 있던 초기의 목적을 넘어 빠르게 그리고 수월하게 확장된다. 이러한 경우, 즉 어떠한 재화가 한편으로는 사회교류상 존엄(*Wertschätzung*)의 담지자로서 수집(收集)되고 축장되며, 다른 한편으로는 어떠한 의미에서 「사회교류적 관계」의 형성이나 사회교류적 의무를 이행하기 위하여 거래에 일반적으로 그리고 자주 사용되고, 그에 더하여 특히 양도되어 지는 경우, 그러한 재화를 우리는 화폐라고 부른다. 이것이 바로 「화폐의 발전」의 초창기에 적용되는 「화폐 개념」이다.

위에서 설명한 「화폐의 개념」은 「화폐의 발전」 과정의 초기 단계에서 우리가 발견할 수 있는 「화폐관용」에 해당하는 개념에 기반하여 있다. 즈비디넥(Zwiedineck)이 한때 추측한 바는, 그가 사용하였던 '목적적 제도'(*Zweckeinrichtung*)라는[297] 단어에 함의되어 있는 합리주의적 인상만을 지

---

[297] [역주] 이는 단순히 '어떠한 목적을 달성하기 위한 수단으로서의 제도'를 지칭하며 어떠한 목적을 달성하고자 의도적으로 만든 제도는 아니다. 본서 312쪽을 참고.

울 수만 있다면 다분히 진실성을 내포하고 있다. 그는 다음과 같이 말한다:

> 분업에 기초한 「경제사회」(*Wirtschaftsgesellschaft*)뿐만 아니라 그 이전의 정치적 인간 공동체에서도 화폐를 「목적적 제도」(*Zweckeinrichtung*)로서 발전시켜 온 것으로 보인다.

그러나 「경제사회」의 발전과 확산(*Ausbreitung*) 그리고 신장(伸張 *Ausweitung*)에 따라 「화폐관용」은 이전과는 다른 모습을 띠게 된다. 즉, 화폐는 점차 「교환수단」이 된다. 아담 스미스는 그의 유명한 저서 『국부론』의 1권 2장에서, 맞바꾸려는(*tauschen*), 즉, 한 재화를 다른 재화와 교역(truck), 물물교환(barter), 그리고 교환(exchange)하려는 인간 본성의 경향(*Hang*) 내지는 성향(*Neigung*)에 대하여 이야기한 것으로 잘 알려져 있다. 이러한 성향이 인간 본성에 내재한 「원초적 충동」 중 하나인지, 그래서 설명할 수 없는 것인지, 아니면 ―그가 생각한 바에 대한 보다 가능성이 높은 추측인데― 이성(*Vernunft*)과 언어 능력의 필연적 결과인지에 대하여서는 그는 여전히 해석의 가능성을 열어두고 있다. 이러한 가정에서 출발하여 이 고전적 국민경제학 학설의 창시자와 그의 모든 제자들은 일반적인 「교환수단」으로서의 「화폐의 발생」은 전혀 의심의 여지가 없는 당연한 것으로 간주하는 듯하다. 그러나 이러한 가정은, 인간은 교환욕구를 이미 가지고 태어났으며, 따라서 「교환이라는 생각」(*Tauschidee*)은 너무도 자명하다는 가정만큼이나 잘못된 것이다.[298] 인류학에서는 원시인들에게 그러한 "본성적인" 성향이 존재하였다는 흔적을 찾을 수는 없으며, 그렇게 자명하게 여겨지는, 어떠한 「목적성」때문에 「교환수단」을 사용하게 되었다는 이해 방식에 대한 어떠한 입증도 없다. 일례로 유럽

---

[298] 따라서 슈래더(Schrader)가 다음과 같이 말한 바는 상당한 오류이다: "외부의 재화를 자기 소유의 일부와 교환한다는 생각은 모든 문화 수준에서 타당하게 적용될 수 있을 정도로 명백한 것이다"(1907: 290).

백인들과 접촉하기 전에는 수많은 민족들이 경제합리적인 재화 교환을 전혀 알지 못하였다고 보고되고 있다. 그들은 어떠한 종류의「선물교류」는 알고 있었지만「물물교역」(*Tauschhandel*)은 알지 못하였다.「선물교류」에서「물물교역」으로 넘어가는 단계는「자연교환」(*Naturaltausch*)[299]에서 화폐를 매개로 한 교환으로 넘어가는 단계 간의 간극 못지 않게 그 간격이 크다. 물론 많은 민족들이 비교적 초기 문화 단계에서 이미「화폐관용」이라고도 불리울 수 있는「재화의 관용」은 알고 있지만, 그러한 류의 화폐는「교환의 매개」로 쓰이지는 않았다. 그리고 화폐로 사고 파는 행위는 더 발달한 경제 상황에서도 여전히 오랫동안 거부되고 있었다. 이것은 원시인이 가지고 있던, 자신 주변 환경의 사물과 자신이 연결되어 있다는 마법적인 연계에 대한 생각과 연관성이 있다. 초기 부족 문화에 있어서의 가축 사육자들은 가축을 판매하는 것이 그들 집단에게 돌아올 행운을 쫓아버리는 행동으로 생각하였다. 그렇기 때문에 순록은 절대로 팔지 않고 단지 다른 동물들과 맞바꾸기만 할 뿐이었다. 원시인들의 눈에는 화폐라는 것이「재화교환」을 용이하게 하기 위한 것이 전혀 아니라는 사실은 이미 다른 맥락에서 언급하였듯이 최초의「교환행동」은 물질적 재화의 획득을 위한 것이 전혀 아니었다는 사실에서도 분명하게 드러난다.[300]

이러한 생각들과「행동」의 정신적 토대를 파헤치는 것은 본서에서 시도할 바는 아니다. 다만 그러한 것들을 보여줌으로써, 화폐를 통한「교환거래수단」(*Tauschverkehrmittel*)이 자연스러운 형태로 정착되기 위하여서는, 즉,「교환화폐」가 등장하기 위하여서는 모든 민족들은 기나긴 정신적 발전의 역정을 거쳐 왔었다는 사실을 가르쳐주기 위한 것이다.

---

[299] [역주] 즉, 물물 교환.

[300] Cf. Lowie(1928: 551쪽 이하 연속). 그리고 본서 115쪽을 참고할 것.

「축장화폐」와도 마찬가지로 「교환화폐」는 「선물교류」로부터 생겨난다. 이러한 사실은 이미 충분히 논증한 바 있다. 교환은 원래 「사회교류적 관계」의 「발현형식」이며, 그러한 의미에서 「사회교류적 연계」이다. 원래 교환이 가지고 있던 본질적인 경제적 역할은 없었거나 매우 제한적일 뿐이었다. 교환의 그러한 [경제적] 역할은 단지 서서히 커져왔을 뿐이며, 그리하여 결국 교환은 경제생활의 주요 담지자가 되었다. 그러나 이러한 역할을 획득하게 된 것은 직접 교환, 즉 「자연교환」이라는 형태의 교환이 이미 존재하여 그로부터 발전하게 된 바는 아니었다. 직접교환은 너무도 번거롭기 때문이었다. [그렇기에 거의 발생하지 않았다.] 오히려 간접 교환, 즉 모종의 이미 일반화된 「교환수단」을 이용한 교환이 점진적으로 발전하여 그러한 경제생활상의 역할을 획득하게 된 것이었다.

「교환거래」를 용이하게 하기 위하여 「교환수단」을 「관용」하게 됨에 따라, 그러한 「관용」의 결과로서 자연적으로 정착되게 되며 동시에 「교환거래」의 일반적인 경제적 확장을 위한 길을 열어주는 또 다른 측면이 관련되기 시작한다. 경제적 가치를 수치로 나타내는 것, 즉, 가격으로 표현하는 수단으로서 일반 「교환재」를 사용하는 것이 바로 그러한 측면이다. 따라서 일반적인 「교환수단」은 일반적인 「가격표현수단」(*Preisausdrucksmittel*)이 된다. 동시에 또 다른 일반적인 「관용」의 형태가 이와 연결된다. 그것은 바로 「지불수단」인데, 그것은 「축장화폐」의 단계에서 이미 익숙하여진 용도이다.

경제적 가치평가와 이를 바탕으로 한 「가격계산」은 일반적 「교환수단」과는 직접적 관련성은 물론 없으며 종종 그러한 「교환수단」의 「관용」보다 아주 오래 전부터 선행하여 사용되었던 경우가 많다. 그러나 그러한 평가의 기준이 되었던 재화(예: 가축, Gerloff 1940: 135쪽 이하를 참고할 것)는 아직 화폐라고 불리지 않는다. 「가격척도」 역할을 하는 재화가 「교환수단」이나 「지불수단」으로도 일상적으로 사용될 때에만 드디어 화폐가 된다. 그러나 역사적 발전은 일반적으로 「계산단위」에서 일반적 「교환수단」으로 가는 경로를 밟지는 않고, 그 역으로 이미 일반적 「교환수단」이 된 재화가 「계산단위」와 「가격표현수단」이 되는 경향을 보인다.[301] 동시에 기존의 오래 공존하고 있었던 「계산단위」는 점차 사라지게 되는데 그 과정에서는 이전에 존재하였던 가치 단위의 명칭만이 종종 유지되는 경우가 많으며 그 명칭은 일반 「교환수단」 및 「지불수단」으로 이전되어 사용되기도 한다.[302]

따라서 이러한 발전의 단계에 위치한 화폐는 일반적인 「교환수단」, 「지불수단」 및 「가격표시수단」이며, 이것들이 바로 그 화폐의 「필수적 서비스」이다. 그러한 연후 사람들은 일반적 「교환수단」, 그리고 그에 따라 「지불수단」과 「가격표현수단」으로 상시적으로 사용되는 재화를 화폐라고 부르게 되었다.

일반적 「교환수단」이라는, 너무도 명백한 듯 보이는 화폐의 「필수적 서비스」 때문에 이 같은 [교환수단적] 「특성」 자체가 오히려 「화폐적 목적」으로 간주되는 경우가 있다. 하지만 이는 전적으로 잘못된 이해에서 비롯된 생각이다. 「교환화폐」는 「화폐의 발전」이라는 긴 여정의 단지 한 단계일 뿐이며, 교환의 매개라는 기능은 바로 이 어떠한 한 발전 단계에서의 화폐가 가진 [여러 서비스 중] 한 가지 「필수적 서비스」에 불과하기 때문이다. 따라서 「교환활성화 서비스」(*Tauschdienstleistung*)는 모든 화폐에 본질적으로 존재하는 것이 아니다. 그리하여 화폐를 통한 교환을 배제하는 새로운 경제 질서를 믿는 사람들조차도, 화폐(즉, 이때의 화

---

[301] [역주] 이 같은 주장은 논란의 여지가 있는 것이 사실이다. 예를 들어 라움의 경우(Laum 2023/1924) 제사 행위나 종교행위에서 사용되던 형식과 기준이 속세에서도 적용되어 결국 교환에서도 사용됨을 보여주고 있다.

[302] [역주] 이는 크납이 주장한 「재귀적 연관성」(본서 해제 414쪽의 자세한 설명 참고), 그리고 케인즈의 『화폐론』에서의 논의와 일맥상통한다 (Keynes 1930/1971: 3-5).

폐는 「척도의 단위」이자 「계산단위」로서의 화폐)는 유지되어야만 하고, 또한 그럴 수 있다고 생각하는 것도 모순은 아니다. 하지만 「교환활성화 서비스」는 「화폐의 발전」에 있어서 하나의 위대한 선도자(*Schrittmacher*)라고 할 수 있다. 실제로 교환이 발생하지 않더라도 재화와 용역의 가치를 화폐로 환산할 수 있게 해주기 때문이다. 그리고 화폐는 교환 서비스를 통하여 일반적인 「경제적 가치창출기능」(*wirtschaftliche Wertfunktion*)을 수행한다. 즉, 화폐는 경제합리적인 평가의 표현이자 「실천적 경제이성의 수단」(*Mittel der praktischen wirtschaftlichen Vernunft*)이[303] 된다. 이때 모든 경제합리적인 가치와 「가치관계」(*Wertbeziehung*)는 화폐로 표현된다. 이러한 사실은 사우어만(H. Sauermann)이 다음과 같이 간명하게 표현한 바 있다. 즉, "경제는 화폐가 도달하는 곳까지 확장된다".[304] 그러나 이 같은 발전단계에서의 화폐는 경제에서 '질서를 조직하는 한 요소'(*Ordnungsfaktor*)일 뿐만 아니라 그럼으로써 그 자체로도 「경제의 수단」이 되며, 더욱이 그 의미와 효과에 있어서 '질서를 조직하는 기능'(*Ordnungsfunktion*)을 오히려 훨씬 뛰어넘는 「경제의 수단」이 된다. 화폐 없는 교환(*Tausch*)과 경제(*Wirtschaft*)는 가능하지만, 화폐가 없는 「교환경제」(*Tauschwirtschaft*)는 존재할 수 없다. 그리하여 화폐는 「교환사회」(*Tauschgesellschaft*)를 창조하여 낸다. 그리고 이러한 사회는 화폐를 교환의 용도뿐만 아니라 일반적인 경제적 「교류수단」(*Verkehrsmittel*)으로 사용하는, 소다(K. Soda)의 표현에 따르면 「평가사회」(*Bewertungsgesellschaft*)가 된다. 그리하여 그러한 수단을 통하여 생산물은 「소득」(*Einkommen*)으로 전환되고, 또한 「사회적 산물」(*So-*

---

[303] [역주] 이 「실천이성」(*praktische Vernunft*)이란 칸트의 『실천이성비판』(*Kritik der praktischen Vernunft*)에 등장하는 개념으로서 가치판단이 개입되어 있는 '어떻게 해야만 할 것인가'에 대한 추론이다.

[304] Sauermann(1931: 425).

zialprodukt)의 분배와 모든 「경제적 청구권들」(*wirtschaftlicher Anspruch*)이 실현될 수 있다.[305] 따라서 이러한 화폐는 바로 「**일반적 상업화폐**」(*allgemeines Verkehrsgeld*)이다.[306] 이 단계에서의 화폐는, 특정 경제 부문에서 「교환거래」를 수행하고 「자산권리」(*Vermögensansprüche*)를 이전하는 용도를 위하여 광범위하게 받아들여지는 수단으로서 기능하는 재화이다.

각 단계별 차이는 [갑작스런 비약이 아닌] 오직 점진적인 차이로만 나타난다. 그 차이라는 것은 단지 다음과 같은 사실뿐이다: 즉, 어떠한 화폐는 이제 기본적으로 「재화의 판매」(*Güterumsatz*)를 위하여 또는 시장에서 사용되는 화폐가 되었는데, 이제 그 화폐는 경제적 「가치이전」(*Wertübertragung*)이 일어나는 곳이면 어디에서나 일반적으로 사용되고 인정되며 또한 유효한 어떠한 재화인 것이다. 그에 따라서 화폐의 사회교류적 영향력과 사회교류적 중요성은 무한히 확장되었다. 그런데 물론 화폐의 사회교류적 「영향범위」의 확장의 시작은 이미 초기 단계의 화폐에서부터 확인될 수 있다. 「화폐의 발전」의 한 단면을 여기서 볼 수 있다는 사실은 다시 말하자면 「일반적 상업화폐」의 초기 단계에서의 발전 방향에서 발견할 수 있는 모든 맹아적 모습들이 드디어 이 단계에서 최종적 발전에 도달하게 되었다는 사실을 의미한다. 이제부터는 경제합리적 교류에 있어서 「교환의 매개」와 「가치이전」을 위하여서는 단 하나의 동일한 화폐만을 사용하게 되었다. 외적으로 볼 때는, 이러한 발전의 결과로 「화폐 증표」는 이제 특정한 형태를 취하는 특징을 가지게 되었다.

하지만 이 단계에서도 발전은 멈추지 않았으며, 이전과 마찬가지 방식으로 어떠한 변환(*Umbildung*)을 야기하는 화폐의 발전은 사실 오래 전으로 거슬러 올라가는 그 최초의 시원에 기반하고 있다. 화폐는 사회

---

[305] [역주] 각주 309를 참고.

[306] [역주] 「상업화폐」(*Verkehrsgeld*)의 정의에 대하여서는 역자용어 해설 8을 참고할 것.

경제적 교류에 있어서 「재화소유」와 서비스의 가치를 평가하고 의무
와 「보상」의 크기를 산정하기 위한 「척도의 단위」로서의 어떠한 「가치
크기」를 정하는 「관용」이다. 그 같은 「가치크기」에는 가축의 수, 곡물
이나 기름의 양, 또는 금속의 무게 단위(예를 들자면 리브라(*Libra*), 마르크
(*Mark*) 등의 명칭이 이를 가리킨다) 등이 있었다. 그리하여 「교환화폐」 혹은
「상업화폐」가 정착되면 화폐는 곧바로 척도나 「잣대」와 같은 의미로 사
용될 수 있다는 것은 당연한 일이며, 실제로도 그러하였다. 이는 또한,
교환경제적인 측면에서뿐만 아니라 어떠한 「서비스거래」(*Leistungsverkehr*)
의 결제를 위하여서는 물리적 「화폐재화」 즉, 「실물화폐」(*Sachgeld*)가 아
니라 「화폐단위」(*Geldeinheit*)가 그러한 서비스의 척도로 사용되었음을 의
미한다. 그러나 이것조차도 절대적으로 필요한 것은 아니었다. 단지 [장
부] 잔고(*Saldo*)만 증감하여 표시하고, 차후 다른 「서비스 거래」의 기회가
성립되는 경우 그 잔고는 차기 거래에 따라 발생되는 금액과 상계될 수
있다. 따라서 사람들이 말하듯이, 이제는 급부와 반대 급부가 화폐치수
(*Geldelle*)로만 측정되게 된다. 즉, 화폐는 **「계산화폐」**(*Rechengeld*)가 된 것
이다. 그럼에도 불구하고 화폐의 발전 선상에서 현재 시점까지는 모든
것은 그대로 동일하고, 단지 변화된 바는 이제는 그 증가된 교역 규모
가 「척도재」(*Maßgut*)가 아닌 단순히 「척도」(*Maß*) 그 자체에만 더욱 의존
하게 되었다는 사실이다. 현 시점에서 거의 눈에 띄지도 않고 무의식적
으로만 진행되고 있는 「화폐체계」(*Geldwesen*)의 발전에 있어서의 거대한
진전은, 「척도의 단위」(*Maßeinheit*)가 더 이상 단순한 형식에 머물지 않
고 이제는 확실한 내용을 얻었다는 사실에 기인한다. 과거의 단지 추상
적인 「크기척도」(*Größenmaß*)가 이제는 「소득분」(所得分 *Einkommensteil*)을[307]

---

[307] [역주] '*Einkommensteil*'은 '소득(*Einkommen*)에 해당하는 분량'을 의미하
기에 '소득분'이라는 번역어를 채택하였다.

대변하는 어떠한 정(正)의 크기, 즉「구매력」(*Kaufkraft*)을[308] 의미하게 된다.[309] 즉,「가치비교」와「가치청산」(*Wertverrechnung*)을 위하여 필요하였던 공통분모에서 이제「구매력의 양」(*Kaufkraftmenge*)을 나타내는 분자(*Zähler*)가 탄생하게 된다.

따라서 그 발전 과정은 다음과 같다: 어떠한「실물화폐」(*Sachgeld*)를 사용하는「관용」으로 인하여「실물화폐의 단위」(*Sachgeldeinheit*) 또는 특정「실물화폐의 수량」(*Sachgeldmenge*)이「계산단위」로 사용되는데, 예를 들어「보상금」,「부과금」 등을 책정할 때 그러하다. 이러한「계산단위」

---

[308] [역주]「구매력」(*Kaufkraft*)과「구매권력」(*Kaufmacht*)의 차이에 대하여서는 역자용어해설 6을 참고할 것.

[309] [역주] 이와 관련하여 주목할 점은 저자는 일종의 '화폐의 소득이론'(Income Theory of Money)의 입장을 취하고 있는 것처럼 보인다는 사실이다. 화폐 수량설은 경제에 존재하는 스톡으로서의 화폐의 양이 물가수준을 결정한다는 인과를 상정하는 명제인 반면, '화폐의 소득이론'을 아주 단순화시켜 말하자면 시장에서 구매에 사용할 수 있는 화폐소득의 플로우와 재화의 공급의 플로우가 물가를 결정한다는 이론이다. 본문에서 저자가 말한「구매력」(*Kaufkraft*)은 바로 이렇게 결정되는 '물가'라고 간주할 수 있다. 이때「구매력」을 결정하는 중요한 변수는 단순히 정부가 발행한 화폐의 양이 아니고, 또한 경제에 당장 스톡으로 존재하는 화폐의 양도 아니다. 축장된 화폐는 가격에 영향을 미치지 않기 때문이며, 또한 이때 화폐는 정부가 발행하는 본원통화에 국한되는 것이 아니라 그보다 훨씬 더 큰 부분은 민간이 신용창조로 공급하는 은행 화폐인데, 이러한 은행 화폐는 경제의 필요 수요에 의하여 창조될 수 있다고 본다. 이 이론은 투크(Thomas Tooke) 등에서 시작하여 빅셀(Wicksell), 비저(von Wieser) 그리고 케인즈까지 이어진다. '화폐의 소득이론'에 대하여서는 Menšík(2015)과 Wieser(2023/1927)를 참고할 것.

가 「구매력의 척도」(*Kaufkraftmaß*)가 된다. 그런데 이러한 「크기척도」(*Grö-ßenmaß*)로 「소득분」이 표현됨으로써, 이 「소득분」 그 자체가 항상 지급에 사용되는 「계량크기」(*Maßgröße*)가 된다. 그럼으로써 이 「소득분」이 실제 화폐가 되는 것이다.

화폐는 「구매력」을 나타내는 「크기척도」이자 「계량크기」로서, 사회 교류경제적 「서비스거래」에 있어서 「가치기준」, 「가격표현수단」, 「지불수단」 및 「결제수단」(*Verrechnungsmittel*)으로 활용된다.

이 화폐는 전래된 형태의 「화폐증표」로서, 그 소재의 물질적 가치의 유무와는 상관없이 등장할 수 있으며, 손에서 손으로 이전될 수 있다. 그러나 훨씬 더 빈번하고 훨씬 더 큰 규모의 지불은 「화폐증표」를 사용하지 않고도 「소득분」 또는 「자산분」(資産分 *Vermögensteile*)[즉 자산의 크기]을 어떠한 방식의 문서화된 이체(혹은 결제)를 통하여 이전함으로서 이루어지는데, 이러한 지불은 「계량단위화폐」로 표현되며, 그 자체로 특정한 「계량크기」를 가진 화폐를 나타낸다.[310] 이같이 시장에 등장하는 「소득」 또는 「자산」이 가지고 있는, 「계량단위화폐」로 표현된 「구매력의 양」이 진정한 의미의 화폐이다. 이것이 현재 경제 단계에서의 화폐에 대한 정의이다.

이곳에서 제시된 개념적인 경계 설정이 「화폐적 현상」(*Gelderscheinung*)을 제대로 파악하고 있는지, 특히 「계량단위화폐」로 표현되는 「구매력의 양」이 화폐로 분류될 수 있는 것이 충분히 합리적인지, 아니면 「화폐의 개념」을 「화폐증표」 또는 「계량단위화폐」로 한정하는 것이 더 바람

---

[310] 도브레츠베르거(J. Dobretsberger)는 다음과 같이 언급한 바 있다:

따라서 구체적인 '구매력 표현 문서'(*Kaufkraftdokument*)와 추상적인 '구매력 표현 단위'(*Kaufkrafteinheit*)의 양자 모두에 화폐라는 용어를 사용하는 것이 편리하다. 우리의 언어 사용은 양자 모두를 수용하며, 통화 정책상에서도 화폐는 이 양자 모두를 의미한다 (1946: 37).

직하지는 않는지에 대한 의문이 제기될 수 있다. 그에 대한 답변은 다음과 같다: 이러한 질문은 화폐라는 현상을 파악하는 것, 따라서 사회와 경제적 삶의 본질적인 과정을 이해하는 것을 완전히 차단하는 것이 될 것이다. 사회교류상 질서와 경제적 구조를 조형하는 본질적인 힘은 「화폐증표」라는 모습으로 변모한 화폐나 더더욱 「계산수단」(Rechnungs-mittel)으로 사용되는 「계량단위화폐」는 아니다. 오히려 「계량단위화폐」로 표현되는 「구매력의 양」이 사회교류상, 무엇보다도 경제적 제 관계의 담지자이자 형성자(Präger)이다. 사회교류적 삶에 있어 필수적인 연결고리, 무엇보다 국민경제의 전 영역, 그리고 가격 메커니즘을 가진 전체의 「서비스 거래」가 이러한 화폐에 기반하고 있다. 물론 「화폐증표」와 「화폐적 계산」(Geldrechnung)은 사회교류적 「행태의 과정」, 그리고 그 과정의 질서를 수립하고 「조형」함에 있어서 일정한 역할을 수행한다. 하지만 화폐가 사회에서 「구매력의 양」으로 행사하는 광범위한 권력에 비하면 그 역할은 미미하다. 「구매력의 양」으로서의 화폐는 사회경제적 운동의 「충동력」인 동시에 '조직자'(組織者)로서, 그 운동의 목표와 진로를 결정한다.

따라서 일정한 유보를 전제로 말하자면 화폐는 사물에서 '대표물'(Vorstellung)로 변화되었다. 후자는 추상적 사고의 발달과 언어의 발전에 전제되는 과정인데, 이는 곧 동물성에서 인간성으로 옮겨가는 길을 표시한다고 말할 수 있다. 그 결과 「화폐재화」 또는 「화폐재화들」의 중요도는 변화하여 점점 축소된 반면, 「화폐적 표상」(Geldvorstellung)과 그 의미의 세계는 거대하게 확장되었다. 이러한 발전은 다른 맥락에서 람프레히트(K. Lamprecht)가 사용한 표현을 빌리자면, 화폐는 「집단행태」(Gruppengehabe)를 지대하고 다양하게 결정하는, 사회를 심리적으로 지배하는 「심리적 지배인자」(psychische Dominante)가 될 위험성을 내포하고 있다. 그러나 개인이 처한 사회적 환경에서 [이제] 화폐는 「구매력의 양」으로서의 그 중요성이 보다 증가한다. 그렇기 때문에, 물질적 재화나 심볼(*Symbol*)로 ―즉, 「표식」과 표징(*Sinnbild*)으로― 보이는 화폐는 전통적인 사회교류적 「권력수단」(*Machtmittel*)으로서의, 따라서 「사회적 현존재」의 지배적 구성요소로서의 영향력을 점점 더 상실하고 있다. 이 같은 점[즉, 「구매력의 양」으로서의 화폐 중요성의 증가]은 어느 정도로는 [위에 말한 화폐의 심리적 지배인자화에 대한] 반작용으로 존재한다.

이 같은 발전은 「화폐재화」로서의 금이 퇴위하고, 그 자리는 이전부터 전하여 내려온 「척도단위」로 표현되는 「사회적 용역에 대한 보상」(*gesellschaftliches Leistungsentgelt*)으로서의 「구매력의 양」으로 대체되는 과정이라고 할 수 있다.

§12. 화폐의 사회성

화폐는 사회적 재화이다.[311] 탁자, 신발 한 켤레 등은 단지 사적 재화에 불과하다. 이것들은 다른 사람과는 무관하게 단순히 어떠한 한 개인만의 「수요 충족」(*Bedarfsbefriedigung*)에 기여한다. 화폐는 그러한 사적 재화가 아니다. 사회 안에서, 그리고 사회를 통하여서만 그것이 가치(*Geltung*)를 가진다는 의미에서 화폐는 사회적 재화이다.

화폐가 사회적 현상이라는 사실은 결코 새로운 인식이 아니지만, 그 중요성은 충분히 인식되지 못하였고 또한 소홀히 다뤄져 온 것도 사실이다. 예를 들어 아담 뮐러(Adam Müller)는 다음과 같이 말한다: "화폐는 인간의 「사회화」를 표현한다". 하지만 그의 이 같은 언급은 화폐의 사회교류적 연관성의 정곡을 찌르지는 못하고 있으며, 사실 원인과 결과를 뒤바꾸고 있다고 말할 수 있다. 화폐는 우선적으로 「사회화」를 표현하는 것이 아니며 [즉, 「사회화」가 원인이고 화폐가 그 결과가 아니고], 「사회화」

---

[311] [역주] '사회성'의 의미에 대하여서는 역자용어해설을 참고할 것.

의 수단이기 때문이다 [즉, 화폐는 오히려 「사회화」를 달성하기 위한 중요한 수단이다].

아담 뮐러와도 같이 캐리(H. C. Carey) 또한 「화폐의 사회성」을 정확하게 인식하지 못하고 있었다. 그가 비록 화폐를 "사회 교류의 도구"(instrument of association)라고 불렀고, 그의 경제사회과학 교과서에서도 마찬가지로 "사회교류의 도구"(The Instrument of Association)라는 제목으로 화폐학설에 대하여 논의하고 있음에도 불구하고 그러하다. 왜냐하면 그가 비록 화폐를 "섭리(*Vorsehung*)에 의하여 사회교류(Association)와 [인간 간의] 결합(Combination)을 용이하게 하기 위하여 제공된" "위대한 도구"라고 묘사하기는 하였지만, 그의 추가 설명에 따르면 화폐는 "「교환도구」"(*Tauschwerkzeug*), 즉, 「교환거래」의 체결을 위한 노동력을 절감하기 위한 수단이라는 것 이외에 다른 의미는 가지고 있지 않았기 때문이다.[312]

또는 미셸 슈발리에(Michel Chevalier)가 "화폐는 인간이 사회에 살게 되는 순간부터 필수불가결하다"(*La monnaie est indispensable à l'homme, du moment qu'il vit en société*)라고 말하였을 때[313] 그는 아담 스미스의 족적을 따르는 여타의 모든 사람들과 마찬가지로 「노동분업」에서 비롯된, 「교환의 매개」로서의 화폐의 필요성 내지는 「목적성」만을 염두에 두고 있었다.

비저(von Wieser)는 화폐가 "사회적 권력이 전제되지 않고서는 발생될 수 없는" 사회적 현상이라는 점은 인정하였지만, 그 자신도 언급하였다시피, "화폐는 전적으로 개인주의적(*individualistisch*) 기반 위에 서 있지 않다"는 사실만을 표현하고 싶었을 따름이었다.[314]

「화폐의 사회성」은 화폐에 단지 부수적으로 따라오는 사실이 아니라

---

[312] 다음을 참고할 것: Carey(1870: 319쪽 이하 연속). 추가적인 목록은 다음을 참고할 것: J. W. Jenks(1885: 57쪽 이하 연속).

[313] Chevalier(1851: Tome III, 1).

[314] Wieser(1929: 242).

화폐의 본질(*Wesenheit*) 그 자체이다. 따라서 화폐는 다른 많은 것들과 마찬가지인 단순한 「사회교류적 관계수단」은 아니고 그 이상이며, 오히려 사회 그 자체를 구현(*Verwirklichung*)하는 인자이다. 그리고 화폐는 사회를 조형하는 힘을 소지하고 있다. 그것은 우리가 사회라고 명명하는 사람들 사이의 연결, 즉 「사회교류적 행동」에 의하여 수립되는 연결(*Verbindung*)을 만들어내는 수단 중의 하나이다. 이점에 바로 화폐의 특수성이 놓여있다: 그것은 사회의 산물이자 역으로 사회를 생성한다. 그것은 비록 사회의 전제조건은 아닐지언정, 사회의 발전을 위한 가장 강력한 수단이다. 그러나 이러한 과정은 개인의 「개성」의 희생을 바탕으로 생겨나는 것이 아니고 오히려 정반대이다. 이점이 바로 화폐가 가지는 특수한 사회적 힘의 특성이기도 하다. 화폐가 사회교류적 개인의 존재를 가능하게 하는 것처럼, 동시에 그것은 개인의 존재를 그 단일성(*Einheit*)이라는 측면에서, 상당히 ─즉 완전하지는 않더라도 보다 진보된 수준에서─ 보장(*Gewährleistung*)하는 것을 의미한다.

본 연구의 1부에서 말한 사실들을 다시 살펴보면 일반적으로 '「화폐관용」이라고 불리는 「재화사용」'으로 이어지는 과정에서 보이는 「사회성」은 명백하다. 앞서 살펴본 바와 같이 이러한 과정들은 결코 경제적 관계에만 영향을 미치는 것이 아니며, 실제로 처음에는 그러한 경제적 관계로는 전혀 확장되지 않았다. 그러한 연후 일반적인 「화폐의 사회교류적 사용습관」(*soziale Verwendungsgewohnheit*)으로부터 협의의 경제적, 혹은 교환경제적 사실들이 발생한다.

특정 재화를 화폐로 변모시키도록 하는 「사회교류적 사용습관」이 형성된 원인을 규명하는 것은 무한한 의미를 가진 문화 현상의 출발점이자 시원을 가시화하고 인식하려는 시도라고 할 수 있다. 사회가 화폐를 기술적 수단으로 활용함으로써 화폐는 사회적 발전의 역동적인 동인이 되고, 사회 자체를 조성하는 힘이 된다.

모든 「사회교류적 사실들」이 그러하듯, 화폐도 일련의 발전 단계를 보이는데, 이러한 단계들은 이미 확고한 형태를 획득한 사실에서부터 아직 확고한 형태를 미처 획득하지 못한 현상에 이르기까지를 망라하며, 그러한 [아직 미확고한 형태의] 현상들로부터 사회교류적 삶은 조성되고 또한 전개된다. 과연 이 단계의 진행 과정 중 어느 시점에서부터 이미 화폐에 대하여 말할 수 있느냐는 질문은 사실 부질없는데, 왜냐하면 그에 대한 대답은 다분히 자의적인 가정과 연결되어 있고 그렇기에 그 대답 자체는 「사회교류적 사실들」을 밝히고 해명하는 바에는 거의 기여할 수 없기 때문이다.

여기서 우리가 비록 '화폐는 「사회교류적 사실」'이라고 말하고 있기는 하지만, 사실 이 말은 '상호 간의 주고 받음'(quid pro quo)에[315] 대하여 말하고 있는 것이다. 더 정확하게 말하자면 이때는 '화폐'가 아니라 「화폐관용」을 말하는 것이다. 즉, 「화폐관용」이 바로 이때 말하고 있는 「사회교류적 사실」이다. 사회학적 대상에 대한 뒤르켐(Durkheim)의 연구에 기초하여 말하자면, 이 「사회교류적 사실」은, 한 개인의 외부에 위치하여 있으면서 개인에게 강압적인 '강권'(强權 Gewalt)을 행사하는 어떠한 특별한 종류의 「행동」, 사고 및 감정으로 구성되는데, 그에 의하여 「사회교류적 사실」은 스스로를 개인들에게 '강요'한다(aufdrängen).[316] 따라서 우리가 「화폐관용」이라고 부르는 「사회교류적 사실」은, 어떠한 주어진 사회에서 일종의 관습적인 「행함」의 방식 내지는 「행위」로서, 어떠한 특정 재화를 관습적으로 사용하는 「관용」의 일종이다. 그 결과 해당 재화는 어떠한 특정한 의미나 기능을 획득하는데, 이 같은 의미나 기능을 우리는 그 재화의 「사회교류적 가치창출기능」(soziale Wertfunktion)이라고 부른다.

---

[315] [역주] 라틴어로서, '어떠한 것에 대응하는 어떠한 것', 내지는 '이것에 대한 저것'을 의미한다. 즉, 재화의 교환에 있어서 일방이 다른 일방에 대하여 주는 것에 대한 반대 급부로 받음을 의미한다.

[316] [역주] Durkheim(1982/1895: 52).

다시 강조하지만, 이러한 기능은 순수히 경제합리적인 기능에 선행한다.

위의 문구에서 [화폐의] 「사회교류적 가치창출기능」이란 사회 내에서 화폐가 수행하는 서비스를 의미한다. 즉, 이 기능은 화폐가 사회 내의 새로운 형상들을, 조금 더 구체적으로 말하자면 행동하고 있는 집단들이 가지고 있는 제 이해관계 간의 연결을 끊임없이 만들어 낸다는 사실로 이루어져 있다. 따라서 화폐는 사회를 구성한다. 물론 그 안에는 어떠한 특정 감정과 의지, 욕구와 충족, 지배와 복종, 그리고 주고 받음 등이 있다. 하지만 [이러한] 다른 것들과는 달리 화폐는 이 모든 「노력들」과 「갈구함」에 있어서 「결과야기수단」(*Bewirkungsmittel*)이자 「표현수단」(*Ausdrucksmittel*)이다. 화폐는 이러한 연결의 형성을 위한 원동력(*Motor*)이자 접합제이며, 동시에 우리가 사회적 현상과 조우하고 있다는 사실을, 즉, 사회 그 자체가 바로 '그곳'(*da*)에 존재한다는 사실을 외적으로 드러내 주는 「표식」이다. 따라서 화폐는 사회적 관계를 표현하는 형태일 뿐만 아니라 그 자체로 '인간들이 집단을 조성하는 수단'(*Mittel menschlicher Gruppengestaltung*)이다. 화폐는 「사회교류적 연결」을 표현할 뿐만 아니라 그러한 「관련성들」을 만들어내기도 한다. 화폐가 살아 움직이게 되는 순간, 그것은 끊임없이 「사회화」의 능동적 원인이 된다. 그것은 또한 개인을 사회 자체를 의미하는 거대한 「관련성」의 [단순한] 연결 마디로 변환시킨다.

혹자는 이러한 「관련성들」은 원래부터 존재하였고 단지 화폐에서 특별한 표현 형식을 찾은 것이 아니냐는 의문을 제기할 수 있다. 하지만 그렇지는 않다. 화폐가 우연한 표현 형식에 불과한 어떠한 「사회교류적 관련성」(*sozialer Zusammenhang*)들은 분명히 존재한다. 하지만 화폐가 없었다면 전혀 생각할 수 없거나, 적어도 그 유형, 지속기간, 강도라는 측면에서 화폐에 의하여 본질적으로 결정되는 「사회교류적 연계들」을 애초에 만들어내는 것은 화폐 그 자체인 경우가 훨씬 더 많기 때문이다.

인간의 「사회화」는 원래 소규모 집단에 국한되었다. 지적 능력이 발달함에 따라 보다 인간은 광범위한 집단을 형성하게 되고, 이에 따라 「사회성」이 포괄하는 범위도 확장되며, 그러한 확장된 「사회성」에 대한 적응도 서서히 이루어진다. 화폐는 이러한 적응의 수단이다. 화폐는 절대적으로 필요한 「사회적 삶의 수단」(gesellschaftliches Daseinsmittel)은 아니지만 [즉 사회적 인간 현존재에 있어서 필수불가결한 수단은 아니지만,] 일단 도입되면 다른 「문화적 재화」는 거의 추월하지 못할 정도로 사회의 건설에 가장 강력한 영향을 미침으로써 「사회화」의 증대에 기여한다. 화폐 그 자체가 가져오는 사회의 팽창과 밀집화에 보조를 맞추어 화폐는 「사회적 삶」에서 분출되는 「욕구들」에 부응하여 '지속적 발전'(Fortbildung)과 변환(Umbildung)을 경험한다. 이러한 적응의 연속 내에서 「화폐 본질의 변화」를 위한 씨앗이 자라나는 것이다. 사회 자체가 끊임없이 변화하는 것처럼 화폐도 마찬가지로 변화한다. 그런데 사회의 「욕구」 자체는 항상 진화하고 있기 때문에 그렇듯 진화하는 사회의 「욕구」와 완벽하게 일치하는 화폐는 결코 존재하지 않을 것이다.

「화폐관용」을 통하여 [즉, 화폐를 관용적으로 사용함을 통하여] 사회는 스스로를 경험한다(erleben).[317] 짐멜(Simmel)은 일찍이 다음과 같이 말한 바 있다:

> 주는 것은 가장 강력한 사회학적 기능 중 하나이다. 만일 사회에서 비단 교환을 통한 것은 아닐지언정 [어떠한 방식으로든] 끊임없는 주고 받음이 없다면 사회는 아예 존재하지 않을 것이다.[318]

물론 의심의 여지는 없겠지만 이 주장이 사실이라면, 이는 「사회화」에 있어서의 화폐의 역할도 특징 짓는다. 왜냐하면 화폐는 주고받는 동작을—위의 대목에서 짐멜이 주로 관심을 두었던 지적 교환은 무시한다면— 무한대로

---

[317] [역주] '이 스스로를 경험한다'는 문구의 의미는 다소 애매하지만. 사회 자체의 의미가 발견된다는 의미로 이해할 수 있다.

[318] [역주] Simmel(1908: 444n1).

증식시키는 역할을 하기 때문이다. 따라서 화폐는 사회 자체에 대한 의미 있는 진술을 내포하고 있는「사회적 표징」(gesellschaftliches Sinnbild)으로 볼 수 있다. 화폐는 사회교류적 삶이 스스로를 표현하는「연결 형태」(Verbindungs-form) 중의 하나이다.[319] 이「연결 형태」는「화폐증표」에서 가시적인 형태를 구현하고 있다는 점에서 여타의 사회교류적「연결 형태」와는 다르다.

「화폐관용」을 통하여 사회는 일종의 스스로의「삶의 규제」(Lebens-regelung)를 수립한다. 동시에 그러한「삶의 규제」는 전통적인 사회교류적「삶의 질서」(Lebensordnung)에 간섭하며, 또한 어떠한「사회교류적 행동」에 있어서의 [새로운] 정통성(Gesetzmäßigkeit)을 수립한다. 이러한「삶의 규제」는 우리가 알다시피 매우 다양한 종류가 있을 수 있으며, 각기 상반되는 법적 신념과「문화적 심상」에 근거한 각기 다른「화폐구상」(Gestaltung des Geldes)을[320] 놓고 벌어지는 싸움에서는 분명 상반된 주장이 개진될 수 있다. 예를 들자면 안정된 가치를 지닌 화폐와「감가화폐」(Schwundgeld)[321] 간의 대립, 그리고 그「구매권력」[322]에 있어서 제한적이거나 무제한적인 화폐 간의 대립이 그것이다. 따라서 화폐는 단순한 사실을 넘어서는 그 이상이다: 즉, 화폐는「사회교류적 관련성」(sozialer Zu-sammenhang)을 표현하며, 그러한「사회교류적 연계」를 새로 조형하여 내

---

[319] [역주] 사회를 이루는 그 구성 인자 간의 연결 형태는 여러가지가 있을 수 있고, 그러한 연결 형태를 통하여 사회에서 삶의 모습이 드러나게 되는데, 화폐도 그러한 연결 형태 중의 하나이다.

[320] [역주] 어떠한 종류의 화폐체계를 도입할 것인가를 구상하는 것.

[321] [역주] 게젤(S. Gesell)이 주장한 것처럼, 시간이 지남에 따라 화폐의 가치가 감소하도록 설계된 화폐. 본서 325쪽을 참고.

[322] [역주]「구매력」이 아닌,「구매권력」이라는 표현을 사용하였음에 유의할 것. 후자의 의미는 본서 §27장에서에서 충분히 개진된다. 역자용어해설 6을 참고할 것.

고 끊임없이 변화시키는 역할을 수행한다.

모든 사회교류적 변화는 화폐에 반영되며 「화폐체계」(Geldwesen)를[323] 통하여 표현된다. 이렇듯 화폐는 사회에서의 「구분화」와 통합화의 수단으로 작용하는데, 이는 '유사하지만 상호 연결되지 않은 부분의 공존'으로부터 '이질적인 반면 연결된 부분의 공존과 상호 의존성'으로 사회가 발전된다는 「스펜서의 법칙」에 따른다.

「화폐의 사회성」을 논의할 때 우리는 아리스토텔레스가 한 말을 기억하여야 한다. 아리스토텔레스가 사회적인 화폐의 발생에 대하여서는 잘못 판단하였을 수 있지만, 화폐가 가지는 사회적 중요성을 잘못 파악한 것은 결코 아니다. 그가 비록 귀족적 신념과 노예제도가 자연스러운 것이라는 법칙에 대한 믿음을 가지고 있었지만, 그는 화폐의 사회적 역할을 최초로 명확하게 인식한 위대한 서양 사상가로 기억되어야 한다. 그의 『정치학』 제1권 제9장 말미와 제10장의 서두에서 그는 「화폐관용의 도입」으로 인한 결과를 보여준다. 대체로 그가 말한 바를 추적하자면, 다음과 같다:[324] 화폐의 도입은 「가사관리기법」(Haushaltskunst) 혹은 「가사관리경제」(Ökonomie)를[325] 「가득의 기술」(稼得 Erwerbskunst)로[326] 대체

---

[323] [역주] 「화폐체계」와 「화폐체제」의 차이점에 대하여서는 각주262 참고.

[324] [역주] 저자는 독어 번역본인 Aristotle(1872)에 근거하여 논의를 진행하고 있다. 그런데 독어번역본은 표준 번역본, 예를 들자면 영문 번역본인 Aristotle(1932)과는 상이한 구조로 되어 있다. 따라서 본서의 번역상 『정치학』의 번역에 있어서 표준적인 후자를 택하였다. 참고로 독일어 번역본(Aristotle 1872)의 제9장 말미와 제10장의 서두는 대체로 표준적 번역본(Aristotle 1932) 및 다른 번역본의 다음에 해당한다: 1257a - 1258a, Book I, Chapter III, 11-22행(1932년 영문판의 경우 41-51쪽).

[325] [역주] 역자용어해설1를 참고할 것.

[326] [역주] 「가득」(稼得)의 의미에 대하여서는 다음을 참고할 것: 각주50.

하여 버린다. 전자가 자연의 섭리에 따르는 것이라면, 후자는 오직 한 가지 종류의 획득, 즉, 「가득」(稼得)을 위한 「상품판매」만을 추구할 뿐이다. 「가득의 기술」은 오직 돈벌이에만 관심이 있는데, 그 이유는 「교환거래」의 시작과 끝이 언제나 오직 화폐이기 때문이다. 이 화폐를 얻고자 하는 「가득의 기술」이 만들어내는 「부」의 크기는 그 한계가 없다! 따라서 「가득의 기술」이나 「화폐경제」도 또한 그 한계가 없는데, 그것은 「부」를 획득하고 화폐를 벌어들이는 것 이외에는 그 어떠한 것도 추구하지 않기 때문이다. 반면 「가사관리기법」은 단순히 돈을 버는 바에만 한정되지 않고, 비록 의식하지는 못하고 있더라도 이미 정하여진 [자연의 섭리에 따르는] 목표를 가지고 있다. 따라서 우리가 '「가득」'(Erwerb)이라고 말할 때는 두 가지 종류를 구분하여야 한다. 이 철학자에 따르면, 하나는 상업과 연관되어 있고 다른 하나는 가사관리경제의 관리와 관련된다. 후자는 필수적인 것이며, 따라서 존중되고 있지만, 반면 단순히 교역에만 관심이 있는 전자는 비난받아 마땅하다. 따라서 [후자에 해당하는] 「가사관리경제」(Ökonomik)는 칭송받는 반면, 이윤만을 추구하는 「돈벌이 기술」(chrematistic)은[327] 혹독하게 비판되고 있다. 아리스토텔레스는 무역과 상업이 수행하는 경제적 공헌은 살펴보지 않은 채, 그것이 나타나는 외형적 측면, 즉, 「화폐의 가득」(Gelderwerb)을 향한 추구만을 주의 깊게 보았다. 그에 의하면 후자는 "어떠한 한계도 모른다". 그러나 이 현자가 격렬한 불만을 토로하였듯이, 「화폐소유」의 무한 증식에 그 목적을 두고 있는 「가득의 기술」이 이제는 가사(家事)상의 「가득의 기술」을, 더 나아가 정치, 경제, 예술 생활 전체를 감염시키게 되어, 결국 "모든 정열은 「화폐의 가득」에 사로 잡히게 되었다".[328] 따라서 「돈벌

---

[327] [역주] 이 의미에 관하여서는 다음을 참고할 것: 각주51.

[328] [역주] 이 대목의 전체를 인용하자면 다음과 같다:

　　(중략) 그러므로 삶에 대한 욕망은 무한하며, 또한 삶을 생산할 수 있

이 기술」(*chrematistic*)이 널리 확산되어, 국가 수호 의지(*Wehrwillen*)와 시민 정신 등의 정치적 미덕을 훼손하고 있으며, 그리하여 국민과 국가 모두를 위험에 빠뜨린다고 그는 생각하였다.

아리스토텔레스의 사회비평을 이해하기 위하여서는 그의 『정치학』제9장에서[329] 그가 행한 비판을 단지 문자 그대로만 읽지는 말고, 그것이 가지고 있는 '일방적'인 [한편으로만 치우친] 모습 또한 인식하여야 한다. 이러한 일방적인 측면은 종종 『정치학』을 해설하는 학자들 간에 이견을 불러 일으켰다. 아리스토텔레스는 화폐의 도입이 인간 사회의 해방을 위하여 무엇을 의미하는지, 그리고 「화폐경제」의 확산이 어떻게 하여서 민주적 혁명을 촉발시켰는지는 보지 못하였고 아마 보고 싶지도 않았을 듯하다. 슐로서(J.G. Schlosser)는 아리스토텔레스의 『정치학』에 대한 그의 번역서에서, 아리스토텔레스의 주장에 대하여 다음과 같이 아주 훌륭하게 언급하고 있다.[330]

> 화폐를 사물의 「표식」으로만 다루는 '재무의 기술'(*Finanzierkunst*)에는 한계가 없다는 주장은 맞지만, 「가사관리기법」 자체에는 한계가 있다는 [즉, 어떠한 분수가 있다는] 주장은 여러 면에서 틀리다. 아리스토텔레스 자신이 보기에 「가사관리기법」은 인간을 위한 모든 필요한 것들을 제공하여야만 한다. 그런데 인간이 자연적 본성에 충실하다

> 는 수단도 무한히 욕구하게 된다. 그리고 좋은 삶에 목표를 둔 사람들조차도 육체적 향락으로만 측정되는 좋은 삶을 추구하기 때문에, 이러한 모든 것이 또한 재산을 소유함에서 비롯되는 것으로 보이는 한, 그들의 모든 정열은 부를 얻기 위한 일들에 몰두하게 된다(Aristotle 1932: 47; 1258a; 1872: 35).

[329] [역주] 각주324참고.

[330] [역주] Schlosser(1798).

면, 이 기법은 인간의 본성, 그리고 인간을 둘러싸고 있는 환경이라는 한계를 발견하였을 것이다. 그러나, 인간의 상상력은 인간을 다른 곳으로 인도하여 그들 자신 내에서 이제 어떠한 한계도 없는 「욕구들」을 일깨웠기 때문에 「가사관리기법」도 또한 자신의 한계를 잃게 된 것이다.

「화폐의 발명」은 상업을 원활하게 함으로써 인간의 상상력을 더욱 자유로이 고양시켰는지도 모른다. 그러나 이는 화폐 자체에만 책임이 있는 것은 아니다. 화폐가 수 많은 큰 악덕들을 이 세상에 몰고 왔다는 사실에서, 그래서 이제 인간의 10분의 9가, 운이 좋게도 「재산」을 소유한 10분의 1에게 예종하여야만 한다는 사실이 단지 이러한 화폐의 발명 때문이라고 주장하는 것은 옳지 않다고 오히려 나는 믿는다.[331, 332]

「아리스토텔레스의 비평」을 자세히 살펴본즉, 그 비평은 사실 이 철학자가 화폐 자체를 겨냥하여 전개된 것은 아니었다. 이 철학자는 오히려 [화폐가 가진] 「교환수단」으로서의 중요성은 확실히 인정하고 있었다. 오히려 아리스토텔레스는 자신의 당대 세계의 사회적 구조를 파괴하는 「화폐 중심적 심상」의 출현에 대한 비판에 중점을 두고 있다. 그 질서와 제도가 본질적으로 순수한 경제적 토대 위에 놓여 있는 사회에 비하여, 봉건적 또는 군사적 성격의 사회에서의 화폐는 '수단'으로서의 역할이 적다. 따라서 바로 이러한 이유 때문에 화폐는 후자의 사회에서는 더욱 이질적인 것으로 인식되어지기 마련이다. 화폐는 사회를 형성할 뿐만

---

[331] Schlosser (1789: Part 1, 57).

[332] [역주] 이는 화폐가 발명되기 전부터 재산과 부의 불평등한 분배가 존재하였다는 것을 의미하는 듯하다. 하지만, '돈' 자체가 불평등의 원인은 아니지만, '돈'은 이러한 불평등을 영속화하고 악화시키는 바에 사용되어 온 것은 사실이다.

아니라 사회를 파괴하기도 하는 사회적 힘을 가지고 있다. 왜냐하면 화폐는 새로운 사회적 형식이 출현하는 것을 도와줌으로써 이전에 존재하던 다른 사회적 형식을 거의 항상 동시에 몰락시키기 때문이다.

실제로 화폐는 사회의 근본적인 형식의 출현에는 아무런 역할을 하지 않았다. 하지만 화폐는 사회교류적 발전 과정에서 나타나는 수많은 「사회형식들」의 「조형」에 지대한 영향을 미치고 또한 새로운 사회적 구조들을 창출하는 바에도 영향을 미친다. 화폐는 경제적 분야뿐만 아니라 정치, 문화 영역에 있어서도 사회 내의 조직적인 「협동」(*Zusammenwirken*)을 촉진하며, 수많은 사회적 구조들의 형성을 가능하게 하고 또한 시간이 지남에 따라 그 구조들을 하나로 묶어준다. 화폐는 이미 존재하는 「사회교류적 관계」를 강화할 뿐만 아니라 지속적으로 새로운 관계를 형성하고, 궁극적으로 그러한 과정을 통하여 인간 존재의 본질 그 자체의 변환을 야기시킨다.

따라서 화폐는 인간의 집단 행태를 습관적으로 조직함에 있어서 가장 중요한 역할을 한다. 인간관계 또는 새로운 「공동체생활」의 형식과 방식의 표현으로서의 화폐는 여타의 어떠한 제도 내지는 「공동체생활 수단」과는 비교할 수도 없는 사회교류적 중요성을 획득한다. 비록 화폐가 「사회교류적 존재의 표현수단」일 뿐 「능동인」(能動因 *causa efficiens*)은[333]

---

[333] [역주] 아리스토텔레스 철학에서의 '능동인'(*causa efficiens*)(혹은 작용인)은 어떠한 것을 직접 작용시켜 특성 효과나 결과를 가져오는 원인을 의미하며, 사물의 존재와 특성을 설명하기 위하여 그가 규명한 네 가지 원인 중 하나이다. 나머지 세가지 원인은 (1) 사물이 만들어지는 물리적 소재 내지는 물질과 관련된 '질료인'(*causa materialis*) (2) 사물의 본질과 특성을 규정하는 본질적인 형태 또는 설계 형상을 다루는 '형상인'(*causa formalis*) (3) 사물이 존재하거나 만들어지는 목적 또는 지향점과 관련된 '목적인'(*causa finalis*)이 있다.

아닐지언정, 화폐는 모든 [사회의] 발전 형태에 있어서 「사회화」의 강화와 심화를 의미한다. 그러나 화폐가 가진 사회교류적 영향으로 가장 주요한 의미는 [화폐라는] 「표현수단」이 자신의 표현 형식과 그 정신적 내용을 끊임없이, 그리고 소급하여[334] 변환시킨다는 사실에서 찾을 수 있다. 다시 말하자면, 이 '기술적'인(technisch) [화폐라는] 「표현수단」은 [자신의] 표현 형식뿐만 아니라 그것에 [즉, 화폐에] 반영된 사회교류적 사실 그 자체의 내용까지도 변화시킨다. 따라서 「사회적 현존재」는 이제 [화폐라는] 표현수단에 의하여 변화되고 재조성된다. 이에 대하여서는 본서의 후속 장들에서 더욱 자세히 설명하려 한다.

§13. 화폐의 본질적 서비스

모든 이론적 고찰에는 두 가지 과제가 있다. 일단 어떠한 「사태」(Sach-verhalt) 내지는 그 「사태」가 관찰되는 현상의 일반적 또는 전형적인 성격을 기술한 다음, 그 「사태」에서 표현되는 관련성들을 설명하여야 한다. 그 결과로 관련성과 그에 간여된 특정 과정에 대한 인식을 얻을 수 있는데, 이러한 것들은 어떠한 특정 상황에서는 법칙으로 보여질 수 있다.

「화폐의 사회적 이론」이 관찰의 대상으로 삼는 현상은 「화폐관용」(Geldgebrauch)이라는 모습으로 나타나는 화폐의 서비스이다. 그런데 화폐의 서비스는 그 본성에 있어 다양하다. 여기서 말하는 「화폐의 본질적 서비스」란 재화를 화폐로 만드는, 즉 재화의 「화폐성」(Geldsein)을 우선적으로 확립하는 서비스를 말한다.

어떠한 재화가 화폐가 되기 위하여서는 일반적으로 「화폐의 본질적 서비스」로 인정되는 모든 「화폐적 서비스들」을 전부 수행하여야만 한

---

[334] [역주] 이때 소급하여 변환시킨다 함은 그 이전에 존재하였던 형식들도 재차 변환시킴을 의미한다.

다고 말하는 것은 아니다. 오히려 이미 설명한 바와 같이, 화폐가 발전하는 과정에서 화폐가 겪어왔고 또 계속하여 앞으로 겪을 그 본성의 변화에 따라 [각 시대별로] 「화폐성」을 규정짓는 필수적인 요소로 간주되는 서비스도 달라질 수 있다는 점을 말하고자 한다. 「화폐론」의 근본적인 질문의 오류는 「화폐의 본질적 서비스」 또는 「화폐적 서비스」(*Gelddienst*)라고도 불리워질 수 있는 것을 잘못 이해하거나 너무 좁게 이해한 바에 근거한다. 예를 들어, 「화폐의 발생」이라는 측면뿐만 아니라 「사회적 경제」상에 있어서의 「화폐의 서비스」라는 측면에서 볼 때, 화폐의 역할을 충족시킨다는 것을 오로지 혹은 대체로 판매를 용이하게 하는 것이라고 간주하는 견해는 너무도 협소하다고 생각된다.

사회는 특정한 방식으로 특징지어진, 인간들의 「삶의 공동체」(*Lebens-gemeinschaft*)이다. 그렇다면 「화폐의 사회적 이론」상에서는 다음과 같은 질문이 생긴다: 이 「삶의 공동체」 내에서의 화폐의 서비스는 무엇인가? 이 질문의 의도는 「화폐적 현상」을 그 구성 요소로 분해하는 것이 아니라, 단지 그 의미를 인식하고 화폐를 「의미의 담지자」(*Sinnträger*)로서 이해하자는 것이다. 이 질문에 대한 잠정적인 답은, 화폐는 다양한 사회적 영역에서 [그 사회 영역별로 서로 다른 형태의] 「서비스의 담지자」로 작용 한다는 것이다. 이는 화폐의 「필수적 서비스」에도 다양한 종류가 있음을 시사한다. 최초의 「화폐의 사회교류적 사용습관」은 앞서 살펴본 바와 같이 「인정수단」(*Geltungsmittel*)으로서의 화폐이다. 이 「필수적 서비스」가 전제되어야지만 일단 화폐는 존재하게 되는데, 그럼에도 불구하고 바로 이 단 하나의 「필수적 서비스」가 이미 재화를 화폐로 바꾸어 놓았다고 말할 수는 없다. 또한 물론 모든 「인정수단」이 화폐라는 말은 더더욱 아니다. 역사적으로 볼 때 화폐가 아니거나 혹은 화폐로 변화되지 않았던 수많은 재화들은 그럼에도 불구하고 「인정」(*Geltung*)을[335] 얻

---

335 [역주] *Geltung*의 의미에 대하여서는 역자 용어해설t을 참고할 것.

거나 혹은「인정의 표현」(Geltungsausdruck)이 되기에 특별히 적합하였음이 분명히 보여진다. 따라서 우리는 다만「원초적 화폐」가 된 재화 또는 재화들은 모두「인정재화」(대부분「귀중품」)이었다는 사실만을 말하고자 할 뿐이다.

사회적「인정」을 부여하는 수단은「사회교류적 위계와 권력위상의 표출 수단」(Ausdrucksmittel sozialer Rang- und Machtstellung)일 뿐만 아니라, 동시에「사회적 권력행사의 수단」(Mittel gesellschaftlicher Machtausübung)이기도 하다.

따라서「인정수단」이라는,「원시화폐」에 있어서의「필수적 서비스」는 사회교류적「권력수단」(Machtmittel)이라는 또 다른 서비스와 불가분의 관계에 있다.「사회교류적 인정수단」이자「권력수단」으로서의 화폐는 사회에서의 [자기]「강조화 수단」이며, 따라서 [사회 구성원 간의]「차별화」로 이어지고 그럼으로써「배타화」(Absonderung)와「분리」(Trennung)를 결과하기도 한다. 그러나 그 안에는 이 서비스가 정반대로 변질될 수 있는 씨앗이 숨어 있다: 즉, 타자에 맞서서 [자기]「강조화」또는「배타화」하는「인정수단」으로 기능하는 재화는 그 개별 집단 내에서뿐만 아니라 집단들 간에 있어서의 일종의「사회교류적 관계」를 형성하는 사회교류적「결속수단」(Bindemittel)이 되기도 한다. 이러한「인정수단」으로 기능하는 재화들을 통하여 여성, 동맹, 보호 등을 [즉 결속관계를] 획득할 수 있는데, 이는 그러한 재화들은 바로 그러한 목적을 위하여 생겨났음에 다름 아니기 때문이다. 이러한 재화들이「신붓값」,「공물」, 제물, 선물 등으로 사용됨으로써 그 재화들은「사회교류적 관계」를 창출하고 동시에 사회교류적「결속수단」이 된다. 미국의 사회학자 알비온 스몰(Albion W. Small)이 화폐를 "「사회교류적 접촉의 매개체」"(a medium of social contact)라고 부른 것도 이 같은 사실들을 염두에 둔 것으로 보인다. 하지만 그는 이러한 자신의 생각을 더 깊이 파고들지는 못하였다.

우리는 이러한 사회교류적「관계의 담지자」(Beziehungsträger)로서의 화폐를, 어떠한 재화가「재보조성」을 위하여 ─그러한「재보조성」이 비록

'공동체의 일'(*Gemeinschaftssach*)이라도— 이용되는 곳에서 이미 그 맹아적 형태로서 찾아볼 수 있다. 「재보과시」와 「재보분배」, 그리고 마지막으로 「재보파기」에서 일어나는 「인정에의 충동」은 앞에서 살펴본 바와 같이 **「화폐관용」이 시작되는 첫걸음**이라고 할 수 있다.

따라서 화폐는 「사회교류적 관계수단」이다. 즉 화폐는 특정 재화의 어느 정도 항상적인 이전을 통하여 개인 혹은 집단 간의 상호교류를 수립시키고, '사회 그 자체'(*schlechthin Gesellschaft*)를 의미하는 일종의 호혜적 「관계결속」을 산출하는 「사회교류적 관계수단」이다. **어떠한 재화를 「인정수단」으로 사용하는 사회교류적 「습관」에 추가하여, 「사회교류적 관계」를 수립하기 위하여 그 재화를 이전하는 습관이 정착되면 그때서야 비로소 그 재화는 최초로 화폐가 되거나 혹은 「화폐형성과정」이 최초로 완성되는 것이다.**

이 모든 것은 이미 「화폐의 개념」에 대하여 논의하였을 때 설명한 바 있다. 하지만 반복으로도 간주될 수 있는 다른 많은 사실들과도 마찬가지로 현재의 맥락에서도 당연히 이는 다시 언급할 필요가 있다. 새로운 「인정재화 사용습관」은 다양한 서로 다른 사회교류적 관계들로 확장된다. 그러나 이 모든 경우에 있어서 항상 「가치이전」(*Wertübertragung*)이 수반된다. 이러한 과정은 처음부터 경제적 동인들에 의하여 직접적으로 이루어지는 것이 아니라 「사회교류적 관계」의 수립이라는 의도를 가지고 이루어진다. 이미 다른 맥락에서 설명한 것처럼 재화를 주고받을 때는 유대감이 형성되며, 그리하여 이는 우정, 결혼, 화해 등을 의미하거나 결과한다. 이 과정은 단지 점진적으로만 경제합리적 의미를 가지게 된다. 그리하여 「재화의 이전」에 대한 경제적 평가가 점차 전면에 부각되며 이러한 [재화의 이전이라는] 「행동」에 있어 어느 정도 결정적인 역할을 하게 된다. 이로 인하여 화폐의 서비스 범위가 크게 확장된다. 그리고 마침내 **화폐는 「경제의 수단」**(*Wirtschaftsmittel*)**이 된다.**

이렇듯 화폐는, 그 화폐의 지속적 발전과 그 이후 그로부터 발전하게 되는 과정에 큰 영향을 미치는 일종의 '의미의 변화'(Bedeutungswandel)를 겪게 된다. 이 과정은 「목적변화의 법칙」(Gesetz des Zweckwandels) 또는 「의미변화의 법칙」(Gesetz des Bedeutungswandels)의[336] 한 예로, 「행동」이나 상징과 같은 「관용들」은 시간이 지남에 따라 그 기본 의미가 변하기 때문에 변화와 재해석의 대상이 된다는 것을 알 수 있다. 그리하여 원래의 목적이 배경으로 물러나거나 완전히 상실되면 「관습」이나 「행동」은 새로운 목적으로 채워진다(「목적변화의 법칙」 또는 「의미변화의 법칙」). 이러한 의미의 변화는 종종 수단을 목적으로 격상시키는 경향을 동반한다. 이를 다른 말로 표현하자면 「수단의 목적화의 법칙」(Gesetz der Zweckwerdung des Mittels), 또는 「수단의 자율성의 법칙」(Gesetz der Verselbständigung des Mittels)이라고도 한다. 「의미변화의 법칙」이 「목적변화」를 의미한다면, 「수단의 목적화의 법칙」은 수단이 목적으로 격상되는 것을 의미한다. 화폐는 수단이 목적으로 재해석되고, 수단이 목적으로 격상된 가장 인상적인 사례 중 하나이다.

화폐가 「경제의 수단」(Wirtschaftsmittel)이라고 말할 때, 이는 인간의 목적을 가장 잘 달성하기 위하여 (우리에게 '경제'라는 단어가 함의하듯이) 합목적적으로 「수단배치」(Mitteleinsatz)를 함에 있어서, 다른 수단들에 비하여 사용량이 더 적게 필요한, 즉 경제합리적으로 더 유리한 작업수단(Werkmittel)이라는 의미이다. 이는 몇 가지 측면에서 그러하다:

1. 화폐는 '자연적 반대급부'(naturale Gegenleistung)의 공급에 내재하는 우발적 성격을 극복하게 하고[337] 재화와 용역의 [가치] 「증식」(Ver-

---

336 [역주] '의미변화'란 시간이 지남에 따라 단어나 기호의 의미가 바뀌는 현상을 구체적으로 다룬다. 반면에 '목적변화'는 시간이 지남에 따라 그것들이 다른 목적으로 사용되는 방식의 변화를 의미한다.

337 [역주] 즉, 화폐는 일반적 교환의 매개수단으로서, 자연 교환 내지는 물

wertung)을 가능하게 한다.[338]

2. 역으로 말하자면, 화폐는 어떠한 사람이 제공할 수 있는 이미 보유한 재화나 용역의 성격에 구애받지 않고 원하는 반대급부를 얻을 수 있게 하여준다.

3. 화폐는 경제에서의 합목적적인 「수단배치」를 가능하게 한다. 화폐는 모든 경제적 행동들을 배치시키며 동시에 그로 인하여 결과된 성공을 측정하는 「잣대」의 역할을 수행한다.

4. 화폐는 경제의 결과물들을 분할하고 배분하는 수단, 즉 「소득배분」(*Einkommenszuteilung*) 및 「소득분배」(*Einkommensverteilung*)의 수단이다.[339]

위와 같은 「화폐의 특성들」은 「경제사회」(*Wirtschaftsgesellschaft*)에 있어서의 화폐가 가지는 핵심적인 서비스에 상응하는 것으로서, 「경제합리적 화폐」(*ökonomisches Geld*)의 [즉, 경제합리적 화폐를 규정하는 어떠한] 「화폐성」의 기반이다. 무엇보다도 우선적으로 **그러한 화폐의 「필수적 서비스」는 「교환수단」이다.** 이는 화폐를 「간접교환수단」(*Mittel des indirekten Tausches*)으로 사용하는 것을 말한다. 특히 점진적인 「노동분업」의 심화에

물교환에 내재한 우연성, 즉, 자신이 필요로 하는 어떠한 특정 자연적 산물을 공급하는 상대방을 우연히 만나야만 거래를 할 수 있는 난점을 극복하여 준다는 의미.

[338] [역주] 즉, 화폐가 있음으로서 거래에서의 이윤을 창출하기에 가치의 증식이 가능하다.

[339] [역주] 독일어 *Zuteilung*과 *Verteilung*을 각각 '배분' 및 '분배'로 번역하였다. 전자는 대체로 어떠한 특정 대상들에게 어떠한 것을 나누어 주는 할당하는 행위이며, 후자는 어떠한 것을 모두가 널리 사용하게 함을 의미한다. 우리말에서의 '식량의 배분', '분배의 정의'의 뉘앙스와 유사하다.

따른 결과로, 자신에게 가용한 재화와 용역을 자신이 필요하거나 원하는 다른 재화 내지 용역으로 즉시 교환하는 것은 일반적으로 불가능하다. 따라서 교환 의사가 있는 사람들은 자신이 제공하고자 하는 재화의 「보상」으로 향후 자신이 원하는 재화와 용역으로 교환할 수 있는 재화를 일시적으로 받아들이는 바에 의존하게 된다. 이렇게 「교환수단」으로 항시 사용되는 재화는 어떠한 특정 조건하에서는 화폐가 될 수도 있다. 「교환수단」으로서의 화폐는 거래에 참여하는 모든 사람이 재화와 용역에 대한 「보상」으로 받아들이는 재화이며, 따라서 바로 이러한 이유 때문에 그 화폐는 그것을 사용하는 경우 언제든지 다른 종류의 상품과 용역을 획득할 수 있다는 보장을 제공한다.

「가사관리경제」(*Hauswirtschaft*)에서 「선대제경제」(先貸制 *Kundenwirtschaft*)로,[340] 그리고 더 나아가 「시장경제」로 이행하는 과정의 결과로 화폐가 「교환경제」의 근간이 되고 또한 화폐가 인구의 더 많은 부분에 침투하게 되자, 화폐는 「교환수단」으로서의 역할을 훨씬 뛰어넘는 중요성을 획득하게 된다. 즉, 화폐는 한편으로는 「가득의 수단」(*Erwerbsmittel*)이 되고, 다른 한편으로는 「**계산수단**」(*Rechnungsmittel*)이 된다.

화폐를 「교환수단」으로 사용하게 되자 특정한 「가치크기의 표상」(*Wertgrößenvorstellung*)이 화폐와 연관되게 된다. 화폐는 재화와 용역의 「가치크기」를 대표하는 수단이 되며, 그것의 「표현수단」은 「화폐단위」로 표현된 숫자이다. 이 「화폐단위」는 이제 「계산단위」가 된다. 화폐는 「가치크기의 표상」에 상응하는 「계산단위」로서 「**가치척도**」(*Wertmesser*)의 역할을, 또는 보다 적확하게 표현한다면 「가격표현수단」(*Preisausdrucksmittel*)으로서의 역할을 수행하게 된다. 이러한 서비스에 기반하여 다른 기

---

[340] [역주] 제조업자가 시장의 수요를 예상하여 생산 판매를 하는 근대적 시장경제 이전에 존재하였던, 상인이 수공업자들에게 필요한 원료 내지는 임금 등을 지불하고 주문하여 생산을 하던 전 근대적 생산 형태.

능들도 정립된다. 즉,「계산수단」으로, 따라서 경제합리적 판단의「표현수단」으로, 그리고 이「표현수단」을 바탕으로 생산과 소비를 위하여 재화의 배치를 조직하는 수단으로, 한마디로 말하자면「경제관리」(*Wirtschaftsführung*)의 나침반이 되는 것이다. 화폐는「가치크기의 표상」이자「계산수단」으로서 재화와 용역의 경제적 가치를 측정하고 표현하는「잣대」이다. 따라서 화폐는 재화와 용역에 대한「보상」을 계량하고 경제적 산출을「소득」으로 환산하며, 또한 그「소득」을「분배」하기 위하여서도 사용된다. 이러한 서비스들이 그렇게 불리워 지는 바 처럼, 화폐는 **「사회적 산물에의 참여척도」**(*Beteiligungsmaß am Sozialprodukt*)이다.[341] 그

---

[341] [역주] 이 구절에서 언급되는「사회적 산물」(*Sozialprodukt*), 그리고「사회적 산물에의 참여척도」의 정확한 의미는 모호하며, 각 학자별로 다르게 사용된다. 슘페터와 저자는 동시대 인물이며 또한 두 사람 모두 경제 이론에 있어서 비저(Wieser)의 영향을 받은 점을 고려한다면 슘페터가 내리고 있는 정의가 아마도 저자가 사용하고 있는 용법과 유사할 것으로 생각된다:

> 어떠한 폐쇄경제에 있어서의「사회적 산물」이란 ―이는 마샬이 말한 '국가배당'(National Dividend)과 같은 의미인데― 어떠한 한 경제 기간 동안에 소비를 위하여 가용한 모든 물질적 및 비물질적 소비재를 뜻하며, 이에는 내구재의 마모분도 포함된다. 이것은 그 경제에 있어서 모든 생산력의 [생산활동의] 결과의 총합이며, 동시에 그러한 생산력에 대한 보상을 하기 위한 유일한 원천이다. 경제생활에 있어서의 순환흐름은 이러한「사회적 산물」의 생산과 그것의 분배, 그리고 그것의 소비와 그리고 다시 생산을 하는 과정으로 이루어져 있다. 그「사회적 산물」은 오로지 소비재로만 구성된다"(Schumpeter 1956/1917-8: 151). 슘페터의 경우에 있어서 이러한「사회적 산물」은 소득으로 나타나며, 화폐의 본질적인 성격은 이러한 사회적 산물에 대한 '청구증서'이다(전

러나 다른 맥락에서 보자면, 화폐는 단순히 재화와 용역의 가치를 평가하거나 또는 단지 「사회적 산물」이 어떻게 배분되었는지를 표현하는 「크기척도」일 뿐만은 아니다: 오히려 화폐는 「사회적 산물」 그 자체에 대한 참여(Beteiligung)이거나 또는 참여할 가능성(Möglichkeit)을 의미한다. 화폐는 동시에 지불이라는 방법을 통한 「사회적 참여의 이전수단」(Mittel der Übertragung sozialer Beteiligungen)의 역할을 한다.[342]

따라서 [사회적 산물에의] 참여 가능성의 수단으로서의 「화폐의 서비스」와 「사회적 산물에 대한 참여척도」는 「지불수단」으로서의 「화폐관용」과 밀접하게 연결되어 있다. 이 때문에 「지불수단」으로서의 「특성」은 독립적인 「화폐적 서비스」를 구성하는 것이 아니라, 화폐의 상이하고 다양한 기본적 기능의 결과 내지는 다른 측면에 불과하다는 의견도 제기되고 있다. 이 문제는 항후 다시 다루고자 한다. 본 장에서는 다양한 환경하에서 「화폐성」에 필수적이라고 여겨지는 화폐의 서비스들을 나열하는 것 만으로도 충분하다. 다음 과제는 화폐 자체의 개별적인 서비스들을 세분화하여 각 서비스에 있어서의 의미와 효과라는 측면에서 살펴보기로 한다. 그러한 측면에서 조명하였을 때, 이곳에서 이미 시사한 바 있는 관찰, **즉, 「화폐의 본질적 서비스」는 그 화폐를 사용하는 사회에 존재하는 「욕구들」과 함께 발전하고 변화한다**는 사실이 더욱 명확하여질 것이다.

게서: 151-4-5). 이 같은 슘페터의 화폐에 대한 성격 규정은 본서에서 저자가 이야기한 바, '화폐는 「사회적 산물에의 참여척도」이자 「사회적 참여의 이전수단」이라는 저자의 생각과도 일맥상통하는 것으로 생각된다.

[342] Cf. Elster(1920: 특히 다음을 참고할 것: §§3, 4 및 7).

§14. 사회교류적 관계수단으로서의 화폐

　이전 장의 「화폐의 사회성」에 대한 언급에서도 살펴 보았듯이 화폐는 「사회교류적 관계들」(*soziale Beziehungen*)을 생성하고 기존에 존재하던 관계들을 강화하는 거대한 힘들 중 하나이다. 또한 화폐는 사회적 조건들(*Verhältnisse*)을 창출하는, 분리된 집단을 사회로 융합시키는 힘들 중 하나이기도 하다. 물론 이때 「사회교류적인 것」(*das Soziale*)이 바로 그 실체이고, 화폐나 「화폐관용」은 그러한 실체로서의 「사회교류적인 것」의 한 형태일 뿐이다. 다시 말하여 「사회교류적 관계」(*soziale Beziehung*)가 바로 근원이며, 그러한 근원이 화폐에서 또는 화폐를 통하여서 그 표현을 찾는다는 것이다. 하지만, 「화폐관용」을 통하여 과거의 것들이 심화되거나 강화되며 또한 변모되고 새로운 「사회교류적 연계들」(*soziale Verknüpfung*)도 그와 함께 생겨난다. 즉, 「화폐관용」은 단지 사회교류적인 「관련성들」을 표현할 뿐만 아니라 그것을 창조하기도 한다. 특정 전제조건하에서는—그러한 전제들은 「사회적 교류」를 조직한다—「화폐관용」은 특정한 종류의 「사회교류적 관계 과정들」(*sozialer Beziehungsvorgang*)과 「형태들」(*Gestaltung*)을 만들어 낸다. 그리고 후자들의 의미를 이루는 내용은 인간들이 가지고 있는 다양한 「목적설정」(*Zwecksetzung*)들을 포괄한다. 「화폐의 사회교류적 영향력」은 결코 경제나 「경제합리적인 것」(*das Ökonomisch*)의 범위에 국한되지 않고, 그것들을 훨씬 뛰어넘는다. 그렇기 때문에 「화폐의 사회적 이론」이 목표하는 주제는 단지 「경제적 사태」로서의 「화폐관용」에 그치는 것이 아니라 「화폐관용」을 사회에서 나타나는 하나의 현상으로서 다루는 것이다. 물론 이곳에서 「화폐관용」의 경제적 측면을 무시하는 것은 아니다. [경제적] 「화폐관용」은 화폐가 창출하여낸 사회교류적인 「관계적 환경」(*Beziehungsverhältnis*) 중에서 비록 가장 중요할지언정, 그럼에도 불구하고 단지 그러한 「관계적 환경」 중의 특수한 하나의 사례라는 사실을 보여주고자 하는 것일 뿐이다.

화폐가 사회를 형성하고 사회를 결속시키는 힘은 결코 고갈되지 않는데, 그리하여 화폐는 끊임없이 새로운 사회적 연계들을 창출 한다. 화폐는 제 이해관계들 간에 어떠한 '동일한 지향성'(*Gleichgerichtetsein*)을 가질 수 있도록 하는데, 이는 주로 경제적 이해관계는 물론, 지적, 정치적 영역의 것들까지도 망라한다. 그리고 「화폐관용」은 사회교류적으로 연결된 관계를 전제하지만, 반면 후자를 형성하기도 한다. 그리하여 화폐는 「관계의 담지자」(*Beziehungsträger*)들 간에 끊임없이 새로운 연결을 만들어내는 용도를 가진 접착제와도 같은 역할을 한다. 화폐가 만들어내는 이러한 사회교류적 관계 체계(*Beziehungssystem*)를 「화폐적 공동체」(*Geldgemeinschaft*)라고 표현할 수 있다. 이는 단순한 「지불공동체」(*Zahlungsgemeinschaft*), 즉 공통의 「지불수단」을 통한 경제의 연결 그 이상의 것이다. 「화폐적 공동체」는 「화폐관용」을 통하여 발생하지만, 동시에 그 「화폐관용」의 내적, 외적 전개를 통하여 「화폐관용」이 가지고 있는 외연, 강도 그리고 효율성(*Wirksamkeit*)에 대하여 영향을 미쳐서 「화폐적 공동체」 자신의 완성을 가져온다. 또한 이것은 [「화폐적 공동체」는] 「평가의 통일성」(*Einheit der Bewertung*)을 창출하는데, 후자에는 비단 경제적 재화들뿐만 아니라 「사회교류적 인정재화들」의 평가에 대한 통일성도 포함되며, 따라서 「사회적 현존재」의 위에 특정한 특징뿐만 아니라 독특한 정신적 태도도 각인시켜 놓는다. 그것은 [「평가의 통일성」은][343] 사회를 「형성」하고 「사회화」를 심화하는 가장 강력한 수단 중의 하나이다.

화폐는 특정한 사회적 형성이나 구조를 만들어내거나, 설사 그러하지는 못한다고 할지라도 최소한 그러한 것들의 출현과 작동에 크게 기여하는 「사회교류적 관계수단」이다. 화폐의 사회적 서비스가 지닌 다

---

[343] [역주] 원문의 서술 구조상, 이때 '그것'이 지시하는 대상은 「화폐적 공동체」이나, 그러한 경우 문맥이 이상하여진다. 문맥상으로는 '그것'의 지시 대상을 「평가의 통일성」으로 하는 것이 자연스럽다.

양한 모습은 이러한 사실에서 특히 두드러진다. 결국 화폐가 형성하는 「관계공동체」(*Beziehungsgemeinschaft*)의 영역은 그 내용과 범위가 다른 다양한 형태의 구조들을 포괄하는데, 이에는 한편으로는 계급, 다른 한편으로는 국민경제가 포함된다. 사회는 자신의 발전의 특정 단계에서 「화폐사회」(*Geldgesellschaft*)가 된다. 이는 화폐를 매개로 하여 [제 사회] 관계들이 지향점을 가지게 된다는 사실만을 의미하는 것은 아니다. 화폐를 통하여, 그리고 「화폐관용」 내에서 제 관계들의 긴밀한 유대를 도모하면서, 그리고 또한 본질적인 영역에 있어 그 관계들을 작동시키면서 그러한 「화폐사회」가 존재함을 의미한다.

통상적으로 생각하는 개념으로서의 사회에서는 화폐가 절대적으로 필요한 「사회적 삶의 수단」은 아니라고 말할 수도 있다. 하지만 특정 사회 형태, 특히 가장 발달한 사회 형태는 화폐 없이는 그 구조와 작동을 상상할 수 없거나 적어도 화폐 없이는 매우 불완전할 것이다. 이 같은 이야기는 「사회교류화」(*Vergesellung*) 과정 내에서의 경제 영역에 포함되는 것들뿐만 아니라 「경제적인 것」을 훨씬 뛰어넘는, 인간들 사이의 권력 및 종속 관계를 그 내용으로 하는 다른 많은 구조에도 적용된다. [과거에는]「부과물」의 모든 종류들, 제물, 「공물」, 기증(*Beiträge*), 정부적 강권(*Gewalt*)에 대한 다양한 의무적 급부, 같은 지위의 사람들이나 하위의 사람들에 대한 「선물분배」 등은 최초에는 대부분 현물, 즉 물리적 형태로 이루어졌다. 그런데 특이한 사실은 이러한 모든 것들의 대부분이 점차 「화폐형식」을 채택하게 되고, 더욱이 그러한 재화들이 「화폐형식」의 발전에 있어서 결정적으로 관여하는 경우가 많았다는 점이다. 그리고 그 재화들은 그 「화폐형식」을 영구히 보유하게 되고, 그 「화폐형식」을 지닌 한에서 자신들을 지속시켰고 성장시켰다. 바로 「화폐형식」을 통하여 이러한 서비스들[즉 위에 언급한 재화들과 서비스들]은 개인과 집단을 다른 어떠한 물질적 수단도 성취할 수 없는 방식으로 「관계공동체」로 묶어주는 사회교류적 「결속수단」이 된다. 한 시대의 그리고 심지어 모든 시대의 「행태」를 특징짓는, 「자본주의」와도 같은 특정한 사회적 삶의 형식들은 화폐가 없다면 상상하기 어렵고, 어떠한 경우에 있어서도 이 같은 「삶의 수단」(Daseinsmittel)이 존재하지 않는다면 전혀 다른 모습을 보일 것이다.

「사회교류적 관계수단」으로서의 화폐는 어떠한 「삶의 질서」를 구현한다. 그런데 물론 화폐를 통하여서만 그 원초적인 [최초의] 의미가 부여되었던 바는 아니다. 그러나 화폐의 「관용」을 통하여 화폐는 점점 더 화폐 그 자체에 의하여 결정되는 특징적인 성격, 양식 그리고 리듬을 획득하여 간다. 널리 퍼져 있는 사회학적 사유 방식처럼 「사회교류적 관계」에서 「사회교류적인 것」의 실체를 본다면, 사회에서의 「화폐의 중요성」에 버금가는 여타의 「삶의 수단」은 없을 것이다.

§15. 사회교류적 인정수단으로서의 화폐

프란츠(L. Franz)는 자신의 문화사 연구인 『사냥꾼, 농부 그리고 상인』 (*Jäger, Bauern, Händler*, 1939)에서 다음과 같이 말한다: "인간의 「삶의 투쟁」 (*Lebenskampf*)의 목표는 세 가지, 즉 「인정」(*Geltung*),[344] 지식(*Erkenntnis*), 그리고 보존(*Erhaltung*)[345]이다". 이 목록에서 가장 먼저 언급되는 것은 「보존의 욕구」(*Erhaltungsdrang*)나 「지식에 대한 욕구」(*Wissensdrang*)가 아니라, 이미 선사시대와 초기 역사의 인간을 지배하고 있던 욕망이자 노력으로서의 「인정에의 요구」(*Geltungsanspruch*)라는 점은 매우 의미심장하다. 「인정」을 획득하는 것은 진정 「삶의 투쟁」의 목표이며, 모든 민족의 역사와 또한 집단에 속한 개인의 「행위」에서도 찾아볼 수 있다. 위에서 이미

---

344 [역주] 역자용어해설 12를 참고할 것.

345 [역주] 즉, 자신의 존재나 안녕, 혹은 삶의 방식을 보전하는 것.

살펴본 바와 같이, 화폐는 「야심적 인간」(homo ambitiosus)이 가진 「인정에의 욕구」(Geltungsbedürfnis)를 충족시키려는 수단으로서 시작되었다.

영국의 저명한 경제학자 마샬(A. Marshall)은 화폐를 인간 「행동」의 「동인들」을 측정하는 「잣대」(Maßstab), 즉 '동기의 척도'(measure of motive)라고 불렀다.[346] 개인이 원하는 만족을 얻기 위하여 지출하고자 하는 화폐의 양, 또는 어떠한 노력을 하도록 유도하기 위하여 필요한 화폐의 양으로 개인의 「욕구」의 강도를 측정할 수 있게될 때 비로소 과학적으로 생각을 할 수 있는 단초가 주어진다고 그는 말한다. 따라서 그에 의하면 이 「잣대」에 대한 연구가 「경제학」의 출발점이다(그 이상도 이하도 아니다!). 그러한 다음 그는 다음과 같이 언급을 계속한다(방금 말한 바와는 약간의 모순을 내포하고 있다): 화폐가 경제학의 중심이 되는 것은, 화폐가 인간 노력의 주된 목적으로 간주되기 때문도 아니고, 물질적 「부」가 경제학자의 연구의 주된 대상이 되기 때문도 아니다. 화폐는 "우리가 사는 이 세계에서는 인간의 「행동」의 동기를 보다 넓은 시각에서 측정할 수 있

---

[346] [역주] Marshall(1920: 782). 전문은 다음과 같다:

예를 들어, 화폐가 노력의 목표라기보다는 **동기의 척도**이기 때문에 화폐가 경제학에서 지배적인 위치를 차지하게 되었다는 진술은 다음과 같이 성찰한다면 설명된다. 즉, **동기의 척도**로서 화폐를 거의 독점적으로 사용하는 것은 말하자면 아마도 우리 세계가 아닌 다른 세계에서는 발견되지 않는 **우연**이다. 우리가 어떠한 사람에게 우리를 위하여 어떠한 일을 하도록 유도하고자 할 때 우리는 일반적으로 그에게 화폐를 제공한다.

참고로 저자는 마샬의 『경제원론』 제 4판의 독일어 번역판(1905)을 이용하였다. 하지만 위의 번역은 1920년에 출판된 영어본의 제 8판에 기초하였고, 영어본 제4판의 내용을 별도로 확인하지는 않았다.

는 어떠한 적절한 수단이기 때문"이다.[347] 따라서 그는 화폐가 경제학에서 그토록 중요한 역할을 하는 이유는 인간 노력의 목표로서의 특성보다는「행동」의「동기의 잣대」로서의 특성에서 주로 기인하기 때문이라고 보았다.[348]

이 모든 것은 자유주의 경제의 화폐인 매우 특정한 화폐에만, 즉, 그의 시대의 화폐에만 적용된다는 사실과는 별개로, 위의 맥락에서 우리의 흥미를 끄는 점은 실제로 다른 측면에 있다. 즉 흥미로운 점은 이러한「잣대」로서의 화폐가 거의 독점적으로 사용되는 사실은 말하자면 '우연'이며 이는 "아마도 우리 세계 이외의 다른 세계에서는 발견되지 않을" 것이라는 마샬의 발언이다.[349] 그는 다음과 같이 말을 이어간다:

물질적인 것들에 대한 사유재산이나 일반적으로 이해되어지는 의미의「부」가 존재하지 않는 세계들은 확실히 존재할 수는 있다. 그러나, 타인의 이익을 위한 모든「행동」에 대하여는 해당 등급이 기록된 표에 의거하여 공적인 명예가 보상받는 세계도 있을 수 있다. 이러한 명예[증표]가 어떠한 외적인 기관의 개입 없이 사람과 사람 사이에 이전될 수 있다면, 그것은 마치 우리가 사용하는 화폐가 [현재] 수행하는 바처럼 적절하고도 정확한「동기의 잣대」역할을 할 수 있다. 그러한 세계에서는 우리가 현재 사용하는 것과 매우 유사한 경제 이론이 성립될 수 있을 것이다. 단 그 이론에서는 물질적 대상들은 거

---

347 [역주] Marshall(1920: 22).

348 Cf. A. Marshall, *Principles of Economics*, H. Ephraim (tr.), Book I, Chapter V. Salzburg 1905, pp. 62, 64, 69 각주2.
[역주] 이 내용에 대한 영어 원문은 다음을 참고할 것: Marshall(1920: 782).

349 [역주] 다음을 참고할 것: 각주346.

의 언급되지 않고 또한 화폐도 전혀 언급되지 않을 것이다".[350]

마샬이 이 대목에서 [명예와 화폐 간의] 어떠한 차이를 발견할 수 있다고 믿었을 때 그는 오류를 범하고 있다. 그는 「화폐의 발생」에 대하여 간과하였고 또한 우리 사회에서 화폐가 수행하는 역할도 옳게 인식하지 못하고 있었다. 그의 오류는 다음과 같은 사실을 인지하지 못하고 있음에 기인한다: 그의 가정에 따라 다른 세계에서 보상 등으로 사람과 사람 사이에 이전되는 것은 그 세계의 '화폐', 즉 기본적으로 우리와 전혀 다르지 않은 화폐이다. 왜냐하면 그것 또한 「인정수단」이 될 것이기 때문이다.

예링(Jhering)은 「영예」(*Ehre*)가 인간의 「행태의 과정」에서 화폐와 동일한 역할을 수행한다고 설명한 적이 있다. 로마인이 국가에 제공한 서비스에 대하여 아무런 보상도, 즉, 딸그렁거리는 동전도 요구하지 않았다면, 그것은 그들이 다른 것으로 보상을 받았기 때문인데, 그러한 다른 종류의 보상은 "상위 계급의 사람에게 있어서는 마치 화폐가 하위 계급의 사람에게 가져다 주는 것과 거의 동일한 매력(*Anziehungskraft*)을 (그리고 아마도 거의 동일한 중요성을) 가졌기 때문이며, 그러한 것들에는 「영예」, 「평판」, 인기, 영향력 그리고 권력이 있다"라고 그는 적고 있다.[351] 「인정수단」으로서의 「화폐의 서비스」를 이보다 더 잘 설명할 수는 없다.

화폐가 되기 위하여 필요한 첫 번째 전제 조건은 어떠한 재화가 「인정수단」, 「사회교류적 차별화 수단」, 그리고 「사회교류적 강조화 수단」으로서의 「특성」을 가지고 있어야 한다는 점이다. 집단의 「행위」를 통하여 이러한 「특성」이 어떠한 재화에 옮겨 붙으면, 소설 『포사이트 가

---

[350] [역주] 독일어 중역이 아닌 Marshall(1920: 782)을 직접 번역한 것.

[351] Jhering(1877: 116).

문의 이야기』(Forsyte Saga)에서[352] 반복적으로 등장하는 모티브에서 볼 수 있는 바와 같은 「소유본능」(Besitzinstinkt), 즉 '재산에 대한 촉(觸)'(the sense of property)이 깨어난다. 소유의 「가득」과 증식, 그리고 그 소유에 의하여 가능하게 되는 사치스러운 생활양식 속에서, 즉, 「과시적 현시」(Prunkentfaltung)와 「낭비」(Verschwendung) 속에서, 「인정에의 갈구」(Geltungsstrebe)는 자신을 충족시키려고 노력한다. 베블런(Thorstein Veblen)에 의하면, 자신들이 속한 카스트(caste)의 단순한 보존을 위하여서는 자신들이 자발적으로 과시를 위하여 소유물들을 낭비하는 것이 필요하며, 이러한 「소유탕진」(Besitzvergeudung)은 유한계급에 속한 구성원들이 자신들의 「부」를 전시하는 상호 경쟁을 함에 의하여 상당한 정도로 더욱 고조된다.[353] 「낭비」는 낭비되는 재화 취득을 당연히 전제로 한다. 그리하여 낭비는 일반적으로 「축장」 또는 「재보조성」으로 이어진다. 물론 이러한 행동은 공공의 앞에서 「재보과시」, 「재보분배」 그리고 「재보파기」를 하는 등의 각종 「인정행동」(Geltungshandlung)을 전개(Bereitstellung)하기 위한 목적을 향한 수단일 뿐이다. 이러한 목적을 위하여, 특히 분배하기 위하여, 매트, 고리, 모직 담요, 동판 등과 같은 특정 물품을 사용하려는 「관용」이 일상화되는 경우, 이미 여러 차례 강조한 바와 같이 바로 여기

---

[352] [역주] 『포사이트 가문의 이야기』는 영국 작가 존 갤스워디(John Galsworthy)가 집필한 소설 시리즈로, 그 소설의 중심적이고 반복적인 주제는 소유의 개념과 소유권 또는 재산에 대한 강한 욕망이다. 이 소설은 19세기 말과 20세기 초에 영국의 부유한 중상류층 가문인 포사이트 가문이 여러 세대에 걸쳐 경험한 삶과 사회적 변화를 묘사하고 있는데, 그 가문과 사회 전반의 가치관, 야망, 갈등을 상세하고 때로는 비판적으로 조명한다. 이 소설은 사회적 사실주의에 있어서의 고전이자 그 시대 영국 사회의 변화하는 관습과 가치에 대한 중요한 관찰로 간주된다.

[353] Lester(1907: I, 348).

서 화폐의 맹아적 형태를 찾아볼 수 있다. 바로 이러한 재화들이 오늘날 우리에게도 친숙한 화폐의 용도, 즉 「보상수단」(*Entgeltmittel*)으로서의 화폐라는 용도를 위하여 계속적으로 사용되는 것을 발견할 수 있기 때문이다. 따라서 분배를 위하여 빈번하게 [특정 재화를] 사용하는 「관용」의 결과 그러한 낭비적 재화가 화폐가 된 것이다. 또한 「인정재화」(*Geltungsgut*)로서의 화폐도 궁극적으로는 마찬가지로 낭비적 재화이다. 사회적 삶에서 어떠한 의미를 가지고 있는 모든 소유는 그것이 화폐의 형태를 가질 때 그 의미가 더욱 배가된다. 즉, 소유는 화폐의 형태를 가질 때 그것이 가지는 사회적 영향도 증가하는 것이다. 이는 특히 [어떠한 재화가] 「인정수단」으로서 가지게 되는 힘에도 적용되는 사실이다.

따라서 거듭 강조하건대 화폐는 그 시원에 있어서는 「인정수단」이었다. 그렇기 때문에 특정 「인정수단」은 이미 화폐이거나 혹은 화폐가 된다. 「원시화폐」는 항상 그리고 오로지 「인정수단」이었다. 그러나 모든 「인정수단」이 화폐인 것은 아니고 특정한 「관용」, 즉 그 중에서도 특히 어떠한 「보상」의 용도를 가지는 것만이 화폐이다. 하지만 여러 차례 말하였듯이 다른 특정한 용도, 예를 들어 일반적으로 대표적인 「분배재화」도 화폐적인 측면을 가지고 있다고 본 저자는 단서를 붙이고 싶다. 그러나 「인정수단」이 보상을 하기 위한 수단, 즉 「보상수단」으로 변모되면 그것은 필연적으로 화폐가 된다.

그 결과 이러한 「인정수단」은 「지불수단」, 혹은 「교환수단」이라는 새로운 「특성」을 얻게 된다. 하지만 이 같은 새로운 특성이 「인정수단」으로서의 역할을 감소시키는 것이 아니라 오히려 향상시킨다. 돈을 쓰는 것이 「인정」을 부여하는 지출의 한 형태가 되기 때문이다. 사치에 대한 비판이 항상 제기되어 왔을 때, 그리고 종종 그러한 비판이 사치 성향이 점점 더 확산되고 있으며 그리하여 특히 사회계층의 하층에도 악영향을 미치고 있다는 비난과도 연계될 때, 그러한 비난은 동시에 「화폐에 대한 추구」(*Geldsucht*)와 「화폐의 허비」에 대한 비판이기도 하다. 「화폐에 대한 추구」와 「화폐의 허비」는 「사치」를 실현하기 위한 방법이며, 이 또한 「인정의 욕구」의 또 다른 「발현형식」에 불과하기 때문이다. 화폐가 오랜 기간에 걸쳐 다른 「특성들」을 추가로 획득하였을 때라도, 즉 화폐가 「사회교류적 거래」에 있어서 다른 역할도 추가로 수행하게 되었을 때라도, 그것이 가지고 있던 원초적인 「특성」은 계속 유지된다. 그 경우에도 개인적 필요를 충족시키기 위한 수단이나 '「경제합리적 경제관리」'(ökonomischer Wirtschaftsführung)를 위한 수단이라기보다는 오히려 「사회교류적 인정수단」인 경우가 훨씬 더 많다. 「화폐의 가득」의 일차적 목적은 풍요로운 삶의 향유가 아니라, 그것을 통하여 「사회교류적 인정」을 얻기 위함이다. 즉, 더 잘 살기 위하여서가 아니라 「화폐소유」가 가져다 주는 「사회교류적 평판」 때문에 많은 사람들은 일을 한다. 화폐는 「평판」, 위계, 존엄을 쟁취하기 위한 투쟁에서 가장 중요한 수단 중 하나이며, 실제로 화폐의 소유는 「향유재」에 대한 「통제처분강권」(Verfügungsgewalt)보다도[354] 그 자체로 훨씬 더 큰 의미를 지니고 있다. 화폐는 많은 목표의 실현을 위한 수단이며, 종종 가장 고귀한 목표(자선사업, 예술과 과학의 추구)를 위한 수단이기도 하지만, 마찬가지로 가장 단순하고도 어리석은 목표 (예를 들자면 쓸잘 것 없는 하찮은 물건과 유행품을 획득하고 소비할 때)를 달성하기 위한 수단이기도 하다. 그러나 그 배후에는 항상 「사회교류적 인정」이라는 요인이 존재하고 있으며, 이러한 「사회교류적 인정」으로 인하여, 실제적으로 혹은 추정하건데, 그리고 일반적으로 혹은 어떠한 특정 집단 내에 한정하여서 말하자면, 특정 외양, 특정 행동이나 서비스 또는 특정한 일들이 발생하게 된다.

---

[354] [역주] 본서에는 유사하지만 뉘앙스의 차이가 존재하는 연관 단어들을 구분하였다. 예를 들자면 통제처분권한(Verfügungsbefugnis) 통제처분권력(Verfügungsmacht), 통제처분능력(Verfügungsmöglichkeit) 등이 있다. 역자용어 해설 14를 참고할 것.

따라서 「화폐관용」은 「화폐재화」의 단순한 「축장」이나 자신이 가진 화폐의 「현시」로도 구성될 수 있는데, 「축장」과 공공의 앞에 드러내 보이는 「화폐소유」는 [그 소유자에게] 「사회교류적 인정」을 부여하기 때문이다.

각각의 본질적인 「화폐적 목적」이 언제나 다양한 「화폐형식」을 발생시키듯이, 이러한 위의 「목적추구」 역시 그에 상응하는 「화폐형식」을 창출하는데, 「현시화폐」가 그 특별한 예이다. 「화폐의 발생」에 대한 역사를 통하여 우리는 어떠한 재화가 단지 소유 및 「부」를 시사하고 있다는 이유만으로 이 같은 기능을 수행하는 것은 아니라는 점을 잘 알고 있다. 즉, 조개껍질 고리, 매트, 청동접시 등과 같이 매우 특정한 것들만이 이러한 기능을 수행한다. 이러한 물품들은 주로 「현시」를 위하여 사용되는데, 그뿐만 아니라 다른 「화폐적 교류」(Geldverkehr), 특히 「화폐분배」에도 사용된다. 이때문에 다른 형태의 재화와는 달리 이것들은 「현시화폐」이다. 모코(mokko)[355]라고 불리는 제례용 드럼은 물론 우리에게 통상 '주화'로 보여지는 것과는 거리가 멀지만, 네덜란드 식민 정부는 그것을 '베타알미델'(betaalmiddel)[356] 혹은 「세금지불수단」으로 명시적으로 인정한 바 있다.

철학자 헤겔(Hegel)은 「욕구들」의 체계에 대한 그의 설명에서 "「우월성」을 통하여 자신을 주장"하려는 인간의 '노력'(Bestreben)이 가지는 중요성을 지적한 바 있다(Hegel 1821: §§ 189쪽 이하 연속). 이에 대하여서는 나중에 다시 자세히 설명하겠으나, 여기서는 헤겔이 말한 노력, 즉, "「욕구들」의 증식과 그 확산의 진정한 원천"이 되는 '노력'을 촉발시키는 것

---

[355] [역주] 철제 드럼.

[356] [역주] 네덜란드어 'betaalmiddel'은 지불 수단 내지는 지불 방법을 의미한다.

은 바로 화폐라는 점을 강조할 필요가 있다(물론 그는 명시적으로 이러한 맥락에서 화폐를 언급하지는 않았다)(전게서: §193).

§16. 사회교류적 권력수단으로서의 화폐

잘 알려진 바처럼 형식적으로 사회를 정의하려는 과학적 시도는 다양한 방향에서 진행된다. 그러나 이러한 개념화라는 것은 항상 우리가 사회라고 이해하는 한 집단의 「공존」이라는 틀 내에서 개인들 간의 관계를 파악하는 것과 관련이 있다. 이 관계의 내용에 대한 다양한 기술들 중에서, 그러한 관계, 혹은 다른 말로 표현하자면 「사회적 삶의 질서」는 '하위'(*Unterordnung*)와 '상위'(*Überordnung*)를 함의하는 「권력 상이성」(*Machtverschiedenheit*)에 기반하고 있다는 주장을 가장 자주 접하게 된다. 폰 슐체-게베르니츠(von Schulze-Gävernitz)는 "강자의 약자에 대한 「지배」"가 "사회의 원형"이라고 말한 바 있고, 클뢰펠(P. Klöppel)은 사회를 "인간들 사이의 권력행사와 종속이라는 관계의 '총체'(*Inbegriff*)"라고 설명한 바 있다.[357] 이와 더불어 비저(Wieser)는 자신의 사회학과 「경제학」 연구의 중심 테마를 「권력관계」에 두었다.[358] 그러나 사회가 「권력관계」의 '총체'라면, 그래서 집단 내의 또는 집단 간의 "[강압적] 권력의 약자에 대한 투쟁"(Wieser[359])이라는 표현이 시사하는 바의 그 전반적 범위

---

[357] Schulze-Gävernitz(1890: I, 113). Klöppel(1887: 9).

[358] [역주] Wieser(1983/1926).

[359] [역주] Wieser(1926: 65, 1983/1926: 47). 저자에 의하여 인용된 문구는 "*der Kampf zwischen **Macht** und Schwäche*"이다. 하지만 원래 비저의 문구는 "*im Kampf der **Gewalt** gegen Schwäche*"로서 약간의 뉘앙스의 차이가 있다. 본서의 번역은 원래 비저의 문구를 따랐다.

가 사회교류적 법칙으로 인정된다면, 「공동체생활」에서 존재하는 이러한 사회교류적 법칙성(*Gesetzmäßigkeit*) 내에서 화폐가 중요한 역할을 할 수 있음을 쉽게 파악할 수 있다. 단, 이러한 역할을 수행하는 정도는 사회 자체의 구조와 구성에 따라 달라질 수 있다.

계급적 차이가 외형적으로 「자산의 상이성」(*Vermögensunterschiede*)에 의하여 특징지어지는 사회에서는—사실 이러한 점은 어느 사회에서도 유사하다— 화폐는 「계급소속 표시의 수단」(*Mittel der Kennzeichnung der Klassenzugehörigkeit*)인데, 그것은 동시에 한편으로는 「계급유지의 수단」(*Mittel der Aufrechterhaltung der Klassen*)이자 다른 한편으로는 「계급철폐의 수단」(*Mittel der Durchbrechung der Klassen*)이기도 하다. 이미 여러 차례 밝혀진 바와 같이 「계급소속」을 표시하는 역할은 「화폐의 발전」 초기 단계의 화폐에서부터 이미 내재되어 있었다. 이러한 점은 모든 화폐는 원래 「계급화폐」라는 사실에서 확인될 수 있다. 이렇듯 「계급소속」을 표시하는 것 이외에도, 우리가 「축장화폐」로 알고 있는 이 화폐는 「계급분화」(*Klassenscheidung*)를 강화하고 보존하는 수단으로 기능한다. 그러나 동시에 화폐는 소유를 얻을 수 있는 방법을 터득한 사람들에게는 「소유권」에 기반된 계급에 진입할 수 있는 열쇠가 되기도 한다. 이러한 「특성」이 (무엇보다도) 위계와 존엄의 표시인 「귀중품」이 화폐가 될 수 있게 한 것이다. 즉, 특정 재화가 「권력상징」(*Machtsymbol*)으로서 가지는 중요도는 그 재화를 화폐로 만드는 [여러가지] 일련의 원인 중 하나이다. 따라서 화폐는 「권력의 담지자」(*Machtträger*)로서 삶에 등장하게 되는 것이다.

전혀 다른 방식으로, 그 이후 「화폐발전의 단계」의 화폐, 무엇보다도 「일반적 상업화폐」는[360] (혹은 지금의 맥락에서는 「자본주의적 경제」의 화폐는) 「계급소속 표시의 수단」이 되었다. 과거 「축장화폐」의 경우에 있어

---

360 [역주] 「상업화폐」에 대한 정의는 역자용어해설 8을 참고할 것.

서는 그러한「계급소속」을 결정하는 것은 일차적으로는 그「화폐」의 형
태였고 [즉, 어떠한 종류의 화폐를 가지고 있는지가 중요한 기준이었고] 그 수량
은 이차적인 문제였다면,「자본주의적 경제」에서는 오로지 그 수량만이
「계급소속」을 결정한다. 즉, 화폐의 집중(*Zusammenballung*)이「계급위상」
(*Klassenstellung*)의「표현수단」이 되거나 계급의「권력위상」(*Machtstellung*)이
된다. 이제 지갑의 크기에 따라 자신이 소속되는 계급이 결정된다. 그
리하여 [과거의] 귀족주의는「화폐적 귀족주의」로 바뀌게 된다.

그러나 모든 지배계급의 노력은 자신이 획득한「권력위상」을 유지하
고 자식과 그 자식들의 후손들을 위하여 그것을 보존하는 목표를 지향
한다. 그리하여 소유가 이미 쌓아놓은 높은 장벽을 더욱 높이려는, 즉
소유가 만들어놓은「계급간격」(*Klassenabstand*)을 더욱 확대하려는 성향이
뒤따르며, 이는 자연히 이 계층에 속하지 않는 사회적 집단들에게 그에
대항하려는 노력(*Gegenbestrebungen*)을 [즉, 자신들도 또한 소유를 추구하려는 노
력을] 하도록 부추긴다. 그렇기에 이때 이 두 계층 모두에게 있어서 그
들이 의지하는 수단은 바로 화폐이다. 따라서 화폐는 이러한 사회에서
사회 내에 존재하는「권력 차별성」의 표현인 동시에, 이「차별성」을 해
소시키거나 혹은 반대로 강화하는 수단으로 등장한다.

「화폐의 발생」의 역사에서 알 수 있듯이 이러한 역할은「경제사회」
에서의 화폐뿐만 아니라, 경제적 관계에 기반하지 않거나 대체로 그
렇지 않은 사회에서의 화폐에도 적용된다. 그러나 화폐가 가지는「사
회교류적 권력영향」(*Machtwirkung*)이 가장 강하게 발휘되는 영역은 바로
「경제사회」임에 틀림없다. 여기서 화폐가 가지는「사회교류적 권력영
향」은, 경제에 있어서의 인간의 영혼을 변모시키는 힘으로, 그리고 인
간 내의「가득에의 지향성」(*Erwerbssinn*)을 일깨우고 채찍질하며, 만일 그
「가득에의 지향성」이 타락하는 경우에는 그것을 억제할 수 없는「가득
에 대한 탐욕」(*Erwerbsgier*)으로 변질시키는, 다른 어떠한 수단과도 비교
할 수 없을 정도로 강력한 힘으로 드러난다. 모든 소유가 오직 화폐라

는 대상에 체화될 때, 「가득 추구 정신」(*Erwerbsgeist*)의 행보는 거침없이 진행된다. 이 「가득 추구 정신」은 경제생활의 모든 영역에 침투하게 되고, 이에 「적절한 필요충족 원칙」(*Prinzips der genügsamen Bedarfsbefriedigung*)을 이제 「가득 추구의 원칙」(*Erwerbsprinzip*)으로 대체한다. 화폐는 바로 이러한 「가득 추구 정신」을 진작시킬 수 있는 활동 공간, 목표, 그리고 명확한 경로를 제공한다. 그리하여 좀바르트(Sombart)는 이 같은 사실을 다음과 같이 표현한 바 있다:

> 물질적 노력의 영역에서는 '정복'한다는 것은 다름 아닌 「가득」을 하는 것, 즉, 돈의 양을 늘리는 것을 의미한다. 이러한 '무제한을 추구하려는 노력'(*Unendlichkeitsstreben*), 즉, 「권력추구노력」(*Machtstreben*)이 자신의 내면의 본질과 부합하여 최적의 노력을 경주할 수 있는 분야는 바로 돈에 대한 갈구, 즉, 그것을 소유함이 점차 「권력상징」으로서 더욱 드러나는, 모든 유기적-자연적 한계를 벗어난 완전히 추상적인 「가치상징」(*Wertsymbol*)에 대한 갈구이다.[361]

「자본주의적 경제사회」에서의 화폐는 다른 어떠한 것도 이에 버금할 수 없는 경제적 권력을 주장하고 실현하는 수단이다. 시장은 경제적 「권력투쟁」(*Machtkampf*)이 펼쳐지는 장이다. 화폐는 「자본주의적 경제사회」 내에서 특별한 적응과 발전을 거쳐 온 이러한 투쟁에서의 무기이다.[362] 이에 화폐

---

[361] Sombart(1919: 328).

[362] [역주] Cf. 유사한 관찰은 다음의 인용에서도 볼 수 있듯이 막스 베버에게도 발견된다(Weber 1922: 58; 2019: 201). 흥미로운 점은 비록 저자가 베버를 인용하였다고 밝히지는 않았더라도, 이후의 서술은 아래에서 인용된 베버의 주장과 아주 흡사하다는 사실이다.

　(적어도 상대적으로) 자율적인 경제 주체(*Wirtschaften*) 간에 발생하는 시장 투쟁(*Marktkampf*): 화폐 가격은 투쟁과 타협의 산물이며, 따라서 권

가 준비되게 하고(zugerichtet) 또한 그것을 구성시키는 여러 가지 요건과 「특성들」 중에서는, 「경제사회」에 있어서만 무한하게 발휘될 수 있는 **「화폐의 구매권력」**(Kaufmacht des Geldes)의[363] 발전이 가장 중요한 위치를 차지한다. 이에 대하여서는 이후 더 자세히 설명하겠다.

시장의 「가격형성」에서는 그곳에서 마주치는, 화폐를 제공하거나 반대로 화폐를 욕구하는 모든 당사자들이 내거는 「권력주장들」(Machtanspruch)을 발견할 수 있다. 화폐가 원래는 사회교류적 「권력위상」이자 사회교류적 「위계위상」이었던 것처럼, 이제 화폐는 「경제적 권력권한의 표현수단」(Ausdrucksmittel wirtschaftlicher Machtbefugnis)이 되어버렸다. 동시에 화폐는 시장에서의 「권력실현수단」(Mittel der Machtverwirklichung)이 된다. 사회학적 관점에서 볼 때, 사우어만(H. Sauermann)이 정확하게 파악하였듯이 시장에서의 「가격형성」은 언제나 실제적인 「권력차이」(Machtdifferenz)의 표현으로 나타난다:

보상되고 또한 가격에 얹어지는 것은 노동력이나 재화 등의 제 생산

력 경합(Machtkonstellation)의 결과물이다. '화폐'는 원하는 대로 어떠한 형태와도 바꿀 수 있는, 그리고 '아직 정해지지 않은' 어떠한 효용을 얻을 수 있는 '무해한'(harmlos) 증서는 절대로 아니다. [화폐가] 그러한 [무해한] 증서가 되기 위하여서는 만인의 만인에 대한 투쟁(Kampf von Menschen mit Menschen)의 표현으로서 형성된 가격이 가지고 있는 질적 성격을 근본적으로 제거하여야만 한다 [그런데 그러한 제거는 불가능하다]. 대신 화폐는 우선적으로는 투쟁의 수단(Kampfmittel)이며, 가격은 이 투쟁의 결과물이다. 하지만 화폐가 계산의 수단이라는 말은, 서로 상충되는 이해관계 간에 벌어지는 투쟁에서 발생하는 기회(Chancen)를 오직 정량적으로 표현된 형태로 평가한다는 사실에 근거한다.

[363] [역주] 「구매권력」과 「구매력」의 차이에 대하여서는 역자용어해설6을 참고할 것.

비용이 아니다. 또한 공급자와 수요자의 주관적 고려가 가격을 형성하는 것도 아니다. 그 대신, 「통제처분권력」(*Verfügungsmacht*)에 기초하는, 사실상 존재하는 「권력차이」가 가격을 결정한다. 노동임금, 이자, 위험 프리미엄, 지대, 준지대 등은, 「통제처분권력」을 획득하기 위한 「권력쟁취의 노력」(*Machtbestrebung*)을 통하여 시장에서 형성된, 사실상 「권력의 결과물」(*Machterweiterung*)이다.[364]

그러나, 화폐는 경제적 「통제처분권력」을 전개하는 수단인 동시에 경제 합리적 성공을 거두어 들이는 수단인 점도 추가하여 말할 필요가 있다.

이러한 「화폐의 서비스」는 「자본주의적 경제」 사회에서 화폐가 가지는 또 다른 특징, 즉 화폐가 자본이 될 수 있는 능력과도 연결된다. 좀바르트(Sombart)가 정확하게 지적하였듯이, "「화폐형식」이란 자본이 필연적으로 자신에게 입히는 의상의 최초이자 마지막 형태이다". 화폐는 자본이 됨으로써 가장 높은 위상의 「사회교류적 권력」이 되는데, 이는 화폐가 자본 자체가 가지고 있는 권력을 전유하고, 화폐 자신이 가진 특유의 「자본 형성력」(*kapitalbildende Kraft*)을 통하여 이러한 권력을 계속 강화하여 나간다는 사실에서 그러하다.

화폐가 자본이 되면 전체 생산 과정을 결정한다. 즉, 생산 과정에 관여하는 모든 사람들뿐만 아니라 그것에 의존하는 소비자들까지 예속시키는 지배 권력이 된다. 궁극적으로 화폐의 지배하려는 주장은 국가 앞에 도달하기 전까지 멈추지 않는다.[365]

화폐가 자본을 형성하는 힘인 것처럼, 화폐는 자본이 「축적」되는 형식이자 힘이기도 하다. 그러한 형식과 힘을 통하여 화폐는 집적의 과정

---

[364] Sauermann(1931: 403).

[365] [역주] 이 문장 만으로 볼 때는 그 주장이 국가까지 포함하여 미치는지 혹은 국가는 제외된다는 의미인지 여부는 불분명하다.

을, 즉 자본주의 사회의 성격을 부여할 뿐만 아니라 그 발전 과정을 결정하는「축적」의 과정을 겪게 되고, 궁극적으로 항상 이러한 사회와 국가 간의 대립을 초래한다. 이 갈등의 결과에 따라「화폐의 운명」도 결정된다. 자본의 권력에 대한 주장을 인정하는 국가의 경우에 있어서는, 국가가 창조하여낸「화폐정체」(貨幣政體 Geldverfassung), 즉「법적 질서」(Rechtsordnung)의[366] 산물인 화폐를 통하여 자본이 그러한 자신의 주장을 실행할 수 있도록 하는 도구를 제공한다. 그것이 바로「자유주의-경제 합리적 국가」(liberal-ökonomischer Staat)의 화폐, 즉 무한한「구매권력」을[367] 가지고 있는 화폐이다.

소유는 언제나 권력을 의미한다.「자유경제국가」에서의 화폐는 소유가 가진「권력기능」(Machtfunktion)을 거대한 규모로 전개하여 실현시키는 수단이다. 물리학의 세계에서 원자력이 그러하듯, 화폐도 사회교류적 세계에서 자신의 힘을 방출하여, 국가, 법, 종교,「습속」등을 자신의 사슬로 묶어 두거나, 혹은 적어도 그러려고 시도를 하는 가공할 권력이 되며, 이러한 시도는 대체로 십중팔구는 성공한다.

그리고 이러한「화폐의 권력기능」은 화폐로 취득할 수 있는「욕구충족의 수단」인 재화의 범위가 확대되는 만큼 확장된다. 화폐로 '모든 것'을 획득할 수 있는 자유주의 경제에서의 부자는, 화폐로 취득할 수 없는 단지 몇 가지만을 제외하고는 모든「욕구」를 그 욕구가 가진 의미의 중요도와는 상관없이 모두 화폐를 통하여 충족시킬 수 있다. 심지어 생명과 건강까지 화폐를 통하여 거래할 수 있다.

「권력수단」(Machtmittel)으로서의 화폐는「욕구」의 자연적 절실성에 의하여서가 아니라 구매력이 가장 높은 수요에 의하여 결정되는 방식의「재화분배」의 구조를 만들어 낸다. 따라서, 재화의 공급량이 수요를 충

---

[366] [역주] Knapp(2023/1923: 2).

[367] Cf. 이 같은 점은 아래 22장, '화폐의 자본기능'에서 논의할 예정이다.

족시키기에 충분하더라도 사회교류적으로는 재화의 부족이 발생할 수
도 있다.

화폐는 그 자체로도 조직화된 권력을 의미하지만, 그러한 사실을 넘
어서 화폐의「관용」은 그 권력을 배가시키는 어떠한 특정 제도로 이어
지는 [즉, 탄생시키는] 경향이 있다. 은행 및 신용 제도, 주식시장, 국제적
인「지불거래」의 발달과 그것들이 여는 모든 가능성과 정치와 경제에
미치는 결과들은「화폐의 권력」이 거대한 규모로 증식되고 있다는 사
실을 의미한다.「달러제국주의」(*Dollarimperialismus*)라는 말이 이를 잘 표
현하고 있다.

화폐에 부여된 권력은 화폐라는 단어 자체가 이제 상징적 표현으로
사용되었다는 사실에서도 잘 드러난다:「구매권력」을 상징하는 달러,
뇌물을 상징하는 루블, 경제적 안정을 상징하는 파운드화, 보잘 것 없
는가치를 상징하는 드라크마 등이 그에 해당한다.

화폐는「소유권력」(*Besitzmacht*)을 가동시키고 그 권력을 더욱 더 소수
화된 손에 집중시키는 수단이다. 이러한 방식으로 소수의 권력 집단은
국제 경제를 장악하고 입법과[368] 외교 정책의 향방에 현저한 영향력을
행사할 수 있게 된다. 그리고 소수의 사람들이 한 국가의 철도 체계 전
체를 통제하고, 전 세계의 석유와 석탄 매장량, 주요 생산국의 고무와
설탕 생산량 등의 기초 산업이 소수의 권력 집단에 의하여 통제되고 운
영되는 경우, 화폐는 이러한 권력을 획득하고 행사하며 또한 견고하게
만드는 가장 효율적인 수단이 된다.

그리고, 화폐를 통하여 여론은 통제될 뿐만 아니라 만들어지기도 한다.
그러나 화폐에 부여된 권력, 더 정확히 말하자면「화폐소유」에 부여

---

[368] [역주] Cf. "부자는 빈자는 결코 들어갈 수 없는 여타 행사나 주요한 기
관의 권력 중심부에 쉽게 진입가능하고, 따라서 그들은 보다 큰 정치적
권력과 영예를 취득할 수 있다"(Simmel 2011/1900: 236).

된 권력은 항상 그대로 유지되는 것은 아니다. 「발달된 화폐경제」에서 계급에 대한 착취가 심화되고 사회교류적으로 기생(寄生)의 분위기가 최고로 만연되어 자라날 때, 그 안에서 현대적 사회주의와 공산주의가 자라날 비옥한 토양이 예비된다. 만일 이렇듯 경제적 「심상」이 바뀌고, 그에 따라 경제 체제의 변화가 야기되는 경우, 화폐는 자신이 자본주의 사회에서 가지고 있던 그 전권을 어느 정도 포기하여야만 한다. 물론 화폐가 그 자리에서 완전히 퇴위되지는 않을지언정, 화폐가 행사하는 「권력권한」(*Machtbefugnis*)은 현저히 제한된다. 화폐가 「자본주의적 경제」에서 획득한 절대적 「구매권력」은 이제 상실되어 버린다. 이에 대하여서는 본서의 다른 곳에서 더 상세히 언급할 예정이다. 따라서 화폐는 자본주의적 경제사회에서 가지고 있던 사회교류적 「권력수단」으로서의 중요성을 어느 정도 혹은 대부분 상실하게 된다. 좀 더 정확히 말하자면, 이러한 현상은 경제적 권력이 이제는 정치 권력에 종속됨을 의미한다. 그리하여 사회적 삶은 더 이상 순수한 경제적 관점이 아니라 정치적 관점에서 조직되고 평가된다. 물론 정치도 화폐를 하나의 도구로 인정한다. 따라서 화폐는 이제 정치의 「권력도구」(*Machtinstrument*)가 되어, 이제는 사회교류적 권력을 획득하는 수단 내지는 분배하는 수단으로서 정치에 봉사하게 된다.

§17. 경제의 수단으로서의 화폐

본서의 연구 과정에서 이미 여러 차례 다양한 맥락에서 살펴본 바와 같이, 화폐가 발전하는 과정에서는 「목적변화」를 겪는다. 즉 「인정수단」으로서의 화폐에서 「경제의 수단」으로서의 화폐로[369] 변모한다. 지금까지 살펴본 바와 같이 화폐는 그 시원에 있어 경제에서 발생한 것이

---

[369] [역주] 「경제의 수단」에 대한 의미는 171쪽 참고.

아니다. 단, 물론「원시화폐」가 경제, 즉 경제적 교류에서는 절대로 발생할 수 없다는 말은 아니다. 실제로 종종 그러한 경우도 있었다: 이렇듯 가장 초기의「화폐관용」이 뚜렷한 경제적 용도를 위한 것이 아니었던 바처럼, 이「경제화폐」(*Wirtschaftsgeld*), 즉 경제적 교류에서 비롯되고 사용되는 화폐만이 가장 오래된 화폐는 아니다. 그러나 사회적 발전 과정에서 화폐는「경제의 수단」이 되고, 화폐가 담당하는 경제적 역할은「경제의 과정」(*Wirtschaftsablauf*) 자체에서 점차로 더욱 중요하여진다. 화폐는 이 역할에 맞게 성장하고 자신이 '현현하는 형식'(顯現 *Erscheinungs-form*)과 자신의「수행력」(*Leistungskraft*)도 점점 더 그러한 역할에 적응하여 간다.

광범위한 사회교류적 영역, 즉「사회적 경제」(*gesellschaftliche Wirtschaft*)에 있어서는, 경제상에서 보여지는「화폐의 본성」을 우선적으로 고려하여야만 함을 간과하여서는 안 된다. 하지만 화폐를 경제적「공동체생활」(*Zusammenleben*)의 수단으로만 보는 것이 아니라 인간관계 전반의 수단이자 표현으로 보는 것이 본서에서 표방하는「화폐의 사회적 이론」의 핵심 사상이다. 즉, 경제가 일종의「사회교류적 행동」(H. Sauermann)이라면, 경제에서의 화폐 역시「사회교류적 행동」의 산물에 지나지 않는다는 뜻이다.「사회교류적 행동」은 항상 특정한 목적을 지향한다. 이 목적을 인식한다는 것은 이 목적을 실현하기 위하여 수행하는「수단배치」를 인식하는 것을, 즉 화폐와 관련하여 경제에서「화폐의 서비스」를 이해하는 것을 의미하기도 한다.

인간의 경제사회적「공동체 생활」에 있어서의 화폐는 처음에는「재화획득」을 위한「경제합리적 수단」(*ökonomisches Mittel*)으로서 등장한다. 실상 이 같은 사실은 여러 차례 설명한 바 있다. 그러나 마치 화폐가 일정한「목적성」(*Zweckmäßigkeit*)을 가지고 발명된 것으로 이 사실을 이해하여서는 안 된다. 앞서 살펴본 바와 같이「실천이성」(*praktische Vernunft*)이 숙고한 끝에 화폐가 보조수단(*Aushilfsmittel*)으로서 사용된 것은 아니며,

「교환수단」으로서의 화폐가 「관용」된 것은 오히려 「시장교류」의 필요성에서 비롯된 것인데, 이는 「운송수단」의 사용이나 시장에서의 조화가 확립된 것이 그러하였던 것과도 같다. 따라서 「경제의 수단」으로서 「화폐의 서비스」를 이해하기 위하여서는 그것이 가지는 「목적성」에 주목할 것이 아니라, 슘페터(Schumpeter)가 말한 바처럼 "시장 메커니즘이 작동하기 위하여서는 「화폐재화」가 필수불가결하기 때문"이거나[370] 혹은 좀 더 자세히 말하자면 「재화생산」, 「재화분배」 및 재화소비의 모든 측면이 경제합리적으로 합리화되는 과정에서 「화폐재화」가 필수불가결하기 때문이었다는 점에 주목할 필요가 있다.

「자본주의적 경제」에서의 모든 수요의 충족은 본질적으로 「자급경제」가 아닌, 특히 시장을 통한 「사회적 생산」(gesellschaftlicher Erzeugung)에 의하여 이루어진다. 시장을 통한 그리고 시장으로부터의 이러한 「수요충족」은, 제공되는 다양한 상품 및 서비스의 공급과 그에 버금가게 다양한 수요 사이의 균형을 이룰 수 있도록 하는 일반적인 「교환수단」을 전제로 하는데, 이는 수요가 최초부터 개별적인 공급과 일치하는 경우는 아주 드물기 때문이다 이러한 경제 체제에 통합되어 있는 사람들은 구매자와 판매자로서 끊임없이 상호 대립한다. 그런데 자유 「시장경제」에서의 수요는 대체로 화폐를 사용하여 획득함을 통하여서만 충족될 수 있기 때문에 그들은 끊임없이 화폐적 관점에서만 생각할 수밖에 없다. 이미 언급하였듯이 이러한 맥락에서는, 화폐는 「교환수단」으로 사용되지만, 그럼으로써 「가격표시수단」(Preisausdrucksmittel)과 「경제의 계산수단」(Wirtschaftsrechnung)이라는 또 다른 용도로도 사용되게 됨도 의미한다. 따라서 화폐는 「교환거래」를 처리한다. 그런데 그와 동시에 더욱 중요한 점은 생산을 통제하여 「사회적 산물」을 만들어 내고 그것을 「분배」하는 역할을 하는, 일반적인 「경제의 수단」이 된다는 사실에 있다.

---

[370] [역주] Schumpeter(1970/1908: 282).

화폐는 처음에는 「재화교환수단」에 불과하였지만, 「경제교류」가 발달하면서 그 「매개재화」는 이제 오히려 본질로 간주되고 그것의 취득은 교환활동의 목표가 된다. 경제적 활동은 「화폐적 이득」을 추구한다는 점에서 「가득」을 지향하는 경제가 된다. 이는 두 가지 방식으로 경제생활상 화폐의 역할에 영향을 미친다. **화폐는 한편으로는 경제합리적 목표가 되고, 다른 한편으로는 「가득의 수단」이 된다.** 이때 경제합리적 목표가 된다 함은 즉 모든 경제적 활동이 「화폐의 가득」을 위한 것으로 보이게 됨을 말한다. 이미 다른 맥락(본서 12장)에서 설명하였듯이 아리스토텔레스는 이미 이를 잘 깨닫고 있었다. 그 철학자가 믿었던 것으로 잘 알려진 바처럼, 또한 오늘날 우리가 말하는 것처럼, 「생존경제」(*Bedarfsdeckungswirtschaft*)가 「가득 지향적 경제」(*Erwerbswirtschaft*)로 변화되는 과정을 그는 강력하게 비난하였다. 이 같은 과정은 점점 더 확산되어 자연 경제는 국가를 위협하는 「돈벌이 기술」로 대체된 것이다

화폐를 경제합리적 목표로 삼는 이러한 「가득 추구 정신」의 기원에 대하여서는, 이 스타기라 출신 사상가가 [즉, 아리스토텔레스가] 본서에서 이미 언급한 바 이외에 그의 『정치학』 제1권 제9장에서 추가적으로 말하는 바를 다시 한번 들어보자. 그는 다음과 같이 설명한다: 이러한 종류의 상품, 즉 화폐가 자연적인 「교환의 욕구들」 때문에 도입되던 순간 또 다른 종류의 「가득의 기술」(*Erwerbskunst*), 즉 상업과 행상 거래가 발생하였다. 사실 이것들은 애당초에는 역시 매우 단순한 형태였을 것이다. 그러나 경험이 쌓이면서 교환을 통하여 이러한 기술은 더 큰 이익을 획득하는 방법과 장소를 결정하는 기술로 점점 더 정교화되어 간다.

아리스토텔레스는 「상품판매」를 통한 「화폐의 가득」만을 지향하는 이 「돈벌이 기술」(*chrematistic*)을 자연섭리에 따른 「가득의 기술」, 즉 「가사관리경제」(*Ökonomik*) 내지는 「가사관리기법」과 대비시킨다. 그러나 이 그리스 현자가 틀림없던 깨달았던 바는 안타깝게도 후자 또한 역시 동일한 「가득 추구 정신」에 사로잡혀 있다는 사실이다. 그는 다음과 같이

말한다.

> 그러나 이러한 경향은 사람들이 오직 쾌락적 삶에 대한 관심이 있기에 생겨난다. 즉, 단순한 향락적 삶에 대한 탐욕에는 한계가 없기에, 그것을 충족시키는 수단도 무제한적으로 갈구한다.[371]

그는 자신이 이렇듯 심각하게 비난하고 있음을 거듭 강조하기 위하여 몇 줄 뒤에 다시 한번 이렇게 부연한다:

> 이로부터 이러한 옳지 못한 「가득의 기술」이 생겨났다. 쾌락에는 끝이 없기에 인간은 또한 그러한 쾌락을 얻을 수 있는 수단을 무한히 추구하기 때문이다.[372]

아리스토텔레스가 자신이 설명한 「동인」을 정확하게 기술하였는지를 밝히는 것은 본 연구의 주제가 아니지만, 그는 분명 이러한 사태 자체의 본질은 정확하게 인식하고 있었다.

하지만 앞서 말하였듯이 화폐는 「경제사회」에서 경제합리적 목적일 뿐만 아니라 「가득의 수단」이기도 하다. 잘 알려진 마르크스의 공식 「M – C – M′」(화폐 – 상품 – 증식된 화폐)이 이와 같은 사실을 잘 표현하고 있다.[373] 「C – M – C」(상품 – 화폐 – 상품) 공식으로 대표되는 원초적 시장 과정, 즉 상품의 화폐로의 변환과 화폐가 상품으로 재변환되는 과정은 「M – C – M」 공식으로 표현되는 다른 과정으로 대체된다. 이 첫번째

---

[371] Aristotle(1872: 34-35) [역주] 본 번역은 저자가 참고한 독일어 번역본을 중역한 것이다. 표준적 텍스트는 다음을 참고할 것: Aristotle(1932: Book I.iv. 1257b39-1258a4).

[372] [역주] Aristotle(1932: Book I.iv. 1258a7).

[373] [역주] Marx(1963/1893: 32쪽 이하 연속).

형태는 다른 상품을 구매하기 위하여 상품을 판매하는 과정을 표시함에 반하여, 두번째의 형태는 이윤을 남기고 판매하기 위하여 상품을 구매한다는 뜻이다. 그렇기 때문에 두번째 공식은 더 정확하게「M－C－M'」, 즉 '화폐－상품－증식된 화폐'가 [이때 증식된 화폐 M' = 투입된 화폐 M + 지대 혹은 기업 이윤 등] 되어야 한다. 이때, 첫 번째 공식에서의 M = 「교환화폐」(*Tauschgeld*)이며 반면 두 번째 공식에서의 M=「구매화폐」(*Kaufgeld*)를 나타낸다. 물론 항상 이 같은 형태에 따라 시장에서 모든 과정이 일어나는지 여부를 문제시할 수는 있겠지만 그럼에도 불구하고 그 같은 반론은 위의 공식이 가지고 있는 설명력에 전혀 영향을 미치지 않는다. 참고로, 본서에서 우리가 이 공식을 사용하였다고 하여서 모든 마르크스주의적 해석을 지지하는 것으로 간주하지는 않았으면 좋겠다. 어쨌든 화폐가「가득의 수단」이자 동시에「가득의 목적」(*Erwerbsziel*)이라는 사실은 후자의 공식「M－C－M'」보다 더 간명하게 표현될 수 없다.

「가득의 수단」으로서의 화폐는「자본」이다.「자본」이라 함은, (가장 광의의) 생산에 어떠한 형태로든 사용되는, 그리하여 재화와 서비스를 창출하기 위하여 사용되는 그러한「소득분」(所得分 *Teil des Einkommens*)을 지칭한다. 일반적으로 생산 또는「가득 지향적 경제」의 활동의 목표는「화폐적 이득」(*Geldertrag*)이다.「화폐적 이득」을 창출하기 위하여서는「화폐적 계산」, 즉 화폐로 지출과 수입을 평가하는 작업이 필요하다. 이 같은 평가는 노동과 같은 어떠한 또 다른「잣대」가[374] 아닌 화폐 차체에 의하여 수행된다. 화폐는 그것이 주로「교환수단」으로서 관행적으로 사용됨에 의하여, 즉, 화폐의「관용」에서 이 같은 기능을 수행할 수 있는 능력을 얻게 된다.

화폐를「교환수단」으로 사용하고 그에 따라 재화에 대한 평가도 화폐로 수행하게 되자, 화폐에는 새로운「특성」이 부여된다: 화폐는 경제

---

[374] [역주] 이는 마르크스의 노동가치설에 대한 부인을 의미한다.

적 「가치크기」와 「가치관계」의 표현이 되어 「가치비교」의 「잣대」가 된다. 「가치비교」의 「잣대」로서의 화폐는 합리적인 「경제관리」의 필수불가결한 도구인데, 비용과 편익, 그리고 지출과 소득의 경제적 비교는 「화폐적 계산」에 의하여서만 가능하기 때문이다. 이러한 사실은 「경제의 수단」으로서의 화폐가 지닌 새로운 측면이다. 즉, 화폐는 바로 「계산수단」이 된다.

「화폐적 공동체」에서 다양한 서로 다른 「지불수단」이 병존하여 「관용」적으로 사용되는 한, 이러한 「지불수단」 중의 여러 개가 동시에 나란히 「계산수단」으로 기능할 수도 있다. 그러나 회계와 「경제이성」(wirtschaftliche Vernunft)의 논리를 따르게 되면서 이렇듯 다양한 「지불수단」 중에서 하나를 선택하게 되고, 그 결과 결국 일반적 「관용」이 징착되기 위하여서는 어떠한 한 「지불수단」의 단위가 「계산단위」로 정립되게 된다.

「지불수단」이라는 「화폐의 서비스」는 「경제의 수단」으로서 화폐의 서비스를 위하여서도 이렇듯 당연하게 필수적으로 중요하다. 그러나 그 서비스는 결코 단순한 경제적 이유를 위한 것만은 아닌데, 이 같은 점은 다른 맥락하에서 논의하고자 한다. 반면에 「계산수단」이라는 서비스는 (지불 서비스와 달리) 경제 내에서 직접적으로 발생하는데, 이는 경제활동이 이루어지는 곳에서는 어디서나 반드시 계산이 이루어져야 하기 때문이다. 경제적 계산은 화폐를 사용하여 비용과 수입을 수치로 평가하고 비교하는 것이다. 경제적 계산에서 화폐를 「회계단위」로 사용하면, 「화폐단위」와 관련된 「가치크기의 표상」은 모든 경제적 수단과 힘에 대한, 그리고 재화와 용역의 가치에 대한 「잣대」가 된다. 이러한 기능을 통하여 결국 화폐는 「재화분배」의 척도가 되고 **사회적 산물에의 참여척도**가[375] 되며, 경제적 「가치이전」과 경제적 가치 배분의 수단이 된다. 이

---

[375] [역주] '사회적 산물에의 참여'가 가지는 의미에 대하여서는 각주 341을 참고할 것.

것이 바로 현재까지의 화폐의 기능 발전에 있어서의 마지막 단계이다.

「경제의 수단」으로서의 화폐의 발전은 「구매권력」의 발전과 밀접한 관련이 있다. 거의 무제한적인 「구매권력」을 가진 화폐만이 자신에게 부여된, "「경제의 수단」이 되는" 그러한 과제를 수행할 수 있기 때문이다. 여기에서는 이에 대하여 아주 간략히만 기술하였으며 것이며 그 이외의 모든 자세한 내용은 화폐의 「구매권력」 형성에 관한 본서 4부 27장을 참고하기 바란다.

§18. 교환수단으로서의 화폐

「교환수단」으로서의 「화폐관용」은 개인의 경제적 이익보다는 사회적 이익에 더 기여하는 것으로 보인다. 하지만 실제로 그 발전과 확산은 「교환거래의 사회성」의 희생을 발판으로 이루어 지는 것으로 생각된다.

교환은 원래 [경제적 교류를 위한 것이 아닌] 사회교류적으로 확립된 사태이다. 그것은 단순히 개인 간에 발생한 것은 아니었고, 오히려 집단 간에 발생하였다.[376] 이 경우 아직 한 [교환이 다른 교환으로 이어지는 등] 교환의 연속적 사슬이라는 것은 존재하지 않았고 어떠한 교환이 있다고 하여도 오히려 개별적이고 고립된 과정이었기 때문에 사실 진정한 「교환수단」이 필요하지도 않았다. 이러한 「교환거래의 사회성」은 [즉, 사회교류적 성격을 가지고 있던 원래의 교환거래는], 일반적인 「교환수단」을 관행적으로 사용하는 「관용」이 자연화되면서 서서히 느슨하여진다. 그리하여 새로운 다른 형태의 '어떠한' 「사회교류적인 것」(ein Soziales)이 그 자리를 차지하게 된다: 즉, 「교환거래」에 관련된 모든 경제의 상호연계성(Verflechtung)의 등장이 바로 그것인데, 그것은 「교환사회」(Tauschgesellschaft)

---

[376] Cf. Bastable(1888). 이와 같은 견해는 Simmel(1900: 58)에서도 발견된다.

를 「교환수단」을 통하여서 창출하며, 그 밀집도도 또한 점점 높아지게 된다. 「교환수단」으로서의 화폐 그 자체는 생산수단이나 「소비수단」의 형태로 [직접적으로] 개인적인 「욕구」를 충족시키지는 못하며, 오랜 기간 동안 올바르게 인식되어 온 것처럼 가장 편리하게 교환을 하려는 「사회적 욕구들」만을 충족시킬 뿐이다.

이에 관하여 이하에서는 상세한 설명은 피하고 [「교환화폐」의 발전을] 세 단계로 나누어서 개략적으로만 설명하고자 한다.

1. 「우월성의 과시수단」으로 사용되거나 원하여지는 상품뿐만 아니라 「향유수단」(소금, 차, 담배)이나 기술적 특성을 가진 「관용재」(구리, 철) 등으로서 수요가 많은 상품도 「선물교환」을 위한 역할을 하는 경우가 많다. 이와 더불어 부차적으로 언급할 점은 이러한 「향유수단」과 「생산수단」의 소유와 「관용」은 종종 「우월성」을 의미하기도 한다는 사실이다. 앞서 언급한 재화는 다양한 다른 재화를 얻을 수도 있는 선물이다. 하지만 그러한 목적을 위하여 특별히 행하여지는 빈번한 모임이나 「선물교환여행」의 경우, 이러한 재화는 한정된 용도만을 위한 단일 방향만의(*einseitig*)[377]「교환수단」이다. 그것들은 어떠한 특정한 소수의 재화에 대하여서만 「구매권력」을 가지며, 그것을 받는 자는 그러한 재화들을 「교환수단」으로 계속 사용하지는 않는다.

2. 이보다 한발 더 나아간 형태는, 수취자가 필요시에 그 재화를 「교환수단」으로 계속 사용할 수 있는 경우 그 재화가 「교환수단」이

---

[377] [역주] 이때 '단일 방향'이란 앞서 말한 화폐의 순환공식 「C-M-C」로 설명하자면 「C-M」의 과정만을 의미한다. 반면 다음 문장에 나오는 '양쪽방향'이란 「C-M」과 「M-C」의 두가지 측면에서 화폐가 사용됨을 의미한다.

되는 경우이다. 그럼으로써 그 재화는 양방향(zweiseitig)의「교환수단」이 된다. 다만, 이러한「교환수단」은 그 사용 범위가 아직 제한되기도 한다. 가령 특정 재화나 서비스에 대하여서는 특정한「화폐형태」만이 요구되기도 한다. 예를 들어 개오지 조개껍질이나 유리 구슬은 식량을 구매하는 용도로는 사용될 수 있지만, 상아나 무기, 노예는 그러한 용도로 사용될 수 없다.

3.「교환화폐」발전의 세 번째 단계는 화폐로 사용되는 재화가「보편적 교환수단 화폐」(allgemeines Tauschmittelgeld)가 되는 경우이다. 이것이 의미하는 바는, 일반적으로「가득」가능한 재화라면 어떠한 것이든 어떠한 단일한「화폐형태」를 사용하여「가득」할 수 있는 경우, 즉 이때 그 [단일 화폐] 재화의 주요 기능이「교환의 매개」가 된 경우이다.

모든 재화가 화폐 역할을 할 수 있는 것은 아니지만, 어떠한 재화들은, 그리고 실제로 많은 재화들이 화폐 역할을 할 수 있으며, 일시적으로나마 화폐의 역할을 수행한 재화의 수는 많고도 다양하다. 이러한 발전은 화폐로 사용할 수 있는 재화를 제한하기 위한「선택」으로 이어진다. 이 같은 전개는 특히「교환수단 화폐」(Tauschmittelgeld)의 경우에 해당하는데,「화폐재화」의 수가 단 한 개는 아닐지라도 단지 궁극적으로는 몇 개로 제한되는 경우가 대부분이다. 이것이 바로「교환수단 화폐」의 가장 큰 장점이다. 다시 말하자면「교환수단 화폐」는 그것을 사용하여 다른 모든 재화의 가치를 표현할 수 있을 뿐만 아니라 다른 모든 상품과「용역 급부」간의 교환도 가장 편리하게 이루어질 수 있는 재화라는 장점을 가지고 있다. 따라서「화폐재화들」의 수를 늘려야 한다고 믿고 그리하여 실제로 너무도 많고 다양한 것들이 존엄한 화폐의 위치로 격상되는 경우, 즉 곡물, 계란, 담배 등이 화폐와 병행하여 화폐와 같은 용도로 사용되어 존엄한 화폐의 위치가 그 존엄성을 상실하게 되는 경우, 이는 오히려 경제적으로 쇠퇴(*Rückgang*)하는 시대를 결과하게 된다.

이미 다른 맥락에서 언급하였듯이, 위에서 설명한 발전 과정은 칼 크니스(Karl Knies)로 하여금, 경제적 재화를 「향유수단」과 「생산수단」으로 구분하였던 종래의 이분법적 분류를 지양하게 하였다. 그는 이제는 재화를 「생산수단」, 「향유수단」, 그리고 추가하여 「교환수단」으로 나누는 삼분법적 분류를 제안하게 되었다.[378] 이러한 구분과 분류는 「교환수단」으로서 「특성」을 획득한 재화의 특수한 위치를 강조할 뿐만 아니라 경제적 발전의 단계를 파악할 수 있도록 하여준다.

로트베르투스(*Rodbertus*)는 특히 「교환수단」으로서 화폐를 관행적으로 사용하는 「화폐관용」이 「노동분업」의 발전과 함께 전개된다는 점을 강조하였다. 다음과 같이 그는 어떠한 「교환수단」은 「노동분업」에 속한다고 말한다 [즉, 어떠한 「교환수단」은 일종의 「노동분업」의 일환이다]:

> 모든 사람이 자신이 제공하여야 하는 생산물과 교환하여 받을 수 있는 어떠한 것이 존재하여야만 하고, 그리하여 [그것을 통하여] 모든 사람은 자신이 필요한 것들 (!)을 얻을 수 있어야만 한다.[379]

그것이 바로 화폐이다.

거듭 강조한 바와 같이 우리의 연구에 의거할 때, 통상적인 세간의 교리, 즉, 화폐는 그 기원에 있어 주로 그리고 본질적으로 「교환수단」이었다는 주장은 절대로 수용할 수 없다. 따라서 「교환경제」에서 「화폐의 기원」을 찾으려 하는 사람들은 교환의 기원 그 자체에 대한 통찰과 「화폐체계의 시작」에 대한 통찰로부터 자신의 시야를 스스로 가리고 있다고 할 수 있다. 앞서 살펴본 바와 같이 교환은 「선물교류」에서 비롯되었

---

[378] Knies(1885a: 20).

[역주] 같은 내용은 본서 113쪽에도 나온다.

[379] Rodbertus(1842: V. §1: 135쪽 이하 연속, §5: 147, §6: 152).

다. 시초에 교환은 경제적 역할이 전혀 없었거나 예외적인 경우에만 보여진다. 오히려 단지 점차적으로만 이러한 역할을 하게 되었다. 「원시적인 화폐적 교류」는 이러한 「교환거래」의 발전과는 완전히 독립적으로 발생하였다. 최초에 그러한 교류에는 어떠한 「교환행동」(*Tauschhandlung*)도 개입되지 않았다. 그것은 [「교환행동」은] 오랜 발전의 과정 중에서 「화폐형식」이라는 옷을 입게 되고, 결국 화폐는 명실상부한(*schlechthin*) 「교환수단」이 되었으며, 오늘날의 국민경제에서 일반화된 바처럼 결국 교환은 단지 「화폐형식」을 통하여서만 일어나게 되었다. 이러한 발전의 당연한 귀결로서 「교환행동」에 대한 경제적, 사회적 중요도의 변화, 그리고 그것이 가지는 의미가 변화한 것이다.[380]

「교환화폐」는 「교환거래」(*Tauschverkehr*)를 위한 도구이다. 「교환화폐」는 「교환거래」를 고양시키거나 혹은 달리 말하자면 「교환거래」를 더 높은 차원으로 격상시키며, 그로써 경제 전체를 교환관계와 교환과정의 네트워크로 보이게 한다. 바로 이러한 이유에 기인하여 「국민경제학」에서의 과제는 「교환거래」의 메커니즘을 설명하는 것으로 간주되거나 심지어 "「화폐적 현상」을 경제이론상에 있어서의 유일한 문제"(리프만 Liefmann)로 간주하기도 한다. 우리는 이러한 경제를 「교환경제」(*Tauschwirtschaft*) 또는 「상업경제」(*Verkehrswirtschaft*)라고[381] 부른다. 이러한 경제는 화폐 또는 「화폐관용」 없이는 상상할 수 없는 경제이다. 그리고 이 경제에서의 교환 과정은 가격의 출현으로 이어진다. 그리하여 「교환수단」은 「가격표현수단」이 되고, 따라서 화폐, 즉 우리가 「교환화폐」로 통상적으로 이해하는 특정 종류의 화폐가 된다.

---

[380] Cf. 이에 관하여서는 본서 8장을 참고할 것.

[381] [역주] 우리는 '*Verkehrswirtschaft*'를 「상업경제」로 번역하였는데, 이는 보다 뚜렷이 발달된 형태의 「교환경제」이다. 이 개념에 대하여서는 트리베(Tribe)의 해설이 유용하다(Weber 2019: 484).

화폐의 광범위한 발전과 그 이후의「화폐의 지속적 발전」을 결정짓는 것은 바로 화폐적「교환거래」의 필요성들이다.「원시화폐」는 개인적 상품, 재보 또는 귀중한 용도를 가진 물건 등이었다. 이러한 물건들은「장신구」,「무기」,「도구」등과 같이 그 자체로 즉각적인「수요충족」을 제공하는 것들이며,「교환수단」으로서의 서비스는 말하자면 단지 부차적으로만 수행하는 것들이었다. 그러나 화폐로 사용되는 재화는 점차 더욱 이러한 본연의 기능에서 멀어지고 있다.「장신구」, 무기, 도구 등의,「화폐재화」가 동시에 가지고 있던 다른 용도들은 보다 덜 중요하게 되어 뒤로 물러나 결국에는 완전히 사라지고, 당연히「화폐재화들」의 여타「활용성」에 대한 고려도 함께 사라지게 된다. 그것을 이루는 재질이나 형태로 인하여 생산수단 내지「소비수단」으로 사용할 수 있는 화폐를 대신하여 이제는 재화로서 더 이상 다른 용도로 전용될 수 없는, 그리고 오로지 유통에만 국한되어 사용되는, 즉「화폐적 서비스」에만 초점을 두어 사용되는 화폐가 등장하게 된다.

이러한「화폐의 지속적 발전」은「화폐체계」의 발전상의 새로운 단계를 의미하는데, 이는 화폐 스스로가 야기하였던「교환거래」가 발전함에 따른 결과이기도 하다.「축장화폐」로서의 화폐가 아닌「교환화폐」가 바로 이러한 변천을 겪으면서 결국 이러한 스스로의 목적을 완수하였다.

따라서 점진적으로 앞으로 나아가는「상호작용」속에, 경제적 교류를 발전시키고 경제 자체를 변형시킨 것은「교환수단」으로서의 화폐이다. 따라서 그러한 화폐는, 자신이「교류수단」으로서 가지는 화폐의 역할을 그 자신이 스스로 창출한 욕구들에 적응시키는, 그리고 또한 끊임없이 성장하고 심화되는 경제적 사태 내에서 스스로를 드러내는 욕구들에 적응시키는, 그러한 끊임없는 원동력이자 동시에 제약이 된다. 일반적인「교환수단 화폐」가 존재하지 않는다면 교환이 가져다 주는 경제적 가능성은 단지 제한적으로만 유용될 수 있는 것처럼,「교환수단 화폐」의 진전이 없이는「노동분업」의 진보와 그에 따른 개별 경제에 있어서의 성과의 증대도 불가능하다. 폐쇄적인「가사관리경제」는 단지 자신 자체 생산에만 의존하는 「보급가능성들」(*Versorgungsmöglichkeit*)에 의존하지만, 반면 그 「교환거래」에 있어서 화폐를 사용하여 얽혀있는 경제는 수많은 다른 경제와의 연결을 통하여 보다 「조달」이 풍부하여짐을 체험한다. 화폐는 이른바 폐쇄적인 「가사관리경제」를 해체하고, 개별 경제적 활동의 독립성을 향한, 「자급자족」 경제로부터의 해방을 향한, 그리고 독립적인 경제 부문을 향한, 즉 「가득」을 위한 조직이자 국민경제의 유기적 기관(器官)인 기업의 형성을 향한 전진을 가능하게 한다.

따라서 화폐, 그리고 우선적으로 항상 「교환수단」으로서의 화폐는 국민경제의 담지자일 뿐만 아니라, 보다 넓게 보자면 심지어 그것의 창조자이며 설계자이기도 하다. 물론 화폐가 없이도 어떠한 「교환거래」는 가능하다. 그 범위와 내용이 매우 제약적이기는 하지만 실제로 그 같은 경우도 존재하기는 하였다. 유토피아적 경제 개혁가들은 화폐적 「교환거래」가 없더라도 가능한 미래의 경제 질서를 구상하였다. 그러나 그러한 조직화된 경제에서도 또 다른 「교환수단」이 우리에게 익숙한 화폐를 대체할 것이며, 이때 이러한 대체 「교환수단」은 다름 아닌 '화폐'라는 사실을 그들은 간과하고 있다.[382] 「교환수단」으로서의 화폐의 등장은 경제적 「욕구의 전개」의 표현이자, 그 욕구의 충족을 위한, 그리고 그것의 확대와 확산의 증가를 위한 전제조건이다.

교환은 일견 개인이 가지고 있는 희구에 그 뿌리를 두고 있는 것처럼 보이지만, 실제로는 교환은 또한 사회적 현상이며, 실로 「사회교류적 관계」에 있어서 가장 중요한 「발현형식」 중 하나이다. 이러한 맥락에서 볼 때 「교환수단」으로서의 화폐는 「사회교류적 연계」에 있어서 필수불가결한 「결속수단」으로서의 역할을 한다. 교환은 단순히 경제적 「재화교류」에만 국한되지 않는다. 하지만 특히 화폐를 매개로 하는 경우에 있어서는 교환은 특별한 중요성을 가진다. 교환은 개인과 국민에

---

[382] Cf. 마샬에 대한 본서 182쪽에 담긴 본 저자의 평가를 참고할 것.

발생하는 경제적 사태들을 연결하여 그것들을 국민경제와 세계경제로 얽어 넣는다. 세계 경제에 있어서는 비록 화폐가 국민경제 내에서의 교역과는 전혀 다른 역할을 수행한다고 하더라도, 세계 경제적 교역도 화폐의 매개에 현저히 의존하기 때문이다.

§19. 가격표현수단으로서의 화폐

인류학자들은 「원시 민족들」 간의 교류가 호혜와 보복의 원칙 또는 급부와 반대급부의 원칙에 의하여 지배된다는 점을 종종 지적하여 왔다. 가장 가까운 가족 관계에도 「보상」의 개념이 침투하여 있을 정도로 이 같은 사실은 만연하였다. 예를 들어, 투른발트(Thurnwald)의 연구에서 보여지고 이미 다른 맥락에서도 언급하였듯이, 일부 농경 부족에서는 남편이 아내가 제공하는 모든 성행위에 대하여 선물로 보답하여야만 한다.

경제적 교류에서와 마찬가지로 사회교류적 거래에서도 「보상」은 「관습」(Herkommen)에 근거하여 정하여진다. 급부와 반대급부 간의 등가성이 요구되지만, 이것은 경제합리적인 고려에서가 아니라 원래는 심상적인 차원의 문제였다. 따라서 반대급부는 공여자의 위상과 「자산」 또는 공여 받는 자의 위계와 소유의 정도에 따라 결정되는 경우가 많았다.

빌헬름 뮐러-비스마르(Wilhelm Müller-Wismar)는 얍(Yap)의 화폐에 대하여 이렇게 말한다:

한 가지 측면에서 얍 화폐는 우리의 그것과는 상당히 다르다. 얍의 「구매력」은 상품의 구매자와 소유자의 사회교류적 위상에 의하여 영향을 받는다. 높은 지위의 사람이나 노인, 혹은 여성으로부터 물건을 사려면 다른 경우보다 더 많은 돈을 지불하여야만 한다.

본 저자도 유사한 경우를 경험한 바가 있었다. 가트사파르(Gătšăpăr)

의[383] 한 부락에서 어떠한 여인에게 50페니를 주고 반쯤 완성된 손 바구니를 만들게 하였더니 대사제인 뤼폰(Rûĕpón)이 그것은 여자가 만드는 것이니 1 마르크를 주는 것이 옳다고 충고하였다. 또한 오메안(Omĕán)의 마술사 일트소마르(Iltšómăr)로부터 그에게는 전혀 가치가 없는 고래 두개골을 갈아 만든 분(粉)을 사고 싶었는데, 그는 기꺼이 팔 준비가 되어 있었다. 그런데, 내가 2마르크를 주겠다고 하자 그는 그 값은 노인을 위한 대가가 아니라고 격분하며 떠든 적이 있었다.

그러나 밀러가 가정한 이러한 「가격차별화」는 얍의 주민들이 가지고 있던 「지적 지평」에만 독특한 특성은 아니다. 오히려 이 같은 특성은 원시 민족들 사이에서는 전혀 드물지 않으며, 실제로 그것들은 현대 세계에서도 완전히 사라진 것은 아니다.[384]

그러한 「보상」에서 오늘날 우리가 가격이라고 부르는 것에 이르기까지의 과정은 실로 기나긴 여정이다. 시초에는 각 교환도 위에서 설명한 전통적인 규칙에 따라 이루어진다. 「교환비율」(*Tauschverhältnis*), 즉 「환율」(*Tauschsatz*)은 「관습적으로」 결정되며 거의 항상 움직이지 않고 고정되어 있었다. 이는 「화폐경제」가 이미 「자연교환」을 대체한 경우, 즉 경제합리적인 의미에서의 가격이라는 개념이 이미 사용되고 있었던 경우에서조차도 마찬가지였다. 바레(D. Varé)는 자신의 1927년 중국 여행기에서 다음과 같이 기술하고 있다:

이창(宜昌)[385]에서의 감자 가격은 그 상품의 과다에 상관없이 1파운

---

³⁸³ [역주] 북부 얍의 지명.

³⁸⁴ 이 같은 사실은 노이만(F. J. Neumann)이 가격 형성의 동인에 대하여 언급하며 강조되었는데, 이에 관하여는 다음을 참고할 것: Neumann(1896: 255, 265, 그리고 295).

³⁸⁵ [역주] 중국 하북성에 위치한 도시.

드 당 20센트에 거래된다. 그 가격은 불변하지만 단, 1파운드에 해당하는 실제 무게는 각 시점의 상황에 따라 더 많거나 적다.[386]

이 예는 「관습적 보상 개념」(*Entgeltsvorstellung*)이 행사하는 강력한 영향력을 아주 잘 보여준다. 인류학에도 다양한 문화권에서 이와 유사한 고정 가격과 「가격체계」가 존재하는 예들을 기록하고 있다.

그러나 애석하게도, 궁극적으로 가격으로 정착되는 이러한 「보상산정」의 방식이 애당초 어떻게 발생하게 되었는지에 대한 질문에 대한 해답은 고사하고라도 그러한 질문조차 거의 제기된 바가 없었다. 확실한 것은 시초에는 가치에 대한 생각이 경제합리적인 방식으로 작용하지 않았거나 혹은 단지 예외적으로만 작용하였다는 사실이다. 일반적으로 원시인들은 이러한 생각과는 거리가 멀었으며 또한 자신들의 필요성과 그에 수반되는 비용을 심리적으로 가늠하여 보거나 혹은 편익과 비용을 비교할 수 있는 정신적 능력과 삶의 경험이 절대적으로 부족하였다. 많은 인류학 문헌에는 원시인들이 그러한 작업을 전혀 수행하지 못하였던 사례들이 풍부히 존재한다.[387] 이러한 사실들에 비추어 볼 때, 현재의 문명 수준에서 당연히 여겨지는 생각과 기준들을 자연상태의 부족들에게도 적용하는 것은 삼가야만 한다. 오히려 단순히 화폐가 어떻게 「가격표현수단」으로서 경제의 동인의 역할을 수행하게 되었는지에 대하여 가치 판단을 배제하고 질문을 제기할 필요가 있다.

교환이 이루어지는 곳에서는 평가도 동시에 이루어진다. 하지만 앞서 말하였듯이 원래 이러한 평가는 경제의 영역에서 발생한 것이 아니

---

[386] Varé(1931: 431쪽 전반).

[387] 본인은 이미 다른 곳에서 시초의 「교환거래」에 있어서의 가격 결정에 대하여 설명한 바 있다(Gerloff 1940: 175쪽 전반). 비록 상이한 맥락일지라도 Schmidt(1920: I 212쪽 전반)에 등장하는 사례들을 참고하기 바란다.

다. 이러한 이야기는 화폐에도 적용된다. 그리하여 다음과 같은 질문이 제기된다: 과연 교환과 화폐가 경제 외적 영역에서 그들의 교차점을 찾을 수 있을까. 교환은 「선물교류」에서 발생하고 화폐 역시 「선물교류」에서 발생한다는 것을 기억하자. 그럼으로써 「관련성」의 단초를 찾을 수 있다. 「교환수단」 중 원초적 「선물교류」에서 우위를 차지하는 재화는 「교환수단」이 되며, 그와 마찬가지로 일반적으로 「가격표시수단」이, 즉 화폐가 된다. 그러나 가격은 재화를 「가득」할 수 있는 화폐의 양이다. 지금 우리는 「가격표현수단」으로서의 화폐, 즉 화폐 가격에 대하여서만 이야기하기 때문에 가격을 화폐가 아닌 다른 방식으로 표현할 수 있는지에 대한 질문은 여기서는 논외로 하자. 이곳에서 제시하는 견해에 따르자면, 가격은 화폐에 의하여서만 그리고 화폐를 통하여서만 생성된다. 화폐는 일반적인 「교환수단」의 단위 수로 표현된 「교환비율」을 나타낸다. 우리가 가격이라고 부르는 「교환비율」이라는 개념은 이러한 「교환수단」의 사용에서 발생한다. 이렇듯 우리 경제에서 「가격표현수단」으로서 화폐가 수행하는 역할의 특성 때문에 리프만(Liefmann)은 「가격형성」만이 유일한 「화폐의 목적」이라고 말한 바 있다. 그의 주장은 여기서 반박할 필요가 없다. 그렇다고 하여서 「화폐의 교환수단서비스」(단, 최소한 특정 발전단계의 화폐에 해당)와 그에 따른 「가격형성 기능」을 과소평가하여도 좋다는 말은 아니다.

화폐를 「가격표현수단」이라고 할 때, 그 말은 표면적으로 드러내는 바 내지는 이해되는 바 이상의 의미를 가진다. 자유로운 「시장경제」에서 화폐는 「가격크기」를 표현하는 역할을 할 뿐만 아니라, 무엇보다도 「가격결정」(Preisermittlung)에 영향을 미치며, 실제로 잘 알려져 있듯이 화폐 그 자체가 「가격형성」에 영향을 미친다. 여러 가지 이유로 재화의 「교환비율」과 「화폐의 구매력」 모두는 자유로운 「시장거래」에서 계속 변화한다. 화폐는 그것을 이용하여 이러한 변화를 결정하고 수립할 수 있는 도구, 즉 측정 도구이다. 그러나 측정된 수치가 바로 가격이다. 따라서 자유로운 「시장경제」에서의 화폐는 우선적으로 「가격결정의 도구」이거나 보다 정확히 말하자면 「가격계산」의 도구이다. 이 같은 역할은 주식시장에서의 가격 결정에서 우리에게 이미 친숙하여진 과정이다. 그러나 이 같은 과정은 언제 어디서나 「시장거래」에서만 일어나며, 이는 교환에 선행하며 또한 지불된 가격을 통하여 실현되는 가격실행(*Preisvollzug*)에[388] 선행한다. 화폐를 한편으로는 「가격계산수단」(*Mittel der Preiserrechnung*)이라고 하고, 다른 한편으로는 「가격실행수단」(*Mittel des Preisvollzuges*) 또는 「가격지불수단」(*Mittel der Preiszahlung*)이라고 할 때 서로 다른 의미로 쓰이는 것을 쉽게 알 수 있다. 전자는 「계량단위화폐」인 반면 후자는 「구매력의 양」으로 표현되는 「척도의 단위」인데, 후자는 「화폐증표」 혹은 「소득분」을 이체하는 여타의 수단으로 사용됨으로써 결제의 역할을 수행하기 때문이다.

「교환의 매개」로서의 화폐를 사용하는 관용은 화폐를 「가격표현수단」으로 변모시킨다. 「교환의 매개」라는 서비스를 수행함으로서 「가격표현수단」이라는 「특성」을 얻고, 그러함으로써 화폐는 동시에 새로운 사용 영역으로 확장된다. **즉, 「가격표현」**(*Preisvorstellung*)**을 바탕으로 「경제의 계산수단」, 「소득측정수단」**(*Mittel der Einkommensbemessung*) **그리고 「소득배분수단」**(*Mittel der Einkommenszuteilung*)**으로 변모하여 모든 경제적 사태들과 그 크기들을 화폐적 표현으로 표기하게 된 것이다.** 그러나 이러한 화폐적 표현 자체는 바로 가격일 뿐이다. 모든 경제적 「가치계산」은 가격을 통하여 이루어지고, 모든 국민경제적 「재화분배」와 「소득의 움직임」은 가격을 통한 과정을 따르기 때문에, **화폐의 가격현시서비스**」에 대한 완전한 통찰만이 국민 「경제의 과정」의 전반을 이해할 수 있는 유일한 방법이다. 「상업경제」에 있어서의 화폐에 특유한 「가격현시기능」은 단순히 「거래조건」(*Austauschverhältnis*)에 대한 진술 이상의 의미를 이러한 「상업경제」에 대하여

---

388 [역주] 결정된 가격을 통하여 실제 거래를 실행함을 의미.

가지기 때문이다. 이「가격현시기능」은 이러한 경제 자체의 규제자가 된다. 이에 대하여서는 다른 맥락에서 다시 다루려 한다.

「교환수단」으로서의「화폐의 서비스」가 사회교류적으로 조건지어지는 것처럼, 즉「사회적 교류」를 그 전제로서 필요로 하고 동시에 수립하는 것처럼「가격현시서비스」에 있어서도 마찬가지 이야기가 적용된다. 자유로운 가격, 즉 정부적 강권에 의하여 결정되지 않는 가격은 언제나 사회교류적 현상이며,「사회교류적 관계」, 특히 사회교류적「권력관계」의 표현이다. 화폐가「사회교류적 행동」의 산물인 것처럼 가격도 마찬가지이다. 즉,「사회교류적 행동」이 가격을 만들어낸다. 이러한 사실은「가격결정의 근거」(*Preisbestimmungsgründen*)에 대한 질문으로 이어진다. 이 질문에 대한 대답은 화폐와 관련하여서, 즉 화폐의 측면에서 가격을 결정하는 요인이 무엇인가라는 관점에서만 제시될 수 있다.

화폐와 가격은 상호 의존적인 개념이다.「가격형성」은 이미 언급하였듯이 화폐를 통하여서만, 그리고 화폐를 이용하여서만 이루어진다. 그리고 가격은 사용 가능한 화폐의 양, 즉, 시장으로 들어 오는「소득」에 의하여 결정된다.[389] 다시 말하자면 가격은 소득이 있는 사람들이 자신들의 소득의 한계 내에서 그리고 그 소득에 따라 스스로 판단하는「효용평가」에 의하여 결정된다.[390] 이러한 과정의 출발점이자 근거는 어느 정도 이미 과거에 형성되었던 가격이며, 이 가격에 근거하여 새로운 가격이 수립되는 것이다. 또한 모든 가격은 어느 정도 상호 연관되어 있기 때문에, 동시에 수많은 다른 가격들은 각자의 새로운 가격을 기존의「가격체계」내로 도입하는 바에 기여한다. 따라서 모든「가격형성」

---

[389] [역주] 즉, 어떠한 소득이 시장에서 구매력으로 나타나는 한에 있어서 가격에 영향을 미친다.

[390] [역주] 각주 309에서 언급하였듯이 이 같은 설명은 '화폐의 소득이론'(income theory of money)을 요약한 것이다.

은 전래의 가격과 관련되고 그와 동시에 다른 특정 가격과도 연관되어 발생하게 된다.[391]

그러나 화폐는 가격을 표현하는 수단으로서의 역할뿐만 아니라 가격 형성이나 가격 변동에도 상당한 영향을 미친다. 「화폐수량설」은 유통되는 화폐 공급량의 변화가 물가 수준과 물가 변동에 미치는 영향을 설명하기 위한 것이다. 통상적인 관점은 (개별 가격이 아닌) 일반적인 그리고 전반적인 가격은 통화 공급과 같은 방향으로 비례하여 움직인다는 것, 즉 화폐가 증가하면 가격이 상승하고 화폐가 감소하면 가격이 하락한다는 것이다. 하지만 물론 이와 같이 주장하기 위하여서는 여러 가지 제약 조건 내지는 추가 조건이 필요하다. 예를 들어, 유통 화폐의 수량 변동이 가격 수준에 영향을 미치기 위하여서는 일정 시간이 필요하다. 다시 말하자면 화폐 공급량 변동이 발생하고 그에 따라 물가 수준에 영향을 미치기까지는, 즉 그러한 변동이 실제 물가로 실현되기까지는 시간이 필요한데 이는 상황에 따라 달라진다. 즉 화폐 공급량의 변화와 그의 상응하는 물가 변동 사이에는 시간적 간격 즉 '시차'가 존재하고 이는 주어진 상황에 따라 상이하다. 또한 「화폐수량설」은 일반적인 「가격형성이론」과도 마찬가지로 무제한적인 구매권력을 가진 화폐, 혹은 자유로운 「가격형성」을 전제로 하고 있다. 그러나 「법령」에 의하여 고정되거나 결정된 가격이 자유 시장 가격을 대체하는 경우—이 경우에는 가격이라고 하기보다는 오히려 '보상'이라는 용어가 적합하다— 이 경우 화폐는 가격이론에서 가정하는 바와는 달리 「가격형성」에 대한 직접적인 영향력을 상실하게 된다. 이러한 경우에 있어서의 가격은 더 이상 순수한 경제적 변수가 아니고 오히려 정치적으로 규제되는 변수이다. 물론 심지어 이러한 가격조차도 어떠한 사회적 기반도 없

---

[391] [역주] 이러한 가격의 역사성에 대한 자세한 논의는 Wieser(2023/1927)를 참고할 것.

이 결정되는 것은 아니지만, 사회교류적 힘(즉, 「관습」, 「습속」, 경제합리적 이해관계 등)의 자유로운 작용에 의하여서가 아니라 대체로 정치적 「권력관계」에 의하여 결정된다. 이러한 가격, 보다 정확히 말하자면 이러한 「가격설정」이 가지는 특별한 측면은, 그러한 「가격설정」은 그 정도와 범위에 따라 화폐에 상당한 영향을 미치며, 심지어 화폐의 성격을 변화시킬 수도 있다는 사실에 있다. 이에 대하여서는 본서의 27장 '화폐의 구매권력'에서 보다 상세히 설명하려 한다.[392]

§20. 계산수단으로서의 화폐

1728년에 발간된 『서부 아프리카에 대한 새로운 이야기』(*Nouvelle Relation de l'Afrique occidentale*)에서 라바(J. B. Labat)는 다음과 같이 보고한다:

유럽에서 가져온 철은 철괴(鐵塊 bar)의 형태를 가지는데, 이것들은 시

---

[392] [역주] 화폐 수량설은 대체로 화폐의 수량이 물가를 결정한다는 인과를 따르고 있다. 이 이론은 저자가 말한 바 이외에도 여러가지 한계점을 보여주는데, 일단 화폐가 경제에서 순환하는 속도(소위 화폐의 유통속도)는 경기 주기나 관습, 그리고 기술 발전의 정도에 따라 달라지며, 또한 물가를 결정함에 있어서 중요한 변수는 경제에 존재하는 화폐의 단순한 양(스톡)이 아니라, 실제로 시장에서 재화나 용역의 구매력으로 나타나는 화폐 소득의 플로우이다. 그리고 현대 신용사회에서 유통되는 거의 대부분의 화폐는 대출로 인하여 생겨나고 대출이 상환되는 경우 다시 사라져 버리는 소위 '신용 화폐'이기에, 정부가 발행하는 본원통화와 구매력으로 실제 나타나는 화폐는 큰 차이가 존재한다. 특히 신용 화폐는 수요(즉 대출수요)에 의하여 창조되기 때문에 화폐 수량설과는 그 인과관계는 반대이다.

장 거래에서 실제적 또는 개념적인 통화로 사용된다.[393]

따라서 아프리카를 여행하였던 이 프랑스인은 경제적「화폐관용」, 특히「상업거래」에서「화폐관용」이 있는 곳이라면 어디에서나 나타나는 과정을 특징적으로 묘사하고 있다. 이에 구체적인「화폐단위」는 개념적인「계산단위」가 되고 따라서「계산수단」이 된다. 위의 예에서는 철괴, 다른 경우에는 구체적으로 특정된 가축이나 직물 등이 그것들이다(Gerloff 1940: 118쪽 전반). 그러나「계산단위」를 관행적으로 사용하는「관용」은 일반적으로 상정되는 것처럼「교환거래」에서만 배타적으로 사용되는 것은 결코 아니다. 그러한 거래가 현재 존재하지 않거나 아직 존재한 바가 없었던 경우에도「계산단위」와「사회적 계산수단」으로서의 가치의 단위를「가치크기의 표상」(*Wertgrößendarstellung*)으로서 관행적으로 사용하기도 한다. 호머의 시에서는 '9두(頭)의, 12두의, 100두의 황소 가치에 해당하는'[394] 등과 같은 표현이 등장한다. 이러한 단위는 시합에서의 포상이나 선사품(예를 들어 삼각 받침대,[395] 갑옷, 노예 등)의 가치를 표현하기 위하여 사용되었다.[396] 한편,「계산수단」, 즉「화폐적 계산」을 위한 화폐의 그 본질적인 적용 분야는 바로 경제의 영역이다. 실

---

[393] Labat(1728: II, 307).

[394] [역주] 9두의 황소 가치에 해당하는 = *enneaboios*(ἐννεάβοιος), 12두의 황소 가치에 해당하는 = *timē eeikosaboios*(τιμή ἐεικοσάβοιος), 100두의 황소 가치에 해당하는 = *hekatomboios*(ἑκατόμβοιος).

[395] [역주] 제사 때 제물 용 가축을 도축한 후 그 고기를 삶는 큰 솥을 지탱하던 삼각 받침대. 신성함을 상징하며 화폐의 표시로도 사용되었다. Laum(2023/1924)을 참고할 것.

[396] [역주] Laum(2023/1924)을 참고할 것.

제로, 화폐를 통한 계산이 없다면「사회경제」(*Gesellschaftswirtschaft*)는[397] 불가능하다고 자신 있게 말할 수 있다.

화폐는 다양한 급부[지불]에 대하여 특정 재화의 습관적(*gewohnheitsmäßig*) 사용을 통하여「가치크기의 표상」과 관련된「계산단위」가 된다. 그러한 재화들은「참회물」,「공물」,「신부구매물」, 그리고「비자발적 이전」등이 있다. 이러한「가치크기의 표상」은 원래 개오지 조개껍질, 고리, 도끼, 그리고 무게 단위의 금속 등의「급부적 재화」(*Leistungsgut*)의 단위로 표현될 뿐만 아니라 그것들에 의하여 객관화(*vergegenständlicht*)된다. 그렇기 때문에 그것들도 화폐, 즉「실물화폐」(*Sachgeld*)인 것이다. 하지만 단순한「가치크기의 결정」(*Wertgrößenbestimmung*)을 위하여서는 물리적인「실물화폐」가 필요하지 않다. 단지 이「실물화폐」의 단위가 나타내는「가치크기」가 순전히 계산적인 측면에서 재화와 용역의「가치크기」를 결정하는 역할을 할 수 있다. 그러한 연후 그「가치크기」는「계산단위」로, 그리고「화폐적 표상」(*Geldvorstellung*) 즉,「계산화폐」(*Rechnungsgeld*)로 사용된다. 따라서 새플(A. Schäffle)의 표현을 빌리자면,—물론 그가 의도한 것과는 다른 맥락이기는 하지만— 화폐는「가치크기」를 나타내는 사회적 수단 또는 "「사회적 가치크기의 상징」(*gesellschaftliches Größensymbol des Wertes*)"이라고 할 수 있다.

그러나 관용적으로 사용되는 어떠한「계산단위」는 반드시 그에 해당하는 화폐 형태가 존재할 필요는 없다. 즉, 그것의「가치크기」가「계산단위」의 역할을 하는 재화는 반드시 화폐일 필요는 없는 것이다.「계산단위」로서 사용되는 가축이 그와 같은 좋은 예이다(Gerloff 1940: 121쪽 이하 연속).[398] 또 다른 예는 맨스펠드(Mansfeld)의 보고서에서 발견할 수

---

[397] [역주] 저자가 말하는「사회경제」(*Gesellschaftswirtschaft*)의 의미는 불명확하다. 아마도 '사회적으로 규정지어진 경제'를 의미하는 듯하다.

[398] [역주] 또한 Laum(2023/1924)을 참고할 것.

있다. 카메룬의 크로스 강(Cross River)에 살고 있는 흑인 원주민들이 노예 두 사람에 관련된 분쟁을 하고 있었을 때, 그들이 다투는 것은 실제 노예 두 사람을 의미하는 것이 아니라 노예 두 사람과 같은 가치를 가지고 있는 다른 대상에 대하여 이야기하고 있는 것이다.[399] 이때 노예는 「계산단위」이지 화폐 그 자체는 아니다.

이미 언급하였듯이 「계산수단」으로서 화폐의 가장 중요한 「적용범위」는 경제이다. 그러나 「계산수단」이라는 용어는 우리가 여기서 다루고 있는 것을 제대로 표현하지 못하는데, 사실 화폐는 다른 것으로도 대체될 수 있는 단순한 수단이 아니며, 「경제관리」, 무엇보다도 경제적 숙고(Überlegung)와 경제적 「통제처분」(Verfügung)에 있어 필수불가결한 요소이기 때문이다. 「가득 지향적 경제」, 특히 「자본주의적 경제」에서는 경제적 「행동」은 지출과 수입의 비교가 필요하며, 이는 화폐 단위로만 이루어질 수 있다.

화폐가 「교환거래」를 용이하게 함으로써 시장을 가능하게 한다는 사실은 아리스토텔레스 이래의 「화폐의 본질」에 관한 모든 논의에서 반복되어 온 진술이다. 하지만, 이 같은 진술이 경제에 있어서의 「화폐의 서비스」에 대하여 우리에게 특별히 명쾌하게 설명하여 주는 것은 아니다. 그러나 「교환수단」으로서의 「화폐관용」은 단지 편리한 매개 역할을 수행할 뿐만 아니라, 「교환거래」에 있어서의 절대적 전제조건인 「계산수단」이라는 사실, 그렇기에 특히 보다 고차원적인 재화인 「자본재들」(Kapitalgut)에 의한 교환경제적 「가득」을 가능하게 한다는 사실은 거의 주목하지 못하였다. 다른 경제와도 마찬가지로, 실질 생산재(Produktivgut)를 이용한 「가득」은 장기적으로는 「화폐적 계산」을 전제로 한다. 「화폐적 계산」이 없다면 「자본주의적 경제」의 특징이라고도 할 수 있

---

[399] Mansfeld(1908: 131). 이는 또한 Enderlen(1929: 40쪽 전반)에 기술되어 있는 화폐적 계산 체제와 비교할 필요가 있다.

는, 가능한「우회적 생산 방법」(*Produktionsumweg*) 중에서 합리적으로 선택을 하는 것은 상상할 수 없을 것이다. 즉,「화폐적 계산」을 통하여 생산 과정에서 사용될 재화와 그로부터 기대되는 수확량은 같은 공통분모로 표현될 수 있다. 그리고 그러한 정보에 따라 경제적「행동」의 배치, 즉 경제합리적 생산이 가능한 범위가 결정되고 그에 상응하는 '「생산을 위한 통제처분」'(*Produktionsverfügung*)도 이루어진다. 즉, 모든 경제적 재화의 가치를 표현하는「잣대」인「회계단위 화폐」를 통하여서만 경제적 성공과 그에 따른 '「수단배치의 적절성」'(*Zweckmäßigkeit des Mitteleinsatzes*) [즉 자본과 노동의 적절한 배치]에 대한 판단을 내릴 수 있는 것이다.

「화폐관용」이 일반화될수록「계산단위」로서의 화폐는 모든 '상업경제적 가치판단'(*verkehrswirtschaftliche Wertschätzung*)을 수행하기 위한「표현수단」이 된다.「경제교류」는「가치크기」로서의 '화폐'를 사용하기에, 관련된 모든 당사자들은 이「계산단위」를 기준으로 스스로의 처분 결정을 내릴 수밖에 없다. 따라서 화폐는「경제적 합리주의의 수단」(*Mittel der wirtschaftlichen Rationalität*)이 된다. 실제로 화폐가 없거나 혹은 보다 정확히 말하자면「화폐적 계산」이 없다면「경제효율」(*Wirtschaftlichkeit*)은 존재하지 않는다고 말할 수 있다. 엄격한 산술성의 기준으로 판단할 때, "「현물계상」"(*Naturalrechnung*)의 방식에는 어느 정도 합리성이 결여되어 있는 것이 사실이다. 다시 말하자면「현물계상」에는 화폐에 의하여 부여되는 것들, 즉,「계상크기」(*Rechnungsgröße*) 또는「계산단위」(*Rechnungseinheit*)와「계상척도」(*Rechenmaß*)가 결여되어 있기 때문에「현물계상」은 엄밀한 의미에 있어서의 계산이라고 할 수 없다.

모든 경제가 진정으로 경제적이려면, 즉 합리적이기 위하여서는「화폐적 계산」에 의한 교통정리가 필요하다. 물론 이러한 사실은—중언(重言)을 용인한다면[400]—「경제합리적 지향 경제」(*ökonomisch ausgerichtete Wirt-*

---

[400] [역주] 뒤에 나오는 '경제합리적 지향 경제'라는 표현에서는 '경제합리

schaft)에 우선적으로 적용되지만, 행정 정책적으로 결정되는「경제 관리」조차도 그것 없이는 기능할 수 없다.

「계산수단」으로서의 화폐는「가득」과 소비 모두가 경제적일 수 있도록 구성하는,「행동」의 질서(*Ordnung des Handelns*)를 보다 수월하게 수립되도록 한다. 무엇보다도「가득 지향적 경제」상의「행동」의 합리적 조직화는 화폐 없이는, 즉,「화폐적 계산」이 없이는 불가능하다. 자유로운「시장경제」에서 생산의 정도와 방향은 수요에 의하여 결정된다. 그런데 수요가 생산의 정도와 방향을 결정하는 특이한 권력을 행사할 수 있도록 하는 것은 그것이 기업가에게「화폐적 이득」을 약속하는「화폐의 제공」(*Geldangebot*)으로 나타나기 때문이다. 기업가는 기대되는「화폐적 이득」에 기반하여서 그리고「화폐적 계산」을 통하여 시장 판매의 목적으로 재화의 생산량을 조율하고 자본과 노동을 배치하며, 결국 시장에서 재화를 판매한다. 따라서「가득 지향적 경제」의 발전은「화폐경제」의 발전과 보조를 같이 한다.「가득 지향적 경제」에서의 사고와「행동」모두의 측면에서 합리주의화의 진전은, 그리고 마침내「가득 지향적 경제」의「합리화」와 그것이 수반하는 무제한적인 이윤추구의 확산은「계산수단」으로서의 화폐를 기반으로 한다.「계산수단」으로서의 화폐는 사적 및 공적 경제 전반에 걸쳐 장부에 기록되어지는 모든 경제 과정들의「표현수단」으로서의 역할을 수행한다.

의미 있는「화폐적 계산」을 가장 훌륭하게 적용할 수 있는 영역은 자유로운「상업경제」이다. 그러나 계획 경제적 요소를 가진 경제라 하더라도 상업경제적 요소를 지탱하고 인도하기 위하여서는「화폐적 계산」을 필요로 한다. 그것이 없이는「경제효율」과 그에 수반되는 경제적 성공이 심각하게 훼손되고 그 결과 경제 시스템 전체가 심각하게 위태로

적'라는 단어에 이미 '경제적'이라는 의미가 내포되어 있기에 중언에 해당한다.

워진다. 이 같은 사실이 바로 오웬(Owen)이나 페쿠르(Pecqueur)[401] 등과 같은 사회주의적 또는 공산주의적 경제 체제를 표방하는 사람들도 화폐 그 자체의 폐기를 주장하지 않고, 단지 어떠한 특정한 다른 형태의 화폐를 제안한 이유 중의 하나이기도 하다. 사실 집단주의 경제 질서에서도 스스로 그 비효율성으로 인하여 자멸하기를 원하지 않는 한, 화폐는, 그리고 적어도 「계산단위」로서의 화폐는 사라질 수 없다. 다소간의 차이는 있을지언정 화폐가 「교환수단」이거나 또는 「구매권력」을 소유하고 있는 한, 즉, 그것이 소비재이건 혹은 생산재이건 간에 어떠한 재화로의 전환이 언제든지 보장되는 한에 있어서는 「계산단위」로서 기능할 수 있고, 또 장기적으로도 그렇게 남아있기 마련이다.

「계산단위」로서, 따라서 「계산수단」으로서 「화폐관용」은 사회적 관계의 구조를 형성시키는데, 헬러(W. Heller)는 이를 「계상공동체」(*Rechnungsgemeinschaft*)[402]라는 용어를 사용하여 표현한 바 있다. 그는 「계상공동체」를 「지불공동체」(*Zahlungsgemeinschaft*)의 결과이자 더욱 진보된 형태로 간주한다. 「계상공동체」는 국민경제를 구성하는 각 관절 마디들을 시장경제적으로 연결 및 통합하기 위한 전제조건이다. 그러나 가격 기능의 작동을 통한 「가격형성」은 「계상공동체」의 존재에 의한 결과이고 그럼으로써 또한 그 「계상공동체」를 확인하여 줄 뿐만 아니라, 역으로 「가격형성」 그 자체도 「계상공동체」를 지속적으로 강화하고 확장하도록 한다.

---

[401] [역주] Charles Constantin Pecqueur(1801-1887). 프랑스의 경제학자 겸 사회주의 사상가로서, 1848년 혁명에 참여하였고 마르크스에 영향을 주었다.

[402] Heller(1927: 99, 105).

§21. 지불수단으로서의 화폐

「지불」(*Zahlung*)이라 함은 급부의 이행을 위하여 [실물을] 전달하거나 [권리 등을] 이전하는 것을 말한다. 『프로이센 일반란트법』(*Das Allgemeine Landrecht für die Preußischen Staaten*)에는 이에 관하여 다음과 같이 간단히 명시되어 있다: "채무자의 의무 이행이 화폐로 이루어지는 경우, (…), 이를 「지불」이라고 한다"(I, 16, § 28). 그런데 세간에는 통상적으로 「지불」을 주로 혹은 심지어 전적으로 법적 생활과 관련된 현상으로 간주하는데 이러한 생각은 문제가 많다. 실상 「지불」은 이러한 생각들보다 훨씬 더 많은 것을 의미한다. 즉, 그것은 사회교류적 목적의 실현이다. 그리하여 「지불」의 본질을 단지 법적 의미로만 파악하는 것은 나분히 일방적인 형식주의적 관점에 불과하다. 「지불」에 있어서는 오히려 그 과정의 사회교류적 의미와 법적 의미는 불가분의 관계에 있으며, 동일한 현상의 양면이다. 또한 「지불수단」이 되기 위하여서는 어떠한 재화가 사회에서, 그리고 「사회교류적 거래」에서 특정한 용도에 기여한다는 것을 의미한다. 이 용도는 경제적-기술적으로 그리고 법적으로 중요한 것만큼이나 사회교류적으로도 중요하다.

「지불수단」이라는 「화폐의 서비스」가 화폐에 본질적인 것인지 아니면 단지 부수적인 것인지, 그 자체로 어떠한 의의를 가지는 독립적인 서비스인지 아니면 다른 것에 불가분하게 부속된 어떠한 것인지에 대하여서는 사실 의견이 분분하다. 카셀(G. Cassel)은 과연 어떠한 것들이 실물 화폐로 간주되어야 하는가에 대한 질문에 대하여, 그 자체로써 일반적으로 받아들여지는 것임이 인정되는 「지불수단」은 '화폐'라고 답하였다.[403] 반면에 칼 멩거는 "「지불수단」으로서 또는 일반적 「지불수단」

---

[403] Cassel(1932: 341).

으로서의 어떠한 특별한 기능을 화폐에 부여하는 것은 정당화될 수 없다"고 주장하였다.[404] 하지만 크납(G.F. Knapp)은 「지불수단 서비스」를 화폐의 어떠한 다른 모든 서비스보다도 우선적인 것으로 간주하였다.[405] 그에 따르면 화폐는 국가가 선포한 「지불수단」에 다름 아니다. 독일어에서 화폐는 언제나 '형상적'(*morphisch*)[406] '「지불수단」'을 의미한다고 그는 주장하였다. 그리하여 크납의 표현에 의하면 화폐는 「표권적 지불수단」(表券的 *chartales Zahlungsmittel*; chartal means of payment)이다.[407] 반면 버지

---

[404] Menger(1923: 282) [역주] Menger(1909: 579, 2002/1909: 51)도 참고할 것.

[405] Knapp(1918: 31).

[406] [역주] 이 *morphisch*라는 단어는 고대 그리스어 '*morphe*'(μορφή)에 그 어원을 가지고 있으며, '형상'을 의미한다. 다시 말하여 위의 이야기는 「지불수단」은 어떠한 '형상'을 가진다는 의미이다. 이와 관련하여 크납의 표현을 인용하자면 다음과 같다:

> 우리의 '법적 질서'는 특정 형상의 것만을 유효한 「지불수단」으로 인정하도록 규정하고 있다. 이것에 새겨진 '표식'은 법으로 규정되어 있다. 아래에서 언급하는 것은 바로 이러한 특정한 것들이다. 오늘날 일반적으로 사용되는 「지불수단」은 항상 '절편의 형식'(*Stückverfassung*)이라는 법적 특성을 지니고 있다. 그것은 법적인 의미에서 '형상적'(*morphisch*)인 것으로 간주된다. 형상적 「지불수단」이 항상 화폐를 구성하는 것은 아니지만, 모든 화폐는 '형상적' 「지불수단」의 범주에 속한다. '형상성'(*Morphismus*)은 화폐를 구성하는 필요조건이지만 충분조건은 아니다(Knapp 2023: 25).

[407] [역주] 본 번역에 있어서는 '*chartal*'의 번역어로서 '표권적'(表券的)이라는 단어를 선택하였는데, 이는 최근 출판된 일본어 번역판(Knapp 2023)에서도 동일하게 번역하고 있다. 따라서 '*chartales Geld*'는 「표권화폐」로 번역하겠다. 하지만 국내에서는 '증표적'이라는 단어를 선택하는 경

(S. Budge)는「지불」이라는 것은 역사적으로도, 또한 오늘날에도「화폐의 이전」이외의 어떠한 다른 의미로도 이해된 적이 없다고 주장한다.[408] 따라서 화폐를「지불수단」이라고 부른다는 것은 화폐를 단지 '화폐의 이전 수단'으로 정의하는 것을 의미할 뿐이며, 이는 명백히 순환 논법에 불과한 정의라고 주장하였다. 헬페리히(K. Helfferich)는 결론적으로 일반적「지불수단」으로서의「화폐의 기능」은 단지 화폐의 근본적 기능들 중 일부에 해당될 따름이며, 이러한 측면에서 일반적인「교환수단」으로서의 기능과 동등한 지위를 가질 뿐이라고 강조하였다.[409] 그러나 크니스(K. Knies)는 이 같은 사실에 대하여 아주 명확하게 표현하고 있다:

> 문제의 과정이 단순히 우리가 가진「자산」에 대한「청구권」을 충족시키는 것이라면, 그러한 과정은 단순히 가치의 측정 혹은 교환 동작

향이 있는데, 증표는 독일어 *'Zeihen'*의 번역어이기에 구분할 필요가 있다. 참고로 본 번역에 자주 등장하는 단어 *'Geldzeichen'*은「화폐증표」로 번역하였다.

이 *chartale*이라는 단어는 '카르타'(*charta*)라는 고대 그리스어 '카라소' (*kharássō*, χαράσσω, '긁다, 새기다'라는 뜻)와 명사형 '카르테스'(*khartēs*, χάρτης, '파피루스'라는 뜻)에서 유래한 것으로 추정된다. 그러나 일부 학자들은 그 어원이 아직 알려지지 않았다고 주장하기도 한다. 라틴어에서 이 단어는 글이나 그림을 그리는 바에 사용되는 파피루스 또는 양피지와 관련이 있다. 현대에 들어와서는 크납의 생각에서 연유된 화폐이론을 일반적으로 '차탈리즘'(*chartalism*)이라고 부른다. 이의 현대적 발전은 '네오 차탈리즘'이라고 불리며, 잉햄(Geoffrey Ingham)이 그 대표적 학자이다 (Ingham 2004).

이 용어와 관련된 자세한 설명은 본서 416쪽 이하를 참고하기 바란다.

[408] Budge(1931: 13).

[409] Helfferich(1910: 249).

이나 매매동작과는 전혀 다른 것이다. 따라서 화폐가 이 같은 용도를 실현하기 위하여 사용되고 있고 또한 오랫동안 사용되어 왔다면 그것은 「가치기준」의 기능이나 「교환수단」의 기능과 관련된 것은 절대로 아니다. '「지불수단」' 혹은 '지급수단'(*Zahlmittels*)의 기능은 특수한 것임이 확실한데, 그 특수성과 [다른 기능에] 필적하는 특성에 대한 보다 정확한 설명이 필요하다".[410]

우리는 크니스의 이와 같은 의견에 충분히 동의할 수 있다고 믿는다.

지대, 사용료, 세금의 납부와 참회금 등의 지급 등, 「지불」에 수반되는 모든 거래를 「교환행동」으로 간주하여 그때의 지불 서비스를 교환 서비스로 이해하고자 하는 것은 너무도 자의적인 해석에 불과하다. 이러한 방식의 해석을 하는 경우 어떠한 이해에도 이르지 못한다. 물론 화폐의 「교환수단」으로서의 서비스가 「지불수단」으로서의 용도에 상당한 영향을 미친다는 것을 부정할 수는 없지만, 「지불수단」이 된다는 것은 「교환수단」이 된다는 것과는 전혀 다른 의미이다. 그리고 그 역도 성립한다. 즉 역사적으로 볼 때 화폐는 「교환수단」보다는 「지불수단」인 경우가 종종 더 많았기 때문에 그렇게 일단 「지불수단」으로서 사용된 이후에 화폐가 「교환수단」으로 자리 잡고 확산된 측면도 분명히 존재한다. 이에 관련하여서는 화폐는 「선물교류」에서 비롯되었다는 사실을 기억할 필요가 있다. 선물을 화폐의 형태로 줄 때에는 그것도 일종의 「지불」이다. 그러나 고리와도 같은 예에서 볼 수 있듯이, 독특하고 빈번하게 사용되기 때문에 화폐가 된 선물 혹은 그러한 이유 때문에 화폐라고 불리게 된 것도 일종의 「지불」이다. 그런데 「지불」은 어떠한 형태의 교환경제적 거래를 먼저 전제하지는 않는다. 「공물들」이 바쳐지고, 세금이 과세되고, 「참회물들」이 부과되고, 제물이 바쳐지는 그 모든 곳에서

---

[410] Knies(1885b: 221).

는, 화폐는 교환경제적 관계가 존재하기 훨씬 이전부터 출현할 수 있다.

「지불수단」으로서의 화폐는 이미 「교환거래」가 발생하기 이전부터 대부분 사용되었고, 따라서 그 결과로 「교환수단」으로서의 화폐의 사용이 일반적이 된 것이다. 일단 화폐가 「교환수단」으로 정착되고 난 이후에는, 화폐가 가진 특유의 「교환력」(*Tauschkraft*), 다시 말하자면 보다 강력하여지는 「구매권력」에 힘입어 이러한 관행은 어떠한 종류의 '부담'(*Last*)이 부과되는 곳이라면 어느 곳을 막론하고 화폐가 「급부적 재화」(*Leistungsgut*)로 점점 더 광범위하게 사용되게 만들었다. 「부과물들」의 부과를, 기부금과 「참회물들」의 결정을, 그리고 지대, 이자 및 기타 화폐적 청구권들을 화폐로 평가함으로써 '부담의 부과'(*Lastenverteilung*)와 징수조달(*Aufbringung*), 그리고 [지불을 하기 위한] 재화의 자연적 형태에 구애받지 않는 [지불] 수단의 사용이 가능하게 된다. 「교환수단」으로서의 화폐가 자급자족 생산이나 「자연교환」에 의존하는 「조달」(*Versorgung*)상의 제약을 없애는 것처럼, 화폐는 자연적 형태의 서비스(*naturale Leistung*)에 필연적으로 내재하는 제약을 극복하게 만드는데, 이러한 자연적 형태의 서비스는 사실 모든 「배급경제」(*Bezugswirtschaft*)에서, 특히 공공적인 「배급경제」에서 보인다. 물론 이러한 모든 사실은 화폐가 「구매권력」을 소유하는 한에 있어서만 해당되는 이야기이다. 따라서 「화폐의 지불서비스」의 발전은 「교환수단」으로서의 「사용 가능성」(*Verwendungsmöglichkeit*)에 크게 좌우된다.

화폐가 「지불수단」, 즉 지불을 수행하기 위한 수단이라고 설명한다면, 과연 화폐가 아닌 다른 방식으로도 지불은 가능한지 의문이 생긴다. 크납은 이에 대하여 분명히 자기 의견을 밝혔다.[411] 하지만 본 저자

---

[411] 크납은 다음과 같은 구분을 제시한 바 있다. 1. 화폐가 발생하기 이전의 「지불」(이를 그는 「금속중량측정제」(金屬重量測定制 *Autometallismus*), 혹은, 보다 일반적으로 「소재량측정제」(素材量測定制 *Authylismus*)†라고 명명하였다), 2

는 일반적인 언어 용법을 고수하고자 하는데, 그러한 언어 용법을 따르자면 하이네(Heyne 1890-95)가 설명한 바처럼 현대 독일어에서의 '지불하다'(*zahlen*)의 의미는 '부채를 갚기 위하여 화폐를 센 후 [테이블 등에] 내려놓는 활동'으로 국한되어 있다. '목숨 바쳐 [돈을] 지불하다'(*mit dem Leben zahlen*), '발뒤꿈치 돈을 주다' [의역하자면 '빚으로부터 도망치다' *Fersengeld geben*][412] 등과 같은, 이미 언어적으로 정착된 비유적 표현을 통하여 알 수 있는 바와 같이, 이 같은 용법은 '지불한다'라는 의미가 「화폐의 개념」과 불가분의 관계에 있음을 부정할 수 없음을 시사한다. 그리하여 화폐로 지불될 수 없는 것은 절대로 지불될 수 없는 것이다. 그리고 '지불한다'(*zahlen*)함은 '가산한다'(加算 *zuzählen*)라는 의미이다. 즉, 이 표현

「표권적 지불」(*Chartalzahlung*). 이는 화폐를 통한 지불과 같은 의미이다, 3. 「지로지불」, 즉 화폐를 이용하지 않는 형태의 지불(Cf. Knapp 1918: 2쪽 이하 연속). 반면 비저(Wieser)는 "지불은 오로지 화폐를 통하여서만 이루어진다"(Wieser 1924: 182)라고 주장하였는데, 본 저자는 이 같은 비저의 의견에 동의한다.

[역주] † 「소재량측정제」(*Authylismus*)는 그리스어 '*autos*'와 '*hyle*'를 결합한 크납의 신조어로서 어떠한 물리적 속성을 가진 재화를 화폐로 사용하는 화폐체제를 의미한다. 또한 「금속중량측정제」(*Autometallismus*)는 「소재량측정제」의 일종으로서, 그 소재가 금속인 경우이다. 참고로, '*autos*'(αὐτός)는 '스스로' 혹은 '같은'을 의미하고, '*hyle*'('*hŭlē*', ὕλη)는 소재를 의미한다. Knapp(2023: 8, 430)을 참고할 것.

[412] [역주] '*Fersengeld*'라는 독일어 표현은 의역하자면 '돈을 갚아서 부채나 의무로부터 도망감', 직역하자면 '발뒤꿈치 돈을 주다'이다. 이는 중세에는 발뒤꿈치(독일어 *Ferse*)에 돈을 가지고 다님에서 유래되었는데, 위기 상황에서는 그 돈을 던져서 추격을 지연시키는 의미가 있었다. 현대적 용법에서는 이는 부채나 의무로부터 벗어남을 의미한다.

이 가진 진정한 의미는 「화폐절편」을 어떠한 받는 사람에게 이전할 목적으로 더 가산하는 것을 의미한다. 비유적으로 표현하자면 '[주먹으로] 얻어맞은 숫자를 세고'(*Schläge zuzählen*), 그리고 그러한 셈을 통하여 나중에 '되갚는'(*heimzahlen*) 것처럼, 「지불함」(*Zahlung*)이라는 용어는 비록 물리적인 것이 이전되지는 않더라도 「화폐단위」로 표현되는 「소득분」이나 「자산분」을 단순히 이전하는 바에도 사용된다. 또한 「지로지불」(*Giro-zahlung*)도 결국은 「지로화폐」(*Giralgeld*)를 매개로 이루어지므로 화폐를 사용하지 않는 지불은 결코 아니라고 이해된다. 그리고 「가치계산」을 위한 「척도의 단위」, 즉 「계산수단」 화폐는 「지불수단」을 위한 「척도의 단위」와는 다른 크기가 될 수도 있다. 이와 같은 「가치계산단위」와 「지불단위」 사이의 차이는 많은 역사적 사례에서도 찾아볼 수 있다.

따라서 지불 과정의 독특하고 동시에 독립적인 특성은 그 지불 과정이 결코 '교환'이라는 행위에 구속되지 않는다는 점이다. 즉, 지불 과정이 마치 교환의 지속 내지는 완성에 불과하다는 견해는 옳지 않다. 그리고 지불 과정은 「교환거래」가 있기도 훨씬 전에 어떠한 단일 방향만의[413] 급부를 수행하는 형태로 존재하였다는 사실, 그리고 화폐는 「교환화폐」가 아닌 「지불화폐」(*Zahlgeld*)로서 존재하였다는 사실을 우리는 접하게 된다. 「축장화폐」는 앞에서 살펴본 바와 같이 「지불화폐」이지만 아직 「교환수단」은 아닌데, 그것은 원래 교환을 위한 역할을 전혀 하지 않았기 때문이다. 만약 「부과물들」, 「참회물들」, 제물들, 「공물들」의 지불, 다양한 종류의 지불금 등에서 발생하는 「지불거래」적인 현상을 모두 교환의 개념에 해당하는 것들이라고 간주한다면, 이는 「화폐의 개념」을 부당하게 축소하는 것이 된다. 따라서 그렇게 축소하는 경우, 화폐의 역사적 발전에 대한 통찰, 「화폐 체계」 자체에 대한 사회학적 이해, 그리고 궁극적으로 「화폐적 현상」 일반에 대한 이론적 해명도 마찬

---

[413] [역주] 각주377을 참고할 것.

가지로 요원하게 될 것이다.

「지불수단」의 사회교류적, 경제적-기술적, 그리고 법적인 의미의 각각에 있어서도 상황은 동일하다. 각 측면은 지불수단이 지속적으로 「관용」됨에 의하여 타당하게 된다. 이것들은 결국 하나의 동작에 의하여 동시에 표출되는 세가지 측면의 영향이지만 그 각각은 사실 완전히 별개의 관점을 나타낸다. 하지만 「지불수단」이라는 「화폐의 서비스」는 오로지 법적 사실로만 간주되어 왔기에 위와 같은 사실은 종종 또는 거의 항상 간과되어 왔다. 그러나 그 과정이 가지는 사회적 성격은 전제되거나 주어진 것으로 간주되어야만 하며, 그 과정은 빈번하게 그리고 사회교류적으로 실행될 때에만 비로소 법적 규범이나 규칙의 의미를 얻게 된다. 물론 이것들 [법적 규범이나 규칙] 역시 사회교류적 의미를 가지고는 있지만, 사회교류적 「관련성들」을 이해하기 위하여 필수적인 것은 「지불수단」의 관행적 사용에 내재되어 있는 사회교류적인 「목적설정」 (*Zwecksetzung*)을 깨닫는 것이다.

따라서 화폐는 「지불수단」으로서 이전될 때 세 가지 기능을 수행한다: 사회교류적 기능, 경제합리적 기능, 그리고 법적 기능이 그것들이다. 사회교류적 기능은 보다 포괄적인 기능으로서, 목적의 사회교류적 실현이나 「사회교류적 관계」의 수립 내지는 표현을 의미하기 때문에 나머지 두 가지를 포괄하고 있다. 이러한 관계는 경제적인 내용을 가질 수 있으며, 일반적으로 법적으로도 중요할 수 있다. 즉, 「지불」은 경제합리적 과정, 그리고 법적 과정으로서 고려의 대상이 될 수 있다.

따라서 「지불수단」으로서의 화폐는 후퍼트(Huppert)처럼[414] 순수히 경제적 측면으로만 정의할 수도 없고, 크납처럼 순전히 법적 측면으로만 정의할 수도 없다. 다만 우리 경제 체제에서는 「지불수단」으로서 화폐의 법적인 기능이 전면으로 부상하였다고 말할 수 있을 뿐이다. 따라서

---

[414] Huppert(1938: 36).

화폐는 경제합리적 생활과 사회적 생활에서도 동등한 중요성을 가지게 되었으며, 또한 현대적 화폐론이 주로 「지불수단」 기능의 법적인 측면에 중점을 두는 것도 이해할 수 있다. 이 같은 점에 대하여서는 본서 제25장 '화폐와 법적 질서'에서 보다 상세히 설명하겠다.

§22. 화폐의 자본기능

화폐가 사회교류적 발전에 기여하여 온, 그리고 오늘날에도 영향을 미치는 다양한 방식 중에서 가장 강력한 것은 아마도 「화폐의 자본 기능」일 것이다.[415]

일상 언어에서는 자본이라는 단어는 「화폐자본」(*Geldkapital*)이라는 의미로 사용되며, 크니스(K. Knies)에 따르면 이는 "빌렸거나 빌려줄 수 있는 돈의 총액"을 의미한다. 튀르고(Turgot)는 화폐가 "모든 종류의 가치를 나타내며, 역으로 모든 종류의 가치는 화폐를 나타낸다"라고 표현하였는데, 「화폐자본」이란 이 같은 생각에 입각하고 있다.[416]

이론 국민경제학에서는 화폐의 자본적 성격이 논란의 중심에 서 있는 것으로 잘 알려져 있다. 그러나 화폐에 대한 사회학적 관점에 있어서는 「화폐의 자본기능」 자체에 대하여서는 의문의 여지가 없으며, 이는 마르크스(K. Marx), 바그너(Adolf Wagner), 멩거(C. Menger), 아몬(A. Amonn), 좀바르트(W. Sombart), 그리고 슘페터(J. Schumpeter) 등에 의하여 잘 보여진다.[417] 그렇다고 하여서 화폐의 「자본기능」이 더 이상 설명

---

[415] [역주] 자본이라는 개념의 발생에 대하여서는 Laum(1954/55)을 참고할 것.

[416] Turgot(1776: LIX). Cf. 또한 Böhm−Bawerk(1908-1911a: 777쪽 이하 연속)도 참고할 것.

[417] 이 같은 사안에 대한 논쟁의 증거로 다음과 같은 문헌을 참고할 것: 오

의 여지없이 명쾌하다는 것은 절대로 아니다. 오히려 정반대이다. 뵘-
바베르크(Böhm-Bawerk)에 의하면, 화폐를 「자본재」에 포함시키는 이유
는 "「우회적 생산 방법」의 실행에 기여하기 때문"이다. 그는 이에 관하
여 다음과 같이 설명한다:

> 농부가 곡물과 나무를 집으로 운반함에 도움을 주는 수레와 말을
> 「생산수단」과 자본으로 간주하는 것과 같은 이유로, 더 광범위한 국
> 민경제적 측면에서의 '「귀가용 수단」(歸家 *Heimführen*)'인 대상들과 기
> 구들, 즉, 생산물 자체, 도로, 철도, 선박, 그리고 상업의 도구로서의
> 화폐 역시 자본에 속한다고 간주하는 것이 결과적으로 옳다.[418]

하지만 버지(S. Budge)는 이 같은 견해에 대하여 반대의 의견을 표명한
다. 그는 이렇게 말한다:

펜하이머(Franz Oppenheimer)는 화폐이론에 관한 동시대의 저술들을 검토
하는 과정에서, 우수하고 심지어는 가장 뛰어난 문헌에서도 가장 기초
적인 오류와 혼동을 발견할 수 있다고 언급한 바 있다. 그는 "화폐는 어
느 정도 자본"이라는 견해는 "회피할 수 없는 오류"라고 지적하였고, "어
떠한 과학적인 의미에 있어서도 화폐는 자본이 아니다"라고 첨언하였
다(Oppenheimer 1924: 399). 이와 반대로 스피토프(A. Spiethoff)는 그의 기
고문에서(1908: Contribution IV, 28), "아담 스미스부터 현대까지 화폐는
자본이라는 생각은 어떠한 이견의 여지도 없었는데 그와 같은 합의는
사실 드문 사례이다"라고 주장하였다. 이 같은 주제에 대하여서는 패소
우(Passow 1913: 40쪽 이하 연속)를 참고할 필요가 있는데 그는 자본이라
는 용어가 가지고 있는 모호한 용법에 대하여 훌륭한 정리를 하고 있다.
기타 멩거(Menger 1888: 특히 37쪽 이하 연속) 그리고 좀바르트(Sombart
1927: 127쪽 이하 연속 및 147쪽 이하 연속)도 참고할 것.

[418] Böhm-Bawerk(1902: 70).

간접적으로 유용한 재화라는 점에서 화폐는「생산수단」과 동등한 위치에 있다. 그러나 이러한 유사성에도 불구하고 간과하여서는 안 되는 핵심적 차이점이 하나 존재한다. 그것은 모든「생산수단」은 그 차원(Ordnung)의 고저를 막론하고[419] 1차적 재화를 획득하기 위하여 기술적 측면에서 도움을 준다는 사실이다. 반면 화폐는 일반적으로 재화의 생산과는 전혀 관련이 없다. 물론 화폐가 **재화를「가득」**함에 있어 고차원적으로 기여하는 것은 사실이지만, 운송재가 운송을 위한 것임과 유사한 기술적「보조수단」은 아니다. 즉 기술적 관점에서 보았을 때는 화폐는 어떠한 용도에도 기여하지 않는다.[420]

화폐는 시장 사회에서「재화획득」을 용이하게 할 뿐만 아니라, 애초에 그것을 가능하게 하기 때문에 은유적인 의미에서는 일종의「생산수단」이라고 최대한 설명할 수도 있을 것이다. 그러나 화폐를 '독특한'(sui generis) 재화로 보는 것이 오히려 더 정확할 것이다. 이 같은 생각은 충분히 설득력이 있는데, 왜냐하면 화폐의 발생과 화폐의 가치는 여타의 경제적 재화에 적용되는 법칙과는 전혀 다른 또 다른 법칙에 의하여 결정되기 때문이다.

자본은 특정 목표를 위하여 배치된 화폐의 명칭이다. 따라서「화폐의 자본기능」은 화폐가 사용되는 방식과 연관되어 있다. 화폐는 화폐적 이득(Gelderrtrag)을 창출하는 수단이거나 혹은 수단이 될 수 있는 한에서만 자본이다. 즉, 생산에 사용할 수 있도록 화폐가 제공되는 경우에 비로소 화폐는 자본이 된다. 모든 화폐가 자본인 것은 아니지만, 앞서 말

---

[419] [역주] 이때 '차원'(Ordnung)이라 함은 직접적 소비재로부터의 거리를 의미하는데, 소비재는 1차적 재화이고, 그 차원이 높을 수록 소비재로부터 멀어지는, 소비재를 생산하는 수단들이다.

[420] Budge(1933: 41).

한 의미에서 「비용재」(費用財 *Kostengut*)로서 생산에 투입되는 화폐는 모두 자본이다.

「화폐의 자본기능」이란 화폐의 특성의 일종으로, 생산적 사용을 목적으로 「자본재」를 (그리고 노동력도) 「가득」할 수 있도록 하는 특성을 의미한다. 좀바르트의 표현에 따르면 이러한 용도를 목적으로 하여 예비되어 있는 화폐를 「잠재적 자본」(*potentielles Kapital*)이라고 부른다. 이는 저축을 통하여 생성된다.[421] 생산적 목적, 즉 자본주의 기업의 설립, 운영 또는 확장을 위하여 저축을 실제로 할당하는 것은 이러한 「잠재적 자본」을 「실재적 자본」(*aktuelles Kapital*)으로 전환시키는 것을 의미한다.

「화폐의 자본기능」은 사실 경제합리적이 아닌 역사적-법적 범주이다. 경제의 모든 역사적-법적 범주와도 마찬가지로 「화폐의 자본기능」은 경제와 법의 「상호작용」의 과정에서 발생하였으며, 따라서 사적인 경제적 조직과 「법적 질서」 간의 상호 「관련성」하에서만 설명될 수 있다. 그러한 관련성으로 인하여 「화폐의 자본기능」은 경제적으로나 사회교류적으로도 매우 중요하고도 광범위한 역할을 담당하게 되었다.

「화폐의 자본기능」은 「교환의 매개기능」(*Tauschvermittlungsfunktion*)에 그 뿌리를 두고 있다. 따라서 그것은 「화폐의 구매권력」의 결과이다. 멩거는 그의 유명한 논문 『화폐』에서 관행적으로 화폐를 일반적인 교환수단이자 「지불수단」이라고 정의하는 것은 너무 협소하게 정의하는 것이라고 옳게 비판하고 있다(1909: 555쪽 이하 연속). 그는 이 같은 정의는 "자본시장에서 화폐가 수행하는 매개의 기능에 대한 언급을 포함하지 않고 있다"고 주장한 바 있다(전게서 580쪽). 그리고 아몬(A. Amonn)은 두 번째로 중요한 화폐의 기능은 「자본집적수단」이라고 간주하였는데, 이

---

[421] [역주] 본서에서는 저축된 화폐의 축장, 금융시장 및 신용 창조 등에 대한 분석은 미미하다. 이 대목 자체로 보면 대부자금설(loable fund theory)을 암묵적으로 전제하는 듯 보인다.

는 앞서 언급한 「일반적 실질지불수단」(*allgemeines reales Zahlungsmittel*)으로서의 첫 번째 기능과 직접적인 연관성을 가진다고 그는 말한다. 아몬에 따르면 "화폐의 액수"는 "집중화된 추상적 「통제처분권력」"(*konzentrierte abstrakte Verfügungsmacht*)을 의미한다. 다시 말하자면 화폐의 액수는 자본을 직접적으로 대변한다는 것을 의미한다.[422]

「화폐의 자본기능」은 다음과 같은 사항들을 전제한다: 1. 화폐를 이용하여 「재화가득」과 「재화처분」(*Güterveräußerung*)을 할 수 있는 광범위한 가능성, 그리고 2. 그와 마찬가지로 화폐를 이용하여 생산을 위한 「재화사용」을 할 수 있게 하는 광범위한 가능성. 즉, 이는 「생산수단」과 대비하여 「화폐의 구매권력」이 축소되거나 확대되는 정도에 따라 「자본기능」도 따라서 축소되거나 확대된다는 것을 의미한나.

화폐가 자본으로 사용될 수 있다는 것, 말하자면 화폐가 가장 완전한 형태의 자본이 되는 것, 이것이 바로 거대한 「사회교류적 권력」을 화폐에 부여하는 것이다. 칼 마르크스는 그의 저서 『자본론』에서 비록 일방적이기는 하지만 매우 효과적인 방식으로 이 같은 점을 보여준 바 있다.

따라서 화폐의 자본적 성격은 화폐가 활용되는 방식과 밀접한 관련이 있다. 그런데 사용 그 자체는 다분히 기술적인 문제이기에 본서에는 다루지 않겠고, 단지 그것이 가지는 사회학적 측면에 주목하고자 한다. 화폐는 사회학적 함의를 가지고 있으며, 이것이 바로 「화폐의 사회적 이론」이 다루고자 하는 내용이다.

본서 1부에서 충분히 그 특징이 설명된 「원시적 화폐관용」에서 출발하여 궁극적으로 「화폐자본」의 형성에 도달하는 길은 매우 길다. 화폐를 「가득」한다고 하더라도 그것을 필히 자본 투자 목적으로 전용하는 것을 의미하지는 않기 때문이다.

화폐는 자신이 어떠한 특정 경제적 그리고 법적 발전 단계에 이르렀

---

[422] Amonn(1927: 381).

을 때, 즉 주체적, 객체적 「화폐의 구매권력」이[423] 중대한 제약(*Beschrän-kung*)과 한정(*Einengung*)을 받지 않을 때에야 비로소, 그리하여 「경제의 과정」(*Wirtschaftsprozeß*)에 참여하고자 하는 사람들은 누구나 자신이 소유한 금융 자산을 이용하여 재화 및 용역을 「가득」하고 또한 처분할 수 있는 법적 능력을 가지고 있을 때에야 비로소 자본이 된다. 이러한 경우는 역사적으로 볼 때 무역에서 가장 먼저 발생하였다.[424] 따라서 현재의 지배적인 학설은 거대한 「자산」 또는 「화폐자본」 형성의 원래적 원천을 「화폐이윤의 축적」으로 보고 있다.[425]

칼 마르크스는 이 같은 사실을 다음과 같은 간결한 문장으로 표현하였다: "상품의 유통은 자본의 출발점이다". 그리고, "상품 유통의 최종 산물은 자본이 최초로 '자신을 현현하는 형식'(*Erscheinungsform*)이다".[426] 이러한 생각의 기저에 깔린 사고의 흐름은 잘 알려진 것처럼 화폐는 「교환경제」의 성격을 변모시킨다는 사실을 반영하고 있다. 위에서 설명한 것처럼 (본서 198쪽) 상품의 「가득」에 중점을 둔 교환은 이제 「화폐의 가득」을 위한 교환으로 대체된다. 이러한 측면에서 보았을 때 「화폐소유」가 바로 교환의 출발점이 된다. 화폐는 이제 더 많은 상품을 사고 파는 활동을 통하여 더 많은 화폐를 취득하기 위한 수단이 된다. 그리하여 화폐는 자본이 '자신을 현현하는 형식'이 된다. 그럼으로써 경제의 완전한 「화폐화」(*Vergeldlichung*)가 드디어 실현된다.

여기서 우리는 '화폐의 자본으로의 변모'를 검토하거나 칼 마르크스

---

[423] [역주] 「화폐의 객체적 구매권력」과 「화폐의 주체적 구매권력」에 관하여서는 본서 281쪽 이하 그리고 282쪽 이하를 각각 참고할 것.

[424] [역주] 자본의 역사적 발전과정에 대하여서는 Laum(1954/55)을 참고할 것.

[425] Cf. 참고로 Sombart(1927: 152쪽 이하 연속)에 실린 『화폐자본의 발흥』(*Die Entstehung des Geldkapitals*)을 참고할 것.

[426] [역주] Marx(1962/1890: 161).

가 『자본론』 제1권 제2부에서 같은 제목으로 언급한 바를 분석하려는 의도를 가진 것은 아니다. 단지 「화폐의 자본기능」에 대하여 간략히 설명하려는 것이 목적일 뿐이다. 또한 우리의 연구 대상은 자본 그 자체도 아니다. 단지 우리는 「화폐의 자본기능」을 사회교류적 요소로 인식하고자 할 따름이다. 따라서 현 시점에서는 마르크스 등이 설명한 화폐의 자본화가 옳고 완전한지 여부를 판단하려 하는 것은 아니며, 화폐가 자본이 「현현하는 형식」이 되고 그로 인하여 보다 중대한 사회교류적 연관성(*soziale Bezogenheit*)이 발생하게 되는 사실을 추적하는 것이 우리의 관심사일 뿐이다.

화폐의 「구매권력」은 광범위한 대규모의 사적 「자본주의적 경제」가 가능하기 위한 전제조건이다. 화폐가 「자본기능」을 얻어 「자본형성수단」(*Kapitalbildung*)이 되면, 화폐는 [인간 내면의] 가장 강력한 이기심을 발동시키고 그 이기심을 「자본주의적 경제」의 발전을 위하여 사용되게 한다. 그리하여 「화폐자본주의」(*Geldkapitalismus*)가 발생하고, 그것의 특수한 형태가 바로 「대부자본주의」(*Leihkapitalismus*)이다.

이러한 「자본기능」의 결과로 야기된 바는 지난 2세기 동안 화폐가 가져온 경제생활의 전면적인 「변형」, 즉, 「가사관리경제」에서 「사회경제」로 이어지는 「변형」이다. 시장 경제적 사태들에 「자본주의적 경제」라고 일반적으로 불리는 형태를 부여한 것이 바로 이 「화폐의 자본기능」이다. 그것은 경제적, 그리고 또한 사회교류적으로 거대한 중요성을 함의한 자본의 「축적」을 위한 경로와 가능성을 열어준다. 그리고 그것은 또한 생산요소, 즉 가변자본과 불변자본의 자유로운 결합을 완벽하게 가능하게 하며, 따라서 모든 생산력을 전개 및 발전시키고 「생산수단」을 「적저」(積貯 *Anhäufung*)시킴으로서 「자본주의경제의 발전」을 위한 경로를 개척하여 준다. 이러한 사실은 양적인 경제의 성장으로 표현될 뿐만 아니라 [질적으로] 새로운 경제 형태, 즉 「사회경제」(*Gesellschaftswirt-schaft*)의 태동을 위한 씨앗을 품고 있는 어떠한 변환으로도 나타난다.

화폐는 그 「자본 기능」을 통하여 사회적 형태의 기업들의 형성을 가능하게 하고 생산, 무역 및 수송 분야에 걸쳐서 주식회사의 출현과 그것의 광범위한 확산에 유리한 환경을 제공한다. 그리하여, 이는 소위 「참여자본주의」(Beteiligungskapitalismus), 재벌(Konzern)에게서 보이는 「자본집중」(Kapitalzusammenballung), 그리고 이익 집단의 형성을 위한 길을 연다. 모든 선진국의 통계에 근거하여 살펴볼 때, 주식회사형 기업이 점점 더 확산되고 있음을 보여준다. 우리가 고려하여야만 할 결정적인 사실은 이 같은 변화로 인하여 상호 간의 재정적 의무(finanzielle Verpflichtung), 유대 그리고 의존성으로 얽힌 긴밀한 망이 형성되고, 그로 인하여 사회의 사회교류적 구조를 변혁시키는 「소득분배」와 「소유관계」의 변화가 유발된다는 점이다. 또한 이러한 사실로 인하여 더욱 광범위한 인구가 「자본의 화폐적 권력」(Geldmacht des Kapitals)에 예속되고, 자본의 이해관계에 의하여 인구의 전치(轉置 Entwurzelung)와 이동이 야기되는 현상이 촉발된다. 그리고 이는 개인적 존재의 경제적 의존도(Verunselbständigung)의 심화, 그리고 임노동자화를 통한 대중의 자본주의 기업으로의 편입이라는 현상으로도 표현된다. 동시에 아리스토텔레스가 질책하였고 「돈벌이 기술」(chrematistic)이라고 명명한 대체로 끝을 모르는 「가득 지향적 경제」가 「수요충족」을 주로 지향하는 경제 형태를 대체하게 된다. 그리하여 널리 퍼져있던 「자급자족」과 현물 지급이 주를 이루는 「정태적 경제」를 대체하여, 경제적 이득을 「화폐적 이득」의 형태로 실현시키게 되고, 「소득」이 화폐의 형태로 분배되며 그 화폐의 사용은 소유자가 결정하는 사안이 되는, 그러한 「동태적 경제」가 등장하게 된다. 결국 인구의 대다수가 화폐를 벌고 그것을 사용함으로써만 생계를 유지하는 경제가 출현하여 최초에는 유럽-미국 문화권을 시작으로 모든 국가로 퍼져 나간다. 「소득의 창출」과 「소득의 사용」은 「자본형성」 및 「자본증식」(Kapitalverwertung)과 밀접한 경제적 「관련성」을 가지게 되고, 그 역도 성립한다. 그 과정에서는 다양한 이유로 인하여 —본서에서는 이에 대한 자세한 설명은 생략하기로 한다— 흡사 홍수로 물이 넘쳐흐르고 그것을 제방으로 막는 상황이 지속적으로 반복되는 것과 유사한 모습이 나타나게 된다. 그 결과 「경제의 과정」은 경제 상황의 지속적인 변화를 겪으면서 「경기주기」(Konjunkturzykle)라는 성격을 가지게 되는, 마치 밀물과 썰물의 흐름과도 같은 간만의 변화의 형태로 이루어진다.

이러한 모든 과정에서 「화폐의 자본기능」은 중요한 역할을 수행한다. 이렇듯 화폐를 수단으로 하여 「화폐형식」으로 시작하여 항상 그 같은 「화폐형식」으로 끝나는, 혹은 마르크스의 표현을 빌리자면 "상품이 '화폐형식으로의 용화'(蛹化 Geldverpuppung)"된[427] 형태로 그 과정을 완결시키는, 특수한 형태를 가진 자본의 변환이 발생한다. 하지만 이러한 「자본으로서의 화폐의 순환」은 일정한 주기성을 가지고 경제에 교란을 일으킨다. 「경기변동론」(Konjunkturlehre) 및 「공황론」(Krisenlehre)은 그러한 교란의 원인을 밝히는 시도를 경주하였다. 그러나 이러한 시도는 「자본주의적 경제」에 대한 심층적 검토를 통하여서만 얻을 수 있기에, 사실 그들의 연구결과는 논란의 여지가 많다. 어쨌든 「자본형성」은 화폐의 순환과 교란 현상을 이해함에 있어 특히 중요한 요소임은 틀림없다. 이에 「화폐의 완전고용」(Vollbeschäftigung des Geldes)이라는[428] 문제가 발생한다.

화폐가 「자본기능」을 얻게 되고 사람들의 삶에서 점점 더 중요하여짐에 따라 화폐의 역할에 대한 평가와 사회에서 화폐가 관행적으로 사용됨에 대한 그 '진가에 대한 정평'(Beurteilung)도 달라진다. 예를 들어, 렘쿨(P. Lehmkuhl)은 그의 『도덕 신학』(Theologia moralis 7판, I, 698)에서, 당

---

[427] [역주] '용화'(蛹化)는 애벌레가 번데기로 변태하여 나방이 되기 위한 과정을 준비하는 것을 말한다. 즉, 상품이 화폐로 변태하여 자본이 되기 위한 준비 단계에 들어가는 것을 비유하는 표현이다.

[428] [역주] 즉, 화폐가 순환되지 않고 축장되는 등, 순환 과정에서 퇴장되는 경우 화폐는 '불완전' 고용된다.

대에 교회가 이자를 수취하는 것을 허용하였을 때—물론 이전에 이자를 금지하였을 때 사용한 것과 같은 강경한 어조는 아닐지언정— 이 같은 태도의 변화는 결국 화폐의 의미변화에서 기인하는 것이라는 점을 이해하여야 한다고 지적한 바 있다.

「화폐경제」의 출현으로 인하여 「화폐의 자본 기능」이 유효(Geltung)하게 되고 [즉, 사회적으로 인정되며 정당화되고] 또한 작동할 수 있게 된다. 「화폐의 자본 기능」의 전개는 「화폐경제」의 발전과 맥을 같이 한다. 「발달된 화폐경제」에서 「화폐의 자본기능」은 「화폐자본」을 형성하는 동기가 되며, 「실물자본」(Realkapitals)의 재생산과 증식은 대개 화폐를 통하여 이루어지기 때문에 그 「화폐자본」은 다시 「물질적 자본」(Sachkapital)의 창출에 기여하게 된다. 따라서 이러한 의미에서 볼 때, 만일 뵘-바베르크(Böhm-Bawerk)가 언급한 바와 같이 자본주의적 생산양식은 "자본의 소유자인 자본가의 「지배」와 지시하에 이루어지는 생산양식"이라고 이해한다면,[429] 화폐는 자본주의적 생산양식을 가능하게 한다고 말할 수 있다.

이미 여러 차례 강조하였듯이 자본은 저축을 통하여, 그리고 저축의 생산적 사용을 통하여 창출된다.[430] 그러나 뵘-바베르크 자신도 말하였듯이 이것은 「자본형성」이라는 질문에 대한 부분적 대답에 불과하다. 뵘-바베르크에 따르면 더 중요한 질문은 다음과 같다:

> 어떠한 이유로 사람들은 생산할 능력을 가지기 위하여 저축하고, 생산하기를 원하며, 또한 실제로 생산하는가?

이 질문 자체를 이곳에서 심도 깊게 생각하기보다는 단지 화폐는 사

---

[429] Böhm-Bawerk(1908-1911b).

[430] Cf. Böhm-Bawerk(1909: Bd. 1, 209 그리고 139).
[역주] 저자는 자본은 저축이 아니라 신용창조에 의하여 준비될 수 있는 가능성에 대한 고려는 하고 있지 않다.

람들이 저축할 수 있게 하고 일반적으로 저축을 하는 실제적 수단이며, 또한 화폐는 저축을 생산적으로 유용하는 것을 가능하게 하는 수단이라는 점에 주목하고자 한다. 이러한 사실은 사회적으로 중요한데, 또한 화폐 그 자체에 대하여서도 중요하다고 할 수 있다. 그런데 모든 화폐가 동등하게「자본형성」에 적합하거나,「자본기능」을 똑같이 잘 수행한다고 말할 수 있는 것은 아니다. 이는 본 저자가「화폐의 구매력형성」이라는 개념을 보다 정치화시키면서 동시에 지적한 문제의 영역에 속하는 것이기도 하다(본서 27장 참조).

「자본형성수단」이라는「특성」은 화폐에 사회를 형성하는 강력한 힘을 부여한다. 이「특성」이 없었다면 화폐는 사회화에 있어 아주 미미한 영향력만 미쳤을 것이다. 그러나 화폐가「사용가치」(*Gebrauchswert*)를 가진 재화를 획득하는 수단일 뿐만 아니라, 수익을 창출하는 자본을 형성하는 수단이며, 따라서 자기 증식의 수단, 다시 말하자면 희생한 화폐의 양보다 더 많은 양의 화폐를 획득하기 위한 수단으로서 이윤을 창출할 수 있음이 명백하여지는 순간, 화폐는(이는 이미 다른 맥락에서 설명한 바 있듯이[431])「수요충족」에 필요한 수단을 넘어서 그 자체가「가득의 목적」(*Erwerbsziel*)이 된다. 그리하여 화폐는 생산에 투입되기 위하여 저축되는데, 이로써 자본이 형성되는 것이다. 좀바르트는 저축된 금액의 크기, 즉 '잠재적 자본의 양'이 형성되는 상황을 설명한 바 있다.[432]「잠재적 자본」이「실재적 자본」으로 전환되는 것, 즉 저축된 금액을 생산적 목적으로 투자하는 것이 바로 실제적인「자본형성」과정이다. 그 과정은 「자본가치증식의 법칙」(*Gesetz der Kapitalverwertung*)의 적용을 받는다. 왜냐하면 자본은(마르크스에 따르면) 오직 하나의 '생의 충동'(*Lebenstrieb*)만을

---

[431] [역주] 본서 198쪽 이하를 참고할 것.

[432] Sombart(전게서: 156-7).

[역주] 후속 문장이 좀바르트를 인용한 것인지의 여부는 불분명하다.

가지고 있기 때문인데, 그 충동은 바로 「가치증식화」(*verwerten*)의 추구 그 자체이기 때문이다. "자본은 가치를 낳는 잉여가치이다"(마르크스).[433] 좀바르트는 자본의 「가치증식의 충동」(*Verwertungsstreben*)이야말로 현대 경제의 발전을 야기시키는 가장 주요한 작용인(作用因)이자 궁극적인 원동력이라고 생각하였다.

자본으로서의 화폐의 「증식」은 애초에는 다양한 제약과 장벽에 직면하였으며, 수 세기가 흐른 뒤에야 이것들은 제거될 수 있었다. 이와 관련된 중세 후기의 가장 위대한 성과 중 하나는 기존에 아리스토텔레스와 토마스 아퀴나스가 설파한 자본의 '불임성'(*Anschauung*)에[434] 대한 견해를 극복한 것이라고 할 수 있다.[435] 그러한 극복의 과정은 이자에 대한 교리적 금지를 철폐함에서 시작되었으며, 그리하여 결국 모든 경제적 제약은 폐지되고 완전한 경제적 계약의 자유가 실현됨으로써 '경제합리적 자유주의 시대'(*ökonomischer Liberalismus*)에 이르러서는 완전한 승리를 구가하게 된다. 이 과정에서 자본으로서의 화폐는 과거에 존재하였던 「토지소유」에 의하여 결정되는 사회질서와는 본질적으로 다른 사회질서를, 즉 자본주의적 사회질서를 창출하였다.

자본으로서의 화폐가 가진 특수성은 바로 경제와 사회의 끊임없는 움직임을 자극시키고, 따라서 기존의 「소유관계」를 지속적으로 변동시

---

[433] [역주] 이 문장 자체는 『자본론』에서 직접 인용한 것은 아니고 『자본론』 제2권(Marx 1963/1893: 32-34)의 내용을 저자가 정리한 문구로 여겨진다.

[434] [역주] 아리토텔레스는 화폐는 교환을 위하여 존재하게 되었으나, 이자는 마치 동물이 새끼(*tokos*; τόκος) 낳는것 처럼 스스로를 증식시킴에 비유하여 그 이름이 *tokos*가 되었고 이는 자연에 반하는 것임을 비난하였는데(Aristotle 1932: 1258b), 이 같은 아리스토텔레스의 말은 후대에서는 '화폐의 불임성'이라는 명제로 표현되었다.

[435] [역주] 이러한 역사적 과정에 대하여서는 Laum(1954/1955)을 참고할 것.

키는 수단이 되었다는 사실에 있다. 그리하여 그 결과 사회는 끊임없이 재편되었고 소유와 비소유의 대립을 특징으로 하는 거대한 사회적 격변을 지난 2세기 동안 유발시켰다.

헤겔, 로렌츠 폰 슈타인(Lorenz von Stein)을 비롯한 많은 사회과학자들은 「소유차이」(Besitzunterschied)를 발전된 「사회형식」의 특징이라고 설명하였다. 사회에서의 「소유차이」는 「화폐자본」보다 확실히 훨씬 오래된 것임이 분명하지만, 자본으로서의 화폐는 그러한 「소유차이」를 증폭시키고 확대시켜 왔고, 그 결과 사회의 발전에 기여하였다. 「화폐자본」은 그러한 「소유차이」를 확대시키는 경향을 보여줌과 동시에 전통적인 「사회형식들」을 붕괴시킬 위협에 직면시키거나 실제로 붕괴시켜 현대적 계급사회를 형성시키기도 하였다. 어떠한 상황하에서는 「화폐자본」, 더 나아가 「자본이자」(Kapitalzin)는[436] 주로 「계급형성」과 「계급분화」의 담지자로서 나타나는 사회교류적 요인이 되었다. 중세 후기에서의 사회교류적, 윤리적, 경제적 담론에서는 「화폐의 가득」에 대한 불신으로 가득 찬 태도가 지배적이었음을 엿볼 수 있는데, 그러한 현상의 이유는 바로 이 같은 사실에 있었다. 화폐와 자본에 대한 이 같은 부정적 평가는 중세의 사회 학설, 즉, 교부철학과 스콜라철학에서 유지되어 왔으며, 「칼비니즘」의 등장으로 인하여 이 같은 입장은 변화되었는데 후자에 따르면 「화폐의 가득」은 만일 올바른 방식으로 수행되는 한에 있어서는 미덕으로 간주되기 시작하였다.

그 이후 경제와 사회에서 화폐자본이 가지는 중요성은 현저히 증가되었다. 화폐는 「자본주의적 경제」의 필수적인 요소가 되었고, 현대의

---

[436] [역주] 이 개념은 '대부이자'(Leihezins)와는 다른 개념으로서 막스 베버의 정의에 의하면 손익 회계상 물리적 영업 수단의 투입에 대한 최소한의 정상 이윤 혹은 상업적 기업이 화폐 내지 자본재 투입에 대하여 얻을 수 있는 이윤을 말한다(Weber 1922: 51; 2019/1922: 184).

경제 이론이 자본이라는 현상을 그 핵심 사안 중 하나로 분석하고자 할
때, 그러한 분석의 대상은 바로 「화폐의 자본기능」이다.

Ⅳ. 화폐의 영향 범위

§23. 화폐와 노동분업

　사회는「노동분업」으로 서로 연결되어 있는 사람들의 집단이라고 설명되어 왔다(Sacher 1899 그리고 Mises 1922). 미제스(Mises)는 사회가 일종의 유기체로서 "사회는「노동분업」이다" 라고 말한 바 있다.[437] 이 '유기체'라는 단어가 사회를 인체와 비교하는 것(즉, 유기체로서의 견해) 이상의 의미를 가진다는 사실은 그의 추가 설명을 보면 분명히 드러난다. 미제스는「사회적 노동분업」의 출발점을 개별적 인간 소양(*Anlage*)에 있어서의「불평등」과 지구 표면의 외부적 생활 환경상의 다양성에서 찾고 있다. 그의 견해에 따르면 이 같은 두 가지 사실들은 사실상 인간에게「노동분입」을 강요한다. 물론 이 같은 주장은 의심할 여지 없는 사실이다. 그러나 모든「사회적인 것」을「노동분업」의 발전이나 혹은 "사회는 즉 노동분업임"에서 기인한다고 돌리거나,「노동분업의 원리」가「사회적 생성」(*gesellschaftliches Werden*)의 본질을 드러낸다는 주장에 동의할 필요는 없다. 본서에서는「노동분업」의 의의를 다음과 같이 일반론적으로 특징짓는 것만으로도 충분하다. 즉,「노동분업」이 시작되는 곳에서는 그「노동분업」에 의하여 사회적 발전도 결정된다. 그러나「노동분업」은 앞서 언급한 두가지 사실에 기원을 두고 있음에도 불구하고, 그 이후의「노동분업」의 발전은 사회교류적「권력관계」에 의하여 본질적으로 결정된다는 사실을 간과하여서는 안 된다. 자연적인 경제적 조건에서도 때로는 상당히 광범위한「노동분업」이 존재하지만, 그 확산과 편재는 여전히 항상적인「화폐관용」의 출현과 긴밀히 결부되어 있다.

　「노동분업」은 사회를 전제하지만, 그「노동분업」은 자신의 점진적 발전에 수반하여 사회 자체에도 지속적인「변형」을 가져옴으로써 사회에 다시 영향을 미친다. 심지어 '도시와 농촌', '부르주아와 농민'으로의

---

[437] [역주] Mises(1940: 115).

분화조차도 「화폐관용」을 전제로 한다. 도시 생활, 그리고 생산상의 분업 진전의 기반이 되는 '도시 인구 밀집'은 보다 확산된 「화폐관용」을 위한 강력한 모태가 되었다. 크니스(K. Knies)에 의하면 「교환거래」를 수행하게 만드는 항상적이고 확립된 「화폐관용」은 새로운 「노동분업」의 출현과 동시에 새로운 경제 집단의 출현을 위하여 필수적인 지지대(支持臺)이다. 「화폐관용」은 더 발달된 「노동분업」을 가능하게 할 뿐만 아니라 그것을 향하여 나아간다.[438]

이러한 사실들의 상황을 밝히는 것이야말로 바로 사회 이론의 과제이다. 그러나 사회 이론은 이를 위한 노력을 거의 경주하지 않았고, 단지 대체로 「노동분업의 원리」만을 중점적으로 규명하는 바에서 멈추었다. 후자와 관련하여서는 튀르고(Turgot), 퍼거슨(Ferguson), 스미스(Adam Smith), 뷔허(Karl Bücher), 슈몰러(Gustav Schmoller) 그리고 뒤르켐(E. Durkheim) 등의 연구가 잘 알려져 있다.

로트베르투스(Rodbertus)는 '노동분업 확장을 위한 화폐의 중요성'을 다음과 같이 언급한 바 있다. "「노동분업」을 완성하기 위하여서는 화폐가 필요하다". 그는 이를 예로 제시한 후 다음과 같이 계속 설명한다. "그러나 화폐가 이러한 방식으로 이해되고 있는 것은 그것의 경험적 측면에 불과하다. 그 본질과 개념에 있어서 화폐는 「노동분업」의 「청산수단」(Liquidationsmittel)[439]이다". 이러한 의미에서 그는 화폐를 "모든 사람이 받아들이는 「증서」(Bescheinigung)이자 모든 사람이 [그에 적혀있는 청구를] 수락하는 「지시서」(Anweisung)"라고 불렀다.

물론 수많은 인류학적 사례에서 알 수 있듯이 「노동분업」은 화폐를

---

[438] Knies(전게서: 433).

[439] [역주] 「청산수단」이라 부르는 이유는, 노동분업으로 사람들이 생산한 각기 다른 재화와 용역의 서비스를 교환할 때, 화폐를 매개로 하여 매매함으로써 각자의 권리를 청산한다는 의미이다.

「교환수단」으로 사용하지 않고도 충분히 가능하다. 그러나 「사회적 노동분업」은 「교환수단」으로서의 화폐를 「관용」함에 의하여 크게 촉진되는 것도 마찬가지로 확실하다. 화폐는 개인으로 하여금 「자급자족」, 혹은 생계유지에 필요한 물물교환의 기회를 탐색함에서 오는 고단함을 덜어주고, 따라서 특정 직업에 종사하면서 전문화할 수 있도록 도와준다. 우리 경제 질서하에서 예술가, 교사, 그리고 연구자 등의 자유로운 직업을 진작시키기 위하여서는 화폐의 전제를 필요로 한다.

인구가 증가함에 따라 「노동분업에 대한 압력」도 자연히 발생하기 마련이다. 로트베르투스는 다음과 같이 말한 바 있다:

> 문명을 가능하게 한 행운적 우연은 분업에 기초한 노동이 그렇지 않은 노동보다 더 생산적이라는 사실에 의하여 발생하였다.

하지만 앞서 언급하였듯이 그는 바로 화폐가 이러한 작용을 위한 필수적 「보조수단」이라고 생각하였다. 흔히 사회교류적 진보의 담지자로 묘사되는 「노동분업」은 화폐가 없다면 단지 그 효과가 경미하게 남을 수밖에 없다. 이러한 측면에서 포르스트만(A. Forstmann)은 화폐를 문화와 문명의 진정한 뿌리라고 설명한다.[440]

사람들을 일상의 「생계수요」를 위하여 일하여야 한다는 강박감에서 벗어나게 한 것은 사실 「노동분업」 그 자체는 아니고, 「노동분업」에 기초한 생산과정에서 생산된 재화에 대한 「통제처분수단」(Verfügungmittel)으로서의 화폐인데, 그러한 화폐를 통하여 「노동분업」의 과실(果實)과 「노동분업」을 통하여 얻은 여가의 시간을 향유할 수 있게 된다. 「노동분업」이 존재하지 않은 세상에서도 빈곤과 호의호식은 공존할 수 있다. 하지만 그러한 경우, 광범위한 대중을 위한 복지는 불가능하다. 대중을 위한 문화와 문명의 모든 발전은 「노동분업」의 혜택과 이를 가능하게

---

[440] Forstmann(1943: I. 142).

하는 화폐라는 매개체가 없이는 상상하기 어렵다. 그리하여 화폐가 없다면 대중 복지의 실현은 훨씬 더 어려울 것이며, 그러한 경우 동일한 복지의 실현을 위하여서는 오늘날 우리에게 익숙한 것과는 전혀 다른 형태의 「공동체생활」이 전제되어야만 할 것이다.

슈몰러(Schmoller)가 이야기한 바처럼, 「노동분업」이야말로 문화적 진보와 더 큰 번영을 달성하게끔 하는 위대한 도구라고 간주될 수 있다. 하지만 이때 항상 간과되는 사실은 화폐가 그러한 과정을 촉진하는 수단이라는 점을 또한 명심하여야만 한다. 그리고 슈몰러가 「노동분업」의 결과로 이룩된 "현재의 국가들의, 그리고 현재의 국민경제 및 세계경제의 모든 영광과 「부」"를 설명할 때도 우리는 그러한 성과를 달성하기 위하여 화폐가 수행하는 역할을 간과하여서는 안 된다. 허버트 스펜서(Herbert Spencer)가 말하였듯이[441] "동시에 규제, 생산, 분배를 수행하는 기관체계(器官體系)의 존재" 그리고 "이들 규제, 생산, 분배의 각 영역들 간의 모든 「협동」(Zusammenwirke), 규제라는 영역을 중앙과 지방으로 구분하고, 각자를 특수한 지부로 세분화하며, 또한 지휘 기관(器官)과 집행 기관으로 나누는 것, 사회에서의 경제적 운영과 지배체제를 분리시키는 것, 이에 더하여 자유적인 직업과 교회적 기능의 분리, 그리고 각종의 대비들, 즉 도시와 농촌, 무역, 상업 그리고 농업, 기업가와 노동자 등의 대비들 등, 즉 이러한 모든 복잡다단한 문화적 삶의 모습들은", 슈몰러가 언급한 바처럼 단순히 "「노동분업」의 결과일 뿐만 아니라",[442] 「화폐관용」에 의하여 형성된 사회적 분업'에 내재한 가능성이 실현된 결과이기도 하다.

---

[441] [역주] 이 대목의 정확한 영어 출전은 명시되어 있지 않았기에, 본 번역에서는 독일어 번역을 중역하였다. 그러나 이에 관한 근본 개념은 Spencer(1877: 489-568)에 잘 표현되어 있다.

[442] Schmoller(1900: 1부, 635).

화폐는 생산에 있어서의 「노동분업」을 가능하게 하는데, 이는 그러한 생산을 전제로 하여 창조되는 '부의 소비에 있어서의 다양성'을 화폐가 부여하는 것과도 같다.

화폐가 각 개인들의 공동 노동과 그 결과물에 대한 참여라는 측면에 있어서 노동력들 간의 연결을 수립하는 매개자로서 개입하지 않는 한, 유기적 「협동」, 즉 농업과 교역, 그리고 상업과 산업 간의 노동 협력은 좁은 한계 안에 갇혀 있게 되고 오직 경미한 성과만을 실현시킬 수 있을 뿐이다. 이러한 의미에서 짐멜(Georg Simmel)은 화폐는 "성과와 [그 성과를] 향유함에 있어서의 「분배」의 정의를 확립하는 역할을 한다"고 말한 바 있다.[443] 이는 분명 화폐가 「교환정의」(交換正義 *justitia commutativa*)를 그 원칙대로 수립하여 내는 수단임을 의미한다. 그러나 화폐는 「분배」(혹은 「사회적 산물」에 대한 참여)의 수단이며, 따라서 즐거움의 충족을 얻기 위한 [재화를 획득할 수 있는] 「지시서」이기 때문에 화폐는 그 자신이 빚어내는 각종 삶의 형태에 있어서 사회교류적 투쟁의 대상이며, 그러한 투쟁은 화폐와 「화폐관용」이 존재하는 한 결코 종식되지 않을 것이다.

그런데 이러한 「노동분업」의 특이한 점은, 그것이 비록 노동을 경주하는 노력을 배가시키지만 그러한 「경제의 과정」에 있어서 노동이 가진 위상을 향상시키는 것이 아니라 오히려 자본이 가진 위상을 향상시킨다는 사실에 있다. 이러한 과정에서의 매개 역시 화폐이다.

§24. 화폐와 욕구

"탐하지 말라"는 성경의 구절은 화폐에서 가장 뚜렷한 적용 대상을 찾을 수 있다. 화폐는 다름 아닌 「갈구」(*Begehr*)이며, 「욕구들」(*Bedürfnis*)과 「욕망들」(*Wunsch*)을 충족시키기 위한 위한 「청구권」(*Anspruch*)이다. 「화폐

---

[443] [역주] Simmel(1908: 63).

사회」에서는 화폐는 말하자면 모든 「갈구」를 충족시키는 수단이다.

그 원리를 적용함으로써 더욱 완벽한 「욕구충족」을 가능하게 하고, 따라서 개인과 사회의 번영을 증대시키는 그러한 원리는 이미 아담 스미스에 의하여 「노동분업」에서 발견된 바 있다. 「노동분업」은 경제의 모든 구성원들을 「욕구」의 충족을 위하여 상호의존적으로 만들고, 바로 이러한 사실에 의하여 사회 참여자들을 사회교류적 통일체로 이끈다.

화폐는 앞서 살펴본 바와 같이 사회에서의 분업에 기초하여 산출된 생산물들을 「욕구충족의 수단」으로서 공급하기 위하여 필요한 수단이다. 모든 경제의 목표는 인간의 「욕구충족」이다. 즉, 인간의 수요(Bedarf)를 충족시키는 것이 바로 그 목적이다. 「국민경제학」의 대상은 바로 「욕구들」을 충족시키려는 인간의 노력에서 발생하는 「사태들」이며, 따라서 바로 이러한 이유로 「국민경제학」은 헤겔에 의하여 「욕구들의 체계」(System der Bedürfnisse)라고 불리운 바 있다. 그는 「욕구들의 체계」를 부르주아 사회를 특징짓는 세 가지 중요한 계기 중 하나라고 부른다(Hegel 1821: §188). 이 체계에 대한 그의 고찰에서—그리고 이 점은 특히 주목할 만한데— 헤겔은 특히 본 저자가 인간을 「평판집착적 인간」(anthropos doxomanés)으로[444] 묘사하게끔 한 「욕구」, 즉 「우월성」을 통하여 자신을 주장하려는 「욕구」를 강조한다. 그는 이 「욕구」, 즉 자신을 주장하려는 욕구야말로 인간을 동물과 구별 짓는, 「욕구들」의 증식과 확산의 진정한 원천이라고 말한다.

> '바로 여기 실재하는'(Dasein) 「욕구들」과 수단들은 '타자를 위한'(für ander) 현실(Sein)이 되며, 그러한 타자가 가진 「욕구들」과 노동을 통하여 [욕구의] 충족은 상호 의존적이 된다"(전게서: § 192).

그리하여 「욕구들」과 수단은 "「사회적 욕구들」이 되고 또한 그것들의

---

[444] [역주] 다음을 참고할 것: 각주43.

충족을 위한 수단과 방법"이 되며, 그러한 점에서 「사회적인 것」이 된다. 그러나 그러함에 있어서 화폐는 다른 어떠한 것으로도 대체될 수 없는 기능을 수행한다. 화폐는 사회를 위한 특정한 목적을 설정하는 생각의 「표현수단」, 그리고 그러한 목적을 실현하고자 하는 고려의 「표현수단」으로 기능한다. 즉 화폐는 욕구의 목표들, 그리고 「욕구들」 간의 비교 평가를 위한 「표현수단」이다.

따라서 화폐는 「욕구」의 확산, 증식, 일반화, 평등화 과정에서 가장 중요한 수단이다. 화폐는 「욕구충족」의 수단과 방법을 더욱 새롭고 정교하게 만드는 그러한 과정을 달성시키기 위한 수단, 인간의 「현존재」를 「탈짐승화」(*Enttierung*)하고 「정신적 승화」(*Vergeistigung*)를 시키는 수단이다.

「욕구들」과 그 충족을 위한 수단의 점진적 개선은 화폐 없이도 가능하지만, 그 확산과 일반화는 그렇지 않다. 생산의 발달, 그리고 「수요충족수단」(*Bedarfsbefriedigungsmittel*)을 생산하는 과정에서 누구나 이러한 「수요충족수단들」에 접근할 수 있게 하는 것이 바로 화폐이다. 그리하여 식량과 의복, 「교류수단」, 그리고 「문화적 재화」 등은, 그것들 간에 질적 차이는 물론 존재할지언정 빈부에 관계없이 누구나 누릴 수 있다. 또한 화폐 덕분에 오늘날 신문, 극장, 콘서트, 영화 등이 제공하는 것과 같은 수천 가지 즐거움을 누구나 즐길 수 있다. 화폐가 없었다면 로스(E. A. Roß)가 요약하였던 바 있던 "노동의 「불평등」의 증가, 생활양식과 즐거움의 향유(*Genuß*)에 있어서의 평등의 증가"로의 발전은 불가능하였을 것이다.[445] 이 말은 사회적 발전에 있어서의 화폐의 중요성을 보여주는데, 이는 화폐가 단지 육체적인 「욕구들」을 충족시키는 바에 그치지 않고, 이미 다른 맥락에서 언급하였듯이 「노동분업」을 발단으로 시작된 인간 사회의 해방 과정을 완성하는 수단이기 때문이다. 이에 다시 한번

---

[445] Roß(1905: 262).

헤겔의 말을 음미하여 보자:

> 사회적 제 조건들이 「욕구들」을 향하여, [욕구들을 달성하기 위한] 수
> 단을 향하여, 그리고 즐거움의 향유의 무한한 증식과 구체화를 향하
> 여 나아가는 방향에는 그 한계란 존재하지 않는다(Hegel 전게서: §195).

「욕구충족」을 가능하게 하고 촉진함으로써 인간의 「욕구의 전개」(*Be-dürfnisentfaltung*)를 현저히 발전시키는 수단이 바로 화폐이다. 「욕구들」의 증가는 또한 사람들 간의 상호 의존성을 증가시키는데, 화폐는 이러한 의존성을 완전히 극복할 수 있도록 하지는 못하더라도 어느 정도 상쇄는 시킬 수 있다. 화폐는 자신이 가진 사회를 형성하는 힘에 의하여 개인들을 수많은 「사회교류적 연계」 속에 연루시키는 그러한 무수한 관계들을 만들어내는데, 이 과정에서 일련의 「욕구들」이 생성되며 그것들은 화폐를 통하여 재차 충족되게 된다.

가능한 모든 「욕구들」을 충족시키는 수단으로서의 화폐의 도입은 한 사회 내에서의 「재화소유」의 증가를 필연적으로 의미하지는 않는다. 하지만 재화의 공급을 간접적으로나마 늘리도록 함으로써 번영의 증가를 야기하기도 한다. 이러한 의미에서 볼 때, 화폐는 사회를 풍요롭게 만든다고 할 수 있다. 화폐를 통한 재화 유통의 촉진은 일반적으로 재화의 유용성의 증가를 의미한다. 분명한 점은 화폐가 없었다면 인류는 더 곤궁해지고 역사적으로도 덜 부유하게 되었을 것이라는 사실이다.

화폐에 의하여 가능하여진 「욕구충족」의 다양한 형태들이 지속적으로 발전함에 따라 그러한 욕구들의 완성(*Vervollkommnung*)은 동시에 더 거대한 「사회화」를 의미하게 되며, 또한 「사회적인 것」은 더욱더 인류 일반에 있어서의 삶의 내용[혹은 삶의 목적(*Lebensinhalt*)]으로 되어 간다.

따라서 화폐는 「욕구충족」의 수단이 됨으로써 동시에 「욕구들」의 수를 무한히 증가시키는 수단이기도 하다. 이 과정에 대하여 헤겔은 다음과 같이 말한다:

「욕구」는 그것을 직접적으로 이미 가지고 있는 사람들에 의하여서가 아니라, 그「욕구」를 창출(*Entstehung*)시킴을 통하여 이득을 얻으려는 사람들에 의하여 만들어 진다.[446]

이에는 화폐가 결정적인 역할을 한다. 수요와「욕구충족」에 "혼재하는 넘치는 자의성"(*Wimmeln von Willkür*)은(Hegel 전게서: §189)[447] 화폐에 의하여 질서를 부여받고 그렇게 유지된다. 화폐는 다른 모든 형태로 제공되는 재화에 비하여 더 나은「욕구충족」을 보장한다. 그리고 다른 재화에 비하여 화폐는 더 탄력적이고 완벽하게 개인의「욕구충족」을 가능하게 하기 때문에, 화폐의 기능이 훼손—즉,「구매권력의 제약」(*Kaufmachtbeschränkungen*) —되거나 예외적인 상황이 존재하지 않는 한 다른 모든 재화보다 더 높은 가치를 지니게 된다.

「욕구들」의 선택과 충족에 있어서 화폐 자체는 중립적이다. 화폐는 도덕적「욕구들」과 비도덕적「욕구들」의 모두를 충족시키는 기능을 수행한다. 우리 사회 질서에서「화폐관용」은 언제나 그리고 모든 경우에 있어서 경제적 결정일 뿐만 아니라 도덕적 결정이기도 하다.[448] 윤리적 관점에서 화폐에 대한 비난은 화폐가 종종 가장 비난받을만한 목적을 위하여 사용된다는 사실에 근거한다. 하지만 실상 이러한 비판은 도구 그 자체가 아니라 그것을 오용하는 사람들에게 향하여야만 한다. 그럼에도 불구하고「화폐의 질」그 자체는 그 화폐를 자신들의 욕구충족을 위하여 사용하는 사람들이 내리는 선택에 어느정도 영향을 미친다고 할 수 있다 즉, 예를 들어「인플레이션화폐」(*inflatorisches Geld*)는 쉽게 낭

---

[446] [역주] Hegel(전게서: §191).

[447] [역주] 부르주아 사회에 있어서의 욕구와 그것의 충족에 있어서의 자의성을 말한다.

[448] Taeuber(1950: 75).

비를 초래하고 「욕구들」의 순위를 혼동시킬 수 있는 여지가 있다.

이전 세기에 존재하던 「사치금지법」(*Luxusgesetze*)은 과도한 「욕구충족」과 그것의 타락에 개입하려는 공적 기관의 노력을 보여준다. 그들이 가한 규제는 실질적으로 「화폐의 구매권력」을 제약시키는 것을 의미한다.

「욕구충족」의 모습을 조형하는 화폐의 사명에 대한 판단은, 무한한 다양화를 향한 향한 「욕구들」의 증가와 증식이 과연 합리적인 방향으로 나아가는지 아닌지에 대한 물음에 대한 답에 달려있다. 그러나 화폐를 단순히 개인적 「욕구충족」의 편리한 수단 내지 개인이 삶에서 누리는 즐거움을 증대시키는 수단으로만 간주하는 것은 분명 잘못된 처사이다. 화폐는 삶에서의 필수적 재화들과 즐거움을 충족시키는 단순한 기술적 수단에 그치지 않고, 그러한 수단이 됨으로 인하여 그 자체로 물질문명의 수단일 뿐만 아니라 가장 강력한 힘을 가진 문화적 담지자라는 의미도 획득하게 된다.

§25. 화폐와 법적 질서

화폐를 그 의미에 있어서 「사회교류적 행동」의 창조물로 이해하려면, 어떠한 재화를 특정한 방식으로 사용함으로써 화폐를 창조해내는 그러한 「사회교류적 행동」이 국가와 법에 의한 사회교류적 삶에 대한 외부적 규제를 먼저 전제하는지를 명확히 할 필요가 있다.

「습속」(*Sitte*)—「원시적 화폐관용」의 관습(*Gepflogenheit*)은 아마도 「습속」이라고 불리울 수 있다—은 「습관」(*Gewohnheit*)에, 즉, 「삶의 공동체」에 속한 구성원들이 행하는 일관적인 「행위」에 그 뿌리를 두고 있다.[449] 그들의 「행동」이나 적응이 반복되거나 지속됨으로써 「습관」이 되고, 그

---

[449] [역주] 습속, 습관, 관습 등의 정의에 대하여서는 역자용어해설 3을 참고할 것.

「습관」은 어떠한 「삶의 규제」(*Lebensregelung*)를 수립하도록 한다. 그러므로 우리가 그것을 「습속」이건 법이건 어떠한 명칭으로 부르든 간에 어떠한 종류의 「삶의 규제」 자체가 화폐를 창조하는 것은 아니다. 오히려 화폐가 생겨나면서 그에 상응하는 질서(*Ordnung*)도 생겨나고, 그 질서 내에서 화폐가 존재하게 되는 것이다. 화폐는 언제나 「사회적 사실」의 표현이다. 「사회적 사실」은 인간들 간의 심리적 관계들로 이루어지며, 이 관계는 「상호작용」을 통하여 자신을 표출하고 사회를 구성한다. 그것들은 언어와 법, 혹은 예를 들자면 제사 등의 어떠한 「행동」 등과 같은 특정한 「발현형식」으로 자신을 객관화한다. 그러나 재차 이러한 사회교류적 「발현형식」은 이제 그 자체로 「사회적인 것」을 나타내 보이는 「표현수단」을 가지게 되는데, 화폐가 바로 그리한 수단의 하나이다. 화폐는 사회적 존재의 표현이다.

사회가 계약에 의하여 혹은 계약에 근거하여 만들어진 것이 아니듯, 화폐도 어떠한 합의의 결과가 아니다. 화폐는 경제합리적인 「의도적 사고」(*Zweckgedanken*)의 결과로 만들어진 도구가 아니라 환경(*Verhältnisse*)으로부터 자연스럽게 싹이 터서 나오게 된 형성체이다. 사회교류적, 경제적 삶이 바로 화폐를 구성한다. 그것들은 화폐가 무엇인지를, 즉, 어떠한 기능을 화폐로써 하는지를 규정한다. 「법적 질서」(*Rechtsordnung*)는 이러한 사실을 단지 표현한 것일 뿐이다. 달리 표현하자면 경제적, 사회교류적 사실들이 경제적, 사회교류적 삶의 「욕구들」에 대응하는 「법적 질서」를 빚어내고 전개하도록 인도하는 것이다. 「습속」, 「전통」, 일반 관행으로부터 법이 만들어지는 것은 「습관」과 「관습」이 반복과 지속을 통하여 법적 권력을 획득하여 나아가는 것을 전제로 한다. 그러나 법적 사실을 창조하는 것은 법이 아니다. 법을 만든다는 것 그 자체는 실로 다른 아무런 것도 창조해낼 수 없고 단지 이미 존재하고 있는 사실만을 인정하는 작업이기 때문이다.

법은 「삶의 질서」에 「정평」과 타당성을 부여하는 권력에 의하여 수립된 그러한 「삶의 질서」이다. 따라서 화폐 또한 필수적으로 그러한 [권력에 의하여 수립된] 「삶의 규제」 중의 하나에 속하는가, 즉 그러한 「삶의 규제」에 포함되는 것이 「화폐의 본질」에 속하는지에 대한 질문이 제기되는데, 사실 이 질문에 대한 해답은 이미 본서에서 제시한 바 있다. 또는 다음과 같이 바꾸어 질문할 수도 있다: 화폐는 오직 화폐의 서비스와 기능을 결정하는, 규범적인(normgebunden) 「삶의 질서」를 통하여서만 존재하게 되는가, 아니면 [그렇지는 않고 단지] 이러한 질서를 통하여 더 높은 차원의 존재로 격상됨으로써 자신의 활동 영역이 확장되는가? 우리는 후자의 견해에 동의한다. 스탬믈러(Stammler 1914)에 따르면, 실로 법과 질서는 사회교류적 「공동체생활」에서 볼 수 있는 바와 같이 경제적 관계의 논리적 전제조건인 것은 사실이지만, 그렇다고 하여서 개념적 관념에 지나지 않는 것을 삶의 현실로 단정하는 것, 그리고 모든 사회교류적 현상들이 오로지 「법적 질서」를 통하여서 그리고 그 안에서만 존재한다고 주장하는 것은 오류이다. 사회현상은 그 발생과 타당성, 그리고 중요도의 측면에서 「법적 질서」를 설명하는 역할을 할 수 있지만, 그 역은 성립하지 않는다. 「법적 질서」는 원초의 사회교류적 뿌리와 상호연계성에 대한 설명을 제공할 수는 없다. 또한 법을 통하여 삶을 이해할 수는 결코 없지만, 반대로 삶을 통하여 법을 이해할 수는 있다. 예를 들자면, 물론 「소유권질서」(Eigentumsordnung)는 그 질서 속에서 전개되는 삶에 대하여 통찰을 제공할 수는 있다. 하지만, 「소유권질서」의 출현 자체는 오로지 사회교류적 조건에 의하여서만 설명될 수 있다. 「법적 질서」는 사회의 산물이지 그 역은 아니다. 「법적 질서」는 사회교류적 삶을 빚어 내는 바에는 기여하지만, 사회교류적 삶 그 자체는 아닌 것이다.

따라서 화폐가 사회교류적 삶의 원초적 범주인지 아니면 파생된 것, 즉 「법적 질서」에 의하여 만들어진 것인지를 묻는 질문에 대한 답은 아래와 같다: 그 기원을 살펴보건대, 화폐는 원초적 사회교류적 삶의 창조물이며「법령」에 의하여 만들어진 제도가 아니다. 이미 반복하여서 강조하였듯이 화폐는 자연발생적으로 생겨난 것이다.

「법적 질서」에 의하여 인정되거나 성립되는 모든 질서는 일정한 전제조건, 즉 사회교류적 사실(*Tatbestand*)에 기초하고 있다.「법적 질서」를 가능하게 하거나 어떠한 사태(*Sachverhalt*)를「법적 질서」에 통합하기 위하여서는 원초적으로 어떠한 '주어진 현실'(*Gegebenheit*)이 특별히 존재하여야만 한다.「법적 질서」는 그러한 현실에 근거하는 경우에만 특정 상황(*Zustand*)을 유효하게 만들 수 있도록, 즉 효력을 발생시킬 수 있도록 할 뿐이다. 그러나「법적 질서」는, 사회교류적 개인들이 느끼는「필요감」(*Bedürfnisgefühle*) 그리고 이러한「욕구충족」을 위한 재화라는 두 가지 구성 요인을 근본적으로 결정할 수는 없다. 하지만 이 두가지는「원시화폐」의 기반이다. 화폐는 사회교류적 생활의 가장 기본적 또는 원초적 현상이다. 그것은 사회적 활동의 경주를 위한 도구 내지는「보조수단」이다. 그 기원에 있어서 화폐는 여타 도구, 무기 그리고 의복 등과 다르지 않은 것들인데, 이러한 것들은 허리띠, 머리띠, 머리장식 등에서 볼 수 있듯이 원래의 실용적 목적을 넘어 상징적 의미를 획득할 수 있거나 그 기원에 있어 그 같은 상징과 연관되어 있다. 화폐 생성의 그러한 원초적 전제 조건들은 법적 성격을 가지지 않았다. 화폐를 출현시킨 것은 단지 어떠한「법적 질서」가 아니다.「화폐의 발생」을 위하여서는「법적 질서」는 필요하지 않으며, 그「법적 질서」는 화폐를 형성하거나 구성하는 요소가 아니다. 우리는 화폐를 형성하거나 구성하는 현상을「원초적 현상」(*ursprüngliche Erscheinung*) 또는 기본적 현상(*elementare Erscheinung*)이라고 부른다.「화폐의 발생」은 심리적 힘에 기초한다. 그렇다고「법적 질서」가 이「원초적 현상」에 아무런 영향을 미치지 않는다는 것을 의미하는 것은 아니다.「법적 질서」는 그러한「원초적 현상」을 유용(流用)할 뿐만 아니라, 어떠한 상황하에서는 기존의「법적 질서」는 이러한「원초적 현상」에 더 넓어지거나 협소하여진 활동공간 내지는 존속공간을 제공할 수 있다.

우리는 어떠한 재화가 특정 서비스를 제공하는 경우, 그 재화를 화폐라고 부른다. 그것이 이러한 기능을 수행하는 한 화폐이며 또한 화폐로 남아 있게 되는데, 이 같은 점은 「법적 질서」와는 어떠한 관계도 없다. 그런데 만일 이러한 기능 중 한 가지의 수행이 「법적 질서」에 의하여 조건화되고, 바로 그 기능이 「화폐성」을 부여하는 필수적인 요인으로 생각되는 경우에만 「법적 질서」가 화폐를 구성한다고 간주되어야 한다. 따라서 화폐는 그 형성에 있어서는 「법적 질서」와는 무관한 현상이지만, 그것의 지속적인 존재는 「법적 질서」와 관련되어 있다. 화폐는 그 최초에는 역사적-법적 범주는 아니었고, 오히려 역사적-사회학적 범주였다. 법적 범주의 성격을 가지게 되는 것은 이후의 일이고, 이때 「법적 질서」는 「화폐의 발전」의 특정 단계에서 화폐에 새로운 특징을 부여한다: 그 「특성」이 바로 「지불수단」이다. 이러한 화폐의 경우에는 「법적 질서」가 화폐를 탄생시키는 동력이다. 그러나 이 화폐가 진정한 화폐인지, 생명을 간직하고 있는 화폐인지의 여부는 전적으로 「사회교류적 행동」에 의하여 결정된다.

따라서 그 발전 과정은 다음과 같이 요약된다: 최초에는 원래 일반적인 사회교류적 범주였던 화폐는 「시장거래의 수단」으로서, 즉 시장이 자신을 「드러나는 모습」이 됨으로써 특정한 경제합리적 범주가 되고, 더 나아가 국가가 「화폐체계」 질서의 담지자가 됨으로써 법적 범주가 되는데, 이로서 화폐는 [드디어] 「법적 질서」의 창조물이 된다. 다시 말하자면 사회교류적 환경에서 자연 발생적으로 출현한 화폐는 이후 시장의 형성물이 되는데 후자는 경제합리적 현상으로서 차후 "법령"을 통하여 인정을 받게 된다. 따라서 이러한 전환에 의하여 화폐는 하나의 법적 범주가 되고, 「법령」에 의하여 만들어진 화폐가 자연적으로 진화하여 온 화폐를 대체하게 되는 전환점이 발생한다. 이것은 일반적으로 화폐가 특정 소재 자체로부터 분리되는 가능성에 그치는 것이 아니라 그러한 실질적인 상황으로도 이어진다. 금속 화폐와 함께 지폐가 출현하며, 더 나아가 지속적 발전을 통하여 「장부화폐」(Buchgeld), 「지로화폐」(Giralgeld) 또는 「결제화폐」(Verrechnungsgeld)가 등장하게 되고 궁극적으로 이들은 전자를 대체하게 된다. 그리하여 물질적 「화폐의 실체」는 사라지고 명목적인 것만 남게 되며, 화폐는 소재라는 구속에서 벗어난다. 결국 실체적 [즉 소재적] 범주로서의 화폐는 기능적 범주의 화폐로 변모하게 된 것이다.

「법적 질서」의 담지자로서의 국가가 아닌, 「사회교류적 삶」의 담지자로서의 사회가 화폐의 출현을 위한 전제조건이다. 그러나 「법적 질서」가 화폐를 통제하게 되면서, 즉 「화폐관용」을 규제하게 되면서 화폐는 「법적 질서」에 전적으로 의존하고 있는 「특성들」을 부여받게 된다. 화폐는 사회교류적 기능과 경제합리적 기능 이외에도 특정한 법적 기능도 획득하지만, 이러한 법적 기능은 사회교류적 기능과 경제합리적 기능의 구체적인 표출에 불과하다.

화폐와 「법적 질서」 사이의 관계에 대한 분석은 「화폐관용」이 이미 보편화된 경제를 전제로 한다. [이러한 맥락하에서] 본서에서 지지하는 견해가 있다면 예를 들어 오이켄(W. Eucken)이 "「법적 질서」는 어떠한 경제적으로 타당한 현존하는 사실을 빚어 내기 위하여 발생한다"고 말하였던 바와 같이,[450] 우리가 지지하는 바는 「법적 질서」라는 범주 내에서 화폐의 위상을 특징짓는 견해이다. 즉, 「법적 질서」 덕분에 화폐는 주어진 경제 질서에 부합하는 기능을 수행할 수 있다. 이때 가장 중요한 것은 이미 언급하였듯이 「지불수단」 기능이다. 이 기능에 대하여서는 이미 다른 곳에서 많이 언급되었으나(본서 21장 참조), 여기서는 몇 가지만 더 추가하고자 한다.

화폐는 지불이 이루어지는 모든 곳에서, 그리고 그것이 대인 간의

---

[450] Eucken(1947: 91).

「가치이전」을 위하여서, 즉 "대인 간의 교류의 도구"(헬페리히)로 사용되는 모든 곳에서 「지불수단」의 역할을 한다. 이미 설명하였듯이 이 기능은 「법적 질서」에 구속되지는 않지만 「법적 질서」를 통하여 거대한 확장을 하게 되며, 바로 이러한 확장이 역으로 「화폐의 질」을 결정함에 중요한 의미를 부여한다. 따라서 화폐는 공법적으로 그리고 사법적으로도 법적 의무를 이행하기 위한 도구가 된다. 국가가 「부과금들」을 징수하거나 벌금과 같은 의무를 부과하는 경우 국가는 어떠한 대상이 지불에 사용되어야만 하는지를 결정하여야 한다. 그리하여 국가는 개인이 국가에 대한 지불을 할 때 사용되는 「지불수단」, 즉, 「향중심적 지불」(向中心的支拂 *epizentrische Zahlung*)의[451] 수단을 규정한다. 크납(G.F. Knapp)이 강조하였듯이, 이때의 결정적인 요소는 국가가 그 수단을 「발행」(*Emission*)하였는지의 문제가 아니라 그 수단을 「수용」(*Akzeptation*)하는지의 여부이다.[452] 공법하에서의 의무를 해소하기 위한 목적으로 인정되고 또한

---

[451] [역주] 「향중심적 지불」(向中心的 *epizentrische Zahlung*)은 크납이 창조한 신조어이며 그 의미는 국가에로 혹은 국가를 향하여 지불함을 의미한다. 이 신조어 *epizentrische* 에서 그리스어 접두사 '*epi-*'(ἐπί)는 '~을 향하여' 라는 의미를 내포하고, 독일어 *zentrische* 는 '중심의'라는 의미를 가진다. 이와 반대되는 방향의 지불을 나타내는 표현은 「탈중심적 지불」(脫中心的 *apozentrische Zahlung*)인데, 이는 국가로부터의 지불을 나타내며, 이때 사용된 그리스어 접두사 '*apo*'(ἀπό)는 '~으로부터 이탈하여, 벗어나'의 의미를 가진다. 보다 자세한 설명은 Knapp(2023: 90쪽 이하 연속; 1923: 96쪽 이하 연속)을 참고할 것.

[452] [역주] Knapp(2023: 89; 1923: 95). 참고로 이 「발행」과 「수용」은 크납의 『국정화폐론』에서 중요한 의미를 가지는 개념이다. 그런데 크납의 생각을 기초로 하는 현대통화이론(MMT)에서는 화폐의 주요 특성은 그것이 국가에 의하여 「수용」됨의 여부이며, 특히 국가가 세금을 특정 화폐로

배타적으로 지정된「지불수단」은 특히 높은 [민간 거래 시 항시 이용 가능한]「거래가능성」(*Verkehrsfähigkeit*)을 획득하게 된다. 또한 그것은 국가가 개인에게 지불하는 지불수단, 즉,「탈중심적 지불」(脫中心的支拂 *apozentrische Zahlung*)의 수단으로도 사용되며,[453] 이때「탈중심적 지불수단」은, 그것이 동시에 세금의 지불에서 사용되는 것과도 같은「향중심적 지불수단」으로 사용되도록 하는 강압이 강할수록 그것이 가지는 편리성과 사용빈도는 증가한다.

　「지불수단」으로서의 기능이 더욱 강화되는 경우는「지불수단」이「법정지불수단」(*gesetzliches Zahlungsmittel*)으로 공표되는 경우에서 찾아볼 수 있다. 이는 채무자와 채권자 간에 별다른 합의가 없는 한, 그들 간의 채무의 이행에 관하여 항상 유효한「지불수단」을 지정하는 것을 말한다. 더욱이 만일「법정지불수단」이 다른 특정 지불에 대하여서도 구속력을 갖는다고 선언되면, 이로 인하여 해당 화폐의「지불수단」으로서의 기능은 더욱 강화되고, 따라서 경제에서 그 위상도 강화됨을 의미한다. 후자와 같은 예는 모든 문화 국가에서 적용되는 바와 같이 임금은「법정지불수단」으로 지급하여야만 한다는 규정, 즉,「트럭 시스템」(*Trucksystem*)의 금지조항에서[454] 찾아볼 수 있다.

징수함으로 인하여 그 화폐가 신뢰도를 가지게 되고 사회에서 통용된다는 점을 강조한다. 하지만 본서에서 게를로프의 견해는 그러한 국가에 의한「수용」만을 강조하는 것은 편협한 생각이며, 그 이전에 사회교류적 행동을 통하여 형성된, 그 화폐에 대한 일반적 신뢰가 존재하여야만 한다는 것이다.

[453]　[역주] 다음을 참고할 것: 각주451.

[454]　[역주]「트럭 시스템」은 임금을 지정된 통화 대신 재화나 용역으로 대신 지급하는 경우를 지칭한다. 이러한 제도는 사실 노동자에게 공평한 보상을 보장하지 않고 악용되는 경우가 있어서 금지되고 있다. 반면, 화폐

화폐가 「법정지불수단」으로 사용되는 경우, 우리의 법률 및 경제 체제하에서 화폐는 두 가지 추가적 법적 기능을 부여받고 있다. 그것은 바로 **「집행기능」**(*exekutionsrechtliche Funktion*)과 **「해결기능」**(*Solutionsfunktion*)이다.

우리 경제 체제에서는 「법적 질서」가 가진 필수적인 임무는 의무의 이행을 보장하는 것이다. 즉 「법적 질서」는 필요한 경우 「청구권」의 이행을 강제할 수단을 제공하여야 한다.

「인적 집행」(*Personalexekution*)은[455] 현대의 「법적 질서」에 의하여 일관되게 부정되고 있다. 반면 「자연적 집행」(*Naturalexekution*),[456] 이른바 「직접적 집행」(*direkte Exekution*)은 채무자가 '통제처분'(*verfügen*)할 수 있는 재산이 없는 경우 등을 포함하는 많은 경우에 있어서는 불가능하다. 그러한 경우 「간접적 집행」(*indirekte Exekution*)으로 대체할 수밖에 없다. 이때 화폐가 사용된다. 화폐를 통하여 「소극적 이익」(혹은 회피손해 *damnum cessans*)과 「적극적 이익」(혹은 발생이익 *lucrum emergens*)의 경우 모두에 있어서[457] 「대용급부」(*Ersatzleistung*)가 결정될 수 있다. 프라우엔펠더(Frauen-

---

로 보상을 하는 경우에는 그 객관성이 보장되고 노동자를 보호할 수 있고 또한 노동자들은 그 사용에 있어서 보다 자유로울 수 있다.

[455] [역주] 이는 법의 집행을 어떠한 개인의 신체 등에게 직접적으로 행함을 의미한다.

[456] [역주] 이 용어는 어떠한 의무의 이행을 비금전적인 방식을 통하여 집행하도록 하는 것으로서, 독일법 체계에서 유래하였는데, 영미법에서는 동일한 내용을 찾을 수 없다. 이와 반대 개념은 금전적 집행(*Geldexekution*)이다.

[457] [역주] 이때 라틴어 *damnum*은 손해, 그리고 *lucrum* 는 이득 내지 이윤을 의미하고, *emergens*는 발생, *cessans*는 회피를 각각 의미한다. 참고로 이와 대비하여 많이 사용되는 개념은 「적극적 손해」(혹은 발생손해 *damnum emergens*)와 「소극적 손해」(혹은 회피이윤 *lucrum cessans*)이다.

felder)가 "화폐가 없다면 일관적으로 시행되는 사법제도는 상상할 수 없다"고[458] 주장한 것은 이러한 '법적 및 경제적 질서에 있어서의 화폐의 중요성'을 잘 설명하여주고 있다.

화폐는 사법적 질서에서 또 다른 기능을 수행한다. 즉, 화폐는 이행되어야만 할 대상, 즉, 필요시되는 어떠한 종류의「급부충족의 수단」(*Leistungserfüllung*)에 대한 합의나 특별한 결정이 부재하는 경우 보편적인 최후의「**해결수단**」(*Solutionsmittel*)이다. 이와 관련하여서는 일단의 법적 규정이 필요하다.「법적 질서」에 따라「법정지불수단」이 결정된다. 그런데「법정지불수단」이라 함은「강행법규」(*jus cogens*)가 아니라「임의법규」(*jus dispositivum*)라는[459] 개념이다. 그것은 법률이나 계약에 의하여 달리 정하여진 것이 없는 경우의「해석규칙」(*Auslegungsregel*)[460]이라고도 말할 수 있다.[461]

이미 설명한 바에서 명백히 알 수 있는 바처럼, 본 장의 제목인 "화폐와 법적 질서"는 "「법적 질서」 내에서의 화폐"를 의미하는 것은 아님을 분명히 하여야 한다. 본 장에서는 이 제목에서 다룰 수 있는 광범위한 질문의 영역 중 일부만 위에서 설명한 것처럼 아주 간략하게만 다룰 수 있을 뿐이었다.

---

[458] Frauenfelder(1938).

[459] [역주] 강행법규(라틴어 *Jus cogens*)는 공공의 질서에 관한 사항을 강제적으로 정한 법규를 의미한다. 이와 반대 개념은「임의법규」(라틴어 *Jus dispositivum*)로서 계약 당사자 간에 사적 자치의 원칙에 따라 합의에 의하여 임의로 바꿀 수 있는 법규를 말한다.

[460] [역주] 법적 권위를 가진 기관(판사 등)이 법적 문구에 내재한 의미나 목적에 대한 이해를 전제로 법률, 계약, 그리고 기타 법적 문서를 해석할 때 사용되는 원칙이다.

[461] Cf. Peitmann(1941)을 참고할 것.

하지만 또 다른 문제에 대하여서도 간략히 언급할 필요가 있다. 그것은 바로 「화폐적 채무의 본질」(Geldschuld)에 관련된 문제이다. 이 논쟁은 화폐가 「현물채무」(Sachschuld)인지[462] 아니면 「가치채무」(Wertschuld)인지에[463] 관한 것이다. 화폐의 사회적, 경제합리적 이론에 따르자면 「화폐적 채무」가 바로 「가치채무」라는 사실은 의심의 여지가 없다.

한편 「화폐적 채무」(Geldschuld)의 내용(Inhalt)에 대한 문제는[464] 위와는 별개의 문제이다. 사비니(Savigny) 이후 일반적으로 논의되는 세 가지 가능성, 즉, 금속가치, 「시장가치」(Kurswert), 「명목가치」(Nennwert) 중에서 입법과 판례는 대체로 「명목가치」를 선택하고 있다. 「화폐의 사회적 이론」에 있어서도 이 같은 사실은 반드시 고려되어야만 한다.[465]

---

[462] [역주] 어떠한 채무를 변제하기 위하여서는 그 채무에 해당하는 특정 현물을 인도하여야 하기에 화폐로 변제한다고 하더라도 그 화폐는 단지 그 현물을 대표하는 것이라는 견해.

[463] [역주] 즉, 채무라는 것은 어떠한 특정 화폐가치로 표현되는 것이다.

[464] [역주] 이때 '내용'이라 함은 후속 문장에서 볼 때, 화폐로 표현된 채무의 가치가 어떻게 결정되는가에 관한 사항이다. 이는 그 화폐로 표현된 채무가 궁극적으로 어떠한 대상에 대한 채무인가라는 질문과는 구분된다.

[465] 이와 관련한 광범위한 문헌 중에서 다음을 참고하기를 권한다: Hartmann(1868), Gumpel(1914), Nußbaum(1925), Tiemann(1932), Schwander(1938), Geiler(1926: 320) 그리고 Seidler(1894). 추가적으로 크니스(K. Knies)와 헬페리히(K. Helfferich)(1910) 등에서 보여지는 화폐이론에 관한 저명한 국민경제적 설명을 참고할 것. 이러한 문헌들은 화폐와 「화폐적 채무」의 경제적, 법적 측면에 대한 귀중한 통찰과 관점을 제공하고 있다.

§26. 국가와 화폐

따라서 화폐는 원래 「법령」에 의하여 만들어진 것이 아니라 「사회교류적 행동」에 의하여 만들어진 것이다. 이러한 사실은 이미 수많은 과거의 저술가들에 의하여 충분히 강조되었지만 그럼에도 불구하고 거듭 강조되어야 하는 사실이다. 즉, 그 기원에 있어서 화폐는 국가와 관련된 현상이 아니라 사회적 현상이다. 「사회교류적 행동」이 화폐를 탄생시켰고, 또한 화폐를 소멸시키기도 하였다. 「화폐의 발전」에 있어서의 후기 단계, 즉 국가가 화폐를 통제하게 되는 시기에서는 화폐의 존재와 관행적 사용이 「법적 질서」에 의하여 규제된다고 하더라도, 그 시초에 있어서 화폐에 생명을 불어넣는 것은 「사회교류적 행동」이다.[466]

화폐를 「법적 질서」의 피조물이나 국가가 선포한 「지불수단」(G.F. Knapp)으로 묘사하는 것은 다분히 오해의 소지가 있다.[467] 실상 이러한

---

[466] Cf. 이와 관련한 설명은 Amonn(1926: Vol. I, 195)을 참고할 것.

[467] Knapp(2023: 2; 1923: 1).

[역주] 그러나 이때의 '법적 질서'를 좁은 의미로 해석하는 것은 잘못이다. 대부분의 논평가들은 크납(Knapp) 스스로가 자신의 저술 후반부 (Knapp 2023, 1923)에서 이 '법적 질서'의 의미를 보다 넓게 해석하면서, "국가이건 사적이건 간에 공동체(*Gemeinschaft*)의 법적 질서"라고 언급하고 있다는 점을 종종 간과하기 쉽다(Knapp 2023: 142; 1923: 157). 크납은 또한 화폐의 출현을 고대 종교 의식으로부터 추적하는 라움의 『신성화폐』(Laum 1924/2023)가 출판된 후 라움과 서신을 주고받은 바 있었는데, 이때 크납은 자신의 저술과 라움의 저술은 단지 적용 시기만 다를 뿐 방법론에서는 완전히 일치한다고 언급한 바 있다. 이때 라움의 주장은 화폐는 세속적인 '법적 질서'가 아니라 신성한 '법적 질서'의 산물이라는 것이었다. 따라서 '법적 질서'는 협소하게 정의된 법을 넘어 더 넓은 개

주장은 어떠한 특정 시기의 화폐에만 적용되며 그것도 그 특정 시기에 보이는 어떠한 특정한 형태의 화폐에 대하여서만 적용된다. 프란츠 오베르마이어(Franz Obermaier)의 글에서 이에 대한 좋은 예를 찾을 수 있다. 그는 다음과 같은 우크라이나에서의 기록을 남겼다:

> 동부와 남동부의 모든 소규모 농부들이 처한 경우에서처럼 화폐가 실제로 희소한 곳에서는 화폐는 시장성 있는 상품으로 대체된다. 사람들은 주저없이 단지 계란으로 계산한다.[468]

이러한 점은 국가 화폐가 사용되고 있음에도 불구하고 제한된 경제 범위 내에서는 일종의 「원래적 화폐」가 생성되었다는 사실을 시사한다. 여기서 우리는 「화폐적 서비스」를 제공하는 재화로서 이러한 "달걀 화폐"를 말하고 있는데, 이 같은 화폐가 바로 「국가선포」(*staatliche Proklamation*)가 없이도 존재하는 화폐라는 사실을 부인할 수 없기 때문이다.

국가가 발행한 화폐는 민법의 원칙이 적용되는 화폐이다. 즉, "화폐를 주조할 권리는 오직 군주만이 가지고 있는 특권이다"(*Monetandi jus principum ossibus inhaeret*). 이러한 의미에서 리버풀 경(Lord Liverpool)은 1805

넘을 포괄하는, 인간이 만든 규범 내지는 질서를 의미하는 그리스어 '노모스(νόμος)'로 이해하여야만 한다. 크납은 라움에게 보낸 편지에서 이렇게 말하였다:

> 본인은 원시시대를 고려하지 않고 단지 최근의 역사에 초점을 맞추었을 뿐입니다. (...) 그대는 저술을 통하여 가장 오래된 지불 형태를 설명하고자 하는 반면, 본인은 단지 가장 최근의 형태에 초점을 맞추고 있을 뿐입니다. 방법론적으로 볼 때 과연 우리 두 사람이 큰 차이가 있을까요? 본인은 그렇지 않다고 생각합니다(Brandl 2015: 196에서 인용).

[468] Obermaier(1942: 91).

년 조지 3세(King George III)에게 다음과 같은 서신을 보낸다:

> 태곳적부터 대부분의 유럽 왕국과 국가의 주권자들은 각자의 영토에서 통용되도록 허용된 모든 액면가의 주화가 어떠한 비율이나 가치로 유통될 것인지, 그리고 그러한 면에서 합법적인 주화 또는 법화(法貨 legal tender)가 될 것인지를 공표할 권리를 누리고 행사하여 왔음은 의심의 여지가 없습니다. 폐하의 왕국에서 폐하의 선왕(先王)들은 항상 이러한 권리를 누리고 행사하여 왔습니다. 매튜 헤일 경(Sir Matthew Hale)은 이를 '왕권에 속한 권리'(*inter jura majestatis*)라고 인정하면서 이는 왕관이 가진 의심할 수 없는 특권이라고 말하고 있습니다.

「화폐의 개념」을 「국가에 의한 유효화폐」로[469] 한정하는 것은 「화폐적 현상」에 대한 옳은 평가가 될 수 없으며, 화폐에 대한 완전한 이해를 포기하는 것이고, 따라서 본질적인 사회교류적 과정을 간과하는 처사이다.

잘 알려져 있는 바처럼, '국정화폐론'(*die staatliche Theorie des Geldes*)은 탁월한 개념적 명료성과 풍부한 생각을 기반으로 게오르그 프리드리히 크납(Georg Friedrich Knapp)이 발전시켰다. 그의 공헌은 모든 「화폐론」에 있어서 영속적으로 살아 숨쉬는 중요한 구성 요소가 되었고 또한 화폐이론상 깊은 통찰을 제공하였음에는 틀림없지만 동시에 화폐이론의 시야를 협소하게 만든 측면도 있다. 본서에서는 '국정화폐론'에 대한 상세한 논의는 생략하려 한다. 왜냐하면 그 이론의 강점과 약점은 이미 충분히 논의되어 왔기 때문이다. 여기서는 크납의 [협소한] 견해와 대비하여, 좀바르트(Sombart)가 다음과 같이 옳게 언급하였듯이 보다 넓은 의미의 「화폐의 개념」을 더 강조하려 한다.

크납처럼 화폐라는 단어를 국가가 정한 화폐라는 개념에만 한정하

---

[469] [역주] 즉 국가의 공표에 의하여 유효한 화폐.

거나 혹은 그가 주조한 용어인 소위 ‘「표권적 지불수단」’(chartales Zahlungsmittel)에만 국한하여 사용할 수는 없다.[470]

크납의 「화폐론」은 사실 엄밀하게 말하자면 「국가발행 지불수단 이론」에 불과하다. 따라서 그의 책 제목은 “『국정화폐론』”(staatliche Theorie des Geldes)이[471] 아니라 오히려 『국가화폐의 이론』(Theorie des staatlichen Geldes)이라고[472] 개명함이 오히려 적합하다.

이러한 맥락에서 다음과 같은 사실은 다시 한번 강조할 필요가 있다: 어떠한 재화가 화폐가 되는 것은 법에 의하여 그렇게 정하여 졌기 때문이 아니고 그와는 달리 거래(Verkehr)의 과정에서 어떠한 재화가 얻게 되는 「정평」(Anerkennung)에[473] 의하여 화폐가 되는 것이다. 이 「정평」은 어떠한 재화가 「지불수단」으로서의 서비스를 제공할 수 있는 능력을 법에 의하여 부여 받았다는 사실에 근거하는 것이 아니라(그 같은 능력은 「정평」을 촉진하고 강화할 수는 있지만 그 자체로 홀로 그러한 결과를 결코 가져올 수는 없다), 그러한 「정평」은 재화가 가진, 본질적인 「화폐적 서비스」를 수행하는 「특성」(Eignung)에 근거한 것이다. 재화가 화폐가 되는 이유는 「화폐적 공동체」에 속한 사람들에 의하여 재화가 「관용적」으로 화폐로 인정되고 사용되기 때문이다. 즉, 화폐는 법에 의하여 만들어지는 것이 아니라 「관용」에 의하여 만들어진다. 「법적 질서」(법률, 조례 등)는 거래에서의 화폐의 「관용」을 촉진할 수는 있지만, 그 전제 조건은 항상 거

---

[470] Sombart(전게서: 1 HalbBd, 402).

[471] [역주] 화폐는 국가가 정한다는 이론.

[472] [역주] 국가가 정한 화폐에 관한 이론.

[473] [역주] 문맥상 보다 매끄러운 번역어는 ‘인정’이나, 본서에서는 Geltung 의 번역어로서 ‘인정’이라는 단어를 이미 사용하고 있기에 양자를 구분하기 위하여 부득이 ‘정평’(定評)으로 번역하였다.

래에서의 「관용」을 통하여 특정 재화가 우선 화폐로 변모하여야만 한다는 것이다. 따라서 「화폐성」의 원천이자 기준은 「법적 질서」가 아니라 경제에 있어서의 특정한 「재화의 관용」일 뿐이다. 「재화의 관용」과 「법적 질서」가 서로 괴리되어 있다면, 국가의 명령(Befehl)에 의하여 창조된 화폐는 단지 그림자와 같은 존재에 머무를 뿐 현실에서는 존재하지 않게 된다. 그러나 국가의 명령이 거래의 관행과 부합하고 또한 그것을 강화하고 공고히 한다면, 그리고 「국가에 의한 화폐관용의 제정」이 법적 신념과 상응한다면, 물론 화폐는 여전히 「법적 질서」의 피조물은 아닐지언정 「법적 질서」에 의하여 그 자신이 서비스를 수행하는 능력이 지지와 보호를 받는 그러한 사회교류적 제도이다.

본시에서의 과제 중 하나에서 보이는 것처럼, 화폐가 가진 유효성(Geltung)의 뿌리는 외부의 압력과 강요가 없더라도 거래에 있어서 유사한 「행위」와 유사한 「행동」을 나타나게 하는 어떠한 심리적 사실에 근거한다. 이러한 사실은 「다중의 수용습관」(Massengewohnheit der Annahme)을 [직접적으로] 의미하는 것이 아니라, 「화폐재화」에 대한 일반적인 평가와 「갈구함」, 그리고 그에 상응하는 선물과 「보답선물」로서의 「화폐재화」의 일반적인 사용을 의미한다. 그리고 그로부터 「다중의 수용습관」이 발전하는 것이며, 사물이 화폐로 평가되고 화폐로 계산되는 일반적인 관행(Übung)이 그러한 「다중의 수용습관」의 발전에 첨가됨을 의미한다.

국가에 의한 화폐의 비준은 일차적으로 「화폐적 교류의 기법」에 영향을 미친다. 이는 화폐의 기술적 완성을 의미한다. 그러나 이는 동시에 화폐가 가지고 있는, 교환의 매개체이자 일방적인 「자발적 선물」(Dargaben)과 「비자발적 이전」(Hergabe)을 전달하는 수단으로서의 '서비스적합성'(Leistungseignung)을 완성시킴을 의미하기도 한다. 국가가 「화폐체계」를 세밀하게 규정하고, 무엇보다 「법정지불수단」을 결정하여 화폐를 그 자체로(schlechthin) 유효한 화폐, 즉 그것을 사용하여 국가 자신에 대한 지불이 되도록, 그리고 분쟁의 소지가 있는 경우 모든 「화폐적 급부」(*Geldleistung*)가 일반적으로 이루어지게 하는 「국민통화」(*Landeswährung*)가 되도록 함으로써, 국가는 「계상거래」(*Rechnungsverkehr*)와 「지불거래」를 위한 안전한 기반을 조성한다.

모든 사적 화폐의 억압과 동시에 진행되는 「화폐의 국유화」는 한편으로는 화폐의 「영향범위」에 있어서의 대폭적인 강화와 확대를 의미하지만, 동시에 화폐의 정체적(政體的 *konstitutionell*)인 약화, 즉 화폐가 가지고 있는 생명력과 「서비스역량」(*Leistungsfähigkeit*)을 훼손할 수 있는 위험 또한 내포하고 있다. 이러한 위험성은 첫째, 자의적인 「화폐창출」(*Geldschöpfung*)을 할 수 있는 가능성이 있는 경우와 둘째, 시장과 관련된 정책상 제 조치(*Maßnahmen*)를 통하여 화폐의 사용을 규제하는 경우에 있어서 존재한다. 다른 맥락에서도 살펴보겠지만, 시장에서 화폐가 그 소유자가 원하는 시간, 장소 그리고 정도로 사용될 수 없는 경우, 즉, 화폐가 가진 「구매권력」이 제약되는 경우에 있어서는, 즉 그 화폐가 여하한 종류의 재화나 용역과 무조건적으로 교환할 수 있는 가능성을 저해하는 국가의 그러한 조치가 존재하는 경우에는 화폐는 정체적(政體的)으로 약화되거나 이미 다른 곳에서 언급하였듯이 마비되어 버린다.

이러한 경우 「화폐과잉」(*Geldüberhang*)이라고[474] 불리는 현상이 발생한다. 이 용어는 일반적으로 화폐가 일반적인 「구매수단」(*Kaufmittel*)으로서의 기능을 일시적으로 상실하였다는 생각과 연관되어 있다. 하지만 이러한 생각은 결론적이지는 못하다. 그러나 보다 중요한 사실은 전혀 다른 측면이다. 즉 이러한 경우 「구매권력」이 제한됨으로써 근본적인 「화폐의 기능변화」가 초래된다는 사실이다. 이에 대한 보다 상세한 내용은

---

[474] [역주] 「화폐과잉」이라 함은 재화와 용역의 공급이 화폐의 양보다 부족하게 되는 경우 화폐의 사용처가 없어서 사람들이 화폐를 그저 보유만 하고 있는 경우를 지칭한다. 이는 결국 화폐 가치의 하락을 유발시키게 된다.

본서 27장「화폐의 구매력」에서 다시 다룰 예정이다.

사실 최근의「화폐정책」의 발전에서 보이는 위와 같은 현상보다도,「화폐감가」(*Geldentwertung*)와도 같은 괴멸적인 결과를 초래하는 자의적인「화폐창출」은 화폐에 영향을 미치려는 국가의 시도의 실패를 의미하였다. 국가가 질서 있는「화폐체계」와 국민경제에 올바르게 화폐를 보급하기 위하여 행하는 역할은 인정하여야 한다. 하지만, 무조건적인 경제자유를 지지하는 사람들뿐만이 아니라 계획경제적 목표설정에 친화적인 측에서도 화폐에 대한 국가의 영향력은 화폐의 기능과 질서 있는 유통을 보장하는 제도로만 한정되어야 한다는 관점을 표명한다.[475] 경제합리적 자유주의의 학설에 따르자면, 국가의「화폐정책」은 경제합리적 힘들의 자연스러운 상호작용을 교란시키는 비경제합리적인 영향으로부터 화폐의 유통을 방어하는 바에 중점을 두어야만 한다고 한다. 또한 이러한 견해에 따르자면, 화폐를 통하여 이루어지는「경제의 과정」에 대한 더 이상의 영향, 즉 화폐나 가격의 조작은 자연스러운「화폐의 기능」을 약화시키거나 또는 억압하는 결과를 초래할 수 있음을 의미하며, 그것은 궁극적으로 화폐의 작동을 정지시킨다는 것이다.

확실한 바는, 지난 수천 년 동안「화폐통치권」(*Geldhoheit*)의 행사에 있어서 국가의「화폐정책」은 거듭 남용되어 왔기 때문에, 국가의 권한을 크게 제한하는「화폐정체」(*Geldverfassung*)에 대한 필요성을 요구하는 주장들이 있어 왔음은 많은 부분 이해할 수 있다는 사실이다. 따라서 오랫동안 사적 화폐가 국가 화폐와 나란히 병존할 수 있었고, 특히 국가가 발행한 화폐가 퇴행하는 경우에는 사적인「화폐창출」이 그 형태에 있어서 주화이건 혹은 단순한「계산단위」의 수립이건 간에 성공적으로 작동하는 경향이 있었던 것도 우연이 아니다. 또한 특히 1차 세계대전

---

[475] [역주] 본서에서는 이러한 제도가 어떠한 것이 되어야만 하는지에 대한 언급은 없다.

종전 후에 주장되어 온, 「국제화폐」를 창출하려는 노력도 이와 유사한 경향을 보이고 있다.

브레튼우즈(Bretton Woods) 협정에서 새로운 「화폐단위」를—「방코화폐」(*Bancor*) 또는 유니타스(*Unitas*) 등을— 기반으로 한 세계 통화를 창출하려는 계획은 실현되지 못하였더라도, 그 목적은 분명하였다. 그 계획은 국가 화폐를 대체하여버리는 것을 의미하지는 않았으며, 단지 「국가주도 화폐조작」을 예방하는 것을 목표로 하고 있었다. 이러한 조작은 국내 경제를 위태롭게 할 뿐만 아니라 세계 경제에 있어서 상호 긴밀하게 연결된 국민경제들에게도 악영향을 불러 일으키기 때문이다.

§27. 화폐의 구매권력

시민의 도덕적 행위에 관한 아리스토텔레스의 저서인 『니코마코스 윤리학』 제5권에는 "화폐를 가져오는 사람은 필요한 것을 얻을 수 있어야 한다"고 적혀 있고, 또한 화폐를 "「교환가능성」(*Möglichkeit des Austausches*)에 대한 보증"이라고 부르면서, 화폐를 통하여 우리의 「욕구」를 충족시킬 수 있다고 말한다.[476]

---

[476] [역주] Aristotle(1133b10). 독일어 인용문에 등장하는 '「교환가능성」'이라는 표현은 사실 직접적으로는 등장하지 않는다. 하지만 그리스어 원문은 직역하자면 '당장의 교환'(*mellousēs allagēs*, μελλούσης ἀλλαγῆς)으로 표현되어 있기에, 이 「교환가능성」이라는 의미를 암시하고는 있다. 예를 들어 영어번역(2004: 91)에는 다음과 같이 적혀있다:

> 화폐는 말하자면 바로 '당장의 교환'을 위한 보증인이다. 우리가 지금 바로 어떠한 물건을 원한다면 우리가 필요로 하는 것을 언제건 획득할 수 있는데 우리가 지불하는 한 그것을 얻을 수 있음이 확실하기 때문이다.

모든 국가는 아니더라도 대부분의 국가에서는 지난 수십 년 동안 화폐가 위의 그리스 현자가 말한 바, 즉 「교환가능성」에 대한 보증이 아니었음을 여기서 새삼 설명할 필요는 없을 것이다. 과거에 그러한 사실이 한 번이라도 있었는지, 그리고 최근 몇 년 동안 화폐가 다시 「교환 가능성」에 대한 보증이 되었는지 여부와 그 정도는 여전히 지켜 보아야만 한다.

혹자는 화폐가 「교환가능성」을 보증하지 못하는 상태는 오직 전쟁 등의 비상시에는 발생하지만 「화폐체계」가 회복되면 언제나 사라지는, 화폐가 앓고 있는 병의 증세라고 생각할 수도 있다. 그러나 [이렇게 단정하지는 말고] 바로 이러한 사실에 대한 면밀한 검토가 필요하다.

본 저자는 이전의 저술에서 "「교환가능성」에 대한 보증"이라는 특성을 「화폐의 구매권력」이라고 지칭한 바 있다.[477] 이 용어는 화폐가 시장에서 통용될 수 있는 능력(*Fähigkeit*), 더 정확하게는 「교환수단」으로서 화폐가 소지한 「사용능력」(*Verwendungsfähigkeit*)의 종류(*Art*)와 그 외연(*Ausmaß*)으로 이해되어야만 한다. 따라서 「화폐의 구매권력」(*Kaufmacht des Geldes*)은 일정량의 화폐로 구매할 수 있는 재화나 서비스의 양을 의미하는 「구매력」(*Kaufkraft*)과는 다른 개념이다.

화폐를, 특히 「좋은 화폐」를[478] 이용하면 그 화폐의 가치의 범위(*Geltungsbereiche*) 내에서는 언제 어디서나 원하는 어떠한 것이든 구매할 수 있다는 것이 종래 이론의 전제이자 통념이었지만, 그럼에도 불구하고 「교환수단」으로서의 화폐의 사용 가능성에 대한 제약이 없는 것은 절

---

[477] Gerloff(1944: 240, 249) 그리고 Gerloff(1947a).

[역주] 독자의 참고를 위하여 이전 저술(Gerloff 1944: 248-251)의 내용을 추가로 번역하여 본장의 부록에 수록하였으니 참고하기를 바란다.

[478] [역주] 좋은 화폐는 어떠한 목적을 달성하기 위한 수단으로서 좋음을 의미한다. 본서 312쪽을 참고할 것.

대로 아니다. 예를 들어, 비저(Wieser)는 비엔나에서 열린 취임 강연 『화폐가치와 그것의 역사적 변화』(*Der Geldwert und seine geschichtlichen Veränderungen*)에서 다음과 같이 말한 바 있다:

> 화폐를 얻기 위하여 판매한 사람은 자신이 가진 「화폐권력」(*Geldmacht*)의 크기에 따라서만 자신이 원하는 것을, 원하는 곳에서, 원하는 사람으로부터, 원하는 액수 또는 그것의 분수로 구매할 수 있는 가장 자유로운 유동성(*Beweglichkeit*)을 획득하게 된다.

[반면] 헬페리히(K. Helfferich)가 저술한 독일의 정통 「화폐론」의 고전적 교과서에는 "가능한 모든 것은 화폐를 대가로 확실하게 조달할 수 있다"고 아무런 주저 없이 명시되어 있다. 그리고 계속하여서 이렇게 주장한다: "화폐는 모든 사태에 대하여 예비되어 있어 항상 신속히 움직일 수 있다".

미국의 학자 케머러(E. W. Kemmerer)의 저서에는 다음과 같이 적혀 있다:

> 화폐는 모든 상품 중에서 교환 가능성이 가장 높다는 점에서 그것의 소유자에게 시장을 통하여 사회로부터 모든 원하는 상품을 획득할 수 있는 권력을 부여한다. 물론 그가 충분한 화폐의 양을 소유하고 있다는 전제 하에 그러하다.[479]

이러한 의견에 따르자면, 충분한 양의 화폐를 통제 처분할 수 있는 사람은 누구나 그의 의사에 따라 무엇이든 나가서 살 수 있다.

물론 이러한 종류의 진술은 쉽게 확장가능한데, 이것들은 모두 '좋은' 혹은 '건전한' 화폐를 지향하고 있다. 그들은 암묵적으로 종래의 개념에 부합하는 어떠한 「건전한 화폐 체계」를 전제하고 있는 것이다. 그러나 이러한 진술들은 단순히 사실을 부적절하게 특징짓는 것들일 뿐

---

[479] Kemmerer(1932: 351).

이다. 쉽게 간과되는 사실이지만 실상 다음과 같이 말하는 것이 더 정확하다. 즉, 위의 진술은 일반적으로 특정 경제 체제의 화폐, 즉 자유주의 경제질서(*Wirtschaftsordnung*) 내에서의 화폐에만 적용된다. 이러한 경제질서야말로 바로 화폐에「구매권력」을 부여하는 요인이다.

「화폐의 구매권력」은 여타의 모든「화폐의 기능」과 마찬가지로 화폐 자체가 가진 내재적 특성이 아니라 당대의 지배적인 사회-경제적 또는「법적 질서」에 의하여 조건화된, 화폐의「사용 가능성」(*Verwendungsmög-lichkeit*)이다.[480] 이러한 관점에서 보자면,「경제합리적 자유주의 시대에 있어서의 화폐지출」에 근거한「관용」덕분에 우리에게는 본질적으로 보여지는 일반적「구매권력」을 다른 시대에서의 화폐에서는 찾아볼 수 없는 것도 충분히 이해할 수 있다. 따라서 이러한「구매권력」이 일시적으로 교란될 경우 화폐 개혁의 가장 중요한 목표는 화폐의 일반적「구매권력」을 회복시키는 것으로 간주된다.

독일의 19세기 실제적인「화폐론」의 시작을 알린 뷔쉬(Johann Georg Büsch)도 위에서 언급한 근대 저술가들과 같은 방식으로「화폐의 본질」을 특징지었다. 그는 자신의 첫번째 저술(Büsch 1780)에서 다음과 같이 적고 있다:

> 인류의 '일치된 의견'(*Übereinstimmung*)으로 인하여 화폐는 우리가 다른 여타의 어떠한 상품에서도 발견할 수 없는 특징, 즉 가장 자유로운 선택에 따라 삶을 위한 모든 필요품들을 공급받을 수 있는 확실성 (*Gewißheit*)을 가진 상품으로 변화되었다.

그는 여기서 "화폐가 자유인들의 모든 근면에 영향을 미치는 위대한 마법의 힘"에 주목하고 있다. 그리고 그는 다음과 같이 계속 말을 잇는다:

---

[480] [역주] 본 장의 앞에서는(275쪽) 이를「사용능력」(*Verwendungsfähigkeit*)이라고 표현한 바 있다.

그들은 스스로 모든 노동을 함에 기꺼이 복종한다. 즉, 그들은 다음과 같이 말한다. "이 노동을 통하여 나는 화폐를, 즉 그것을 통하여 모든 상상 가능한 「욕구들」을 얻을 수 있는 수단을 벌어들인다. 내가 더 많이 일할수록, 그리하여 이러한 수단을 더 많이 벌어들일수록, 나는 더 많은 나의 「욕구들」을 충족시킬 수 있고, 그 모든 「욕구들」 중 더욱 자유롭게 선택을 할 수 있게 된다.

부르주아 사회에서 화폐를 제거한다면 노동에 대한 동기도 또한 사라질 것이다. 그리하여 그는 다음과 같이 외친다.

오, 인간아, 그대의 개선에 도움이 된다고 여겨지는 모든 것들을 생각하여 보라. 화폐를 가지고 있다면 그대는 그대의 특정한 바람을 충족시키기 위하여 기여할 수 있는 모든 사람들을 그대에게 봉사하도록 불러 들일 수 있는 수단을 가지게 된다. 만약 그대의 창고에 남아도는 곡물이나 양모, 아마(亞麻), 포도주가 가득하다 할지라도 그대는 아직 이러한 수단을 가지고 있는 것은 아니다. 그대는 여전히 그대를 개선하기 위하여 그대에게 봉사할 수 있거나 혹은 그대의 채워지지 못한 「욕구」를 충족시켜줄 사람들을 만날 수는 있겠지만, 그들 역시 자신의 「욕구」를 만족시키기에 충분한 곡식, 양모, 아마, 포도주를 가지고 있을 수 있기에 그 같은 그대의 두가지 요청을 모두 거절할 것이다. 하지만 그 사람들에게 화폐를 제공하라. (…) 부르주아 사회는 화폐에 모든 「열정」을 만족시킬 수 있는 권능을 부여하였기 때문에 화폐만큼 사람들을 충동질하는 것은 없다. 사람들을 그들이 원하는 대로 하게 하자. 그리고 가장 고귀하면서도 가장 천박한 「열정」이 그들을 사로잡게 하자. 이때 그들을 열정에 휩싸이게 만들 수단은 바로 화폐이다.

뷔쉬는 자신의 「화폐예찬」에 중대한 결론을 덧붙이지 않을 수 없다

는 다음과 같은 중요한 언급으로 자신의 이야기를 마무리한다:

> 화폐를 획득한 사람들이 가지고 있는 「욕망」과 더 나아질 수 있다는 전망이 가장 덜 저해받는 곳에서 화폐는 일반적인 근면함을 촉진하는 유익한 효과를 가장 명확히 발휘할 것이다. 부르주아 사회에 있어서 이러한 전망을 손상시키거나, 힘들게 하거나, 혹은 완전히 저해하는 모든 제도들, 즉, 노동자에게서 이러한 전망을 빼앗고도 그들의 노동을 강제할 수 있다고 [사람들로 하여금] 믿게끔 하는 그러한 모든 「통제처분들」은 개인과 모두의 행복에 기여하는 인간의 유용한 근면성을 억누르기 마련이다. 바로 그러한 것들은 근면성을 쉽게 촉진할 수 있는 화폐를 무력하게 만든다. 그리고 비록 그러한 것들은 사람들이 가지고 있는 즉각적인 목표들의 일부를 강제적으로 달성할 수 있게는 하지만, 그때의 번영은 이러한 장애물이 제거되고 화폐가 완전한 효율성(*Wirksamkeit*)을 발휘할 수 있도록 내버려 두는 경우 가능한, 그러한 시민 사회에서의 번영보다는 훨씬 낮은 수준에 머물 것이다.[481]

뷔쉬가 염두에 둔 「화폐의 효율성」이란 바로 본서에서 말하는 「화폐의 구매권력」이다. 이러한 현상은 분명 화폐이론가들의 관심 사안이었다. 그럼에도 불구하고 본 저자가 알고 있는 한, 「화폐의 구매권력」이라는 개념을 발전시키고 또한 그와 관련된 사실을 분석하려는 시도는 없어왔다. 한편 호프만(J. G. Hoffmann)은 "구매를 하기 위한 권력이 이전되는 도구를 화폐라고 한다"라고 언급하기도 하였고, 또한 "특정한 구매 가능한 대상에 대한 지정이 없는, 단지 일반적인 '구매할 수 있는 권력'이라는 개념"을[482] 언급하였는데, 이 같은 표현들은 사실 우리가 논의하고 있는 「화폐의 구매권력」이라는 개념과는 전혀 무관한 것이다. 호프

---

[481] Büsch(전게서: §§ 34, 35).

[482] Hoffmann(1838: 10쪽 이하; 1847: 531, 533쪽 전반).

만의 경우에는 화폐가 가지고 있는 그저 단순한 「특성」을 강조하는 바에만 관심을 가지고 있을 뿐이었다. 하지만 우리의 경우에는 주어진 사회질서 내에서 어느 정도 그리고 어떠한 조건하에서 이러한 「특성」이 행사될 수 있는지가 중점 사안이다. 화폐가 구매를 할 수 있는 권력을 부여한다는 단순한 생각에서 출발하여 「화폐의 구매권력」이라는 개념을 발전시키고 분석하는 연구로 나아가는 경로는 실로 머나멀다.

「화폐의 구매권력」이라고 하면 누구나 「교환의 매개」 역할을 하는 화폐, 즉 「교환화폐」를 먼저 떠올리는 경향이 있다. 하지만 「축장화폐」도 「구매권력」을 가지고 있다. 구매라는 단어를 더 넓은 의미, 아마도 비유적인 의미로 이해한다면, 사람들은 화폐로 아내와 친구, 지위 상승, 면죄, 특혜 등을 획득한다. 이에 대한 사례는 실로 많이 제시할 수 있다. 그러나 이와 동시에, 「교환화폐」와도 마찬가지로 「축장화폐」 또한 무한한 「구매권력」은 가지고 있지는 않다는 것도 알려졌다.

그러한 제한에는 다음과 같이 다양한 종류가 있을 수 있다.

1. 그 대상이 재화, 권리, 「청구권」 또는 기회인지 여부에 상관없이 어떠한 특정한 대상들만 구매가능한 경우가 있다. 이러한 구매 가능한 대상의 범위는 처음에는 매우 협소하다. 그러나 그 범위는 경제적, 사회교류적 발전과 함께 점점 더 확장된다. 그러한 범위의 외연과 내용에 따라 「화폐의 객체적 구매권력」(*objektive Kaufmacht des Geldes*)이 결정된다. 우리는 이를 「화폐의 구매범위」(*Kaufbreite des Geldes*)라고도 지칭한다.

「화폐의 객체적 구매권력」의 점진적인 전개는 「사회교류적」으로 지대한 영향이 미치며, 사실상 「화폐의 사회적 권력」(*gesellschaftliche Macht des Geldes*)을 결정한다. 점점 더 많은 것들, 특히 토지와 토양과도 같이 중요한 것들이 「화폐적 교류」의 대상에 포함될 때 과연 그러한 발전이 의미하는 바를 생각하여 보자. 이러한 발전을 통하여 다다르는 곳의 막바지에 존재하는 '영리 이외의 것들'(*extra com-mercium*)의 세계에서는, 오직 공공질서, 안전 그리고 도덕 등의 이유로 인하여 그것들의 소유, 「가득」, 거래에 제한이 존재하는 단지 소수의 대상만이 주로 포함될 것이다.[483]

2. 재화, 권리, 「청구권」 등, 경제적이며 사회교류적 가치가 있는 것들 중 아주 많은 것들은, 심지어 그러한 모든 것들은 거의 예외없이 구매가능한 대상들이다. 그러나 이러한 것들이 법적인 「가격통제」(*Preisbindung*)의 대상이 된다면 화폐는 제한된 범위 내에서만 이러한 것들을 「가득」하는 용도로 사용될 수 있다고 말할 수 있다. 이러한 법적 규제는 아주 오래 전부터 알려져 왔는데, 특히 식량, 임금, 화폐의 사용이나 이자율, 최근에는 외환과 관련하여 그러하다. 이러한 것들이 부족할 때—사실 그러한 경우가 대부분인데—가장 높은 액수의 「화폐의 제공」을 하더라도 그 재화들을 「가득」하지는 못한다. 화폐는 세금 혹은 「가격상한」 등으로 인하여 시장에서 그「구매권력」이 합법적으로 제약된다.

3. 화폐는 특정인이 소유하고 있는 경우에만 구매권력을 가진다: 즉, 「화폐의 구매권력」은 주체적으로 제한되어 있다.

법률, 「관습」, 「습속」 등에 의하여 확립된 '영리 이외의 것들'(*extra commercium*)은 모든 사람, 즉 자연인과 법인에 대하여 해당 재화의 「가득」과 판매를 법적으로 배제한다. 그러나 「화폐소유」와 「화폐지출」은 특정인에게만 유보되어 있고, 오직 그 사람에게만 자격이 주어지는 경우가 매우 자주 발생한다. 화폐의 관점에서 보면—물론 화폐의 관점에서만 보는 것은 철저히 일방적인 것이라는 점을 인정하더라도— 이는 「화폐의 주체적 구매권력」(*subjektive Kaufmacht*

---

[483] Cf. Wappäus(1867).

des Geldes) 또는 「화폐의 구매폭」(*Kaufweite des Geldes*)의 제한을 의미한다. 따라서 「구매권력」의 행사가 「화폐에 대한 통제처분」의 제한에만 관련되는 것이 아니라 어떠한 주체적 요건과 연관될 때 우리는 「화폐의 주체적 구매권력」의 제한이 존재한다고 말한다. 이러한 제한을 만드는 요건은 위계, 위상, 「계급소속」, 「소득범주」 또는 기타 조건부 「혜택받을 권리」(*Bezugsberechtigung*)가 될 수 있다. 이러한 규범이 만들어지고 시행되는 이유 여하를 막론하고, 구매를 할 수 있는 권한을 가진 사람들의 범위를 다소간 광범위하게 제한하는 것은 결국 화폐와 「화폐관용」에 영향을 미치지 않을 수 없다. 원시 사회의 「계급화폐」에서는 「화폐의 주체적 구매권력」의 한계가 특징적으로 표현된다. 「부족화폐」(*Stammesgeld*)의 경우도 이와 유사한데, 「부족화폐」는 부족구성원들의 손에 있는 한에서만 「구매권력」을 가질 수 있다. 투른발트(Thurnwald)는 셀레오 섬(Seleo)[484] 원주민은 팔찌를 만들고 풀탈룰(Pultalul)[485] 원주민은 화살을 만든다고 적고 있으며 다음과 같이 계속 기록하였다:

> 예를 들어 풀탈룰이 팔찌를 이용하여 무언가를 사려고 하면 이러한 말로 거절당한다: "당신은 셀레오가 아니기 때문에 화살로 돈을 지불하시오".[486]

계급, 부족 또는 사회적 위상 등에 근거한 「화폐소유」와 「화폐관용」의 권한에 대한 제한은 오늘날 국가와 경제에서는 사실상 존재하지 않는다. 반면에 이미 언급하였듯이 「화폐의 주체적 구매권력」에 대한 다른 형태의 제한은 수 세기 동안 지속되어 왔다. 오늘

---

484 [역주] 파푸아뉴기니의 웨스트 세픽주의 지역.

485 [역주] 파푸아뉴기니의 원주민 주거지.

486 Thurnwald(1929: 624).

날에도 그것들은 결코 제거되지 않았으며, 실제로「화폐의 주체적 구매권력」에 대한 새로운 형태의 제한을 설정하려는 시도도 얼마든지 보여진다(예: 소비에트 연방). 이는 어떠한 자격을 갖춘 집단에 속하여야만「화폐의 구매권력」을 가질 수 있도록 제한하는 것을 말한다. 이때 말하는 자격은 혈통, 나이, 출신성분, 직업, 인종, 국적, 종교, 정당 등으로 그러한 자격을 만족할 때만「화폐의 구매권력」은 부여될 수 있다. 예를 들자면, 독일 내의 영토에서는 오랫동안「기사지위」(*Ritterbürtigkeit*) 또는「농민지위」(*Bauernfähigkeit*)가[487]「토지소유」를 취득할 수 있는 전제 조건이었다. 칼리파왕국(caliphate)의[488] 경우에는 그를 위하여서는「교조적 신념의 고수」(*Rechtgläubigkeit*)가[489] 요구된다. 중세 길드 제도의 시대에는 길드 조합원만이 외국 상인이 제공하는 원자재를 구매할 수 있었다. 이들이 벌어들인 수익금은 오로지 제한된 재화를 구매할 수 있도록 제약되어 있는 경우도 많았다. 자신의 유명한 저서인『대외무역을 통한 영국의 부』(England's Treasure by Foreign Trade, 1664년, 10장)에서 토마스

---

[487] [역주] 중세독일에서는 토지소유와 농사는「기사지위」(*Ritterbürtigkeit*)와「농민지위」(*Bauernfähigkeit*)로 국한되어 있었다. 전자의 경우는 세습적이며 그러한 의미에서 고정적임에 반하여, 후자는 단지 일종의 자격요건으로 그 요건을 충족하는 한 토지를 소유할 수 있었는데, 예를 들자면 가족의 수장일 것, 농민가계의 자손일 것, 농사를 지을 수 있는 능력이 있을 것, 그리고 또한 중요한 것은 세금과 부역의 의무를 수행할 능력이 있는 지의 여부였다. 후자의 경우 농토는 장자에게 세습되었는데, 그러한 의무를 수행하지 못하는 경우 소유권을 박탈당하였다.

[488] [역주] 칼리프에 의하여 지배되는 이슬람 국가.

[489] [역주] 이는 *Aqidah*(Arabic: عقيدة), 즉 교조적 종교교리에의 신조 내지는 신념을 의미한다.

문(Thomas Mun)은 외국 상인들은 그들의 수익금을 당국이 지정한 상품으로만 교환할 수 있도록 한 규정, 즉 『고용령』(Statute of Employ-ments)을 인용하고 있다. 유대인, 외국인, 종교 단체 등에 대한 「토지소유」의 취득 금지 조항도 잘 알려져 있다. 이 경우 화폐 소유자의 자격 여부와 관련된 「화폐의 주체적 구매권력」의 제약과 [구매가능한] 대상과 관련된 「화폐의 객체적 구매권력」의 제약이 같이 결합되어 있었다. 소련, 그리고 마찬가지로 소련 점령 지역인 독일에서도 크롬파르트(Kromphardt)가 「시장분할」(*Marktspaltung*)이라고 명명한 「상품획득체계」(*Warenbezugssystem*)가 도입되었으며 이에 의하면 동일한 상품에 대하여서도 어떠한 특정 집단에 속하는지 여부에 따라 상이한 가격을 지불하여야만 하였다. 따라서 이 경우에는 「화폐의 구매권력」이 주체적으로 차별화된다.

「화폐의 주체적 구매권력」과 관련하여서는 중요한 구분을 할 필요가 있다. 한편으로는, 전혀 구매할 자격이 없는 사람들, 예들 들자면 노예, 엄격하게 가부장적으로 조직된 문화권에서의 여성, 청소년 등이 있다. 다른 한편으로는 특정 종류의 구매 기회에 대하여서만 허락되거나 혹은 거부되는 사람들의 그룹이 있는데, 그들의 화폐 사용은 특정 대상과 관련하여서만 허용되거나 금지된다. 전자는 대체로 전혀 화폐를 소유할 수 없는 경우가 많고, 후자는 화폐는 소유할 수 있지만 그 사용에 있어서 제한을 받을 수 있었다. 이렇듯 사용을 제한하는 동기는 매우 다양하다. 원시 경제에서의 그러한 제한은 일반적으로 지배적 계층만이 특정 물건을 소유하거나 혹은 향유하기 위한 목적으로 도입된 경우가 많았다.

실제로 "카스트에 관계없이 모든 교환상의 당사자들이 누구와도 교환을 할 수 있는 권리"를 가지기까지 거쳐야 할 길은 멀고도 멀었다. 하지만 이러한 도달점은 「교환경제」가 「화폐교환」경제로 도약하기 위한, 즉 「화폐의 가득」을 위한 상품의 판매와 상품의 구입을 위한 「화폐의 가득」을 기반으로 하는 경제로 완전히 발전하기 위한 전제조건이다.

오직 '상거래권리'(*jus commercii*)를 통하여서만 판매자들은 자유롭게 반대급부(*Gegenleistung*)를 선택할 수 있는 자유를 보장받기 때문이다. 「화폐교환」은 [계급적] 카스트의 융해(*Verschmelzung*)를 전제로 한다.[490]

4. 「화폐의 구매권력」은 장소나 시간에 구속된다. 그런데 이러한 지역적, 시간적 구속은 종종 그 범위가 일치한다. 이 같은 수많은 사례를 원시 화폐의 역사에서 찾아볼 수 있지만, 이러한 제약은 그 이후에도 잘 알려져 있다. 이미 언급한 바 있는 애드미럴티 제도의 경우가 이에 대한 좋은 사례이다(본서 124쪽).

물론 이미 언급한 바와 같이 여기서는 우리가 본서에서 제기하는 다른 모든 질문과 마찬가지로 화폐가 가져야만 하는 실제적인 특질(*Qualifikation*)에 대한 문제를 논의하고자 하는 것은 아니다. 우리는 오히려 기원, 「관용」, 「습속」 또는 공적인 규제적 목적설정 등에 의하여 야기된 '「시장규칙들」'(*Marktregelung*)에[491] 주목하고 있는데, 이 「시장규칙들」은 「화폐의 구매권력」에 어느 정도 영향을 미치고 종종 결정적이기도 하다. 즉, 대부분의 「구매권력의 제약」은 화폐 자체에 대한 제약에 직접적으로 초점을 맞추고 있지는 않다. 물론 예외적으로 직접적으로 화폐의 사용을 제한하는 경우도 있다. 후자의 예를 들자면 특정하고 제한된 용도로만 사용될 수 있는 「제한화폐」(*Sperrgeld*)가 있다. 하지만 대부분은

---

[490] Dobretsberger(전게서: 33).

[491] [역주] 이는 공적인 「시장규제」와 같이 법적인 규제에 의한 것이 아닌, 관습 등에 의하여 정하여진 것들을 포함하는 보다 포괄적 개념이다.

그것이 야기하는 효과를 통하여 「화폐의 구매권력」에 간접적으로 제약을 가하는 것을 추구하는 시장 정책 수단이다. 그렇다고 하여서 화폐 자체에 영향을 미치는 직접적인 「구매권력의 제약」이 「시장규제」(*Markt-regulierung*)의 목적을 추구할 수 없다는 뜻은 아니다.

막스 베버는 다음과 같이 「시장규제」를 구분하였다.

1. 전래되어진 제한이 습관화됨에 근거하고 있는 전통적인 교환에 대한 제한 형태.

2. 어떠한 「유용한 서비스」(*Nutzleistung*)를 가지고 있음에 근거한 「시장성」(*Marktgängigkeit*)을 사회적으로 인정하지 않음으로써 결정된 관습적 형태.

3. 교환에 대한 효과적인 법적 제한을 부과함으로써 생겨나는 법적인 것. 이는 일반적으로 적용되거나 혹은 특정 그룹의 사람이나 특정 교환 대상에 적용되는 것일 수 있다.[492]

---

[492] Weber(1922: 43; 2019: 169).

[역주] 이에 추가하여 베버가 언급한 마지막 형태는 다음과 같다:

4. 자발적인 것, 즉, 형식적으로는 자유롭지만 사실상은 시장 규제적 성격을 가지는 것으로서, 주어진 이해관계들의 경합과 연관된 것들. 이러한 상황은, 이해관계가 있는 교환의 당사자가 어떠한 특정 효용에 대하여 통제 처분할 수 있는 권력을 소유하고 있거나 획득함을 통하여 어떠한 배타적인 기회 – 다소간의 차이는 존재하지만 – 를 얻음으로 인하여, 타인들이 가지고 있는 시장에서의 자유를 효과적으로 억제함으로써 시장 상황에 영향을 미칠 수 있는 위치에 있을 때 발생하는 경향이 있다(전게서).

이 목록은 이러한 '「시장규제」'의 결과로 상품의 「시장성」이 전통적, 관습적, 법적 제한을 받는 경우를 보여주고 있다. 즉 화폐 측면에서 볼 때, 이는 「화폐의 구매권력」이 주체적 또는 객체적으로 제한되는 경우이다.

주술적, 부족적, 계급적 관념과 질서는 특정 대상이나 주체를 오랫동안 「시장교환」에서 배제하는 경향이 있다. 또한 사회교류적 또는 정치적 동기에 의한 「가격규제」(내지는 「가격상한」)과 「소비규제」는 「화폐의 구매권력」을 결정함에 있어서 상당한 중요성을 가지게 된다.

따라서 「화폐의 존립공간」(*Lebensraum des Geldes*)은 최초에는 매우 협소하였다. 이 같은 상황은 「교환화폐」뿐만 아니라 「축장화폐」에도 적용된다. 그런데 「교환화폐」의 단계에서는, 「교환거래」와 「지불거래」가 발달하는 정도와 화폐가 가진 권력 영역의 확장은 그 보조를 같이 한다. 앞서 언급하였듯이 최초 단계에서는 춤, 노래 등에 대한 「공연권」과 주문(呪文), 조제법 등의 사용에 대한 권리 등의 일부 권리는 「가득의 수단」으로서의 화폐가 지출되는 대상이 된다. 「화폐의 구매권력」은 「속죄지불」(*Komposition*)[493] 또는 「참회물」(*Buße*)이라는 개념의 발전과 확산으로 현저히 확대된다. 이는 부과된 물리적 형태의 배상을 지불의 형태로 대신 보상할 수 있는 가능성을 의미하는 것으로도 이해된다. 이와 관련하

---

[493] [역주] 「속죄지불」(*Komposition*)은 범죄에 대한 벌을 그에 상응하는 배상의 지불로 갈음한다는 법적 개념인데, 「보상금」(*Wergeld*)과 「참회금」(*Buß-geld*)으로 이루어지며, 그 액수는 범죄의 정도와 처벌 대상자의 사회적 지위에 따라 달라진다. 그 일정부분은 「화평금」(*Friedensgeld*)의 형태로 사회에 귀속되기도 하였다. 이 개념은 프랑크 왕국 시대(서기 500-888년)에 유행하였으나, 10-11세기에 들어서 그 중요성이 감소되었고, 결국은 태형과 같은 육제적 형벌이 이를 대신하게 되어, 후자가 그 이후 지속되게 된다.

여 「속죄금」(Wergeld)은 가장 잘 알려져 있고 또한 가장 중요한 예이다. 트림본(H. Trimborn)이 말한 바처럼,

> 「속죄지불」이라는 생각은 농업과 목축 문화의 확산과 함께 전 세계적으로 승리를 구가하였지만, 거의 모든 종류의 법 위반도 이러한 가능성에 의하여 포괄되었다는 점에서 볼 때 그것은 또한 그것이 가지고 있는 내용적 실체의 승리이기도 하였다.[494]

이것은 "「속죄지불체계」"(Kompositionensystem), 내지는 "「참회물카탈로그」"(Bußkatalog), 즉 잘못을 저지른 결과에 대한 가능한 한 가장 포괄적인 목록과 그에 상응하는 배상 체계를 화폐를 통하여 수립하는 것으로 이어진다.[495] 트림본은 이러한 「속죄지불체계」의 출현을 "이들과 같은 「생산경제」(erzeugende Wirtschaft)의[496] 문화에서 생겨난 「지불수단」이 보다 풍부하게 발전되었음에서 비롯되었다"고 설명한다.[497] 아무리 심각한 잘못이라도 「화폐적 참회」로 속죄할 수 있다면, 이러한 변화가 「화폐체계」의 발달에 가지는 의미는 실로 자명하다. 그런데, 아흐테르(V. Achter 1950)가 지적하였듯이 이러한 변환을 초래한 것은 물질주의적 고려가 아니라, 주술적 또는 종교적 믿음이었다는 사실도 참고로 언급할 필요가 있다.

---

[494] Trimborn(1950: 139).

[495] Cf. Achter(1950, 13쪽 이하 연속).

[496] [역주] 신석기 시대의 경제 체제를 설명하는 바에 사용되는 용어. 이때에 이르러서는 야생 곡물을 채집하고 수확하는 것에서 계획적인 경작으로 전환되었고 정주 생활도 시작되어, 임시 주거지 대신 영구적인 집을 짓게 되었다. 그 이후 청동기 시대에도 「생산경제」는 지속적으로 발전하였다.

[497] Trimborn(전게서: 139).

따라서 화폐는 지난 수천 년 동안 매우 제한된 「서비스역량」을 가진 교환수단이자 「지불수단」이었다. 재화와 용역의 세계를 구성하는 대부분은 오랫동안 「구매권력」을 가지지 못하였다. 그것들은 「영리 이외의 것들」(*extra commercium*)[498]이거나 일반적 「화폐관용」과도 마찬가지로, 제한된 사람들에게만 그것들에 대한 취득이 가능하였기 때문이었다.

또한, 「화폐의 구매권력」은 최초에는 일반적으로 여러 「화폐형태」가 동시에 유통되었다는 사실에 의하여 더욱 제한되었는데, 그 때 각각은 고유한 「영향범위」를 가지고 있었기에 그러하였다. 따라서 재화라는 측면에서 볼 때, 상이한 재화의 취득을 위하여서는 서로 다른 화폐가 필요하였다.

따라서 두른발트는 「원시인의 경제교류」에 대하여서 다음과 같이 말한다:

> 「구매가격」은 임의적인 「가치의 담지자」로는 지불될 수 없는데, 왜나하면 소위 「원시화폐」는 결코 보편적인 교환력이나 「구매력」을 가지지 못하였고, 단지 항상 어떠한 정하여진 '대상과 관련된 가치'(*Gegenwert*)만을 나타내기 때문이었다.[499]

마지막으로, 위에서 언급하였듯이 「교환거래」가 가지는 시간과 장소에 따른 속박 역시 또 다른 한계로 작용하였다.

그러나 화폐는 「진화와 발전」 과정에서 「관습」, 「습속」, 그리고 법에 의하여 설정된 경계들을 허물어뜨린다. 화폐는 모든 사물을 향하여 손을 뻗고, 그 모든 사물들을 움켜쥐면서 모든 사물의 척도가 된다. 화폐의 「구매권력」은 증대되고 화폐는 모든 흥미와 즐거움을 달성할 수 있는 그 모든 가능성을 움켜쥐게 된다. 그리하여 화폐는 무제한적이고 무

---

[498] [역주]본서 281쪽을 참고할 것.

[499] Thurnwald(전게서: I, 122).

조건적으로 유효한 「교환수단」이 되며, 그것의 전개는 언제 어디서나 결정적인 역할을 한다.

화폐가 「구매권력」을 획득하여 나아가는 정도에 따라서 화폐는 「사회교류적 권력」을 획득한다. 이는 화폐가 가진 「사회교류적 권력」이 다름아닌 화폐의 「구매권력」이며 또한 「화폐의 구매권력」을 강화하고 증가시키는 모든 것들이기 때문이다. 후자에는 「시장거래」의 발전, 「법적 질서」의 「조형」 등 화폐의 「사회교류적 권력」을 고양시키는 모든 것들이 포함된다. 자신이 가진 「구매권력」을 통하여 화폐는 경제 혹은 더 나아가 사회전체의 중추신경이 된다. 화폐는 경제생활을 지배할 뿐만이 아니다. 그것은 정치생활과 문화생활에까지도 비록 파괴는 하지 않을지언정 깊숙하게 침투하고 종교생활도 이에는 예외가 될 수 없는 '악마적 권력'(*dämonische Macht*)이 된다. 그러나 이 모든 것은 「경제적인 것」에 단단히 닻을 내린 「구매권력」에 정초하여 있기 때문일 뿐이다. 화폐는 이러한 기반으로부터 자신의 힘을 도출한다.

> 사람들이 갈구하는 모든 것들을, 즉 가장 조악한 물질이건 최고의 정신적 쾌락을 제공하는 것이건 그 모든 종류의 재화들을 시장으로 흡인하는 것이 바로 이 「화폐의 구매권력」이다. 그리하여 모든 것들이 구매가능하게 된다. 이에는 먹고 마실 것, 여자와 우정, 명예와 평판 등 그 모든 것들이 포함된다. 그리고 바로 이러한 연유로 화폐가 물질적인 「구매권력」을, 즉 삶에 있어서 필요한 물리적 사물들에 대한 「구매권력」을 가지게 되고 이윽고 그로 인하여 심리적인 것까지도 화폐에 의존하게 된다.

> 화폐가 물질적 「구매권력」을 보증하는 곳 그 어디에서나 매수와 뇌물의 정신이 둥지를 틀고, 부패는 자신을 번식하기 위한 토양을 발견하며, 화폐는 합법적인 목적과 불법적인 목적 모두를 위한 수단으로 사용된다. 그리하여 화폐가 물질적 「구매권력」을 가지고 있는 곳에서는

단 한 줌의 화폐가 법과 진실을 담고있는 큰 자루보다도 더욱 무겁게
느껴질 수 있다.

「화폐의 구매권력」으로 인하여 타락한 사회에서는 여하한 범죄라도
화폐로 속죄될 수 있고, 「화폐적 지불」을 함으로써 죄는 용서되고,
「심상」의 얼룩은 화폐로 지워지며, 양심의 가책은 화폐로 달랠 수 있
다. 물론 여기에도 옛말은 적용된다: "화폐 그 자체는 나쁜 것도 좋은
것도 아니며, 단지 모든 것은 사용하는 사람에게 달려 있다". 즉, 화폐
를 올바르게 사용할 줄 아는 사람에게는 화폐는 유순한 종복이 되지
만, 화폐에 예종하는 자에게는 화폐는 이제 사악한 주인이 된다. 이
같은 비유는 개인뿐만 아니라 사회에도 적용된다. 오로지 돈을 버는
잣대에만 비추어 성공이란 것을 평가하고, 인생의 유일한 사명이란
단지 돈을 버는 것이라는 생각이 만연할 때, 강자에 의한 약자의 착
취, 즉 부자에 의한 가난한 자의 착취라는 날카로운 계급 분열은 시
작된다. [그 사회에서는] 이기심만이 모든 판단을 결정한다. 그리하여
정의라는 이름의 천칭의 저울대 위에는 정의의 칼이 아니라 돈자루
가 놓이게 된다.[500]

---

[500] Cf. Gerloff(1947: 17쪽 전반).

[역주] 참고로 이와 아주 흡사한 표현은 Marx(1844)에서도 발견된다:

따라서 내가 나일 수 있고 또한 내가 할 수 있는 것은 결코 내가 가진
개인적 자질에 의하여 결정되는 것은 아니다. [화폐를 가지고 있으면]
나는 추하지 않다. 왜냐하면 그러한 추함, 즉 그 추함 때문에 내가 거
부당함은 화폐에 의하여 사라져 버린다. 나의 특징이 절름발이라도
화폐는 나에게 스물 네 개의 발을 붙여준다. 따라서 나는 결코 절름발
이가 아니다. 나는 비록 사악하고, 부정직하고 조심성도 없고 또한 명
청할 수 있지만 [내가 가진] 화폐는 숭배되고 따라서 그 소유주인 나

「교환수단」과 「지불수단」으로서의 화폐의 「권력」, 그것이 가진 **전능적 구매권력**(*Kaufallmacht*)은 「생산수단」의 「사적 소유권」에 기초한, 즉 흔히 개인주의적 또는 자유주의적 질서라고 불리는 사회질서에서 그 정점에 도달한다. 「개인적 이득 추구의 원칙」(*Prinzip des eigenen Vorteils*)에 의거한 인간과 사물에 대한 무조건으로 자유로운 「통제처분자격」(*Verfügungsberechtigung*)의 확립이라는 체제이념(*Systemgedanken*)을 실현한다는 것은 다름 아닌 「화폐의 구매권력」에 대한 여타의 모든 제약도 제거하는 것을 의미한다. 「경제합리적 개인주의」(*ökonomischer Individualismus*)의 화폐정책 또는 자유주의는 화폐의 자유로운 사용을 보장함으로써 화폐를 경제적 자유의 도구로 만든다. 그리고 「소유권」의 자유가 선언되고 그 모든 「소유권」이 이제 자유롭게 양도될 수 있을 때, 그리하여 거래, 상속, 분할, 처분에 있어서의 모든 장벽이 제거되어 어느 누구도 방해받지 않고 「소유권」을 획득하고 향유할 수 있을 때, 생산과 판매에 있어서 자유경쟁, 시장, 수요와 공급, 「가격형성」, 투자 그리고 소비 선택의 자유가 요구되고 강제될 때, 그 배후에서 화폐는 가장 막강한 「구매권력」을 가지게 된다.

그러나 이러한 경제체제에 의문이 제기되는 순간, 즉, 그러한 [화폐]제도가 더 이상 선천적 인권이 가지고 있는 확고한 「청구권」을 나타내고 있다고 여겨지지 않고 오히려 공격받고 침해받는 순간, 그러한 때에는 화폐의 위상도 또한 흔들리게 된다. 하지만 여기서는 「교환경제」가 사라지게 되고 「교환수단」으로서의 화폐가 불필요하여지는 것을 이야기하는 것이 아니고, 오히려 자유로운 교환경제적 교류에 대한 제한을 이야기하는 것이다. 그러한 제한은 어떠한 방향에서도 혹은 어떠한 이유로도 부과될 수 있는데 이는 또한 「화폐의 구매권력」의 행사를 저해하기 마련이다. 이러한 제한으로 인하여 더 이상 화폐가 언제라도 원하

또한 그렇게 숭배된다 (Marx 1844).

는 물질적 재화와 「용역 급부」로 교환할 수 있다는, 화폐를 「통제처분」함에 있어 수반되어야만 하는 확실함을 제공받지 못하게 된다. 통제경제의 경우에는 「수요충족」과 그에 따른 경제적 교류를 명령을 통하여 수행시킴으로써 「구매수단」 및 「교환수단」으로서 화폐가 소지한 전지전능함을 약화시킨다. 그러한 경제하에서 내려지는 조치는 「화폐관용」에 직접적으로 영향을 미칠 필요는 없으며 종종 그렇지도 않지만, 거의 대부분의 경우에는 항상 「화폐의 구매권력」에 대한 강력한 제한을 야기한다.

자유로운 교환경제적 교류에 대한 개입은 일반적으로 어떠한 경제적, 사회교류적 또는 정치적 목표의 실현을 위하여 실행된다. 그 목표를 달성하기 위한 일반적인 수단은 가격 정책, 특히 자유로운 「가격형성」을 폐지하는, 정책 당국에 의한 가격규제와 「가격통제」이다. 이 경우 「경쟁가격」(*Konkurrenzpreis*)은 「규제가격」(*gesatzter Preis*), 즉 「법령」에 의하여 결정되는 가격으로 대체된다. 그런데, 이러한 「규제가격」은 시장과 근접적(*marktnahe*)일 수도 있는데, 이러한 경우를 「시장순응적 가격」(*Ordnungstaxe*)이라고 부르며, 반면 그것은 「시장괴리적 가격」(*marktferner Preis*), 이른바 「명령가격」(*echte Taxe*)이[501] 될 수도 있다. 전자는 시장에서 자유롭게 거래될 때 형성되는 가격과 크게 다르지 않은 가격이다. 반면에 후자는 수요와 공급의 상황에 따라 시장에서 자유로이 형성되는 가격과 크게 벗어나는 가격을 말한다. 시장 근접적인 「규제가격」이 「화폐의 구매권력」을 침해하지 않는 것은 당연하다. 하지만 「시장괴리적 규제가격」은 그와는 다르다. 후자의 경우에는 두 가지 유형이 존재하는

---

[501] [역주] 「시장순응적 가격」(*Ordnungstaxe*)은 시장이 균형을 이루는 상황에서 형성되는 가격을 말한다. 참고로 독일어에서는 규제적인 측면에서의 가격을 지칭할 때, 혹은 보험료 등을 지칭하는 경우 관용적으로 '*Preis*'라는 용어 대신 '*Taxe*'를 사용한다.

데, 「과저가격」(過低價格 Unterpreise)과 「과고가격」(過高價格 Überpreise)이 그것들이다. 본서의 맥락상 「과고가격」은 관심사가 아니다. 「과고가격」은 「화폐의 구매력」(Kaufkraft des Geldes)의 크기에 영향을 미치기는 하지만, 「구매권력」, 즉 구매를 할 수 있는 권한(Befugnis) 그 자체에는 직접적인 영향을 미치지는 않기 때문이다. 하지만 「과저가격」의 경우에 있어서는 그 상황이 다르다.

「규제과저가격」(Gesatzte Unterpreise)이란 자유로운 시장에서 해당 재화에 대하여 형성될 수 있는 가격보다 낮게 「법령」에 의하여 고정된 가격을 말한다. 이는 특정 「소득」과 「소득분」이 가지고 있는 「구매력」을 증가시키는 것을 의미하며, 그러한 증가가 또한 그 목적이기도 하다. 그러나 자유로운 시장에서 화폐로 구매할 수 있는 화폐의 「구매력」을 동시에 감소시키는 것과는 별개로, 이러한 소기의 목적을 달성하기 위하여서는 「화폐의 객체적 구매권력」을 감소시켜야만 하는 희생이 수반된다. 이러한 방식으로 재화의 가격이 고정되는 한, 제약되어 있는 공급을 확보하기 위한 경쟁에서 화폐를 마음대로 사용될 수 없기 때문이다. 따라서 화폐가 「교환수단」으로서 존재하기 위한 전제조건인, 언제나 항상 어떠한 재화와 용역과도 교환될 수 있다는 보장을 화폐는 더 이상 제공하지 못하게 된다. 그리하여 「규제과저가격」하에서 충분한 양이 시장에 공급되지 않는 경우 (즉, 희소재), 그러한 재화의 배분을 결정하는 것은 더 이상 [구입자가] 제공할 의사가 있는 화폐량의 크기가 아니다. 오히려 「습속」, 법, 우연, 자의성 또는 어떠한 특정 그룹 (정당, 인종 등)의 구성원인지의 여부 등 다양한 상황에 의하여 누가 시장에서의 몫을 차지할지 여부가 결정되게 된다.

화폐에 대한 또는 「화폐의 평가」에 대한 이러한 「화폐의 객체적 구매권력」의 제한이 가지는 중요성은 재화의 양, 그 재화의 성격, 그리고 그때마다 시행되는 「가격통제」의 성격에 따라 달라진다. 다수의 재화, 심지어 대부분의 필수 재화와 용역의 가격이 당국의 명령에 의하여 일정 수준—「지정가격」(Stoppreis), 「가격상한」 등—으로 고정되어 있는 경우라도 이러한 가격이 시장 상황에 부합하는 한 「화폐의 구매권력」을 손상시키지는 않는다. 하지만 이 같은 경우는 일반적이지 못하거나 오래 지속되지 않는다. 「가격상한」 또는 「지정가격」은 처음부터 「규제과저가격」이거나 매우 빠르게 그렇게 되는 경향이 있다. 이는 「화폐의 구매권력」은 그렇게 가격이 통제되는 재화와 용역의 전반에 대하여서는 행사될 수 없음을 의미한다. 따라서 가격에 통제되지 않는 재화와 용역의 범위에 한정되어서만 「화폐의 구매권력」이 행사될 수 있을 따름이다. 그런데 그러한 범위가 좁을수록 화폐가 가지고 있는 권력의 상실(Entmachtung des Geldes)은 더 크게 나타난다. 동시에, 이는 그러한 범위 내에서 작동하는 화폐가 소지한 「구매력」이 감소되는 것과도 연관된다.

통제 경제에서는 「규제가격」과도 유사한 영향을 미치는 다른 많은 조치들이 「화폐의 구매권력」에 영향을 미친다. 판매 및 구매에 대한 금지, 투자 및 운영에 대한 금지, 그리고 이와 실질적으로 동일한 효과를 갖는 경제적 교류에 대한 모든 제한을 생각하면 이러한 영향력을 충분히 알 수 있다. [무역거래의 불균형을 해소하기 위한]「보상적 거래」(Kompensationsverkehr)를 포함하고 있는 국제 경제적 협정 역시 「화폐의 구매권력」을 제한한다. 이렇게 「화폐지출」이 통제된 경제에서 얼마나 많은 사물과 목적이 규제되어 있는지 살펴 볼 때, 이로 인하여 「화폐의 구매권력」이 얼마나 훼손되어 있는지도 발견할 수 있다. 빵과 기타 식료품, 직물, 비누, 석탄 등을 사기 위하여서는 화폐뿐만 아니라 다른 형태의 신분 증명이 필요하고, 사업을 창업하고 운영하기 위하여서는 단지 자본뿐만 아니라 여타의 자격 증명을 제시하여야만 하는 이러한 모든 조건하에서의 그러한 경제체제는 「화폐의 구매권력」의 제한을 의미하며 따라서 「화폐의 퇴위」 그 자체를 의미하기도 한다.

이러한 발전이 「화폐의 기능」에 영향을 미치고 있음은 쉽게 파악할 수 있다. 이는 한마디로 **「화폐의 탈기능화」**(Entfunktionalisierung)를 의미한다. 자유주의 「사회적 경제」에서 화폐는 「교환수단」, 「가격표시수단」, 「지불수단」 그리고 「계산수단」이다. 화폐는 거래에서 주고받으며 그 「구매권력」이 불변한다는 전제하에서만 「경제적 계산」을 할 수 있는 기반을 제공한다. 이는 「자유주의 경제」(liberale Ökonomie) 체제에서는 화폐가 가진 구매권력이 본질적으로 무한하다는 것을 의미한다. 이것이 바로 「자유주의적 사회경제에 있어서의 화폐의 의미」로서, 원하는 재화, 원하는 용역을 필요에 따라 그리고 기회가 생기는 대로 획득하기 위하여 거래에서 화폐를 반대급부로 사용할 수 있음을 의미한다. 재화가 공급 제한과 「가격통제」의 대상이 되어 자유시장에서 더 많이 사라질 수록 화폐는 「교환수단」이라는 자신의 「특성」을 상실하면서 그 주요 기능도 위축된다. 화폐가 이러한 점에서 실패한다면, 이는 「교환수단」으로서의 화폐의 기능뿐만 아니라 경제 관계 자체를 조형함에 있어서 화폐가 가지는 기능에 있어서도 또한 심각한 의미를 가지게 된다. 화폐가 더 이상 무조건적인 「교환수단」이 아니라면 「화폐에 대한 통제처분」이나 「소득」은 더 이상 「사회적 산물」에 대한 참여와 「경제의 과정」에 대한 참여 가능성을 결정하지 않거나 더 이상 전적으로 결정하지는 않게 된다.

더 나아가 「교환수단」으로서의 화폐의 사용이 제한되면 시장과 「가격형성」에 미치는 영향은 물론, 「가격표시수단」으로서 화폐가 가지고 있는 「특성」도 또한 영향을 받는다. 시장에서의 재화와 용역의 수요와 공급 간의 경쟁은 「화폐의 주체적 구매권력」과 「화폐의 객체적 구매권력」의 크기 정도에 따라 크게 영향을 받고, 실제로 그에 의하여 결정된다. 따라서 「화폐의 구매권력」의 확장은, 이미 알려진 바와 같은 모든 경제적 이점을 가진 시장도 또한 확장됨을 의미한다. 이 같은 상황이 가격 변동에 미치는 영향은 분명하다. 「화폐의 구매권력」에 기반한 경쟁이 보다 덜 억제될수록 가격은 시장 상황, 즉 주어진 경제적 상황과 더 많이 부합할 것은 자명하다. 따라서 가격은 시장의 조절자이자 경제 자체를 움직이는 원동력이 되기도 한다. 그러나 이렇듯「화폐의 구매권력」을 제한하는 것은 정반대의 효과를 가져오는데, 이는 수요와 공급의 측면에서 시장을 축소시켜 시장의 기능, 특히 경제적「가격형성」의 기능을 저해하는 결과를 초래한다. 이 같은 결과가 물론「화폐의 구매권력」에 대하여 행정 정책적으로 제한을 하려는 의도의 목적일 수도 있지만, 반면 그러한 간섭이「경제의 과정」을 방해할 수 있다는 점을 간과하여서는 안 된다. 또한 주목하여야 할 점은「구매권력이 제약된 화폐」(*kaufmachtbeschränkte Geld*)는 어떠한 특정 방향으로 시장에서 작동하여 수요와 공급에 영향을 준다는 사실이다. 이는 그러한 화폐가 가지고 있는「구매력」의 감소로 이어지는데, 이미 언급하였듯이 그러한 경우에 있어 그 화폐의「사용 가능성」은 단지 구매 제한의 적용을 받지 않는 이떠한 재화와「용역 급부」로 한정되게 된다.

　시장에 참여할 수 없거나 혹은 제한된 범위에서만 참여 가능한 화폐는 시장에서의「교환비율」을, 즉 가격에 대하여 일반적으로 타당한 주장을 할 수 없다. 이는 화폐가 가격을 통하여「시장경제」의 진행을 조절하는 기능을 상실한다는 것을 의미한다. 자유로운「시장경제」에서의「재화생산」은 시장에서의 재화의 가격에 따라 조절되며 이러한「관련성들」은 이미 잘 알려져 있다. 그러나 가격이 신축적인 경우에 한하여서만 가격은 생산을 자동적으로 통제할 수 있다. 그런데 단지 이미 정하여진 어떠한「혜택받을 권리」(*Bezugsberechtigung*)와 수반될 때에 한하여서만 화폐를 통하여 어떠한 것을 구매할 수 있는 경우라면, 그때는 화폐가 자유로운「시장경제」에서의「재화획득」과「재화분배」에 있어 수행하는 조절자로서의 중요한 기능을 상실하게 된다. 무제한적인「구매권력」을 가진 화폐만이 가격을 통하여 이러한 기능을 수행할 수 있다. 즉 이러한 경우에서만 화폐는 가격이 상승할 때는 생산을 촉진하는 역할을, 그리고 가격이 하락할 때는 생산을 멈추는 브레이크 내지는 고삐 역할을 할 수 있는 것이다.

또한 또 다른 측면에서 볼 때 화폐의 「구매권력의 제약」은 「경제의 계산수단」으로서의 화폐의 「특성」 자체에 있어서도 문제를 야기한다. 「비용재」의 사용, [판매]수입의 결정, 그리고 이윤의 계산이 합리적이 되려면 「구매권력」의 제약이 없는 화폐가 전제되어야만 한다. 이는 「구매권력이 제약된 화폐」는 「재화획득」 가능성에 대한 무조건적인 주장을 할 수 없기 때문인데, 이는 앞서 설명한 것처럼 시장에서의 공급은 더 이상 화폐라는 수단에 대한 「통제처분」에만 의존하지는 않기 때문이다. 이는 「경제관리」에 있어서의 합리성 자체가 위태로워진다는 것을 의미한다. 경제를 조율하는 나침반이자 「경제적 사태들」을 조율하는 수단으로서의 「화폐적 계산」은 「구매권력」을 가진 화폐를 전제로 하기 때문이다. 따라서 「화폐의 구매권력」 자체가 변동하고, 특히 [화폐의 객체적, 주제척 구매권력에 있어서 화폐가] 「구분화」된다면 그러한 「화폐적 계산」은 실패할 수밖에 없다.

화폐의 「구매권력의 제약」이 「화폐적 기능」에 미치는 영향은 그러한 제약의 내용과 범위에 따라 달라진다. 「구매권력의 제약」이 적용되는 재화의 종류에 따라 그 「구매권력의 제약」은 소비나 생산을 어떠한 방식으로 인도하는 목적을 지향할 수도 있다. 그러나 이러한 조치는 「화폐의 자본 기능」을 손상시키거나 심지어 정지시킬 수도 있다. 이러한 조치가 경제합리적, 사회교류적 측면에서 의미하는 바는 전술한 「화폐의 자본기능」에 대한 설명을 통하여 충분히 파악될 수 있을 것이다(본서 22장, 231쪽 전반).

화폐의 「구매권력의 제약」은 따라서 「화폐의 탈기능화」를 의미한다. 이것은 또한 당대에 지배적인 경제 및 사회 질서를 위협하고 궁극적으로 그것을 변화시키기도 한다.

화폐가 「구매권력의 제약」을 수행하는 다양한 방식과 수단은 본 장에서 이미 일부 언급된 바 있는데, 추가적으로 여기서 더 이상 다루지는 않을 것이다. 또한 개별 시장 영역과 관련하여 「구매권력의 제약」을 검토하는 것은 물론 중요함에도 불구하고 이곳에서는 다루지 않을 것이다. 단, 그것들은 상품시장뿐만 아니라 노동시장과 자본시장에 있어서도 중요하다는 점을 명심할 필요가 있다. 여기서 주목하여야 할 점은, 어떠한 식으로든 자유로운 「가격형성」이 제한되는 한, 그리고 구매가능성에 대한 제한이 존재하는 한, 「화폐의 구매권력」은 제약을 받게 되고 화폐의 기능 또한 저해된다는 사실이다. 이러한 제한의 일례로는 특정 출처의, 외환 혹은 자금의 「가득」 내지는 사용, 또는 자본의 가격 (즉, 대출 이자율), 노동의 가격 (즉 임금), 그리고 물론 상품시장 등에 대한 제한들이 있다. 이하에서는 이러한 심각한 조치의 결과로 발생하기 쉬운 주요 효과와 그에 수반되는 부작용을 분석하고자 한다.

「화폐적 이득」을 지향하는 경제로서의 자본주의적 「가득 시향적 경제」의 발전은 절대적인 「화폐의 구매권력」의 발전과 그 궤를 같이 한다. 「화폐의 가득」은 화폐가 구매를 보장하는 범위, 즉 원하는 모든 「수요충족수단」의 획득을 가능하게 하는 범위 내에서만 우리 사회 질서에서 의미가 있다. 그러나 「화폐의 구매권력」이 제한되는 경우에 있어서 「화폐의 가득」이라는 것은 단지 외면상으로만 목적 자체일 뿐, 실제로는 필요한 모든 것을 얻기 위한 수단임이 즉시 분명하여진다. 만일 화폐가 이러한 필요를 충족시키지 못한다면 그로 인한 즉각적인 결과는 「자급자족」 경제와 직접 교환경제로 회귀하는 것뿐이다. 그러나 이 두 가지 경제 형태는 「노동분업」과 화폐경제적 거래에 기반한 「수요충족」의 경제 형태에 비하여 그 「서비스역량」면에서 상당히 열등한 종류의 「수요충족」밖에 할 수 없는 경제 형태에 불과하다.

자유로운 「시장경제」에서의 「재화교류」를 가장 완벽하게 실행하기 위하여서는 무조건적인 「구매권력」을 소지한 화폐가 필요하다. 이러한 화폐에 대한 「통제처분」은 모든 물질적 재화와 「용역 급부」에 대한 「통제처분」을 항상 보장한다. 이것이 바로 화폐가 시장 자체에서 지속적이고 일반적인 수요가 있는 재화인 이유이다. 그런데 '상품'이라는 측면에서 보면, 이는 화폐가 어떠한 제한 없이 사용될 수 있는 곳이면 어디든 최대한의 상품 공급을 촉진한다는 것을 의미한다. 그러나 화폐의 「구매권력」이 제한되는 만큼 공급을 창출하는 힘도 상실하기 마련이며, 따라서 화폐가 가지는 일반적인 호감도도 어느 정도 감소되기 마련이다. 그에 따라서 시장이 「수요충족」을 할 수 있는 능력 또한 그 신축성을 상실하기 마련이며, 궁극적으로 심각한 위험에 처하게 된다. 따라서 공급 및 분배상의 강제 및 할당 규제와 같은 방어 조치가 필요하게 된다. 이러한 과정의 모든 단계는 거의 필연적으로 「자유로운 화폐경제적 거래의 제약」으로 이어지며, 결국 완전한 「강제적 경영」(*Zwangsbewirtschaftung*)이 전체 재화들의 생산과 「분배」를 장악하게 된다. 그리하여 시장에서 화폐가 가진 주권적 「지배」는 붕괴된다. 그리고 바이트(O. Veit)가 일전에 지적한 다음과 같은 또 다른 문제가 야기된다:

> 정직한 시민들이 힘들게 번 돈으로 생필품들을 거의 구할 수 없고 국가의 명령이 개인들의 이익과 끊임없이 상충한다면, 모든 시민의 도덕감은 필연적으로 흔들릴 수밖에 없다.[502]

자유로운 「시장경제」에서의 「화폐의 완전고용」(*Vollbeschäftigung des Geldes*)은[503] 화폐의 기능을 충분히 작동시키기 위한 전제조건이다. 그러나 만일 「화폐의 구매권력」이 제한된다면, 멩거(C. Menger)가 말한 바 있는 소위 「시장성」(*Marktgängigkeit*)도 침해될 수밖에 없다는 것은 자명하다. "일반적으로 가장 높은 유동성을 지닌"[504] 화폐는 교환거래를 수행할 수 있는 「특성」을 상실하는 만큼 그것이 가진 유동성도 잃게 된다. 그러한 경우 일반적으로 통용되는 「교환수단」으로서의 화폐가 가진 지배적

---

[502] Veit(1948: 9).

[503] [역주] 이 의미에 대하여서는 239쪽을 참고할 것.

[504] Veit(1947: 28).

위상은 약화되고, 이 과정에서 화폐가 아닌 어떠한 다른 재화가 교환의 매개체로 등장하여 어떠한 특별한 역할을 획득할 수도 있지만, 그러한 재화가 결국 화폐가 될 수 있을지의 여부는 아직 불분명하다. "그러나 이러한 과정은 「화폐경제」를 곤란스럽게 만든다"(O. Veit). 자유주의적 자본주의라는 「가득 지향적 경제」에서의 화폐는 곧 「소득」을 창출하는 수단이며, 「소득」은 화폐의 형태를 가진다. 만일 「화폐의 구매권력」이 저해받는다면 이는 전체적으로 「소득」의 평가절하를 의미하며, 그럼으로써 결국 「소득의 창출」이라는 경제적 이익에 부정적 반향을 미치지 않을 수 없다. 따라서 경제적, 사회교류적, 정치적 제한이 「화폐의 구매권력」에 대하여 가지는 효과는 사실 제한적이다. 이러한 제약이 지속적으로 과다하게 존속하게 된다면 그것은 필연석으로 「가득의 관심」(*Erwerbsinteress*)을 감소시키고 그에 따라 궁극적으로는 「사회적 산물」도 감소하는 결과를 초래할 수밖에 없다.

우리 경제 체제에서는, 「사회적 산물」의 「분배」는 화폐를 매개로 하여 이루어진다. 「화폐의 구매권력」은 「사회적 산물」의 「분배」를 일정한 방향으로 유도하는 수단이다. 화폐가 가진 「구매권력의 제약」이 존재하는 경우, 구매능력(*Kaufmöglichkeit*)은 더 이상 자유 「시장경제」에서의 가격 메커니즘에 의하여 단독으로 결정되지 않으며, 그 구매능력은 「화폐의 주체적 구매권력」과 「화폐의 객체적 구매권력」에 의하여 어느 정도 영향을 받는다. 따라서 화폐의 「구매권력의 제약」은 「소득분배」를 변화시키는 조치로서 작동한다.

행정정책 수단에 의한 「화폐의 구매권력」의 제약을 시행하는 목적은 무조건적인 「화폐의 구매권력」을 일반적으로 억제시키거나 무력화시켜서 「화폐의 구매력」을 보존하고 확보하는 바에 그 목적이 있다. 즉, 이는 너무도 많은 화폐가 시장에 유통됨으로 인하여서 혹은 무제한적인 「화폐에 대한 통제처분」으로 인하여 물가 수준과 「화폐 가치」에 영향을 미치는 바람직하지 않은 수요가 발생하는 것을 예방하려는 목적을 가지고 있다. 우리가 가장 잘 알고 있는 사례는,「소득」중의 일부에 대하여 자유로운「사용 가능성」을 제한하는 방법을 통하여 저소득자의 「소득」내지는「소득분」이 가지는「구매력」을 향상시키거나 유지함으로써 그러한 대상들에게 절실한 사회적「생계수요」를 충족시키려는 의도로 화폐의 자유로운 처분을 막는 경우이다. 우리의 경험에 비추어 볼 때, 이러한 목표는 특정 조건과 올바른 수단의 선택을 통하여 달성될 수 있다.

그러나 우리는 그러한 조치가 우리의 경제 및 사회 질서에 미칠 결과에 대하여서도 분명히 알아야 한다.「구매권력의 제약」은「화폐소유자」와 [임금 등의 정하여진 금액을 수령하는]「소득수령자」가 가진 사회교류적, 경제적 위상을 약화시키고 훼손하는 경향이 있으며, 반면에 물질적 가치[혹은 물질적 자산]를 소유한 자들의「권력위상」은 강화하는 경향이 있다.「화폐의 구매권력」의 제한의 도입은 대게 저소득자들이 선호하는 경향이 있는데, 이는 그러한 제한은 일반적으로 그러한 저소득자들 자신의 이해관계에서 어느 정도 벗어난 [즉, 자신들의 소득 수준에 비추어 지출이 불가능한] 범위에만 적용되기 때문이다. 그러나 이러한 [저소득자들에게 유리한] 차별적 혜택은 일반적으로 필수적인「생계수요」에만 해당되는「구매폭」과「구매범위」라는 매우 좁은 범위 안에서만 유지되며 따라서 상대적으로 그 영향 범위는 작다. 하지만 자신들이 처한「소득상황」에 비추어 위와 같이 적은 [제약된]「화폐지출」로는 충분하지 않은 모든 이들에게는「구매권력의 제약」은 불이익을 의미한다. 또한 구매가 자유로이 허용된 화폐를 기준으로 채권을 가지고 있으나 구매가 제한된 화폐로만 이자를 받고 채권을 상환받아야하는 모든 채권자에게도 동일한 불이익이 적용되며, 반대로 채무자는 그에 상응하는 이익을 얻게 된다.

따라서 **「화폐의 구매권력」**은「화폐의 구매력」과도 마찬가지로 사회 내에서 경제적, 사회교류적「권력투쟁」의 대상이 되기 마련이다. 이러한「화폐의 구매권력」에 대한 제한은 사회교류적, 그리고 경제 정책적 이유로 반복적으로 요구되지만, 또한 같은 이유로 반대에 직면하고 따라서 거부됨도 반복된다. 앞서 살펴본 바와 같이, 무조건적인「화폐의 구매권력」에 대한 제한은 화폐를 매개로 한 생활필수품의 취득에 있어서의 자유경쟁을 사라지게 하거나 혹은 제한한다. 따라서 이는 저소득자나 혹은 극빈자들이 바라는 바에 해당한다. 따라서 반면 최저생계비를 초과하는「소득」을 가진 모든 자들은 제한 없는「화폐의 구매권력」이 자신들의 이해와 부합한다고 생각한다. 그 결과,「화폐의 권력」을 둘러싼 사회적 투쟁에서「화폐의 구매권력」을 제한하려는 노력과 이를 확대하려는 노력은 항상 상호 대립하게 된다. 물론 적은 소득으로도 시장에서 삶의 필요한 재화를 구입하여 필요를 충족시킬 수 있도록 보장하는 것이 공공의 차원에서 중요한 사회적 관심사일 수 있다. 하지만 사적인「가득」의 노력을 자극하기 위한 동기를 남겨 두기 위하여서는 그러한 수준을 초과하는「소득분」을 지출하는 것이 매력적으로 느낄 수 있도록 유지하는 것도 그에 못지않게 중요하다. 그리고 고소득자뿐만 아니라 저소득자도 마찬가지로「화폐의 구매권력」의 제한으로 불이익을 느끼고 지속적으로「화폐의 구매권력」의 회복을 요구하기도 한다. 일부는 다른 사람들과 마찬가지로「화폐의 구매권력」에 대한 지나친 제한이 존재할 때는 가진 모든 화폐를 비경제적으로 지출하고 신중히 저축을 하는 것을 포기할 뿐이다. 이때 그들의 [화폐를 저축하여 재투자하려는]「가득의 관심」은 마비된다. 이에 더하여「규제가격」을 우회하여「화폐의 구매권력」을 행사하는 현상이 발생하는 것도 잘 알려진 바 있다. 이때는 재화의 공급은 합법적인 거래의 경로에서는 줄어들고 그것들은 오히려 암시장으로 유입된다. 이러한 사례가 의미하는 바는 비록「화폐의 구매권력」을 일시적으로 제한하더라도 그러한 제한은 상당한 저항에 부딪힐 수 있다는 사실이다. 물론 이러한 제한이 영구화되더라도 경제에서 화폐는 사라지지 않겠지만, 화폐가 가진 위상은 지금과는 크게 달라질 것이다.

이러한 화폐 본질의 변화는 전통적 경제체제의 완전한 변환의 결과이자 그에 기여하는 원인이며, 그 발전과 확대에는 [당대에 존재하던] 「관습적 화폐」가 결정적인 역할을 하였다. 강력하게 발달한 「구매권력」을 가진 화폐만이 경제생활의 그러한 변환을 가져올 수 있었다. 그리하여 그러한 변환으로 인하여 「자연경제」(*Naturalwirtschaft*)가 해체되고, 「용역 급부」와 「현물급부」(*Naturalleistung*) 그리고 「봉건적 의무」(*Patrimonial-verpflichtung*)가 이제는 「화폐적 급부」(*Geldleistung*)로 전환되며, 뿐만 아니라 광범위한 「노동분업」이 진전되고 그에 따라 모든 개별 경제의 교환경제적 상호 연결과 더불어 전 인구의 직업적 분화가 진행되며, 도시와 국가가 「분리」되고, 그 소득이 임금, 이윤 혹은 지대 등 무엇이 되었든 화폐 소득에 전적으로 의존하게 되는 그러한 종류의 사회가 창출된다.

그런데 「시장경제」의 조직 원리와 양립할 수 있는 화폐는 「구매권력 제약화폐」가 아니다. 화폐의 「구매권력의 제약」은 계획경제, 중앙집권적 행정 경제 또는 어떠한 사회교류적 내지 정치적 원칙에 따라 차별화된 「수요충족」과 강제된 소비상의 제약을 추구하는 그러한 경제가 사용하는 수단이다.

개인적 책임과 「가득에의 지향성」이 바로 개인들이 가지고 있는 심리적 성향임을 깨닫는다면, 또한 이 체제에 있어서의 법적 측면은 「생산수단」에 대한 「개별적 소유권」과 재화와 노동에 대한 자유로운 「통제 처분」이고, 이 체제의 기술적 기반은 「노동분업」이라는 점을 깨닫는다면, 그리고 위와 같은 사실을 바탕으로 근대 국민경제를 구축할 수 있게 한 것이 바로 화폐였다는 사실을 인식한다면, 향후 「화폐의 구매권력」이 향하는 향방은 어떻게 될 것인가에 대한 해답은 주어질 듯하다. 경제합리적 자유주의 시대에 존재하는 화폐와 비교하였을 때, 향후 「화폐의 구매권력」은 그 당시의 사회교류적, 정치적 요구와도 어느 정도 상응하는 연결고리를 가지게 되겠지만, 대체로 「화폐의 구매권력」에 있어서의 객체적, 주체적인 제약은 없어지게 될 것이다. 본질적으로 제약이 없는 「구매권력」을 가진 화폐만이 거래의 수단으로서, 경제를 움직이는 연료로서, 그리고 「사회교류적 행위」의 도구로서, 우리 문명과 문화의 기반을 조성하는 업적을 달성할 수 있기 때문이다. 그렇기 때문에 우리 국민경제에서는 그러한 종류의 단 하나의 화폐만을 생각할 수 있다.

§27장 부록

【다음은 독자의 참고를 위하여 저자의 이전 저술(Gerloff 1944: 248-251)의 내용을 추가로 번역한 것이다.】

이에 명확한 바는 화폐는 점차적으로 더욱더 그것이 가진 형식과 기능에 있어서 그 자신의 목적과 부합하도록 되어간다는 사실이다. 화폐는, 어떠한 일정 형식도 없고 운반도 어려우며 잘게 나누어 질 수도 없는 「축장재」나, 혹은 소중한 가족 소유물로서 신성하게 간직되고 보호되는 「귀중품」은 이제 더 이상은 아니며, 경제적 목적으로 사용할 수 있는 재화, 특히 편리한 형태로 사용할 수 있는 각종 상업적 소재와 생산물(구리, 황동, 호미, 도끼, 직조 직물)과 같은 재화로 만들어졌다. 그 이후 그러한 재화들은 화폐적 목적에 맞게 적합하도록 변형되면서 「화폐적 화폐」(monetales Geld)와 「표권화폐」(chartales Geld)의 시대로 계승된다.

화폐는 「교환수단」으로 사용되면서 새로운 서비스 영역을 확보하게 되었다. 그 이전에는 사회적 권력관계의 영역에서 단지 서비스의 담지자에 불과하였던 화폐는 이제 경제적-기술적 수단으로서 사회적인 권력 영향력을 행사할 수 있고 실제로 대체로 그렇게 할 수 있게 되었다. 하지만, 「축장화폐」나 「위신화폐」(Geltungsgeld)와는 달리, 최초에는 비록 간접적임에 불과하였지만 경제적 사회에서 화폐가 경제적-기술적 수단으로서 의미를 획득하여 나아가는 정도에 따라 화폐는 바로 이 사회에서 사회적 「권력의 담지자」(*sozialer Machtträger*)가 되기도 한다. 「교환수단」으로서의 화폐가 가지는 특이한 모순 가득한 측면은 화폐가 교환의 성격을 변화시켜, 그것을 사용함에 있어서의 교환이라는 개념이 마침내 완전히 배경으로 후퇴하게 된다는 사실에 있다. 화폐를 통하여 교환의 동작은 구매와 판매의 동작으로 변모한다. 따라서 화폐는 「교환수단」이기 때문에 「구매수단」이 된다. 즉, 「교환수단」이라는 용어는 「교환화폐」(*Tauschgeld*)의 오직 초창기에만 적용되는 개념이다. 그러나 화폐가 탄생하는 바로 그 순간부터 벌써 화폐는 「구매화폐」(*Kaufgeld*)가 되고, 따라서 더 이상 교환이라는 것은 없게 되고 존재하는 것은 오로지 팔고 사는 것밖에 없게 남게 된다. 결국 아무도 더 이상 교환은 생각하지 않게 되고 오직 팔고 사는 것에만 전념하게 되는데. 이로서 화폐는 「구매권력」(*Kaufmacht*)을 획득하게 된다.

이제 경제와 사회에서의 화폐의 역할은 전적으로 화폐가 「구매권력」을 어느 정도, 그리고 어떠한 방식으로 가지고 있느냐에 달려 있게 된다. 화폐의 사회적 권력은 바로 그것이 가지는 「구매권력」이다. 이 권력은 원래 주술적 믿음과 신화적 연관성에 기반을 둔 것이지만, 그것은 화폐의 사용의 최초부터 화폐가 실제적으로 활용되어 왔음에 그 뿌리를 두고 있다. 즉, 화폐를 통하여 여성, 추종자, 동맹, 심지어 영원한 행복까지 얻을 수 있으며, 이미 초기 문화 수준에서 이러한 화폐 종류의 사용은 수익을 발생시키는 '자본 투자'를 의미하기도 하였다. 화폐의 소유자에게 명성과 사회적 권력을 부여하는 것은 바로 이러한 순전히 사실적 적합성이며, 이를 통하여 화폐는 사회적 권력의 수단이 되고, 화폐의 소유는 사회적 권력을 의미한다.

「화폐의 구매권력」의 발전과 변화를 이해한다는 것은 사회에서 화폐의 역할을 인식하고 화폐 자체의 운명을 이해하는 것을 의미한다. 「화폐의 구매권력」은 원래 '폭'(*Weite*)과 '범위'(*Breite*)가 한정되어 있는데, 여기서 '폭'은 구매권력의 개인적 [혹은 주체적] 한계, '범위'는 「구매권력」

의 객체적 한계로 이해된다. 즉, 화폐의 「주체적 구매권력」과 「객체적 구매권력」은 어느 정도 제한되어 있다. 원래 화폐에는 일반적이고 무조건적인 「구매권력」이라는 것은 전혀 없고, 개별적으로 결정되고 조건부적인 「구매권력」만 있을 따름이다. 따라서 목적에 따라 서로 다른 종류의 화폐가 필요하다. 인류학에서는 특정 화폐를 지불하여야만 비로소 이러저러한 서비스가 이행되거나 혹은 교환이 이루어질 수 있다는 것을 보여주는 수많은 사례가 존재한다. 역으로 이러한 사실은 화폐로서의 특정 화폐가 이러저러한 목적에만 사용될 수 있고 다른 목적에는 사용될 수 없다는 사실을 의미한다. 모든 원시 화폐는 「목적화폐」(*Zweck-geld*)였다. 즉 그것들은 특정 용도로만 사용되며 다른 용도로는 사용될 수 없었다. 그러나 「화폐의 구매범위」(*Kaufbreite des Geldes*)가 그렇게 협소하지만은 않더라도, 즉 「구매권력」이 단일한 한 가지만의 사용 영역에서만 허용되는 경우보다 훨씬 덜 제한적이더라도, 특정 재화군을 획득하거나 특정 용역을 이행하기 위하여서는 매우 특정한 화폐가 필요하였음은 화폐 발전 초기 단계에서부터 일반적으로 찾아볼 수 있다. 이러한 사실은 또한 여러 종류의 화폐가 동시에 유통되었다는 것을 의미한다. 원래 이러한 상이한 화폐는 일반적으로 상호 교환될 수 없다. 따라서 이러한 화폐들은 실질적 또는 객체적으로 사용이 제한된다.

Ⅴ. 화폐와 사회교류적 질서

§28. 올바른 화폐

화폐는 특이한 물건이다. 우리 문화권에서의 성인이라면 누구나 한 번쯤은 화폐에 대하여 고민하지 않은 사람이 없을 것인데, 많은 이에게 이는 특히 필요한 화폐가 적재적소에 부족하거나 혹은 너무 희소할 때 그러하다. 또한 화폐적 재원이 제약되어 있건 혹은 풍부하건, 그 화폐적 재원을 처분하는 매일 매일 모두에게 있어서 또한 그러하다. 그리하여 어떠한 재치있는 프랑스인, 쥘 르나르(Jules Renard)는[505] 이렇게 풍자적으로 이야기하였다:

> 마침내 나는 인간과 동물을 구별하는 기준이 무엇인지 깨닫게 되었다. 그것은 바로 돈에 대한 고민의 유무이다.

그러나 사람들이 화폐에 대하여 가지는 고민을 보통 사람들만이 가지는 걱정으로만 이해하는 것은 잘못된 생각이다. 화폐에 대한 이러한 고민과 걱정은 리쿠르구스(Lycurgus)[506]에서 시작하여 루즈벨트, 플라톤과 아리스토텔레스부터 피히테(Fichte)와 짐멜, 그리고 토마스 아퀴나스부터 레오 13세에 이르기까지 모든 시대의 정치가, 철학자, 그리고 신학자들을 사로잡았다.

과연 이들을 사로잡았던 고민은 무엇이었는가? 그것은 바로 「올바른 화폐」(*richtiges Geld*)에 대한 고민이었다. 화폐는 어떠한 목적을 위한 수단인데, 이렇듯 화폐를 「목적적 제도」(*Zweckeinrichtung*)[507]로 간주한다면 「좋

---

[505] [역주] 프랑스 극작가(1864-1910)로 생에 대한 비판적이고 풍자적인 글을 많이 남겼다.

[506] [역주] 기원전 9세기경 고대 그리스의 정치가로 스파르타의 정치체제를 수립한 것으로 알려졌다.

[507] [역주] 「목적적 제도」라는 표현은 본서 145쪽에 나온 바 있다.

은 화폐」와 「나쁜 화폐」로 구분할 수 있다. 하지만 「올바른 화폐」가 반
드시 「좋은 화폐」는 아니다: 「올바른 화폐」란 그것이 제공하는 서비스
나 급부가 특정 이념이나 신념, 예를 들어 특정 법적 신념에 부합함을
보장(Gewähr)할 수 있는 화폐이다. 이러한 「올바른 화폐」는 바로 「정의
로운 화폐」(gerechtes Geld)이다. 따라서 이미 다른 맥락에서 인용한 아리
스토텔레스에서는 다음과 같은 문구가 발견된다: "화폐를 가져오는 사
람은 필요한 것을 얻을 수 있어야만 한다".[508] 이 문구는 그의 『니코마코
스 윤리학』 중에서 어떠한 「행동」이 정의로운(gerecht) 것으로 혹은 부정
의한(ungerecht) 것으로 간주되는 것인가에 대한 탐구를 말하고 있는 있는
장에서 나타나고 있기에 경청할 만하다.[509]

아리스토텔레스에 대한 중세의 주석가인 토마스 아퀴나스(Thomas
Aquinas)도 이 스타기리 현자의 발언을 명확히 언급하여 다음과 같이 되
새긴다:

> 화폐는 그것을 제공하는 사람이 즉시 필요한 것을 얻을 수 있는 「구
> 매력」을 가져야만 한다. 그러나 화폐는 항상 같은 힘을 가지고 있지
> 않기 때문에, 즉 항상 같은 가치를 가지고 있지 않기 때문에 그 화폐
> 로 원하는 만큼을 항상 얻을 수 없다는 것도 사실인데, 이러한 사실
> 은 비단 다른 것들뿐만 아니라 화폐에도 적용된다. 그러나 화폐는 다
> 른 것들보다 더 지속적으로 같은 가치를 유지할 수 있도록 생산되어

---

508 [역주] 다음을 참고할 것: 각주476.

509 [역주] Aristotle(2009: 1132b20-113a15, 88-91). 이 「좋은 화폐」와 「올바
른 화폐」의 차이는 그리스 철학에서 나오는 두 주요한 개념인 *ergon*(ἔργον)
과 *arete*(ἀρετή)의 차이로 설명할 수 있을 듯하다. 전자는 '기술적 훌륭함'
으로 번역할 수 있고 주로 어떠한 목적에 부합하는 적합한 기능을 수행
할 수 있는지의 여부를 따지는 '기술적' 개념임에 반하여, 후자는 '탁월
성' 혹은 '덕목'을 의미하는 '규범적' 개념이다.

야 한다. 「올바른 화폐」는 그 가치가 가장 안정적인 화폐이다.

또한 아퀴나스는 키프로스 왕에게 바친 『군주의 지배에 관하여』(*De regimine principum*)라는 글에서 주화의 명목가치를 가능한 한 교환 가치에 가깝게 결정하여야 한다는 양심의 의무를 통치자에게 부과하고 있다. 이 같은 점을 위의 논의에 추가한다면 우리는 「올바른 화폐」에 대한 해답을 「아퀴나스적 화폐론」에서 찾을 수도 있다.

이 '천사적 학자'(*doctor angelicus*)의[510] 가르침은 후대의 스콜라 학자들에 의하여 채택되었다. 이 「교회법-교부철학적 경제론」의 수장 [즉, 아퀴나스]이 가진 권위에 의하여서뿐만 아니라, 가장 중요한 학자들만을 거론하자면 부리다누스(Buridanus) 그리고[511] 오레스미우스(Oresmiu)[512] 등은 당대의 화폐적 혼란상에 의하여 영향을 크게 받았다. 당시 공공 재정 정책상 인기있는 수단이었던, 거의 사기(詐欺)에 유사한 「주화의 가치하락」이 끊이지 않았던 상황에서 「올바른 화폐」에 대한 해답이 아퀴나스가 제시한 그것과 다를 수는 없었다. 즉, 「올바른 화폐」는 가장 「가치안정적 화폐」이며, 그것은 당대의 견해에 의하면 완전한 금속 가치를 가진 형태로 주조되고 발행된 화폐였다.

그 후 「올바른 화폐」에 대한 질문은 분명히 무대 뒤로 사라진 듯도 하였다. 하지만 이전에는 주로 철학자와 신학자들이 경제적 현안에 대

---

[510] [역주] 토마스 아퀴나스에게 붙여진 존칭적 표현.

[511] [역주] 본명은 Jean Buridan(c. 1300-1360)으로서 종종 부리다누스(Buridanus)라고 불림. 중세 후기의 저명한 프랑스 철학자이자 논리학자.

[512] [역주] 본명은Nicolas Oresme(c. 1320-1382). 프랑스 출신으로 수학, 자연 철학, 그리고 경제학 분야에서 업적을 남겼는데, 특히 가치이론과 화폐의 본질에 대한 저작으로 유명. 프랑스 왕 샤를 5세의 고문으로서, 당대 프랑스 경제 정책의 입안에 영향을 미침.

한 어떠한 근본적인 고찰을 담당하였다면, 이제는 정치가, 행정가, 사업가들이 직접 실용적인 문제에 대한 입장을 자신의 영향력 범위 내에서 개진하고 있었다. 군주, 국가, 백성의 번영을 도모하는 것을 목표로 하는 이전 이론들과는 상당히 다른, 이들의 「실용이론」(Kunstlehre)의 총합을 일반적으로 「중상주의」라고 부른다. 「중상주의」의 시대적 특징은 맹렬하게 발전하는 경제의 순환 속에서 「유통수단」으로서, 즉 '혈류'로서 「화폐의 중요성」이 증가되었다는 점이다. 그리하여 그 당시에는 「화폐경제학적」 발전의 새로운 국면이 시작되었다. 따라서 중상주의 저술가들은 무엇보다도 충분한 화폐 보유고를 획득하는 바에 관심을 기울였는데, 당대의 「화폐정체」(貨幣政體 Geldverfassung)에 의할 때의 화폐란 바로 귀금속이었다. 사이체프(M. Saitzew)는 이러한 중상주의적 태도를 「황금탐닉주의」(Chrysohedonismus)라고[513] 명명하였는데, 이는 그의 말대로 '황금을 향한 신성한 굶주림'(auri sacra fames),[514] 즉, 귀금속을 향한 수세기 동안 지속되어온 무한한 탐욕과 갈구였다. 이 같은 「황금탐닉주의자들」에 따르면 중상주의자들 입장에서 「올바른 화폐」는 완전한 가치의 귀금속 화폐였다.

어떠한 특정 측면에서는 자연법에 대한 과거의 주창자들로부터도 본서의 주제와 관련된 언급들을 찾을 수 있다. 그들이 인간의 「공동체생활」과 관련된 모든 필수적인 제도에 대하여 자연법에 근거한 특정한 생각과 신념을 가지고 있었던 것처럼, 그들은 화폐에 관하여서도 마찬가지였다. 화폐의 경우에 있어서 「올바른 화폐」가 어떻게 구성되어야만 하는지, 더 나아가 「올바른 화폐」라고 입증하기 위하여서는 그 효과

---

[513] [역주] 황금을 향한 탐닉을 의미하는데, 이때 chrysos(χρυσός)는 그리스어로 황금을 뜻한다.

[514] [역주] 이 인용의 출처는 Saitzew(1941)로 여겨진다.

나 서비스가 어떠하여야만 하는지에 관한 신념을 가지고 있어야만 하였다. 물론 이 같은 생각들이 명확한 개념의 차원까지 발전한 것은 아니었다. 그러나 그들의 화폐에 대한 설명의 이면에는「올바른 화폐」에 대한 생각이 반은 무의식적으로나마 깔려 있다고 할 수 있다. 예를 들어, 화폐이론의 선구자이자 중농주의자였던 부아길베르(Boisguillebert)가 다음과 같이 언급하였을 때, 즉, "부패가 이 세상에 수립하여 놓은"(que le corruption en a établie dans le monde), 화폐에 대한 '나쁜 이미지'를 언급하였을 때, 그리고 같은 저자가 당대에 유통되고 있던 화폐의「관용」으로 인한 심각한 병폐를 한탄할 때 특히 그러한 면모를 엿볼 수 있다. 이러한 사실을 직시하고 자신의 공화국에 다른 형태의 화폐를—즉, 다름 아닌「올바른 화폐」를!— 도입한 고대 최초의 입법자였던 리쿠르구스(Lycurgus)[515]에 대하여도 부아길베르는 언급하고 있다. 또한 몽테스키외(Montesquieu)의 유명한 저술인『법의 정신』(De l'esprit des lois)의 제22권, 특히 II장및 III장의 "통화의 본질"(Nature de la Monnaie), 그리고 "이상적인 통화"(des Monnaies idéales)에 관한 부분에서도「올바른 화폐」에 대한 생각이 울려 퍼지는 듯 보이지만 명확하게 표현되지는 않고 있다.

그 이후, 고전학파 경제학에서는 화폐를 단순히 기술적인 수단의 역할을 하는 것으로만 간주하였다. 케네(Quesnay)는 그의『경제표』(Tableau économique)에서의 분석에서 화폐는 "매개역할을 하는, 아주 작은 금액의 부"(une petite richesse intermédiaire)에 불과하다고 언급하고 있다. 그에 의하면 화폐는 단지「경제의 과정」을 수월하게 함으로써 자신의 임무를 완수한다. 존 스튜어트 밀(John Stewart Mill)이 말하였듯이:

화폐는 수행될 것들을 단지 보다 신속하고 편리하게 수행하도록 하여주는 장치로서, 그것이 없는 경우에는 덜 신속하게 그리고 덜 편리

---

[515] [역주] 다음을 참고할 것: 각주506.

하게 수행될 뿐이다.[516]

따라서 고전학파 경제학자들에게 있어서는 「올바른 화폐」는 기술적 기능, 즉 중개자로서의 역할에 국한된 것이기 때문에 「교환비율」에는 전혀 영향을 미치지 않는 화폐이다. 존 스튜어트 밀은 그러한 화폐에 대하여 또 다시 이렇게 말한다:

> 요컨대, 사회의 경제에서 화폐보다 본질적으로 덜 사소한 것은 존재할 수 없다.[517]

고전학파 경제학 학설에 따르자면 화폐는 「경제의 과정」과는 무관하거나 혹은 단지 중립적인 요소로 존재하거나 또는 존재하여야만 한다. 즉, 화폐의 역할은 「재화분배」를 원활하게 할 뿐이지, 경제소득에서 개인이 차지하는 몫의 크기를 변화시키는 것은 아니라는 것이다.

이러한 논의들은 고전학파 경제학자들에게 있어서는 「올바른 화폐」를 보장할 수 있는 올바른 「통화정체」(通貨政體 *Währungsverfassung*)를 수립하는 문제를 제기한다: 즉, 어떠한 화폐가 경제에 존재할 때 혹은 경제에 끼어들게 될 때, 자연스럽다고 주장되는 「가격형성」을 교란시키지 않는 **중립화폐**가 바로 그 「올바른 화폐」라는 것이다. 따라서 고전학파 경제학의 산실인 영국에서 지난 세기 전반기를 지배하였던 화폐와 은행 정책에 관한 논쟁은, 자연적으로 여겨지는 재화의 순환에 영향을 미치지 않는 중립적인 화폐를 보장할 수 있는 「화폐정체」와 「은행정체」(銀行政體)를 어떻게 수립할 것인가 하는 문제를 중심으로 주로 전개되었다. 그 유명한 「통화이론」(Currency Theory)과 「은행이론」(Banking Theory)의[518]

---

[516] [역주] Mill(1871: Book III, Chapter VII §3).

[517] [역주] Mill(전게서).

[518] [역주] 통화학파, 은행학파와 그들 간의 논쟁에 대한 사전적인 정리에

형성은 바로 이러한 논쟁에서 나온 결과물들이다.

올바른 「화폐정책」 또는 「통화정책」을, 즉 올바른 **「화폐창출」**을 수립하는 과제는 이러한 「올바른 화폐」라는 개념에서 출발하여 생겨났는데, 이는 경제의 자연적 질서와 자율적 조정이라는 고전파 경제학 사상의 한 가지 응용사례에 불과하다. 고전학파 경제학자들에게 있어서는 이를 위한 방법은 자명하다. 즉, 「화폐창출」로 인하여 상품의 가격이나 「가격체계」의 균형에 영향을 미치지 않는 방식으로 화폐를 경제에 공급하는 것이다. 이러한 방식으로 만들어진 화폐가 바로 「고전적 화폐」(*klassisches Geld*)이다.

「올바른 화폐」는 반드시 중립적인 것이어야 한다는 이 같은 고전학파 경제학에서의 생각은, 고전학파 경세학(*Ökonomie*)에서는 화폐가 주로 「교환수단」으로 간주된다는 사실에 근거한다. 하지만 경제의 과정 속에서 화폐의 역할이 달라진다면, 즉 「교환수단」으로서의 「화폐의 기능」 이외에도 「경제교류」에 있어서 그와는 다른 기능이 중요한 의미를 가지게 된다면 「올바른 화폐」에 대한 요구도 또 다른 의미를 가질 수밖에 없다. 「신용거래」(*Kreditverkehr*)가 경제생활에 더 많이 침투하여 이윽고 「화폐경제」가 「신용경제」(*Kreditwirtschaft*)로 변모되는 순간이 바로 이러한 경우이다.

그리하여 화폐에는 새로운 임무가 주어진다. 화폐는 영국 문헌에서 말하는 '「이연 결제의 기준」'(standard of deferred payment), 즉 후불 결제의 척도가 된 것이다. 당연한 이야기이지만, 이연된 의무를 결제하기 위한 수단은 가능한 한 그 가치가 안정적이어야만 한다. 그리고 다른 주목할 사항도 있다. 화폐는 이미 교환경제적 발전 초기 단계부터 「저축수단」(*Sparmittel*)으로서의 역할을 하여 왔다. 물론 당시에는 미래의 빈궁한

대하여서는 Schwartz(2018: 694)를 참고할 것.

시기에 생계를 보장하기 위한 보잘것 없는 절약에 불과한「가치저장수단」(Wertaufbewahrungsmittel)이었다. 하지만, 이후「자본형성」(Kapitalbildung)과「자본집적」(Kapitalansammlung)이라는 저축의 목적이 전면에 부상하게 되었는데 이러한 형태의 저축에 있어서도「가치안정」(Wertbeständigkeit)이 필요하게 되었다.

「가치안정적 화폐」라는 개념은 애초에「신용경제」로부터 자연스럽게 생겨난 것이 아니다. 즉 주화의 가치가 떨어지거나「지폐지불수단」(papiernes Zahlungsmittel)이 과잉 유입되는 등,「화폐감가」가 현저할 수 있는 곳이면 어느 곳에서건「가치안정적 화폐」에 대한 필요가 자연스레 발생한다. 중상주의자들과 고전학파 경제학자들은 이러한 필요는 완전한 [소재] 가치를 가진 화폐, 즉 '「좋은 주화」'(gute Münze)의 발행으로 충족될 수 있다고 믿었다. 그러나 중상주의자와 초기 고전학파 경제학자들의 시대에서는 심지어 이러한 화폐조차도 결코 그 가치가 안정적이지 못하다는 사실을 거의 깨닫지 못하였거나, [설령 깨달았다고 하더라도] 적어도 변경할 수 없는 [그래서 어찌할 수 없는] 사실로 받아들여졌다. 사람들이 필요로하였던 것은, 화폐 자체에서 기인하는 영향에 의하여「화폐의 구매력」이 변화하는 것을 방지하는 어떠한「화폐정체」(貨幣政體)였다. 그리하여 그들은「금속화폐정체」(金屬貨幣政體)가 이러한 요건을 가장 잘 충족한다고 믿었다. 결국「금속화폐주의」로 잘 알려진 이 학설에 따르자면, 소재가치를 충분히 반영한「금속화폐」만이「올바른 화폐」가 된다.

이러한 견해가 흔들리게 된 계기는 주로 19세기에 들어 귀금속인 금과 은의 생산 조건이 발전되기 시작하면서부터였다. 이 두 금속은 주화의 공식적 채택 이후, 심지어 그 이전에도 화폐로서 관용적으로 사용되면서 거의 항상 병존하여 왔다. 때때로 생산량의 급격한 변동으로 인하여 심각한 경제적 혼란이 종종 발생하기도 하였지만, 19세기에 이르러서「금속화폐정체」(metallistische Geldverfassungen)에 기반하고 있던「화폐경제」와「신용경제」가 정점에 이르면서 비로소「화폐정체」에 존재하는 경제위기의 원인을 치유하기 위한 목적으로 대대적인 화폐개혁 운동이 고개를 들기 시작하였다. 화폐 금속에 있어 단본위제 혹은 양본위제를 채택하여야 하는가에 대한 논쟁은 잘 알려져 있다. 금본위제 옹호론자들이 주장하였던 것처럼「올바른 화폐」는 금화인가, 아니면 양본위자들이 요구하였던 것처럼 금화와 은화 모두가 통용되는가, 아니면 그보다는 덜 요구되었지만 오직 은화인가. 이것이 현안 질문이었다.

「양본위제」를 「통화체제」(*Währungssystem*)로 채택함에 찬성하였던 사람들은 주로 두 금속 중 하나만으로는 양적으로 화폐의 수요를 충족시킬 수 없다는 생각에서 그렇게 하였다. 그러나 주로 [귀금속의] 산출율 변화에 따른 화폐 가치의 변동에 대응하기 위하여서는 두 금속을 하나의「통화체제」로 통합하는 것이 가장 좋은 방법이라고 생각하기도 하였다.

볼로브스키(Wolowski)가[519] 인용한 예에 거론되며 당시 자주 논의되었

---

[519] [역주] Wolowski(1870: 100, Ljungberg & Ögren 2021: 6-7에서 인용. 강조와 괄호는 역자 추가):

> 본인은 다른 위원회에 제출된 질문, 즉 금과 은 두 금속의 병용 문제에 대하여서는 간섭하고 싶지 않지만, 많은 국가와 특히 선도적 역할을 한 프랑스에서는 두 금속을 병용하면서 [화폐적] 유통의 역할을 수행하게 한 바가 가격 안정에 기여하였다는 매우 확고하고 명확한 의견을 전달하고자 합니다. 무역 거래의 중개자 역할을 은과 금이 동시에 수행함으로써, 만일 두 금속 중 하나만이 전 세계의 무역거래에서 매개의 역할을 독점적으로 수행하였다면 어떠한 식으로든 발생하였을 그러한 격렬한 [가격] 변동을 방지하였습니다. 즉, 한 금속은 다른 금속에 대한 **낙하산** 역할을 하여 온 것입니다.

Cf. 볼로프스키(Gabriel Wolowski 1824-1896)는 Gabriel Wolff 로도 알려져 있는 프랑스 경제학자로서 양본위제를 주장하였다.

기에 소위 「낙하산 이론」(Fallschirmtheorie)이라고 명명된 이 학설은 화폐
소재나 「화폐창출」에 의하여, 즉, 화폐 측면에서 기인하여 발생하는 가
치의 변동이 가장 적게 일어나는 화폐를 「올바른 화폐」로 간주하였다.

그러나 거의 유사한 시기에 양본위주의자들과 단본위주의자들 모두
가 이전과는 다른 의미의 측면에서 「화폐가치의 안정화」에 대한 문제
를 제기하였다는 점을 주목할 필요가 있는데, 특히 이들은 「화폐의 구
매력」, 즉 [화폐의 소재가치라는 측면이 아닌] 상품과의 관계에서의 [가치의]
안정화라는 시각에서 문제를 조망하였다. 이 경우 「올바른 화폐」란 통
시간적으로 고정된 가치를 유지하는 화폐로 간주하였는데, 이때 가치
란 상품과의 관계에서의 「구매력」으로 이해되었다.

그 이전까지는 「올바른 화폐」의 문제를 바라보는 관점은 화폐의 소
재적 측면이 지배적이었다면 이제는 그와는 다른 새로운 관점이 열리
게 된 셈이다. 물론 이 새로운 관점은 보댕(Bodin)이[520] 「말레스트르와의
역설」(Paradoxes de Malestroit)에[521] 대하여 1568년에 제출한 유명한 답변에

---

[520] [역주] 보댕(Jean Bodin 1530-1596)은 프랑스 법률학자, 철학자 겸 경제학
자로서, 르네상스 시기에 경제이론에 중대한 공헌을 하였고, 특히 화폐
의 공급과 화폐의 가치 간의 상관 관계에 대한 분석을 시작하였는데, 이
는 화폐수량설의 맹아적 형태로 알려져 있다.

[521] [역주] Malestroit(1566). 『말레스트르와 경의 화폐 문제에 대한 역설』
(Les Paradoxes du Seigneur de Malestroit ... sur le faict des Monnoyes)은 1566년 말
레스트르와에 의하여 발간된 소책자로서, 지난 300년간 상품가치는 귀
금속에 대비하여 불변하였다고 주장하였다. 말레스트르와의 주장의 핵
심은, 화폐의 품위저하(저가의 금속과 혼합한 주화)로 인하여 계산의 단위
가 변화하였던 바가 과거의 물가인상을 설명할 수 있다는 것이었다. 보
댕은 1568년 이에 대한 반론을 제기하였다(Bodin 1568). 일단 말레스트
르와가 계산에 사용하였던 상품들은 14세기에는 존재하지 않았다는 점
을 말하면서 후자가 사용한 자료의 문제성을 제기하였다. 그리고 보다

서, 「화폐가치」의 변화는 화폐 공급의 변화에서 기인한다는 점을 지적한 이후부터 시작되었다. 다른 사람들도 이 후자의 학설을 받아들이면서 어떠한 경우에는 이를 심화시키기도 하였다.

그들이 내린 결론은 자명하였다. 즉, 화폐 공급이나 화폐의 유통을 조절하여 화폐의 「가치안정」을 확보하여야 한다는 것이었다. 「통화이론」과 「은행이론」 간의 논쟁에 있어서, 그리고 그들의 이론을 중앙은행 구성에 대하여 적용함에 있어서 이러한 종류의 노력이 표출되었고 또한 반영되었으나, 그 목표는 항상 실현된 것은 아니다.

「올바른 화폐」에 대한 노력과 논의는 1873년에 시작되어 1880년까지도 지속된, 물가 하락과 심각한 경제 변동을 특징으로 하는 위기시기의 도래로 인하어 새로운 전기를 맞게 되었다. 그리하여 장기 부채의 변제 의무 이행 시 「화폐 가치」의 변화도 고려하여야 한다는 필요성에 의하여 상당한 기간 동안 여러 제안과 시도가 이루어졌다. 그러나 이들은 처음에는 「가치안정적 화폐」라는 별도의 체제를 만드는 것을 직접적인 목표로 한 것이 아니라, 단지 그 동안의 물가변동을 고려하여 지급하여야 할 금액을 일종의 표를 기준으로 설정하는 바에 그쳤다. 이 체제는 「테이블통화체제」(*Tabellarwährung*)라고[522] 불리워 졌다.

중요한 반론으로서 금과 은의 공급 증가로 인한 인플레이션을 지적하였다. 이러한 점에서 보댕의 주장은 화폐공급의 증가가 상품가격의 인플레이션을 초래한다는 「화폐수량설」의 효시로서 그 이론의 기반을 수립하였다고 간주된다. 보다 자세한 사항은 Achilleos(2022: 431-432)를 참고할 것.

[522] 제본스(W. Stanley Jevons)는 이 표를 그의 저서(Jevons 1875)에서 논의한 바 있는데, 그 저서는 여러 판으로 인쇄되었고 번역본으로도 출판된 바 있다. 그는 그 같은 표의 여러 선구자들에 대하여서도 언급하고 있다.

[역주] 「테이블통화체제」(*Tabellarwährung*)는 일종의 화폐체계로서 다양

이러한 통화 간의 필요한 변환을 표에 의하여 수행하는「테이블통화체제」를 다른 통화 체제로 대체하자는 제안은 본 저자가 알기로는 지난 세기의 70년대에 나타났다. 그 이후로 이 문제는 여러 번 거듭 논의되어 온 바가 있었다.[523]

레옹 왈라스(Léon Walras)는 그의 저술 『화폐론』(*Théorie de la Monnaie* 1886)에서 다음과 같은 목표를 기술하였다: 그 목적이 소득과 정의의 분배라는 이상에 부합하기 위하여서는,「가치기준상품」(*Wertmaßstabware*)과「교환수단상품」(*Tauschmittelware*) (즉, 화폐)의 희소성의 크기는 사회 복지에 필수적인 그러한 경제적 재화들이 이 상품[즉 화폐] 단위로 계산되어 나타나는 일정한 평균가격을 불변하도록 하는 방식으로 변화하여야 한다. 따라서 그는 다음과 같은 주장에 도달한다: "화폐의 가치는 가능한 한 '규칙에 의거하여'(*regelmäßig*) 변화하여야만 한다".[524]

한 이종의 통화들과 화폐단위들 간의 변환 비율을 표로 만든 것을 의미한다. 이 체계하에서는 환율과 각 통화들의 가치는 이미 결정되어 있는 표 내지는 일종의 정하여진 규칙에 의하여 상호 간에 고정되어 있다. 이 표의 목적은 통화 환율 시장에 있어서의 안정성과 예측 가능성을 부여하는 것이며, 그로 인하여 개인들이 국제 무역이나 국제 자본거래를 편리하게 수행할 수 있도록 하는 것이었다. 그리하여 각 통화 간의 환율이 명확히 정하여짐으로써 통화가치의 변동에 따르는 위험을 감소시킬 수 있었다.

[523] 어떠한 문헌은 이 같은 생각을 최초로 제시한 사람은 미국의 천문학자인 뉴컴(S. Newcomb)이라고 언급한 바 있으나, 실제로 이 개념을 정립한 사람은 그 이전의 다른 학자들이라고도 간주된다. 이와 관련된 모든 문제점들에 대한 아주 포괄적인 검토는 월시(C. M. Walsh 1903)의 탁월한 연구를 참고할 것.

[524] Warlas(1886). 참고로 이를 Walras(1884)와 비교할 것.

같은 시기, 즉 세기 전환기 이전 영국 국민경제학을 대표하는 학자인 알프레드 마샬(Alfred Marshall)은 상품 가격들의 움직임에 따라 「구매력」혹은 가치가 지속적으로 조정되는 화폐를 만들 것을 주장하였다.[525] 그런데 이 같은 생각은 약 20년 후 실비오 게젤(Silvio Gesell)과 어빙 피셔(Irving Fisher)에 의하여 그 이론적 근거 및 실제적 실현의 측면 모두에 있어서 학문적으로 더욱 발전되었다. 사실 케인즈(J.M. Keynes)도 이 같은 생각을 그가 제시한 통화 제안에 반영하였다.

그러나 어빙 피셔의 「화폐개혁제안서」(Geldreformvorschlag)는 여러 가지 기발한 홍보 덕분에 국제적으로 가장 잘 알려지게 되었다. 케인즈를 비롯한 다른 학자들과도 마찬가지로 피셔 역시 금은 그 가치 변동으로 인하여 「화폐적 서비스」에는 적합하지 않다는 생각에서 시작한다. 따라서 그의 목표이기도 한 안정적인 가격 수준은 지속적인 「가격결정」에 기반한 지수 형식으로 표현되는 고정 통화제도를 통하여 달성되어야 한다고 주장하였는데, 특히 이를 「인덱스통화체제」(index currency)라고도 불렀다. 이 체제는 더이상 일정량의 금에 기초한 것이 아니며, 단지 「화폐적 계산」을 수행하기 위하여 일정 상품의 묶음을 만들어 냄에 기초한 것이었다. 예를 들어 소량의 상품들, 즉 버터 2온스, 신발 1200켤레, 건초 2파운드 등의 200-300여개의 상품을 선정하여 하나로 묶어 일종의 「상품달러」(commodity dollar)를 만드는 것이었다. 그러나 이 상품 묶음 자체가 「지불수단」이 되는 것은 아니고 단지 이 묶음에 포함된 상품의 평균가격의 변동에 따라 약 매 2개월마다 그에 상응하여 조정되게끔 하는 금의 양을 공식적으로 결정하는 방식이었다.

실제로 이는 중앙은행이 채권을 상환할 때 만일 상품 묶음의 가격

---

[525] Marshall(1887). 그리고 그가 1888년의 '왕립 금은 통화 위원회'(the Royal Gold and Silver Commission in 1888, 3번째 보고서)에서 주장한 바를 참고할 것.

수준이 하락하면 [이는 반대로 그와 교환되는 금의 가치가 상승함을 의미하기에] 금의 매입 가격을 인상하거나, 반대로 가격 수준이 상승하면 매입 가격을 인하하는 방식 등으로 진행된다. 이는 「화폐의 구매력」의 변동에 대하여 보상하기 위한 방법이기에 "**보상적 달러**"(compensated dollar)라는 이름이 붙여졌다. 따라서 이 제안은 가격 수준이 하락하면 화폐의 가치를 평가절하고 상승하면 화폐의 가치를 평가절상하는 것이다.

실비오 게젤(Silvio Gesell)의 생각의 일부는 어빙 피셔나 기타 경제학자들이 경기주기를 관리하고자 하였던 목표와 밀접하게 맞닿아 있는 것이 사실이기는 하지만, 「화폐개혁」이라는 측면에서 보자면 그의 생각은 방금 언급한 여타의 이론과는 차별화된다. 게젤이 「관습적 화폐」를 비판하였던 이유는 그것들은 「축적수단」으로서, 즉 [향후의] 「자본형성」을 목적으로 퇴장하여 축장될 수 있다는 점에 있었는데, 그는 이를 「교환수단」을 잘못 사용하는 방식으로 보았다. 그리하여 그는 다음과 같이 말한다:

> 「교환수단」으로서의 화폐를 거래의 필요에 맞게 적용하려면, 상품으로서의 화폐를 [즉, 화폐의 가치를] 현저히 훼손시켜야만 한다.[526]

게젤은 화폐가 부작용 없이 본연의 목적을(즉, 「교환수단」이라는 목적을) 완벽하게 수행하기 위하여 어떠한 방식으로 설계되어야 하는지에 대한 질문에 대하여 「자유화폐」(Freigeld)[527] 또는 「감가화폐」(Schwundgeld)를[528] 제안하며 답한 바 있다. 이는 화폐의 공급을 조절하는 방식으로

---

[526] [역주] Gesell(1906b: 94, *A. Die Geldreform in der Praxis 1. Allgemeine Orientierung*).

[527] [역주] 이때 자유롭다는 의미는 축장이나 혹은 이자를 발생시킴으로부터 자유롭다는 의미이다.

[528] [역주] Gesell(1958: 265쪽 이하 연속).

그것이 나타내는 「측정단위」(*Recheneinheit*)를 매우 안정적으로 유지시키고 그로 인하여 가격이 오르지도 떨어지지도 않게 하는 반면, 「화폐증표」 그 자체는 [시간이 지남에 따라서] 매주 일정한 가치절하(감가)가 일어나도록 함을 뜻한다. 게젤이 즐겨 사용한 비유에 따르자면, 이 때문에 이러한 화폐는 시간이 지나면 오래된 신문처럼 불필요하게 되거나, 감자처럼 썩거나 혹은 쇠처럼 녹이 슬게 된다. 이러한 학설에 따르자면 오직 「자유화폐」, 즉 그것에 대한 「유통압력」(*Umlaufszwang*)이[529] 존재하는 **「인덱스화폐」**(index money)만이[530] 「올바른 화폐」이다. 이 학설의 지지자들에 따르자면, 그러한 화폐는 "「화폐의 완전고용」"을 보장하므로 결국 모든 노동자의 완전고용도 보장하게 된다. 즉, 「올바른 화폐」에는 그 화폐가 놀고 있도록 유발할 수 있는 어떠한 특성도 없어야만 한다.

이러한 화폐 개혁 시의 고려사항에는 두 가지 서로 다른 「의도적 사고」가 깔려 있다. 첫번째 의도는 화폐의 소유자로 하여금 당장 또는 미래에, 혹은 소비재 또는 「자본재」에 사용하는 바와는 무관하게 항상 동일한 크기의 척도로 평가될 수 있는 재화를 취득할 수 있도록 하는 화폐를 만드는 것이다. 또 다른 「의도적 사고」는 경기주기의 상승과 하락, 그리고 그에 수반되는 모든 위기 현상(경제 공황, 실업)의 변화가 「화폐의 구매력」의 변동에 기인한다는 생각에 기초한다. 만약 내부적 「화폐가치」를, 즉 일반적인 가격 수준을 안정시킴으로써 이 같은 「화폐 구매력」의 변동들을 제거할 수 있다면, 이는 경기주기를 통제하고 또한 경제위기를 종식시키는 것을 의미할 것이다. 이러한 목적은 이전에 언급한 경우와 유사하다. 즉, 불변의 「구매력」을 가진 화폐, 또는 어떠한 시점에 있어서의 경제 상황이 필요로 하는 바에 따라 언제든지 조절될 수

---

[529] [역주] Gesell(1916: 182, 1958: 217). 사용을 하도록 하는 압력을 의미.

[530] [역주] 어떠한 시간적 인덱스와 관련하여 화폐의 가치가 감가되는 화폐.

있는「구매력」을 가진 화폐를 만드는 바를 목표로 한다.

이러한 문제를 다룬 학자들은 주로 어빙 피셔(Irving Fisher), 케인즈(J.M. Keynes), 호트리(R. G. Hawtrey), 벨러비(E.A. Bellerby), 포스터(W.T. Foster), 캐칭스(W. Catchings) 등 주로 영미권의 학자들이었다. 특히 뒤의 두 사람의 논문 제목은 『사업 환경과 통화 통제』(Business Conditions and Currency Control, Foster & Catchings 1924)로서 이러한 논의의 내용을 잘 표현하고 있다.[531]

이러한 두 가지「목적 설정」을 달성하기 위하여 제안된 수단은 단순한 할인 정책부터 새로운 통화, 즉 다른 형태의 화폐를 만드는 것까지 다양하다.

다시 지속적으로 반복하여 이야기하자면「올바른 화폐」는 마치 측정을 위한 자(尺)와 같이 항상 동일한「구매력」을 가져야 한다. 이러한 문제를 해결하기 위하여 금 함량(즉, 1달러 지폐 당 상응하는 금의 가치)을 300여개의 상품을 기준으로 공식적으로 결정되는 지수값에 따라 규제하는 방식으로 **달러안정화**를 달성하는 방안이 제안되고 있다.

「올바른 화폐」를 만들어 내기 위한 화폐개혁자들의 제안은, 일반적인「화폐정체」가 가지고 있는, 주로 위기 상황에서 특히 눈에 띄고 또한 종종 민감하게 드러나는 결점들에 보다 주목하고 있다. 또한 그러한 제안들은 그것들이 진정으로 현실적인 실현 가능성이 있음을 입증하기

---

[531] 이곳에서 우리는「올바른 화폐」에 대한 기본적 개념에 대하여서만 논의하고 있고, 그에 속한 다양한 계획안들에 대한 상세한 설명은 피하려고 한다. 후자를 위하여서는 다음과 같은 참고 문헌들을 참조하기 바란다. 특히 중요한 것들은 Gesell & Frankfurth(1909), Gesell(1906), Hauser(1920), Kleinschmitt(1922), Christen(1920) 그리고 Langeluetke(1925) 등이 있다. 추가적으로, 어빙 피셔는 이러한 맥락에서 중요한데, 다음을 참고할 것: Fisher(1911, 1920, 1928, 1935). 마지막으로, 하버(Haber)의 논문(Haber 1927)에는 이 주제에 관련된 문헌 목록들이 수록되어 있다.

보다는 오히려 「화폐개혁」을 통한 「자본주의 사회질서의 변형」이라는 유토피아적 약속에 기반하고 있다. 그런데 본 저자의 위와 같은 언급은 문제의 중요성을 최소화시키려는 의도는 아니다. 이러한 문제의 중요성 때문에 이를 진지하게 연구하기 위한 소위 「화폐가치안정협회」(Stable Money Association)를 창립한 바 있던 미국의 저명한 학자들과 경제계의 저명인사들은 지속적인 연구를 이어 왔다. 그러나 「법적 질서」에 있어서도 절대적으로 옳은 법이나 혹은 고정불변의 법적 내용이라는 것은 존재하지 않거나 존재할 수 없듯이, 「올바른 화폐」라는 것도 결코 절대적인 어떠한 것으로서 존재하지도 않고 존재할 수도 없다는 것은 분명하다. 그러한 [법과의] 「관련성」은 쉽게 파악될 수 있다 「올바른 화폐」에 대한 질문이 제기될 때마다 언제나, 우리는 그 존재와 유효성이 법에 의하여 구속되고, 또한 그것이 가진 사회교류적 기능이 법에 의하여 유지되는 화폐를 다루고 있다. 따라서 「올바른 화폐」에 대한 질문은 바로 올바른 법에 대한 질문으로 연결된다.

스콜라 철학자들은 화폐란 신이 수립하여 놓은 사물의 질서 속에 존재하는, 신성한 「관습법」에 따라 빚어지고 또한 관리되어야만 하는 제도라고 보았다. 이러한 관점은 화폐를 신의 섭리의 선물이라는 의미의 「신성한 선물」(*donum divinum*)로 간주한 낭만주의자들의 견해와도 일맥상통한다. 반면 계몽주의 자유주의에 있어서는 화폐를 합의 또는 암묵적 계약에서 비롯된, 숙고하는 정신이 만들어 낸 발명품이자 이성의 창조물로 보았다. 이성의 위대한 옹호자인 칸트도 화폐를 이성의 창조물로 보았다. 하지만 동시에 그의 에세이 『법이론의 형이상학적 기초』 (*Metaphysische Anfangsgründe der Rechtslehre*)에서[532] "화폐란 무엇인가"라는 질문에 대하여 다음과 같은 상이한 답변을 제시한다. 즉, 그는 화폐는 "신

---

[532] [역주] Kant(1797).

민(臣民) 자신들 간에 부지런함(*Fleiß*)을 상호 거래하는, 「법적 거래수단」 (*gesetzliches Mittel des Verkehrs*)"이라고 답하였다.[533] 명목주의적 「화폐론」을 사실상 인정하는 고백인 그의 이러한 주장은 과거 아퀴나스주의의 학설과는 반대로 황실 주조를 옹호하는 사람들이 항상 주장하였던 바와 기본적으로 다를 것이 없다. 즉, 18세기 중반에 포티에(Pothier)가[534] 가장 강경하게 표현한 것처럼 화폐의 「소유권」은 군주가 가지고 있으며, 그것은 개인(*particuliers*)들에게 단지 "사물의 가치의 표시"(*signe de valeur des choses*)를 위한 수단으로서 맡겨져 있는 것일 뿐이었다.[535]

칸트가 화폐를 「법적 거래수단」이라고 지칭하였을 때, 그는 단지 자신의 시대 이전과 이후에 반복적으로 등장하는, 결국 "진정한 화폐는 입법 활동에 의하여 만들어졌다"[536]라는 믿음과 연관되는 생각을 표현한 것일 뿐이었다고도 할 수 있다. 이 같은 학설은 피히테(Johann Gottlieb Fichte)가 그의 저서 『폐쇄적 상업국가』(*Geschlossenen Handelsstaat*)에서[537] 채택하였을 뿐만 아니라 다른 곳에서도 많은 추종자를 찾기는 하였지만, 결국 크납(G.F. Knapp, 2023/1923)과 같은 탁월한 재능을 가진 옹호자가 등장하여서야 비로소 눈에 띄는 입지를 구축할 수 있었다. 이러한 점은 이미 이전에 다른 맥락하에 언급한 바 있다.

국가 지상주의 유토피아를 언급하였던 피히테도 자신의 국가, 즉 "폐쇄적 상업 국가"를 위한 자신만의 화폐를 만들어 내기를 원하였다. 이

---

[533] [역주] Kant(1797: §31).

[534] [역주] Robert-Joseph Pothier(1699-1772). 프랑스의 법률학자.

[535] Sieveking(1933: 278)으로 부터 인용함. 위의 266쪽에 표시한 문헌들도 참고하기 바람.

[536] Kudler(1856: 163쪽 전반).

[537] [역주] Fichte(1800).

는 불변 가치를 가진, 즉 고정된「구매력」을 소지한 화폐였다. 국가가 창조하여 내는 이러한 화폐는 그의 말에 따르면 "지혜롭게 도입된" 것으로서, 손자와 증손자까지, 그리고 그를 넘어 영원히 그 가치를 보존할 수 있어야 한다. 그에게는 이러한 화폐가 바로「올바른 화폐」였다.

그러나 피히테에게 있어서의 이러한 종류의 화폐는「자유주의-경제 합리적 화폐론」에서 말하던「올바른 화폐」와는 다른 의미와 의도를 가지고 있었다. 고전학파 경제학에서 말하는 화폐는 단지「경제의 과정」을 원활하게 할 뿐, [각 부문 간의] 배분 비율은 바꾸지 않고, 따라서 기존 경제 질서를 그대로 유지할 수 있도록 하는 화폐이다. 그러나 [피히테와도 같이] 사회교류적으로「화폐개혁」을 주장하는 사람들의 입장에서의「올바른 화폐」는 경제 질서, 즉 기존의「소득분배」를 근본적으로 바꾸고자 하는 화폐이다.

플라톤부터 러스킨(Ruskin)과[538] 톨스토이에 이르기까지의 모든 위대한 사회 개혁가들에게 있어서는, 그들의 계획상에서 드러나는 화폐에 대한 언급은 비록 그 화폐라는 제도에 대한 비난, 거부, 배척과 같은 형태로만 점철되어 있었더라도 화폐를 다루고는 있었다 프루동(P. Proudhon)은 다음과 같이 말한다:

화폐는 유통의 독재자, 교역의 폭군, 상업적 봉건제의 수장, 그리고「소유권」의 상징에 불과하다. 그리하여 우리는 화폐를 폐지하여야만 한다.[539]

---

[538] [역주] John Ruskin(1819-1900). 영국 빅토리아시대의 작가로서 사회 비평적 글을 많이 저술하였고, 특히 도덕적 경제와 노동이 가지고 있는 긍지에 대하여 묘사하였다.

[539] [역주] Diehl(1888-9: II 53)로 부터 인용됨. 정확한 원래 출처는 확인하지 못하였다.

그러나 고대부터 현대에 이르기까지 단 한 번도 빠진 바 없었던 유토피아라는 생각을 개진함에 있어서는, 흔히들 생각하는 바처럼 자신들의 목표를 화폐를 폐지함으로써 달성하려고 한 것이 아니라 오히려 화폐를 변혁하고 개선함으로써 달성하려고 한 경우가 훨씬 더 많았다. 따라서 플라톤의 『국가』에서 말하는 화폐는 그 자체로는 가치가 없는 단순한 「표식」에 불과한 것으로 간주된다. 그러나 그의 저서 『국가』와 『법률』에서 보여지는 플라톤의 국가 입안에서는 「화폐정체」에 대하여 상세히 설명하고 있지는 않더라도 그의 생각은 피히테의 국가에서 도입하려는 「화폐체계」의 원형이 되었다. 반면 토마스 모어(Thomas More)는 그가 가진 유토피아에 대한 청사진에서 화폐를 제거하고, 그 유토피아에서 「화폐지향성」을 몰아 내고자 하였다. 그리하여 그는 화폐를 만드는 금속인 금과 은을 녹여서 [화폐로 사용하는 대신] 노예를 묶는 사슬과 요강을 만들어야 한다고 주장한 바 있다.

그러나 본서에서는 「올바른 화폐」 도입을 주창하여온 사회개혁자들, 특히 화폐개혁자들의 모든 제안을 다루지는 않을 것이며 단지 몇 가지 사례만 언급하고자 한다. 그런데, 대부분은 실현되지 않은 프로젝트나 계획에 불과하였다. 하지만 이와는 대조적으로, 「관습적 화폐」를 거래에서 제거하거나 혹은 다른 종류의 「사회교류적 화폐」로 대체하려는 실질적인 시도도 있어 왔는데, 이 같은 사례는 우리가 주목할 필요가 있다. 기업가로서 성공하여 일군 자신의 축적된 재산을 희생시키면서 사회교류적 개혁을 시도한 위대한 자선사업가 로버트 오웬(Robert Owen)이 바로 그 주인공이다.

그가 1810년경에 작성한 유명한 보고서에서 그는 다음과 같이 말한다:

화폐를 통하여 인위적인 교환 체제가 사회에 도입되었다. 그러한 체제에서는 한 부류의 사람들은 부유하여지는 반면 다른 부류는 빈곤에 빠지게 된다. 그리고 노동자들은 그들을 시장의 평가에 의존하게 만드는, 그리하여 그 영향에 있어서 어떠한 노예제도보다 더 잔인한 그러한 교환 체제하에서 보수를 받는다.[540]

따라서 각 상품에 포함되어 있는 노동의 양이 그 상품의 가치와 다른 모든 상품의 「가치 비교」에 있어서의 「잣대」로 작용하여야 한다는 의견을 그는 피력하였다.

오웬은 자신이 공산주의 공동체 설립을 시도하였던 이후인 1832년에 이러한 생각에 따라 런던에 「노동교환은행」(Labour Exchange Bank)을 설립하였다. 이 은행은 생산된 상품에 대하여 지폐를 발행하였는데 그 지폐는 노동시간으로 표시되었다. 그 지폐의 소지자는 그 대가로 은행의 창고에 있는 생산물을 지폐에 적힌 노동시간과 동일한 가치로 교환할 수 있었다. 이 회사는 오웬이 창간한 잡지의 제목과 동명인 '새로운 도덕적 세계'(The New Moral World)를 실현하는 바에 도움을 주기 위한 것이었다. 처음에는 이 시도가 매우 성공적인 것으로 보였지만, 결국은 실패하였다. 왜냐하면 그 은행의 창고는 수요가 없거나 혹은 수요가 많지 않은 상품 더미로 가득 차 버리게 되었고, 반면 유용하거나 많은 사람들에 인기있는 상품은 순식간에 사라져 버렸기 때문이었다.

마르크스가 오웬의 화폐를 단지 극장의 입장권처럼 생각하였다면 이는 오산이다. 그 화폐는 사실 [마르크스주의적 생각과도 부합하는] 「노동량 통화」(Arbeitswährung)를 만들려는 시도였기 때문이다. 그러나 노동량 자체는 정확한 척도가 아니고, 서로 다른 노동의 질을 공통분모로 비교할 수 있는 「잣대」도 없기 때문에 이 같은 시도는 분명 나름의 타당한 이유가 있었음에도 그와는 별개로 실패할 수밖에 없었다.

사회주의의 역사에는 물론 다른 목표와 연관되어 있기는 하였지만 이러한 유사한 종류의 「화폐개혁」을 위한 시도가 몇 차례 더 있어 왔다.

---

[540] [역주] 본 인용의 출전은 확인되지 않았다.

그러나 그 중 어느 것도 지속적인 성공을 거두지는 못하였다.

이러한 개혁가들에게 있어서는, 「올바른 화폐」의 문제란 다름 아닌 개인에게 할당될 「사회적 산물」의 정당한 몫을 화폐를 통하여 결정하는 문제로 인식되었다. 독일 철학자 피히테의 사회주의는 이 같은 문제를 다소 유토피아적 맥락에서, 그리고 [오웬과 같은] 영국 기업가가 생각하던 사회주의는 현실적인 시도를 통하여 이 같은 문제를 해결하려 하였다.

이 같은 모습들이 바로 19세기 초에 발생하였던 풍경들이었다. 다소 측면적인 시도라고 할 수 있는 이러한 노력과는 별개로, 그 이후 수십 년 동안 진행되어 온 화폐에 관한 논쟁은 고전학파 국민경제학이 취한 경로, 즉 경제에 대한 자연과학적-기계론적 관점에 기반하여 이루어졌다. 특히 화폐에 관하여서는 오래된 합리주의적-진화론적 해석에 머물렀다. 그런데 이 같은 방법론을 극복하도록 한 것은 역사적 법학과 법철학 덕분 이었다. 물론 경제 생활의 현상을 이해하는 이러한 새로운 방식이 확립되기까지는 어느 정도 시간이 걸린 것은 사실이다. 우리가 가지고 있는 질문과 관련하여 명심할 중요한 점은 각 시대마다 그 시대의 역사적 상황과 그 속에서 지배하는 힘들과 필요에 따라 그에 상응하는 올바른 경제, 올바른 경제체제, 따라서 「올바른 화폐」에 대한 각 시대별 관점과 목표가 존재한다는 사실을 깨닫는 것이다.

「화폐론」에 있어서 이 같은 새로운 방법론의 결실은 앞서 언급한 크납(G.F. Knapp)이 주창한 "「국정화폐론」"으로서, 그 자신이 언급하였듯이 "국정화폐론은 가장 중요한 문화 국가들의 지불 체제와 관련하여 19세기 동안 내내 발전하여온 법적-역사적 사실들에 대한 정통적 요약"이다.[541] 크납은 화폐의 가치가 '자연'에서 비롯된 것인지, 아니면 '법'에서 비롯된 것인지에 관한, 어쩌면 가장 오래된 질문에 대하여 그것은 '노

---

[541] [역주] Conrad et al.(1909: 610쪽 이하 연속).

모스'(*nomos*; νόμος)라는[542] 견해를 지지하며 이렇게 답한 바 있다. 즉, "화폐는「법적 질서」의 산물"이라는 것이 그의 논지이다.[543] 그런데 국가 권력이 경제적 이해관계나 윤리적 신념이 가진 권력의 반대에 직면하여서도 과연 화폐에 그 존재와 가치를 부여할 수 있는지에 대한 질문은 사실 제기조차도 되지 않았다. 크납에게는「올바른 화폐」란 단지 국가의「법령」에 의하여 제정된 화폐이다. 그러나「화폐론」의 영역에서 볼 때는, 형식주의적 고려가 절정에 달한 바로 이 지점에서 바로 그것의 극복을 위한 노력들은 시작되었다. 이는 법학에서의 위기와도 연결되었는데, 이는 다음과 같은 질문으로 표현된다: "법이라는 것 그 자체도 마찬가지로 올바른가?"(*ist das, was Gesetz ist, auch Recht?*). 다시 말하자면, 법으로 간주되거나 공표된 어떠한 것이 단지 형식적으로 유효한 어떠한 방식으로 성립되었다는 그 이유만으로 법적 구속력을 가져야만 한다고 보아야 하는가? 1914년 이후 거의 모든 국가를 괴롭혔던 그 대규모의「화폐감가」의 현상은 이 같은 논의에서 중요한 역할을 하였다. 이 같은 현상은 사실상 '형식적으로 옳은 것'이 과연 그 '실체적 내용 면에서도 옳은 것인지'에 대한 의구심을 불러일으킨 전형적인 경우에 해당하였다.[544]

국가는 "1마르크는 다른 1마르크와 같다"라는 원칙을 확립하고 이를 지배적 판결로서 오랫동안, 그리고 어쩌면 너무도 오랫동안 고수하여

---

[542] [역주] 참고로 고대 그리스어에서 '자연'에 해당하는 단어는 '*physis*'(φύσις)이며 이에 반대되는 개념으로 인간에 의하여 창조된 규율 내지는 질서를 '*nomos*'(νόμος)라고 불렀다.

[543] [역주] Knapp(2023/1923: 2).

[544] [역주] Cf. 이는 화폐의 '형식적' 타당성(*formale Geltung*)과 '실체적' 타당성(*materiale Geltung*)의 구분과 관련이 있는데 이에 관하여서는 Weber(1922: 39; 2019: 159-160)를 참고할 것.

왔다. 하지만 경제적 사고와 건강한 「법감정」(Rechtsempfinden)은 이 같은
견해를 거부하였는데, 예를 들자면 오래된 [그리하여 화폐 가치가 그동안 크
게 변동한 바 있는 사실을 반영하지 못하는 고정 금액의] 채무를 변제하는 것에
이 같은 원칙을 적용하는 것은 명백한 '사기'라고 낙인 찍은 바도 있다.

우리의 질문과 관련한 결론은,『국정화폐론』은 「올바른 화폐」가 무엇
인가에 대한 질문에 만족할 만한 답을 제시하지 못한다는 사실이다. 물
론 그것이『국정화폐론』의 사명은 아니다. 하지만, 이 이론을 비판하는
대부분의 사람들은[545] 이 같은 점을 그 이론의 취약한 부분이라고 간주
하였고, 그러한 이유로 그 이론을 배척하게 되었다. 즉, 이 이론은 「화
폐가치」를 결정하는 요인이나 혹은 화폐와 다른 재화 사이의 「거래조
건」이 결정되는 방식에 대한 답을 제시하지 못한다는 것이었다.[546]

「올바른 화폐」에 대한 질문에 내포되어 있는 문제는 두 가지이다. 한

---

[545] [역주] Cf. 이에 관하여서는 막스 베버는 다음과 같이 평한 바 있다:

크납의『국정화폐론』은 화폐경제론에 있어서의 위대한 성과라고 볼
수 있는데, 그 이론은 [화폐이론에 있어서의] 형식적 요구조건을 너무도
훌륭하게 만족시키고 있다. 하지만, 화폐와 관련된 실체적(material)인
문제에 있어서는 그 이론은 불완전하다(Weber 1922: 40; 2019: 163).

[546] [역주] Cf. 다음과 같은 베버의 언급을 참고할 것:

이 같은 관점은 주로 「교환수단」으로서의 화폐의 지위에 대한 것이다.
즉, 어떠한 특정한 혹은 불특정한 재화와 교환을 목적으로 그것[화폐]
이 미래의 시점에 어떠한 방식으로나마 받아들여질 것인지에 대한 가
능성(Chance)에 대한 것이다. (…) 바로 이러한 이유에서 진정으로 탁
월한 저서인 크납의『국정화폐론』은 그것이 가진 영구적이며 근본적
인 중요성에도 불구하고 불완전함을 보여주기 시작하는 것인데, 사실
이러한 면에 대한 고려가 없다는 점을 제외하고는 그의 이론은 진정
으로 "옳다"고 할 수 있다(Weber 1922: 99; 2019: 288-9).

편으로는 화폐, 더 정확하게는 화폐 측면에 의한 재화 가격의 변동에 대한 문제이고, 다른 한편으로는 환율, 즉 자국 통화와 외국 통화의 가치 비율에 대한 문제이다. 1810년의 「높은 지금 가격에 관한 특별위원회」(*The Select Committee on the High Price of Gold Bullion*)의 그 유명한 보고서 이후, 두번째 문제가 모든 통화관련 논의와 따라서 그에 따른 국가의 「화폐정책」에 관련된 조치의 중심이 되어 왔다. 이러한 사실은 주로 지난 세기 후반에 있어서의 국제적 「재화교환」과 관련된 모든 중요한 국가들이 금본위제로 전환하는 과정에서 가시적으로 표현되었다. 그러나 1차 세계대전 이후에는 첫 번째의 문제, 즉 화폐로 인한 가격 변동에 대한 문제가 공공의 토론과 그에 따른 조치의 논의에 있어서의 최전선에 서게 되었다. 요킨대, 불론 정도의 차이는 있지만 모든 국가를 괴롭혔던 「**인플레이션**」이 「올바른 화폐」에 대한 질문을 바로 이러한 새로운 방향으로 전환시킨 것이었다. 그리하여 「구매력」의 안정화 문제가 대두되었다.

이 방면의 다양한 시도에 대하여서는 본서에서 자세히 설명하지는 않겠다. 그런데 이러한 시도들의 대변자들은 주로 미국 정치인과 학자였다. 어빙 피셔와 그와 관련된 학자들은 위에서 이미 언급된 바 있다. 그러나 이 질문과 관련하여 주목할만한 정치 지도자 중 한 명은 반드시 언급되어야 한다. 그 사람은 바로 프랭클린 D. 루즈벨트(Franklin D. Roosevelt) 대통령이다. 그는 「올바른 화폐」의 문제를, 즉 '정의로운 화폐'(*gerechtes Geld*)에 관한 문제를 국가 경제 정책의 최우선 과제로 삼고 이를 해결하기 위하여 노력한 공로가 있다.

이 문제에 대한 그의 입장은 1933년 7월 3일 런던 경제 회의(London Economic Conference)에 보낸 유명한 연설문에서 가장 잘 드러난다. 그 연설문에서 그는 다음과 같이 이야기한다:

다른 국가와의 통화에 대한 자국 통화의 환율 조건보다는, 한 국가의 건전한 내부 경제시스템이 그 국가의 복지에 더 큰 영향을 미치는 요소이다.

이는 본 저자가 이미 강조한 「올바른 화폐」에 대한 질문 자체에 대한 전환을 명확하게 표현한 것이다. 그리고 그는 이어서 이렇게 말한다:

> 나는 현재 미국이 지향하고 있는 우리 후대들이 가지게 되는 달러는, 가까운 미래에 우리가 얻고자 하는 달러 가치와 동일한 구매력과 부채상환 능력을 가지게 되는 그러한 종류의 달러라고 솔직하게 말하고 싶다.

위의 말 그 자체로도 그 의미는 분명하지만, 같은 해 10월 22일 루스벨트 대통령이 라디오 연설에서 내보낸 두 문단을 추가하면 그 의미는 더욱 명확하여진다:

> 마지막으로, 나는 상품 가격 수준을 회복하는 것이 지난 3월 이후 지속적으로 정부의 확고한 정책이었다는 것을 여러 차례 말씀드린 바 있었고 이 자리에서 다시 반복합니다. 농업과 산업을 다시 일할 수 있는 그러한 상황에 도달할 수 있도록 만들어서 실직자들을 다시 일할 수 있도록 하는 것이 그간 우리의 목표였습니다. 또한 그 목적은 공공 및 민간 부채의 지불을 거의 그 채무의 발생 시점의 가격 수준에서 할 수 있도록 회복하는 것이었습니다. 그리고 그 목적은 점차적으로 가격 구조의 균형을 회복하여 농부들이 자신들의 생산물을 보다 공정하게 공산물과 교환할 수 있도록 하는 것이었습니다.

이어서 그는 이렇게 말한다:

> 가격 수준을 다시 확립한 후에는 그 다음의 세대에서도 구매력과 부채 상환 능력이 불변하는 달러를 만들기 위하여 노력할 것입니다.

사실 기묘하지 않은가? 독일 철학자 피히테가 자신의 「폐쇄적 상업

국가」를 위하여 기획하였던 바를 지금 미국 대통령이 정확히 130년 후에 자신의 국민에게 제공하고 싶어하고 있는 것이다. 그 후 미국에서도 이러한 방향으로 다양한 조치가 취하여졌다. 즉, 새로운 은행법과 새로운「화폐 정책」이 그 대표적인 예이다. 그러나 문제 자체는 아직 해결되지 않았다!

하지만「올바른 화폐」란 무엇인가에 대한 질문에 대한 대답은 여전히 열려있다. 그런데「명목화폐론」에서 믿는 바와는 달리 이는 국가가 답할 수 있는 문제가 결코 아니다. 그 해답을 제시할 수 있는 주체는 오직 그 화폐를 사용하는 사람들일 뿐이다. 국가는 무엇이 법적으로 화폐로 간주될 수 있는지, 혹은 무엇이 화폐가 되어야만 하는지를 결정할 수 있을 따름이다. 하지만 이러한 국가 화폐나 법적 화폐가 실질적이며 생동하는 화폐인지의 여부는 전적으로 그 화폐를 사용하여 이루어지는 거래에 의하여 결정된다. 경제적 측면에서 볼 때, 거래에 있어서 거부되는 화폐는 화폐가 전혀 아니다. 혹은 적어도 거래나「화폐적 목적」이라는 의미에서 볼 때 경제적으로「올바른 화폐」는 아니다.

대중에게 화폐가 실제로 무엇인지 묻는다면 물론 각양각색의 대답이 나올 수는 있겠지만 그 모두는 화폐는 물건을 구매하거나 빚을 갚거나 세금을 납부하는 용도로 사용할 수 있는 어떠한 것이라는 사실로 귀결될 것이다. 반면에 채권자가 채무 상환을 위하여 채무자가 지불한 화폐를 받아들이지 않거나, 세금을 납부하기 위하여 지불된 화폐를 더 이상 액면가로 국가가 인정하지 않는 경우, 그리고 그 화폐가 더 이상 물건을 사는 용도로 사용될 수 없거나 제한된 범위에서만 사용될 수 있다면 이러한 모든 경우에 있어서 그러한 화폐는「올바른 화폐」가 아닌 것은 틀림없다.

그리하여 이미 충분히 시사하였듯이,「올바른 화폐」에 대한 문제 제기와「올바른 화폐」를 위한 투쟁은 올바른 권리에 대한 문제이자 올바른 권리를 위한 투쟁이다. 즉 그 투쟁은 채권자와 채무자의 권리, 노동자와 자본가의 권리, 농부와 저축자의 권리 등 모두에게 있어서 자신들의 권리를 지키기 위한 것이다. 그 투쟁은 노동자에게는 노동의 대가를, 저축자에게는 저축활동의 결실을 빼앗기지 않는 화폐를 만들기 위한 것이다.

「관습적」인 화폐와는 다른 더 나은 어떠한 화폐를 찾고자 하는 욕망은「화폐의 구매력」이 크게 변동하는 시기, 즉「인플레이션」이나「디플레이션」이「경제의 과정」을 방해할 때 특히 더 두드러지게 나타나는 경향이 있다. 이 문제를 해결하는 방법에는 여러 가지가 있다. 물론 본서에서 그 모든 방법을 나열할 수는 없지만 그중 하나는 다음과 같다. 즉, 한 가지 방법은「계산수단」으로서 사용된「관습적 화폐」를 다른 가격이나「가치기준」으로 대체하는 것이다. 곡물뿐만 아니라 설탕, 석탄 등의 상품이 그러한 대체용도로서의「가치척도」로서 자주 선택되어 왔다. 이러한 재화를「척도의 단위」로 선택하는 것의 장점은 어떠한 주어진 상황에서는 채권자와 채무자, 구매자와 판매자 간에 모두가 수용 가능한 교환비율을 만들어 낼 수 있다는 점이다. 그러나 이러한「물질가치」에 기반한 화폐는 경기순환의 부침에 따라「관습적 화폐」보다 훨씬 큰「구매력의 등락」에 노출된다는 단점이 있다.

「올바른 화폐」를 찾는 또 다른 방법은「관습적 화폐」를 다른 화폐로 대체하는 것이 아니라, 기존 화폐의 사용이나 질적 측면에 있어서 개선하는 것이다. 이것이 바로 **「테이블통화체제」**와 **「인덱스통화 체제」**라는 아이디어이다. 그러나 그것들조차도「관습적 화폐」에 비하여 채무자와 채권자, 구매자와 판매자 사이의 분쟁에 대한 해결 수단으로서 더 공정하다고 단정할 수는 없다.

위와 같이 표나 지수를 기반으로 한「화폐적 계산」의 타당성은 전적으로 그 표나 지수를 계산하는 기반이 되는 상품의 선택에 달려 있다. 그러나 생산자와 소비자, 가진 자와 가지지 못한 자들이 가지고 있는 다양한 상충되는 이해관계를 모두 동등하게 반영할 수 있는 선택이란 존재하지 않는다. 케인즈가 일전에 말하였듯이, "어떠한 공식 기관도 아직 「구매력」의 지수라고 부를 수 있는 지수를 도출한 바가 없다"
고 할 수 있다.[547]

　하지만 이것만이 문제의 전부는 아니다. 여기서 제기되는 [근본적] 의
문은 화폐의 안정적 「구매력」을 창출하기 위한 「화폐의 세련화」(*Verede-lung des Geldes*)가 이론적으로 가능한지, 그리고 현실적으로도 바람직한지
여부이다. 아래에서 자세히 설명하겠지만 사실 이 두 가지 모두 불가능
하다.

　「가치안정적 화폐」의 탄생이라는 망령을 계속하여서 추구한다면, 이
는 종종 무의식적으로나마 그 해당 경제 자체가 「정태적 경제」라는 가
정을 상정하고 있는 셈이다 그런데 물론 이러한 「정태적 경제」의 경우
에 있어서는, 안정적 화폐는 상상할 수 있을 뿐만 아니라 실제로 그 체
제가 존재하기 위한 전제 조건이기도 하다. 하지만 우리가 살고 있는
역동적 경제는 그와는 완전히 다르다. 우리가 살고 있는 역동적 경제의
요인은, 경제 성향의 변화에 의하여 야기되고 또한 끊임없이 변화하는
수요와 공급, 따라서 변화하는 가격 간의 관계로 표현되는, 양적 및 질
적인 차원 모두에 있어서의 모든 경제적 요소의 지속적인 변화이다. 이
러한 경제에 있어서는 「화폐가치의 등락」이란 「경제의 과정」의 부침에
따른 불가피한 표현일 뿐만 아니라 경제적 진보와 성장에 따르는 불가
피한 부산물이기도 하다.

　물론 그 모든 「화폐가치의 등락」을 당연한 것으로 간주하거나 변경
할 수 없는 것으로 받아들여야 한다는 것은 아니다. 화폐의 가치 그 자
체는 안정적일 필요도 없고 또한 안정적일 수도 없지만, 그것은 '가치
를 유지하여야 하고'(*werthaltig*) 또한 그렇게 유지되어야만 한다. 따라서
「올바른 화폐」란 그 가치의 내용을 지속적으로 통제 가능한, 즉 「**가치**

---

[547] [역주] Keynes(1930: 50).

유지적 화폐」(*werthaltiges Geld*)이다.[548] 그럼에도 불구하고 「올바른 화폐」
가 어떻게 구성되어야만 하는지에 대한 판단은 물론 각자의 이해관계
에 따라 결정되기 때문에 이 경우에도 여전히 의견 차이가 발생할 여지
는 충분하다. 만약 다수가 자신들이 「소득」으로서 벌어들인 화폐를 빈
번하게 충분한 양으로 사용하려 한다면, 이 다수는 당연히 높고 일관된
「구매력」을 가진 화폐를 요구할 것이다. 그러나 광범위한 계층이 과중
한 금융 부채를 지고 있고 높은 이자와 세금에 신음하고 있다면, 그들
은 상품과 용역의 가격 상승을 의미하는 것과 같은 의미인, 「화폐 가치」
의 하락에 [즉 인플레이션에] 보다 큰 관심을 가지게 될 것이다.

1930년대 초 프랑스 에리오(Herriot) 내각의 국무차관이었던 레이몽
파트누트르(Raymond Patenôtre)는 『공황과 화폐의 드라마』(*La crise et le drame
monétaire*)라는 제목의 책을 출판하였다. 그 책에서 그는 이렇게 말한다:

> 「화폐 가치」의 상승과 하락이라는 두 가지 악 중에서 선택하여야 한
> 다면, 가치가 하락하는 화폐를 선택하자.

이는 실로 위험한 발상이다! 부채를 쉽게 감소시키는 화폐는 부채를
더 쉽게 발생시키기 때문이다. 이는 무분별한 「경제관리」를 조장하고,

---

[548] [역주] 여기서 말하는 「가치 유지적 화폐」란 정확히 무엇을 의미하는 지
는 본 구절에서는 정확히 정의되지는 않고 있지만, 후속의 문장들(아래
"그러나 「올바른 화폐」라는 것은"이하의 문장)에서 유추하여 짐작할 수 있다.
「가치 유지적 화폐」는 (1) 일반적으로 국민경제의 발전을 촉진하고, (2)
화폐의 믿음 내지 신뢰를 손상시키지 않으며, (3) 경제에서 충분한 기능
을 수행함에 적합하고, (4) 자본형성을 저해하지 않을 정도로 안정적이
며, (5) 경제 현실을 반영하는 지표역할을 하여야 하며, (6) 자본 도피
심리나 반대로 화폐에 투기하는 유혹을 억제할 수 있어야 한다. 마지막
으로 사회 각층의 이해관계를 균형시킬 것이 필요하기도 하다.

저축 의지를 마비시키고, 화폐를 낭비적으로 사용하도록 유혹하여 궁극적으로 국가 번영의 전반을 위태롭게 한다.

그러나 「올바른 화폐」라는 것은 국민경제의 발전을 촉진하고, 성장하는 「사회적 산물」에 그 모두가 참여할 수 있도록 할 수 있는 화폐이어야만 한다. 또한 화폐에 대한 믿음이 흔들리지 않을 정도로 안정적이어야 하고, 우리 경제에서 그 화폐가 가지고 있는 기능을 수행하기에 부적절하지 않아야만 하며, 대중이 가진 「저축지향」과 그에 따른 「자본형성」을 저해하지 않을 정도로 가치가 충분히 안정적이어야 한다. 「올바른 화폐」는 경제적 상황에 대하여 대중을 호도하여서는 안 되며, 혹은 경제적 실상이 실제는 불안함에도 불구하고 사람들에게 거짓된 안정감을 심어 주어서도 안 된다. 「올바른 화폐」는 경제적 상황을 가격과 가격의 변동에서 반영하여야만 한다. 그리고 경제가 하락하거나 상승할 때 그 모든 경우에 있어서 대중이 화폐에 대한 신뢰를 잃지 않도록 하고, 화폐에 투기하거나 반대로 그 화폐로부터 도망치고 싶은 [즉, 그 화폐로 결제받거나 혹은 저축하는 것을 기피하고 싶어하는] 유혹을 느끼지 않도록 하여야만 한다.

즉, 「올바른 화폐」의 문제는 「화폐정책」의 문제이며, 특정한 「화폐증표」를 [하루아침에] 창조한다고 해결될 수 있는 문제가 아니라 오히려 우리가 통화제도(*Während*)라고 부르는 것을 올바르게 관리하여야만 해결될 수 있는 성질의 것이다.[549]

화폐 그 자체만을 통하여 올바른, 즉 바람직한 경제 질서를 어떻게든 만들 수 있다고 믿는 것이 대부분의 화폐개혁가들과 그들을 추종하는 순진한 군중들이 가질 수 있는 큰 오류이다. 그러나 화폐는 국가 경제

---

[549] [역주] 이는 단순히 화폐를 발행하거나 혹은 물가를 관리하는 것만이 통화 정책 내지는 중앙은행의 역할이 아니라, 보다 폭 넓은 화폐정책을 통하여 어떠한 규범적인 목표도 동시에 추구하여야만 함을 의미한다.

의 목적을 달성하기 위한 수단일 뿐임을 명심하여야 한다. 「나쁜 화폐」
가 경제와 그 경제의 목적 실현에 해로운 것처럼 「좋은 화폐」도 분명
그 목적에 도움이 될 수 있다. 하지만 화폐가 할 수 있는 일은 그뿐이다.
그것은 모든 경제의 목표인 국민의 번영과 「부」로 이어지는 문 자체는
열어줄 수는 있지만, 번영과 「부」 그 자체는 오직 국민 스스로의 힘든
노동에 의하여서만 창조될 수 있다.

혹자에게는 이 같은 결론이 실망스러울 수도 있다는 점을 본 저자는
잘 알고 있다. 사람들은 무엇이 어떻게 되어야만 하는지에 대한 질문에
대하여 단지 자신의 관심사나 사회적 이상에 부합하는 답을 제시하거
나 기대하는 경향이 있기 때문이다.

이러한 의미에 있어서, 경제합리적 자유주의 지지자들은 「중립화폐」
를, 뉴딜을 지지하는 미국의 화폐개혁가들은 안정적인 「구매력」을 요구
한다. 그리고 사회주의적 「화폐개혁」을 주장하는 사람들은 그를 통하여
노동에 대한 권리가 충분히 실현될 수 있는 화폐를 요구하기 마련이며,
기타 다양한 그룹들에 의하여 다양한 목표를 위하여 화폐를 지정하는
것이 요구된다. 인간관계에서는 권리와 정의라는 단어들로 이해되는
것의 내용이 다양한 만큼이나 인간의 요구와 해석 또한 다양하기 마련
이다. 앞서 언급하였듯이 「올바른 화폐」에 대한 요구의 이면에는 보통
「정의로운 화폐」에 대한 요구가 깔려있다. 그러나 혹자가 화폐란 광범
위한 「노동분업」으로 인하여 매우 복잡하여진 「재화교류」를 원활하게
하는 것 그 이상의 역할을 할 수 있도록 설계될 수 있다고 믿는다면 그
것은 「경제에서의 화폐의 역할」을 잘못 판단하고 과대평가하는 것이다.
어떠한 기술적 수단도, 따라서 어떠한 종류의 화폐도 우리의 경제 질서
에 만연한 사회교류적 긴장과 차별을 해소하고 사라지게 할 수는 없는
데, 이는 이 모든 것이 사회 구조를 구성하는 사회교류적인 「권력관계」
에 기초하기 때문이다. 화폐와 「화폐체계」는 항상 큰 약점을 가지고 있
다. 그렇기 때문에 역대 최고 지성들은 이를 개혁하기 위하여 끊임없이

노력하여 왔다. 그러나 이러한 노력이 「사회구조적」인 악의 근원을 해결하지는 못하였다.

"화폐가 변하면 세상도 변한다"라는 옛 속담이 있다. 이 속담은 현재를 살아가는 우리에게 특히 의미가 깊은데, 그 반대의 의미도 타당하다. 즉, "세상이 변하면 화폐도 변한다". 우리가 세상을 종전과는 다른 더 나은 세상으로 만드는 바에 성공한다면, 세상도 또한 다른 종류의 화폐, 즉 「올바른 화폐」로 인도되는 길을 발견할 수 있을 것이다.

§29.　화폐지향성

독일어에서는 '감각'(Sinn)이라는 단어에 다양한 의미를 부여한다. 첫째, 감각은 외부 사물, 감각세계의 사물을 인식하는 능력, 예를 들어 촉각(Tastsinn), 후각(Geruchsinn), 청각(Hörsinn)뿐만 아니라 색상감(Farbensinn), 형태감(Formensinn), 수적 감각(Zahlensinn), 방향감(Ortssinn) 등과 같은 감각을 의미한다. 또한 (더 좁게 이해하는 경우) 'Sinn'이라는 단어는 의미(Bedeutung)나 의견(Meinung)을 뜻하는데, 예를 들자면 '단어의 의미', '표현의 의미', 혹은 '「행동」의 의미' 등과 같은 것들이 있다.

마지막으로, 단어 어원 연구에 따르면 'Sinn'이라는 단어는 '길을 만들다', '여행하다', '어딘가로 가다'라는 뜻을 가진 동사 'sinnan'에서 파생된 단어로서 "이미 중고(中高) 독일어에서는 '드러난 정신적 방향'을 비유적으로 뜻하는 용도로 사용"되었다. 그리고 이 단어는 오늘날까지 이러한 뜻을 유지하고 있다. 모리츠 하이네(Moritz Heyne)에 따르면[550] 'Sinn'은 "무언가를 향하여 노력하는 사람의 내면"을 의미하는 것으로 이해된다. 그리하여 화폐(Geld)라는 단어와 '감각이 지향하는 어떠한 것(Sinnen)'이 결부된 형태를 분명히 지시하는 합성어인 「화폐지향

---

[550] Heyne(1890-95).

성」(*Geldsinn*)이라는 단어가 만들어져 사용된다.

따라서 우리가 「화폐지향성」(*Geldsinn*)이라는 표현을 쓸 때, 이는 「화폐의 의미」(*Sinn des Geldes*)를 말하는 것이 아니다.[551] 후자는 어떠한 상황에서, 즉, 어떠한 사회적 또는 경제적 발전 단계에서 「목적적 제도」(*Zweckeinrichtung*)로서[552] 혹은 [가격]표현의 수단이나 작업의 수단(*Werkmittel*)으로서 화폐가 가지는 의미를 말한다. 반면 전자의 경우, 「화폐지향성」이란 개인이나 사회적 집단, 계급, 나아가 한 시대의 전체 국민이나 대중이 가지고 있고 그에 상응하는 「행위」로서 밖으로 드러나는, 화폐에 대한 심리적 태도(*psychische Haltung*)를 지칭한다. 즉, 「화폐지향성」은 [화폐에 대한] 평가(*Wertung*)와 그에 상응하는 「행위」와 관련되어 있는, 화폐에 대한 정신적 견지(堅持 *seelische Einstellung*)이다.

「화폐지향성」은 단순한 「가득에 대한 지향성」은 아니다. 또한 탐욕은 더더욱 아니다. 「화폐지향성」은 특정 목적이나 필요의 충족이라는 목적을 위한 「화폐의 적합성」(*Tauglichkeit des Geldes*)을 경험함으로써 발생하거나 형성된다. 이러한 경험을 바탕으로 화폐가 존중된다. 그 결과 인간의 「행동」과 그에 수반하는 「사회적 삶」에 특별한 성격을 부여하는 「심상」(*Gesinnung*)이 형성된다. 즉, 「화폐지향성」은 「화폐의 적합성」(*Tauglichkeit des Geldes*)을 경험하게 됨으로써 형성된다. 그리하여 「화폐지향성」은 화폐 문제에 관련된 「행위」에 어떠한 질서, 일관성, 그리고 연속성을 보장한다.

야콥 그림(Jakob Grimm)의 연설문 『노년에 대하여』(*Über das Alter*)에서 그가 다음과 같이 말하였을 때, 즉, "사람들이 나이가 들어서 가지게 되

---

[551] [역주] 독일어 복합어인 '*Geldsinn*'(화폐지향성)은 그 구성 인자로 분해를 하는 경우 '*Geld* + *Sinn*'이기에, 이는 *Geld*(화폐)의 *Sinn*(의미)을 뜻하는 '*Sinn des Geldes*'(화폐의 의미)로 혼동할 여지가 있다. 하지만 양자는 전혀 다른 뜻을 가진다.

[552] [역주] 목적을 달성하기 위한 수단으로서의 화폐라는 제도. 참고: 312쪽.

는「돈에 대한 사랑」(Geldliebe)”은 “엄격한 가정적 질서에 익숙한 사람이 자라며 획득한 ‘칭찬받을 만한 정확성’(lobenswerte Genauigkeit)이 ‘비난받을 만한 인색함’(tadelhafte Kargheit)으로 점차 바뀌어 가는”[553] 모습을 관찰할 때 가장 쉽게 이해될 수 있다고 언급하였을 때, 그는「화폐지향성」에 대하여 말하고 있는 것이다.

유명한 언어학자 야콥 그림의 이 같은 말에서 우리가 확인할 수 있는 한 가지 사실은, 노인들이 가지는「화폐지향성」은 청년의 그것이나 장년의 그것과는 분명히 다르다는 점이다. 이 같은 생각은 거의 더 이상의 논거를 제시할 필요가 없이 명백하다.

「돈에 대한 사랑」은 노년이 가지게 되는「열정」, 그리고 나이가 들면서 더욱 커지는「열성」이다. 샤미소(Adelbert von Chamisso)가[554] 지은『소네트와 테르치네』(Sonette und Terzinen)에 등장하는 시적 표현에 따르면, 살라스 이 고메즈(Salas y Gomez)의[555] 첫 번째 석판(Schiefertafel)에는[556] 노인들이 ‘맘몬’(Mammon)에 대하여,[557] “노년이 되어서는 그것의 빛을 받기를 원하

---

[553] [역주] Schneidewin(1893: 103).

[554] [역주] Adelbert von Chamisso의 본명은 Louis-Charles-Adélaïde Cha-misso de Boncourt(1781-1838)으로서, 독일의 시인, 작가, 그리고 식물학자였다.

[555] [역주] 태평양 남동부의 칠레령의 작은 무인도.

[556] [역주] 이 대목에 등장하는 ‘살라스 이 고메즈’는 무인도로 알려져 있는데, 따라서 이 대목은 시적이고 은유적인 표현으로 여겨진다. 역자의 추측에 의하면 이 장소는 어떠한 공허한 곳을, 그리고 석판이라 함은 그러한 공허한 장소에서 발견된 석판으로 일단 그 위에 기록된 글자들은 영원히 변하지 않음을 의미하는 것으로 생각된다.

[557] [역주] 맘몬(Mammon)은 물질적 추구, 돈 내지는 소유에의 추구를 은유적으로 표현한 단어인데, 종종 정신적 가치를 희생하면서 그러한 것들에 대

는 지상의 권력"이라고 부른다고 기록되어 있다.

「노년세대에 있어서의 화폐지향성」은 「화폐의 기능」 중, 「가치저장 수단」, 즉 '가치의 저장소'(*réserve de valeur*)라는 토양에서 자라난다. 「축적」을 통하여 미래에 대비한다는 「예비적 비축」(*Vorsoge*)이라는 생각은 불안에 떠는 장사꾼과 속인의 지적 지평에서 생겨난 것이라는, 흔히들 하기 쉬운 생각은 아니다. 미래에 대한 관심은 아마도 인간 영혼의 각성(*Erwachen*)에서 시작되는 것이다. 원시인들의 생각을 가득 채우고 있는 것은 물론 현세에서의 삶이 아니라 내세를 위한 「예비적 비축」이며, 이를 위하여 그들은 보화를 쌓아놓고 화폐를 저축한다. 화폐는 "현재와 미래를 잇는 가교"(*le pont entre le présent et l'avenir*)(Charles Rist),[558] "현재와 미래를 연결하는 고리"(케인즈)일[559] 뿐만 아니라 현세와 내세를 잇는 가교이기도 하다. 우리는 많은 민족의 「장례의식」에서 이 같은 화폐의 역할에 대하여 배울 수 있다.

하여 갈구함을 나타낸다. 이는 신약 성서 마태 복음에 등장하는데, 아르마닉 어원인, 부 내지는 재산을 의미하는 *mamona*에서 유래되었다.

[558] [역주] Rist(1938: 90):

> 미래에 대한 생각은 산업가, 상인, 사업가의 머릿속에서 끊임없이 떠오르게 된다. 이들은 주로 가격, 시장, 공급원, 판매 가능성 등과 같은 항목을 통하여 미래를 표현하는 바에 골몰하게 된다. 그리하여 이제 안정적인 화폐, 즉 금속 화폐는 현재와 미래를 잇는 가교 역할을 하게 된다. 그 화폐 덕분에, 그리고 만일 그것이 부족할 때는 다른 안정적이고 귀중한 물건들 덕분에 경제 주체들은 기다릴 수 있고, 선택을 유보할 수도 있고, 기회들을 숫자로 계산할 수도 있다. 화폐가 사라지면 모든 것이 불확실하여진다.

[559] [역주] Keynes(1936: 293): "화폐가 가지는 중요성은 현재와 미래를 연결하는 고리라는 점에서 드러나기 때문이다".

프랑스의 유명한 국민 경제학자 샤를 지드(Charles Gide)는[560] 화폐에
대하여 '점차 알게됨'(Kennenlernen)으로 인하여 소년들이 가지게 되는 감
명에 대하여 다음과 같이 이야기한 바 있다.

> 고등학교 시절 화폐가 가진 신비로움에 빠져 최초로 경제학에 관심
> 을 갖게 된 순간을 아주 생생하게 기억하고 있으며, 지금도 그 생각
> 이 떠오른 장소가 눈에 선하다.

> 소년 시절 이래 나는 동화에 푹 빠져 있었고, 모든 부를 얻기 위하여
> 서는 단지 문지르기만 하면 되는 알라딘의 요술 램프 이야기를 잘 기
> 억하고 있었다. 그리하여 화폐가 있다면 램프가 줄 수 있는 모든 것
> 을, 즉, 원하는 만큼 많은 호화로운 식사, 보석, 왕궁, 흑인 또는 백인
> 노예, 그리고 심지어 공주의 손까지 얻을 수 있다고 믿게 되었다.[561]

그는 "아이는 곧 동전 몇 푼으로 원하는 것을 얻을 수 있다는 것을
알게 된다"면서 계속 말을 이었다. 심리학의 관점에서 볼 때, 아이는 더
이상 선물을 물건으로 받으면 기뻐하는 것이 아니라 오히려 동전으로
받았을 때 더 큰 기쁨을 가질 수 있다고 스스로 깨달으며, "이 동전으로
원하는 것은 무엇이든 살 수 있어"라고 말할 수 있을 나이를 먹는 것이
가지는 의미는 크다고 말한다.

우리는 다음과 같은 질문을 제기할 수 있다. 즉,「화폐의 의미」가 소
년에게 드리운 것인가, 아니면「화폐지향성」이 그에게 깨어나기 시작
한 것인가? 하지만, 비록 앞서 말한 것처럼「화폐지향성」과「화폐의 의

---

[560] [역주] Charles Gide(1847-1932). 프랑스의 저명한 경제학자로서 협동
조합운동을 통하여 사회적 개혁을 할 것을 주장하였다. 또한 경기에 있
어서 윤리적인 측면을 강조하였다.

[561] [역주] 이 인용의 출처에 대하여서는 확인하지 못하였다.

미」를 구분하여야 한다고 하더라도, 위의 질문을 살펴보자면 이 두가지가 서로 서로 관련이 없다고 가정하는 것은 오류임이 보여진다. 그 반대의 경우가 사실이다. 즉,「화폐지향성」과「화폐의 의미」는 서로 밀접하게 연관되어 있다. 이러한 밀접성은 아마도 화폐가 의미를 상실한 상태가 발생하였을 때 가장 명확하게 드러날 것이다. 그러한 경우에서는 우리가「화폐지향성」이라는 것 자체에 대하여 말할 수 있게 하는―생각(Vorstellung)과 성향(Disposition)의 측면에 있어서의― 정신적 태도가 지시하는 대상은 존재하지 않게 된다. 화폐가 의미를 상실하면「화폐지향성」은 시들고 마침내 죽게 된다.

반대로「화폐의 의미」가 확장되거나 오히려「사회에서의 화폐의 중요성」이 그 강도와 범위에 있어서 증대된다면, 이는 분명「화폐지향성」이 형성되어 나아가는 바에 영향을 미치지 않을 수 없다. 이는 또한 다음과 같이 말할 수 있게 한다:「화폐지향성」의 전개와 화폐의 기능의 발전 간에는 밀접한「관련성」이 있는데, 이는 사회에서의 화폐의「관용」을 결정하는 것은 바로 이것들[「화폐지향성」의 전개와 화폐 기능의 발전]이기 때문이다.

이미 다른 맥락에서 설명하였듯이,「교환수단」으로서의 화폐의 서비스는 일반적으로 화폐의 특징적 기능으로 간주된다. 하지만 물론, 경험에 따르자면 특정 상황에서는 이 서비스를 제대로 수행하지 못하거나 매우 제한적으로만 수행할 수 있다는 것을 알 수 있다. 우리가 알고 있다시피 원래적「재화교류」는 항상 동일한 형태를 가지고 있었다. 즉 사회교류적 삶에서 일어나는 사건과 관련되어 그 과정에서 수반되는 선물의 형태로 발생하였다. 이러한 점은 이미 설명하였기에 이곳에서 다시 설명할 필요는 없을 것이다. 중요한 점은「원시화폐」에서는「우월성의 과시수단」으로 작용하는 특정 대상, 특히 주로「귀중품」이 중요한 역할을 수행하였고, 이러한 이유로 인하여 그 당시의 화폐는「귀중품화폐」(Kleinodgeld)였다는 관찰이다.

이와 같이, 「화폐지향성」이 어떠한 중요성을 가지고 있는 사물을 중심으로 드러나는 것은 당연하다. 이에 대한 증언과 증거는 넘쳐 흐른다. 게르만 문화에서는 높은 위치의 사람들에게는 고리가 「귀중품」을 의미하였고, 어느 정도는 화폐를 의미하였다는 사실은 잘 알려져 있다. 지배 계급에게 고리가 뜻하는 바는 농민들에게 있어서는 어떠한 직물, 양모와 아마포로 만든 이불과 의류에 해당하였고, 그것들은 화폐 역할을 하였다. '성(聖) 갈(Gall) 수도원의 수도승'(*Monachus Sangallensis*)이[562] 저술한 『카롤루스 대제의 업적』(*Gesta Caroli Magni*)에서 볼 수 있는 흥미로운 일화는 이러한 것들이 얼마나 존귀하게 여겨졌는지를 잘 보여준다. 그 이야기는 독일 북부에 기독교가 확산되던 시기로 거슬러 올라간다. 오늘날 이교도들이 종종 그러하듯 당시 인구를 개종시키기를 열망하였던 선교사들은 단지 말뿐만 아니라 세속적인 유혹을 통하여 그들의 선한 양떼를 기독교로 끌어들이려고 노력하였다. 그리하여 세례를 받은 사람들은 세례 후 세례복을 선사품으로 받았다. 그런데 이 소문은 스칸디나비아 전역까지 퍼지게 되어 어느 날 50여명의 노르만족이 세례를 받기 위하여 찾아왔다. 재고로 가지고 있던 기존의 모직 세례복으로는 이 인원을 충당할 수 없었기 때문에 일반 직물로 세례복을 만들어서 주었다. 하지만 노르만족이 그 일반 직물을 보게 되자 그들의 지도자는 그것들을 즉각 거부하면서 다음과 같이 말하였다. "나는 이미 스무 번이나 세

---

[562] [역주] 이는 본명이 Notker the Stammerer 혹은 Notker Balbulus라고 알려진 9-10세기 경 베네딕트 수도원인 성(聖) 갈(St. Gall)의 수도승을 일컫는데, 그는 중세 문학, 역사 그리고 음악에서 중요한 기여를 한 바 있다. 그는 익명의 '성 갈의 수도승'(*Monachus Sangallensis*)이 저술한, 중세 프랑크 왕국의 왕이자 신성 로마 제국 황제인 카롤루스 대제의 업적을 기록한 역사 저술인 『카롤루스 대제의 업적』(*Gesta Caroli Magni*)의 원저자로 알려져 있다.

례를 받았는데, 그때마다 항상 좋은 흰 가운을 받았다. 그런데 지금 이 자루와 같이 형편없는 직물은 우리 같은 전사들에게는 어울리지 않고 기껏해야 돼지우리꾼에게나 어울린다". 이 직설적인 노르만인에게 가운에 대한 필요성이 그렇게 컸다고 가정할 수는 없다. 그가 왜 '전문적으로' 세례를 받았는지는 당대에 그 같은 가운이 「재보」 창고에 쌓아 두거나 혹은 「지불수단」의 용도로 수요가 많았기 때문이라고 추측할 수 있다.

동아프리카에서 귀국한 선교사들에게도 비슷한 이야기를 들은 바 있다. 원주민 교도들은 개종의 표식으로 금속 십자가를 받았는데, 이 십자가는 곧 부족 일원들에게는 화폐처럼 사용되었고, 많은 사람들이 교리 교육을 받기 위하여 서두르는 것은 신앙에 대한 열정보다는 단지 십자가를 얻기 위함이었다.

문화사학자에 있어서는 이러한 뚜렷한 「화폐지향성」은 결코 놀랄 만한 사실이 아니다 이미 다른 맥락에서 언급하였듯이, 빌헬름 그뢴베흐(Wilhelm Grönbech)는 우리 조상들이 지니고 있던 소유의 기쁨이 "금과 청동을 얻기 위하여 분투하는 「영웅적 기질」"로부터 「길게 뻗은 손가락의 탐욕」"(langfingrige Habsucht)으로[563] 쉽게 변형될 수 있었다고 설명하였다. 그러나 그는 "탐욕은 영웅적인 형태를 띠었고, 그에 대응하는 「관대함」도 당시에는 극단적 관대함을 보여주고 있었다"고 말한다.[564] 그뢴베흐에 따르면, 금과 귀중품에 대한 개념에서 보여지는, 이같이 상반되어

---

[563] [역주] 손가락을 길게 뻗쳐 남의 것을 훔치려고 하는 탐욕을 비유적으로 표현한 것. 이는 최초에는 영웅심에 의하여 금과 청동을 탐하다가 점차 물질적 부를 그 자체로 추구하고 심지어는 남의 것을 훔치려는 심리까지도 이어지게 됨을 뜻함.

[564] [역주] 즉 그 당시에는 영웅심에 의한 탐욕과 극단적 관대함이 공존하고 있었다는 의미.

존재하는 [탐욕과 관대함이라는] 이러한 [일견 정반대로만 보이는] 두 종류의 북유럽적 특성은 "개인적 심리 상태에 의하여서 균형이 이루어 지는 것은 아니다".[565]

그런데 [일견 복잡하게 보이는] 이 같은 현상은 실상 그다지 복잡하지만은 않다. 이미 여러 번 자세히 설명하였듯이 게르만의 서사시에서 나타나는 이미지와 문구들에서는 「고리 지출자」(*Ringspender*) 또는 「고리 분배자」(*Ringverteiler*) 등으로 왕을 묘사하고 또한 왕을 「재보 낭비자」(*Schatzverschwender*)라고도 부르는데, 이와 같은 「화폐분배」와 「화폐낭비」(*Geldvergeudung*)라는 현상은 북유럽 민족에게만 독특한 것은 아니다. 인류학 연구를 살펴보자면 전 세계 곳곳에서 이러한 사례가 발견된다. 「관대함」과 「욕심」의 기저에 깔려 있는 모티브는 [어디서나] 동일한데, 그것은 바로 소유와 「수집」(收集)한 것들을, 혹은 「저장」한 것들을 낭비하며 처분할 수 있게끔 하는 [동기로서의] 「평판」 내지 「사회교류적 우월성」이다. 바로 이러한 점이 당대 사람들이 가지고 있었던 「화폐지향성의 근원」이다.

이것들이야말로 화폐에 대한 느낌과 「화폐재화에 관한 행위」로 표출되는, 보편적 인간에게서 보여지는 기본적인 형태와 표현이다. 페이아시안들(Phaeacians)이[566] 잠든 오디세우스를 해변으로 데려온 후, 마침내

---

565 Grönbech(1939: 14).

[역주] 이 문장 자체로 볼 때는 그 의미가 불분명하지만, 후속 문장에서 명확히 언급하는 바는, 이 같은 일견 상충되는 것으로 보이는 두가지 성향은 사실 같은 동기에서 비롯된 것이며, 서로 완전히 다른 성질의 것을 개인이 자신의 심리 내에서 균형시키지는 않는다는 의미.

566 [역주] 이들은 호머의 서사시에서 관대하고 친절한 민족으로 묘사되어 있으며 오디세우스에게 돌아갈 배를 제공하면서 고향으로 돌아갈 길을 안내하여 주었다.

오디세우스가 깨어났을 때 오디세우스는 무엇보다도 가장 먼저 구리
솥을 세어야 한다는 생각을 하였는데, 이것도 같은 맥락에서 이해하여
야만 한다. "그리고 나서 그는 그가 가진 모든 호화로운 삼각대와 솥,[567]
금, 그리고 촘촘하게 짠 의복의 숫자를 세었다"고 호머는 기록하고 있
다. 여기서 언급된 것은 다름 아니라 모두 「화폐재화들」이다. 그리하여
시인은 [호머는] 그 자체로 「소유의 기쁨」을 표출하는, 어떠한 만족감을
묘사하고 있는 다음과 같은 대사를 적고 있다: "아, 보아라, 단 한 조각
도 사라지지 않았다!"(Odyssey, XIII, 215).

앵글로색슨족의 서사시 베오울프에서도 같은 종류의 「소유의 기쁨」
이 표현되어 있다.[568] 주인공이 죽음의 시간이 임박함을 느끼면서, 전투
로 점철되어온 그의 삶에서 수집된 「귀중품들」을 다시 한번 눈앞에 가
져오라고 한다. 그리하여 그가 자신의 부하들을 위하여 얻은 「재보들」
을 죽기 전에 다시 한번 보고 싶어 한다. 그는 이렇게 외친다:

> 서두르라, 위글라프(Wiglaf)여,
>
> 내가 이 오래된 재산, 금으로 된 재산을 볼 수 있게 말이야,
>
> 확실히 그 빛나는 보석들을 볼 수 있게끔,
>
> 그리하여 내가 이 「재보들」로부터,
>
> 그리고 내가 오랫동안 소유하여 온 이 생명과 토지로부터 더 쉽게 이
> 별할 수 있게끔 (Beowulf, 2745쪽 이하 연속).

그런데 영국의 갤스워디(J. Galsworthy)의 유명한 소설 시리즈인 『포사

---

[567] [역주] 이때 삼각대와 솥은 제물로 도살한 가축을 삶을 때 사용하는 솥
과 그 솥을 바치는 삼각대를 의미하는 것으로서 제사와 연관되기 때문
에 신성한 것으로 간주되었고 따라서 가치가 있는 것으로 여겨졌다. 참
고: Laum(2023/1924).

[568] [역주] 베오울프에 대하여서는 다음을 참고할 것: 각주120.

이트 가문의 이야기』(*The Forsyte Saga*)가[569] 우리에게 전달하여 주는 영국 빅토리아 시대의 묘사 속에서 위에 언급한 고대 게르만족이 가지고 있었던 「소유의 기쁨」과 「화폐지향성」이 재발견될 수 있다. 작가는 이렇게 말하며 상황을 반전시킨다:

> 옛 이야기에 등장하는 사람들이 가지고 있었던 소유 본능은 확실히 포사이트 가문의 그것과 같았다.

그가 말하고자 한 것은 빅토리아 시대에서 존경받던 사람들, 즉 포사이트 가문은 그들이 가진 "소유 본능"이라는 측면에 있어서는 옛 이야기에 등장하던 사람들과 다름없다는 것이다. 이때 작가는 "소유 지향적인 세계와 재산에 대한 감각"에 대하여 이야기하고 있다.

인류학에서 나오는 몇 가지 사례들을 더 나열하여 보자. 템플(C. R. Temple)은 『통화의 시작』(Beginnings of Currency)이라는 훌륭한 연구에서 다음과 같이 기록하고 있다(Temple 1899):

> 버마에서 살고 있는 카렌족(Karen)에게[570] 있어서 가장 가치 있는 「소유물」은 '키지'(Kyee-Zee)라고 불리는 북이다. 이 북의 소유는 바로 「부」를 의미한다. 이 북을 획득하기 위한 「열정」은 자식과 친척마저도 희생시킬 정도로 대단하다. 이 북은 분쟁을 「해소」하고, 죄수를 석방하고, 「참회지불」을 하는 목적으로 사용되는데, 다시 말하자면 큰 돈을 지불하거나 특히 축제에서 「부」를 드러내는 용도로 사용된다.[571]

---

[569] [역주] 다음을 참고할 것: 각주352.

[570] [역주] 버마와 그 주변 국가들에서 살고 있는 토착인종.

[571] Temple(1899: 110).

징(*Gong*)은 많은 인도네시아 원주민 부족들 사이에서 인기가 높아서 집의 장식, 신부용 재보, 「제물」로 사용될 뿐만 아니라 「세금지불수단」과 「참회지불수단」으로도 사용된다. 디와라(*Diwarra*)로 불리는 남태평양의 「조개화폐」도 같은 가치를 지니고 있다. 탐험가 조지 브라운(George Brown)은 뉴브리튼(New Britain)의 원주민에 있어서의 「화폐지향성」이 유난히 발달한 것에 주목하였다. 그는 그들이 모든 원주민 중에서도 가장 고도로 발달한 「화폐지향성」을 가지고 있다고 주장하며 이렇게 설명한다:

> 남편과 아내도 상호 간에 경제적으로 경쟁을 한다. 그들의 언어에는 '사다', '팔다', '빌려주다', '이자', '저당 잡히다', '담보를 제공하고 얻다', '강탈하다', '헐값에 팔다', '강제로 팔다', '희생을 치르고라도 팔다' 등의 다양한 단어들이 등장한다. 그들은 빈번한 시장의 개설과 원정무역을 통하여 다양한 물품을 사고 그것들을 상당한 이윤을 남기고 되팔았다.[572]

이 모든 사례에는 아주 일찍부터 강한, 때로는 우리가 생각하기에도 너무나 강하게 발달한 「화폐지향성」이 나타난다. 위의 사례들은 이러한 마음가짐의 정신적 뿌리에 대한 궁금증을 제기하는 동시에 또 다른 의문을 제기한다: 즉, 「화폐지향성」은 단지 「가득에의 지향성」(*Erwerbssinn*)의 한 가지 형태에 불과한 것일까? 그 대답은 심리학에 맡겨야 할 것이지만, 심리학자들의 의견을 배척하지는 않더라도 아마도 다른 과학에서의 경험영역에서도 이러한 사안들을 해석하는 바에 기여하는 단초를 발견할 수도 있을 것이다. 아래의 설명은 이러한 방식으로 이해하여야 하며 별도의 의미로 이해하여서는 안 된다.

---

[572] Brown(1911: 297). 유사한 사례는 다음을 참고할 것: Codrington(1891: 297), 그리고 Kloss(1903: 308).

화폐가 사회에 도입되면서 「가득에의 지향성」은 확실히 매우 특별한 성격을 가지게 된다. 그러나 「화폐지향성」은 그 내적 연관성에도 불구하고 「가득에 대한 지향성」의 단순한 파생 현상이 아닌 다른 무엇인가로 보여진다. 「화폐지향성」은 일반적으로 사회교류적 「행위」를 결정하는 심리학적 사실에 의하여서만 설명될 수 있다고 생각한다. 화폐가 「사회교류적 행위」의 창조물이듯이, 「화폐지향성」도 사회교류적 삶의 결과이다. 하지만, 그 뿌리를 이미 선험적으로 주어진 어떠한 성향에서는 찾지 말아야 한다는 것을 의미하는 것은 물론 아니다. 「야심적 인간」(*homo ambitiosus*)이 가지고 있는 도구로서의 화폐의 「관용」은 그 화폐가 충족시키는 인간의 영혼에 깊이 뿌리내린 원초적 힘으로부터 성장하여 왔다. 누차 지적하였듯이 「야심적 인간」 또는 「인정추구적 인간」(*anthropos philótimos*)이 소지하고 있는 생각과 노력은 「사회적 행태과정」의 저변에 흐르는 강력한 저류를 형성한다. 「평판에의 집착」(*doxomania*)과[573] 경쟁(*agon*)에[574] 의하여 조건화되고 특징지어지는 것은 비단 고대 그리스인의 삶뿐만 아니라 인간의 전반적인 삶이기 때문이다. 그리하여 「평판집착적 인간」(*anthropos doxomanés*)이 세상을 지배하게 되고, 그 인간이 가진 [평판에의] 탐닉을 충족시키기 위한 가장 완벽한 도구로서 화폐라는 위대한 「보조수단」이 만들어지게 된 것이다.

우리가 「화폐관용」의 시작에 대하여 알고 있는 모든 것에 의거하여서 판단하여 본다면, 이는 「원시화폐」는 「우월성」, 「강조화」, 따라서 사회교류적 「구분화」의 수단이라는 것을 확인할 수 있게 한다. 이러한 사실이 곧 「화폐지향성」을 낳는다.

이러한 「충동」의 내용과 방향성은 「수집충동」(收集 *Sammeltrieb*)과 「장

---

[573] [역주] 이 *doxomania*(δοξομανία)의 의미에 대하여서는 다음을 참고할 것: 각주44.

[574] [역주] *Agon*(ἀγών)은 그리스어로 경쟁, 경합, 시합 등을 의미한다.

신충동」(*Schmucktrieb*)이라는 서로 다른 종류의 두가지 「충동」에서 보여진다. 그런데 결국 이 두 가지 충동 모두 「우월성 과시의 충동」을 위하여 기능하는데, 귀중한 것의 「축적」과 그러한 것들로 장식하는 것은 남에 대비하여 자신을 「강조화」하려는 의도를 가지고 있기 때문이다.

이제 이 두 가지 종류의 「충동들」을 진작하는 것과 「화폐의 발생」 및 「화폐지향성」의 형성은 매우 특이한 방식으로 관련된 것으로 여겨진다. 일부 심리학자들의 생각에 의하면, 「유용하려는 충동」 혹은 「소유충동」이라고도 불리는 「수집충동」은 여성보다 남성에게서 더 강하게 발달하는 것으로 알려져 있다. 그러한 이유인지 괴테의 파우스트 제2부에서 나오는, 황궁에 등장하는 인물 중 한 명은 다음과 같은 말로 자신을 소개한다: "나는 남성 즉, 탐욕(*Avaritia*)이다".[575]

「장신충동」과 관련하여서는 그와는 반대, 즉 여성이 보석을 더 좋아한다고 사람들이 생각하는 경향이 있다. 그런데 사실 이러한 명제에 관련하여서는 다음과 같은 의문이 제기된다: 만약 「사회교류적 행동」이 두 가지 다른 성별이 가진 각기 특유의 「충동」에 의하여 서로 다른 정도로 결정된다면 도대체 「사회교류적 행동」의 창조물로서의 「화폐의 발생」에서 두 성별이 각기 기여하는 바는 어느 정도인가. 안타깝게도 사실 이 질문에 대한 답은 쉽지 않고 유보적일 수밖에 없는데, 본 저자가 알고 있는 바는 개인과 민족의 삶 속에서 「장신구」의 기원과 그것들의 「관용」, 그리고 그 의미에 대한 철저한 개별적 연구가 부족하기 때문이다. 이에 대한 내용을 다루고 있는 인류학, 문화사 그리고 심리학 분야의 주요 저작은 지극히 빈약하다. 베스터마르크(Westermarck 1891)에 따르면 「장신구」는 그 기원과 형성에 있어서 「성적 충동」(*Geschlechtstriebe*)을 만족시키기 위한 「구애수단」(*Werbemittel*)이었으며, 속어를 사용하자면

---

[575] [역주] Goethe, Johann Wolfgang von(1831), 파우스트(*Faust*) 비극 2부 1막(5665행).

다름 아닌 성적 어필의 수단이었다. 그런데, 이와는 달리 민족사회학자인 프레이저(J.G. Frazer)와 엘리엇 스미스(Elliot Smith) 등은 「장신구」의 기원과 용도를 주술적 믿음으로 설명하고자 하는데, 이 같은 견해는 "모든 발전의 시작에는 신화가 있다"라고 바흐오펜(J. Bachofen)이 그의 저술 『모권』(母權 Mutterrecht)의 서문에서 주장한 바와 일맥상통한다 (Bachofen 1861).

사실 이 두 가지 견해는 필히 상호 배타적일 필요는 없고, 두 가지 모두 각각의 진실을 내포하고 있지만 본 저자에게 있어서는 이 두 가지 견해 모두 너무도 편협한 것으로 여겨진다. 「장신구」는 사실 「관용」에서 그 의미를 얻게 된다. 이미 언급한 것처럼 그러나 장식의 목적은 언제나 「강조화」를 위함이다. 이성을 끌어 당기거나, 자신의 위계나 위상을 표시하거나 혹은 자신의 품위를 강조하기 위한 그 모든 경우에 있어서 「장신구」를 착용한 사람은 자신이 빼어나게 보이게 되거나 혹은 스스로 그렇게 하려고 한다.

「장신구」에는 크게 두 가지 유형이 존재하는데, 「과시적 장신구」(*Werbeschmuck*)와 「존귀함 표시 장신구」(*Würdeschmuck*)가 그것들이다. 그런데, 양자 간의 경계는 명확하지는 않다. 「과시적 장신구」는 주로 치장을 위한 것이고, 「존귀함 표시 장신구」는 사회교류적이라고 말할 수 있을 뿐이다. 자연에서 흔히 볼 수 있는 바는, 보통 「장신구」를 지니고 다니는 것은 항상 구애자이고 특히 동물의 세계에서는 보통은 수컷이라는 사실이다. 그러나 예외적으로 암컷이 구애하는 경우도 있고 이때 수컷은 단지 구애받는 입장인데 그러한 경우에는 암컷이 더 화려하게 치장되어 있다.

원시 인류 사회에서의 상황에 대한 완전한 지식은 현재로서는 없다. 하지만 원래 「과시적 장신구」는 여성이 착용하고 있었음을 시사하는 증거들은 많이 발견된다. 이에는 일반적으로 신체에 그림이나 문신을 새기고 장신용 흉터를 만들거나 머리, 발, 허리 등 신체의 개별 부분을 변형하는 단순한 형태의 신체적 장신이 포함된다.

앞서 언급한 「장신수단」(*Schmuckmittel*)의 사용은 남녀 모두에게 공통적인 「습속」이지만 남성보다는 여성에게 더 흔한 것으로 보여진다. 예를 들어 많은 부족들에게 있어서는 신체의 문신은 여성에게만 허용되는 경우가 있다. 더욱이 인위적인 두개골 모습의 변형을 제외한[576] 여타 신체 변형은 여성들이 주로 사용하는 「장신수단」이다. 항상 이러한 여성 신체의 꾸밈이나 장식의 동기는 이성을 끌기 위한 에로틱한 효과를 창출하기 위함인데, 이는 여성 일반에서 보석의 「장신적 사용」(*Schmuck-gebrauch*)에서 잘 보여진다. 즉, 쇼펜하우어가 여성 일반에 대하여 말한 바, "모든 것을 남자를 얻기 위한 수단으로만 여기는 것이 바로 여성의 본성이다".[577]

반면에 남성이 자신의 신체에 그림이나 문신을 새기는 경우는 즉각적인 성적 매력 효과를 나타내기 위함이 아니라 오히려 위계와 위상을 표시하는 「장신수단」 내지 전쟁에서 보여주기 위한 치장물(*Kriegsschmuck*)의 일종으로 행해졌다. 이 같은 사실은 일반적으로 남성이 「장신적 사용」을 하는 많은 경우에도 동일하게 적용된다. 장신이 가진 사회적 형성력에 있어서 주목하여 본다면 장신은 부족이나 계급의 구성원에 소속감, 혹은 위계와 위상의 상징으로서 항상 남성에 속하는 영역이었는데, 심지어 여성이 존엄의 상징물을 간혹 착용하는 경우에도 그러하였다.[578]

이에 추가하여 고려하여야 하는 다른 사실들도 있다. 그림, 문신, 그

---

[576] [역주] 유아시부터 두개골 부분을 죄는 방식 등을 통하여 변형시키는 방법.

[577] [역주] Schopenhauer(1851).

[578] [역주] 즉, 그러한 경우도 결국 그 여성을 소유하고 있는 남성의 존엄을 드러내는 것이었다.

리고 유사한 방법 등으로 만든 단순한 장신구 이외에도 일종의 「소유를 위한 장신구」(*Besitzschmuck*)의 형태를 가진 것들이 초기부터 등장하게된다. 이는 본질적으로 희귀품을 소유함이 가지는 사회교류적 중요성을 기반으로 한다. 일반적으로 위계와 「부」를 동시에 나타내는 이러한 [소유를 위한] 「장신수단」은 주로 남성에 국한되어 있었다. 베스터마르크는 그의 저서 『인간 결혼의 역사』에서 (Westermarck 1891) 「장신적 사용」에 대한 남녀 모두에 있어서의 다양한 사례들을 제시하고 있다. 그런데 베스터마르크의 설명에서는 잘 드러나지 않지만 이러한 사례들을 자세히 분석하여 본다면 놀랍게도 「장신적 사용」이 남성들 사이에서 우세한 경우에서는 거의 항상 그것들은 「소유를 위한 장신구」라는 것을 발견할 수 있다. 그러나 화폐로 진화되는 것은 바로 이 「소유를 위한 장신구」이다.

인류학자나 민족학자에 따르면 인류에게 최초로 노동이 시작되었을 때 남자와 여자가 기여하는 바에 차이가 있었듯이 화폐의 기원에 대하여서도 같은 논리가 적용된다고 한다. 물론 「장신구」는 남녀 모두 애용한다. 그러나 남성의 손에서 비로소 「장신수단」인 「장식재」(*Schmuckgut*)가 드디어 화폐가 된다. 본 저자는 이전 저술에서 이를 다음과 같은 명제로 표현하였다:

> 여성이 농작물 재배를 발명하였기에 문화사적 중요성을 가지는 반면, 남성은 「자산집적」, 「재화교류」 그리고 「자본형성」이라는 측면에 있어서 그 중요성을 가진다.[579]

이는 또한 「남성에 있어서의 화폐지향성」이 일반적으로 여성보다 훨씬 두드러진다는 것을 분명히 시사한다. 물론 예외도 존재한다. 그러나 남성이 주로 체스 시합에 적합한 재능을 가지고 있는 것처럼 남성은 일

---

[579] Gerloff (1940: 205).

반적으로 여성이 가지지 못하거나, 반대로 여성에 비하여 훨씬 못한 재능을 가지고 있기도 하다.

다양한 목적을 위하여 「선물로서의 화폐지출」을 하게 되면서 「화폐의 중요성」에 대하여 경제합리적으로 각성하기 시작한다. 이것은 '인간의 타락'(Sündenfall)을 의미하며,[580] 이제 화폐는 가장 완벽한 「경제합리적 이해의 수단」(Mittel der ökonomischen Interessen)으로 인식되기 시작한다는 것을 의미한다. 이는 즉 아리스토텔레스가 사회의 일탈과 타락, 국가 파멸의 원인으로 규탄하였던 「가득」을 향한 「열정」이 깨어나고 있는 것을 뜻하기도 한다. 가사에서의 필요를 위한 자연스러운 획득의 방식은 화폐의 도입과 함께 「가득」이라는 또 다른 방식의 획득의 형태로 대체되는데, 이 철학자의 말을 빌리자면 후자는 "기술과 연습(Übung)에 의한 것이며 자연적 본성에 의한 것이 아니고, 그것은 삶의 향락만을 목표로 하며 특히 그것은 감각적 쾌락만을 의미하는 것으로 이해하는 사람들에 의하여 수행된다".[581] 아리스토텔레스에 따르면, 이러한 모든 것들은 화폐로 얻어질 수 있기 때문에 그들 평생의 일과는 돈벌이에 바쳐지게 되는 것이다. 이러한 「화폐지향성」은 이제 특이한 성격을 가지게 되고, 「화폐의 가득」을 위한 「이재기법」(chrematopoie)은[582] 인간의 「평판에 대한 집착」(doxomania)을[583] 만족시키는 훌륭한 수단이 된다. 이와 관련하여 많은 문제들이 발생되지만, 특히 영어 속담에서는 그 문제들 중의 하나

---

[580] [역주] 이 표현은 성경에 등장하는 아담과 이브가 금단의 열매를 먹은 죄에 빠진 것을 의미한다.

[581] [역주] 참고 Aristotle(1932: 1256b40-1257b35).

[582] [역주] 이 'chrematopoie'(χρηματοποίη)라는 용어는 '돈'을 뜻하는 그리스어 'chrema'(χρήμα)와 '만들다'라는 의미를 가진 'poiein'(ποιεῖν)이 결합된 형태이다.

[583] [역주] 이 의미에 대하여서는 다음을 참고할 것: 각주235.

를 다음과 같이 냉정하게 표현하고 있다: "바보도 돈을 벌 수는 있지만 돈을 사용함에 있어서는 현명한 사람이 필요하다". 이는 즉, 바보조차도 화폐를 모을 수는 있지만 제대로 사용하려면 현명하여야만 한다는 뜻이다.

모든 인간 관계에 영향을 미치는 이러한 발전이 가지는 중요성은 절대로 과소평가되어서는 안 된다. 이러한 발전으로 인하여 '사물로서의 화폐'가 사람들 전반의 사고나 어떠한 특정 계층의 사고에 있어서 이제는 하나의 표상(Vorstellung), 즉 「보편적인 상품등가물」(allgemeine Warenäquivalent)로서의 「가치 표상」(Wertvorstellung)으로 변화되었을 때, 이는 지속적으로 반복되어 왔던, 사회 내지는 모든 사람에게 있어서의 거대한 변혁을 야기시킨다. 아리스토텔레스가 이미 파악하였던 바대로 이러한 「화폐의 변태」를 통하여 「화폐지향성」은 변곡점을 맞이하게 되는데, 이에 대하여서는 사실 아리스토텔레스는 온당한 평가를 할 수 없었다.

「화폐지향성」은 어떠한 「가치감」(Wertgefühl)하에 사물에 접근하는데, 사람, 관계, 그리고 사태와 같은 그 모든 것들은 「화폐라는 공통분모」(Geldnenner)라는 일종의 공통분모로 환원되며, 화폐적 계산 이외의 어떠한 다른 감정의 강조도 개입되지 않는다. 화폐는 그 이미지에 있어서 수단에서 가치 그 자체로, 그리고 점점 더 많은 것들을 분류시키는 「가치평가」 체계의 척도로, 그리고 결국(「속죄금」(Wergeld)에서 볼 수 있듯이) 삶 그 자체로 변모하여 간다.

경제적 발전 과정에서 일어나는 「화폐 목적의 확장」은 모든 사물에 대하여 순전히 화폐적인 「가치평가」를 하려는 성향을 현저히 강화하게 된다. 화폐가 이전에는 「재화교환」의 편의를 위한 단순한 「교환수단」이었다면 그곳에서 출발하여 이제는 「자본형성수단」(Mittel der Kapitalbildung)으로 변화하게 되는 순간, 이는 자연히 「화폐지향성」에, 그리고 그 「화폐지향성」의 발전과 진작에도 영향을 미치게 된다. 농업적 경제적 자급자족 생산에서 전체 국가적인, 전세계적인 공급을 동반하게 되는 분업적 「재화생산」으로 전환되면서 이러한 화폐의 새로운 역할, 즉 자본으로서의 화폐의 역할이 가장 중요하게 부각된다. 그리하여 「화폐소유」을 통하여 [새롭게] 형성되는 사물과의 관계는 확장되어 이제 새롭고도 중요한 영역을 포괄하게 되고, 이로써 「화폐지향성」은 특별한 강도와 색채를 지닌 새로운 내용으로 거듭난다.

이러한 「화폐지향성」이 자리 잡은 곳에서는, 삶은 이렇듯 모든 경제적 평가로 확장되어 가는 독특한 「계산성」(*Rechenhaftigkeit*)으로 일단 가득 차 있게 된다. 하지만 그러한 「계산성」은 그에 멈추지 않고 다른 「사회교류적 관계」까지도 장악하게 되어, 결국 사회교류적 현존재의 다른 모든 영역까지도 침투하여 간다. 화폐는 모든 경제적 행위와 「행동」을 「가득추구의 원칙」에 종속시키는 엄격한 「경제합리적 합리주의」(*ökonomischer Rationalismus*)의 「잣대」가 된다. 그리하여 돈을 벌고, 또한 돈을 크게 불리는 것에 초점을 둔 이러한 「화폐지향성」은 사회의 근본적인 변혁을 야기한 경제체제인 「자본주의」를 만들어 낸다.

역으로 이 경제 체제는 이제 그 체제를 탄생시킨 「화폐지향성」에 반대로 영향을 미쳐 그것을 거의 무자비하게 발전시켰고 심지어 타락에 이르게 하였다.

모든 문화 단계와 모든 민족, 실제로 모든 사회 계층, 그리고 마지막으로 모든 개인은 모두 자신의 「화폐지향성」, 즉 화폐에 대한 특별한 태도를 가지고 있다. 「화폐지향성」을 가지지 않는 개인은 이제 아무도 존재하지 않는다. 그리하여 한 민족, 국가, 계급, 심지어 개인의 성격은 「화폐지향성」에 의하여 현저히 결정된다.

그러나 단순히 이러한 진술에서 멈추는 것은 상투적인 말을 반복하는 것에 지나지 않는다. 화폐는 사실 수단일 뿐이며, 따라서 「화폐지향성」은 화폐를 통하여 실현되는 목적, 즉 화폐를 통하여 실현되는 이해관계 위에 그 자신을 각인시킨다는 점을 간과한다면 그러한 진술은 피상적 진술에 머무를 뿐이다. 「화폐지향성」은 화폐에 사회학적 위상을 부여한다. 이러한 지향성은 「화폐경제」에서 가장 강하게 드러나는 것처럼 보이지만, 실상 화폐는 「원시 민족」의 일상적 「삶의 영역」에서도 때때로 매우 중요한 역할을 하였다. 앞서 언급한 「조개화폐」의 일종인 디와라(Diwarra) 화폐를 「가득」하는 것은 신성한 것을 의미하는 '탐부'(tambu)라고 불리는데, 이미 다른 맥락에서 살펴본 바와 같이 가젤 반도(Gazelle)에[584] 거주하는 원주민인 '카나카스'족(Kanakas)이 가지고 있는 모든 의미와 소망을 충족시킨다. 그들의 「야심」은 가능한 한 많이 그 화폐를 모아서 그가 죽은 후에 그의 유족이 성대한 장례식을 치루면서 거액의 「화폐분배」를 사람들에게 할 수 있도록 하는 것이다. 「화폐지향성」은 이들 부족, 그리고 이미 언급한 바 있는 여타 다른 부족들 사이에서 최고도로 발달할 수 있었다(본서 69쪽 이하 참조). 그 「화폐지향성」은 상호 간의 모든 교류관계에 있어서의 그들의 「행태」를 결정하는데, 이는 마치 그들이 순전히 「화폐경제적」 조건에서 살고 있다고 착각하게 만들 정도이다.

「화폐경제」의 형성에도 「화폐지향성」이 필요하다. 이것이 결여된 곳에는 「화폐경제」의 성장에 필수적인 전제조건이 결여되어 있는 셈이다. 뚜렷한 「화폐지향성」이 없으면 경제적 기업의 경영도, 재정을 가진 현대 국가를 포함하는 어떠한 종류의 행정을 경영하는 것도 불가능하다.

경제합리적인 사물의 세계에서는 「화폐지향성의 발전」은 「화폐의 구매권력」의 발전과 함께 진행된다. 앞서 자세히 설명하였듯이, 이 「화폐의 구매권력」은 경제합리적 자유주의 시대에 완전히 발전한다. 이 시기야말로 화폐의 무제한적인 「사용 가능성」이 보장되는 시대이다.

개인주의적 경제 질서가 철폐될 때, 그리고 그러한 경우에 한하여서만 「화폐의 구매권력」은 다시금 제약을 경험한다(위에서 언급한 280쪽

---

584 [역주] 뉴브리튼 섬의 북동부에 위치한 좁고 긴 섬으로서, 남태평양 남서부의 비스마르크 제도의 일부.

전반). 세계대전 중 문명 세계 전체에 도입되었던 「소득의 사용」에 대한 제약은 [그 이후에도] 소련의 경우 자신의 경제합리적인 체제의 일부로서 항상 시도하였던 바가 있었다. 이러한 경제 체제에서는 단지 화폐가 있어야만 구매할 수 있는 것은 아니다. 그와 더불어 아마도 어떠한 특정 사회 집단에 속하는 「혜택받을 권리」도 가지고 있어야 하는 등의 여러 제약이 따르게 되었다. 본 저자로서는 지난 천년 동안 발전하여 온 「화폐지향성」이 향후 어떠한 변화를 겪을지에 대한 전망은 향후의 논의를 위하여 현재로는 열어 두고자 한다. 하지만 「경제에서의 화폐의 역할」이 강력하고 영구적으로 위축된다면 「화폐지향성」 또한 시들어 버릴 것은 분명하다. 혹자들은 그로 인하여 윤리적으로 잃는 것은 아무것도 없으며 오히려 얻는 것이 더 많을 것이라고 생각할 수도 있다. 왜냐하면 화폐는 인간관계를 변화시키고, 그리하여 인간관계에 상이한 색깔과 가치를 부여한다는 것은 의심의 여지가 없기 때문이다. 화폐의 도입은 이미 언급하였듯이 「경제관리」상의 근본적인 변환을 의미한다. 원래 선물, 즉 「자발적 선물」이 교류의 담지자 역할을 하였던 「분배경제」가, 이제는 화폐가 「재화유통」을 위한 수단의 역할을 하게 됨에 따라 사적 생활 영역에 있어서는 「교환경제」로, 그리고 공적생활에서는 「세금경제」로 변환된 바 있다.

화폐를 하나의 수단으로서 일련의 목적에 끼워 넣는 목적론적 사고에 의하여 「화폐지향성」은 뒷받침되며, 실제로 「화폐지향성」은 목적론적 사고 자체라고 말할 수도 있다. 「화폐지출」과 연결되고 모든 「화폐의 가득」의 근간이 되는 목적론적 판단은 「화폐의 도구적 성격」을 이제는 [그 자체로] 절대화하는 것으로 이어진다. 이는 원래 어떠한 「목적추구」에 대한 수단인 화폐가 이제는 보편적인 「목적 그 자체인 수단」 (*Zweckmittel*)이 됨을 뜻한다. 기술적 과정에서 흔히 볼 수 있는 특정 목적을 위한 수단이 이제는 그 원래의 「목적추구」를 넘어서는 또 다른 목적을 위한 의미를 획득하는 과정은 이렇듯 화폐에서 가장 적절하게 표현되고 있다. 짐멜(Simmel)은 이 같은 과정을 다음과 같이 표현한 바 있다: "목적으로 인하여 그 수단에 대한 사고가 나타나게 된 연후에, 역으로 이제는 그 수단이 목적에 대한 사고를 만들어낸다".[585] 이 언명을 본서 의 주제에 적용하자면 이때 말하는 목적이란 다름 아닌「화폐의 가득」 이라고 할 수 있다. 이「목적설정」이라는 관점에서 보자면「경제적인 것」의 영역을 훨씬 뛰어넘는 합리주의가 발전하게 되고, 화폐는 모든 것의 척도로 간주되기 시작한다. 그리하여 다음과 같은 두가지 속담이 존재한다. "돈은 우정을 망친다"와 "돈 문제는 상호 간의 정감의 종식이 다". 이 같은 속담은 이러한 합리주의에 뿌리를 둔 화폐가 가지는 의미 인「화폐지향성」이 사회학적으로 미치는 영향을 표현한 것이다. 베스파 시아누스(Vespasian)의[586] "불결하지 않다"(non olet)라는 유명한 표현은[587] 이보다 한발 더 나아간다. 이는 기술적 도구로서의 화폐는 중립적인 것 일 뿐만 아니라 이러한 기술적 수단의 사용함이 불러일으키는「심상」 또한 중립적이라는 것을 표현한 것이다. 그런데 어떠한 기술적 수단이 그 수단을 사용하는 사람들에게 그 수단이 제공하는 목적을 달성하게 하는 것 이외에도 또 다른 습성을 부여하는 것처럼, 화폐도 마찬가지이 다. 기술적 수단으로서의 화폐를 관용하게 되면 그것을 사용하는 사람 도 또한 차갑고 심지어 인격이 없는 존재로 변하게 될 수 있는 위험을 내포하고 있다.

　화폐는 일종의 '속박'(Bindung)을 의미한다. 이는 타인에의 속박을 형

---

585 [역주] Simmel(1900: 207, 2011/1900: 227).

586 [역주] 기원후 69 to 79년까지 재위하였던 로마의 황제.

587 [역주] 이 라틴 문구는 "냄새 나지 않는다" 내지는 "불결하지 않다"를 의 미한다. 이 말은 베스파시아누스 황제가 한 말로 알려져 있는데, 이는 종종 로마의 공중화장실에서 징수하는 입장료조차도 가치가 있고 불결 하지 않다는 의미를 가진다.

성할 뿐만 아니라 자신의 영혼의 속박을 의미하며, 예민한 사람들에게
는 이러한 속박은 특히 강압으로, 심지어 저주로 인식되기도 한다. 따
라서 이 저주에서 벗어나고자 하는 욕구가 생기며, 영혼을 따뜻하게 하
려는 노력을 통하여 이같이 차가운 돈벌이에의 집착에 대하여 균형을
회복하려고도 한다. 그러한 노력은 자선(Caritas)과 문화의 배양에서 발
견된다. 스테판 츠바이히(Stefan Zweig)는 그의 저서 『어제의 세계』(Zweig
1941)에서 비엔나의 문화생활에 있어서의 유대인의 역할에 대하여 이
러한 측면에 입각하여 설명한 바 있다.[588] 그러나 이것은 유대교만의 특
성만이 아니며 또한 비엔나나 오스트리아의 특성만이라고도 할 수 없
다. 청교도적인 돈벌이 추구자도 마찬가지로 다른 영역에서 자신의 영
적 구제를 모색한다.

19세기는 가장 화폐를 숭배하였던 시대였으며 그렇기에 저축의 세
기이기도 하였다. 그 당시 대부분의 사람들은 힘들게 벌고 근면하게 저
축하는 과정을 통하여 「화폐소유」를 획득할 수 있었다. 따라서 화폐를
조심스럽게 다루는 것은 너무도 당연한 일이었고, 혹시 그렇게 하지 않
는 사람은 도덕적으로 비난을 받았다. 다른 일반적인 「자산가치」를 소
유하고 있었던 그 이전 시대 사람들에게 비추어진 「화폐소유」에 비하
여 19세기 시대의 사람들에게 있어서의 「화폐소유」는 더욱더 열망되는
목적이었지만, 그것에 대하여 이야기하는 것은 여전히 천박한 것으로
간주되었다. 오로지 가진 것이 없는 사람들만이 기회가 있을 때마다 돈
에 대하여 이야기하고는 하였을 뿐이다.

화폐가 「경제합리적인 현존재」를 구성하는 주요 요소가 될수록 「화
폐지향성」은 더 강력하게 전개되고, 「화폐의 사회학적 역할」도 그만
큼 커지며, 점차 더욱 중요하여진다. 현재의 관점에서는 「화폐지향성」

---

[588] [역주] 즉, 유대인들이 자신들의 돈벌이 추구에 대한 집착에 대한 일종
　　　의 균형으로서 문화활동에 동시에 관심을 가지게 된 것을 의미.

을 지탱하는 정신적 힘은 바로「지성」(Verstand)이다. 하지만 물론 항상 그러하였던 것은 아니었다. [과거에 있어서는] 우리의 삶을 이끄는 또 다른 정신적 힘, 즉, 감정(Gefühl)도 또한「화폐지향성」을 유도하였지만 그때의 대상은 현재 우리가 사용하는 형태의 화폐가 아닌 다른 화폐, 다른 기능의 화폐였다. 화폐에 대한 원시인의 태도는 감정에 의하여 결정되는 반면, 현대인의 태도는「지성」(Verstand)에 의하여 결정된다. 그런데「지성」이 지배하고 합리성에 의하여 가치 판단이 이루어지는 곳에서는 화폐가 모든 것을 지배한다. 화폐를 단지「욕구들」을 편리하게 충족시키고「욕구충족」을 증대시키는 수단으로만 간주하는 순전히 합리주의적인 화폐에 대한 해석에 근거하여「화폐지향성」을 순전히 '행복론적'(eudämonistisch)으로[589] 해석하는 것은 잘못이다. 이는 화폐가 소지한 문화 창조의 힘을 무시하는 것이며, 따라서「화폐지향성」이 사회의 구성과 사회적 삶에서 수행하는 역할을 과소평가하는 것이다.「화폐지향성의 발전」(Ausbildung des Geldsinns)이 가지는 역할을 평가하기 위하여서는 화폐가, 즉 화폐의 합당한「관용」이「현존재」의 문화적 발전을 위하여 어떠한 의미를 가지는지를 가시적으로 보여 주어야만 한다. 물론 현대인에게는 화폐를 통하여「자급자족」이라는 굴레로부터 해방될 수 있었던 것이「화폐경제」가 이루어 낸 가시적 성과로서 일차적으로 다가오는 것은 사실이다. 하지만 이러한 인상에서만 멈추는 것은 울타리 너머를 보지 못하고 그저 울타리만을 바라보는 것으로 만족하는 것이 될 것이다.

좀바르트가 언급한 바 처럼, 소수의 사람들이 화폐를 벌어들이는「열정」에, 즉 어떠한「화폐지향성」에 사로잡혔기 때문에 이전에는 볼 수 없었던 범위와 규모, 힘을 가진 경제적, 문화적 삶이 생겨났다. 이전

---

[589] [역주] 이는 그리스어 'eudaimonikós'(ευδαιμονικός)에서 유래한 단어로서, 복지, 행복 등을 의미한다. 본문에서의 의미는 화폐를 단지 개인의 행복 내지 효용을 위한 수단으로 간주하여서는 안 된다는 것이다.

에는 존재하지 않았던 수억 명의 사람들이 생겨났고, 빵과 교육을 발견하게 되었고, 제국이 세워지고 멸망하였으며, 신기한 기술의 세계가 건설되었고, 지구의 모습도 바뀌어 왔다. 그 모든 변화의 배후에 존재하였던 「충동력」은 바로 「화폐지향성」이었다. 화폐가 태초부터 「사회교류적 권력」의, 그리고 「위계위상」의 「표현수단」이었다는 사실은 오늘날까지 유지되고 있다. 그러나 그것은 동시에 시장, 경제, 그리고 사회에서의 「권력실현수단」이기도 하다. 즉, 그것은 권력을 부여하는 수단이다. 화폐는 권력을 부여함으로써 동시에 독립성도 부여한다. 따라서 「화폐지향성」에는 독립성이라는 요소가 존재한다. 종종 그렇게 표명되어 왔듯이, 화폐가 개인적 자유를 천명하는 '권리 대헌장'(*Magna Carta*)이라는 말이 사실이라면, 화폐가 실어 나르는 자유의 실현을 위하여 사고하고 느끼고 의도하게끔 하는 것은 바로 이 「화폐지향성」이다.

물론 이러한 「화폐지향성」은, 화폐로 표현할 수 없는 가치를 잘못 판단하거나 무시하고, 형식적인 자유보다 더 중요한 [사회에서의] 유대를 과소평가하거나 심지어 파괴할 수도 있는 위험성을 내포하고 있기도 하다. 플라톤에서 톨스토이에 이르는 위대한 사회개혁가들도 그들의 사회비판에서 「화폐에 대한 인간관계」를 다루고 있는데, 그들이 이 같은 「화폐지향성」을 인간의 약점 혹은 「열정」으로 간주하였을 때 그 저변에 흐르는 사상은 「화폐로부터의 독립」이 「화폐소유」가 부여하는 독립성보다 더 큰 도덕적 자유를 보장한다는 사실이었다.

모든 위대한 종교 창시자들은 자발적 청빈을 찬양하였고 「부」가 영적인 위험을 초래함에 대하여 경고하며, 부정한 「부」의 수단으로서의 화폐에 반대하였다. 교회는 다른 어떠한 소유보다도 화폐를, 따라서 「화폐의 가득」을 비난하였다. 왜냐하면 보편적인 「교환수단」으로서의 화폐는 다른 어떠한 재화보다 더 쉽게 「탐욕」을 자극하고 향락으로 유혹하며 그리스도인의 구원에 대한 갈구를 희석시키기 때문이다. "하나님과 맘몬(*Mammon*)을 동시에 섬길 수는 없다"는 그리스도의 이 말씀은「화폐지향성」에 대한 교회의 태도를 결정하였다. 사실「화폐지향성」에 대하여서는 조심하여야만 한다. 이 같은 경고는 사도 바울이 디모데(Timothy)에게 보낸 첫 번째 편지에서 "만악의 뿌리는「금전욕」(*Geldgier*)이다"라고 말하였을 때 의미하였던「불건전한 화폐지향성」에 대하여서만 물론 해당하는 말이기는 하다. 반면에「건강한 화폐지향성」(*gesunder Geldsinn*)은 화폐를 사용하되 화폐를 섬기지는 않는다. 화폐는 필요하지만 남용하지 않는다는 의미이다.

「건전한 화폐지향성」은 물론 건전한 화폐를 필요로 한다. 그러나「인플레이션」이라는 독소가「화폐체계」를 타락시키는 곳에서는「화폐지향성」도 타락하는 경향이 있다는 것을 여러 차례 역사에서 관찰한 바 있다.

따라서「화폐지향성」의 문제는 더 큰 영역의 문제, 즉 정치의 과제, 특히 경제 정책적 과제와 교육에 있어서의 과제로 이어진다. 경제정책의 과제는 경제에서의 화폐에「화폐지향성」의 건강한 발전을 보장할 수 있는 위상을 부여하는 것, 즉「화폐중심적 개인」이나「화폐지배」(*Geldherrschaft*)가 발붙일 여지가 없는 경제질서를 만드는 것이다. 반면「교육」의 과제는 삶을 살만한 가치로 만드는 것이「화폐가치」를 초월하는 사물의 본질적 가치이며, 삶의 진정한 가치는 화폐로는 절대로 측정되거나 표현될 수 없는,「화폐가치」를 초월하는 것이라는 사실을 사람들에게 인식시키는 것이다.

§30. 화폐의 사회적 이론

화폐는「사회교류적 행동」의 창조물이다.[590] 이 명제가 의미하는 바는, 일정한 관계로 연결되어 통일체를 구성하는 사람들의 집합이 표출

---

[590] [역주] 이는 "화폐는 법적 질서의 창조물'이라는 크납의 명제와 대비된다(Knapp 2023/1923: 2).

하는 유사한 「행함」과 「행위」, 즉 「사회교류적 행동」의 결과로서 화폐
가 발생하고 기능을 얻게 된다는 사실이다. 이것이 본서에서의 연구의
결론이다. 화폐는 인간이 발명한 것이 아니고, 「의도적 심산」(*Zweckab-sicht*)을 가지고 사람들이 의식적으로 만든 제도도 아니며, 인간의 본성
과 동료 인간과의 관계하에서 발생하고 성장하여 온 것이다. 그것은 인
간관계의 「표현수단」이며, 인간의 「공동체생활」을 어떠한 특정한 형태
로 실현하는 수단이다.

그러나 화폐는 어떠한 특정한 경제 질서에서만 유일한 「표현수단」
이나 도구는 아니다. 비저(Wieser)가 바르게 지적하였듯이[591] 화폐는 기
업적으로 조직된 경제의 창조물이 아니다. 도브레츠버거(Dobretsberger
1946)가 『경제의 변환에 있어서의 화폐』(*Das Geld im Wandel der Wirtschaft*)라
는 제목의 자신의 훌륭한 저술에서 말하고 있듯이 "우리는 화폐를 특정
형태의 생산 조직에 귀속시킬 수 없다".[592]

「화폐의 사회적 이론」의 과제는 화폐를 문화적 「의미형성체」(*Sinnge-bild*)로 분석하고, 이 「의미형성체」를 사회교류적 현상의 일종으로 해석
하여 현실에서 화폐의 존재와 기능을 설명하여 주는 것이다. 이 작업은
단순히 사회교류적 코스모스에 화폐가 '「착상」'(着床, *Einbettung, embedded-ness*)되어 있음을 드러내 보여 주거나 혹은 화폐를 통합하고 있는 「삶의

---

[591] [역주] 원문에서의 문구의 의미는 모호하다. 즉, 비저가 그렇게 주장하
였다는 것인지 그 반대인지는 불분명하다. 역자의 지식에 의하면 비저
가 실제로 기업적으로 조직된 경제의 창조물로서의 화폐를 주장한 바는
없는 것으로 안다. 오히려, 비저는 원시적 상태에서 어떠한 현명한 지도
자가 화폐를 사용하여 간접적 교환을 함으로써 얻는 이익을 시현하자,
다른 사람들이 추종자로서 모방하기 시작하였다는 칼 멩거 식의 주장을
하고 있다. 참고: Wieser(2023/1927: 7-8).

[592] Dobretsberger(1946: 43).

총체들」(*Lebenszusammenhangen*)을 연구하는 목적만을 가진 것은 아니다. 화폐는 그 자체로 「사회교류적인 것들」을 야기하는 인자(因子)라는 것을 밝히는 것도 그 중요한 목적이며, 그럼으로써 화폐가 「사회교류적 관계」를 「조형」함에 있어서 중대한 의미를 가지고 있음을 강조하기 위한 것이다. 따라서 「화폐의 사회적 이론」의 주제는 「화폐관용」을 통하여 표현되고, 「화폐관용」으로부터 결과되는 「사회교류적 관계」이다. 즉, 화폐는 사회적 관계의 표현 형식일 뿐만 아니라 그러한 관계의 창조자이자 생성자로 간주되어야 한다. 이러한 접근법은 파레토(Pareto)에서 막스 베버에 이르기까지 발전된 사회학적 방법을 화폐라는 개념이 포괄하고 있는 문화적 영역에까지 적용하는 것을 본질적으로 의미한다.

사회라는 것은 감각적으로 지각될 수 있는 표출방식을 통하여 자신을 표현하는 그러한 사람들 간에 형성되는 관계의 상태(*Zustand*)이다. 이때 「표현수단」은 다양하게 존재하는데, 몸짓이나 표정처럼 자연적으로 주어지는 것도 있고 언어나 글처럼 창조되는 것도 있다. 언어, 글, 제례적 상징물,[593] 「장신구」는[594] 가장 중요하고도 원초적인, 사회적 「행태」(*Gehaben*)에 대한 사실적 「표현수단」이다. 그리고 이에 추가하여 화폐가 존재한다. 화폐는 기능적으로 볼 때 제례적 상징물과 「장신구」와 관련이 있고 부분적으로 그것들에 뿌리를 두고 있지만, 그것들의 기능적 영역을 훨씬 초월하여 결국 독자적인 기능적 힘을 획득한다. 화폐는 특정 「사태」(*Sachverhalt*)를 나타내는 기능을 가지고 있다.

이러한 「표현수단」의 출현은 고립된 「행동」으로서는 생각할 수 없고 사회교류적 동작의 차원에서만 생각할 수 있다. 이 「표현수단」의 목

---

593 [역주] 제례적 표현, 대상물, 그리고 그를 위한 각종 기구들이 이러한 범주에 해당된다.

594 [역주] 이는 이전에 언급한 「과시적 장신구」와 「존귀함 표시 장신구」를 포함한다.

적은 어떠한 상태를 객체화하는 것, 즉 「축장화폐」라는 최초의 화폐라는 측면과 관련하여서 볼 때는 「자존감」이라는 내적 상태를 객체화하는 것이다. 이러한 「자존감」이라는 것은 다른 사람의 「개성」에 울리게 (Resonanz)되어 다시 반향되는 한에서만 생기를 얻을 수 있다. 이러한 반향(Widerklang)은 사람을 대상으로 추구되는 것만은 아니다. 특별한 관계를 가지고 있거나 혹은 그러한 관계가 느껴지는 사물에서도 추구되거나 감지된다.[595] 이것이 바로 「객체화」가 의미하는 내면의 상태이다.

「객체화」에 사용되는 대상은 이 「객체화」되었다는 사실로 인하여 인간과의 관계를 수립할 수 있는데, 보다 더 정확하게 말하자면 그 개인은 그 대상과의 관계를 수립하게 된다. 화폐는 특정 표상의 담지자이며 상징으로서, 위에서 말한 「자존감」을 특별한 정도까지 고양시키고 향상시킬 수 있는 그러한 대상이다. 그리하여 화폐는 이곳에서 설명된 이러한 [자존감의 고양] 과정을 보여주는 가장 훌륭한 예 중 하나이다. 「원초적 충동들」에서 생겨난, 사회교류적 창조물로서의 화폐는 곧이어 그 자체의 생명과 효력을 획득하고, 그에 이어 역으로 그것을 출현시킨 사회적 그룹을 변혁시키는 영향력을 행사할 수 있을 뿐만 아니라 그 이상으로도 자신의 영향 범위를 현저히 확장할 수 있게 된다.

어떠한 희귀한 물건, 「장신구」, 제례 의상, 무기 등이 그러하듯 화폐는 원래 항상 강렬하게 외향적으로 드러나는 「표현수단」이거나 그것이 될 수 있는 어떠한 무엇, 즉 어떠한 대표물이다. 「화폐소유」를 과시한다는 것은 그것을 소유한 자가 가지는 위계, 「평판」 혹은 「우월성」을 상징한다. 그렇기에 눈에 띄지 못하는 것은 「원시화폐」가 될 수 있는 「특성」을 가지지 못하였고, 「화폐의 발생」은 애초에는 항상 어떠한 눈에 띄는 대상과 연결되어 있었다. 따라서 특별히 눈에 띄고 시선을 사로 잡는

---

[595] [역주] 예를 들어 귀한 보석은 자신의 자존감을 상징하는 것이며, 따라서 그 자존감이 객체화되어 다른 사람에게 드러내 보이는 것이다.

「화폐증표」(Geldzeichen)부터 시작하여 때로는 눈에 전혀 띄지 않는 「화폐증표」, 그리고 최종적으로는 단순한 장부화폐로 이어지는 과정은 결국 화폐의 「필수적 서비스」가 변천하여 나아가는 경로이다.

감각적으로 느낄 수 있는 「표현수단」을 통하여 어떠한 사태를 「객체화」시킨다는 것은 사실 다른 중요한 과정과 연관되어 있다. 이는 「표현기능」(Ausdrucksfunktion)이 개인적 담지자로부터 분리되어 이제는 그 「표현기능」이 물질적 실체로 옮겨지는 과정이다. 이러한 방식으로 그 「표현기능」[의 담지자로서의 사물]은 개인으로부터 독립하여 다른 사람에게 이전될 수 있게 된다.

화폐는 특히 [타인에 대하여] 강한 울림을 가진 「표현수단」으로서 사회 구성원 간의 개인적인 관계를 표현한다. 이러한 관계들은 「지불공동체」(Knapp) 또는 「계상공동체」(Heller[596])와도 같은 형태로 나타나는, 각자의 특수한 「화폐관용」에 따라 구분되는 특정 공동체로 지칭되기도 한다. 본 저자는 이에 「인정공동체」(Geltungsgemeinschaft)라는 형태의 공동체를 추가하고자 한다. 이러한 공통체들은 화폐의 존재가 어떠한 특정 사회적 「관용」에 기반한다는 것을 의미한다. 그러한 「관용」이 없으면 화폐는 발생하지 않으며, 그러한 「관용」이 중단되면 화폐 자체도 소멸하게 된다.

「화폐의 사회적 이론」은 화폐가 사회교류적 통합의 체계를 수립함에 기여하는 바를 보여준다. 인간은 사회교류적으로 살아가는 존재이며, 사회교류적으로 「행동」하며, 또한 「사회교류적인 것들」을 작동시키는 존재이다. 인간은 「사회교류성」이 없이는 존속할 수 없으며, 이 「사회교류적인 것」을 강화하는 모든 것이 그 인간 자신을 강화한다. 앞에서 자세히 살펴본 바와 같이 화폐는 「사회교류성」을 강화한다. 그리고 비록 「화폐관용」은 「사회교류적인 것」이지만, 인간의 자아와 그 개별적

---

596 [역주] 다음을 참고할 것: 각주402.

고유성을 강화함으로써 [역으로] 개인을 강화하기도 한다. 「화폐관용」은 강력한 「사회교류성」의 전제 조건이며, 또한 그러한 「사회교류성」내에서 개인성의 주장을 보호하기 위한 전제 조건이기도 하다.

모든 문화 창조의 원동력인 「충동」, 「습관」, 「지성」은 「화폐창조」에서도 [순차적으로] 함께 작용하였다. 이것들은 위에 나열한 순서대로 차례로 화폐의 형성을 결정하여 왔으며, 이에 따라 세 가지 뚜렷한 단계로 표시되는 「화폐발전의 단계」를 보여준다. 근원적 충동인 「우월성 과시의 충동」이 「수집충동」이라는 단계를 거쳐 「축장화폐」로 이어지며, 「축장화폐」로 사용되는 「관용」이 「습관화」되면 이 화폐는 「지불화폐」(「참회금」, 「원한 해소금」, 「신랑지참금」 등)가 될 수 있다. 「합리화」는―이는 필히 연속적인 발전을 뜻하는 것은 아니다― 그러한 화폐를 「교환화폐」가 되게 하며, 더 나아가 「일반적 상업화폐」(*allgemeines Verkehrsgeld*)로[597] 발전되게 만든다.

화폐가 「자연적인 것」(*physei*, φύσει)인지 「합의에 의한 것」(*thesei*, θεσει)에서 비롯된 것인지에 관한[598] 오래된 소피스트의 질문에 대한 대답은 (이미 서론에서 답한 것처럼) 화폐는 자연스럽게 발생한 것이지, 단순히 '법령'에 의하여 생겨난 것이 아니라는 것이다. 그러나 「화폐의 발전」이 보여주는 것은 이 두 가지 개념 간의 대립은 사실 영구적으로 지속되는 것은 아니라는 사실이다. 오히려 화폐의 발전 과정에서 [위의 *thesei*에 해당하는, 화폐를 제정하는] 「법령」 또한 「화폐의 본성」에서 필연적으로 발생한다는 사실이다. 국가가 자연발생적으로 생겨난 것이라 하더라도 결국 그것이 법적 제도로 된 것처럼, 화폐에도 마찬가지 논리가 적용될 수 있다. 원래 「사회교류적」 범주로서 자연적으로 생겨난 화폐는 지속

---

[597] 이에 관련하여서는 Gerloff(1940: 178 전반)의 19장 '화폐의 진화의 단계'(*Stufen der Geldentwicklung*)에서 상세히 설명한 바를 참고할 것.

[598] [역주] 그 의미에 대하여서는 다음을 참고할 것: 각주13과 14.

적인 「관용」을 통하여 「시장거래의 수단」이 되었고 따라서 특수한 「경제합리적 범주」가 되었다. 그리고 지속적으로 발전하여 나아가는 과정에서 그러한 범주들의 존재 자체는 「법령」을 통하여 인정되고 보장을 받게 되었다. 따라서 화폐는 법적인 범주가 되었으며, 이미 다른 맥락하에서 설명하였듯이 원래 자연적으로 창조된 화폐가 이윽고 「법령」에 의하여 만들어진 화폐로 대체되는 전환점이자 분기점에 이르게 된다. 이 변환은 물론 화폐의 기능 변화와 연결되며, 그러한 기능의 변화를 통하여서만 변환은 가능하게 되었다.

오직 화폐 발전의 초기 단계에 있어서만 「화폐의 발생」을 야기하였던 [원래적] 상황이 「화폐의 본질」을 결정함에 있어서 중요하였다. 화폐가 원래적 기능 이외의 다른 기능을 획득하게 됨에 따라 그 화폐를 이루는 물질적 존재에 의하여 결정되었던 본질은 사라지게 되고 그와는 다른 형식적 본질이 화폐의 성격을 결정하게 된다. 소재적 실체가 없는 화폐는 결코 원래의 사회교류적인 「우월성의 과시수단」이 될 수 없다. 하지만, 「교환수단」 및 「가치비교수단」(Wertvergleichsmittel)으로서의 화폐는 그 소재적 실체에 얽매이지 않고도 기능할 수 있다.

원래 화폐는 일반적인 「사회적 인정수단」이다. 이 점은 다양한 맥락에서 본서와 본 저자의 이전 저술인 『화폐의 발생』(Gerloff 1947b)에서 자세히 설명한 바 있다. 그것은 사회적 가치(Gelten)를 가진 어떠한 「재화의 관용」을 통하여 발생하였다. 그러나 「화폐적 기능」의 지속적 발전과 변환의 과정에서 「사회적 인정수단」은 「보상수단」으로 변화하게 되고, 화폐는 「교환재」에 대한 사회적인 보편적 등가물이 된다. 즉, 하나의 재화 내지는 여러 일부 재화는 소유, 권력 그리고 「부」의 표현(내지는 대표물)으로 간주되고 이러한 이유로 갈구되고 또한 유통되면서 화폐로서의 「특성」을 획득하게 되는 것이다. 이 발전 과정으로부터 더 진전된 다음 단계에서는 이러한 [특수한 일부] 재화는, 일반적으로 받아들여지는 그리고 보편적으로 타당한, 다른 재화 내지는 다수의 재화에 대한 등가물이 된다. 따라서 이러한 등가성을 획득한 재화가 화폐가 되는 것이다. 달리 말하자면 이러한 「화폐의 발전」 수준에서는 이렇듯 등가성을 획득한 재화, 즉, 「교환거래」에 등장하는 다른 모든 재화들과의 교환에서 일반적으로 받아들여지고 보편적으로 유효한 등가물이라는 속성을 가지게 되는 재화가 바로 화폐가 된다.

따라서 사비니(Savigny)의[599] 용어를 따르면 이는 화폐를 동시에 "「부의 권력」(Vermögensmacht)의 대표자(Repräsentant)"가 되도록 만든다. 「화폐체계의 발전」(Ausbildung des Geldwesens)과 함께 더 이상 「토지소유」가, 혹은 오로지 「토지소유」만이 「부의 권력」의 유일한 대표자이자 담지자는 아니라는 사실이 사회적 구조에 있어 결정적으로 중요하게 된다.

화폐는 사회교류적 제도이다. 그 본질(Wesen)과 효력(Wirksamkeit)은 그 것을 사용하는 사회에 의하여 결정된다. 그러나 사회의 작동과 「행동」은 개인을 통하여서만 가능하기 때문에 화폐는 개인의 「행함」(Tun)과 「행위」를 통하여 그 「생명력」과 「수행력」(Leistungskraft)을 얻는다.

모든 「원시적 화폐관용」은 제례화된다. 「제례화」는 주술적 또는 영적-종교적 의미가 부여된 형식에 집착하는 것을 포함한다.[600]

그 초기 형식에 있어서의 화폐는 종종 그 소유자를 더 높은 존재로 격상시키고, 내세에 들어가서 망자들 사이에서 높은 「위계위상」을 얻을 수 있게끔 보장하는 마법의 생명력의 담지자로 간주된다. 이러한 화폐가 가진 초자연적인 특성은 일부 원주민 부족이 가진 강렬한 「금전욕」과 일견 수치를 모르는 탐욕을 설명하여 줄 수 있다. 이러한 신성하게 만드는 힘, 즉, [내세의] 행복을 보장하는 신비한 「화폐의 권력」에 대

---

[599] [역주] Friedrich Carl von Savigny(1779-1861). 독일 법학자로서 그의 저술에서(Savigny 1851) 「부의 권력」(Vermögensmacht)에 기반한 화폐이론을 개진.

[600] [역주] Laum(2023/1924)을 참고할 것.

한 믿음으로 인하여 「화폐의 가득」은 이제는 선한 일로, 그리하여 종교적 [신성함을 가진] 「행동」으로 변모하게 된다. 이 같은 모습은 비단 칼빈주의 종파에 국한된 이야기가 아니다.

그러나 「화폐관용」의 「제례화」를 이야기할 때는 위와는 전혀 다른 의미를 가지는데, 이는 최초에는 「화폐지출」은 특정한 경우에만, 그리고 어떠한 특정한 올바른 형식적 방식에 따라서만 이루어졌다는 것을 의미한다. 「화폐적 지불」이 여성을 획득하거나, 범죄를 보상하거나, 화친의 합의를 체결하거나, 기타 어떠한 「소유이전」(*Besitzübertragung*)을 실현하기 위한 수단이 되려면, 그리하여 그 의도한 「목적설정」을 완전히 충족하기 위한 마법적 효과를 얻기 위하여서는 그 수단이 정확한 형식을 따라야만 한다.[601] 따라서 그렇듯 형식에 부합하는 지불의 이행은 종종 신성한 제례적 「행동」의 모습을 반영하는 것으로 이해되어야 한다.

그리하여 「화폐의 사회교류적 기능」은 무엇으로 구성되는가라는 중요한 질문이 제기된다. 그 질문에 대하여서는 그것은 어떠한 사회에 독특한 성격을 부여하는 어떠한 「행위양태」(*Verhaltensweise*)를 야기하는 요인들로 구성된다고 답할 수 있다. 그러나 이 「행위양태」가 언제나 모든 곳에서 동일한 것은 아니다. 사회의 성격이 경제합리적 특질에 의하여 결정되는 [현재와 같은] 시대와 비교할 때, 봉건적 또는 군사적 사회 질서의 시대에 있어서 화폐가 수행하였던 역할은 상이하며 또한 덜 중요하였다. 「자연경제」는 항상 소규모의 자급자족적 경제권을 의미하는 반면 「화폐경제」는 경제적 교류뿐 아니라 지적, 문화적 교류가 무한한 공간으로 확산됨을 의미하기 때문이다.

「경제사회」에 있어서의 화폐는 사회교류적 삶이 가지는 성격을 상당한 정도로 조형한다. 엘레우테로풀로스(A. Eleutheropulos)가 제시한 구조

---

[601] [역주] Laum(2023/1924: 81쪽 전반)을 참고할 것.

에 따르면 화폐는「공통관점 공동체」(*Gemeinschaft der Anschauungen*),[602]「상업적 사회」(*Unternehmungsgesellschaft*), 그리고「정치적 사회」(*politische Gesellschaft*)를 결정한다.[603]「화폐경제의 발전」은 기술문명의 발전과 보조를 맞추어 진행된다. 이제 세계는 경제적 세계로 변환되고, 정신적 이해관계의 세계는 연결되어 문화의 세계를 이룬다.

화폐는「경제의 수단」일 뿐만 아니라 가장 높은 차원의「문화도구」이기도 하다. 문자가 없는 문화가 존재할 수 있듯이 화폐가 없는 문화도 존재할 수 있다. 하지만 문자가 없는 문화가 그러하듯이 화폐가 없는 문화는「문화적 재화」인 화폐의 부재로 인하여 현저한 한계를 가질 수밖에 없고, 따라서 문화적으로 궁핍하게 될 것은 자명하다.

「원시화폐」는「우월성의 과시수단」과「강조화 수단」, 그리고「사회교류적 구분화 수단」(*Mittel sozialer Differenzierungen*)이기도 하였다. 모든 화폐가 애초에는 모두「엘리트화폐」(*Herrengeld*) 또는「계급화폐」인 이유가 바로 이러한 점에 있다.

부족구성원들뿐만 아니라 부족외부인들과의 회동(*Zusammenknft*)은 다양한 측면에서「화폐의 발생」에 중요한 역할을 수행하였다. 그러한 회동은 차별화된 소유물들을 과시할 수 있는 기회를 제공하였을 뿐만 아니라, 화폐의 형성에 기여하는「선물교류」로 이어지기도 하였다.

---

[602] [역주]「공통관점 공동체」(*Gemeinschaft der Anschauungen*)란 공통의 관점 이데올로기 그리고 믿음의 체계로 구성된 그룹을 이야기하는데 본 맥락하에서는 화폐로 인하여 어떠한 공동체가 사회 경제 문화 국적 모든 측면에 있어서 동일한 관점과 이해를 가지게 되는 집단적 심리를 가지게 됨을 의미한다.

[603] Eleutheropulos(1923: 189).

[역주] 이때 '결정한다'(*bestimmen*)라는 원문의 의미는 명확하지 않다. 역자의 사견으로는 '중요한 역할을 한다'는 의미로 해석할 수 있을 듯하다.

「사회적 인정」을 부여할 수 있는 수단은 동시에 사회적 권력도 부여한다. 따라서 사회화된 사람들이 가지게 되는 「행위양태」도 그에 따라 결정된다. 이렇듯 「사회적 인정」이 바로 사회적 권력으로 되는 과정은 불가피하다. 그리하여 「사회적 인정 표현의 수단」으로서의 화폐는 「사회적 권력행사의 수단」(*Mittel gesellschaftlicher Machtausübung*)이기도 하다. 이러한 기능은 특히 「경제의 수단」에 대한 「통제처분」의 표현인 화폐에 있어서 타당하게 적용되며, 이는 [「통제처분」의 표현은] 화폐 단위의 크기 비율로 표시되어 있음을 뜻한다. 결국 경제에서의 화폐는 「권력관계」(*Machtverhaltniss*), 따라서 「권력역학」(*Machtrelation*)과 「권력차이」(*Machtdifferenz*)를 표현하는 공통분모가 되며, 그럼으로써 「권력의 담지자」(*Machtträger*) 그 자체가 된다. 화폐는 [그 소유자에게] 「통제처분권력」(*Verfügungsmacht*)을 부여함으로써 더 이상은 그저 단순한 수단에 그치지 않고 이제부터는 「목적실현」(*Zweckverwirklichung*)을 그 자체에 내포하게 되는 것이다.

화폐를 통하여 「부」는 사회적, 정치적, 종교적 권력 등의 권력 그 자체로 변환된다. 그런데, 이러한 권력은 역으로 「부의 획득수단」이 된다. 이에 「부」는 화폐를 통하여 권력으로 변환되고, 권력은 화폐를 통하여 「부」를 창출하는 공식이 성립하게 된다. 이러한 사실은 모든 역사에 걸쳐 관철되어 왔다. 단, 물론 이러한 「상호작용」의 촉발은 경제적, 사회적 구조에 의하여 조건지어진다. 그런데 무엇보다 「자본주의」 시대가 도래하여서는 "화폐로 권력을 사고, 그 권력이 재차 화폐를 주조하여 내는 세상"이 창조되었다(Zweig 1929: Chapter 4).

화폐의 「사용 가능성」이 확장되고 향상될 때마다 「권력수단」으로서의 화폐의 영향력(*Wirkungskraft*)은 증가한다. 문명의 발전은 화폐로 구매할 수 있는 쾌락과 감각적 향락의 수를 늘림으로써 「화폐의 권력」을 배가시킨다.

화폐는 「재화분배」의 매개체이다. 이때 「재화분배」의 질서는 물론 화폐 자체에 의하여 결정되지는 않지만, 화폐는 여전히 강력한 영향력을 가지고 있다. 경제 전체의 관점에서 보자면, 화폐가 단순히 재화와 용역의 교환을 위한 매개체에 불과한 것인지, 아니면 화폐는 재화와 용역의 공급을 유인하는(hervorlocken) 역할을 하는 것인지에 대한 의문이 생긴다. 이에 대한 답을 하기 위하여서는 우선 화폐의 「관용」과 그로 인하여 야기되는 효과(Wirkung)를 상호 구분하여야 한다. 「관용」이라는 측면에서 볼 때 화폐 그 자체는 단지 척도 내지는 「운송수단」(Transportmittel)에 지나지 않으며, 따라서 측정하거나 그것이 실어 나르는 상품의 양을 변화시키지는 않는다. 그러나 그 효과라는 측면에 있어서 화폐는 바위 틈으로 물을 솟아나게 할 수 있다.[604] 따라서 화폐는 수중에 존재하는 것 이상으로 많이 분배할 수 있도록 하지는 못하지만, 사람들로 하여금 보다 많은 과업을 수행하도록 유인하여 결국은 「재화생산」을 증가시킨다.[605] 이러한 효과는 화폐가 사적 경제적 또는 개인적 경제적 역할을 수행함에 따르는 결과이다. 개인적 경제주체(Wirt)에게 있어서의 화폐는 어떠한 「욕망들」을 충족시키기 위하여 필요한 물질적 재화와 용역에 대한 「통제처분능력」(Verfügungsmöglichkeit)을 의미한다. 화폐는 서비스의 공급과 성과(Darbietung)를 증가시키도록 자극함으로써 「관용재」의 공급에 있어서의 막대한 증가와 질적 향상, 그리고 기술, 예술 및 과학 등의 모든 영역에 있어서의 성과의 증대로 이어진다. 그러면서 동시에 이 모든 것들은 재차 「화폐의 권력」이 지속적으로 성장할 수 있도록

---

[604] [역주] 이는 성서에 등장하는 모세가 바위를 지팡이로 내리 치자 그 사이로 물이 솟아 나와 갈증에 시달리며 탈출하는 유대백성들을 구한 일화를 비유적으로 표현한 것.

[605] [역주] 이 문장은 케인즈(John Maynard Keynes)가 말한 '생산의 화폐이론'(monetary theory of production)을 연상시키는 대목이다. 참고: Kaynes(1933).

만들게 됨을 의미한다.

　루돌프 폰 예링(Rudolph von Jhering)은 그의 유명한 저서『법의 목적』(Der Zweck im Recht, 1987)에서 "화폐가 가지는 「보상불요」(補償不要 Unentgeltlichkeit)[606]라는 성격의 이점"을 몇 마디로 설명하였다. 그는 특히 "화폐의 절대적 무전제성(無前提性 Voraussetzungslosigkeit)"에 대하여 다음과 같이 강조한다:

> 호의(Gefälligkeit)에는 많은 전제 조건이 있지만, 화폐는 그 자신 이외에는 어떠한 전제 조건도 없다. 호의에 접근할 때는 아주 조심스럽고 기술적으로 하여야만 하는데, 이는 그때 그때의 기분과 변덕, 그리고 반감 여부에 따라 그 호의 여부가 좌우되기 때문이다. 호의는 가장 필요한 사람, 혹은 가장 필요한 시기와 상황을 외면할 수도 있다. 물론 항상 호의가 주어질 준비가 되어 있더라도 그것은 나름의 제약된 한계를 가지고 있다. 하지만 화폐는 이 모든 것과도 상관없다. 화폐는 인간에 대한 존중심이 없으며, 어떠한 기분에 따라 좌우되지도 않는다. 덜 사용 가능한 시간의 제약도 없고, 그것에 대한 호응이 종료되는 한계라는 것도 없다. 이기심이라는 것은 **어느 누구, 어떠한 시간, 그리고 어떠한 범위에도 구애받지 않으며**, 그 이기심을 더 많이 요구할수록 그 이기심은 더 많이 수행하며, 그 이기심을 더 많이 바랄수록 그 이기심은 더 기꺼이 호응한다. 우리가 필요한 모든 것을 호의로부터 기대하여야 하는 상황보다 더 견디기 힘든 경우는 없을 것이며, 그러한 상황은 거지의 운명과도 같은 것이 될 것이다! 우리 개인의 자유와 독립은 우리가 지불할 수 있고 지불하여야 한다는 사실에 기초한다. 화폐 속에서 우리의 경제합리적 독립성뿐만 아니라

---

[606] [역주] 이 말이 의미하는 바는 어떠한 대가 없이 호혜를 베푼다는 뜻이다. 이하의 문단에서 이 의미는 명확하여진다.

도덕적 독립성도 존재한다.[607]

이는 기본적으로 제임스 스튜어트(James Stewart)가 말한 바, 우리가 자유라고 부르는 것의 가장 중요한 특징은 모든 서비스에 대하여 그에 상응하는 등가물을 유통시키는 것 [즉 화폐로 지불하는 것]이라고 말한 바와 같은 의미이다.

「화폐의 경제적 권력」은 「계급형성」(Klassenbildung)의 과정에서 가장 강력하게 드러난다. 소유와 무소유의 대비에 의하여 형성되는 종속관계는 화폐에 의하여 강화된다. 화폐 또는 「권력의 소유」는 물질적 「재화소유」, 「토지소유」, 심지어는 생업을 위한 소유(Gewerbebesitz)하에서와는 상이한 또 다른 형태의 사회질서를 만들어낸다. 「화폐지배」는 무기의 소유에 기반하였던 영주권(Grundherrschaft), 정복에 기반한 계급적 지배(Kastenherrschaft), 제례에서 비롯된 신권주의(Hierokratie)를 파괴시킨다.

근대국가에서의 화폐는 국가에게 「소유권력」을 부여하기 위한 탁월한 수단이다. 또한 국가가 화폐로 「부과금」을 청구할 때, 관료들과 용병들에게 화폐로 임금을 지급할 때, 교회가 화폐를 대가로 미사를 개최하고 면죄부를 발행할 때, 사회교류적 위계 질서가 「화폐소유」에 기반할 때, 의견이나 투표를 화폐로 살 수 있을 때, 「화폐적 지불」로 「위계위상」과 특권을 획득할 수 있을 때, 그러한 모든 경우에 있어서는 「화폐의 권력」은 위험할 정도로 거대하여 진다.

「화폐의 권력」이 제기하는 도덕적 위험성은 잘 알려져 있다. 이러한 위험성은 「화폐의 가득」을 공동체에 봉사하기 위한 수단으로만 간주하는 금욕적인 생활방식에 의하여서만 상쇄될 수 있을 뿐이다.

「화폐에 대한 통제처분」은 「사회적 계층들」 상호 간에 있어서의 위상의 변화를 가져온다. 과거에 주도적이었던 「계층들」은 대체되기도 하

---

[607] Jhering(1877: 128).

기 때문이다. 예를 들자면 원시 사회에서는 주로 중년층인 구성원이 [물리적으로] 힘센 자로서의 주도권을 가졌다. 그 이후에 사회적 집단이 안정된 후에야 노년층의 조언이 중요한 역할을 하면서, 노년층들이 가지고 있던 연륜과 통찰이 [중년층의 주도권에 대한] 균형을 가져다 주었다. 그런데, 소유와 「소유권」이 더욱 중요하여지면서 노년층들은 이제 이것들을 활용할 수 있었다. 화폐는 노년층들에게 영향력을 부여하였고, 소유가 가진 「잠재적 영향력」(*Wirkungsmöglichkeit*), 즉 사회교류적 「권력적 기능」을 가장 순수하게 체화하고 있었다. 이러한 변화로 인하여 주로 「화폐소유자」인 노년층의 위상은 그들이 가진 공적 현안에 대한 영향력과 그들에 대한 존경이라는 측면에서 현저히 향상되었다. 그리하여 노년층은 가족 내에서는 "애정이 담긴 가족적인 배려"의 대상인 동시에, 사회에서도 존경과 영향력을 행사할 수 있는 특별한 위상을 부여받게 되었다. 일부다처제도 또한 사실상 노년층들이 누릴 수 있는 특권이 되었는데, 이는 「신붓값」이 높아짐으로써 젊은 부족구성원들에게는 여성의 취득이 보다 어렵게 되거나 심지어 불가능하여졌기 때문이었다. 이같은 예에서 볼 수 있듯이 따라서 화폐는 강력한 「사회적 변환」과 「탈계층화」 수단이 되었다. 이는 화폐가 때로는 기존의 「청구권」과 지위와 연결되었지만 다른 때에는 기존의 그룹과 대립되는 새로운 집단을 생성시키기 때문이었다.

화폐 자체가 이러한 기능을 가지고 있는지, 아니면 소유, 즉 소유에 대한 「통제처분」이 이러한 기능을 가지고 있는지 여부를 물어볼 필요가 있다. 그에 대한 답은 확실히 소유이다. 그러나 화폐는 소유를 동원시킴(*Mobilisierung*)을 [즉 소유를 다른 목적으로 활용하게 하는 것을] 의미하며, 따라서 소유 고유의 행동력을 강화하는 것을 [즉 소유가 가진 힘을 증대시키는 것을] 의미한다. 화폐는 사회교류적 질서 자체를 창조하지는 않지만, 낡은 질서를 파괴하고 새로운 질서를 수립하고 형성하는 바에 기여함으로써 그러한 질서에 영향을 미친다.

「화폐경제의 사회교류적 질서」는 화폐 없는 사회의 그것과는 다르다. 화폐는 소유의 사회교류적 의미뿐만 아니라 선물, 교환, 세금 등과 같은 개인적인 「소유의 이전」 행위가 가지는 의미도 또한 변화시킨다. 여하한 경우에 있어서도 어떠한 과정의 사회학적 효과는 그것이 「물질적 재화」와 직접 연관될 경우와 화폐와 연관될 때에 있어서는 각기 효과가 다르다. 주고 받는 「심상」은 그 주고 받게 되는 대상물이 직접적인 「관용재」이든 화폐이든 상관없이 모두 그 주고 받는 대상으로 표현된다. 그런데 '사람과 사람 사이의 엮임'(*Miteinander-in-Verbindung-Treten*)은 물건을 중심으로 이루어지는 때와 화폐를 중심으로 이루어지는 경우에 있어서는 각기 다르다. 「화폐적 교류」로 맺어진 관계는 이러한 관계의 「탈정신화」(*Entseelung*) 내지는 「탈인격화」(*Entpersönlichung*)를 의미한다. 그 관계에 대하여서는 흔히들 「물상화」(物象化 *Versachlichung*)라고 부르는데, 실은 「탈물상화」(脫物象化 *Entsachlichung*)라고[608] 부르는 것이 오히려 옳다.

이러한 발전은 「화폐의 목적변화」와 「화폐관용의 변화」와도 연관되어 있다. 이는 영적-주술적이고 비합리적인 「목적설정」에서 기술적-합리적인 「목적설정」으로의 변환을 나타낸다. 이는 또한 여타 다른 문화권에서의 특징이기도 하다. 그리하여 「화폐관용」에 있어서의 「제례화」는 「화폐관용」에 있어서의 「합리화」로 대체되는데, 이때의 합리화란 다름 아닌 세속적 「목적성」의 형태로의 발전을 의미한다. 이러한 발전은 필연적으로 사적 자본주의 시대를 구성하는 경제적 조직의 확장에

---

[608] [역주] 유형(有形)의 재화와 관련된 교환에서는 이러한 재화가 특정한 특성, 용도 및 의미를 지니는 경우가 많기 때문에 보다 개인적이고 인간적인 요소가 존재한다. 그러나 화폐로 교환이 이루어지면 관계는 더욱 추상적이고 표준화되며 비인간적인 경향이 있게 되는데, 이러한 변화는 유형의 재화가 가지는 직접적이고 보다 인간적인 속성에서 벗어나는 일종의 '탈물상화'로 볼 수 있다.

의하여 견인된다.

제례적 「화폐관용」에서 합리적 「화폐관용」으로 가는 경로에서는 화폐의 기능적 변화가 수반된다. 화폐가 가지는 「수행력」(*Leistungskraft*)이라는 측면에서 볼 때, 이 과정에서는 화폐는 원래 가지고 있던 것들, 즉, 원래의 주술적-종교적-계급적 기능 영역을 상실하게 되는데, 그 대신 그렇게 상실한 것들을 훨씬 능가하는 「영향범위」를 확보하게 된다. 그러나 이러한 모든 기능의 변화에도 불구하고 한 가지 화폐의 「특성」은 여전히 불변으로 남아 있다. 즉 화폐는 항상 「권력수단」으로 남아 있게 된다. 이러한 「권력수단」으로서의 기능, 즉, 사회, 경제 그리고 특히 시장—가장 광범위한 의미에 있어서의—에서 권력을 대표하는 기능이 화폐로부터 제거되면 그때의 화폐는 더 이상 화폐가 아니다.

「화폐관용」이 바로 「화폐의 권력」을 결정한다. 화폐는 그 「화폐관용」이 보편화되고 확립됨에 따라서, 그리고 특히 「교환경제적」 거래에서 「화폐의 구매권력」을 획득함에 따라 「권력수단」이 된다. 화폐는 전혀 상이한 여러 사회적 영역에서도 「권력의 담지자」로 기능한다. 사회적 경제에서의 화폐는 「지불수단」, 「교환수단」 및 「구매수단」, 「측정단위」, 「가격형성수단」(*Preisbildungsmittel*) 및 「가격표시수단」, 그리고 마지막으로 「가격공표수단」(*Abrechnungsmittel*)으로[609] 기능한다.

「가격공표수단」이란 용어는 자유시장적 가격 대신 「규제가격」을 사용하는 규제경제에서의 「화폐의 기능」을 말하는데, 이때는 가격이라는 표현 대신 고정 보상금(*Entgelt*) 혹은 요금(*Taxe*)이라고 표현하는 것이 더 적절할 것이다. 이러한 경우에 있어서 화폐는 더 이상 「가격형성수단」이 아니라 단순히 「가격공표수단」에 불과하게 된다.

---

[609] [역주] 「가격공표수단」(*Abrechnungsmittel*)은 규제 경제에 있어서 최종 규제가격을 정하여 공표하는 수단으로서의 화폐를 의미한다. 다음 문단을 참고할 것.

어떠한 종류의 「화폐적 서비스」가 가장 중요하며, 따라서 어떠한 주어진 사회정체(社會政體 Gesellschaftsverfassung)에 상응하는 「화폐의 개념」상 어떠한 것이 필수적인 기능으로 간주되어야만 하는지는 그 해당 「화폐사회」, 즉, 그 화폐를 사용하는 사회에 달려있다. 다시 말하자면 이는 어떠한 「화폐사회」가 위치한 발전의 단계에 따라 달라진다. 서로 다른 「화폐발전의 단계」에서 보여지는 차이는 「화폐체계」상 연속되는 각 시기별로 다르게 나타나는 상이한 「화폐적 서비스」에 근거한다.

어떠한 종류의 「화폐의 서비스」가 원래적인가, 다시 말하자면 '화폐'라고 불리는 「목적범주」를 애당초 형성시킨 것이 무엇이냐 하는 질문에 대한 답은 사실 논란의 여지가 존재한다. 본 저자가 믿는 바는 그것은 바로 「사회교류적 인정기능」(Geltungsfunktion)이다. 「목적적 제도」(Zweckeinrichtung)로서의[610] 화폐는 「교환경제」에서 비롯된 것이 아니다. 그리고 실제로 경제 자체에서 기원한 것도 전혀 아니다. 그러나 화폐는 사회적 발전 과정에서 「경제의 수단」이 되고, 「경제의 과정」자체에서 화폐가 수행하는 경제적 역할은 점점 더 중요하여진다. 화폐는 이러한 후자의 역할을 담당하도록 성장하면서 점점 더 그러한 역할에 적응하여 간다.

「교환경제」에서 화폐는 재화와 용역의 「평가수단」인 동시에 「가치크기의 표상」을 위한 수단, 즉 모든 경제적 재화의 가치에 대한 「잣대」의 역할을 수행한다. 화폐는 다양한 재화의 가치에 대한 「대체의 수단」(Vertretungsmittel)이자 「소통수단」(Verständigungsmittel)이기도 하다(Schäffle 1906: 221). 바로 이러한 이유에 의하여 화폐는 경제적 교류의 질서를 위한 가장 효과적인 수단이다. 언어가 정신적 의사소통을 조직하는 도구인 것과 마찬가지로 화폐는 경제적 교류의 질서를 위한 도구의 기능을 수행한다. 손이나 도구가 기계적 프로세스의 실행에 있어서 의미하는 바는

---

[610] [역주] 「목적적 제도」에 대하여서는 본서 312쪽을 참고할 것.

바로 화폐가 경제적 교류의 흐름에서 의미하는 바와 같다. 화폐는 경제적 사태들을, 그리고 그뿐만 아니라 삶 전체의 상당 부분을 어느 정도 합리적으로 관리하는 수단이 된다. 그리하여 사회는 「화폐사회」(Geld-gesellschaft)로 전환되고, 경제는 「화폐경제」(Geldwirtschaft)로 전환된다. 「화폐사회」란 화폐에 의하여 특징지어지는 [인간들 간의] 관계인 반면, 「화폐경제」는 모든 단계에서의 「경제의 과정」이 화폐를 통하여 표현되고, 말하자면 화폐가 경제의 '척도이자 통제자'(Maß und Steuer)가 된다는 것을 의미한다. 즉, 수단을 목적적으로 사용함을 추구함으로써 인간의 목적을 가장 잘 달성하기 위한 고려(이것이 바로 경제라는 단어가 의미하는 바이다)에 의하여, 생산과 소비를 의미 있게 처리하기 위한 도구를 화폐에서 발견하게 되었다.[611] 화폐의 적용은 경제적 형태와 「공동체생활」의 방식뿐만 아니라 「사회적인 것」 그 자체를 만들어낸다. 예링이 말하였던, 바로 「목적의 실천적 변증법」(praktische Dialektik des Zweckes)을 통하여 화폐 자체와 「화폐관용」의 풍부한 형식들과 형태(Gestaltung)들이 점진적으로 진보할 수 있었다. 그러한 형식들과 형태들은 역사적 존재로서의 화폐 자체와 「화폐관용」을 우리가 오늘날에 이르기까지 지속적으로 발견하고 또 경험하여 온 결과이다.

가장 초기에 등장한 화폐는 세 가지 측면에서 「서비스의 담지자」라는 특징을 가지고 있었다. 즉, 「사회교류적 인정수단」, 「사회교류적 권력수단」, 사회교류적 관계들의 「표현수단」이 그것들이다. 비록 화폐가 외형상 그 '효력 발현'(Wirksamwerden)의 형태가 변하더라도 이 세 가지 서비스는 화폐의 발전 과정에서 내재적으로 유지된다.

「화폐의 사회교류화의 힘」이 가지는 중요성은 아무리 강조하여도 지

---

[611] [역주] 이 문장의 뉘앙스는 그러한 고려가 화폐를 창조하였다는 것은 아니다. 반대로 그러한 고려가 이미 기존에 있던 화폐를 자신의 필요에 의한 적합한 도구라고 발견하여 사용하게 되었다는 것을 의미한다.

나치지 않는다 그러나 이 개념이 「화폐의 보급」으로 인하여 사회적 평준화(*gesellschaftliche Einebnung*)가 야기된다는 뜻으로 받아들여져서는 절대로 안 된다. 사실 그와는 다르다. 화폐만큼 자의식과 「자존감」의 강력한 확장을 가져올 수 있는 대상도 드물다. 따라서 화폐는 그 자체로, 즉 다른 목적이나 특수한 목적이 아닌 그 자체만을 위하여 추구되는 경우가 많다. 그러나 이 맥락하에서의 화폐, 특히 주화의 경우 화폐가 취하는 형식이 그 화폐를 사용하는 사회에 있어서의 당장의 「화폐적 목적」을 넘어서는 어떠한 의미를 획득하는 경우가 많다. 단, 이와 같이 설명하는 것은 전술한 바와 모순되는 것이 아니라 오히려 그 과정을 설명하는 것, 즉 [그 과정에서] 유효하게 작동하는 동기를(다른 유효한 것들 중에서도) 증명하는 것이 될 수 있다. 집단(혹은 민족)이 자신들 스스로를 객체화할 수 있는 그러한 상징적인 물질적 실체가 [화폐의] 형태로 나타난다. 헬레네의 화폐인 그리스 주화는 이상적인 인간의 형태를 가진 신을 시각화한 것이었다.[612] 그 주화[의 형태]는 "처음에는 대체로 아무런 생각없이 만들어 졌으나, [이후] 이따금씩 완전히 의식적으로 예술 작품의 형식으로 만들어지게 되었다"고 한다.[613] 케레니(Kerényi)는 다음과 같이 이야기 한 바 있다:

> (그리스 화폐는) 도시의 거대한 신전 옆에 있는 작은 성소(聖所)와 다를 바 없었다. 그 작은 성소와 그리스 주화는 폴리스가 가지고 있던 정신, 즉, 그 작고 특별한 세계의 정신을 표현한다".[614]

화폐가 만들어지고 「화폐관용」이 보편화되는 곳이라면 어디에서든 비록 그 형태와 크기는 다르고 주어진 상황에 맞게 조정되더라도 위와

---

[612] [역주] Laum(2023/1924).

[613] Regling(1924: 1).

[614] Kerényi & Lanckoroński(1941, 인용 21).

동일한 원칙이 적용된다. 특히 한 나라의 「화폐체제」를 어느 정도 대표하는 특징적인 주화, 예를 들자면 '루이 도르'(*Louis d'or*), '프리드리히 도르'(*Friedrichsdor*), 크로네 금화(*Goldkrone*), 그리고 황제의 초상이 새겨진 금화 등은 국가의 상징이 된다. 몸센(Mommsen)이 언급하였듯이, 국가 주조(鑄造)는 "공동체의 유대를 보다 강화하며, 집권적, 즉 공산주의적 요소를—이러한 표현을 감히 사용하자면— 증가시키는데, 이는 모든 국가에서(그 반대의 원칙 만큼이나) 필요한 것이다"[615]

그러나 단순한 화폐 단위조차도 이 화폐 단위를 사용하는 국가의 국민에게 있어서의 의미는 동일한 그것을 사용하는 외국인에게 있어서의 의미와는 상당히 다르다. 그 화폐 단위는 마치 국기와도 비슷한 의미를 가지고 있다. 달러의 우세나 파운드화의 운명과 관련된 투쟁은 사실 단순한 경제적 문제 그 이상이다. 화폐 단위는 국가의 통일성을 나타낸다. 반대로 「통화의 질」(*Währungsqualität*)은 그 나라의 경제적, 정치적 권력을 나타내는데, 즉 그것은 「사회교류적 평판」의 표현이라고도 할 수 있다. 새로 건국된 독일제국에서의 금본위제 도입을 주장하면서 밤베르거(Bamberger) 의원은[616] "은화는 단지2류 국민들에게만 어울리는 것"이라고 말한 바 있다.

이 모든 것은 화폐의 사회교류적 힘과 「사회교류화의 힘」을 표현한 것이다. 한 민족의 정신과 영혼은 화폐에 각인되어 있으며, 그것들은 「화폐형식」에서 자신들을 드러낸다. 따라서 한 집단의 화폐, 특히 국가 화폐는—물론 이것들뿐만은 아니다— 그 사회의 「현존재」를 상징적으로 표현한다고 말할 수 있다.

의식적으로 사회화된 「행동」에 의하여 화폐는 사회교류적 「공동체

---

[615] Mommsen(1863: 256).

[616] [역주] Ludwig Bamberger(1823-1899). 독일의 경제학자 겸 정치가. 19세기 독일 제국에서 금본위제를 도입하는 바에 큰 기여를 하였다.

생활」과 「협동」의 수단으로 사용된다. 화폐는 단결뿐만 아니라 해체를
의미하기도 하며, 유대뿐만 아니라 분리를 의미하기도 한다. 「화폐의
사회로의 침투」로 인하여 「공동체생활」에 있어서의 사회교류적 유대는
느슨하여지며, 상호 부조와 상호 배려는 그것이 가지고 있던 원래적인
힘을 상실하고 약화되며 어떠한 지역에서는 완전히 정지될 수도 있다.
그 대가로 다른 가치들을 상호 주고 받게 된다. 화폐는 개인을 독립적
으로 만들거나 적어도 개인의 의존성을 줄이고, 경제적 독립성과 자기
책임감을 갖게 하며, 개인주의를 특징짓는 사고방식과 「행동의 양태」를
함양한다. 그리고 이에 더하여 홀바흐(Holbach)의[617] 표현을 사용하자면
"분리에서 비롯된 악"을 극복하는 바에 도움이 되는 것은 바로 화폐이
다. 도스토예프스키(Fyodor Dostoevsky)는 화폐를 "자유의 각인"이라고 불렀
다. 그리고 시인 폰 플라텐(August Graf von Platen)은 다음과 같이 외쳤다:

> 그러나 천상의 화폐여, 당신이 부여한 한 가지, 당신을 소유한 소수
> 에게만,
> 그리고 당신을 소유하는 법을 알고, 그리고 즐기는 법을 아는 자에게만.
> 그것은 과연 무엇인가? 그것은 바로 자유.[618]

존경받는 영국의 경제학자 마샬은 화폐를 경제적 「행동」을 위한 「동
기의 잣대」라고 부르며, 이는 비단 경제적 「행동」의 동인만을 이야기하
는 것뿐만 아니라 인간 노력의 다른 목표에 대한 동기의 잣대이기도 하

---

[617] [역주] Paul-Henri Thiry, Baron d'Holbach(1726-1789). 계몽기의 프
랑스-독일의 철학자. 무신론적 유물론적 관점을 견지하였다.

[618] [역주] 이 시의 의미를 쉽게 풀어 쓰자면 다음과 같다: "천상의 돈이여,
당신을 소유한, 당신을 소유하는 방법을 이해하는, 그리고 당신을 즐기
는 방법을 아는 사람들에게 당신이 부여한 특별한 것은 과연 무엇인가.
그것은 다름 아닌 자유이다".

다고 언급한 바 있다.[619]

현물지대 내지는 특히 현물임금이 「화폐적 지불」에 의하여 대체되고 또한 「현물급부」도 「화폐적 급부」에 의하여 대체되는 현상은 종종 중압적인 [봉건적] 속박으로부터 해방됨을 의미한다고 간주되어 왔다. 하지만 그러한 해방은 실제로 새로운 형태의 속박, 즉 **「화폐의 운명」에의 예속**을 의미한다.

「현물급부」는 어떠한 모든 상황에서도 지정된 특정 [직접적] 수요는 항상 충족됨을 보장한다. 하지만 「화폐적 지불」을 통하여서는 그러한 보장을 제공할 수 없다. 역사 발전에 있어서 잘 알려진 바와 같이, 모든 곳에서 「현물급부」로부터 「화폐적 급부」로 이행하는 경로를 밟아 왔는데, 그 결과 이 같은 잘 알려진 사실로부터 사실 여러 가지의 문제가 발생한 바 있다.

단계적인 화폐 사용방법의 변천은 사회 역사에 있어서의 연속적인 단계의 표현으로 볼 수 있다는 점에서 「화폐관용의 발전」은 생물 발생학의 기본 법칙이 적용되는 구체적인 예로 간주될 수 있다. 이는 기능의 발전, 기능의 변환, 그리고 결국 「화폐의 탈기능화」*(Entfunktionalisierung)*라는 단계로 특징지어진다.

이를 큰 그림으로 요약하자면 다음과 같다. 「사회적 인정수단」으로서의 원래적 「화폐의 기능」이 「지불수단」 및 「교환수단」으로서의 화폐의 사용으로 이어진다. 그리고 화폐의 확산과 「화폐사용의 지속적 발전」, 화폐의 급격한 확대와 주기적 위축은 「화폐의 주체적 구매권력」의 발전과 관련되어 있다. 「화폐의 구매권력」은 화폐적 「현존재」의 영혼이 된다.

「화폐관용」에는 **「습관의 법칙」**(*Gesetz der Gewohnheit*), **「파급의 법칙」**(*Gesetz der Übertragung*), **「회복의 법칙」**(*Gesetz der Genesung*)이 적용된다. 「습관의 법칙」은 어떠한 과정의 반복 횟수가 늘어남에 따라 그 과정을 반복하려는 의향이 더욱 증가함을 의미하는데, 화폐의 경우 그 과정이란 어

---

[619] [역주] 본서 180쪽 및 각주 346 참고.

떠한 특정 재화를 화폐로 「관용」함을 의미한다. 「파급의 법칙」은 어떠한 방법이나 기술의 「적용범위」가 점점 더 넓은 영역으로 확대되는 경향을 말한다. 화폐와 관련되어 말할 때 이는 「화폐의 주체적 구매권력」과 「화폐의 객체적 구매권력」의 확대로 인하여 「화폐관용」이 확산됨을 의미한다. 「회복의 법칙」은 (특히 「화폐체계」에 적용하는 경우) 잃고 있는 화폐를 사회체가 회복시키거나 아예 몸 밖으로 배설시키려는 [즉 없애버리려는] 경향을 가지고 있음을 의미한다. 이 법칙이 의미하는 바는 화폐의 상태가 나빠질수록 이를 제거하거나 혹은 건강성을 회복시키려는 경향이 강하여진다는 것이다. 따라서 이를 「반그레샴의 법칙」(反그레샴의 法則 antigreshamsches Gesetz)이라고[620] 명명할 수 있다.

화폐는 사회 없이는 상상할 수 없는 사회적 현상이며, 사회교류적 과정의 표현일 뿐이다. 화폐가 종종 사회를 해체한다고 말할 때 그것은 윤리적 고려의 문제가 아니라 사회교류경제적 고려의 문제이다. 즉, 이 말이 의미하는 바는, 당시에 그 틀 안에서 전체 경제적 삶, 즉 재화의 생산과 재화의 「분배」, 그리고 소비가 이루어지고 있었던 가족 집단이라는 원래의 경제적 조직을 화폐가 해체함을 의미한다. 그러나 이러한 사고방식은, 화폐는 종종 발전에 수반되고 발전을 수월하게 하거나 촉진하는 수단일 뿐이지 그 발전 자체를 창조하거나 그것의 직접적 원인은 아니라는 사실을 간과하기 쉽다.

테오도르 몸센(Theodor Mommsen)이 글과 주화에 대하여, "다른 어떠한 것들과도 비교할 수 없을 정도로 강력하게 인간과 민족을 이끌고 결속시키는 수많은 「문명수단」 중의 한 가지 것"이라고 말하였을 때, 이 말

---

[620] [역주] 그레샴의 법칙은 흔히들 "악화(惡貨)는 양화(良貨)를 구축(驅逐)한다"라는 법칙으로 알려져 있다. 이와는 반대로 악화를 구축하거나 그 악화를 회복시킨다는 의미에서 '반' 그레샴의 법칙으로 묘사하고 있다.

에서 '주화'를 단지 '화폐'로 바꾸어 쓰더라도 무방하다.[621]

화폐가 사회화된 인간의 어떠한 정신성(*Geistigkeit*)과 사회교류적인 「공동체생활」의 어떠한 형태에서 비롯된 것처럼, 화폐는 그것의 「관용」을 통하여 바로 이러한 인간의 정신성과 인간의 「공동체생활」의 형태에 심층적 변환을 가져온다. 그럼으로써 이는 인간종족에 대한 일부 「교육」과도 [즉, 교육의 필요성과도] 연결된다. 이는 많은 물질적 재화의 「관용」에 있어서도 그 재화를 합리적으로 사용하기 위하여서는 「교육」이 필요로 한 것과도 마찬가지 이유에서 비롯된다. 화폐가 [높은] 위상을 차지하는 우리와 같은 경제 질서에 있어서는 「교환수단」이 오히려 중독수단이 될 위험이 상존하기 때문에, 다음과 같은 부아길베르(Boisguillebert)의 직설적인 말을 경청할 필요가 있다: "화폐는 모든 것을 지배하고, 모든 인간성에 대하여 전쟁을 선포한다"(*L'argent devient le bourreau de toutes les choses, il déclare la guerre à tout le genre humain*).[622] 그러나 이러한 이유 때문에 모든 사회 질서에 있어서 「화폐관용」과 「화폐지출」과 관련된 「교육」을 실행하여야만 할 과제가 생겨난다.

이러한 사회교류적 제도가 계몽적 이기주의와 이득을 추구하기 위한 지성적 「욕망」에 기원을 둔 것은 아니다. 그것은 모든 사람에게 공통적이며, 그 뿌리는 인간이 되기 이전의 「현존재」까지도 거슬러 올라가는 「충동력들」과 성향들에서 비롯되었다는 것을 보여주는 좋은 사례가 바로 「화폐의 발생」이다. 따라서 화폐는 어느 한 민족만의 창조물은 아니라는 사실을 충분히 이해할 수 있다. 비단 한 민족이나 한 종족에서 비롯된 것은 아니고 장소와 인종에 관계없이 여러 민족들에게 존재하는, 결코 적지 않은 수의 「문화적 재화들」이 존재한다. 화폐는 그러한

---

[621] Mommsen(전게서: 246).

[622] [역주] Boisguilbert(1707). 본명 Pierre Le Pesant de Boisguilbert(1646-1714). 프랑스의 법제정자이면서 장세니스트.

종류의 인류의 문화적 유산에 공헌하였다. 레이몽(Emil du Bois-Reymond)
이[623] 최초의 도구에 대하여 "어떠한 유일한 사람이 단 한 차례, 그리고
단 한 곳에서만 '발명'한 것이 아니라, 지구상의 많은 다양한 곳에서 반
복적으로, 그리고 많은 사람들에 의하여 발명되었다"라고 언급한 것은,
일종의 도구라고도 할 수 있는 화폐에도 적용되는 언명인데, 물론 이
때 '발명' 이라는 단어 대신 '발생'이라는 표현을 사용한다면 그 의미가
더욱 정확할 것이다. 사회적 발전의 상당 부분은 인간 사회에 있어서
의 각기의 「화폐의 기능」을 통하여서만 이해할 수 있다는 주장은 그다
지 무리한 주장은 아닐 것이다. 만일 우리가 화폐가 현재에서 수행하는
역할만에 주목하고 오랜 과거에서 출현하였다는 사실을 간과하고 또한
화폐의 변화가 미래를 향하고 있다는 사실을 인지하지 못한다면 우리
는 「화폐의 본질」과 그 사회적 의미를 절반만 이해하고 있거나 전혀 이
해하지 못하는 셈이 된다. 어찌되었건 각기의 「화폐의 기능」에 대한 지
식은 사회적 발전 과정을 이해함에 있어서 가야하는 길을 현저히 밝힐
수 있음은 확실하며, 특히 이는 일반적으로 「자본주의」라고 불리는 단
계를 이해함에 있어서 그러하다. 「자본주의」는 단순히 경제 질서의 한
형태에 그치지는 않는다. 그것은 특정 역사적 시대에 있어서의 「사회적
현존재」 전체의 조성자(*Präger*)이자 담지자이기 때문이다. 화폐는 항상
「사회교류적 관계수단」으로서 기능하여 왔지만, 사회적 관계를 조성하
고 기존 관계를 변환시키는 화폐의 힘은 「자본주의적 경제」에 이르러
가장 현저히 드러나게 되었다.

　　화폐는 언어와 같이 일종의 「소통수단」이다. 오늘날 화폐의 주요 목
적은 주로 사물들의 가치, 특히 경제합리적인 사물들 간의 가치관계
(*Wertrelation*)에 대한 이해를 수월하게 하는 바에 있다.

---

[623] Emil du Bois-Reymond(1818-1896). 독일의 선구적인 생리학자이자 물
　　리학자.

하지만 화폐는「경제합리적 소통수단」일 뿐만 아니라 사회교류적 소통수단이기도 하다.

크니스(K. Knies)는 이 같은 생각을 다음과 같이 표현하고 있다:

> 화폐는 음악의 음표처럼 모든「사회적 계층」과 모든 나라에서 이해할 수 있는, 가히 전 세계가 이해할 수 있는 언어라고 할 수 있다. 그것은 농부, 광부, 나무꾼은 물론 장인, 제조업자, 상인, 세탁소 주인, 그리고 심지어 시녀들에게도 화폐를 소유함으로 인하여 필수품과 이 지상 세계에서의 영광을 누릴 수 있다는 것을 알려준다.[624]

하지만 이러한 목록은「사회교류적 소통수단」으로서의 화폐가 포함하는 범위를 모두 설명하지는 못한다. 다양한 맥락에서 이미 보여준 것처럼, 화폐의 사회교류적「소통력」(*Verständigungskraft*)은 사실 이보다 훨씬 더 많은 것들을 포괄한다. 이미 충분히 설명한 것처럼 화폐는 경제합리적인 사물들의 세계로부터 발생한 것은 아니다.「화폐의 과시」(*Geldzur-schaustellung*),「화폐분배」그리고「화폐의 파괴」등과도 같은, 화폐가 관용적으로 사용되던 이 같은 원래의 방식은 사회교류적 관계들(*Verhältnis*)과 사회교류적 사실들(*Tatbestand*)을 표현하는 형식들이며, 따라서 그러함으로써 사회교류적 사태들(*sozialer Sachverhalt*)을 드러내어 보여주는 것이다.「원시화폐」의 주요 용도인「신랑지참금」,「참회금」그리고「원한 해소금」은「사회교류적 관계」의「소통수단」이자 그것의「조직수단」(*Ordnungsmittel*)이었다.[625] 마찬가지로「교환화폐」도 사회적「소통수단」인

---

624 Knies(전게서: 444).

625 누트붐은 자신의 저술에서(Nooteboom 1940) 어떠한 작은 지역에서 화폐가 수행하는 기능에 대한 탁월한 기술을 하고 있다. 그의 이 같은 기술은 보다 거대한 다른 많은 지역으로 확장시켜 적용시킬 수 있다. 이에 관한 통찰은 특히 그의 저서 8장, '경제적 재화가 가지는 사회적 중요

데, 「교환화폐」의 「관용」은 단순히 경제합리적인 재화의 교환을 원활하게 하는 이상의 의미를 가지고 있다. 이 같은 점은 이미 충분히 설명한 바 있다. 이처럼 화폐는 그 발전의 모든 단계에 있어서 「소통수단」이다.

이러한 「소통수단」은 사물의 진정한 모습을 은폐한다는 특성이 있다고 생각되어 왔고 그로 인하여 비난의 대상이 되어왔다. 흔히들 사용하는 '「화폐베일」'(Geldschleier)이라는 표현이 이를 나타낸다. 그러나 이 같은 「화폐베일」에 대한 이미지는 잘못된 것이다. 화폐는 베일처럼 경제의 위를 덮고 있거나 그 위에 드리워져 있어 그 아래에 존재하는 경제 자체는 전혀 변화시키지 않고도 쉽게 제거할 수 있는 성질의 것이 아니다. 화폐는 경제라는 신체를 관통하며 경제에 생명을 불어넣으면서 순환하는 혈류와도 같은 것이다. 화폐는 단순한 상징이 아니며, 그것을 사용하거나 사용하지 않는 것이 단지 어떠한 편리함을 얻거나 혹은 불편함을 야기시키는 것을 의미함에 불과한 것은 아니다. 그것은 모든 발달된 사회적 경제에 있어서 필수적 요소이자 구성 인자이다. 사회적 경제의 형성과 지속적 발전은 언제나 「화폐경제」의 형성과 지속적 발전이기도 하다. 따라서 화폐는 타락을 의미하는 현상이 아니다. 「교환수단」으로서의 화폐의 형성은 유토피아적 공산주의를 상실하게 된 것을 의미하는 것은 아니다. 그것은 인간의 「현존재」를 「탈짐승화」하는 것인데, 즉 개인들을 다양한 상호 의존의 체계로 통합시키고 사회교류적 심상을 개인들에게 강제하는 것을 의미한다. 화폐는 정신적이며 사회교류적 측면에 있어서 존재하고 있는 「관성적 저항」(Trägheitswiderstand)을 극복하는 가장 강력한 수단이다. 따라서 화폐의 오용 가능성으로 인한 폐해에 비하여 화폐의 「관용」이 가져오는 유익한 결과는 훨씬 더 높이 평가 되어야만 한다. 일전에 본 저자가 저술하였던 『화폐의 사회적 이

성'(De Sociale Beteekenis van Economische Goedere)을 참고할 것.

론』(*Gesellschaftliche Theorie des Geldes*)이라는 글 서두에는[626] 본인의 이 같은 생각을 표현하는 다음과 같은 격언이 적혀 있다:

> 돈 없이 불가능한 두 가지가 있다. 그것은 바로 민족 번영과 사회교류적 정의이다.
>
> 바로 돈에 의하여 위태롭게 되는 두 가지가 있다. 그것은 바로 민족 번영과 사회교류적 정의이다.

---

[626] Gerloff(1950).

역자해제[627]

---

[627] 본 해제의 상당 부분은 가장 최근 게를로프에 대한 아주 상세하고도 포괄적 연구를 출판한 Brandl(2014)에 의존하고 있음을 밝힌다.

1. 20세기의 여명기에 있어서의 화폐에 관한 논의

(1). 20세기 초반의 질적 화폐이론

화폐에 관한 논의는 크게 양적 화폐이론과 질적 화폐이론으로 구분될 수 있다. 양적 화폐이론은 주로 화폐의 양과 기타 경제 변수와의 관계를 밝히는 이론을 의미하며, 그 대표적인 것은 화폐의 양과 물가의 관계에 대한 이론(그 대표적 이론은 소위 「화폐 수량설」) 내지는 경제의 소득과 생산과의 관계 등에 대한 이론(예를 들어 케인즈가 주장한 「생산의 화폐이론」)을 들 수 있다. 반면 질적 화폐이론은 화폐의 기원, 본질, 핵심 기능 및 전반적인 사회 및 경제 활동에 화폐가 미치는 영향을 그 주 분석 대상으로 삼는다. 본 번역의 대상인 'Geld und Gesellschaft'는 질적 화폐이론이며, 따라서 역자의 본 해제는 그에 초점을 두고 있다는 점을 우선 밝히고자 한다.

20세기 초반의 화폐의 본질에 대한 논의는 크게 두가지 방향으로 진행되었다. '화폐의 본질은 교환의 매개'라는 명제에 대한 찬반 여부에 따라 「교환 화폐이론」(*katallaktische Geldtheorie*)과[628] 「비교환 화폐이론」(*akatallaktische Geldtheorie*)으로 나누어진다.

그런데, 「교환 화폐이론」 내에서도 화폐의 가치는 그 자체의 어떠한 내재적 가치에서 비롯되는 것인지, 아니면 자신 스스로의 내재적 가치가 아닌 다른 어떠한 상품의 가치에서 파생된 것인지에 따라 크게 「본래적 가치이론」(*Originärwerttheorie*)과 「파생적 가치이론」(*Derivativwerttheorie*)으로 나누어진다. 그리고 전자는 그 내재적 가치가 그 소재에서 비롯되

---

[628] *katallaktische*(영어로는 catallactic으로 표기)는 그리스어로 '교환하다'를 뜻하는 동사인 *katallassein*(καταλλάσσειν)의 형용사형인 *katallaktikos* (καταλλακτικός)에서 유래하였는데, 이 용어는 미제즈(Mises)가 당대의 화폐이론들을 분류하기 위하여 최초로 사용하였다.

는 것인가 아니면 그것이 가지는 교환을 매개하는 '기능'에 의하는 것인가에 따라 분류될 수 있는데, 소재적 가치에 기반한다는 견해는 「소재가치이론」(*Stoffwerttheorie*), 「실재가치이론」(*Substanzwerttheorie*) 혹은 「상품가치이론」(*Warentheorie des Geldes*)이라고 하며 특히 그 소재가 귀금속인 경우 이를 「금속화폐주의」(*Metallismus*)라고 불렀다. 반면 그 기능에 중점을 두는 견해는 「기능가치이론」(*Funktionswerttheorie*)이라고 한다. 그리고 또 다른 분류인 「파생적 가치이론」은 화폐는 교환에서 발생하였으나 그 자체의 가치가 없고 단지 어떠한 재화의 양이나 질에 대한 「지시서」(*Anweisung*)라는 견해이다. 대표적인 예는 화폐는 어떠한 사회적 산물에 대한 청구권이라는 슘페터의 이론을 들 수 있다(각주 341 참고).

하지만 이와는 달리, 화폐의 본질은 교환의 매개라는 점을 부정하면서도 화폐는 명목에 불과하다는 「명목화폐론」이 주장되기도 하였는데, 그 대표적인 이론은 크납의 「국정화폐론」으로 대표되는 「표권주의」(*chartalism*)이다. 이 또한 화폐는 「지시서」(*Anweisung*)라는 관점을 취한다는 면에 국한하여 생각한다면 위에서 언급한 「파생적 가치이론」과 유사하다. 게를로프의 본서도 이와 같은 「명목화폐이론」의 관점을 취한다.

이러한 관계를 아주 개략적으로 정리하자면 다음의 표와 같다:

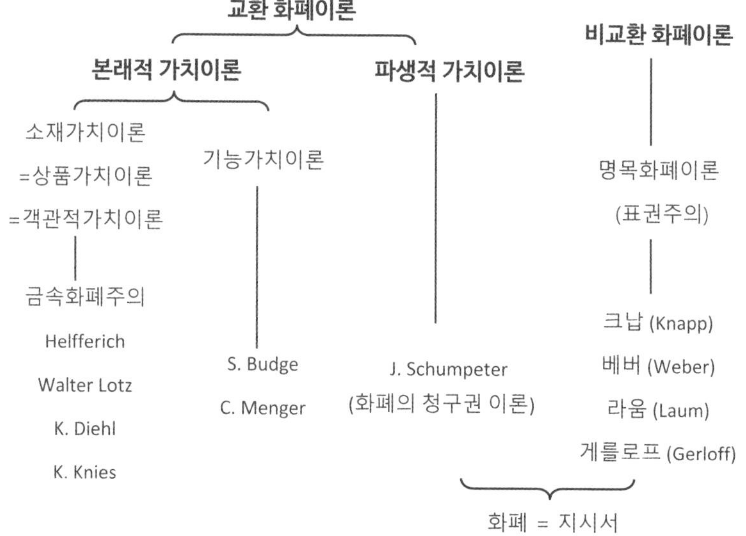

(2). 멩거의 화폐이론

「교환화폐이론」내의 논의에 있어서는 칼 멩거의『화폐론』은 가장 핵심적이며 소재적 화폐이론과 기능적 화폐이론을 통합하는 위치에 있었다. 그리고 그 이후의 화폐에 대한 논의뿐만 아니라 그 이론은 현대까지도 살아 남아 강력한 영향력을 발휘하고 있으며, 현대의 하이에크, 미제스 등의 신자유주의 이데올로기의 핵심을 이룬다. 단, 현대 주류 경제학 교과서에서는 그 원래의 의미를 변형시킨 변종을 '정설'로 간주하고 있다. 따라서 멩거의 이론에 대한 자세한 설명이 필요하다.

그의 이론 체계는 귀납적, 역사적인 방법이 아니라 소위 '자연상태'를 규정하는 몇 가지 주요한 가정에 근거하여 도출된 연역의 체계라고 할 수 있다. 그가 가정하고 있는 자연상태는 다음과 같다:

(가) 경제합리적 인간(호모 이코노미쿠스 *homo economicus*). 인간 각자는 자신의 이득을 경제합리적으로 추구한다. 이러한 인간은 각자 독립적이고 타인에 의하여 자신의 결정이 영향받지 않는다.

(나) 평등한 사회: 이러한 경제 합리적 인간은 모두 평등하다. 즉, 지배-피지배 등의 권력 불균형은 없다.

(다) 어떠한 재화는 그 재화가 가지고 있는 내재적 속성에 의하여 특별히 많이 수요가 된다. 즉 특별히 「판매가능성」(*Absatzfähigkeit*)이 높은 재화가 존재한다.

(라) 사적 소유권이 이미 존재한다.

(마) 이미 물물교환은 행하여지고 있었고 그를 위한 시장이 이미 존재한다.

이와 같은 전제들에 의거하여 멩거는 화폐는 인간이나 재화가 가진 내재적 성질에 의하여 자연발생적으로 발생한다는 결론을 도출한다. 그런데 (가), (나), (다)는 사실 교조적인 형태의 방법론적 개인주의에서 전형적으로 도입되는 가정이다. 만일 그 중 어떠한 하나라도 부정되는 경우에는 그 이전에 이미 어떠한 다른 사회적 상태가 먼저 존재함을 의미하게 된다. 즉, 인간이 사회적으로 이미 결정된 관습에 의하여 의사결정을 하거나 혹은 타인의 행동에 의하여 영향을 받는다면, 개인의 주체성이나 창발성은 무색한 개념이 되어 버린다. 마찬가지로 만일 지배-피지배 관계가 존재한다면, 그리하여 그러한 인간 간의 권력 관계에 의하여 중요한 결정이 행하여 진다면, 그러한 권력 관계를 먼저 밝히는 것이 중요하다. 또한 어떠한 특정 재화가 그 자체의 속성에 의하여서가 아니라 사회적 관습이나 권력 관계에 의하여 중요하게 된다면, 그렇게 그 재화를 중요하게끔 만드는 사회적 의견의 형성과정이 중요하게 부각된다. 그러한 모든 경우에 있어서는 화폐의 발생을 논의하기 위하여서는 화폐를 발생시키게 된 사회적 환경으로 필히 소급하여 화폐를 설명할 수밖에 없다. 그리고 결국 화폐는 교환과정에서 발생한다는 이야기도 무색하여진다. 하지만 뒤에서 언급하겠지만 사실 멩거는 이 전제들에 충실하지는 않았고, 따라서 논리적 모순에 봉착할 수밖에 없다. 반면 (라), (마)는 다분히 역사적 판단의 문제이며 이는 뒤에서 다시 논하겠다.

이제 멩거의 추론을 살펴보자면 그 과정은 다음과 같다. 원시 상태에서도 인간은 물물교환을 이미 하고 있었고 시장도 이미 있었다. 하지만 거래가 성립하기 위하여서는 거래 양방 간의 '욕망의 이중적 일치'가 존재하여야만 하는데 그러한 우연을 발견하기란 쉽지 않다. 설사 존재하다고 하더라도 그 대상 재화들은 거래에 적합하도록 잘게 나누어지지 못하는 경우도 존재한다. 즉 분할 가능성이 없을 수있다. 예를 들어, 1kg의 쌀과 쇠고기를 교환하고 싶은데, 상대방은 소 한 마리 통째로만 팔려고만 할 수도 있다. 또한 쇠고기도 부위에 따라 동질적이지 못하다. 재화 간의 교환 비율도 또한 문제시된다. 예를 들어 재화가 단지 2개만 있는 경우에는 그 비율이 한개면 족하다. 하지만 재화가 10개 있는 경우 상호 교환비율은 45개로 늘어난다 (=10×9/2). 재화가 100개의 경우는 그 수는 무려 4,950(=100×99/2)개에 달하는데, 원시인들이 그 비율을 전부 암기하고 있다고 기대할 수는 없다.

그러한 불편들을 극복하기 위하여 어느 날 어떠한 '현명한 자'가 자기에게 남아 돌기 때문에 교환하고 싶어하는 재화를, 자기는 당장 필요 없지만 시장에서 가장 많이 수요되는 상품으로, 즉 「판매가능성」이 가장 높은 재화로 일단 바꾸어 가지고 있다가, 그렇게 「판매가능성」이 높은 재화를 향후 자신의 직접 소비를 위한 재화로 다시 교환을 하는 방법을 발명하였다.

현명한 자가 그러한 방식의 간접 교환으로 이득을 얻게 되자, 즉 경제적 성공을 하게 되자, 이웃의 다른 사람들도 모방을 하기 시작하였고(Menger, 2002/1909: 29-30), 이러한 간접 교환은 추종자들의 모방 과정을 통하여 확산되고 스스로를 강화하며 "경제의 습관이 된다"(전게서: 31). 그리하여 사람들이 「판매가능성」이 높은 재화를 자신의 소비가 아닌 유통을 위하여 받아들이게 되고(전게서 32n10), 그러한 재화를 교환의 매개로 사용하는 "관행, 모방, 관습"이 생겨날 때 "화폐라는 현상이 생겨난다"(전게서: 32). 따라서 화폐는 "상호 합의나 법의 강제력, 공동의 이해관심사 등과는 관계 없이" 교환에서 자연스럽게 발생한 것이다(전게서: 30).

이때 「판매가능성」이 높다는 것은 재화가 가지는 품질의 동질성, 분할 가능성, 내구성, 운송 가능성, 수요에 비하여 제한된 공급 등의 특성을 가지고 있음을 말한다. 그런데 화폐라는 매개체는 단지 이렇듯 높은 수준의 「판매가능성」을 보장할 뿐만 아니라 또한 경제적인 가격으로 처분할 수 있게 하여준다. 현대적인 개념으로 말하자면 가치의 변동성이 작아야 한다.

그런데 가격은 화폐의 출현으로 인하여 발생하며 교환 전에 미리 결정되지 않는다(전게서: 55-7). 가격은 시장의 모든 당사자 간의 화폐를 통한 경쟁을 통하여 형성되며, 두 당사자 간의 우연한 쌍방 교환 비율에 의하여 형성되는 것이 아니다.

높은 수준의 「판매가능성」으로 인하여 화폐는 이제 「부의 저장수단」(*Thesaurierungsmittel*)으로서 기능할 수 있게 된다. 또한 과거에 널리 퍼져 있던 일방적인 현물지불의 경우에(예: 세금 또는 참회금) 있어서의 불편함과 부담을 덜어주는 지불수단으로서의 기능을 수행하게 되며, 이제 지급자와 수취인 모두 현물지급보다 화폐를 선호하게 된다. 마지막으로, 화폐 가격이 존재하면 가치 평가가 더 간단하여지기 때문에 화폐가 계산단위로 작용하게 된다. 결론적으로 멩거는 이 같은 다른 모든 기능은 화폐의 교환수단으로서의 기능에서 파생된다고 주장한다. 반면에 국가는 뒤늦게 등장하여 화폐를 보증함으로써 화폐 거래를 '완성시킬'(*vervollkommen*) 뿐이다.

그런데 그렇듯 가장 시장가능성이 높고 쉽게 작은 단위로 나누어질 수 있는 성질의 재화는 금속이기 때문에 금속화폐가 등장하였다. 멩거의 출발점은 결국 금속화폐론자의 주장과도 유사하지만, 그의 견해에 의하면 화폐가 가지는 가치는 결국 교환의 매개 기능이지 금속화폐 그 자체는 아니다.

멩거의 주장은 현대의 주요 교과서나 게임 이론가들의 설명에 비하여 매우 정교하다.[629] 이러한 멩거의 설명은 사실 주류 경제학 교과서

---

[629] 현대 게임이론가인 쇼터(Schotter 1981: 35-38)에 따르면(즉, 게임이론 내에서 그가 상정한 가상의 세계에서는) 화폐는 자원을 절약하고 효율성을 높이기 위한, 합리적인 주체들 간의 의도적이고 자발적인 합의를 바탕으로 하여, 비효율적인 다자 간 물물교환 경제였던 자연의 원래 상태에서 진화하는 과정에서 등장하였다고 한다. 그리고 한번 발명되면 관습이 되어 지속되게 된다. 그의 논리에 의하면 사람들이 화폐를 사용하는 이유는 이론상으로는 쉽게 설명할 수 있지만, 사람들이 여러 가지 형태의 화폐 중에서 왜 하나의 독특한 형태의 화폐를 사용하는지에 대하여서는

에서 등장하는, 그리고 멩거의 이론이라고 잘못 주장되는, 합리적인 경제주체들 간의 '합의에 의한 화폐의 발생'과는 거리가 멀다. 멩거의 주장은 다분히 진화론적인 자연발생 이론에 근거한다. 그런데 이상하게도 이 같은 변형된 형태의(즉, 원래의 멩거 이론이 아닌) 멩거의 이론은 사실 현대까지도 지속되어 주류 경제학에서는 정설로 자리매김하게 되었는데, 단지 그 이론을 정치화시키는 과정에서 '거래비용의 절감' 내지는 '탐색비용의 절감'이라는 다소 복잡한 용어로 치장되어 있다.

실상 멩거는 자신의 이론이 실제 역사 발전과 일치한다고 주장하지는 않는다. 멩거의 이론은 화폐의 본질을 드러내기 위한 목적으로 만들어진 '개념적으로 구성된 역사'(conjectured history)라고 할 수 있다. 그렇다면 그의 추측에 대한 반론을 제기하기 위하여 알아야 할 것은 그의 전제들이 충분히 설득력이 있고 그 논리적 전개에 있어서 모순은 없는지, 그리고 그의 이론이 화폐의 기원과 화폐의 본질에 대한 우리의 이해를 밝힐 수 있는지 여부이다.

그런데 멩거의 주장을 면밀히 살펴보면 그의 추론이 전제 (가), (나), (다)와 불일치하고 있음을 볼 수 있다. 그가 전제와 모순되는 이질적인 요소를 끼워넣고 있기 때문이다.

첫째, 그의 추론에 의하면 모든 원시인이 처음부터 합리적이고 이성적이지는 못하다. 대신 그는 순진한 원시 대중 가운데 소수의 지적인 선구자들만이 예외적이었다고 가정한다. 그들의 성공은 비이성적이거나 제한된 합리성만을 가진 주변 원시인들을 깨우쳤고, 후자들은 그렇듯 현명한 선구자들에게서 보고 배우게 된다. 이는 오스트리아 경제학에서 흔히 볼 수 있는 전형적인 리더-추종자 모델이다.[630] 이 경우, 지

설명하기는 어렵다. 그리고 그가 상정한 자연상태에서의 게임의 룰은 누가 제정하였는지에 대한 설명은 없다.

[630] 예를 들어 슘페터와 프리드리히 폰 비저의 이론에서 이 같은 리더-추종

적이고 강력한 리더를 제외한 나머지 사람들은 모두 리더가 외부적으로 부과한 모범에 전염되고 그러한 의미에서 사회적으로 상호 간섭을 받는 사회적 존재이다. 따라서 '자발성'이라는 용어의 의미가 퇴색된다. 즉, 고립된 개인에게서만 화폐의 기원을 추적할 수는 없다. 멩거의 주장에 있어서는 리더십과 모방의 역할은 화폐의 발생을 설명함에 있어 핵심적 요소이지만 이는 자기 결정권을 가진 고립된 이성적 개인이라는 가정과는 모순된다.

둘째, 리더-추종자 관계가 존재한다고 함은, 그 때 리더가 더 강력한 정신적, 경제적 권력을 행사하여 다른 사람들의 결정에 영향을 미치고 자신의 리더십 지위를 활용할 수 있음을 의미한다. 따라서 개인의 선택은 사회적 권력 관계의 영향을 받는다. 그러한 의미에서 개인들은 평등하지 못하다.

셋째, 멩거는 판매 가능성이 높은 상품을 다음과 같이 정의하면서 어떠한 재화의 가치는 내재적인 특성에 연유한 것들만이 아니라 외재적으로 유래된 측면도 인정한다:

1. 그 공급이 제한된 상품으로, 그 소유로 인하여 소유자의 명성과 권력(특히 사회적 지위)을 증명하는 상품(Menger 2002/1905: 30, 강조 추가).

(중략)

4. 사회적 관습이나 지배적인 권력 구조의 존재로 인하여 어떠한 일방적인 의무 이행을 필요시하거나 이행을 하여야만 하는 경우, 그 때 자주 반복되어 사용되는 특정 물품들(예: 관습에 의하여, 또는 추장, 사제, 의사 등에 대한 특정 물품을 바쳐야만 하는 의무로 인하여 지불하여야 하는 경우 선물 및 공물 등으로 사용되는 재화, 특정 재화로 지급

자 모델은 핵심적인 역할을 차지한다.

하여야만 하는 손해배상, 살인에 대한 벌금, 신부구입 시 관습적으로 지불하는 특정 재화 등); 특히 사회에서 가장 지불 능력이 있는 자들은 이러한 재화들을 대체로 열렬히 원하기 때문에 위에서 언급한 목적을 위하여 그 재화들에 대한 수요는 지속적으로 발생하게 된다 (전게서: 31, 강조 추가)

이는 화폐로 사용된 어떠한 재화의 경우에는(모두 다는 아니더라도) 그 재화가 가진 내재적 속성에 의한 것이 아니라 다분히 사회적 관습, 권력 관계 등의 외적인 요인에 의하여 그렇게 화폐로 선택될 수 있음을 의미하며, 본서에서 게를로프가 강조한 바와 오히려 일치한다.

이러한 재화의 존재는 다시 전제 (나)를 무색하게 할 수 있다. 즉, 어떠한 고도의 「판매가능성」을 가진 특정 재화는 소유자에게 권력을 제공할 수 있다는 뜻이다. 반대로 기존의 권력 관계가 재화의 「판매가능성」의 정도를 결정할 수도 있다. 따라서 지배자가 자신이 선택한 교환 수단을 피지배자에게 강요할 수 있는 가능성이 있다. 그렇다면 멩거가 말한 자연 상태는 반드시 행위자 간에 동등한 권력 분배가 이루어지는 사회는 아니다.

사실 멩거가 독일 역사학파의 영향을 받았음은 부인할 수 없고, (가), (나), (다)의 전제를 가장 전형적인 형태로 받아들일 만큼 순진하지는 않았던 듯하다. 오히려 그는 상상과 현실을 혼동하고 있는 현대 주류 경제학자들이 일반적으로 생각하는 것보다 현실과 더 가까웠다. 그 결과 그는 교조적 방법론적 개인주의에 충실할 수 없었다.

이제 그의 (라)와 (마)의 전제를 살펴보자: 멩거는 다음과 같이 말하고 있다:

교환의 매개체의 기원에 대한 이론적 분석은 사유재산, 특히 개인 소유권의 출현에 힘입어 '교환이 없는 경제'에서 이미 물물교환 경제로 이행하였던 인류 사회의 발전 단계로부터 시작하여야만 한다. (...)

이때는 문명 발전의 일반적 과정의 결과로서 재화의 교환이라고 일
컬어질 수 있는 형태를 예비하는 다양한 거래 형식 내지 결국 교환
그 자체가 점차 출현한다(전게서 27, 강조 추가).

그런데 멩거가 이야기한 사회는 발달한 시장 교환, 사유재산, 그리고
동등한 권력을 가진 자유로운 개인이 존재하지만 화폐만 유독 존재하
지 않는 상태이다. 그러한 사회가 인류역사에 존재하였다는 어떠한 증
거도 없다(Peacock 2013: 23). 물론 역사적으로 부족 간이나 이웃 종족들
간에 물물교환이 있을 수도 있었고, 원시인들 각자는 자신의 사냥 도구
나 취사 도구 내지는 가족의 상징물을(소유권을 가진 것이 아닌 단순한) '소
유'는 할 수 있었다. 그러나 그러한 형태의 원시 물물교환이 선물, 호혜
또는 사회적 의무에서가 아닌 순전한 개인적 이득을 위한 상품 교환의
형태를 취하였을 가능성, 그리고 사회적으로 이미 용인되고 관습화된
어떠한 가치의 척도가 존재하지 않은 상태에서 원시인들이 빈번하게
교환을 수행할 수 있었을 가능성은 없다고 보는 것이 합리적일 듯하다.
사실 위와 같은 멩거의 '자연 상태'는 전쟁 상태나 혹은 남미의 국가 부
도사태 등에서 보이는 바와 같이 실제로 어떠한 이유로 자국의 통화가
그 효력을 상실하게 된 현대 자본주의 시장 경제라고 볼 수밖에 없다.

또한 단순 '소유'가 아닌 '사유재산 제도' 내지는 '소유권'이 과연 가
치 평가의 단위가 수립되기 전에 이미 존재할 수 있는지도 논란의 여지
가 있다. 첫째, 막스 베버에 따르면 '소유'와 '소유권'을 구분하여야 한
다. 소유권은 그것에 대한 침해에 대하여 보호받을 수 있도록 하는, 그
것이 사회적 규율이든 법질서가 되었든 강제적 질서가 전제되어야 하
며 동시에 침해받았을 때 그 배상을 결정하는 어떠한 가치 단위가 존재
하여야만 완전할 수 있다(Ford 2010). 즉, "적어도 경제학자들에게 있어
서의 중요한 소유권이라는 개념 자체는 어떠한 명확한 화폐적 가치가
먼저 전제되어야만 한다"(Smithin 2011: 75). 베버는 이와 관련하여 다음

과 같이 언급한 바 있다:

> 진화론적 관점에서 보았을 때, 화폐는 '사적 소유권'(*Individualeigentum*)
> 의 창조자(*Schöpfer*)이다. 화폐는 처음부터 이러한 특성을 지니고 있
> 으며, 반대로 화폐라는 성격을 지닌 사물 중 개인적인 '소유의 성
> 격'(*Besitzcharakter*)을 지니지 않은 것은 존재하지 않는다(Weber, 1923:
> 208; 1927: 236).

결론적으로 말하자면, (가)부터 (마)까지의 비현실적인 전제를 전제
로 한 가상의 '자연 상태'에서 화폐의 기원을 설명하는 멩거의 이론은
그 자체로 논리적 정합성이 결여되어 있으며, 또한 그 이론이 성립하
기 위하여서는 그러한 개인들 간의 교류가 발생하기 위한 소위 게임의
규칙, 모방적 군중 행동, 리더와 추종자 간의 권력 관계, 제도의 기원을
설명하는 '사회 이론'이 필요할 수밖에 없다. 이미 호지슨(Hodgson 1992:
408)이 언급한 바 있듯이, 멩거의 자연적 상태도 역시 모종의 '게임의
규칙'이 필요한 상태인데, 그에 대한 설명은 결여되어 있다.

실상 (가)부터 (마)까지의 전제에 충실할 수 있는 유일한 논리적 대
안은 현대 게임 이론가들이 주장하는 것처럼 극단적인 비현실성, 즉 동
등한 권력 지위를 가진 합리적 행위자들 간의 자발적인 '합의'를 가정
하는 것인데, 물론 그 경우에도 언어와 게임의 룰이라는 사회적 제도는
먼저 존재하여야만 한다.

이러한 멩거의 이론이 과연 화폐의 기원과 본질에 대한 우리의 이해
를 풍부하게 만들 수 있을가. 아니면 특정 이데올로기를 주입하는 효과
만을 가져올 수 있을까. 위에서 설명한 것처럼 (가)-(마)의 전제들만으
로는 화폐가 합리적 개인들의 자발성에 의하여 자생적으로 발생하였다
는 이론을 논리적으로 도출할 수는 없다. 화폐를 발생시키게 된 환경은
'자연적'인 것이 아니며, 따라서 그 화폐를 발생시킨 사회적 환경에 대
한 고려 없이는 화폐의 발생을 설명할 수 없는 것이다. 그럼에도 불구하

고 화폐는 그렇게 발생하였다는 주장을 하는 것은 단지 화폐와 그리고 화폐를 이용한 교환관계는 자유로운 경제질서를 대변하는 것이고, 이에 인위적인 제약을 가하는 행위는 인간의 자유를 억제하는 것이라는 신자유주의적 종교적 신념을 옹호하는 궤변으로 전락할 가능성을 내포하게 되며, 실제로 멩거의 이론은 현재에도 그렇게 사용되고 있다. 만일 화폐가 자유로운 개인에 의하여 자발적으로 형성되는 것이 아니라 기존 권력관계를 반영할 수밖에 없었고 지금도 그러하다면 그 화폐제도 자체가 이미 기울어진 운동장이고 따라서 신자유주의자들이 이야기하는 '화폐경제하에서의 개인의 자유'라는 말은 모순이 되어 버린다. 일견 무해한 것처럼 보이는 멩거의 이론은 사실 이데올로기적 도구로서 유용한 것이지, 우리가 화폐에 대하여 가지는 이해를 돕는 이론은 아니다.

한 가지 언급할 점은 하에이크나 미제스의 대명사처럼 되어버린 '자생적 질서'(spontaneous order)라는 개념은 사실 멩거에서 연원한 것이지 그들만의 독창적 개념은 아니다. 그런데 멩거에서 볼 수 있듯이 화폐를 발생시킨 것으로 주장되어온 '자연상태'에서의 자생적 질서라는 것은 이미 그 이전부터 존재하여 온 또 다른 질서의 산물이라는 사실을 간과하지 말아야만 한다.

(3). 크납과 국정화폐론

크납은 자신의 『국정화폐론』에서 화폐의 소재가치이론(특히 「금속화폐주의」) 그리고 화폐가 교환과정에서 자생적으로 발생하였다는 「교환 화폐이론」, 특히 당시에 강력한 영향력을 행사하고 있던 칼 멩거의 견해에 대하여 반대하며, 화폐는 법적 질서의 창조물이고, 그러한 계산의 단위로서의 화폐는 금속의 양에 의하여 결정되는 것이 아니라(즉 「금속화폐주의」가[631] 아니라) 국가가 정하는 것이라는 「명목화폐이론」 내지는 화폐는

---

[631] 크납의 정의에 따르면, 「금속화폐주의」란, 계산의 단위로서의 화폐는 금

교환과정에서 자생적으로 생성된 것이 아니라 국가에 의하여 공표된, 혹은 법적 질서에 의하여 창조된 결제 수단이라는 「비교환 화폐이론」을 개진하였다.

크납의 이론전개는 「교환수단」으로서의 화폐가 사용가치를 가지는 '재화'일 필요가 있는가 하는 질문에서 시작된다. 이에 대한 대답은 자명하다. 즉, '재화'는 기술적인 측면에서 사용가능하지만, 지폐의 예에서 볼 수 있듯이, 모든 「교환수단」이 그러한 기술적 사용가능성을 가져야 하는 것은 아니다. 따라서 교환재(*Tauschgut*)가 아닌 교환수단(*Tauschmittel*)이 존재한다. 크납은 다음과 같이 언급한다:

> 그러나 사회적 범위내에서, 예를 들자면 국가에서, 모든 상품들이 예를 들자면 어떠한 특정한 양의 '은'과 교환되거나 혹은 교환되어야만 한다는 습속(*Sitte*)이 발전하고 그것이 점차 국가에 의한 법적 질서에 의하여 인정될 때 '은'은 협의의 '교환재'가 된다. 그리고 이때 '은'은 그것의 사용법에 있어서 보편적 교환재라고 불리게 된다.
>
> 이 경우 보편적 교환재는 사회에서의 거래를 위한 제도이다. 그것은 최초에는 습속을 통하여, 그리고 그 이후에는 법을 통하여 어떠한 특정한 사용처를 획득한 재화이다(Knapp 2023: 5, 1923: 3, 강조 추가).

이때 중요한 것은 습속이라는 사회적 인정과 국가에 의한 공인이며, 화폐를 이루는 특정 소재는 아니다. 즉 크납은 금속 소재의 양에 의하

속의 양에 의하여 결정된다는 이론을 지칭하는데, 20세기 초에는 사실 그러한 식의 천진난만한 「금속화폐주의」는 없었다. 따라서 크납이 생각하였던 「금속화폐주의」는 실제로는 자신이 생각하였던 명목화폐주의가 아닌 모든 것을 지칭하였다. 이에 관하여서는 Brandl(2014: 58)을 참고할 것.

여 화폐의 가치가 결정된다는 '금속중량측정제'(*Autometallismus*)에 반대하여, 기술적 측면에서 볼 때의 일반재화의 가치는 그 소재가 제공하는 만족감에 의하여 결정되지만 화폐의 경우에는 그 소재에서 기인하는 만족감이 아니라, 그 화폐가 유통의 매개체로서 가져다 주는 만족감, 즉 '유통적 만족감'(*zirkulatorische Befriedigung*)에 의하여 가치가 결정된다고 주장하였다. 이 때 이러한 유통적 만족감은 결국 법적 제도에 의하여 생겨난 현상이다.

이때 가치의 단위(*Werteinheit*)는 화폐의 소재와는 무관하게 결정된다. 그것은 오히려 역사적으로 결정된 것인데, 예를 들자면 파운드라는 화폐 단위는 그 소재가 금이건 은이건 상관없이 단지 파운드로서 존재하는 것이다. 이 같은 관련을 보여주기 위하여 크납은 「재귀적 연관성」(*rekurrenter Anschluß*)이라는 중요한 개념을 도입한다.[632] 국가는 "법적질서

---

[632] 「재귀적 연관성」이란 화폐의 진화에 있어서 화폐를 구성하는 물질적 재료(내지는 질료)가 바뀌더라도 이전의 형식은 유지한다는 명제인데, 크납의 경우 새로운 지불 수단은 비록 그 소재는 바뀌더라도 과거의 지불 수단이 가지던 형식은 유지함으로써 그 소재의 변화에도 불구하고 과거의 채무가 변제될 수 있게 됨을 의미한다. 본 저자인 게를로프와 더불어 크납의 제자 중의 한 사람인 라움의 『신성화폐』(Laum 2023/1924)에서의 가장 중요한 테마 중의 하나도 역시 이 「재귀적 연관성」이다.

참고로 이 개념은 『국정화폐론』의 표준적 영어 번역인 1924년본(Knapp 1924/1923 Lucas & Bonar tr.)에서는 크납의 의도와는 달리 하나의 '개념어'로서 명시적으로 등장하지 않고 단순히 동사형으로 풀어서 설명하고 있기 때문에 크납에 대하여 서술한 영어권 저술에서는 이 개념은 그 중요성에도 불구하고 전혀 등장하지 않고 있다. 일본어 번역본에는(2023) 이를 '접속관계'라고 번역하였는데, 그 뜻이 너무 모호한 번역어로 여겨진다.

의 수호자"(*Hüter der Rechtsordnung*)로서(Knapp 2023: 12, 1923: 12), 화폐의 소재가 바뀌더라도 채무관계를 유효하게 유지하여야만 한다.

따라서 국가는 이전의 지급 수단에 사용되던 단위(예를 들자면 구리 1 파운드)가 가지고 있었던 기술적 특성을 무시하고 그것을 단지 그 이전 단위의 '명칭'에 불과한 것으로 간주한다. 하지만 그럴 경우 국가는 과거의 채무를 새로운 지불 수단으로 표시된 채무로 전환시키는, 모든 채무에 보편적으로 적용하는 원칙을 유지한다. 국가의 관점에서 '화폐적'(*lytrisch*) 부채는 현재의 지불 수단으로 상환하여야 하는 부채이다. 그러나 국가가 지불 수단을 변경하는 경우 그 과거의 채무를 전환하는 규칙을 설정하기 마련이다. 새로운 지불 수단은 항상 이전에 사용하였던 지불 수단과의 「재귀적 연관성」(*rekurrenter Anschluß*)을 유지함으로써 이전에 존재하던 부채가 무효화되지 않고 계속 상환될 수 있도록 한다. 이러한 「재귀적 연관성」은 새로운 결제 수단이 상거래에서 효과적으로 사용되기 위하여 필수적인 사항이다 (Knapp 2023: 15, 1923: 12, 강조 역자 추가).[633]

---

[633] 이는 케인즈가 그의 『화폐론』에서 언급한 바와 일맥상통한다:

아마도 우리는 '화폐'와 '단위로서의 화폐'의 차이를 설명할 때 후자는 '기술'(記述) 또는 명칭이고 전자는 그 기술에 상응하는 '사물'이라고 말할 수 있다. 동일한 '사물'이 항상 동일한 '기술'에 상응하는 경우라면 그 구분은 실질적인 의미가 없을 것이다. 하지만 '기술'은 동일하게 유지되면서 그에 상응하는 사물이 바뀔 수 있다면 양자 간의 차이는 매우 중요할 수 있다. 영국 국왕이라는 명칭은 그가 누구든지 상관없이 적용되며 따라서 조지 왕이라는 특정한 대상과는 다른 것이다. 10년 후에 영국 왕의 몸무게와 같은 양의 금을 지불하기로 한 계약과 현재의 조지 왕 개인의 몸무게와 같은 양의 금을 지불하기로 한 계약은 이때 과거의 지불 수단과 현재의 새로운 지불수단과의 관계는 국가가 정하여 공표하는 것이다. 이때 그 관계는 화폐의 소재적 가치에 의존하는 것이 아니다. 그리하여 '화폐적 정체'(lytrische Verfassung)에 있어서는 무게로 잴 수 있는 주화를 통하여 지불이 이루어 지는 것이 아니라, 이전될 수 있는 어떠한 형상(morphische)을[634] 가지고 있으면서 동시에 무엇보다도 중요한 점은 법적으로 인정된 표식(Zeichen)을 가지는 사물로서 지불이 될 수 있으면 족한 것이다.

그리고 그러한 자신의 이론을 「표권적」(表券的 chartal)이라는 신조어를 고안하여 명명하였다. 그에 따르면,

> 가치의 단위로 표시된 채무는 '법적 질서'(Rechtsordnung)'에 따라 어떠한 가치의 단위에 의하여 일정한 가치를 가지는 표식물—동전 혹은 '금융 증서' 등을 불문하고—을 양도할 때 해소될 수 있다. 이러한 것들을 「표권적 지불수단」(chartales Zahlungsmittel)이라고 하며, 이를 또한 화폐라고도 부른다. 화폐가 가지는 유효성은 그것이 가진 [소재적] 내용과는 무관하다. 또한 그러한 '법적 질서'는 결국 국가로부터 나오기 때문에 화폐는 일종의 국가 제도(Einrichtung)이다 (Knapp 2023: 23; 1923: IX).

> 아마도 라틴어 '카르타'(charta)는 표식인(標識印 Marke)과 비슷한 의미를 가지고 있기도 하지만,[635] 그렇지 않더라도 '카르타'라는 용어를 선호하는 이유는 모두가 쉽게 이해할 수 있는 '차탈'(표권적 表券的 chartal)이라는 신조어 형용사를 만들 수 있기 때문이다. 우리가 가

동일한 것이 아니다. 미래에 때가 되어 영국의 왕이 누구인지 공표하는 것은 국가가 할 일이다(Keynes, 2013/1930: 3-4).

[634] '형상적'의 의미는 각주 406참고.

[635] 이 *chartale*의 어원에 대하여서는 각주 407을 참고할 것.

지고 있는「지불수단」에는 어떠한 '각인된 형식' 내지는 '표권적 형식'(*Chartalverfassung*)이 보여진다. 우리 시대의 문명 국가들 사이에서는 '표권적(차탈) 절편'이라는 특징을 가진 '지불표식'(*Zahlmark*)을 통하여서만 지불이 이루어질 수 있다(Knapp 2023: 30; 1923: 26).

그리고 그는 화폐를 '표권적 지불수단'(*chartales Zahlungsmittel*)'으로 정의한다:

> 화폐는 항상 '표권적 지불수단'(*chartales Zahlungsmittel*)을 뜻한다. 모든 '표권적 지불수단'을 우리는 화폐라고 부른다. 따라서 화폐의 정의는 '표권적 지불수단'이다(전게서: 31).

그런데 『국정화폐론』의 서두에 등장하는 "화폐는 법적질서(*Rechtsordnung*)의 창조물이다"(전게서: 1)라는 유명한 문구에서 볼 수 있듯이, 이 '표권적 지불수단'을 창조한 주체는 일단은 국가이다. 하지만 이때의 법적 질서는 넓게 해석할 수도 있는데, 사실 이 점은 많은 크납의 주석가들이 간과하고 있는 점이다. 크납에 의하면 "화폐는 사적이든 아니면 국가에 의하여 창조되었는지를 불문하고, 공동체(*Gemeinschaft*)에서의 법적질서의 창조물이다"(전게서: 143, 강조 추가). 이는 그가 말한 '법적 질서'는 국가에 의하여 제정된 법적 질서만을 의미하는 것이 아니라 공동체가 가지고 있는 규범적 질서, 그리스어로 표현하자면 노모스(*nomos*)를 의미한다.

막스 베버 또한 이와 같이 '표권적'이라는 개념을 넓게 확장시켜 사용함을 제안하였다.

> (...) 나에게는 왜 이 '표권적'이라는 개념이 관습에 의한 수용이나 '합의에 근거한 강제'(*paktierter Zwang*)의 가능성을 배제하고 오로지 국가의 선언에 근거하여야만 하는지는 결코 분명하지 않다. 또한 정치권력의 주도 내지는 통제하에 생산된다는 것도 화폐의 결정적인 특징

으로 간주될 수 없다(Weber, 1922: 41; 2019: 164).

「표권적 화폐」는 '관습' 또는 '사적 계약'에 기초하여 존재할 수도 있
으며, 심지어 국가가 그것을 지불 수단으로서 받아들일 것을 보증하
지 않더라도 존재할 수 있다(Weber, 1922: 384-5; 1968: 336).

따라서 베버는 "표권적"이라 함을 다음과 같이 정의한다:

「교환수단」 내지는 「지불수단」은 다음과 같은 경우 '표권적(*chartale*)'
이라고 불리울 수 있다: 즉, 개인 또는 어떠한 지역의 영역 내에서 관
습적, 법적, 합의적 또는 강제적으로 어떠한 정도의 「형식적 타당성」
(*formale Geltung*)이 부여되어 있고, 특정 단위로 분할될 수 있으며, 즉
특정 명목 가치를 가지고 있으며, 그 가치의 배수 또는 분수로 표현
이 가능하고, 그 명목 가치를 기준으로 순수한 기계적 계산이 용이하
게 되는 어떠한 것일 경우이다(Weber 1922: 39; 2019: 160).

하지만 사람들은 이러한 '표권적 지불 수단'을 교환 수단으로 받아들
이지 않을 가능성도 분명히 존재하는 것이 사실이다. 즉, 어떠한 국가
에 의하여 지정된 화폐를 사람들이 교환 수단으로 자발적으로 사용하
도록 강제할 수는 없다. 이러한 맥락에서 베버는 화폐를 (1) 표권적 지
불 수단과 (2) 교환 수단이라는 두 가지 조건을 동시에 충족하는 것으
로 정의한다. 그에 의하면 어떠한 것이 표권적 지불 수단이 아니라면
그것은 화폐가 아니다. 그러나 반드시 화폐가 아니더라도 지불 수단 혹
은 교환 수단이 될 수도 있다(그리고 어느 한 가지 기능만을 가지고 있는 경우
도 있다). 이러한 점에서 볼 때, 베버는 화폐의 「형식적 타당성」과 「실질
적 타당성」을 구분하면서 "영구적이고 근본적인 중요성"을 가지고 있는
크납의 상당히 올바른 이론은 화폐의 「실질적 타당성」(*materiale Geltung*)
을 감안하지 못하였기에 그럼에도 불구하고 불완전하다"라고 비판한다
(Weber, 1922: 99; 2019: 288, 강조 추가).

따라서 지불 수단이라는 특성은 아무리 그것을 부각한다고 할지라도 그것이 화폐의 결정적인 특성은 아니다. 시장에서 상품과의 관계하에서 드러나는 화폐의 가치에 따라서 특정 상품과 교환할 수 있는 가능성을 「실질적 타당성」(*materiale Geltung*) 이라고 하며, 이와 대치되는 개념은 1. 지불 수단으로서의 형식적, 법적 타당성, 그리고 2. 교환 수단으로서 화폐를 공식적으로 사용하도록 하는 빈번한 법적 강제이다(Weber, 1922: 99; 2019: 289).

라움(Laum)도 이와 비슷한 견해를 가지고 있었다:

국가가 가지고 있는 막강한 권력은 이 같은 가장 순수한 형태의 명목주의 화폐론에서 드러난다. 하지만 그러나 로마의 권력조차도 이러한 순수한 명목 화폐의 이상을 실현하기에 충분하지 않다(Laum, 1924: 156; 2023: 170).

그렇다면 크납의 『국정화폐론』에서 간과한 바는 바로, 왜 사람들이 어떠한 화폐를 받아들이게 되는가, 즉 어떻게 화폐에 대한 신뢰가 형성되는가에 대한 설명이다.

크납 이후에 이에 대한 해답을 추구하는 시도는 크게는 크납에게서 큰 영향을 받은 두 사람에 의하여 이루어 졌는데, 그들은 베른하르트 라움(Bernhard Laum)과 본서의 저자인 빌헬름 게를로프(Wihelm Gerloff)였다. 전자는 크납의 제자격이었고, 크납과 자주 접촉을 하면서 의견을 개진하였던 것으로 알려져 있는 반면 게를로프와 크납 간의 직접적 접촉은 알려져 있지 않다. 단, 게를로프는 라움과 프랑크프루트대학에서 같은 시절 교직에 있었기에 친분이 강하였으며 따라서 상호 간의 교류가 빈번하였다.

(4). 라움과 신성화폐

본서에서 게를로프에 대한 상세한 설명을 하기 앞서서 간단히 라움과 그의 저서 『신성화폐』(*Heiliges Geld*)에 대하여 언급하고자 한다.

순수한 명목 화폐가 기능을 하기 위하여서는 단순히 국가의 공표 이외에 필요한 중요한 요소는 무엇인가. 짐멜은 다음과 같은 두 가지 핵심 요소를 언급하였다: (a) 신뢰, 그리고 (b) 더욱 고차원의 주관적 힘, 즉 이론을 초월하는 믿음 내지는 '준종교적 믿음'이 그것이다(Simmel, 2011: 177-178).[636] 단순히 인간사에 불과한 '신뢰'만으로는 명목 화폐를 유지하는 바에 충분하지 않을 수 있다. 화폐에 대한 신뢰를 유지하려면 종교적 믿음이 필요하다.

1924년 라움의 『신성화폐』(*Heliges Geld*)가 출간되기 이전인 1900년과 1912년에 각각 짐멜과 뒤르켐은 화폐와 경제 활동에 대한 가장 강력한 신뢰의 원천으로 종교를 주목한 바 있고, 라움은 자신의 저서 『신성화폐』에서 짐멜의 말을 자주 인용하고 있다.

---

[636] 이와 관련하여 짐멜을 인용하자면 다음과 같다:

> 몰타 동전에 새겨진 '*non aes sed fides*'(화폐가 아니라 신뢰)라는 표현은 완전한 가치를 지닌 동전조차도 대부분의 경우 신뢰가 없이는 제 기능을 수행할 수 없게 만드는, 그러한 신뢰라는 요소의 중요성을 매우 적절하게 나타내 준다 (...) 화폐 거래는 신뢰가 없이는 무너질 것이다. (...) 그러나 (...) 설명하기 어려운 다른 중요한 요소도 추가로 존재하는데, 그것은 종교적 믿음 속에서 가장 명확하게 구현되어 있다. (...) 경제에서의 신용에서도 이러한 초이론적 믿음의 요소가 포함되어 있으며, 우리가 노동의 산물을 다른 물질적 재화와 교환할 때 사용되는 증표가 유효함을 공동체가 보장하여 줄 것이라는 신뢰도 이에 포함되어 있다. (...) 이에는 사회심리학적 준종교적 믿음의 요소가 추가로 포함되어 있는 것이다(Simmel, 2011: 177-178, 강조 추가).

신전이라는 장소를 통하여 결정화(結晶化)된 종교적-사회적 통일성은
그 신전이 발행한 화폐의 형태로 다시 유통되어, 화폐에 개별 금속
절편이 가지고 있는 의미를 훨씬 초월하는 근거와 기능을 부여하게
되었다(Simmel, 2011: 187).

유사한 맥락에서 뒤르켐은 경제적 가치가 종교에 기원을 두고 있다
고 주장하였다. 하지만 그는 이 같은 생각을 더욱 발전시켜 화폐와 연
관시키지는 않았다.

사회 활동의 한 형태인 경제 활동만이 아직까지 종교와 관련되어 명
시적으로 드러나지 않았다. 그럼에도 불구하고 주술에서 파생된 기
술은 바로 이 사실에 의하여 간접적으로 종교적 기원을 가지고 있는
것으로 밝혀졌다. 더욱이 경제적 가치는 일종의 힘 또는 효능이며, 우
리는 힘이라는 개념의 종교적 기원을 알고 있다. (…) 이를 통하여
우리는 경제적 가치의 개념과 종교적 가치의 개념이 무관할 수 없음
을 알 수 있지만, 이러한 관계의 본질은 아직 연구되지 않았다(Durk-
heim, 1995/1912: 416).

뒤르켐이 라움에게 직접적으로 영향을 미쳤는지는 증거가 없기 때
문에 명확하지 않다. 그러나 1927년 라움은 뒤르켐의 조카이자 제자였
던 마르셀 모스(Marcel Mauss)와 서신을 주고받았는데, 이 편지에서는 라
움이 자신의 저서 『신성화폐』의 발췌본을 모스와 공유하였을 수 있음
을 암시한다(Brandl, 2015: 173). 실제로 모스는 1914년에 쓴 짧은 에세
이에서 (a) 부적이나 상징이 원시 부족의 화폐로 사용되었고, (b) 그
화폐는 마법적 힘을 가지고 있으며 신성함과 관련이 있다고 믿었으며,
(c) 가치의 척도로도 사용되었고, (d) 그 소유자에게 권력, 즉, 구매력
과 인간을 지배하는 권력, 그리고 명성을 부여하였다고 언급한 바 있
고, (e) 처음에는 그 화폐는 소비재가 아닌 사치품과 인간에 대한 권위
를 상징하는 용도로 사용되었고, (f) 어떠한 부족 경제적 생활과 연관되

었다고 말한 바 있다(Mauss, 1969/1914). 모스의 가장 유명한 저서인『증여론』(*Essai sur le don*, Mauss, 1923-1924)은『신성화폐』의 출판과 거의 같은 해에 출판되었지만, 라움이 이 책을 알고 있었는지는 확실하지 않다. 하지만 라움과 모스는 상호 간의 강한 공감대를 가지고 있었다.[637]

에베르(Herbert)와 모스는 그들의 공저에서(Mauss 1997) 종교에서 화폐로의 전환을 다음과 같이 간결하게 묘사한다:

> 각 시대에서 신들이 자신의 신전을 떠나게 되어 이제는 [신전이] 세속화되어 비게 되면 우리는 인간적이면서 사회적인 것들, 즉 조국, 재산, 일, 인간성 등이 차례로 신전 안으로 들어오는 것을 보게 된다.[638]

크납의 제자였던 라움은 크납의 저서『국정화폐론』(2003/1924)으로부터 두 가지 핵심적인 통찰을 계승한다. 첫째, 두 사람 모두 화폐는 교환 관계에서 출발한 개인의 자발적인 질서가 아니라 계산 단위이자 지불 수단으로서 부과된 외부적 질서의 산물이라고 주장한다. 그러나 크납이 그 질서를 국가의 법적 질서로 좁게 한정하였다면 라움은 국가의 법적 질서가 출현하기 이전의 초기 역사로 더 거슬러 올라가 당대의 그 질서를 신성한 제례적 질서와 동일시한다. 많은 논평가들이 비판하였듯 화폐의 기원에서 제례의 역할을 강조하는 라움의 주장은 과장되고 일방적일 수 있지만, 그의 근본적인 통찰은 제례라는 좁은 경계에서 출발하여 일반적인 제도적, 문화적 영역으로 확장될 수 있다.

---

[637] 1927년 7월에 라움에게 보낸 편지에서 모스는 이렇게 썼다:

> 당신의 연구는 본인의 연구를 보완하고 있는데, 사실 우리는 독립적으로 연구하였지만 종종 동일한 결론에 도달한 바 있다(Brandl 2015: 173에서 인용).

[638] Lordon & Orléan(2006: 29)에서 인용, 원래 Hubert & Mauss(1997)에서 인용.

둘째, 두 사람 모두 화폐라는 매개체의 변천이 무작위로 일어나는 것이 아니라 전술하였던 「재귀적 연관성」(rekurrente Anschluß)을 따른다는 점을 강조한다. 즉 그 화폐의 소재적 내용은 달라지더라도 그 형식에 있어서는 그 이전의 형식을 계승하거나 참조하는 과정을 따른다고 주장한다. 이미 설명한 바 처럼, 크납에 따르면 국가가 지불 수단을 변경하더라도 이전 가치 단위와 새로운 가치 단위 사이의 연관성은 여전히 유지시킨다. 이는 국가가 새로운 결제 수단을 도입할 때는 역사적으로 이전에 존재하였던 결제 수단과 이후 결제 수단 간의 가치 관계를 정의하여야 하기 때문이다.

라움은 크납의 「재귀적 연관성」이라는 개념을 제례에 있어서 원래 제물을 대신하게 되는 대체물들의 진화에 적용하였다. 원래의 살아있는 희생물이 다른 것으로 대체되거나 심지어 '상징'(anathema)으로 대체되더라도 종교의 보수적이고 형식주의적인 특성으로 인하여 원래의 희생물과의 '연관성'은 여전히 유지되며 또한 그 마법적 효력도 유지된다. 예를 들어, 살아있는 동물을 원래의 동물 모양을 재현한 점토나 토기 내지는 그 동물의 가장 핵심이라고 할 수 있는 머리의 모양만을 새긴 물건으로 대체할 수 있다.

라움과 크납의 주장은 그 이전까지의 경제 이론들을 지배하여 온 정설인 교환화폐이론, 즉, 화폐가 자유롭고 경제 합리적인 '호모 이코노미쿠스'에 의하여서 순수하게 경제적 계산에 기반한 교환을 통하여 자연적으로 진화하였다는 이론과 정면으로 대치된다.

그런데 라움이 자신의 저술 『신성화폐』에서 멩거를 비판하는 주된 초점은 단순히 멩거의 '호모 이코노미쿠스' 가정의 비현실성에 대한 것뿐만은 아니다. 더 넓은 맥락에서 보면, 라움의 비판은 멩거가 화폐의 발생을 순수한 경제적 영역에서만 찾으려고 하고, 경제적 영역을 넘어서 그 화폐를 탄생시킨 역사적, 사회적 환경에 '뿌리내려 있음'(Verwurzeltsein)을 도외시함에 대한 비판이었다.

(역사가들은) 칼 멩거의 이론이 현실에서 실현될 수 없었을 뿐만 아니
라 실현될 수도 없었다고 주장하지는 않을 것이다. 만약 현재의 '호
모 이코노미쿠스'가 이미 3000년 전에 세상에 나타났다면, 그는 분명
멩거의 합리주의 원칙에 따라 화폐를 발명하였을 것이다 (...) 화폐의
출현은 순전히 경제적 영역에서 일어난 것이 아니었다. (...) 베버는
경제가 총체적 삶의 표출에 '뿌리내려 있음'을 반복하여서 강조하여
왔다. (...) 과거의 경제를 바라보는 사람이라면 누구나 경제 외적인
요소도 또한 고려하여야만 한다(Laum 1924: 159-161, 강조 추가).

라움의 연구는 초기 역사에서 화폐의 출현으로 이어진 '게임의 규칙'
을 추적하는 것이다. 그는 이 규칙이 경제적 합리성을 넘어선 영역인
고대 제례적 관습에 기반한 것임을 밝혀냈다. 라움의 화폐는 멩거가 주
장하듯 지도자로서의 영리한 개인이 발명한 후 추종자들이 그것을 모
방한 것도 아니고, 크납이 말한 바와 같이 국가가 법령을 통하여 공표
한 것도 아니다. 그것은 제례 행위에서 사용되는 희생물이 진화함에 따
라 발생된 제례 행위의 부산물이며, 따라서 애초에 화폐의 기능을 수
행하기 위한 것은 아니었다. 그리고 제례적 관행이라는 견고하고 신성
한 토대를 바탕으로 이렇게 등장한 화폐는 그에 대한 종교적 신뢰를 가
지고 있었기에 폭넓게 수용될 수 있었다. 라움의 견해에 따르면 화폐의
발생을 설명하기 위한 최초의 작용인은 멩거의 주장에서 보여진 '자연
상태'에서 등장하는 현명한 지도자도 아니고 또한 크납이 말하던 국가
의 권력도 아니다.

호메로스 시대의 화폐화 수준은 매우 낮은 상태였는데, 제물로 사용
하던 '황소화폐'는 단순히 계산 화폐로서만, 그것도 아주 초보적인 방식
으로만 기능하였다.[639] 우리에게 익숙한 화폐의 기능, 즉, 교환 수단, 가

---

[639] 다시 말하자면 황소가 실제로 교환의 수단으로 사용된 것이 아니라, 단지

치 저장 수단, 지불 수단, 계산 단위의 기능을 모두 수행할 수 있는 '단일'한 물품은 존재하지 않았다.

그리고 그중에서도 특히 가장 덜 제도화된 화폐의 기능은 교환의 매개 기능이었다. 호메로스 시대에 있어서의 시장을 통한 교환은 장거리 무역을 제외하고는 공동체 내에서 발전하지 못하였다. 오히려 선물 교환이 시장 교환에 비하여 더 일반적이었으며, 가치의 저장이라는 기능은 단지 엘리트 계층 내의 선물 교환을 위한 용도로만 필요하였다. 그러나 호메로스 사회가 그 이전의 미케네 사회보다 화폐적으로 더 발달한 것은 황소로 대표되는 단일한 계산 단위 때문이었다(Peacock, 2013: 82-3). "황소 단위는 특정 제도적 영역을 초월하여 의례적, 보상적, 상업적 가치 평가에서 나타난다"(전게서: 83). 그러나 황소는 다른 물건(예: 청동, 철제 가죽, 밀 등)에 비하여 교환의 매개체로서는 전혀 우선 순위를 차지하지는 않았다. 즉, 계산 단위로서의 황소는 교환의 매개체로서 시장 거래에서 등장하지는 않았다(전게서: 87).

이러하듯 교환에서는 황소의 존재감이 미약하였음에도 불구하고 황소가 계산 단위의 역할을 수행한 이유는 무엇일까? 이것이 바로 라움이 『신성화폐』에서 다루고 있는 중요한 질문이다. 라움은 황소가 신에게 바치는 대표적인 제물이자 신에게 대한 지불 수단이었기 때문이었다는, 신성한 영역에서 그 해답을 찾았다. 황소를 신에게 지불하는 수단으로 사용한 결과, 신성한 가치 척도로 거래를 위한 가치 기준의 수단으로 확립되었다. 특히 종교적 제례와 관련되어서는 희생물의 평가 및 분배에 있어서 일정한 엄격한 기준 내지는 형식을 확립할 필요가 있었기 때문이었다. 즉, 세속적 세계에 있어서의 이러한 지불 기능은 인간의 의도적인 발명의 결과가 아니라 종교에서 유래된 신성한 단위가 세속사

가치 표현의 단위로 작용하였음을 뜻한다. 예를 들어 호머에 등장하는, '황소 100마리에 해당하는'(*hekatombē*; ἑκατόμβη)이라는 표현이 그것이다.

에 적용됨에 따른 결과이다. 따라서 그에 대한 신뢰는 자연스럽게 형성된다. 세속적 세계에서의 다른 화폐의 기능들은 이러한 성스러운 근원이라는 구체적인 토대 위에서 시작하여 발전할 수 있었다.

이는 전술한 케인즈의 의견과도 맥을 같이 한다. 그는 "부채와 물가, 일반적 구매력을 예견할 수 있는 화폐, 즉 계산 화폐는 화폐이론의 기본 개념"이라고 강조하였고 "부채와 물가는 우선 계산 화폐로 표현되어야 한다"고 말하면서 계산 단위의 기능을 화폐의 결정적 기능으로 강조한 바 있다. 단지 케인즈와 라움과의 차이점은 후자의 경우 계산 화폐는 세속적 부채나 가격 계약이 아니라 제례와 관련된 희생물과 연관되어 있다는 점이다.

이러한 방식으로 "라움은 화폐의 신성한 기원에 대한 매우 독창적인 설명을 제공하고 있다"(Peacock, 2013: 98). 즉, 라움의 경우 화폐를 발생시키는 최초의 작용인은 신성한 영역이며, 그로부터 화폐는 종교적 신뢰를 얻게되어 광범위하게 받아들여지게 된다.

2. 게를로프의 일생

(1). 게를로프의 연표

1880년 6월 24일 독일 크레펠트(Krefeld)에서 출생

1906.7. 튀빙겐(Tübingen) 대학에서 박사학위 취득. 논문제목:『스위스 주식회사의 지방 과세 문제에 대하여』.

1907.『19세기에 들어서서 저소득자 및 중간 소득자들에 있어서의 지출과 지출 부담』(*Verbrauch und Verbrauchsbelastung kleiner und mittlerer Einkommen in Deutschland um die Wende des 19. Jahrhunderts*) 출판.

1908. 튀빙겐(Tübingen)대학에서 교수 자격 취득. 동 대학에서 강사 생활시작.

1911. 인스브루크(Innsbruck) 대학 국민경제학 및 통계학과 조교수.

1912. 동 대학 정교수. 재정학, 금융법, 농업법 및 농업정책 강의.

1912 – . 1차대전 전후의 시급한 재정정책 문제에 당면하여 재정학 체계화 작업. 독일에서 재정학을 하나의 중요한 학문 분과로 정립.

1922. 프랑크푸르트대학 정교수(경제 및 사회과학과).

1923. 『인플레이션 기간 중의 세제 경제와 세법』(*Steuerwirtschaft und Steuerrecht im Zeichen der Geldentwertung*) 출판.

1926. 『재정학 핸드북』(*Handbuchs der Finanzwissenschaft*) 공동 편저 출판.

1926. 논문 『재정학의 기초』(*Grundlegung der Finanzwissenschaft*) (위의 재정학 핸드북 내의 논문).

1926. 프랑크푸르트대학 총장 선임.

1928. 논문 『세제의 한계』(*Grenzen der Besteuerung*). 역사학파 학풍의 현대화.

1932. 논문 『자급자족 경제의 문제점』(*Autarkie als wirtschaftliches Problem*). 나치의 정책 비판.

1933. 당시 나치에 대한 비평적인 글들로 인하여 대학 총장직 해임. 나치에 의하여 감시감호 인물로 지정됨.

1937. 출국금지령.

1940. 건강 사정 및 정치적 이유 등으로 인하여 강의 중단. 정교수에서 명예교수직으로 전환.

1940. 『화폐의 발생과 화폐체계의 시작』(*Die Entstehung des Geldesund die Anfängedes Geldwesens*) 출판. 민족학 및 사회학적 관점에서 화폐의 기원을 조명.

1943. 『화폐의 발생과 화폐체계의 시작』 제 2판 발행.

1944. 논문 『화폐의 기원과 의미』(*Ursprung und Sinn des Geldes*).

1945. 종전 후, 강의를 제외한 각종 대학 활동 재개.

1946. 프랑크푸르트대학 정교수직 복직. 경제학과 학장으로 취임.

1947. 『화폐의 발생과 화폐체계의 시작』 제 3판 발행.

1947.『화폐의 구매권력』(*Die Kaufmacht des Geldes*) 출판.

1948.『재정학의 기원』(*Die Entstehung der öffentlichen Finanzwirtschaft*) 출판.

1949. 건강 문제로 은퇴, 다시 명예교수직으로 전환.

1950.『화폐의 사회적 이론』(*Gesellschaftliche Theorie des Geldes*) 출판.

1952.『화폐와 사회』(*Geld und Gesellschaft*) 출판.

1954. 독일 프랑크푸르트 근교 Oberursel에서 영면. 향년 74세.

(2). 게를로프의 일생

빌헬름 게를로프는 1880년 6월 24일 독일 뒤셀도르프 인근의 크레펠트(Krefeld)에서 선반기술자의 아들로 태어났다. 1897년 초등사범학교 그리고 1900년에 고등사범학료를 졸업한 후 대략 3년간 다양한 장소에서 초등학교 교사로 근무하였다. 그 이후 1903년부터는 라이프치히 상업대학(*Handelshochschule Leipzig*)에[640] 입학하여 1905년에는 상업학교 교사 자격증을 취득하였고 그 이후 튀빙겐(Tübingen)대학으로 옮겨 1906년 『스위스 주식회사의 지방 과세 문제에 대하여』라는 제목하에 박사학위를 취득하였으며, 프리드리히 리스트 장학생으로 선발되어 벨기에, 프랑스, 그리고 스위스에서 경제학 공부를 하였다. 그 이후 다시 튀빙겐으로 돌아와 1908년에 교수자격취득 논문(*Habilitation*)이 통과되었다.

그는 1908년부터 강사로 튀빙겐대학에서 경제학, 재정학, 그리고 통계학을 강의하였고, 다음 해에는 에센의 '상학 및 일반 교육 아카데미'(*Handelswissenschaften und allgemeine Fortbildung*)에서 강사로 재직하였으며, 1912년에는 인스부르크대학(Universität Innsbruck)의 법학 및 정치학과에서 경제학과 통계학 분야의 조교수로 임용되었고 이듬해에는 정교수로 승진하여 주로 재정학 및 농업 정책에 대한 강의를 시작하였다.

그가 초기에 가진 학문적 관심은 대체로 재정학 분야에 있었다. 1차

---

[640] 현재는 HHL Leipzig Graduate School of Management로 개명하였다.

대전 전에는 전비의 충당, 그 이후에 있어서의 전비 보상 문제라는 사회적 분위기에 의하여 재정학에 대한 관심은 고조되어 있었고 이에 게를로프는 재정학을 엄밀한 과학으로 정착시키려는 노력을 경주하였으며, 그 같은 그의 노력은 1926년에 그가 공동편집자로 발간한『재정학 핸드북』(Handbuchs der Finanzwissenschaft)으로 결실을 맺게 되었는데, 이 책에서 강조한 것은 기존의 재정학은 국가 수입에만 중점을 두고 있었음에 반하여, 그에 더하여 국가 지출이라는 측면과 또한 보다 현실적 문제에 대하여서도 고려할 필요가 있다는 점이었다. 그는 1930년대 중반까지는 이러한 재정학 측면에서의 연구와 함께 당대의 정치 경제적인 현안에 대한 집필들을 하였다.

특히 그는 당대에 유행하던 한계효용이론에 근거한 순수히 기계적인 재정정책을 지양하고, 각 시대 및 지역별로 고유한 사회적, 정치적, 그리고 문화적인 요소를 고려하여야만 함을 강조하였고, 이에 독일 역사학파의 전통을 계승하였다고 볼 수 있는데, 그 이전의 역사학파와의 차이점은 귀납적인 방법과 막스 베버와 프란츠 오펜하이머의 영향하에 인간의 충동 내지 행동에 대한 이론을 결합하여 역사학파적 시각을 현대화함에 기여하였다는 점이다.

여러가지 우여곡절 끝에 1922년 게를로프는 프랑크푸르트대학으로 옮겨 재정학 분야의 정교수가 되었으며, 1925년에는 동 대학의 경제학 및 사회학과의 학장이 되었고, 1926년, 그리고 1932년 각각 총장으로 선출되었다.

하지만 1933년부터는 대학총장의 선임에 정부의 입김이 작용하기 시작하였고, 게를로프가 당시 독일 국가 사회주의의 기본 이념인 '고립폐쇄경제'에 대하여 비판적이었다는 이유로 총장직에서 면직당하고, 특히 1933년부터는 정부의 감시보호 대상이 되기 시작하였으며, 연구활동을 위한 해외 방문조차도 금지되기 시작하였다. 그런데 이 무렵을 즈음하여 그는 화폐 문제에 대한 연구를 시작하였고, 이는 1940년『화폐의 발생과 화폐체계의 시작』(*Die Entstehung des Geldesund die Anfängedes Geld-wesens*)의 출판으로 최초의 결실을 맺게 되고 동 저서는 경제학, 인류학, 민족학 등의 여러 분야의 학자들에 의하여 큰 관심을 받게 된다.

1940년에는 건강상의 문제로 게를로프는 학교에서 은퇴하여 명예교수로 남게 되었는데, 이는 비단 건강 문제만이 아니라 그의 정치적 성향이 문제가 되었을 수도 있다.

2차 대전 종전후 1945년 8월에 게를로프는 다시 프랑크푸르트대학의 정교수직으로 복귀하여 달라는 요구를 받게 되지만 건강 문제로 이를 고사하고 대신 강의를 제외한 다양한 분야에서 대학을 위한 활동을 재개하는데, 1946년에는 대학의 끈질긴 요청으로 다시 정교수직에 복직하게 되고, 다시 재차 건강상의 이유로 1949년에는 명예교수직으로 물러나게 된다.

특히 전후에는 나치 당원이었다는 이유로 동료인 베른하르트 라움이 대학에서 파면당하자, 그는 라움은 당대의 많은 학자들과 마찬가지로 어쩔 수 없는 상황에서 당원에 가입한 것이라는 변호를 적극적으로 개진하였고, 반나치 성향을 가진 것으로 유명한 게를로프의 도움으로 라움은 다시 프랑크푸르트대학에 복직할 수 있었다.

그 이후에도 화폐 문제에 대한 기존의 그의 연구를 총합하여 1952년에는 본서인 『화폐와 사회』(*Geld und Gesellschaft*)를 출판하였는데, 이는 그의 생을 정리하는 최후의 저작으로 남아있다. 게를로프는 1954년 7월 23일에 프랑크푸르트 인근의 오버우어젤(*Oberursel*)에서 영면하였다.

3. 게를로프와 계급 화폐론

(1). 들어가기

저자가 바흐오펜(J. J. Bachofen)이 그의 명저 『모권』(母權 *Mutterrecht*)의 서두에서 "지식은 시작, 진행, 종점을 모두 아우를 수 있을 때에만 비로소

[진정한] 이해로 승화된다"라고 한 말을 인용하였듯이, 본서는 그러한 정신에 따라 화폐라는 것이 어디에서 기원하였는지, 지금까지 어떠한 길을 따라 왔는지, 그리고 어디로 가는지에 대한, 역사학, 인류학, 사회학 그리고 경제학 측면을 모두 아우르고 있는 대서사시이다.

대부분의 화폐에 대한 서적들은 이 중 어느 한 가지 측면에만 주목하였던 것이 사실이다. 하지만 화폐의 기원에 대한 서술은 그에 그쳐서는 안 된다. 또한 화폐가 지금 어떻게 운행하고 있는가에 대한 설명은 그것이 어떻게 기원하여서 발전하여 왔는가에 대한 이해가 없이는 완전하다고 할 수 없으며, 그것이 어디로 향하고 있는가에 대한 설명은 그것이 어떻게 발전하여 왔는지에 대한 이해가 없이는 탁상공론에 불과할 수 있다.

전술한 것처럼 라움에 있어서의 화폐를 발생시키는 최초의 작용인은 종교적 제례였다. 라움과 절친한 관계를 유지하였고, 크납, 막스 베버 그리고 오펜하이머에게서 영향을 받은 게를로프는 그 최조의 작용인을 인간 사회가 존속하기 시작한 이래 항존하여왔던 지배-피지배 관계 내지는 계급 관계에서 찾았다. 그에 의하면 그렇게 계급적인 위신을 상징하는 재화들 내지는 지배계급이 자신의 권위를 보여주기 위하여 분배하는 용도로 축적되는 축장재들이 선물이라는 형식을 통하여 분배됨을 통하여 자주 「관용」되어 그에 대한 신뢰를 바탕으로 점차 화폐로 진화되는 과정을 밟는다. 물론 그 과정은 이같이 한 줄로 요약할 만큼 단순하지도, 단선적이지도 그리고 일률적이지도 않다.

그런데 라움과는 달리 게를로프는 화폐의 발생에 대한 탐구에서 멈추지 않는다. 일단 화폐가 발생된 후에 보이는 화폐의 발전 과정에 저자는 주목한다. 그때 가장 핵심적인 개념은 화폐의 「구매권력」(*Kraft-macht*)인데 화폐의 발전과정의 전개는 이 구매권력의 확장 내지는 제약과 궤를 같이 한다. 이때 「구매권력」이란 게를로프가 독자적으로 개발한 실로 혁신적인 개념이고, 통상적으로 경제학에서 말하는 「구매력」

(*Kraftkraft*)과는 상이한 개념이다. 후자의 경우에는 어떠한 특정 화폐 한 단위와 교환될 수 있는 재화의 양, 즉 화폐와 재화 간의 교환 비율을 말한다. 반면 전자 「구매권력」은 그 화폐를 사용할 수 있는 사람의 자격에 대한 폭, 그리고 화폐로 구매가 가능한 사물들의 범위를 일컫는다. 본서의 표현에 따르자면 전자는 「객체적 구매권력」, 그리고 후자는 「주체적 구매권력」이라고 일컬어 진다. 예를 들어 봉건영주제하에서는 화폐가 있더라도 토지를 구매할 수 없었거나, 혹은 자격제한이 존재하였다. 자본주의 경제로 이행함에 따라 그러한 화폐의 구매권력상의 제약은 서서히 사라져가고 드디어 화폐는 무제한적인 권력을 행사할 수 있게 된다. 저자는 이러한 구매권력의 변화 과정을 통하여 화폐가 발전하여 나아가는 모습을 설명하고 있다. 그리고 마치막으로 이러한 화폐와 「구매권력」의 동학은 미래에 있어 어떻게 화폐가 변화하여야만 하는지에 대한 규범적 지침을 제공하여 준다.

아래에서는 그의 초기 저작을 간단히 요약하고, 본서에 대한 정리 및 평가를 제시하겠다.

(2). 화폐의 발생과 화폐체계의 시작

게를로프가 1940년에 출판한 『화폐의 발생과 화폐체계의 시작』(*Die Entstehung des Geldesund die Anfängedes Geldwesens*)이라는 저서는 학계의 지대한 관심을 끌었고, 그 이후 수정을 거듭하여 3판까지 인쇄가 된 바 있다. 그 저서에서는 주로 화폐의 발생과정을 다루고 있고, '계급 화폐론'이라는 분야를 최초로 정초하였다. 그에서 개진된 생각들은 그간의 여러 비평 등을 고려하여 보완되는 과정을 거쳐 본서에서 새로운 모습으로 제시되고 있다. 게를로프를 이해함에 있어서는 그의 생각이 1940년에 머물러있지 않고 시간을 거쳐 점차 정치화되고 이렇듯 보완되었다는 점을 필히 고려하여야만 한다. 하지만 과거의 수많은 비평들은 본서와의 연관성을 고려하지 않고 1940년에 출판된 저서만을 고려하는 경우가 많았다는 점도 언급하고자 한다.

게를로프는 라움과도 마찬가지로 화폐의 기원을 설명함에 있어서 경제합리적 인간을 가정하는 종래의 순수 연역적 방법론이 가지고 있던 비역사성을 지양하고 민족학, 인류학, 역사적 시각을 도입하여 화폐의 발생을 설명하고 있다. 그리하여 멩거 식의 사고 방식은 시장의 존재와 경제합리적인 게임의 룰을 이미 전제하고 있음에 반하여, 이 1940년의 저서에서는 궁극적으로 이 게임의 룰을 사회적, 역사적, 심리적으로 탐구한다. 그리하여 그 룰은 결국 명예와 권력 현상으로 파악하려고 하고 그로부터 시장과 화폐라는 제도의 기원을 설명하려고 한다. 게를로프의 시도는 크납이 가진 비역사성을 극복하고, 동시에 멩거류의 이론이 전제하고 있는 '경제합리적 인간'에 대한 가정을 비판하기 위함이다.

이는 순수히 귀납적인 방법과 이론적 접근을 통합하려는 시도라고 할 수 있다. 특히 사회적 존재로서의 인간이 가진 '사회적 인정에의 추구'라는 인간의 동기를 가장 중요한 인간 속성으로 파악하였고, 이 같은 동기가 화폐의 기원에 결정적인 역할을 하였음을 개진한다. 인간이 가진 다양한 충동들은 모두 「인정에의 충동」에 기반하였으며, 그에 의하면 그러한 「인정에의 충동」은 시간과 공간을 초월하여 인간 사회가 존재하는 한 가장 기본적으로 남아있는 충동이다.

게를로프는 그 같은 동기를 만족시키는 가장 중요한 수단은 '사회적으로 가치가 인정되는', 그리하여 그것을 가지고 있음으로서 사회적으로 명망을 가질 수 있게 되고 '권력'을 가질 수 있도록 할 수 있는 재화의 '축장'(*Hortung*)이라고 간주하였다.

그러한 재화는 굳이 사용가치가 있거나, 혹은 마르크스 식의 추상적 노동력을 체화하고 있을 필요가 없다. 그것의 가치는 결국 사회에서의 인정에 의하는 것인데, 그것은 어떠한 객관적인 가치가 없더라도 라움이 지적한 것처럼 주술이나 종교와 같은 사회의 신념과 믿음의 체계에 기원할 수도 있다. 이러한 예들은 많은 인류학적 자료에서 보이는 바와 같이 각종 사회행사(종교행사, 결혼, 축제 등)에서의 재화의 교류에서 볼 수 있다. 최초에는 이러한 재화들이 현시를 위한 목적으로 축장되고 결국 가치의 이전에서 사용되며 자주 사용됨으로써 서서히 화폐의 성격을 가지게 된다. 그런데 이러한 재화를 모두가 욕구하는 것은 그 재화에 내재된 물리적 성격이 아니라, 그것이 사회적으로 바람직하여 보이기 때문이다. 그러한 재화를 가지고 있다는 것은 사회적, 경제적 권력의 외적 표현이며, 따라서 그러한 이유로 일반적으로 받아들여지게 된다.

그러한 재화들이 정규적으로 가치를 이전하는 수단으로 이용될 때 그 재화가 화폐가 된다. 그러한 이전의 장소는 굳이 '시장'이 될 필요는 없으며, 시장이 존재하기 이전에라도 각종 제례, 의식, 혹은 결혼식 등의 행사에서 그 재화들의 현시 및 파괴, 그리고 각종 벌금의 지불 등이 중요한 계기이다. 또한 선물의 관행도 중요한 계기가 된다. 이러한 것들은 시장의 존재를 전제하지 않고도 정규적으로 그러한 재화들을 사용할 수 있도록 하는 장이다. 그리고 또한 그러한 재화들은 축장의 대상이 되며, 곧 이러한 「축장재들」이 곧 「축장화폐」(*Hortgeld*)로 변화하게 된다. 그리고 그로부터 「교환화폐」(*Tauschgeld*)로 진화된다. 하지만 모든 「교환화폐」가 「축장화폐」에서 비롯된 것은 아니다. 또한 계급, 사회적 위상에 따라 다른 종류의 「교환화폐」가 사용되기도 하였다.

그 이후 교역의 발달로 인하여 화폐 또한 변천하게 된다. 최초에는 현물 화폐(예. 도끼)에서 시작하나, 이제는 현물을 모방 내지 추상화한 화폐(*Zeuggeld*)가 등장하게 된다. 최초에는 이는 현물이 가지고 있는 실용성의 상실을 의미하되, 단 최초에는 원래의 재질은 유지한다. 즉 도끼의 예를 들자면 형태는 그대로 유지하되 그 날은 사용에 더 이상 적합하지 않게 된다. 그 이후 재질도 변화하기 시작하고, 특히 작은 단위로 쪼개질 수 있도록 고안이 되기 시작하며, 그 이후 주괴(鑄塊) 형태의 화폐가 등장하고 최후에는 그러한 재질과는 상관없는 상징화폐가 발생하게 된다. 이러하듯 화폐에는 점진적으로 추상화하여 나아가는 일정 발전 단계가 존재한다.

그리고 각 시대별 상황에 따라 다양한 종류의 화폐의 형태가 등장하는데, 그렇듯 사회에 의하여 화폐가 영향을 받기도 하지만 반대로 화폐가 사회를 조형하는 역할을 동시에 수행한다.

이 1940년의 저서는 주로 '민족학적 관점'에 의하여 집필되었으며, 그 저서를 관통하는 가장 중요한 주제는 결국 계급관계, 그리고 계급의 위상을 상징하는 '사회적 인정'의 수단으로서의 화폐의 등장이라는 측면이다. 이러한 계급적 시각은 그 이후의 저서에서 보다 정치화되며, 본서에 등장하는「화폐의 구매권력」이라는 주제와도 밀접히 연결된다.

(3). 화폐의 기원과 의미(1944), 화폐의 사회적 이론(1950)

본서 이전에 출판된 이 저서들에서 게를로프는 초기 민족학적, 인류학적 관점에서 진일보하여 본격적으로 사회학적 이론화를 개진하고 있다.

단순히 화폐의 기원을 추적하는 것만으로는 각 시대별로 화폐가 가지는 의미를 이해할 수 있도록 하지는 않는다. 즉, 각 시대별로 존재하는 사람들이 상호작용을 하는 과정에서 나온 사회적 행동의 결과로 화폐는 특정한 용도를 부여받게 되는데, 그것이 화폐의 의미이다. 이때 사회라는 것은 어떠한 목적적 관계하에서의 사회적 행동을 통하여 인간들이 통일체를 이루는 전체라는, 막스 베버식의 사회적 행동이라는 관점하에서 파악되고 있다.

게를로프는 이러한 사회 내에서의 화폐는 사회교류적 인정수단, 사회교류적 권력수단, 그리고 사회교류적 관계를 표현하는 수단이며, 이같은 특징이 화폐가 가지는 불변의 특징으로 간주되기 시작한다. 그리고 최초로 구매권력에 대한 생각들이 소개되는데, 이때 구매권력은 그 사용하는 주체별 범위인「구매폭」(*Kaufweite*)과 사용 대상의 범위인「구매범위」(*Kaufbreite*)에 있어서 제약될 수 있으며, 그러한 폭과 범위의 제약은 시대별로 변천되어 간다. 가장 강력한 권력을 가지는 화폐는 이러한 폭과 범위의 제약이 없는 화폐, 즉 자본주의 시대의 화폐이다.

그리고 화폐가 단순히 그 시대를 반영하는 것뿐만 아니라 시대를 조성하는 창조적 역할도 함이 강조된다.

4. 본서에 대하여

(1). 들어가기

게를로프 최후의 저술인 본서는 그 이전의 화폐에 대한 그의 연구결과를 통합하는, 즉 화폐의 기원부터 시작하여 화폐의 발전, 현대에서의 화폐의 사용, 그리고 어떻게 화폐가 발전되어야 하는지에 대한 규범적 논의 등을 포함하는 화폐에 대한 대서사시이다.

화폐의 기원에 대하여서만 설명하거나 혹은 현재에서의 화폐의 사용만을 설명하는 것은 오로지 부분적 설명밖에 될 수 없고, 화폐라는 현상의 핵심을 이해하는 바에는 불충분하다. 현재에서의 사용법은 화폐가 어떻게 하여 발생하였고 어떻게 발전하여 왔는지에 대한 단서를 제공할 수 없는데, 그 기원은 현재 화폐가 사용되고 있는 목적 내지는 현재에 있어서의 의미와는 독립적으로 발생하였기 때문이다. 또한 그러한 기원과 발전 경로에 대한 이해 없이는 어떻게 화폐가 향후 발전하여 나아가고 또한 규범적 측면에서 어떻게 발전하여야만 하는가에 대한 통찰을 제공할 수 없다. 반면 화폐의 기원에만 주목하는 것은 그 이후에 화폐의 사용에 있어서의 변천을 설명할 수 없다. 따라서 기원과 발전을 모두 아우르는 연구가 필수적인데, 사실 이와 같은 통합적인 연구는 그 이전에도 이후에도 흔치 않은 시도라고 볼 수 있다.

그런데 게를로프는 그 방법론적 측면에서 단순히 사실들을 나열하는 귀납적 방법에 머무르지 않고 그 사실들을 관통하는 이론 체계를 정립하려는 시도를 개진하였다. 게를로프 분석에서 그를 위한 중요한 개념은 바로 인간이 가진 원초적 충동으로서의 인정에의 욕구, 계급 그리고 화폐의 구매권력이다.

이를 설명하기 위한 게를로프의 출발점은 멩거가 상정한 고립된 개인이 아닌 사회이다. 그에 의하면:

> 사회란 '상상적 단일체'를 형성시키는 어떠한 '목적의식적 관계들'로 연결되어 있는, 인간들의 총체를 의미한다. (…) 사회는 단순한 「공존」 내지는 단순한 「공동체 생활」이 아니다. 그것은 주로 개인들 간의 불평등에 기인한, 특정한 충동들에 의하여 지시되며, 특정한 목적 설정에 기초하고, 특정한 목표를 지향하는, 그러한 어떠한 「집단적 행동」, 즉 어떠한 특정 행위이다(본서 11쪽)

그에 따르면 사회는 칼 멩거가 말하는 고립되고 평등한, 그리고 「호모 이코노미쿠스」로서의 개인의 단순한 합은 절대로 아니며, 불평등하게 이루어진 구성원 간에 상호 작용을 주고 받으면서 어떠한 공동의 집단 의식과 공동 지향성을 형성시키는 그러한 사회이다. 즉,

> 세상을 지배하는 것은 「호모 이코노미쿠스」(경제합리적 인간*homo oeconomicus*)가 아니라 「야심적 인간」(*homo ambitiosus*), 달리 말하자면 「평판집착적 인간」(*anthropos doxomanés*)이다. 「호모 이코노미쿠스」는 허구이고 「야심적 인간」(*homo ambitiosus*)은 살아 숨쉬는 현실이다(본서 27~28쪽).

즉, 그러한 사회 내에 존재하는 인간은 칼 멩거 식의 '호모 이코노미쿠스', 즉 '경제합리적인 인간'이 절대로 아니며, 인간은 타인과의 차별을 추구하고 자신의 위상을 현시하려는 「야심적 인간」(*homo ambitiosus*)이다.

그리하여 화폐는 칼 멩거가 말하는 고립된 개인의 경제합리적 행동에서 자생적으로 기원한 것이 아니라 「야심적 인간」으로서의 인간들 간의 권력욕과 대립으로 점철된 사회적 행동에서 비의도적으로 출현된 것이다.

본서는 대략적으로 5가지 부분으로 구분될 수 있다.

첫번째 부분 (1장-2장)은 연구의 목적과 본서에서 상정하는 가장 중요한 전제로서의 사회 심리적 사실을 다룬다.

두번째 부분 (4장-8장)은 주로 화폐의 기원을 다루고 있다. 이는 그 이전의 저술들에서 개진된 화폐의 발생이론을 그간의 비판들을 반영하여 보다 정교하게 분석하고 있다고 할 수 있다. 그 출발점은「야심적 인간」이며, 자신의 계급적 위상을 과시하기 위하여 재화를 축장하고 제례, 축제, 결혼식 등의 사회적 행사에서 그 축장재들을 현시하거나 선물로 분배 내지는 파괴한다. 특히 그것들이 선물이라는 형태로 빈번하게 이전됨으로 인하여「축장화폐」로의 이행하게 됨을 각종 인류학적, 민족학적 자료를 근거로 하여 보여줌으로써 1940년의 저술에서의 부족한 점을 보충하고 있다. 그러한 면에 있어 화폐는「계급화폐」에서 출발하였다. 또한 간과할 수 없는 중요한 사실은 이때 화폐가 되기 위하여 중요하게 부각되는 요소는 현시적「축장재들」의 '빈번한 사용'으로 인한 일종의 '사회적 관습'의 형성, 그리고 선물이라는 과정을 통한 이전, 마지막으로 그로 인한 인간 간의 사회적 유대 내지는 지배관계의 형성이라는 점이다.

이렇듯 사회교류적 영역에서 사용되던 화폐가 이제는 의도적으로 경제적 목적을 위하여 서서히 전용되기 시작하면서「경제의 수단」(Wirtschaftsmittel)이 된다. 즉, 화폐는 경제합리적 목적에 부합하기 때문에 의도적으로 그렇게 적용되기 시작하는 것이며 창조된 것은 아니다. 그리하여 이제부터는 화폐의 고전적인 기능들(교환수단, 가치저장수단, 계산수단, 지불수단)이 전면에 부각된다. 하지만 이 같은 논의에 있어서 가장 핵심적인 사실은 화폐는 경제적 영역이 아니라 사회교류적 영역에서 출현하여 점차로 경제적 목적을 위하여 전용되었다는 사실이다.

세번째 부분 (9장-16장)에서는 그러한「계급화폐」로서의 화폐의 출현, 그로 인한 사회적 영향, 그리고 화폐의 본질에 대한 논의가 이어진다. 이는 화폐의 개념, 화폐가 가지는 사회성, 화폐의 본질적 서비스, 그리고 사회교류적 관계를 설정하고 인정을 획득하며 그리하여 권력을 얻는 수단으로서 화폐에 대한 논의로 구성되어 있다.

네번째 부분 (17장-22장)은 화폐의 주요 기능을 논하고 있는데, 이에는 교환, 가격표현, 계산, 그리고 지불 수단이라는 통상적 기능을 앞 부분에서 개진한 이론과 어떻게 연계가 되는지에 대한 고찰과 자본으로서 기능을 하는 화폐에 대한 논의이다.

마지막 부분 (23장-29장)에서는 앞 부분을 통합하여 화폐가 사회적으로 미치는 영향에 대한 고찰과, 규범적인 논의가 등장한다. 이때 중요하게 부각되는 것은 결국 화폐와 권력에 대한 논의이다.

이 모든 논의에 있어서 중요한 점은, 화폐의 가장 중요한 특성은 결국 계급의 상징이었다는 사실이다. 사회적 계급이 존재할 때 특정 상품은 그 계급의 위상을 상징하며 상류 계급의 전유물이었다. 상류 계급들은 이러한 화폐를 축장하게 되고, 그리하여 축장화폐가 된다. 그렇다면 이러한 화폐가 어떻게 전 계급에게 확산되는가. 물론 하위계급은 상위 계급의 전유물들을 가지고 싶어하는 욕구가 강하다. 그러한 전제하에서 한 가지 방향은 하위 계급도 그러한 화폐를 소유할 수 있게 허락이 되는 방법이다. 다른 방향은 혹은 여러가지 경쟁적 위치에 있는 화폐 중에서 선택과정을 거치게 되는 길이다. 이때 가장 중요한 원칙은 다수가 사용하여야만 한다는 것이고, 그렇기에 상류 계급의 전유물이었던 화폐는 경쟁력을 상실한다. 이러한 모든 경우에 있어서 화폐는 더이상 계급을 상징하는「계급화폐」가 아니고「민주적 화폐」가 된다. 그리하여 종래에는 소지하고 있는 '화폐의 질'의 차이에 의하여 계급의 구분이 존재하였다면, 이제 이러한「민주적 화폐」는 순전히 그 양에 의하여 유산자와 무산자라는 새로운 계급 질서를 형성시킴을 의미한다.

이러한 화폐가 교환수단으로서 기능하게 되면, 결국 서서히 모든 결제는 실물 화폐가 아닌 추상적 계산 단위로 결제가 되면서 화폐는 점차

「계산화폐」로서의 기능을 수행한다. 그리하여, 이로부터 더욱 발전하여 마침내,

> 이같이 시장에 등장하는 「소득」 또는 「자산」이 가지고 있는, 「계량단위화폐」로 표현된 「구매력의 양」이 진정한 의미의 화폐이다. 이것이 현재 경제 단계에서의 화폐에 대한 정의이다 (본서 153쪽).

이제는, 진정한 화폐는 「구매력의 양」이다.

> 「계량단위화폐」로 표현되는 「구매력의 양」이 사회교류상, 무엇보다도 경제적 제 관계의 담지자이자 형성자이다. (…) 물론 「화폐증표」와 「화폐적 계산」은 사회교류적 「행태의 과정」, 그리고 그 과정의 질서를 수립하고 「조형」함에 있어서 일정한 역할을 수행한다. 하지만 화폐가 사회에서 「구매력의 양」으로서 행사하는 광범위한 권력에 비하면 그 역할은 미미하다. 「구매력의 양」으로서의 화폐는 사회교류경제적 운동의 「충동력」인 동시에 '조직자'(組織者)로서, 그 운동의 목표와 진로를 결정한다 (본서 154쪽).

이때 주목하여여만 할 사실은 화폐의 가장 중요한 기능은 전형적인 화폐의 기능들이 아니라는 점이다. 각 시대별로 주요한 화폐의 기능은 변천하는데, 최종적으로 화폐는 권력의 수단이며, 사회를 조형하는 역할을 동시에 수행한다.

이러한 측면에서 보았을 때, 「올바른 화폐」라는 것은 불변하는 어떠한 속성을 가진 화폐가 아니며, 당대에 올바르다고 생각되는 법에 상응하는 화폐이며, 결국 어떠한 법이 당대에 올바른가 하는 문제로 귀착된다.

그런데 이 같은 화폐의 발전을 논하는 과정에서의 핵심적인 개념은 화폐의 「구매권력」이며, 이는 본서에 등장하는 여러가지 개념 중에서 어쩌면 가장 혁신적인 개념이라고 할 수 있다. 이에 대하여서는 아래에서 더욱 상세히 논의를 하고자 한다.

(2). 화폐의 구매권력

앞서 강조한 바과 같이 게를로프는 그 이전의 저서와는 달리 본서에서는 단순히 화폐 발생에 머무르지 않고 그 진화 과정을 설명하려고 시도한다.

그런데 우리가 통상적으로 「구매력」이라고 말할 때는 순수한 경제적 영역 내에서의 화폐와 재화 간의 교환 비율을 말할 따름이다. 이러한 좁은 영역을 넘어설 수 있도록 만드는 개념이 바로 「구매권력」이라는 개념인데, 이는 화폐가 사회적, 역사적으로 가지고 있는, 인간과 사물을 지배하는 권력을 의미한다. 그 권력의 크기는 주체적, 객체적 제약의 정도에 따라 달라진다.

예를 들어 최초의 화폐인 「축장화폐」 내지 「계급화폐」는 그 사용이 상류 계급에만 한정되어 있다는 의미에서 주체적으로 그 「구매권력」이 제약이 되는 화폐이다. 그로부터 점진적인 발전은 이러한 화폐의 「구매권력」에 있어서의 제약이 점차로 사라지는 과정이라고 볼 수 있다.

그러한 변천은 점진적으로 일어난다. 게를로프는 피어칸트를 언급하며, 문화적 변화에서 보이는 연속성은 공히 화폐에도 적용된다고 강조한다.

> 피어칸트가 새로운 「문화적 재화」의 생성이나 기존 「문화적 재화」의 변형에 대하여 일반적으로 언급한 바, "그것들은 아주 오랜 사전(事前) 역사를 가지고 있다"라는 주장은 공히 화폐에도 적용된다. 특히 화폐의 발생은 일회성 사건이나 혹은 독창적 발명, 즉 무로부터 탄생된 새로운 창조물이 아니라 오랜 시간이 걸리는 점진적인 발전의 결과이며, 화폐는 현재 우리에게 보이는 모습과는 완전히 다른 맥락하에서의 기원들과 밀접하게 얽혀있다(본서 41쪽).

그리고 그러한 확장의 결과로 화폐는 「경제의 수단」(*Wirtschaftsmittel*)이 된다. 그럼으로써 교환의 수단이라는 화폐의 고전적 기능이 전면에 부각이 된다. 그런데 지속적인 발전을 통하여 화폐가 구매권력을 획득함에 따라 그 화폐는 더 이상 단순한 교환의 매개가 아니라 이제는 '구매를 위한 수단', 혹은 「가득」의 수단이 되며 따라서 마르크스가 말하였던 바 화폐의 순환과정 즉, '화폐-상품-증식된 화폐' 「M-C-M」라는 화폐의 순환과정이 시작된다. 그리고 결국 화폐는 사회적 권력을 획득하게 되며, 그리고 자본으로서의 화폐의 발전이 시작된다. 그리하여,

> 이러한 발전을 통하여 다다르는 곳의 막바지에 존재하는 '영리 이외의 것들'(extra commercium)의 세계에서는, 오직 공공질서, 안전 그리고 도덕 등의 이유로 인하여 그것들의 「소유」, 「가득」, 거래에 제한이 존재하는 단지 소수의 대상만이 주로 포함될 것이다(본서 281쪽).

이러한 측면에 있어서 화폐의 구매권력이라는 개념은 화폐의 발전을 설명함에 있어서 가장 핵심적인 개념이라고 할 수 있다. 그런데 이러한 구매권력의 확장은 사전에 의도하였던 결과가 아니었다. 또한 이 과정에서 사회적 규율(norm)의 변화도 수반된다. 즉, "즉, 「화폐의 본질적 서비스」는 그 화폐를 사용하는 사회에 존재하는 「욕구들」과 함께 발전하고 변화한다"(본서 175쪽). 그리하여 최후에는 화폐는 이제는 종복이 아니라 주인이 된다. 그렇기에 화폐를 '길들이는' 문제가 제기된다. 이렇듯 화폐의 무제한적인 구매권력을 길들이는 문제는 그 이전 시대에서는 존재하지 않는 문제였다.

그러면서 게를로프는 비저를 언급한다—비저는 「화폐권력」(Geld-macht)를 언급하면서 화폐는 권력현상과 관련이 있다는 점을 지적하였지만, 단지 개인주의적 자본주의 경제에 대하여서만 언급하였을 뿐, 게를로프처럼 그 역사적 맥락에서 보다 깊이 분석하지는 못하였다(본서 156쪽, 276쪽).

그렇다면 이렇게 구매권력이 확장된 화폐, 즉 과거의 「계급적 화폐」가 더이상 아닌 「민주적 화폐」가 사회적으로 미치는 영향은 무엇인가. 게를로프는 다음과 같이 지적한다:

그리하여 「경제의 수단」으로서의 화폐는 「민주적 화폐」(*demokratisches Geld*), 즉 그 「관용」에 있어서 계급이라는 제약을 받지 않고, 그 소유에 있어서도 계급에 종속되지 않는 화폐이다. 물론 이렇듯 화폐는 전통적인 계급을 파괴함과 동시에 새로운 계급을 형성할 수도 있다. 반면 화폐는 계급 간의 간극을 소유와 비소유를 기준으로 더 확대시킴으로써 기존의 계급들을 더 강화시킬 수도 있다(본서 137쪽).

그리고,

「권력수단」(*Machtmittel*)으로서의 화폐는 「욕구」의 자연적 절실성에 의하여서가 아니라 구매력이 가장 높은 수요에 의하여 결정되는 방식의 「재화분배」의 구조를 만들어 낸다. 따라서, 재화의 공급량이 수요를 충족시키기에 충분하더라도 사회교류적으로는 재화의 부족이 발생할 수도 있다(본서 194쪽).

화폐는 「소유권력」(*Besitzmacht*)을 가동시키고 그 권력을 더욱 더 소수화된 손에 집중시키는 수단이다. 이러한 방식으로 소수의 권력 집단은 국제 경제를 장악하고 입법과 외교 정책의 향방에 현저한 영향력을 행사할 수 있게 된다. 그리고 소수의 사람들이 한 국가의 철도 체계 전체를 통제하고, 전 세계의 석유와 석탄 매장량, 주요 생산국의 고무와 설탕 생산량 등의 기초 산업이 소수의 권력 집단에 의하여 통제되고 운영되는 경우, 화폐는 이러한 권력을 획득하고 행사하며 또한 견고하게 만드는 가장 효율적인 수단이 된다. 그리고, 화폐를 통하여 여론은 통제될 뿐만 아니라 만들어지기도 한다(본서 194쪽).

그리고 또 다른 중요한 측면은

화폐는 경제생활을 지배할 뿐만이 아니다. 그것은 정치생활과 문화생활에까지도 비록 파괴는 하지 않을지언정 깊숙하게 침투하고 종교

생활도 이에는 예외가 될 수 없는 '악마적 권력'(dämonische Macht)이 된
다(본서 290쪽).

그리하여 화폐가 물질적 「구매권력」을 가지고 있는 곳에서는 단 한
줌의 화폐가 법과 진실을 담고있는 큰 자루보다도 더욱 무겁게 느껴
질 수 있다"(본서 291쪽).

따라서 「화폐의 구매권력」은 「화폐의 구매력」과 마찬가지로 사회 내
에서 경제적, 사회교류적 「권력투쟁」의 대상이 되기 마련이다(본서
302쪽).

따라서 게를로프의 견해에 의하면, 화폐의 구매권력의 확대는 양날
의 칼이다. 한편으로는 그러한 발전으로 인하여 문명과 문화의 기반이
조성된다.

본질적으로 제약이 없는 「구매권력」을 가진 화폐만이 거래의 수단으
로서, 경제를 움직이는 연료로서, 그리고 「사회교류적 행위」의 도구
로서, 우리 문명과 문화의 기반을 조성하는 업적을 달성할 수 있기
때문이다(본서 305쪽).

하지만 반면 화폐는 이제는 종복이 아니라 주인이 된다. 그리고 과거
에 존재하였던 계급 차별과는 다른 방식으로, 즉, 화폐 소유의 양에 의
하여 결정되는 새로운 계급질서가 탄생하게 된다.

이에 어떻게 두 가지 방향의 균형을 맞출 것인가 하는 문제가 제기
된다. 게를로프는 균형을 유지하는 것이 통화정책의 중요한 목표 중의
하나라고 강조한다. 이는 주류 경제학에서 화폐의 양이나 이자율 조정
을 통한 물가안정만이 통화정책의 주요한 목적이라고 강조하는 바와는
다르다. 그리고 이러한 정책을 수립함에 있어서는 가치판단이 개입될
수밖에 없으며, 그것은 결국 정치의 영역이 된다.

즉, 「올바른 화폐」의 문제는 「화폐정책」의 문제이며, 특정한 「화폐증표」를 [하루아침에] 창조한다고 해결될 수 있는 문제가 아니라 오히려 우리가 통화제도(Währung)라고 부르는 것을 제대로 관리하여야만 해결될 수 있는 성질의 것이다(본서 341쪽).

무조건적으로 「구매권력」을 제한한다는 것은 가격기능의 왜곡을 초래할 수 있기에 「구매권력」은 가급적 제약이 없어야 하지만 반대로 필요시에는 제약되어야만 한다. 그리고 그때 이러한 제약 설정의 기준은 결국 도덕성이고, 그 도덕성은 교육에 의하여 함양될 수밖에 없다. 또한 이러한 제약을 도입함에 있어서 명심하여야만 하는 점은 각국의 경우 각기 처한 환경 및 제도가 상이하기에 일률적인 정책 기준을 설정할 수는 없다는 사실이다.

5. 게를로프, 라움, 그리고 크납

사실 화폐의 발생에 있어서는 최초의 분배형식이 중요하다. 그런데 게를로프에 있어서는 가족 내에서 이루어지던 최초의 자발적 선물이 축제나 제사, 혹은 결혼식과도 같은 어떠한 특정한 사회적 행사 때 주고 받던 자발적 선물이 일종의 강제적인 관행으로 변화하여가는 과정에 주목하면서, 이러한 과정에서 어떠한 재화가 빈번히 사용됨으로 인하여 화폐로 변화하였다는, 일종의 자발성에서 강제적인 것으로의 전환, 그리고 그러한 관행의 사회적 제도화를 이야기한다. 왜냐하면 인간이 가지고 있는 사회교류적 본능으로 인하여 그러한 행사 때에는 어떠한 것을 선물로 주어야 한다는 사회적 심리가 형성되며, 사회적 심리에서 개인은 더이상 자유롭지 못하게 되기 때문이다. 그러한 목적으로 가지고 있던 「축장재」는 이제 화폐적 성격을 가지는 「축장화폐」로 변모되어 간다. 즉, 가족 내에서 선물의 주고 받음은 화폐로 발전할 수 없음에 반하여 이 같은 사회화의 장을 통하여서만 재화는 화폐로 발전할 수 있다.

이와는 대비되는 경로는 라움이 말한 재례 의식을 통한 화폐의 발전이다. 그런데 이러한 제례 의식은 그를 위한 '질서'라는 것이 먼저 전제되기 마련이다. 즉, 제사 행위에 있어서는 그 효력을 최대화하기 위하여서는 희생물이 부정을 타지 말아야 되며 엄격한 형식에 의하여 선택되어야만 한다. 이로부터 표준화가 발생하게 된다. 이와 관련하여 중요한 과정은 크납이 말한 바 있던 소위 「재귀적 연관성」이라는 개념인데, 일정 형식을 유지하는 한, 그 희생에 사용되는 '내용'은 점차 덜 중요하게 된다. 예를 들어, 최초에는 살아있는 황소를 제물로 사용하였지만, 점차 황소의 형상을 한 점토 내지는 더 나아가 황소 자체를 상징하는 황소의 머리를 조각한 점토판 내지는 주화를 사용하여 공양을 하더라도 그 신성한 효력은 유지된다. 이러한 '형식에의 강조'가 등장하게 된 이유는 라움에 의하여서는 아주 선명하게 제시되어 있지는 않지만, 결국 원시인들의 생활에서 가장 중요한 위치를 차지하던 종교의 힘, 그리고 그러한 힘을 권력화하여 사용하는 사제층 등의 지배계급의 입장을 반영한 것일 수도 있다. 그들이 가지는 권력의 근원은 일반인들이 쉽게 수행할 수 없는 종교 행사에 있어서의 격식이며, 그러한 형식은 복잡할수록 사제층의 권력을 강화시킬 수 있다. 또한 그들의 물질적 이해도 이에 기여하는데, 실제 제사행사에서는 소재를 아끼고 그 대신 자신들이 (값싸고) 쉽게 만들어낸 원래 제물의 모형을 사용하며 반면 대중으로부터는 실제 희생물을 요구함으로써 소위 '시뇨리지'에 의한 이득을 취할 수 있기 때문이다.

재화의 배분에 있어서의 차이 또한 중요하다. 라움에 있어서는 종교 제례 행위 이후에 이미 정하여진 서열에 따라 재화가 배분됨에 반하여 게를로프의 배분 행위는 다분히 선물의 과시 및 파괴 행위이다. 후자에게 있어서는 선물을 계급에 따라 나누어 가진다는 개념은 없다. 비록 양자 모두 공적인 재화의 분배를 이야기하고는 있지만 라움에 있어서는 그에 따른 계급적 차별이 있는 반면 게를로프에서는 그 같은 맥락에 대한 언급은 없다.

라움에 있어서는 계급의 분화가 이미 전제되어 있는 것은 아니고 존재하는 계급이라는 것은 단지 사제와 일반인뿐이다. 반면 게를로프에 있어서는 이미 화폐의 진화 이전에 계급이 전제돼 있다. 따라서 라움에게 있어서는 계급이라는 관점이 최초나 아니면 그 이후에 있어서 화폐의 진화에 미치는 영향은 보이지 않는다.

반면 게를로프가 크납과 가지는 중대한 차이는 화폐라는 것은 단지 국가에 의하여 공표되면 유효하게 사용되는 것이 아니라는 점, 그리고 크납에게서는 '계급' 내지는 '권력'이라는 관점은 보이지 않기에 자칫 기존의 계급관계를 용인하는 이론으로 전락할 수 있는 가능성이다. 즉 게를로프에 의하면 계급과 권력이 핵심적 요소 중의 하나이고, 화폐가 되려면 법적 질서 이전의 다른 경제적, 사회적 질서가 전제되어야만 하며, 어떠한 재화의 '관용'이 중요한 것이다. 이러한 측면에서 게를로프의 이론은 크납보다도 포괄적이며, 크납의 이론은 게를로프의 이론의 특수한 경우가 된다(Brandl 2014: 332). 이 같은 비판은 크납에서 비롯된「표권주의」가 가지는 한계에 대한 지적이기도 하다. 게를로프에 의하면:

> 그런데 국가 권력이 경제적 이해관계나 윤리적 신념이 가진 권력의 반대에 직면하여서도 과연 화폐에 그 존재와 가치를 부여할 수 있는지에 대한 질문은 사실 제기조차도 되지 않았다. 크납에게는「올바른 화폐」란 단지 국가의「법령」에 의하여 제정된 화폐이다(본서 333쪽).

6. 본서에 대한 평가의 정리

(1). 화폐의 본질, 그리고 권력

본서를 접하는 독자들이 가장 먼저 떠올리는 궁금증은 게를로프에 의하여 '정의'된 화폐의 본질은 무엇인가라는 질문일 것이다. 이는 현대 경제학적 관점에서 볼 때는 화폐란 무엇인가에 대한 정확한 개념 정의에 집착하기 마련이기 때문이다. 하지만 그러한 측면에서 볼 때 본서는 현대 경제학자들의 요구를 만족시키지 못한다. 오히려 그러한 질문 자체가 무의미하다는 것이 저자의 생각이다. 즉, 게를로프에 의하면 화폐의 개념 내지는 본질이 무엇인가라는 질문 자체가 그릇된 것이다.

게를로프에 의하면 각 시대에 필요시되는 용도에 따라 시대별로 다양한 종류의 화폐가 존재하며 더욱이 같은 시대에도 다양한 화폐가 혼재하여 있고, 더욱이 그들 간의 정확한 구분은 힘들다고 한다. 그리고 각 시대별로 다양한 역사적 문화적 사회적 환경이 화폐의 기능 내지는 화폐가 제공하는 서비스를 결정하기에 화폐의 개념 자체도 변천하는 것이다.

그런데 이같이 광범위하고도 명확하게 구분되지 못하는 개념으로서의 '화폐'라는 용어의 사용은 경제학자들의 불만을 사기에 충분하다. 더욱이 경제학자의 관점에서 볼 때는 일관성이 결여되어 있다는 비판이 제기될 수도 있다. 즉, 경제학자들의 관점에서는 많은 재화들이 어떠한 시점에 각기 화폐가 될 수 있다는 입장을 수용하기란 쉽지 않다. 하지만 게를로프에게 있어서는 화폐의 '개념'은 시대별로 그 화폐를 사용하는 관용에 따라 변한다. 그리고 당연히 화폐의 기능에 대한 고전적 분류가 모든 시대에 있어서 중요한 것은 아닌데 이는 화폐의 주요 기능도 시대별로 그리고 그 발전 단계별로 변천하기 마련이기 때문이다. 그리고 게를로프에 의하면 이러한 발전 단계도 하나의 일률적이고 단일한 방향을 가지는 것이 아니다. 그리고 상위 계급의 화폐와 더불어 하위 계급에서만 전용되는 화폐도 병행하여 존재하고 있었다는 점을 그도 충분히 인정하고 있다. 그리고 만일 어떠한 불변하는 화폐의 개념을 주장하는 것은 게를로프가 그토록 강조하였던 사회 및 문화의 발전과 화폐의 연관성을 단절시키는 위험을 야기할 수도 있다.

미제스(Mises)와 같은 시장주의자들이 범하는 오류는 바로 어떠한 문화적 역사적 배경과 상관없이 교환관계라는 단 하나의 경제 형태만이 존재하며 화폐의 주요한 불변적 기능은 오로지 교환의 매개 기능으로만 상정한 바에 있다. 자유방임주의에서의 화폐는 무제한적인 권력을 가지게 된다. 이러한 기능은 화폐가 교환의 매개로 기능함에 기인한다. 하지만 이는 영원불변한 법칙이 아니라 그러한 자유방임주의라는 독특한 제도적 환경 때문에 그러한 것이다. 따라서 이러한 제도적 환경의 틀 안에서 화폐를 이해하여야만 하며, 화폐가 가지고 있는 무제한적인 권력을 그 자체로 화폐의 영구불변한 속성으로 이해하여서는 안 된다. 이러한 제도라는 것은 어떻게 보면 물고기가 살고 있는 물과 같은 것으로서 평소에는 당연히 느끼지 못하지만 일단 그러한 제도가 사라지면 비로소 그 제도의 존재가 보여진다. 화폐가 무제한적인 사용 권력을 가지는 것은 그러한 제도 덕분이다.

사실 "게를로프에게는 화폐에 대한 '표상'(*Vorstellung*)은 존재하지만 화폐라는 '개념'(*Begriff*)은 없다"(Brandl 2014: 296)라는 지적도 충분히 일리가 있다. 게를로프에 있어서 어떠한 불변하는 화폐의 개념은 존재하지 않는다.

오직 불변하는 '특징'(본질이 아닌)이 있다면 화폐는 사회적 관계를 반영하며 권력의 담지자라는 사실뿐이며, 그 사회적 관계에 의하여 어떠한 화폐의 가장 주요한 기능이 결정된다. 게를로프에 의하면:

그러나 이러한 모든 기능의 변화에도 불구하고 한 가지 화폐의 「특성」은 여전히 불변으로 남아 있다. 즉 화폐는 항상 「권력수단」으로 남아 있게 된다. 이러한 「권력수단」으로서의 기능, 즉, 사회, 경제 그리고 특히 시장―가장 광범위한 의미에 있어서의―에서 권력을 대표하는 기능이 화폐로부터 제거되면 그 때의 화폐는 더 이상 화폐가 아니다.

「화폐관용」이 바로「화폐의 권력」을 결정한다. 화폐는 그「화폐관용」
이 보편화되고 확립됨에 따라서, 그리고 특히「교환경제적」거래에서
「화폐의 구매권력」을 획득함에 따라「권력수단」이 된다. 화폐는 전
혀 상이한 여러 사회적 영역에서도「권력의 담지자」로 기능한다(본서
385쪽).

역자의 생각으로는 이와 같은 게를로프의 화폐의 권력에 대한 논의
는 다음과 같은 점에서 향후 보완되고 정치화될 필요가 있을 것으로 사
료된다.

첫 번째는 화폐의「구매권력」에 있어서 보이는 소위 '규모의 경제'
라는 개념이 게를로프에는 없다. 일찍이 짐멜은 다음과 같이 언급한 바
있다:

> 빈자에게 주어진 기회는 많지 않은데, 이는 그가 가진 돈은 필수품만
> 을 구매하기에 적합할 따름이며, 그 이외의 사용에 대하여서는 그는
> 재량이 없기 때문이다. 소득이 증가함에 따라 그 재량은 증가하며, 그
> 렇게 돈의 양이 증가함에 따라 그 증가분은 그 이전에 생필품을 구매
> 하기 위하여 사용되었던 돈과는 다르기 때문에 그 가치는 더욱 커진
> 다(Simmel 2011: 25).

> 그리하여 돈은 그 양의 차이에 의하여 완전히 다른 질적인 성격을 가
> 지게 된다(전게서: 282).

이 같은 관찰은 비저(Wieser)가 말한 바, 부자의 1원과 빈자의 1원의 가
치는 다르다는, 동일한 단위의 화폐의 가치는 소득의 크기에 따라 달라
진다는 명제로도 표현된다.

화폐의 양이 가져다 주는 '질적인 차별' 이외에도 주목하여야만 할
점은 화폐의 집중은 가속화된다는 사실이다. 부자는 자신이 가진 돈 중
에서 적은 부분만을 투자하더라도 그 위험이 크지 않다고 느끼는 반

면, 빈자에게는 같은 양의 돈이라고 하더라도 그에게는 전부이다. 따라서 부자는 보다 많은 기회를 포착할 수 있고, 그 현상은 특히 경기의 부침에 따라 더 그러하다(Simmel 2011: 282). 또한 부자는 그가 가진 돈의 작은 부분만을 사용하여 그의 위상을 높일 수 있고, 보다 큰 정치적 영향력을 가질 수 있다. 즉, 부자가 가진 돈의 권력은 경제적 영역을 넘어 미치게 된다. 그리하여 부자는 기울어진 운동장을 만들 수 있는 권력을 가진다. 즉, 게를로프의 표현을 사용하자면, 「화폐의 객체적 구매권력」은 소유한 화폐의 양에 따라 커지며, 부자가 가진 「구매권력」의 대상은 인간의 양심까지도 포괄하고, 그렇게 커진 「구매권력」의 성장은 가속화된다. 그리고 그러한 무제한적인 「구매권력」은 오직 부자들에게만 주어진다는 면에서 「화폐의 주체적 구매권력」은 이제는 부자들로만 다시 제한되기 시작하기에 새로운 형태의 화폐의 주체적 구매권력의 제약이 도입되기 시작한다. 이러한 「구매권력」과 부의 집중과의 관계는 게를로프에 있어서는 언급되지 않고 있지만, 역자의 생각으로는 향후 사회학적 탐구의 대상으로 여겨진다.

두 번째는 현대의 은행 신용화폐에서 볼 수 있듯이, 화폐의 「구매권력」을 창조하는 권력에 대한 분석이 중요한 과제로 대두된다. 게를로프는 지배계급 위상의 상징으로서 등장한 「계급화폐」가 변천되어 「민주적 화폐」로 변화되는 과정을 묘사하고 있지만 그의 분석은 「구매권력」의 객체적, 주체적 폭과 범위가 확장되어 가는 측면에 집중하고 있지 정작 그러한 「민주적 화폐」를 만들어 내는 권력은 간과하고 있다고 할 수 있다. 이는 금융 자본, 특히 민간 은행이 가진 신용창조의 권력에 대한 분석으로 연결될 수 있다. 이와 관련하여 주목하여야 할 점은 현대에서의 본원 통화와 은행신용화폐는 각기 다른 「구매권력」을 가지고 있으며, 또한 같은 유로통화권 내에서도 유로화가 가지는 「구매권력」은 상이할 수 있다는 점이다. 마찬가지로 최근 논의가 되고 있는 소위 '지역화폐'가 가지는 「구매권력」에 대한 논의도 중요한 연구 주제 중의 하나가 될 듯싶다.

(2). 방법론적 문제 및 연결고리의 불완전성

본 저서는 경제학자의 관점에서 인류학적, 민족학적, 역사학적 그리고 사회학적 성과들을 포괄하여 다학제적인 관점에서 집필되었다. 또한 독일 역사학파의 귀납적 연구의 관점을 가지고 있되, 그에 추가하여 이론화를 시도하고 있다.

그간 본 저서에 대한 비판은 다양하고도 각기 상이한 관점에서 제시되어 왔는데, 많은 경우에 있어서는 비평자 자신만의 고유한 관점에서만 입각하였고, 다른 분야와의 연관성은 도외시하였던 것이 사실이다. 예를 들자면, 인류학 내지는 민족학자들의 입장에서 보았을 때 저자가 제시한 자료들이 너무 일방적이라거나 혹은 일반화를 시키는 바에는 무리가 있다는 지적이 있어 왔다(하지만 어떠한 학자들은 저자가 일반화시키려고 시도한 바에 극찬을 하기도 한다). 사실 다학제적 연구는 자칫 그것이 연결 통합을 하려는 분야 양쪽 모두에서의 반발에 직면하기 쉽다. 예를 들어 본서의 경우에 있어서는 경제학 측에서 볼 때는 엄밀하지 못하다고 비난받을 수 있으며, 반면 인류학적 측면에서는 너무 편협하고 정형화되어 있다는 비난을 받을 수 있는 것이다(Brandl 2014: 292).

하지만 중요한 점은 그러한 부분적인 단점에도 불구하고, 본 저자가 그 모든 분야를 아우르는 하나의 거대한 이론의 체계를 완성하려고 하였다는 사실에 있다. 이러한 점을 간파하지 못하고, 단지 몇 가지 저자가 인용한 사실적 자료 등에 대한 문제점만을 지적하는 것은 숲을 보지 못하고 나무만을 관찰함에 불과할 수 있다. 화폐에 대한 이 같은 다학제적인 체계는 거의 없거나 드물다고 할 수 있다.

사실 게를로프의 경우 무수히 많은 인류학적, 역사적, 그리고 민족학적 사실들이 나열되어 있고, 이 같은 사실들을 이론적으로 통합하는 것이 본서의 과제이다. 역자의 사견으로는 그 같은 모든 사실들을 하나의 완전하고도 일관된 이론으로 정립하는 바에 게를로프는 완전히 성공하지 못하였다. 실제로 그 같은 시도는 불가능에 가깝다. 그가 수행한 바는 그중 몇 가지의 사실들을 취사선택하여 인과관계로 재구성하여, 막스 베버식의 이데알 티푸스들을 설정한 것이라고 할 수 있다. 그러한 이데알 티푸스는 그 전체의 한 면을 보여 줄 뿐이며 필히 다른 중요한 부분은 배제하기 마련이다.

그 이외에도 몇 가지 전제 및 부자연스러운 연결고리는 자주 비판의 대상이 되어 왔다. 예를 들자면, 「소유권」이 각 사회에서 차지하는 역할, 어떠한 사회이건 일정 규모가 넘어서는 경우 계층화가 발생한다는 전제, 「축장재」로부터 「축장화폐」로의 전환과정 등이 그것들이다. 그렇기에 본서를 읽는 독자들은 본서의 내용을 무비판적으로 수용하기보다는 저자의 논리 전개에 있어 비판적인 시각을 가질 필요가 있다. 역자의 생각으로는 신중한 독자들은 본서에서 완결된 전체를 기대할 수는 없다고 생각한다.

그렇다면 문제는 본서를 어떻게 해석할 것인가 하는 문제가 제기된다. 하지만 사실 새로운 사상이 가지는 중요성은 그 완결성에 있는 것이 아니라, 많은 결함에도 불구하고 새로운 방향성과 통찰을 제공함에 있다고 생각된다. 특히 질적 화폐이론에 있어서 화폐의 기원부터 그 발전 그리고 현재와 미래를 제시하는 통합이론에 대한 시도는 거의 전무하였으며, 특히 인간 사회에서 간과할 수 없는 계급과 권력이라는 요소를 화폐의 분석에 포함시킨 선구적 시도라는 점들에 있어 본서의 진가가 있으며 그렇기에 본서는 화폐에 대한 새로운 이론을 구축하기 위한 하나의 길잡이 역할을 하는 것이 아닌가 생각된다.

(3). 게를로프에 대한 기존의 평가

마지막으로 독자들의 편의를 위하여 본서 또는 기존의 게를로프의 저서들에 대한 세간의 평가에 대하여 간단히 정리하도록 한다.

일단 화폐에 관한 게를로프의 다학제적 접근법은 경제학자뿐만 아니라 인류학/민족학자들에게 있어서도 상당히 긍정적인 호응을 얻은 바 있다. 특히 후자들의 반응에 비추어 볼 때 게를로프는 단지 인류학적 자료의 수집에 그친 것이 아니라 그것들을 체계화시키고 이론화시켰음에 상당히 성공적이었다고 평가될 수 있다. 사우어만(Sauermann)은 게를로프는 화폐의 기원에 대한 탐구 방법에 있어 가히 혁신적이었다고 언급한다(Brandl 2014: 279). 특히 화폐의 기원에 대한 1940년의 저술에 대하여서는 막스 베버를 보완하는 걸작이라는 평가가 있었다(Brandl 2014: 281). 그리고 게를로프에서 보이는 바, 시공을 초월한 인간의 가장 본질적 충동으로서의 「인정에의 충동」과 그것이 공동체 생활에 미치는 영향력에 대한 분석은 중대한 공헌으로 인정받고 있다(Brandl 2014: 282).

그러나 본서에 대하여서는 그간 다음과 같은 여러 비평도 존재한 바 있다. 독자의 참고를 위하여 그 중 몇 가지를 소개하자면 다음과 같다.

(가) 게를로프가 말하는 「인정에의 충동」은 다소 과장된 측면이 많다는 비판도 존재하였다. 축장은 항상 단지 이러한 「인정에의 충동」에 의하여서만 발생하는 것은 아니다. 그리고 지나친 「인정에의 충동」의 강조는 화폐를 발생시키게 한 다른 충동들을 간과하게 하는 것은 아닌가.

(나) 그리고 그가 사용하는 용어 중 충동(*Trieb*)과 욕구(*Bedürfnis*)는 어떻게 다른가.

(다) 왜 어떠한 특정 재화가 그러한 인정에의 충동을 만족시키게 되어 '사회적으로' 가치가 있는 것으로 평가되며 또한 축장되는가. 그리고 사회, 역사적으로 다를 수밖에 없는 「가치평가」의 기준에 대한 설명이 결여되어 있다. 그러한 면에서 게를로프에게 있어서는 '사회적 「가치평가」'에 대한 이론이 존재하지 않는다(Brandl

2014: 317).

(라) 게를로프는 '소유권'은 화폐의 이전에 이미 존재하고 있었다고 상정한다. 그렇다면 그때 말하는 소유권이란 무엇을 의미하는가. 본서에서는 그에 대한 설명은 존재하지 않는다. 이 소유권이라는 개념과 화폐에 대하여서는 본 해제에서 이미 설명한 바 있다(본서 411쪽).

(마) 계층화의 문제: 그가 사용한 인류학적 예는 그렇듯 이미 계층화가 발생하였던 사회만을 선별한 것은 아닌가. 모든 사회가 그렇게 계층화가 이미 존재하고 있었다고 가정할 수 있는가. 또한 그룹은 일정 규모가 넘어가면 사회에서의 계층화가 발생한다고 게를로프는 주장하지만 이때 그 규모가 어느 정도를 의미하는지는 모호하게 남아있다.

(바) 「축장재」에서 「축장화폐」로의 이행은 그 과정이 정교하지 못하고 모호한 채로 남아있는 것이 사실이다. 이 점은 사실 많은 비평가들이 지적한 바 있다.

(사) 게를로프는 하위계급의 화폐도 존재하고 있다는 점은 인정하였는데, 그렇다면 상위계급의 화폐와 하위계급의 화폐가 결국 통합되어가는 과정에 대한 자세한 설명은 결여되어 있다.

(자) 그리고 「화폐의 구매권력」을 통하여 비록 「축장화폐」에서 「교환화폐」로의 이행에 대하여 설명하였지만, 그러한 이행이 언제 일어나는지에 대한 자세한 설명이 없다. 하지만 그러한 이행을 정확히 예시하는 것은 발전의 단계를 구체적으로 상정하는 것인데, 게를로프의 견해에 의하면 모든 발전은 점진적으로 일어나는 것이기에 그는 그러한 단계설에 동조하지 않는다.

7. 소결

본서에서 게를로프가 제시한 이론은 그 자체로 이미 완성되어 있는 상태는 아니라는 것이 역자의 의견이다. 그리고 앞서 언급한 것처럼 다양한 비판이 존재한다.

그럼에도 불구하고 게를로프의 이론은 화폐의 발생과 발전을 경제 자체에 국한시키지 않고 사회적 맥락에서 이해하려 하였다는 점에서 큰 공헌을 하였다. 특히 그가 처음으로 도입한 「화폐의 구매권력」이라는 개념은 현대에 있어서의 여러 화폐적 현상을 이해함에 있어 실마리를 제공한다. 그리고 어느 시대를 막론하고 인간 사회가 존재하는 한 불가피한 권력 관계를 화폐의 이론에 최초로 통합하려는 시도라는 점에서도 본서는 그 가치가 있다.[641]

또한 본서는 현재 만연되어 있는 신자유주의적 시장만능주의 이데올로기가 가지고 있는 신화 내지는 환상을 그 뿌리에서 비판할 수 있는 무기를 제공하여 준다.

따라서 본서에서 제시된 통찰을 발전시켜 보다 완성된 질적 화폐이론을 개진시키는 것은 후대 학자들의 임무로 여전히 남아있다.

---

[641] 화폐가 가지는 권력이 어떻게 형성되는가에 대한 최근의 철학적 논의에 대하여서는 Lordon & Orléan(2006)를 주목할 필요가 있다.

역자용어해설

1. 경제적, 경제합리적, 가사관리경제, 경제

본서에서는 '경제'와 관련된 두 가지 단어를 동시에 사용하고 있다. 통상 독일어에서 경제를 지칭하는 경우 '*Wirtschaft*'를 사용하고, 그 형용사형은 *wirtschaftlich*이나, 저자는 이에 추가하여 *Ökonomie*, 그리고 형용사형으로서 *ökonomisch*도 혼재하여 사용하고 있다.

'경제'(*Ökonomie*, 영어 economy)라는 단어는 고대 그리스어 '*oikonomia*'(οἰκονομία)에서 유래되었는데, 후자는 '*oikos*'(οἶκος: 집)과 '*nomos*'(νόμος: 법률, 인위적 질서, 관리)가 합성된 형태로서 어떠한 가계(家計)나 영지의 관리를 의미한다. 시간이 지나면서 그 의미는 보다 확대되어, 자원 등의 관리 그리고 보다 큰 조직 내지 국가의 관리, 경제 체계의 관리 등을 의미하게 되었다.

본서에서 연관된 단어들의 번역은 다음과 같다.

(1) 본서에 나타나는 *Ökonomie* 혹은 *Ökonomik*는 문맥에 따라 번역을 달리 하였다. 예를 들자면 그것을 원래적인 뜻을 가지는 '가사관리경제'로 번역하였거나 혹은 그대로 '경제' 내지 '경제학'으로 번역하기도 하였다.

(2) 본 번역에서는 통상적으로 모두 '경제적'으로 번역하는 독일어 *ökonomisch*와 *wirtschaftlich*를 구분하여, 전자는 다소 어색하더라도 '경제합리적'으로 번역하였고 후자는 그대로 '경제적', '경제상' 혹은 '경제의'로 번역하였다. 전자는 사려에 의하여 주어진 자원 등을 관리하는 의미 내지는 같은 산출을 얻기 위한 비용을 절감하는 행동을 의미한다. 단, 많은 경우에 있어서 '경제합리적'이라는 표현 대신에 '경제적'으로 이해하여도 무방할 것으로 생각된다.

(3) 연관 번역어들을 정리한 표는 다음과 같다:

번역어	독일어	영어
경제적	*wirtschaftlich*	economic
경제합리적	*ökonomisch*	economical
경제	*Wirtschaft* *Ökonomie*	economy
가사관리경제	*Ökonomik* *Ökonomie* *Hauswirtschaft*	household-economy
경제관리	*Wirtschaftsführung*	economy-management
경제합리적 경제관리	*ökonomischer* *Wirtschaftsführung*	economical economy-management
경제학	*Ökonomie*	economics
국민경제학	*Nationalökonomie*	national economics
자유주의 경제	*liberale Ökonomie*	liberal economy
자유주의-경제합리적	*liberal-ökonomisch*	liberal-economical
경제합리적 자유주의	*ökonomischer* *Liberalismus*	economical liberalism

2. 관용, 사용, 화폐관용, 화폐지출

본서에서는 *Gebrauch*를 대제로 '관용'(慣用)으로 번역하였다(다수의 예외는 존재한다). 이것의 의미는 '관행적으로 사용한다'이다.

반면 '사용'(*Verwendung*)은 사용한다는 의미만을 단순히 함의하고 있다.

화폐와 연관하여서는 「화폐관용」(*Geldgebrauch*)과 「화폐지출」(*Geldver-wendung*)을 구분하였다(후자의 경우에는 '사용' 대신 '지출'이라고 표현하여 그 의미를 더욱 명확히 하였다).

아래 저자 용어해설 3.에 나온 「관용」의 정의를 참고할 것.

3. 관용, 습속, 관습, 관행, 습관

독일어의 *Gewohnheit, Gebrauch/Brauch, Sitte, Konvention*은 한국

어 번역이 쉽지 않다. 본서에서는 각기 다음과 같이 번역하기로 한다:

번역어	독일어	영어
관습(慣習)	*Konvention*	convention
관용(慣用)	*Gebrauch/Brauch*	usage
관행(慣行)	*Übung*	practice
습관(習慣)	*Gewohnheit*	habit
습속(習俗)	*Sitte*	custom

「습관」의 사전적 의미는 행동의 무의식적인 반복이다.

나머지 용어에 대하여서는 막스 베버를 따르자면, "어떠한 주어진 범위의 인간들에게 있어서 그들이 오로지 실제로 지속적으로 행함, 즉, **「관행」**(慣行 *Übung*)으로 인하여서만 실제로 존재하는, 그 인간들의 「사회적 행동」이 지향하는 것에서 보이는 일정한 가능한 규칙성을 **「관용」**(慣用)이라고 부른다"(Weber 1922: 15, 2019: 106). 그리고 "그러한 「관용」이 오랜 기간 동안 정착된 경우 그를 **「습속」**(*Sitte*)이라고 부른다"(Weber 1922: 15, 2019: 106). 반면, "어떠한 특정한 범위의 인간들에 관련하여, 만약 위반하는 경우 일반적이고도 실제적인 반감(*Mißbilligung*)과 마주칠 수 있는 가능성으로 인하여 그것이 타당하게 인간 사이에 준수됨이 외적으로 보장되는 경우 그러한 질서를 **「관습」**(*Konvention*)이라고 부른다"(Weber 1922: 17, 2019: 112).

참고로, **「관용」**(慣用)은 독일어 동사 *brauchen*이 '사용하다'는 의미를 가지고 있기에, 지속적으로 사람들이 '사용'한다는 의미가 강하다.

또한 막스 베버적 용법에 있어서는 독일어 **「습속」**(*Sitte*)은 단순히 오랜 기간 사용되어서 정착되었고, 그럼으로써 '윤리적' 내지는 '가치판단적' 의미도 더하여지고 있다는 점에 유의하여야 한다(Weber 2019: 477-8, Tribe의 해설).

반면 **「습속」**은 "**「관습」**이나 법과는 달리", 아무도 "그것의 준수를 강요하지 않는다"(Weber 1922: 15, 2019: 107). 즉, **「관습」**은 **「습속」**에 비하여 보다 강제성이 강하다.

반면 「**관행**」(*Übung*)은 '지속적으로 행한다'라는 의미이다.

참고로 베버는 「**습관**」에 대한 정의는 내리고 있지 않다.

4. 교류, 거래, 교역, 교환

독일어에서 '*Verkehr*'는 다양한 의미를 가지고 있다. 사용 문맥에 따라서 그것은 '교류', '교통', '교역', '거래', '상업' 등으로 다양하게 번역할 수 있는데, 이는 일반적으로 인간들 간의 교류에 관련된 다양한 행위들을 포괄하는 의미를 가진다. 다음은 본서에서의 용례를 표로 정리한 것이다.

번역어	독일어	영어
거래가능성	*Verkehrsfähigkeit*	negotiability
경제교류	*Wirtschaftsverkehr*	economic-intercourse
경제합리적 교류	*ökonomisches Verkehr*	economical intercourse
경제합리적 교류의 수단	*Mittel des ökonomischen Verkehrs*	means of economical intercourse
계상거래	*Rechnungsverkehr*	accounting-traffic
교류수단	*Verkehrsmittel, Mittel des Verkehrs*	means of intercourse
교환거래	*Tauschverkehr*	exchange-intercourse
교환경제적 교류	*tauschwirtschaftliche Verkehr*	exchange-economic intercourse
법적 거래수단	*gesetzliches Mittel des Verkehrs*	legal means of transaction
보상적 거래	*Kompensationsverkehr*	compensatory-transaction
사회교류적 거래	*sozialer Verkehr*	social intercourse
사회적 교류	*gesellschaftlicher Verkehr*	societal intercourse
상업거래	*Handelsverkehr*	commercial transaction
상업화폐	*Verkehrsgeld*	commercial-money
서비스거래	*Leistungsverkehr*	service-traffic

번역어	독일어	영어
선물교환교류	*Gabentauschverkehr*	Gabentauschverkehr
선물교류	*Gabenverkehr*	gift-traffic
시장거래의 수단	*Mittel des Marktverkehrs*	means of market-intercourse
신용거래	*Kreditverkehr*	credit transaction
재화교류	*Güterverkehr*	goods-traffic
지불거래	*Zahlungsverkehr*	payment-traffic
화폐적 교류	*Geldverkehrs*	monetary intercourses

5. 권력과 힘

독일어에서는 힘(*Kraft*)과 권력(*Macht*)은 명확히 구분되는 개념이다. 따라서 본 번역에서는 「권력」(*Macht*)과 「힘」(*Kraft*)을 구분하였다.

아주 대략적으로 양자를 구분하자면, 「**권력**」(*Macht*)은 다분히 '인위적'으로 형성된 인간과 인간 사이에 발휘되는 영향력인 것임에 반하여, 「**힘**」(*Kraft*)은 사물 자체의 본성에 존재하는 내재적인 에너지다. 이는 프랑스어의 *pouvoir*와 *puissance*에 각각 상응한다.

이와 연관되는 용어를 표로 정리하자면 다음과 같다

번역어	독일어	영어
권력	*Macht*	power
힘	*Kraft*	force
강권(强權)	*Gewalt*	command, coercive power
권한	*Befugnis*	authority
강도	*Stärke*	strength

6. 구매력과 구매권력

경제학에서 일반적으로 사용되는 「**구매력**」(*Kaufkraft*)이라는 개념과 저자가 말하는 「**구매권력**」(*Kaufmacht*) 사이에는 큰 차이가 존재한다. 전자는 주로 화폐와 재화 간의 '교환비율'을 의미한다. 예를 들어 인플레이션을 말할 때는 화폐의 구매력에 관한 이야기를 하고 있는 것이다.

반면 후자는 일반적으로 화폐가 사용될 수 있는 폭과 범위를 말한다. 저자가 말하였듯이 화폐는 「**객체적 구매권력**」과 「**주체적 구매권력**」을 가지고 있는데, 전자는 화폐가 사용될 수 있는 대상 범위를 말하는 것이고 후자는 화폐를 사용할 수 있는 주체의 자격상의 폭을 말한다. 다시 말하자면 전자의 경우에는 물적으로 그 사용 가능성이 제약될 수 있음을 의미하며 후자의 경우에는 사용 주체별로 그 사용 가능성이 제약될 수 있다는 것을 의미한다.

예를 들자면 자본주의 이전의 시대에서는 화폐를 가지고 있더라도 획득하는 대상에 객체별 제약이 있었고, 또한 주체별로도 (즉 신분에 따라) 사용하는 화폐의 종류가 다를 수도 있고 같은 화폐라도 누가 사용하는가에 따라서 제약이 존재할 수 있었다.

7. 사회적, 사회교류적

대부분의 경우 '*sozial*'과 '*gesellschaflich*'를 구분 없이 '사회적'이라고 번역하는 것이 일반적이다. 원문에서도 두 단어의 차이는 없다고 언급한 바 있다(본서 13쪽). 그럼에도 불구하고 저자는 두 단어를 구분하여 사용하고 있기에, 그리고 각각이 나오는 빈도가 아주 높기에 부득이 구분하여서, 전자는 '**사회교류적**'(社會交流的), 후자는 '**사회적, 사회의**' 등으로 번역하였다. 전자의 경우에는 사람들이 상호 접촉과 교류를 하는 모습을 강조하고 있다.

관련된 단어들을 표로 정리하면 다음과 같다:

번역어	독일어	영어
사회적, 사회의	*gesellschaflich*	societal
사회적	*sozial*	social
사회교류화	*Vergesellung*	socialisation
사회화	*Vergesellschaftung*	societalisation
사회교류	*Geselligkeit*	sociability
사회성	*Gesellschaftlichkeit*	societality
사회교류성	*Sozialität*	sociality

8. 상업화폐

본서에서는 '*Verkehrsgeld*'를 「**상업화폐**」로 번역하였다. 이는 국가가 발행한 화폐와 대비되는 개념으로서 민간이 발행한 화폐를 의미한다.

좀바르트에 따르면(Sombart 1919: 402), "그 화폐가 가진 '타당성'(*Geltung*)이 발생한 근원에 따라서 각기 「**상업화폐**」 혹은 「**국가화폐**」(*Staatsgeld*)로 분류할 수 있다". 전자는 그것이 가진 교환의 매개체로서의 교환가치를 "어떠한 경제사회에 참여하는 개인들에 의하여 형성된 암묵적 동의"에 근거하고 있다. 반면 그것이 "법률 당국의 자의적인 행위에 의하여 어떠한 권위적인 위상을 가지게 되는 경우"에는, 그것을 「**국가화폐**」라고 부른다.

9. 선물, 선사품

저자는 두 가지 종류의 '선물'을 구분하였다.

선사품(*Geschenk*)은 선물 또는 감사의 표시로 누군가에게 자발적으로 주는 것을 말하며 선사품에 대한 대가는 요구되지 않는다. 반면, 「**선물**」(*Gabe*)은 대가나 보상을 요구하는 경우도 포함하는 보다 넓은 의미를 포괄하고 있다. 본서 51, 56, 68쪽을 참고할 것.

그런데, *Dargabe, Abgabe, Hingabe, Hergabe* 등 접두사 '*dar~*', '*ab~*', 'hin~', 'her~'와 '주는 행위'를 의미하는 'gabe'가 연결되어 만들어진 명사들의 의미와 정확히 대응하는 우리말이 없다. 'Dargabe'는 선물하는 행동을 강조하는 것으로서 마음속에서 우러나와서 주는 행위를 뜻한다. 따라서 「자발적 선물」로 번역하였다. 반대로 'Abgabe'는 접두사 'ab~'가 '~으로부터 떼어낸다'는 의미를 가지므로 강제적으로 주게됨을 의미하는데, 이를 본서에서는 「부과물」 내지 「부과금」으로 번역하였다. 'Hin-gabe'는 「자발적 이전」, 그리고 Hergabe의 경우에는 '내가 빼앗기는 것'이라는 의미에서 「비자발적 이전」으로 번역하였데 후자는 'Dargabe'와 반대되는 의미로도 사용되었다. 그러한 면에서 'Hergabe'는 'Abgabe'와 그 의미가 유사하다.

본서에 등장하는 다양한 종류의 유사어들을 정리하자면 다음과 같다:

번역어	독일어	영어
가족적 선물	*Familiengabe*	family gift
결혼선물	*Hochzeitsgaben*	wedding gift
경의표시 선물	*Ehrengabe*	honorary gift
부과물, 부과금	*Abgabe*	levy
구혼선물	*Freiersgabe*	suitor's gift
보답선물	*Gegengabe*	reciprocal-gift
비자발적 이전	*Hergabe*	charge
사회교류적 선물	*Sozialgabe*	social gift
선물	*Gabe*	gift
선물 대신의 급부	*Gabenleistung*	gift-serving
선사품	*Geschenk*	present
아침선물	*Morgengabe*	morning gift
우애적 선물	*Freundschaftsgabe*	friendship-gift
자발적 선물	*Dargabe*	voluntary gift
자발적 이전	*Hingabe*	voluntary transfer
화평선물	*Friedensgabe*	peace-gift
화폐의 이전	*Geldhingabe*	transfer of money
화해적 선물	*Befriedungsgabe*	pacification-gift

10. 선물교환과 선물교류

본서에서는 「**선물교환**」(*Gabentausch*)과 「**선물교류**」(*Gabenverkehr*)를 구분하여 번역하였는데 양자 사이에는 미묘한 의미의 차이가 있다.

전자는 양 당사자 간에 직접적인 접촉을 포함하는, 선물을 교환하는 직접적인 행위를 말한다. 반면 후자는 사회 전체적으로 보았을 때 관습적 혹은 어떠한 특별한 행사와 관련되어 선물을 주고받는 일반적인 행동을 의미한다.

11. 소유와 소유권

소유(*Besitz*)와 「소유권」(*Eigentum*)은 엄밀히 구분되는 개념이다.

「**소유권**」(*Eigentum*; ownership)은 단순한 소유(*Besitz*; possession)와는 구별됨에 유의하여야 한다. 전자는 「관습」, 「전통」, 법 등의 외적 강제적 수단에 의하여 그것을 사용, 통제, 처분을 할 수 있는 권리가 배타적으로 어느 개인이나 그들의 집합에게 귀속됨을 의미한다. 소유는 단지 사람과 사물의 관계인 반면, 「소유권」은 어떠한 사물을 둘러싼 사람과 사람 간의 관계를 나타낸다.

「소유권」은 항상 타인과 그 타인을 어떠한 물건의 사용으로부터 배제하는 법적 권리를 전제한다. 만약 타인이 존재하지 않는 경우, 「소유권」은 당연히 의미가 없다. 로빈슨 크루소는 단지 자기가 사용하는 도구들을 소유(*Besitz*)만 하고 있을 뿐이다.

참고로 어원적 분석을 하자면 다음과 같다:

(1) 독일어에서 소유를 뜻하는 '*Besitz*' 라는 단어는 실제로 '*Be-*'와 '*Sitz*'라는 두 가지 요소가 결합된 형태이다: 접두사 '*Be-*'는 일반적으로 명사나 동사를 형성하는 바에 사용되며 종종 위치나 지위

라는 개념을 의미한다. 'Sitz'는 '자리' 또는 '장소'를 나타낸다. 따
라서 'Besitz'는 원래 어떠한 것을 '점유하다' 또는 '깔고 앉아 있다'
라는 의미를 가지고 있다. 그리고 이는 '소유하다'라는 뜻을 가진
중고 독일어 'besizzan'(또는 'bisaz')에서 유래한 단어로 거슬러 올라
간다. 따라서 'Besitz'는 무언가를 가지고 있다는 의미이다.

(2) 'Eigentum'(소유권)의 경우에 있어서의 독일어 'eigen'은 '소유하
다' 또는 '자신의 것'을 의미한다. 이에 상태, 조건 등을 의미하는
접미사 '~tum'이 결합된 형태이다. 이 단어는 무언가가 자신의 소
유 내지 통제하에 있음에 그치지 않고 특히 법적으로 보호되는 소
유, 즉 '소유권'을 강조한다.

(3) 참고로 '재산'은 독일어에서 Besitztum, Vermögen 또는 Liegen-
schaft로 더 잘 표현되므로 'Eigentum'(소유권)을 '재산'으로 일반적
으로 번역하는 것은 오해의 소지가 있다.

12. 인정, 타당성, 가치

독일어에서의 'Geltung'이라는 단어는, '타당성', '가치', '의미' '권
위' 등의 다양한 의미를 가진다. 그런데, 이 단어는 또한 '중요성' 내지
는 사회에서의 '인정'(認定)이라는 의미도 가진다.

이는 인간의 열망과 사회적 상호작용의 맥락에서 특히 분명하게 드
러난다. 저자는 인간 삶의 투쟁에 내재된 목표 중 하나로 'Geltung'을
열거하고 있는데, 이때는 사회 내에서의 인정, 지위 또는 중요성을 얻
고자 하는 동기와 관련이 있다.

13. 저장: 수집, 적장, 적저, 집적, 축장, 축적 등.

본서에서는 '모아서 쌓아놓는' 행위에 대한 다양한 표현이 등장하는

데, 이를 정리하면 다음과 같다.

번역어	독일어	영어/설명
비축(備蓄)	*Vorrat*	stockpile
수집(收集)	*Sammlung*	collecting 받아서 쌓아 놓다
저장(貯藏)	*Aufspeicherung*	storing
적장(積藏)	*Aufstapelung*	stacking 쌓아서 보관하다
적저(積貯)	*Anhäufung*	aggregation 쌓아서 저축하다
집적(集積)	*Ansammlung*	amassing
축장(蓄藏)	*Hortung, Hort*	hoarding 비축하여 보관하다
축적(蓄積)	*Akkumulation*	accumulation

14. 통제 처분

‘*Verfügung*’이라는 단어의 용법에 대한 Tribe교수의 해설에 따르면, 그것은 ‘욕구를 실제로 만족시키기 위하여 이용 가능한 사물을 처분할 수 있는’ 능력(Weber 2019: 482)을 의미한다. 이 단어는 라틴어 ‘*dispone*’에서의 의미와도 같다 (Weber 2019: 210n53, Tribe교수의 해설 참고). 그런데 이 단어의 사용법은 칼 멩거 (Carl Menger)에게서 영향을 받은 것으로 보인다 (Menger 1871: 70n, Weber 2019: 482에서의 Tribe교수 해설 참고). 이 단어에 대하여서는 Swedberg(2005: 72)도 참고하기 바란다.

본서에서는 이 단어에서 파생된 다양한 단어들이 등장하는데, 그들 간의 차이를 정리하자면 아래와 같다.

번역어	독일어	영어
통제처분권력	*Verfügungsmacht*	power of disposal and control
통제처분강권	*Verfügungsgewalt*	command of disposal and control
통제처분권한	*Verfügungsbefugnis*	authority of disposal and control

번역어	독일어	영어
통제처분자격	*Verfügungsberechtigung*	permission of disposal and control
통제처분능력	*Verfügungsmöglichkeit*	capability of disposal and control

15. 행동, 행위, 행태, 활동

일단 관련된 용어를 표로 정리하자면 다음과 같다:

번역어	독일어	영어
행함	*Tun*	acting
동작	*Akt*	act
진작, 노력, 작동, 활동	*Betätigung*	exertion, effort, activity, operation
행동	*Handeln*	action
행동	*Handlung*	action
행위	*Verhalten*	behaviour
행태	*Gehabe*	conduct
활동	*Tätigkeit*	activity
활동	*Betätigung, Spiel*	activity, play

막스 베버적인 분류에 의하면, 「**행동**」(*Handeln, Handlung*)은 종종 어떠한 의도나 목적에 대한 의식을 가지고 행하는 인간의 의식적 움직임을 말한다. 하지만 *Handel*과 *Handlung* 양자의 차이는 미묘한데, *Handeln*은 행동을 하는 과정에 보다 주목한다. 하지만 한국어에서는 이를 반영할 만한 적절한 단어들은 없고 굳이 구분하기 위하여서는 표현이 부자연스럽게 되기 때문에 본서에서는 모두 「행동」으로 번역하였다.

이와 대비되는 개념은 「**행위**」(*Verhalten*)인데, 이는 어떠한 의식이나 목적성이 없는 경우를 포함하는 보다 포괄적인 개념이다.

「**행태**」(*Gehabe*)는 행위가 반복됨으로써 일정한 형태를 지속적으로 가지게 되는 경우를 말한다.

「**활동**」으로 번역되는 단어는 여럿이 있는데, *Tätigkeit*의 경우에는 주로 규칙적, 자동적으로 행하여지는 경우를 묘사하는 경우가 많다. 기타, *Betätigung*, *Spiel*도 「활동」으로 번역된 경우가 있다.

「행동」과 「행위」에 대한 보다 자세한 논의에 대하여서는 Weber(2019: 468-9, Tribe교수의 해설)와 Swedberg(2005: 2)를 참고하기 바란다.

참고문헌

참고: 역자가 추가한 문헌은 연도 뒤에 (*)로 표시하였다.

Achilleos, Stella (2022)*, "Bodin, Jean" in Sgarbi, Marco (ed.) (2022), Encyclopedia of Renaissance Philosophy, Springer.

Achter, V. (1950), Geburt der Strafe [Birth of Punishment].

Adam, Leonhard (1923), Nordwest-Amerikanische Indianerkunst [Northwest American Indian Art].

Amonn, A.

(1926), Grundzüge der Volkswohlstandslehre [Principles of the Theory of Public Welfare].

(1927), Objekt und Grundbegriff der Nationalökonomie [Object and Foundational Concept of National Economy].

Aristotle

(1872), Aristoteles' Politik: Erstes, zweites und drittes Buch mit erklärenden Zusätzen ins Deutsche Übertragen; Bernays, Jacob (tr.), Williams & Norgate.

(1932)*, Aristotle Politics, Rackham, H. (tr.), The Loeb Classical Library, Harvard University Press.

(2004)*, The Nicomachean Ethics, Crisp, Roger (tr.), Cambridge University Press.

(2009)*, The Nicomachean Ethics, Ross, David (tr.), Oxford University Press.

Armstrong, Wallace E. (2011/1928)*, Rossel Island: An Ethnological Study, Cambridge University Press.

Bachofen, Johann Jakob (1861), Das Mutterrecht [Mother Right].

Bastable, C.F. (1888), 'Money', in Encyclopedia Britannica – A Dictionary Of Arts, Sciences, and General Literature, Ninth Edition, Volume XVI, New York

Benedict, Ruth (1949), Patterns of Culture, New York.

Birket-Smith, Kaj (1948), Geschichte der Kultur [History of Culture], 2nd ed., Zürich.

Bodin, J. (1568): La Response de Maistre Jean Bodin, advocat en la Cour, au Paradoxe de Monsieur de Malestroit touchant l'encherissement de totes hoses et le moyen d'y remedier, Paris.

Böhm-Bawerk, Eugen von

(1902), Positive Theorie des Capitales, Innsbruck.

(1908-1911a), "Kapital", in J. Conrad, L. Elster, W. Lexis, and Edg. Loening (eds.) (1909-1911), Handwörterbuch der Staatswissenschaften, 3. ed., Vol. V: 777-785

(1909), Positive Theorie des Kapitals.

(1908-1911b), "Geld", in J. Conrad, L. Elster, W. Lexis, and Edg. Loening (eds.) (1909-1911), Handwörterbuch der Staatswissenschaften, 3. ed.

Boisacq, Émile (1923), Dictionnaire étymologique de la langue grecque: étudiée dans ses rapports avec les autres langues indo-européennes.

Boisguilbert, Pierre Le Pesant de (1707), Dissertation sur la nature des richesses, l'argent et les tributs [Dissertation on the Nature of Wealth, Money, and Taxes]

Brandl, Felix (2015)*, Von der Entstehung des Geldes zur Sicherung der Währung Die Theorien von Bernhard Laum und Wilhelm Gerloff zur Genese des Geldes, Springer Gabler.

Braun, Christina von (2022)*, 'Vorwort: Der Kult als Schöpfer normierter Entgeltungsmittel', In Laum, Bernhard, Heiliges Geld (2022)*, MSB Matthes & Seitz Berlin.

Budge, S.

(1931), Lehre vom Geld, I [Theory of Money].

(1933), Lehre vom Gelde, 1. Bd., 1. HalbBd.

Burckhardt, Jacob (1898), Griechische Kulturgeschichte [Greek Cultural History], Vol IV.

Büsch, Johann Georg (1870), Abhandlung von dem Geldsumlauf in anhaltender Rücksicht auf die Staatswirtschaft und Handlung [Treatise on the Circulation of Money in Continuous Consideration of Political Economy and Trade], Hamburg, 1780.

Butler, John (1855), Travels and Adventures in the Province of Assam, London.

Carey, H. C. (1870), Lehrbuch der Volkswirtschaft und Sozialwissenschaft, German edition. Karl Adler (ed.). Original title in Engllish: Carey, H. C. (1864), Manual of social science, H. C. Baird, 2nd ed.

Cassel, G. (1932), Theoretische Sozialökonomie [Theoretical Social Economics], 5th ed.

Chevalier, Michel (1851), Cours d'Economie politique [Course of Political Economy], Bruxelles.

Christen, Theophil (1920), "Zur Kritik der absoluten Währung" [Critique of Absolute Currency], in Zeitschrift für schweizerische Statistik und Volkswirtschaft, 56. Jhrg. (1920), S. 61-66.

Codrington, R. H. (1891), The Melanesians, Oxford.

Conrad, Johannes & Elster, Ludwig & Lexism Wilhelm Hector Richard Albrecht & Loening, Edgar (eds.) (1909), Handwörterbuch der Staatswissenschaften IV

Diehl, Karl (1888-9), P. J. Proudhon: Seine Lehre und sein Leben, 2 vols, Jena, Gustav Fischer.

Dobretsberger, J. (1946), Das Geld im Wandel der Wirtschaft [Money in the Changing Economy].

Duncan, J. (1848), Travels in Western Africa in 1840 and 1846, London

Durkheim, Émile

(1982/1895), The Rules of Sociological Method, Lukes S (ed.) and Halls, W.D. (tr.), Free Press.

(1895), Les Règles de la méthode sociologique.

(1995/1912)*, The Elementary Forms of Religious Life. Fields, K. E. (tr.) Free Press.

Einzig, Paul

(1949), Primitive money: In its ethnological historical and economic aspects.

(1966)*, Primitive money: In its ethnological historical and economic aspects, 2nd ed. Pergamon, Oxford.

Eleutheropulos, A. (1923), Soziologie, 2nd ed.

Ellwood, Charles A. (1927), Das seelische Leben der menschlichen Gesellschaft [The

Psychic Life of Human Society].

Elster, K. (1920), Die Seele des Geldes.

Enderlen, L (1929), Versuch einer Synthese. zwischen Metallismus und Nominalis-
mus [Attempt at a Synthesis between Metallism and Nominalism].

Eucken W., (1947), Grundlagen der Nationalökonomie [Foundation of National
Economics].

Fichte, Johann Gottlieb (1800), Der geschlossene Handelsstaat [The Closed Com-
mercial State].

Finsch, T.O. (1914), Südseearbeiten [South Sea Work].

Fisher, Irving

(1911), Purchasing Power of Money.

(1920), Stabilising the Dollar.

(1928), The Money Illusion.

(1935), Stable Money.

Ford, Laura R. (2010), 'Max Weber on Property: An Effort in Interpretive Unders-
tanding,' 6 Socio-Legal Rev. 24 2010.

Forstmann. A. (1943), Volkswirtschaftliche Theorie des Geldes [Economic Theory
of Money].

Foster, William Trufant & Catchings, Waddill (1924), Business Conditions and
Currency Control.

Franz, L. (1939), Jäger, Bauern, Händler [Hunters, Farmers, Traders].

Frauenfelder, M. (1938), Geld als allgemeiner Rechtsbegriff.

Geiler, K. (1926), "Geld und Recht", Zeitschrift für gesamte Staatswissenschaften,
Bd. 81 320

George Brown, (1911), Melanesians and Polynesians, London.

Gerloff, Wihlem

(1940), Die Entstehung des Geldes und die Anfänge des Geldwesens [The
Emergence of Money and the Beginnings of Monetary Framework].

(1943)*, Die Entstehung des Geldes und die Anfängedes Geldwesens [The
Emergence of Money and the Beginnings of Monetary Framework], 2nd ed.,

Klostermann, Frankfurt a. M.

(1944), Ursprung und Sinn des Geldes, Weltwirtsch. Archiv, Bd. 60

(1947a), Die Kaufmacht des Geldes.

(1947b), Die Entstehung des Geldes und die Anfänge des Geldwesens" [The Emergence of Money and the Beginnings of Monetary Framework], 3rd. ed.

(1948a), Entstehung der öffentlichen Finanzwirtschaft [The Emergence of Public Financial Administration.

(1948b), "Ursprung und Anfänge öffentlicher Finanzwirtschaft" [Origin and Beginnings of Public Financial Administration] in Handbuch der Finanzwissenschaft, 2nd edition.

(1950), Gesellschaftliche Theorie des Geldes.

Gesell, Silvio

(1906a), Die Verwirklichung des Rechtes auf den vollen Arbeitsertrag [The Realisation of the Right to the Full Earnings of labour].

(1906b)*, Die Verwirklichung des Rechtes auf den vollen Arbeitsertrag durch die Geld- und Bodenreform. Les Hauts Geneveys und Leipzig: Selbstverlag, in Gesammelte Werke (1988 – 2009) Band 4. Verlag für Sozialökonomie.

(1916)*, Die natürliche Wirtschaftsordnung durch Freiland und Freigeld. Selbstverlag, Les Hauts Geneveys.

(1958)*, The Natural Economic Order, Revised edition. London: Peter Owen.

Gesell, Silvio and Frankfurth, E. (1909), Aktive Währungspolitik, eine neue Orientierung auf dem Gebiete der Notenemission [Active Currency Policy, a New Orientation in the Field of Banknote Issuance], 3rd ed.

Goethe, Johann Wolfgang von (1831), Faust. The Tragedy. Part Two.

Graeber, David (2011),* Debt, the first 5000 years, Melville House Printing.

Grönbech, W.

(1937), Kultur und Religion der Germanen [Culture and Religion of the Germans], Vol. I, O. Höfler (ed.), E. Hoffmeyer (tr).

(1939), Kultur und Religion der Germanen [Culture and Religion of the Germans], Vol. II, O. Höfler (ed.), E. Hoffmeyer (tr).

(1997), Kultur und Religion der Germanen [Culture and Religion of the Germans], Primus Verlag, Darmstadt.

Gross, Herbert (1949), Manager von Morgen.

Gruenwaldt, O. v. (ed.) (1937), Graf Alfred Keyserling erzählt [Count Alfred Keyserling Narrates].

Gumpel. S. (1914), Das Geld im bürgerlichen Recht.

Günther, Adolf

(1923), Theorie der Sozialpolitik" [Theory of Social Policy].

(1941), "Eine gesellschaftliche Theorie des Geldes", Zeitschrift für Nationalökonomie, X.

Haber, Franz (1927), "Geldreformer" [Money Reformer] in Handwörterbuch der Staatswissenschaften, 1927, IV. Bd, 762.

Halkin, Joseph (1910), Les Ababua, Coll. d. Monogr. ethnographiques [The Ababua, Collection of Ethnographic Monographs], vol. VII, Bruxelles.

Hartmann, G. (1868), Über den rechtlichen Begriff des Geldes und den Inhalt von Geldschulden

Hauser, Hermann (1920), Moderne Geldverbesserer [Modern Currency Reformers].

Hegel, Georg Wilhelm Friedrich (1821), Grundlinien der Philosophie des Rechts [Elements of the Philosophy of Right].

Heinsohn, G. and Steiger, Otto (2000)*, The property theory of interest and money. In What is Money? (2000), John Smithin (ed.), 67-100, London: Routledge.

Helfferich, K. (1910), Das Geld [Money].

Heller, Wolfgang (1927), Theoretische Volkswirtschaftslehre [Theoretical National Economics].

Helmreich, Th. (1914-1915), Das Geldwesen in den deutschen Schutzgebieten [The Monetary framework in the German Protectorates], Gymnasialprogramm, Fürth.

Heron, A. R. (1949), Why Men Work, Stanford University Press.

Heyne, M. (ed.) (1890-95), Deutsches Wörterbuch [German Dictionary].

Hodgson, Geoffrey (1992), 'Carl Menger's theory of the evolution of money: some problems,' Review of Political Economy, 4, 396 – 412.

Hoffmann, J. G.

(1838), Die Lehre vom Gelde [The Theory of Money].

(1847), "Erläuterung der Frage: Was ist Geld?" [Explanation of the Question: What Is Money?], in Nachlaß kleiner Schriften staatswirtschaftlichen Inhalts.

Holm, Korfiz (1932), ich – kleingeschrieben, Albert Langen Georg Müller München.

Höltker, Georg (1931), 'Männerbünde', In Vier-kandt, Alfred (ed.) (1931) Handwörterbuch der Soziologie, Stuttgart.

Hoyt, Elizabeth Ellis (1926), Primitive Trade, its Psychology and Economics.

Hubert, Henri & Mauss, Marcel (1997)*, 'Introduction à l'analyse de quelques phénomènes religieux,' In: Mauss Marcel, Œuvres, t. 1, Les fonctions sociales du sacré, Paris, Éditions de Minuit.

Huppert, W. (1938), Die Grundlagen des Geldes [The Foundations of Money].

Ihering, Rudolf von (1913), Law as a Means to an End, Issac Husik (tr.), Boston.

Ingham, Geoffrey

(2004)*, The nature of money. Polity, Cambridge Univ. Press. (돈의 본성, 홍기빈 역)

(2017), 'A critique of Lawson's 'Social positioning and the nature of money'. Cambridge Journal of Economics.

(2021), 'In defence of the nominalist ontology of money', Journal of Post Keynesian Economics.

Jastrow, J. (1902), Sozialpolitik und Verwaltungswissenschaft" [Social Policy and Administrative Science].

Jenks, J. W. (1885), Henry C. Carey als Nationalökonom.

Jevons, W. Stanley (1875), Money and the Mechanism of Exchange.

Jhering, R. v. (1877), Der Zweck im Recht [The purpose in Law].

Jhering, Rudolph von (1877), Der Zweck im Recht [The Purpose in the Law].

Kant, Immanuel

(1784), "Idee zu einer allgemeinen Geschichte in weltbürgerlicher Absicht" [The Idea of a Universal History on a Cosmopolitical Plan], Berlinischen Monatsschrift.

(1797), Die Metaphysik der Sitten [The Metaphysics of Morals]. Erster Teil: Metaphysische Anfangsgründe der Rechtslehre.

(1797), Metaphysische Anfangsgründe der Rechtslehre [Metaphysics of Morals].

Kemmerer, E. W. (1932), "Zur Theorie des Geld- und Kreditwesens" [On the Theory of Money and Credit, in Meyer et al. (eds.) (1932), The Economic Theory of the Present], in Die Wirtschaftstheorie der Gegenwart II.

Kerényi, K. & Lanckoroński, L. M. (1841), Der Mythos der Hellenen.

Keynes, J.M.

(1930/1971)*, A Treatise on Money, Vol. I., 2nd ed., The Collected Writings of John Maynard Keynes, Cambridge University Press.

(1933)* 'A Monetary Theory of Production', in J.M. Keynes, The Collected Writings of J.M. Keynes, vol. XIII (London: Macmillan, 1973), pp. 408-411.

(1936)*, The General Theory of Employment, Interest And Money, The Collected Writings of John Maynard Keynes, Cambridge University Press.

Kleinschmitt, Edmund (1922), Hilft uns Freigeld?: Zur Kritik der Lehre Silvio Gesells und der Freigeldbewegung [Does Free Money Help? Critique of Silvio Gesell's Theory and the Free Money Movement].

Klöppel, P. (1887), Gattung und Gemeinschaft [Species and Community].

Kloss, A. (1903), The Andamanes and Nicobares, London.

Kluge, F. (1899), Etymologisches Wörterbuch der deutschen Sprache [Etymological Dictionary of the German Language].

Knapp, G.F.

(1918), Staatliche Theorie des Geldes [The State Theory of Money].

(1923), Staatliche Theorie des Geldes 4 Aufl. Osnabrück: Kraemer & Hansen GmbH.

(1924/1923)*, The State Theory of Money. H.M. Lucas & J. Bonar (trs.) London: Macmillan & Company Limited,

(2023/1923)* The State Theory of Money, Hans DG Hyun (tr.), Shoin House,

(2023/1905)*, 貨幣の国家理論, 小林純・中山智香子 訳, 日本経済新聞出版.

Knies, Karl

(1885a), Geld und Kredit, 2nd ed.

(1885b), Das Geld [Money].

Kubary, J. (1895), Ethnogr. Beiträge zur Kenntnis des Karolinen-Archipels [Ethnographic Contributions to the Knowledge of the Caroline Islands Archipelago], Leiden.

Kudler, Josef (1856), Die Grundlehren der Volkswirtschaft, 2nd ed. Wien.

Labat, J. B. (1728), Nouvelle Relation de l'Afrique occidentale, Paris.

Landtman, Gunnar (1909), The primary Causes of social Inequality, Helsingfors.

Langeluetke, H. (1925), Tauschbank und Schwundgeld als Wege zur zinslosen Wirtschaft [Exchange Banks and Rusting Money as Paths to an Interest-Free Economy].

Laum, Bernhard

(1924), Heliges Geld, Eine historische Untersuchung über den sakralen Ursprung des Geldes, J. C. B. Mohr, Tübingen.

(1929), Über das Wesen des Münzgeldes.

(1954/55)*, Über Ursprung und Frühgeschichte des Begriffes 'Kapital' [On the Origin and Early History of the Concept of 'Capital'], FinanzArchiv Public Finance Analysis, New Series, Bd. 15, H. 1, Mohr Siebeck GmbH & Co. KG.

(2022/1924)*, Heiliges Geld. MSB Matthes & Seitz Berlin.

(2023/1924)*, Sacred Money, Hans DG Hyun (tr.), Shoin Hoouse.

Leenhardt, M. (1930), 'Notes d'Ethnologie Néo-Calédonienne' [Notes on New Caledonian Ethnology], Travaux et Mémoires de l'Institut d'Ethnologie [Works and Memoirs of the Institute of Ethnology], VIII, Paris.

Lehmann, F. Rudolf (1936), 'Adoption bei schriftlosen Völkern' [Adoption among illiterate peoples], Tagungsbericht der Ges. f. Völkerkunde, 2. Tagung.

Lehmkuhl, P. (?), Theologia moralis, 7th edition.

Ljungberg, Jonas & Ögren, Anders (2018)*, "Discipline or international balance: the choice of monetary systems in Europe", The European Journal of the History of Economic Thought.

Lordon, F. & Orléan, A. (2006)*, Genèse De L'État Et Genèse De La Monnaie: Le Modèle De La Potentia Multitudinis. RR Working n° 2006-1 Série MF.

Lowie, R. H. (1928), 'Incorporeal Property in primitive Society', Yale Law Journal, Vol. XXXVII, 551쪽 이하 연속 (1928).

Lowie, R. H. (1928), Incorporeal Property in primitive society. Yale Law journal, vol. XXXVII (1928).

Luschan, F. von, (1919), Die Altertümer von Benin.

Maass, J. (1949), Die Geheimwissenschaft der Literatur [The Secret Science of Literature].

Malestroit, S de (1566), Les Paradoxes du Seigneur de Malestroit, conseillor du Roi et Maistre ordinaire de ses comptes, sur le faict des Monnoyes presented a Sa Majeste [The Paradoxes of the Lord of Malestroit, Counselor to the King and Master in Ordinary of His Accounts, Regarding the Matter of Money Presented to His Majesty], au mois de Mars MDLXVI, Paris.

Malinowski, B. (1922), Argonauts of the Western Pacific.

Mansfeld, A. (1908), Urwalddokumente [Jungle Documents].

Marshall, Alfred

(1887), "Remedies for Fluctuations in Prices", the Contemporary Review.

(1920)*, Principle of Economics, 8th ed.

Marx, Karl

(1844), The Power of Money, Economic and Philosophic Manuscripts of 1844. https: www.marxists.orgarchivemarxworks1844manuscriptspower.htm

(1962/1890)*, Das Kapital - Kritik der politischen Ökonomie, Vol. I, in Karl Marx - Friedrich Engels Werke Band 23, Dietz Verlag Berlin.

(1963/1893)*, Das Kapital - Kritik der politischen Ökonomie, Vol. II, in Karl Marx - Friedrich Engels Werke Band 24, Dietz Verlag Berlin.

Maslow, A. H. (1943)*, "A theory of human motivation", Psychological Review, 50

(4), 370 – 396.

Mauss, Marcel

(1923–1924), Essai sur le don. Forme et raison de l'échange dans les sociétés archaïques, l'Année Sociologique, seconde série.

(1969/1914)*, 'Les origines de la notion de monnaie', In Communication faite à l'Institut français d'anthropologie. « Comptes-rendus des séances », II, tome I, supplément à l'Anthropologie, 1914, 25, pp. 14 à 19. Paris: Les Éditions de Minuit.

(1923–1924)*, 'Essai sur le don. Forme et raison de l'échange dans les sociétés archaïques', l'Année Sociologique, seconde série.

(2002/1925), The Gift: The Form and Reason for Exchange in Archaic Societies, Halls, W. D. (tr.), Routledge.

Menger, Carl (1871), Grundsätze der Volkswirthschaftslehre, Vienna, Wilhelm Braumüller.

Menger, Carl (1888), "Zur Theorie des Kapitals", Jahrbücher für Nationalökonomie und Statistik, Vol. 51, 1888,

Menger, Carl

(1909), "Geld", in Handwörterbuch der Staatswissenschaften (3rd edition, IV, 555쪽 이하 연속); (2002/1909), Money, Yeager, Leland B. & Streissler, Monika (trs.). in Latzer, Michael and Schmitz, Stefan W. (eds.). Carl Menger and the Evolution of Payments Systems, Edward Elgar.

(1923), Grundsätze der Volkswirtschaftslehre [Principle of Economics].

Menšík, Menšík (2015)*, The Origins of the Income Theory of Money, Review of Economic Perspectives – Národohospodářský Obzor, Vol. 14, Issue 4, 2014, Pp. 373 – 391, Doi: 10.1515/Revecp-2015-0005.

Mill, J.S. (1871)*, Principles of Political Economy.

Mills, J.P. (1932), The Lhota Nagas.

Mises, Ludwig v.,

(1922), Die Gemeinwirtschaft: Untersuchungen uber den Sozialismus [The Common Economy: Investigations into Socialism].

(1929), "Theorie der Preistaxen", in Kritik des Interventionismus, G. Fischer, Jena (originally in Handwörterbuch der Staatswissenschaften, 4. Aufl., VI. Bd., 1923).

(1940), Nationalokonomie, Theorie des Handelns und Wirtschaftens.

Mommsen, Theoodr (1905), "Das Geld", Grenzboten XXII, Vol. 1863, in Mommsen, Theoodr (1905) Reden und Aufsätze.

Muhs, K. (1927), Antimarx. Betrachtungen iber den inneren Aufbau der Marxschen Ökonomik, [Againt Marx: Reflections on the Inner Structure of Marx's Economics], Jena.

Müller-Wismar, W. (1917), Yap, Ergebnisse der Südsee-Expedition 1908-1910 [Yap, Results of the South Sea Expedition 1908-1910] Thilenius, G. (ed.).

Mun, Thomas (1644), England's Treasure by Foreign Trade.

Navratil, A. von (1906), Wirtschaft und Recht, ein Beitrag zur Theorie der sekundären wirtschaftlichen Erscheinungen [Economy and Law: A Contribution to the Theory of Secondary Economic Phenomena].

Neumann,F. J. (1896) 'Die Gestaltung des Preises' [The Formation of Prices], in Handbuch der Politischen Ökonomie [Handbook of Political Economy], 1896, Vol 1.

Nevermann, H. (1933), Masken und Geheimbünde in Melanesien [Masks and Secret unions in Melanesia] (revised).

Nietzsche, Friedrich (1886), Menschliches, Allzumenschliches [Human, All-Too-Human], Zweite Abtheilung: Der Wanderer und sein Schatten.

Nooteboom, C. (1940), Oost-Soemba, een volkskundige Studie (Transactions of the Royal Institute for the Language, Land, and Ethnology of the Netherlands East Indies, Part 3), The Hague.

Nußbaum, Arthur (1925), Das Geld in Theorie und Praxis des deutschen und ausländischen Rechtes.

Obermaier, F. (1942), Ukraine, Land der schwarzen Erde [Ukraine, Land of the Black Soil].

Oertmann, P. (1891), Die Volkswirtschaftslehre des Corpus juris civilis.

Oncken, W. (1875), Die Staatslehre des Aristoteles" [The Political Theory of Aristotle], Vol. II.

Oppenheim, Kristin (1941), 'Ein Deutungsversuch neukaledonischer Münzköpfe und Geldschnüre auf Grund polynesischer Analogien' [An Interpretation Attempt of New Caledonian Coin Heads and Money Cords Based on Polynesian Analogies], Proceedings of the Natural Research Society in Basel, Volume LII.

Oppenheimer, Franz

    (1922), System der Soziologie [System of Sociology], Vol. 1: . Allgemeine Soziologie [General Sociology], 1. First Half-Volume, Grundlegung.

    (1924), "Wege zur Gemeinschaft", Gesammelte Reden und Aufsätze, Vol. 1, p. 399, reprinted from Weltwirtschaftliches Archiv, Vol. 3, Issue 1, 1914.

Pareto, Wilfred (1935/1916-7)*, Mind and Society: A Treatise on General Sociology (original title: Trattato di sociologia generale), Andrew Bongiorno (tr.).

Passow, R. (1913), Kapitalismus, eine begrifflich-terminologische Studie.

Patenôtre, Raymond (1932), La crise et le drame monétaire [The Crisis and the Monetary Drama].

Paul, H. (1896), Deutsches Wörterbuch.

Peacock, Mark S.

    (2006)*, 'The Origins of Money in Ancient Greece: The Political Economy of Coinage and Exchange,' Cambridge Journal of Economics, 30, 637-650

    (2013)*, Introducing Money, Routledge.

Peitmann, Heinrich (1941), Die privatrechtlichen Grundlagen des Geldes [The Private Legal Foundations of Money].

Petri, Helmut (1936), 'Die Geldformen der Südsee' [currencies in the South Pacific], Anthropos Bd. 31, H. 12. (Jan. - Apr., 1936).

Pliny the Elder (Secundus, Gaius Plinius) (?), Naturalis Historia [Natural History].

Ploss, H. and Bartels, M. u. P. (1927), Das Weib in der Natur- und Völkerkunde [Woman in Natural History and Ethnography], Reitzenstein F. v. (rev. and ed.)

Proudhon, Pierre-Joseph (1846), Philosophie de la misère [The Philosophy of Misery].

Quiggin, A. H.

(1948), Primitive Money, London.

(1949), A Survey of Primitive Money, London.

Regling, K. (1924), Die antike Münze als Kunstwerk.

Rehse, H. (1910), Kiziba. Land und Leute. Eine Monographie [Kiziba: Land and People. A Monograph], Stuttgart, Strecker u. Schröder.

Rist, Charles (1938), Histoire Des Doctrines Relatives Au Crédit Et A La Monnaie Depuis John Law Jusqu'a Nos Jours [History of the Doctrines Relating to Credit and Money from John Law to the Present Day].

Rodbertus, K. (1842), Zur Erkenntnis unserer staatswirtschaftlichen Zustände.

Rodbertus, Karl (1870)*, 'Zur Frage des Sachwerths des Geldes im Altertum' [On the question of the real value of money in antiquity]. Jahrbücher für National-ökonomie und Statistik, XV (1870).

Roß, E. A. (1905), Foundations of Sociology, New York.

Sacher, von Ed. (1899), Gesellschaftskunde als Naturwissenschaft [Social Studies as a Natural Science].

Saitzew, M. (1941), Der Merkantilismus. In: Schweizerische Wirtschaftsfragen, Festgabe für Fritz Mangold. Bale.

Sauermann, H. (1931), Soziologie der Wirtschaft [Sociology of the Economy], in Dunkmann, K, Lehmann, Gerhard & Sauermann, Heinz (eds.) (1931) Lehrbuch der Soziologie und Sozialphilosophie [Textbook of Sociology and Social Philosophy].

Savigny, Friedrich Carl von (1851)*, Das Obligationenrecht.

Schade, O. (1872-82), Altdeutsches Wörterbuch [Old German Dictionary], 2nd ed.

Schadee, M. C. (1915), 'Heirats- und andere usages bei den Mansela- und Nusawele-Alfuren' [Marriage and other customs among the Mansela and Nusawele Alfur people] etc., Int. Archiv f.Ethnologie.

Schäffle, Albert Eberhard Friedrich (1906), Abriss der Soziologie.

Scheler, Max (1828)*, Die Stellung des Menschen im Kosmos [The Position of Man in the Cosmos]

Schiller, Friedrich (1793), Über Anmut und Würde [On Grace and Dignity].

Schlosser, J. G.

(1798), Aristoteles Politik und Fragment der Oeconomik, Bey Friedrich Bohn.

(1789), Aristoteles' Politik und Fragment der Ökonomik [Aristotle's Politics and Fragments of Economics]. Translated from the Greek, with notes and an analysis of the text.

Schmidt, von M.

(1917), Die Aruaken. Ein Beitrag zum Problem der Kulturverbreitung [The Arawaks: A Contribution to the Problem of Cultural Diffusion].

(1920), Grundriß der ethnologischen Volkswirtschaftslehre [Outline of Ethnological Economics], Bd. 1,

Schmidt, W. (1937), Das Eigentum auf den ältesten Kulturstufen der Menschheit [The Ownership on the Earliest Cultural Stages of Humanity], Vol. 1 & 2.

Schmoller, G. (1900), Grundriß der allgemeinen Volkswirtschaftslehre [Outline of General Economics].

Schneidewin, Max (ed.) (1893), Cicero und Jacob Grimm Über das Alter.

Schopenhauer, Arthur (1851), "Über die Weiber" [On Women], Parerga und Paralipomena [Parerga and Paralipomena].

Schotter, A. (1981)*, The economic theory of social institutions. Cambridge: Cambridge University Press.

Schrader, O. (1907), Sprachvergleichung und Urgeschichte: Linguistisch-historische Beiträge [Comparative Linguistics and Prehistory: Linguistic-Historical Contributions], 3rd ed.

Schultz-Ewerth, Erich und Adam, Leonhard (eds.) (1929), Das Eingeborenenrecht. Sitten und Gewohnheitsrechte der Eingeborenen der ehemaligen deutschen Kolonien in Afrika und in der Südsee. Gesammelt in Auftrage der damaligen Kolonialverwaltung von Beamten und Missionaren der Kolonien, geordnet und kommentiert von früheren Kolonialbeamten, Ethnologen und Juristen

[The Indigenous Law. Customs and customary laws of the indigenous peoples of the former German colonies in Africa and the South Seas. Collected on behalf of the former colonial administration by officials and missionaries of the colonies, organised and commented upon by former colonial officials, ethnologists, and jurists], 2 volumes. Stuttgart: Strecker & Schröder.

Schulze-Gävernitz, G. v. (1890), Zum sozialen Frieden [To Social Peace].

Schumpeter, Joseph

(1956/1917-8), Money and Social Product, A.W. Marget (tr.), In Alan T. Peacock (ed.), International economic papers, no. 6, The Macmillan Company, 1956, pp.148-211 (Original: 1917/8, Das Sozialprodukt und die Rechenpfennige: Glossen und Beiträge zur Geldtheorie von heute, Archiv für Sozialwissenschaft und Sozialpolitik (Volume 44, Issue 3), Mohr.).

(1970/1908), Das Wesen und der Hauptinhalt der theoretischen Nationalökonomie [The essence and main content of theoretical national economics], 2nd ed., Berlin.

Schurtz, H.

(1897), Entstehungsgeschichte des Geldes [The History of the Emergence of Money], Deutsche geographische Blätter, Volume XX.

(1898), Grundriß einer Entstehungsgeschichte des Geldes.

(1902), Altersklassen und Männerbünde [Age Classes and Men's Unions].

Schwander, A. (1938), Die Geldschuldlehre.

Schwartz, Anna J. (2018)*, "Banking School, Currency School, Free Banking School", in The New Palgrave Dictionary of Economics, 3rd ed.

Seidler, E. (1894), "Die Schwankungen des Geldwertes (der Kaufkraft des Geldes) und die juristische Lehre vom Inhalt der Geldschulden", Jahrbuch für Nationalökonomie und Statistik, III. Folge, Bd. 7 (1894).

Sieveking, H. (1933), "Wertbeständigkeit und Recht in der Geschichte" [Stability of Value and Law in History], Zeitschr. f. Ges. Staatswissenschaft, 94 (1933).

Simmel, G.

(1900), Philosophie des Geldes.

(1908), Soziologie – Untersuchungen über die Formen der Vergesellschaftung, Duncker & Humblot, Berlin.

(2011/1900)*, The Philosophy of Money. Bottomore, T, & Frisby, D. (tr.) Routledge.

Small, Albion Woodbury (1920), General Sociology.

Smithin, John

(2011), 'Weber's 'last theory of capitalism' and heterodox approaches to money and finance,' In Ganssmann, Heiner (ed.). (2011), New Approaches to Monetary Theory Interdisciplinary perspectives, Routledge.'

(2018)*, Rethinking the theory of money, credit, and macroeconomics: a new statement for the twenty-first century, Lexington Books.

Sombart, W.

(1902), Der moderne Kapitalismus [The Modern Capitalism].

(1919), Der moderne Kapitalismus [The Modern Capitalism].

(1927), Das Wirtschaftsleben im Zeitalter des Hochkapitalismus [The Economic Life in the Age of High Capitalism].

(1969)*, Der moderne Kapitalismus [The Modern Capitalism], Duncker & Humblot, 3 volumes.

Somlo, F. (1909), Der Güterverkehr in der Urgesellschaft [Goods Exchange in Primitive Society]

Spencer, Herbert (1877)*, The Principles of Sociology, Vol I. 2nd ed.

Spiethoff, A. (1908) "Die Lehre vom Kapital" in the anthology Die Entwicklung der deutschen Volkswirtschaftslehre im 19. Jh., 1908, Contribution IV.

Stammler, R. (1914), Wirtschaft und Recht [Economy and Law].

Swedberg, Richard (2005), The Max Weber Dictionary Key Words and Central Concepts, Sandford University Press.

Tacitus, Publius Cornelius (c. 98 AD), Germania. (2009), Agricola and Germany (Oxford World's Classics), Anthony Birley (tr.), Oxford University Press.

Taeuber, W. (1950), "Wirtschaft und Kultur", Politeia, Fribourg Suisse, vol. II, special issue „Anno Santo".

Tarde, Gabriel (1902), Psychologie économique, Volume 1.

Tarschys, Daniel (1988)*, "Tributes, Tariffs, Taxes and Trade: The Changing Sources of Government Revenue", British Journal of Political Science, Vol. 18, No. 1 (Jan., 1988).

Tawney, H. (1920), The Acquisitive Society, Harcourt, Brace, New York.

Temple. R. C. (1899), "Beginnings of Currency", Journal of the Royal Anthropological Institute, XXIX.

Tessmann, G. (1913), Die Pangwe.

Thilenius, G. (ed.) (1929-1936), Ergebnisse der Sudsee-Expedition 1908-1910. II. Ethnographie: B. Mikronesien Band 2. Halbband [Results of the South Pacific-Expedition 1908-1910].

Thurnwald, R.

(1922), Psychologie des primitiven Menschen.

(1929), 'Papuas und Melanesier', in Schultz-Ewerth & Adam (1929).

(1931-34), Die menschliche Gesellschaft in ihren ethnosoziologischen Grundlagen [Human Society in its Ethnosociological Foundations].

Tiemann, W. (1932), Die Geldschuld.

Tönnies, Ferdinand (1887)*, Gemeinschaft und Gesellschaft [Community and Society].

Trimborn, H. (1950), Rechtsethnologie und orientalische Rechte [Legal Ethnology and Oriental Laws], Deutsche Landesreferate zum III. Internat. Kongreß für Rechtsvergleichung in London.

Turgot, Anne Robert Jacques (1766), Réflexions sur la formation et la distribution des richesses [Reflections on the Formation and Distribution of Wealth].

Varé, D.

(1931), Der lachende Diplomat, Übersetzung aus dem Italienischen [The Laughing Diplomat, Translation from Italian].

(1947), Volkswirtschaftliche Theorie der Liquidität [Economic Theory of Liquidity].

Veit, O. (1948), Geldreform und Geldverfassung [Monetary Reform and Monetary

Constitution].

Vierkandt, A. (1908), Die Stetigkeit im Kulturwandel" [The Continuity in Cultural Change].

Vordermann, A. G. (1888), "Het Journaal van Albert Colfs" eene bijdrage to de kennis der Kleine-Soendaeilanden door ["The Journal of Albert Colfs", a contribution to the knowledge of the Lesser Sunda Islands], in Huyser, I. G. (ed.) (1931), Nederlandisch Indie oud & niew [Dutch East Indies Old & New].

Walras, Léon

(1884), "Monnaie d'or avec billon d'argent régulateur", Revue de Droit international du 1er décembre.

(1886), Théorie de la Monnaie.

Walsh, C. M. (1903), The Fundamental Problem in Monetary Science, New York.

Wappäus, H. (1867), Zur Lehre von den dem Rechtsverkehr entzogenen Sachen nach römischem und heutigem Recht ["To the theory of things excluded from legal transactions according to Roman and contemporary law].

Ward, Lester F. (1907), Reine Soziologie [Pure Sociology].

Wasserrab, K. (1903), Soziale Fragen, Sozialpolitik und Carität" [Social Issues, Social Policy, and Charity]

Weber, Max

(1922)*, Wirtschaft und Gesellschaft. Tübingen.

(1923)*, Wirtschaftsgeschichte: Abriss der universalen Sozial- und Wirtschaftsgeschichte. München: Duncker & Humblot.

(1925), Wirtschaft und Gesellschaft. Tübingen.

(1927)*, General Economic History. Knight, Frank H. (tr.). The Free Press.

(1968/1922)*, Economy and Society. Roth, G. & Wittich, C. (trs.). University of California Press.

(2019/1922)*, Economy and Society – A New Translation. Tribe, K. (ed. &, tr.) Cambridge MA and London: Harvard University Press.

Weigand, L. K. (1878), Deutsches Wörterbuch, 3rd ed.

Weiner, Annette B. (1992)*, Inalienable Possessions: The Paradox of Keeping-While Giving, University of California Press.

Westermarck, Edward (1891), The History of Human Marriage.

Wheeler, C. C. (1910), The Tribe and Intertribal Relations in Australia.

Wiese, L. von (1921), Einführung in die Sozialpolitik" [Introduction to Social Policy].

Wieser, Friedrich von

(1903), 'Der Geldwert und Seine geschichtlichen Veränderungen. Antritts-Vorlesung' [The Money Value and its Historical Change]. Gehalten am 26. Oktober 1903 an der Wiener Universität [Inaugural Lecture. Delivered on October 26, 1903, at the University of Vienna], Zeitschrift für Volkswirtschaft und Sozialpolitik Vol. 13, 1904.

(1924), Theorie der gesellschaftlichen Wirtschaft [Social Economics].

(1926), Das Gesetz der Macht [The Law of Power]; (1983/1926), The Law of Power, W. E. Kuhn, (tr.) University of Nebraska Press. 한글 번역, 프리드리히 폰 비저 (2023/1926), 권력의 법칙, 현동균 번역 및 해설. 진인진 출판사.

(1929), Gesammelte Abhandlungen [Collected Essays].

(2023/1927)*, Theory of Money – General Study of Moneym Hans DG Hyun (tr.). Original title: Theorie des Geldes (Allgemeine Lehre vom Gelde), In Ludwig Elster, Adolf Weber and Friedrich von Wieser (eds.), Handwörterbuch der Staatswissenschaften, Fourth, Completely Revised Edition, Vol. 4 (681–717), Jena Verlag Von Gustav Fischer, 1927.

Wolowski, L.F. (1870)*, "Enquête Sur La Question Monétaire", in L.F. Wolowski (ed.) (1871), L'or et L'argent, Paris: Libraire de Guillaumin.

Zweig, Stefan

(1929), Joseph Fouché.

(1941), Die Welt von Gestern, Erinnerungen eines Europäers [The World of Yesterday: Memories of a European].

Zwiedineck-Südenhorst, O. von (1911), Sozialpolitik.

가격척도 (*Preismaß*; price-measure),
147
가격체계 (*Preissystem*; price-system),
211, 214, 317
가격크기 (*Preisgrößen*; price-magnitu-
des), 212
가격통제 (*Preisbindung*; price-control),
293, 294, 296
가격표현 (*Preisvorstellung*; price-repre-
sentation), 212, 213, 439
가격표현수단 (*Preisausdrucksmittel*; me-
ans of price-expression), 147, 148,
153, 173, 206, 209, 211, 212, 213
가격현시기능 (*Funktion der Preisbekun-
dung*; price-manifestation function),
213
가격현시서비스 (*Preisbekundungsdienst*;
price-manifestation service), 214
가격형성 (*Preisbildung*; price-forma-
tion), 191, 212, 214, 215, 222, 292,
293, 296, 299, 316
가격형성수단 (*Preisbildungsmittel*; me-
ans of price-formation), 385
가격형성이론 (*Theorie der Preisbildung*;
theory of price-formation), 215
가득 지향적 경제 (*Erwerbswirtschaft*;
earning-oriented economy), 198,
200, 219, 221, 238, 299, 301
가득 추구 (*Erwerbssucht*; earning-pur-
suit), 110, 190, 198, 362
가득 추구 정신 (*Erwerbsgeist*; earning-
spirit), 190, 198
가득사회 (acquisitive society), 109
가득에 대한 탐욕 (*Erwerbsgier*; greed
for earning), 189

가득에의 지향성 (*Erwerbssinn*; orienta-
tion towards earning), 189, 304, 354,
355
가득의 관심 (*Erwerbsinteresse*; earning-
interest), 301, 303
가득의 기술 (*Erwerbskunst*; art of ac-
quisition), 162, 198, 199
가득의 목적 (*Erwerbsziel*; earning-pur-
pose), 200, 241
가득의 수단 (*Erwerbsmittel*; means of
earning), 173, 198, 199, 200, 287
가득稼得
소유의 가득 (*Besitzerwerb*; earning
of possession), 91, 107
화폐의 가득 (*Gelderwerb*; money-
earning), 125, 163, 185, 198, 236,
243, 284, 299, 360, 364, 368, 377,
382
가득稼得 (*Erwerb*; acquisition), 492
가사관리경제 (*Hauswirtschaft*; house-
hold-economy), 162, 173, 198, 207,
237, 459, 460
가사관리경제 (*Ökonomik*; household-
economy), 162, 173, 198, 207, 237,
459, 460
가사관리기법 (*Haushaltskunst, Haus-
haltungskunst*; household-manage-
ment), 162, 164, 198
가우트렉 설화 (Gautreksaga), 52
가족적 선물 (*Familiengabe*; family gift),
68, 86, 466
가족적 선물교류 (*familiärer Gabenver-
kehr*; familial gift-traffic), 86
가치
감성적 가치 (*Gefühlswert*; emotional

in the economy), 342, 364

경제의 계산수단 (*Mittel der Wirt-schaftsrechnung*; means of economic accounting), 197, 213, 298

경제의 과정 (*Wirtschaftsprozeß, wirt-schaftlichen Prozeß*; economic pro-cess), 196, 213, 236, 239, 251, 273, 296, 297, 315, 316, 317, 329, 338, 339, 386, 387

경제의 수단 (*Wirtschaftsmittel*; econo-mic means), 126, 136, 149, 170, 171, 195, 197, 201, 202, 378, 379, 386, 438, 441, 443

경제이성 (*wirtschaftliche Vernunft*; economic reasoning), 201

경제적 계산 (*Wirtschaftsrechnung*; eco-nomic accounting), 201, 296, 423

경제적 권력권한의 표현수단 (*Aus-drucksmittel wirtschaftlicher Macht-befugnis*; means of expressing economic power-authority), 191

경제적 사태 (*Wirtschaftsvorgang*; econo-mic event), xxiv, 12, 176, 207, 209, 213, 237, 298, 387

경제적 청구권 (*wirtschaftlicher An-spruch*; economic claim), 150

경제적 합리주의의 수단 (*Mittel der wirtschaftlichen Rationalität*; means for economic rationality), 220

경제적 화폐론 (*wirtschaftliche Geldleh-re*; economic monetary doctrine), 16, 17

경제적인 것 (*Wirtschaftliche. das*; eco-nomic, the), 14, 15, 178, 290, 365

경제합리적 (*ökonomisch*; economical),

492

경제합리적 개인주의 (*ökonomischer Individualismus*; economical indivi-dualism), 292

경제합리적 교류 (*ökonomisches Verkehr*; economical intercourse), 15, 117, 150, 462

경제합리적 교류의 수단 (*Mittel des ökonomischen Verkehrs*; means of economical intercourse), 117, 462

경제합리적 소통수단 (*ökonomisches Verständigungsmittel*; economical means of communication), 395

경제합리적 수단 (*ökonomisches Mittel*; economical means), 196

경제합리적 이해의 수단 (*Mittel der ökonomischen Interessen*; means of economical interests), 360

경제합리적 인간 (*homo oeconomicus*; economic man), 27, 28, 42, 110, 403, 433, 437

경제합리적 자유주의 (*ökonomischer Li-beralismus*; economical liberalism), 242, 273, 277, 304, 342, 363, 460

경제합리적 지향 경제 (*ökonomisch aus-gerichtete Wirtschaft*; economically oriented economy), 220

경제합리적 필요 (*ökonomisches Bedürf-nis*; economical need), 117

경제합리적 합리주의 (*ökonomischer Rationalismus*; economical rationa-lism), 362

경제합리적인 것 (*Ökonomische, das*; economical, the), 14, 15, 16, 176

경제화폐 (*Wirtschaftsgeld*; economic

money), 196

경제효율 (*Wirtschaftlichkeit*; economic efficiency), 220, 221

경합충동競合衝動 (*Rivalitätstrieb*; drive for rivalry), 26

계급간격 (*Klassenabstand*; class-distance), 189

계급분화 (*Klassenscheidung*; class division), 188, 243

계급상징 (*Klassensymbol*; class-symbol), 128

계급소속 표시의 수단 (*Mittel der Kennzeichnung der Klassenzugehörigkeit*; means of indicating class-belonging), 188

계급소유 (*Klassenbesitz*; class-possession), 127

계급위상 (*Klassenstellung*; class status), 189

계급유지의 수단 (*Mittel der Aufrechterhaltung der Klassen* ; means of maintaining classes), 188

계급표시 (*Klassenabzeichen*; class sign), 129

계급형성 (*Klassenbildung*; class formation), 130, 243, 382

계급화폐 (*Klassengeld*; class-money), 21, 127, 130, 131, 133, 134, 136, 188, 282, 378, 438, 439, 441, 451

계량단위화폐 (*Maßeinheit Geld*; measurement-unit money), 118, 153, 213, 440

계량크기 (*Maßgröße*; measure magnitude), 153

계산

경제의 계산수단 (*Mittel der Wirtschaftsrechnung*; means of economic accounting), 197, 213, 298

경제적 계산 (*Wirtschaftsrechnung*; economic accounting), 201, 296, 423

계산성 (*Rechenhaftigkeit*; calculability), 362

계상거래 (*Rechnungsverkehr*; accounting-traffic), 272, 462

계상척도計上尺度 (*Rechenmaß*; accounting-measure), 220

계상크기 (*Rechnungsgröße*; accounting-magnitude), 220

현물계상 (*Naturalrechnung*; in-kind accounting), 220

화폐적 계상 (*Geldrechnung*; monetary accounting), 154, 200, 201, 217, 219, 220, 221, 298, 323, 338, 440

계산 (*Rechen*; calculation), 492

계산단위 (*Rechnungseinheit*; unit of account), vii, 104, 147, 149, 152, 173, 201, 217, 218, 220, 222, 273

계산성 (*Rechenhaftigkeit*; calculability), 362

계산수단 (*Rechnungsmittel*; means of account), 154, 173, 174, 201, 216, 217, 219, 221, 222, 229, 296, 338, 438

계산화폐 (*Rechengeld*; money of account), 151, 218, 440

계산화폐 (*Rechnungsgeld*; accounting-money), 151, 218, 440

계상거래 (*Rechnungsverkehr*; accounting-traffic), 272, 462

계상공동체 (*Rechnungsgemeinschaft*;
accounting-community), 222, 373

계상척도計上尺度 (*Rechenmaß*; accoun-
ting-measure), 220

계상크기 (*Rechnungsgröße*; accounting-
magnitude), 220

계층 (*Schicht*; stratum), 492

계층화 (*Schichtung*; stratification), 128,
130, 453, 455

고급수요 (*Feinbedarf*; fine demand),
114

고리 분배자 (*Ringverteiler*; ring-distri-
butor), 58, 69, 351

고리 수령자 (*Ringnehmer*; ring-taker),
58

고리 지출자 (*Ringspender*; ring-spen-
der), 351

고리 테이블 (*Baugatal, Ringtafel*; ring-
table), 61, 87

고리목록 (*Verzeichnis der Ringe*; list of
rings), 61

고리화폐 (*Ringgeld*; ring-money), 129

고전적 화폐 (*klassisches Geld*; classical
money), 317

고전학파 경제학 (*klassische Wirtschafts-
lehre*; classical economics), 315,
316, 317, 318, 329

공 (*Gong*), 354

공동체

  계상공동체 (*Rechnungsgemeinschaft*;
accounting-community), 222,
373

  공통관점 공동체 (*Gemeinschaft der
Anschauungen*; community of

views), 378

  관계공동체 (*Beziehungsgemeinschaft*;
relationship-community), 178

  삶의 공동체 (*Lebensgemeinschaft*;
life-community), 168, 256

  인간 공동체 (*menschliche Gemein-
schaft*; human community), 6,
145

  지불공동체 (*Zahlungsgemeinschaft*;
payment-community), 177, 222,
373

  화폐적 공동체 (*Geldgemeinschaft*;
monetary community), 177, 201,
270

공동체감 共同體感 (*Gemeinsamkeit*;
togetherness), 11

공동체생활 (*Gemeinschaftsleben*; com-
munal life), 21, 66, 166, 188, 196,
250, 258, 370, 387, 390, 393

공동체생활수단 (*Mittel des Zusammen-
lebens*; means of co-living), 166

공동체소속감 (*Zusammengehörigkeit*;
common belongingness), 126

공물

  공양물 (*Weihegabe*; consecration
gift), 68, 71

  제물 (*Opfergabe*; sacrificial gift), 57,
68, 102, 120, 169, 178, 217, 226,
229, 352, 354, 423, 424, 425, 446

공물 (*Tribut*; tribute), 57, 63, 76, 134,
169, 178, 218, 226, 229, 408

공물착취 (*Tributerpressung*; tribute
extraction), 89

공양물 (*Weihegabe*; consecration gift),
68, 71

economical intercourse), 117, 462

교류수단 (*Verkehrsmittel, Mittel des Verkehrs*; means of intercourse), 15, 98, 149, 207, 253, 462

사회교류적 거래 (*sozialer Verkehr*; social intercourse), 22, 29, 44, 114, 118, 185, 209, 223, 462

사회적 교류 (*gesellschaftlicher Verkehr*; societal intercourse), 176, 214, 462

상업거래 (*Handelsverkehr*; commercial transaction), 217, 462

시장거래 (*Marktverkehr*; market-intercourse), 112, 212, 290

시장거래의 수단 (*Mittel des Marktverkehrs*; means of market-intercourse), 260, 375, 463

신용거래 (*Kreditverkehr*; credit transaction), 317, 463

원시적 재화교류 (*urtümlicher Güterverkehr*; primitive goods-traffic), 54, 67

원시적인 화폐적 교류 (*ursprünglicher Geldverkehr*; primitive monetary intercourse), 206

자유로운 화폐경제적 거래의 제약 (*Einengung des freien geldwirtschaftlichen Marktverkehrs*; restrictions on free monetary economic market-intercourse), 300

재화교류 (*Güterverkehr*; goods-traffic), 66, 67, 69, 116, 208, 299, 342, 348, 359, 463

최초의 재화교류 (*ältester Güterverkehr*; earliest goods-traffic), 66

화폐적 교류 (*Geldverkehr*; monetary intercourse), 92, 131, 186, 271, 280, 384, 463

화폐적 교류의 기법 (*Technik des Geldverkehrs*; technique of monetary intercourses), 271

교류수단 (*Mittel des Verkehrs*; means of intercourse), 462

교류수단 (*Verkehrsmittel, (Mittel des Verkehrs*; means of intercourse), 149, 207, 253

교류수단 (*Verkehrsmittel, Mittel des Verkehrs*; means of intercourse), 15, 98, 149, 207, 253, 462

교역의 필수성 (*Tauschnotwendigkeit*; necessity for trade), 35

교육 (*Erziehung*; education), 79, 350, 368, 369, 393, 428, 445

교조적 신념의 고수 (*Rechtgläubigkeit*; adherence to the orthodox faith), 283

교환

간접교환수단 (*Mittel des indirekten Tausches*; means of indirect exchange), 172

여성교환 (*Frauentausch*; exchange of women), 78

자연교환 (*Naturaltausch*; in-kind exchange), 33, 146, 147, 210, 227

재화교환 (*Güteraustausch*; goods-exchange), 34, 36, 76, 146, 335, 361

재화교환수단 (*Mittel des Güteraustausches*; means of goods-exchange), 198

구매력의 척도 (*Kaufkraftmaß*; measure of purchasing force), 153

구매범위 (*Kaufbreite*; purchasing breadth), 302, 435

구매수단 (*Kaufmittel*; means of purchase), 272, 293, 306, 385

구매폭 (*Kaufweite*; purchasing width), 302, 435

구매화폐 (*Kaufgeld*; purchase-money), 110, 116, 200, 306

구별

　가격차별화 (*Differenzierungen der Preise*; price differentiations), 210

　사회교류적 차별화 (*soziale Unterscheidung*; social differentiation), 43, 96, 127, 182

　사회교류적 차별화 수단 (*Mittel der sozialen Unterscheidung*; means of social differentiation), 43, 182

　사회적 구별 (*gesellschaftliche Abhebung*; societal demarcation), 43

　지위차별 (*Rangunterscheidung*; rank-differentiation), 103

　차별성 (*Unterschiedlichkeit*; disparity), 21, 189

　차별화 (*Unterscheidung*; differentiation), viii, ix, xix, 21, 89, 91, 169, 284, 304, 324, 378

구별화 (*Abhebung*; demarcation), 22

구분화 (*Differenzierung*; seperation), 100, 162, 298, 355

구애수단 (*Werbemittel*; means of courtship), 356

구혼선물 (*Freiersgabe*; suitor's gift), 83, 466

구혼선물교류 (*Freiersgabenverkehr*; suitor's gift-traffic), 85

국가발행 지불수단 이론 (*Theorie der staatlichen Zahlungsmittel*; Theory of State-Issued Means of Payment), 270

국가선포 (*staatliche Proklamation*; state proclamation), 268

국가에 의한 유효화폐 (*staatlich gültiges Geld*; money valid by the state), 269

국가에 의한 화폐관용의 제정 (*staatliche Sanktion des Geldgebrauchs*; state's sanction of money-usage), 271

국가주도 화폐조작 (*staatliche Geldmanipulationen*; state-led monetary manipulation), 274

국가화폐 (*Staatsgeld*; state money), 270, 465

국민경제학 (*Nationalökonomie*; national economics), 38, 145, 206, 231, 252, 323, 332, 426, 460

국민통화 (*Landeswährung*; national currency), 272

국정화폐론 (*Staatliche Theorie des Geldes*; State Theory of Money), 5, 9, 262, 269, 270, 332, 334, 402, 412, 414, 417, 419, 422

국제화폐 (*internationales Geld*; international money), 274

굴라팅 법 (*Gulathing-Gesetz*), 61

권력

　사회교류적 권력 (*soziale Macht*; social power), 144, 187, 189, 192, 195, 235, 290, 368, 387, 435

　화폐권력 (*Geldmacht*; money pow-

달러안정화 (*Stabilisierung des Dollars*;
	stabilisation of the dollar), 326
달러제국주의 (*Dollarimperialismus*;
	dollar imperialism), 194
대부이자 (*Leihezins*; interest on loans),
	243
대부자본주의 (*Leihkapitalismus*; loan-
	capitalism), 237
대용급부代用給付 (*Ersatzleistung*; com-
	pensatory disbursement), 264
대체의 수단 (*Vertretungsmittel*; means
	of replacement), 386
대출제도 (*Darlehnssystem*; lending
	system), 123
댑 (Dap), 122
도구화폐 (*Gerätegeld*; instrument-mo-
	ney), 97, 101
돈벌이 기술 (*chrematistic*; money-ma-
	king), 35, 163, 198, 238
돈에 대한 사랑貨幣愛 (*Geldliebe*; love of
	money), 345
동기근원의 다양성의 법칙 (*Gesetz der
	Vielheit der Beweggründe*; law of the
	plurality of motives), 125
동기의 잣대 (*Maßstab der Motive*;
	benchmark of motive), 181, 390
동작 (*Akt*; act), 492
동태적 경제 (*dynamische Wirtschaft*;
	dynamic economy), 238
동화
	사회적 동화 (*gesellschaftliche Anglei-
		chung*; societal assimilation), 24,
		26
동화 (*Angleichung*; assimilation), 492
동화에의 충동 (*Angleichungstrieb*; drive
	for assimilaiton), 42
동화의 욕구 (*Angleichungsbedürfnis*;
	need for assimilation), 26
동화적 성향 (*Neigung zur Angleichung*;
	inclination to assimilation), 27
둑둑 (Dukduk), 90
드라우프니르 (Draupnir), 59, 60
등가성 (*Äquivalenzeigenschaft*; equiva-
	lence characteristic), 209, 376
디와라 (Diwara), 110, 354, 363
디플레이션 (Deflation), 338
로셀 (Rossel), 122, 123
로타나가스 (Lhota Nagas), 49
롤롤라 (Lolola), 83
롬바르트 칙령 (*Edikt Liutprands*; Lom-
	bard Edict), 51
리더십에의 충동 (*Führertrieb*; drive for
	leadership), 26
리폼보 (lipombo), 119
마닐라 (manilla), 46, 110
말레스트르와의 역설 (*Paradoxes de
	Malestroit*), 320
맘몬 (Mammon), 345, 368
매개재화 (*Vermittlungsgut*; mediating
	good), 111, 116, 198
매트화폐 (*Mattengeld*; mat-money), 91,
	98, 133
멧돌화폐 (*Mühlsteingeld*; millstone-mo-
	ney), 133
명령가격 (*echte Taxe*; authoritative
	tariff), 293
명목가치 (*Nennwert*; nominal value),
	266, 313
명목화폐론 (*nominalistische Geldlehre*;
	nominalist monetary doctrine), 337,

distribution), 120, 186, 351, 363, 395

분배 (*Verteilung*; distribution), 492

분배경제 (*Verteilungswirtschaft*; distribution economy), 364

분배재화 (*Verteilungsgut*; distribution-good), 70, 184

불건전한 화폐지향성 (*krankhafter Geldsinn*; unhealthy money-orientation), 369

불평등 (Ungleichheit; inequality), viii, 11, 20, 165, 247, 253, 437

부富 (*Reichtum*; wealth), 492

브레튼우즈 (Bretton Woods), 274

비밀결사체 (*Geheimbund*; secret union), 45, 48, 69, 88, 89, 90, 91

비야르칼리드 (Bjarkalied), 58, 61, 62

비용재費用財 (*Kostengut*; cost good), 234, 298

비자발적 이전 (*Hergabe*; involuntary transfer), 71, 218, 271, 466

비축품 (*Vorrat*; stockpile), 107, 127

사모예드 (Samoyed), 73, 88

사용가치 (*Gebrauchswert*; use-value), 241, 413, 433

사용능력 (*Verwendungsfähigkeit*; use-capability), 275, 277

사용습관 (*Verwendungsgewohnheit*; habit of use), 157

사적 소유권 (*private Eigentum*; private ownership), 49, 103, 104, 115, 292, 403, 411

사치금지법 (*Luxusgesetze*; luxury laws), 256

사치수요 (*Luxusbedarf*; luxury de-

mand), 114

사치화폐 (*Protzgeld*; swagger-money), 46, 121

사태 (*Sachverhalt*; state of affairs), 492

사트라프 (satrap), 129

사회경제 (*Gesellschaftswirtschaft*; societal economy), xvi, 218, 237

사회교류경제적 (*sozialwirtschaftlich*; social-economic), 151, 154

사회교류를 위한 충동 (*Geselligkeitstrieb*; drive for sociability), 20, 21, 23, 42

사회교류성 (*Soziabilität*; sociability), 373, 465

사회교류적 가치창출기능 (*soziale Wertfunktion*; social value-generating function), 158, 159

사회교류적 강조화 수단 (*Mittel der sozialen Hervorhebung*; means of social accentuation), 182

사회교류적 거래 (*sozialer Verkehr*; social intercourse), 22, 29, 44, 114, 118, 185, 209, 223, 462

사회교류적 과정 (*sozialer Prozeß*; social process), 12, 16, 17, 19, 27, 269, 392

사회교류적 관계 (*soziale Beziehungen*; social relationship), xxiii, 5, 17, 65, 66, 78, 84, 93, 96, 103, 118, 144, 147, 157, 166, 169, 170, 176, 177, 179, 208, 214, 230, 362, 371, 387, 394, 395, 435, 439

사회교류적 관계수단 (*soziales Beziehungsmittel*; social means of relationship), 5, 66, 118, 157, 170, 176, 177, 179, 394

사회교류적 관련성 (*sozialer Zusammen-*

아바부아 (Ababua), 85, 119, 121

아침선물 (*Morgengabe*; morning gift), 68, 83, 466

아퀴나스적 화폐론 (*Thomistische Geld-lehre*; Thomistic monetary doctrine), 313

악툭 (aktuk), 72

암시장 (*schwarzer Markt*; black market), 303

애도화폐哀悼貨幣 (*Klagegeld*; mourning-money), 123

애드미럴티 (Admiralty), 124, 285

야심적 인간 (*homo ambitiosus*; aspirant man), 27, 28, 94, 180, 355, 437, 438

얍 (Yap), 80, 115, 131, 209, 484

양본위제兩本位制 (*Bimetallismus*; bimetallism), 319

어제의 세계 (*Die Welt von Gestern*), 366

에다 (Edda), 52, 60, 87

엘리트화폐 (*Herrengeld*; elite-money), 136, 378

여성교환 (*Frauentausch*; exchange of women), 78

여성의 화폐 (*Frauengeld*; women's money), 132

여성장신구 (*Frauenschmuck*; women's ornament), 119

연결 형태 (*Verbindungsform*; form of connection), 161

연방 (*Bündewesen*; federation), 492

연배집단 (*Altersklassenzusammen-schlüsse*; age-group association), 89

열정 (*Leidenschaft*; passion), 492

영구상품 (*ewige Ware*; eternal commo-dity), 113

영리 이외의 것들 (*extra commercium*), 281, 289, 442

영향범위 (*Wirkungsbereiche*; domain of influence), 150, 272, 289, 385

예물

   신부용 예물 (*Brautgabe*; bridal-gift), 53, 84, 102

   신부용 예물왕래 (*Brautgabenverkehr*; bridal-gift traffic), 85

예비적 비축 (*Vorsorge*; precautionary-measure), 107, 346

오스트여타법 (*Ostgötagesetz*), 74

올바른 화폐 (*richtiges Geld*; right money), vii, 311, 312, 313, 314, 316, 317, 318, 319, 320, 321, 325, 326, 329, 330, 332, 333, 334, 335, 336, 337, 338, 339, 340, 341, 342, 343, 440, 445, 447

욕구

   갈구 (*Strebe, Begehr*; aspiration), 492

   갈구함 (*Begehrung*; aspiring), 492

   경제합리적 필요 (*ökonomisches Be-dürfnis*; economical need), 117

   교환의 욕구 (*Bedürfnis des Tausches*; need for exchange), 198

   금전욕 (*Geldgier*; greed for money), 369, 376

   동화의 욕구 (*Angleichungsbedürfnis*; need for assimilation), 26

   사회적 욕구 (*gesellschaftliche Bedürf-nis*; societal needs), 203, 252

   소유갈구 (*Besitzgier*; greed for possession), 143

   소유의 욕구 (*Bedürfnis nach Besitz*;

need for possession), 25

욕망 (*Wunsch, Wünsche*; desire), 492

욕심 (*Habsucht*; greed), 492

우월성 과시의 욕구 (*Auszeichnungs-bedürfnis*; need for distinction), 117

인간욕구론 (*Bedürfnislehre*; Theory of Human Needs), 19

인정에의 욕구 (*Geltungsbedürfnis*; need for recognition), 25, 44, 63, 95, 110, 180, 436

정평에의 욕망 (*Wunsch nach An-erkennung*; desire for acknowledgement), 22

지배의 욕구 (*Bedürfnis nach Herr-schaft*; need for domination), 25

추구 (*sucht*; seeking), 492

탐욕 (*Habgier*; lust), 492

필요감 (*Bedürfnisgefühle*; feeling of need), 259

욕구 (*bedürfnis*; need), 492

욕구들의 체계 (*System der Bedürfnisse*; system of needs), 252

욕구의 전개 (*Bedürfnisentfaltung*; unfolding of need), 208, 254

욕구충족 (*Bedürfnisbefriedigung*; need-satisfaction), 15, 252, 253, 254, 255, 256, 259, 367

욕구충족의 법칙 (*Gesetz der Bedürfnis-befriedigung*; law of need-satisfaction), 19

욕구충족의 수단 (*Bedürfnisbefriedi-gungsmittel*; means of need-satisfaction), 193, 252

욕망 (*Wunsch, Wünsche*; desire), 492

욕심 (*Habsucht*; greed), 492

용역 급부用役給付 (*Dienstleistung*; service-disbursement), 97, 114, 127, 204, 293, 297, 299, 304

용역에 대한 보상 (*Leistungsentgelt*; compensation for service), 155

우애적 선물 (*Freundschaftsgabe*; friendship-gift), 71, 466

우월성

사회교류적 우월성 (*soziale Auszeich-nung*; social distinction), 46, 66, 103, 351

우월성 (*Auszeichnung*; distinction), 23, 26, 28, 44, 47, 48, 58, 94, 95, 118, 134, 186, 203, 252, 355, 372

우월성 과시의 욕구 (*Auszeichnungsbe-dürfnis*; need for distinction), 117

우월성 과시의 욕망 (*Wunsch nach Aus-zeichnung*; desire for distinction), 22, 26

우월성 과시의 충동 (*Auszeichnungs-trieb*; drive for distinction), 22, 24, 26, 27, 28, 42, 43, 62, 356, 374

우월성의 과시수단 (*Auszeichnungsmit-tel*; means of distinction), 43, 144, 203, 348, 375, 378

우의적 선사 충동 (*Gebedrang*; friends-hip-giving drive), 143

우회적 생산 방법 (*Produktionsumweg*; round-about production method), 220, 232

운송수단 (*Transportmittel*; means of transport), 197, 380

원래적 화폐 (*originäres Geld*; original money), 268

푀 (Fä), 96, 131

표권적 지불 (*Chartalzahlung*; chartal
payment), 224, 228, 270, 416, 417,
418

표권적 지불수단 (*chartales Zahlungs-
mittel*; chartal means of payment),
224, 270, 416, 417

표권적 화폐 (*chartales Geld*; chartal
money), 418

표식 (*Zeichen*; sign), 36, 44, 47, 58, 91,
118, 128, 134, 135, 155, 159, 164,
224, 330, 350, 416

표현기능 (*Ausdrucksfunktion*; expressi-
ve function), 373

표현수단 (*Ausdrucksmittel*; means of
expression), 7, 159, 167, 173, 189,
220, 221, 253, 257, 368, 370, 371,
372, 373, 387

프로이센 일반란트법 (*Das Allgemeine
Landrecht für die Preußischen Staa-
ten*; The General State Laws for the
Prussian States), 223

피해보상 (*Schadensvergütung*; damage
compensation), 88

필수적 서비스 (*Wesensleistung*; essential
service), 96, 148, 168, 169, 172, 373

필요감 (*Bedürfnisgefühle*; feeling of
need), 259

하르타 (Harta), 83, 84

함부르크 남해 탐험 (*Hamburger Süd-
see-Expedition*; Hamburg South Sea
Expedition), 115

합리화 (*Rationalisierung*; rationalisa-
tion), 197, 221, 374, 384

해결기능 (*Solutionsfunktion*; solution-

function), 264

해결수단 (*Solutionsmittel*; means of
solution), 265

해소 (*Beilegung*; resolution), 48, 86,
102, 189, 262, 295, 342, 353, 416

행동

교환행동 (*Tauschhandlung*; ex-
change-action), 124, 146, 206,
226

동작 (*Akt*; act), 492

모방적 행동 (*Nachahmungshand-
lung*; imitative action), 24

목적지향적 행동 (*Zweckhandeln*;
purposive action), 12

사회교류적 행동 (*soziale Handlung,
soziales Handeln*; social action), 5,
7, 12, 21, 22, 125, 126, 157, 161,
196, 214, 256, 260, 263, 267, 356,
369

사회적 행태과정 (*gesellschaftlicher
Gehabensablauf*; societal conduct-
process), 10, 28, 42, 62, 355

집단행태 (*Gruppengehabe*; group-
conduct), 154

행위 (*Verhalten*; behaviour), 492

행위양태 (*Verhaltensweise*; behaviour
pattern), 21, 54, 128, 377, 379

행태 (*Gehabe*; conduct), 492

행태의 과정 (*Gehabensablauf*; con-
duct-process), 21, 42, 109, 154,
182, 440

행태의 형식 (*Gehabensform*; con-
duct-form), 18

행함 (*Tun*; acting), 492

활동 (*Betätigung, Tätigkeit*; activity),

social money), 330

상업화폐 (*Verkehrsgeld*; commercial-money), 150, 151, 188, 462, 465

속죄금 (*Wergeld*), 61, 82, 86, 87, 88, 122, 288, 361

숙박화폐 (*Liegegeld*; lodging-money), 102

시장화폐 (*Marktgeld*; market-money), 112

신랑지참금 (*Brautgeld*; bridal-money), 83, 121, 374, 395

실물화폐 (*Sachgeld*; material-money), 151, 152, 218

애도화폐哀悼貨幣 (*Klagegeld*; mourning-money), 123

엘리트화폐 (*Herrengeld*; elite-money), 136, 378

여성의 화폐 (*Frauengeld*; women's money), 132

올바른 화폐 (*richtiges Geld*; right money), vii, 311, 312, 313, 314, 316, 317, 318, 319, 320, 321, 325, 326, 329, 330, 332, 333, 334, 335, 336, 337, 338, 339, 340, 341, 342, 343, 440, 445, 447

원래적 화폐 (*originäres Geld*; original money), 268

원시화폐 (*ursprüngliches Geld*; primitive money), 128, 130, 169, 184, 196, 207, 259, 289, 348, 355, 372, 378, 395

원한 해소금怨恨解消金 (*Fehdegeld*; feud-money), 121, 374, 395

위신화폐 (*Geltungsgeld*; status-money), 46, 121, 305

위신화폐威信貨幣 (*Prestigegeld*; prestige-money), 46, 121, 305

유리화폐琉璃貨幣 (*Glasgeld*; glass-money), 98

유통화폐 (*Umlaufsgeld*; circulating-money), 77

의례화폐儀禮貨幣 (*Zeremonialgeld*; ceremonial money), 47, 48, 131

인덱스화폐 (*Indexgeld*; index-money), 325

인질 석방금 (*Lösegeld*; ransom-money), 57, 102

인플레이션화폐 (*inflatorisches Geld*; inflationary money), 255

일반적 상업화폐 (*allgemeines Verkehrsgeld*; general commercial-money), 150, 188, 374

자기화폐瓷器貨幣 (*Porzellangeld*; porcelain-money), 98

자유화폐 (*Freigeld*; free-money), 324

장부화폐帳簿貨幣 (*Buchgeld*; book entry money), 261, 373

정의로운 화폐 (*gerechtes Geld*; just money), 312, 335, 342

제한화폐 (*Sperrgeld*; restricted-money), 285

조개화폐 (*Muschelgeld*; shell-money), 47, 55, 70, 78, 90, 91, 121, 354, 363

조개화폐다발 (*Muschelgeldschnur*; shell-money string), 55

종화폐鐘貨幣 (*Glockengeld*; bell-money), 47, 134

좋은 화폐 (*gutes Geld*; good money), 275, 312, 342

화폐, 계급, 사회

계급화폐의 발생과 발전, 화폐권력에 관한 사회학적 탐구

Wilhelm Gerloff, *Geld und Gesellschaft – Versuch einer gesellschaftlichen Theorie des Geldes*, Vittorio Kolstermann, Frankfrut am Main, 1952

초판 1쇄 발행 | 2024년 7월 22일

지은이 | 빌헬름 게를로프
옮긴이 | 현동균
발행인 | 김태진
발행처 | 진인진
등　록 | 제25100-2005-000003호
주　소 | 경기도 과천시 관문로 92 101-1818
전　화 | 02-507-3077-8
팩　스 | 02-507-3079
홈페이지 | http://www.zininzin.co.kr
이메일 | pub@zininzin.co.kr

ⓒ 현동균 2024
ISBN 978-89-6347-604-9 93320